德意志
皇帝史

从查理大帝到奥托三世 _{卷一}

[德] 威廉·吉塞布莱希特　著

邱瑞晶　译

吉林出版集团股份有限公司

谨以此书献给德意志历史研究大师 G.H. 贝尔格及利奥波德·兰克

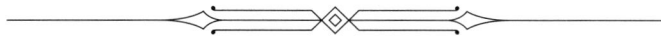

以示敬意与感激

恺撒征服蛮族（德国画家利奥·罗亚尔1899年绘）

条顿堡森林之战（奥托·阿尔伯特·瓦尔思科里奇1909年绘制）

日耳曼人的氏族会议（选自公元193年罗马版画）

公元2世纪的日耳曼诸部落分布图（选自1849年纽约《哈珀历史地图》）

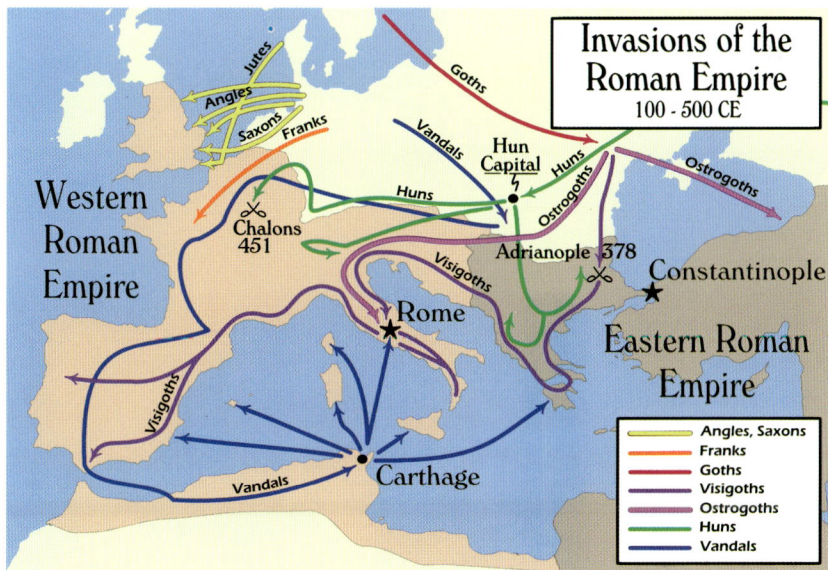

公元100-500年的民族大迁徙示意图

Legend	
Frankish Territory in 481	
Conquests of Clovis 481-511	
Conquests 531-614	
Conquests 714-768	
Conquests of Charlemagne 768-814	
Dependent territoiries	
Avars Peoples tributary to Charlemagne	
Kingdom of Siagrius in 486	
Visigothic kingdom of Toulouse in 507	
Boundaries of the empire in 814	

Obotrites

810

734

FRISIA

SAXONY
777-97

Süntel
782

Veleti

531

THURINGIA
805

Sorbs

Tournai

Cologna

Aachen

Fulda

Czechs

774

Moravians

Tertry

AUSTRASIA

Soisson
486

Paris

Reims

Metz

Rhine

SWABIA
502

Regensburg

Bretons

NEUSTRIA
486

Seine

Loire

Strasbur

Danube

BAVARIA
788

Salzburg

CARINTHIA
788

Avars
796

Nantes

Tours

Autun
532

536

Vouillé
507

Poitiers

BURGUNDY
533

Lyon

Genève

Pavia

Milan

Po

Venice

Croats

AQUITAINE
507

Bordeaux

531

Rhône

LOMBARD
KINGDOM
774

Ravenna

Serbs

GASCONY

Roncevaux
778

Toulouse

SEPTIMANIA
759

PROVENCE
736

SPANISH MARCH
778

Ebro

Barcelona

Corsicans

Spoleto

Rome

481-814年的法兰克王国

查理曼大帝受降（藏于凡尔赛宫）

奥托二世像

奥托三世像

843年查理曼的帝国"三分天下"

正在捕鸟的亨利接受德意志王位
（画家海尔曼·维吉尔绘）

奥托一世的金制雕像（见于德国马格德堡）

962年教皇为德意志国王加冕的金王冠

公元1000年时的意大利

前　言

　　读者们手中的这本书是全书的第一册，以德意志王国及德意志罗马帝国开篇，进而细致描写德意志第一帝国的鼎盛时期，讲述奥托王朝、法兰克皇帝及霍恩施陶芬的光荣事迹，最后以帝国在教皇、帝国亲王及自由市的联合打击下从雄踞天下的荣耀巅峰坠落而结束。从中可见，本书所描写的是从人民中走来的帝王，以及他们用其意志、命令及武力决定国家命运的历史阶段，是德意志帝国推动、调整并引领其后所有时代，并以此产生其独特影响的历史阶段；同时阐述的也是我们如何用简短又不易混淆的名称来描述德意志第一帝国时期的问题。

　　除却这一时期在世界历史发展中广为认同的重要性，对德意志民族来说这一时期还有另一层特殊的意义。这并不仅仅因为，这些皇帝是从德意志人民中走出来的；也不仅仅因为，他们权力的中心位于德国；而是因为，直到这个时期德意志民族的各个支系才开始融合，第一次以国家的形式统一起来，与毗邻的其他民族区分开来，成为在宗教与政治、艺术与科学方面都独立发展的统一民族。除此之外，第一帝国时期还是德意志民族通过统一达到权力高峰的时期。这个时期的德意志民族不仅将命运掌握在自己的手中，还有着影响其他民族命运的力量。这个时期的德意志人在世界上享有最高的权力与威名。

　　无数历史教训使德意志民族深深知道，内部分裂将带来悲惨后果；无数惨痛经验也在昭告，内部的间隙只会被外敌利用带来更多苦难；无数发展受阻的岁月之后，整个德意志民族都热切向往着能重建一个自主的、强大的德国。这一向往牵动着整个民族，并将德意志民族的生活推动到了我们今天所处的境况之下。即使现代历史发展方向游移不定，即使各党派互相争斗，追求着截然不同的目标，但在建立自主强大的德国这一点上，他们是一致的；然而一旦谈到实现这一目标的途径他们便又各执己见、一拍两散了。其中一些人想要复古，他们想要重建那种在遥远的过去业已破碎了的国家形式，将现代的生活硬塞进古旧的框架里去；另一些人则想借鉴历史上新时期的建立过程，这里挪一砖，那里添一瓦，新旧结合；还有一些人想要将德意志帝国及民族的统一建立在全新的基础之上。可以绘制出的蓝图有千百种，可供选择的道路也有千百条：谁又知道，哪一种、哪一条是通往目的地的呢？

也许，只有当人们都慢慢开始尝试，去了解那个自主强大的德国真实存在过的时代，了解那个遥远时代的内在本质和独特形态；只有当人们从历史着手，探究当时德意志民族如何获得称霸世界的影响力，又如何将之延续几个世纪之久的原因，人们才能达成一致的意见。只有深入历史，用历史给予的经验教训去回答今时今日的问题，才能获得更准确的答案。因为每个重要的时代都留下了见证。巍巍屹立的大教堂，坚实的古城城墙，山间爬满绿苔的城堡都在对我们诉说着；流传下来的英雄诗和抒情诗也在用我们今天仍能听懂的声调讲述着；走在廊上或行在林间，登上山巅或深入山谷，到处都是关于古老帝国的美妙传说，并且先辈们还将他们不容置疑的权力与体量记录在数以千计的羊皮卷和无数历史著作中。因此，探究那个时代的特点和本质，并将其清晰明了地呈现给现世，绝不会是无用功。

我们已经可以看到，热火朝天的学术氛围正在整个德国蔓延开去，人们针对德国中世纪进行研究，且尤其偏爱帝国时期。为使那些隐藏的历史遗迹能够重见天日，再多辛勤钻研都值得；孜孜不倦，细致缜密，所有流传到我们手中的史料，就算是细枝末节，都将得到系统的研究。这些研究从那些看似随机的事件中寻找出了规律和法则，从看似无法解释的现象之间寻找出了内在的联系；前人的伟大时代在这些研究中，不仅渐渐变得更加丰满生动，而且变得更加清晰明了，易于理解。而这些发现都要归功于学者们的无私追求：对于个人，它只能满足求知欲，却带来除了获取知识之外更广阔的世界。这些研究根植于爱国情怀之中，针对德意志民族自己的生活，顺民族发展之浪潮而为。历史研究的这些本质要求人民都能参与其中，也只有人民的参与才能使历史研究得到最充分的发展。另外，历史研究的长足发展又会对人民的生活产生深远影响。

　　只要是深入观察历史的人，都会意识到，这项研究对于我们的生活产生着积极的影响。那些身居高位、执掌重权之人也明白历史研究的意义，并用其恩泽支持着这项研究；那些现今最杰出、最有远见的思想家们也认识到了，历史研究将为民族带来的裨益；德意志艺术和科学领域的一些方面也将会根据历史研究而拓展和改变。但是在历史研究中，人民的广泛参与还不够充分，应使受过教育的阶层中大部分的人都对其感兴趣才行。若不是缺乏广泛参与，人们怎么可能对中世纪的法制状况还一无所知，而只有疯狂的想象；怎么可能还在受过良好教育的青年口中听到他们对自己民族先辈的无知；怎么可能还听到，甚至从书中读到，那些早已经被批驳过的无稽之谈四处流传？如果不是因为民众对德国历史研究的参与不足，又如何解释，那些关于其他民族的现代史著作及其翻译被广泛阅读，再版新版接踵而至，而即使是最好的那些德国中世纪史十年之后就少有重印的了呢？关于帝国和皇帝，人们的确谈论得很多，但那些关于第一帝国历史的重要著作却没有新的德国专史流传更广。从那些德国历史手册中也可见一斑：对帝国时期的描述只有杯水车薪的一点，而对解体时期的描述却十分冗长。

　　我们写下这些意见，并不是要怪罪于谁。只是因为理念与利益都与中世纪时期背道而驰才会产生上述的情况。近百年间，我们的政治状况发生了翻天覆地的巨变，那些着眼于某些遥远时代的人往往不被理解，他们在历史研究中所看到的人们，与他们有着相同的血脉，受到同样的民族精神的驱使，而屹立于同一片土地之上。在过去的几个世纪中，文化教育始终朝着反民族的方向发展，所以一旦文化教育变得民族起来，人们就难以马上理解这种现象。

　　我们旨在确认这样一个事实，很多德国人对自己民族的历史中最著名的部分了解甚少，而这是其他大民族所不能容忍的。同时我们也要指出，将笼统的民族意识与德意志研究混为一谈的误解。我们认为消弭这一误区是必需的，至少也是多有裨益的，所以有了出版此书的计划。我们也将这一点作为写作时的评判标准。

　　我的意图在于，使来自德意志民族各个阶层的读者会聚到一起，积极地参与到德意志中世纪历史的学习研究中来。如果能将德意志第一帝国的所有相关内容和重要转折点都描述清楚，那么，德意志第一帝国史对于这样一个读者群来说会是最佳的读物。一方面，我们要解释民族的内在发展及其为帝皇身份产生而创造的基本条件；另一方面，还要阐述西方国家皇权的范围和级别。这些阐述往往在不经意间就降格成了对疆域历史的细节罗列，或因太过宽泛而变为对世界历史运动的描述。史料越是丰富多样，越是要按照我的写作目的，清晰准确地描写历史事件、状况、人物。只有这样才能使不同的读者都能清晰地理解，并通过想象牢记这些内容。若是能使读者通过想象在脑中再现这幅德意志人民生活的图景，那么，在我看来，历史著作就能在德国读者的心间和脑中长久地发挥其影响力。

　　我并不隐瞒这项任务的艰巨。在写作过程中我认识到，如果没有能力将所有史料理解透彻，将其总结成独到的见解，并用优美的语言表达出来，那么我的想法就无法实现。我也意识到，要想把我自己心中涌动的爱国情怀化作读者的爱国情怀，就必须把我自己对研究对象的热情写进文本之中。但是这项任务的美好与光荣远胜过它的艰巨，所以我才竭尽全力去创作这部在我看来对人民有所裨益的作品。虽然我离自己理想中完美的作品还有一段距离，但我研习德意志中世纪历史20载而写出的这部作品，绝非匆忙写就的粗制滥造之作。

　　像这样一本书，不可能做到书中所有内容对所有读者来说都是新鲜而且陌生的，这是由其本质决定的。而德国历史的专家们也会这样评论，书中有不少内容都已经有人写过，只是换了种说法或者换了上下文而已。如果这样的评论中有责备的成分，我也会坦然接受。因为比起被人有理有据地指出，他的描写是由光鲜亮丽的假设拼凑而成的，缺乏外在论证和内在真实性，他宁可被批评毫无新意。对那些有自己独到见解和灵魂的作品来说，先撇开那些毫无营养的文集类作品不谈，难道不应该异常坚定地朝着新的现代历史描写方式靠拢，并高调地拒绝将未经考证的传说继续流传下去吗？新的并非总是正确的、真实的。史学家的最高准则，就是在任何情况下都保证其描述的真与实。这并不仅仅意味着，史学家们只要不随意篡改或杜撰史实就可以了，这同样意味着，不采用可疑的报道和不可靠的信息来源，不使用模棱两可的表达方式，不断章取义，不颠倒是非黑白。若是这样做了，便很容易产生一叶障目而不见泰山，小题大做甚至是将历史改写得面目全非的情况。还有那些新的史作者将过去的情况与现代的情形联系起来的做法，也容易将我们的研究引入歧途。人们还常常错误地给历史人物套上某些他们根本没有的动机，给两件相隔甚远的历史事件套上因果关系，给整体的历史描写套上只对某个历史节点来说是正确的感情色彩。对于我而言，真实的价值远超过新事物所带来的刺激。相信只有紧密联系那些最佳的资料来源，并旁征博引杰出作者的文本，才能为读者最好地描述第一帝国时代的真实形态。没有可靠资料来源的时候，不会随意发挥，将未经确认的信息组合起来了事，而宁可采纳权威人士的说法。但是，即使已经有人将历史矿井中的珍贵矿石挖掘出来了，想要将它们熔合炼就成可用之材，也并非易事。我十分清楚，在矿井中挖掘的艰难，而且并非所有的矿石都可供我随意使用。

在此，还要解释一下本书的导论部分，在这部分中新的、独到的内容很少，并且刻意讨论了一些在现代史学中引起争论的问题。虽然新内容少，但这一部分却是全书中我花费最多精力的部分。假如本书的读者都是饱读历史著作的人，那么导论部分就不会占据这样大的篇幅；通过这篇导论，我既不是要为读者提供知识基础，也不是要为阅读本书提供方便。而目的在于使读者明了德意志第一帝国在世界史以及在德意志民族发展中的意义，而要说明这些，就只有先将日耳曼支系上千年的历史以概览的形式呈现出来。在描述这段历史的时候，所有与随后的历史发展无关的内容都被略去了；不过，对那些重要事件的描写又十分详细，不留一点模糊不清之处。这段历史的存疑之处都暂时被搁置一边，因为这段前史并不是本书的重点，若在这里解释，只会使读者更加迷惑。我不敢说，这篇导论完完全全符合了要求，但希望至少有一些读者能够从中获益。

著名前辈学者们的著作，使本书不必出版厚重的副册，去加注赘述资料来源。可能也正因为它比其他历史书轻薄，能够吸引更多的读者，但也可能对一些藏书颇丰的机构来说内容重复、可有可无。事实上，刚开始写作的时候作者的观点是，不依附于资料来源，写作一篇独立的作品。但多方考虑最终还是选择现在的写法。首先，将一些迄今为止少有提及或是尚未被使用过的资料来源用到了研究之中，并借助这些资源，加以自己的独立研究，得出了新的成果。而这些新成果就需要用前辈的理论来论证。其次，如果有因为本书而想对这个时期的历史更加深入研究的读者，这些引用也能给他们指引道路。因为在这条研究道路上曾经存在的许多巨大障碍，都已经通过前辈们的研究被铲除了。由佩尔茨出版的《日耳曼历史文献》（拉丁语书名：Monumenta Germaniae historica）就是一直以来这一领域不可动摇的基础著作。这本书不仅第一次将原本散乱的德国中世纪历史整理到了一起，还原了它原始的形态，而且以警醒的态度从各方面对其进行了阐释。本书中已收录了大多数关于第一帝国时代的历史著作。除此之外，重要作者的著作也已经出版了便于携带的小开本。而且，即便是那些不精通中世纪拉丁语的读者，也能通过翻译阅读到其中的大多数作品。比如通过卜默尔（Böhmer）的皇帝录和杰菲（Jaffé）的教皇录，就可以轻松快捷地获得对原始文献的概览。最后还有施坦泽尔（Stenzel）的《法兰克皇帝史》，兰克（Ranke）的《萨克森皇室统治下的德意志帝国年鉴》和许多其他与之相关联的专著。借鉴学习这些作品也是研究这一时代历史的固定方法。这些著作给我们的研究所提供的方便，并不是要我们去沿着前人的路走，重蹈覆辙，而是让我们看到前人走过的弯路，从而直接选择出一条宽阔平坦的阳关大道。但就这点来说，加入对原始资料和较新文献的注释也是十分必要的。引用这些作品既不是为了本书的完整性——虽然这些引用会被看作本书的一部分，引用这些作品也不是为了要对它们加以评论——评论与注释是不同的，各自构成独立的部分。

我们希望通过附上这些文献的出处，不仅使高校教师，也使那些优秀的高校学生能利用这一契机，更多地去接近德意志民族伟大的历史证物。从中衍生出的历史描述有着特殊且巨大的价值，它们为读者理解古代的思维方式和语言做好了必要的准备；但是，这种理解一旦开启，那些原始资料中的语言就显得比任何后世的历史著作更加清晰明了，它们会用简洁的语言对我们诉说过往。我出生于一所著名学校的围墙之中，在另一所名气相当的院校中以勤奋与热情供职多年；整个一生都与这所院校有着紧密的联系——又怎么可能在撰写这部作品时不时刻想着它对学校的效用呢！德意志民族最优秀、最高贵的年轻人们都热切地期待着民族的远大未来，并且希望自己也能出一份力。我们为这个古老王国的灿烂往事描绘蓝图，如果他们想要学着去理解这一图景，他们就要明白，主要是德意志先民的基督教美德和英雄事迹使他们自由、强悍而伟大，如果没有这些，所有关于德意志民族幸福时代的美梦都永远无法实现。历史教导我们的最重要的一点就是，灵魂高于肉体，精神是受制于这样或那样的形式的，无论在什么时代，精神的力量和变化都会赋予生活新的形态与样貌。研究祖国历史的学科不仅可以与阿里阿德涅的线团相比，带领我们穿越幽暗的时间迷途返回我们的先辈最初踏入历史的起点，同时它如同火炬一样，照亮前前后后不远处的道路，播撒着光辉指明出口，将我们的民族引向比之前更明亮的地方。我们想要让我们的年轻人心系这门学科，不愿让他们认为对这门学科的钻研是被迫的劳动，而是充满自由热爱的事业，同时也为他们提供一些指导，让他们知道如何才能使这项研究长久地为精神与心灵带来收获。因为它能为一个人的心灵带来极大福祉；它能使人心胸宽广，心志坚定，并能以小见大，教人区分短暂与永恒。

如果不能表达出对所有共同生活、共同追求的人们的感谢之情，我就无法结束这篇前言，是他们的研究减轻了我的工作，或者说，是因有了他们的研究，我的工作才成为可能。除去每一位史作者对他们的优秀前辈和博学先驱所应有的感谢，这感情之中还掺杂着个人的责任感。能在有生之年，与过去数十年中大多数在这一学术领域耕耘的作者们取得密切的联系，这是我的幸运。在这些学者中，有一位是关系很近的血亲，可以说是位父亲般的导师；在这些人中也有被当作老师一样尊敬的人们；这其中还有多位少年时的友人及同窗；还有一些在晚些时候建立起了长久的互信关系，另有一些也有过短暂的交集。就这样，这些人的影响，远远超过了他们的著作直接发挥的影响，使得他们的著作对我有了更为生动的意义、更高的趣味。因此，其感激之情也更为深切，对长者们表现为至高的敬意，而对同龄人则是友人的挂念。在阐释中时不时提出的不同意见可能会使他们对我产生误解，但这些反对意见从来都不是针对个人的，而是就事论事。或许在一些冲突之处，我并非有理有据的一方；在另一些事上，我必定也曾被错误和谎言牵着鼻子走；面对一些反对和指责，只要是对认识历史真相、对祖国的历史研究有助益的，他就能保持冷静，并会欣然接受。

　　在我写作这第一册书的时候，不断回忆起那段在朗克的带领下与韦茨（Waiz）、科普克（Köpke）、多尼格斯（Dönniges）、维尔曼斯（Wilmans）和希尔施（Hirsch）共同致力于研究奥托王朝的时光。以萨克森王室统治下的德意志王国为对象的年鉴是我们共同努力的成果，也是这本著作的基础，所以这本著作也可以看作从当时研究中所获的新果实。当时与我共同工作的亲爱友人们，现在也通过他们的书始终充当着我身边的同僚。但是，我也找到了一些间接但有力的支持，其中最重要的就是瓦腾巴赫（Wattenbach），他对这册书的诞生做出了很大的贡献。如今，我与这位讨人喜爱又知识渊博的朋友远隔两地，之后无法再得到他的倾力相助，实在令我痛心。除了感激他的善意之外，我也请求他，即使在远方也不要中断对我们作品的支持。

吉塞布莱希特

1855年于柏林

目　录

第一篇

导　论

分散的德意志民族

法兰克王朝的统一

1. 早期的德意志民族

随着对早期德意志民族认识的不断加深，我们已经知道，最早的德意志民族所生活的区域南起茂林密布的哈尔茨山脉（它现在是德国的南北分界线），北至德国北海及波罗的海之滨。海洋在北面隔绝了在语言和习俗上曾极为相似的德意志民族和斯堪的纳维亚各部族。而在南方的美因河及内卡河一带，如波美拉尼亚，当时还是风俗习性完全不同的凯尔特人的地盘。在西边，与德意志人毗邻的同样是凯尔特民族，在那里，宽阔的莱茵河将凯尔特人的高卢部落隔在了对岸。而在东面，德意志民族的势力范围则延伸到了更远的维斯瓦河畔，那里的一部分斯拉夫人与德意志民族划界而居，另一部分则成了他们的侍从。

德意志各族所生活的地方，就是这样一片地形地貌丰富多样的区域。这里有绿树丛生的山脉，有富饶的山地和平缓的山谷，有水源丰富的断层地带和泥泞的沼泽，也有贫瘠的山冈和连松树都无法生长的荒原，更有肥美的农田和碧绿的草场。但总的来说，这片土地并非天助神佑的沃土，只有通过辛勤而持久的劳作才能收获丰富的物产。虽然几个世纪以来，各部族辛勤耕耘，使这片土地越发富饶秀丽，但"有付出才有回报"的规律仍未改变。不论这片土地是否冥冥中已被定下太多命数，它始终养育着一群威武、坚强、正直的人，他们渴望自由，追求精神上的提升，但同时又完全忠诚地依恋着故土，如同对待自己的信仰和父辈们的习俗。

最初的德意志各宗族是分裂的，正如这片土地一样。每个宗族都只处理自己的事务，有自己独特的生存之道，宗族间的关系也随着时代的变迁在敌友间转换；没有外在的联合统一，就不能使他们从内在感受到，德意志宗族间的亲缘关系相比其他毗邻而居的民族更为紧密。即便他们从同样的祖辈那里听着相同的传说，即便他们清楚彼此在体形、气质、精神、语言和习俗上的相似，也从来没有过这样一条纽带，能将他们连接到一起；也从来没有过一个共同的名字，能将他们作为一个整体与其他民族区分开来。直到近一个世纪才出现了"德意志人"（Deutsche）这个由他们共同的语言而来的名称。所以，狭义上的德国人在最早的那些时代是不存在的，是通过种种机缘，德意志民族才渐渐以国家的形式成为一个整体，与欧洲其他民族分离开来。在此之前，只存在以"今天攻城、明天略池"的方式扩张的德意志各支系，他们以各自特有的方式过着封闭的生活，各自为营。

从早期历史中虽然流传下来许多宗族的名称，但其中的大多数早已失去了原意，还有一些也只是表明了某一宗族的居住地而已。当我们细数这些支系宗族时，会发现在德意志民族中确也存在过邦国，但这些国家形态与今天我们习以为常的国家相比，既没有如此之大的地域范围，也没有强制的国家权力。促使那些宗族联合起来的往往是私人利益，而这些利益本来也是那些享有人身自由又有定居权利的男性的囊中之物，其他那些没有人身自由和私有财产的人只能通过履行集体的义务和权利间接分得一些。这种合作社中的自由人为防御外敌联合起来，对各自的家眷财务互为担保，这就是联合的唯一目的，而宪法也完全是为了抗外安内而存在的。

由此发展而来的德意志宪法的第一要义就是，只有全体人民才能决定他们的贫富苦乐，而凡是被涉及其中的人，都有发表意见的权利和义务。在朔月或望月之类的特定时间，地区联盟内的自由男性会举行集会，一方面为了检阅兵力，另一方面为了对民众间的诸多事宜进行商讨或审判。众人都携带着武器到场，司祭首先宣告集会的神圣和平，任何扰乱审判的行径都将严惩不贷。接着进行类似抓阄的仪式，以获悉诸神是否应允此次集会。司祭若是认为结果尚佳，便会命令众人肃静、集会商议开始。接着诸侯们便按其年龄、宗族贵贱、战绩功勋及思辨口才的高下依次发言。但他们所言还只是建议，不能被视为命令。诸侯们的发言要是不得民心，听众就会报以嘘声；如果发言受到欢迎，听众就会敲击小矛作为回应。小矛是德意志人当时的主要武器，敲击小矛的声响可以算是当时人们能想到的最动人的掌声了。在这样的集会上，人们会决定与邻邦是战是和，也会选举出诸侯，他们要负责掌管邦国内的部分领土、下属区域和臣民，并同时作为军队统领和法庭判官。他们会审理千奇百怪的起诉，但只有叛国投敌和过分的贪得无厌才能判处死刑，因为这些对联盟有着直接的危害，而且人们相信这些行为会引起神怒，只有将罪人处死，神怒方可平息。这些集会上还会举行纳新仪式，通过赠予盾牌和长矛，将年轻小伙纳入宗族同盟中来。同盟如果确定小伙子已经能够游刃有余地使用武器，就会由诸侯、其父亲或是家中某位男性亲属将矛与盾授予他。作为无上的男性荣耀的象征，虽然此时他还没有个人财产，也无权决定财产分配，但自此，男孩从自家的狭窄生活圈中走出来，进入宗族同盟生活中去了。

正如地区联盟召开集会商议决定公共事务一样，下属区域及其下的百人组也会定时定点集会议事。这样的小型集会召开得越频繁，就蕴含着越多民众生活的活力。这些场合当然也少不了自由人的身影，因为这与他们富足安康的生活休戚相关。这里是每个人捍卫自己权利、自由和尊严的地方，因为无论是破坏和平还是忤逆自由人、侵害其财产之类的事件，所有判决和个人的权利都会在这里得到讨论。对这些罪行的处罚由联盟在诸侯的领导下决定。最早用牛马抵偿，其后改用金钱偿还，一部分偿还给受害者或其亲友，另一部分支付给联盟。若有杀人罪行，被害者亲友获得的赔偿称被杀赔偿金（Wergeld），数额取决于被害者的身份。支付完赔偿金罪行就算是被抵偿了，凶手通过这种方式重新买回了对自己的保护和地区联盟的和平。只有那些屡教不改者，才会被剥夺一切保护和权利，流放出去自生自灭。

毗邻的地带，无论是村庄还是独家农户，也以相似的方式结成村社（Markgenossenschaft）。他们召开集会只商议自己村社中的事务，对全体民众的生活没有影响。

曾一度牢不可破的家族纽带，由于国家的统一已经不如从前那么紧密了，但仍旧相当牢固。当家族成员中有人被杀害，家族仍有权维护自己的权利，向谋杀犯报以血仇。但是，家族成员们常常会无视地区联盟的判决，拒绝接受被杀赔偿金而要求犯人血债血偿。就这样，仇恨往往会滋生出新的仇恨、恶行会催生出新的恶行，无止境的冤冤相报使得两家世代兵戎相见，直到一方灭门才算了结。如果将家族权利也看作更高层面的国家权益的一部分，那么家庭权利的确对一切社会生活环境有着深刻的影响。此时的家庭仍由家庭成员作为代表，维护其权益，并对其负责。若家中成员被杀，他们便收取被杀赔偿金，战争时家庭成员们在军队中并肩作战，正如他们在和平时往往毗邻而居那样。此外，地区联盟还涉及更低层面的家庭权利。当时的德意志男性，在自己的一方土地上还享有完全的独立，这也是他们要努力保卫不受侵犯的。在他自己的一方天地间，他就是国王，他拥有妻子和孩子，正如国王拥有臣子和仆役，对他们享有不容置疑的最高权威；在他的家中只存在他一人的意志，除了信仰与习俗之外便没有什么能限制他的了。这也正体现出优秀的传统习俗比法律更具影响力。一旦新妇踏进了由丈夫的意志掌管的家庭，她就会被告知，从今往后，她的一切，不论痛苦喜悦，不论劳苦危难，不论困境死亡，她都将与他分享承担。甚至是德意志人眼中最为崇高的东西，从战争中获得的荣耀与声名，也有妻子的一份。缔结婚姻时，男方会向女方赠送公牛、装上笼头的马匹、长矛和盾牌作为聘礼，而女方也用武器回礼。这些礼物都被视作圣物，而这样的赠予不仅是为这桩婚姻祈福，更是为整个家庭祈福。德意志人认为女性是具有神性的，他们相信女子的话语可以启示未来，没有什么比女子的赞誉更受重视了，而女子的呼喊便是对战士最热切的激励。因此，在家庭中虽然由男性意志主导，但女主人更多是站在男主人身边共同治家，而不是单纯侍奉男主人。父母与孩子间的联结同样是紧密而神圣的。而这一纽带越是紧密神圣，父母晚年时便越可享天伦之乐。父亲的严词厉令和母亲的谆谆教诲对子女来说都是神圣的准则。他们对待家中的仆役是温和而较为人性化的。这些仆役或是在家中侍奉，或是为了抵偿农役和捐税而来，填补一些剩下的农作岗位，他们在农田边也有自己的住所。出身决定了各个农庄中雇农与其主人的关系，也确保他们的生活，比起法律能够起到的保障作用也毫不逊色，对雇农的体罚也少有出现。除此之外，他们的权利与那些被主人释放的以及自由但没有私人土地、交租耕种某位农庄主土地的人没有太大区别。要是想让地区联盟也来保护这些人的身体发肤和自由权利不受侵害，那么农庄主才是他们实际上的保护人。因为只有农庄主才能代表他们在地区联盟中发言，而农庄主的意志和号令是他们无法逃避的。

在大多数德意志宗族中，和平时期是不存在统一的当权者的，只有在战时，民众才会选举出最高统帅，也就是公爵。民众的选择并不是考量财富与地位，而是选出能让众人奉为楷模、能肩担重任的最勇敢之人。诸侯也听从公爵的号令，而旗下的百人组又听从侯爵的号令。但公爵也不可一手遮天，他不能独自决定将一个人绞刑处死，也不能随意捆绑鞭打有人身自由的战士。这些判决的权利还要托付给司祭，这就如同将惩罚交由神来施行。因为，对德意志人来说战争也是神圣的，是神给出的预兆与图景使他们奔赴战场，他们相信，神在兵戈相见时主宰着胜败。战争结束时，公爵的权威随之结束了，但是，不论战乱还是和平，侯爵们一生享有区域联盟赋予他的权力，始终都是其下百人组的最高权威。因此，侯爵们才是实际上固定的当权者，除联盟集会之外，只有他们才对国家关系产生持续的影响。他们不仅仅主持决定自己辖区内的事务，他们之间还会举行特别集会，来处理那些看似无须联盟集会插手的次要国家事务。虽说每个自由人都可能被联盟选为侯爵，这一职位仍旧令人敬畏、荣耀无比。这更是因为，每位侯爵都能够从自愿追随他的青壮年男子中挑选精兵强将，武装起来作为自己的侍卫。这种形式的兵役并不损害个人的人身自由和尊严，它与其他徭役相似，但更多的是为自己，也为主人，赢得荣耀与声望。在和平时期，侍卫们为侯爵看家护院，在战时就成为他的护卫队。侍卫们宣誓对主人忠诚不弃，而道德传统又进一步加强了这种主仆间的关系。声望、荣誉以及报酬，侍卫们都与主人共享，主人的信任恩宠是其在众人中骄傲的资本，为了取得最高级别的头衔，侍卫们你追我赶，因为主人的判断会决定侍卫们不同的级别。如果说侍卫们追求的是更高的头衔和主人的信任，那么主人的追求便是在身边聚集起尽可能多的人才，好在战时有争强好斗、孔武有力的人护卫其左右。若是侯爵在和平时期无力保有自己的侍卫队伍，必须在战争结束之后将其解散的话，那么，这群一心想干出一番大事的年轻人便会自己选出一名头目，自己踏上冒险的征程，或是为处于战乱中的其他民族效力。那些生来自由或是已从劳役中赎身但没有私人财产的男子，可以在这样的队伍中维持生计并获得尊严。除此之外，在队伍中还会建立起牢固的革命情谊，这甚至可能危及联盟的权威。虽说如此，这样的武装队伍毕竟缺少手握强权的领袖，一切听从于自由选出的头目安排。由此，在各个家庭氏族中，同样也在诸侯身边的人们间，产生了一些特别的圈子，这些人本能地倾向于阻碍国家统一，而非促进之。虽说从区域联盟到村社团体，各种联盟团体已经有了些许政治意味，但严格的从属关系并不存在，而这些联盟团体的目的和权力也多有相对和交叉之处。除了这些联盟团体之外，当时的国家仍主要是由自然条件联结起来的。加入联盟必须拥有私人土地，而对国家体系至关重要的阶级地位，是可以继承的；唯一持续不断的政府权力，即侯爵们的权威，是终身制的，而使这一权威也能够世袭的呼声古已有之。在这样的形势下，国家的发展四处受阻，不过作为独立自由象征而披散着他们卷曲头发的德意志人；在家室庭院中听凭自己意志行事的德意志人；在区域联盟中能够建言献策的德意志人；对自由人可以奉为榜样，也能评断其是非的德意志人；可以为民族大义在沙场上并肩厮杀，也可以为个人的血海深仇独赴黄泉的德意志人，几乎始终是自由且独立的。即使是一个人，他也是强悍的，他对联盟提供的协力与建议，远比他从联盟中获得的帮助要多。

正如德意志人零散居住于他们的农庄中，最多也就是通过与邻近村民共同耕种，从而获得在田间林中往来无阻的许可；正如德意志人将城市视为自由的阻碍，他们对于将人们紧紧联系到一起、使个人意志与利益为集体做出牺牲的国家生活感到厌恶。与之相反的，在各个生活圈内人们都显示出对建立更自由、更独立的关系的热切渴望——合作社、团体组织、权利组织一个接一个建立起来，以德意志的方式自由无阻地发展着。只有认识到并坚信，没有一统全局的上层权威就无法满足国家生活所要达到的目标，才能使德意志人走向别的道路。

在许多宗族中，早就由于内部关系或是突发事件，被迫要在国家顶层设置一个强大的权力机构。王权统治是如何开端的，对一些德意志民族来说只是传说，而对另一些德意志民族来说当第一道王命下达到民间时，统治便开始了。凶险的内部党派争斗，与比邻的民族间持续不断的防御战，尤其是征服和驻扎新的疆土使王权统治的必要性渐渐明晰。而当时的国王，都是由联盟从受青睐的族系中选出来的，而王权也会在该族系中世袭下去。国王被视作是神圣的，甚至还享有类似司祭的权力。他在战场上的权力超越了他和民众一起选出的公爵，而且在和平时期他的最高权威也仍旧存在。他管理指导整个地域联盟，领导着最高法院，也正因他是司法之源头，他有权任命各个辖区的法官和领导。从诸侯中又诞生出国王麾下的行政官，这些行政官之后被统称为伯爵（Graf）。而只有疆土面积较大的地区，无论这土地是通过掠夺，还是通过和解获得的，才是王权统治最为深入的所在，这些地方旧有的宗族及地域法规早已抑制了其他社会关系的发展，所以王权统治才大多在疆土辽阔、人口众多的地方存在，并在其下各个地区及更下一级的百人组任命官员。国王所占有的土地越多，统治范围就越广大，正是他所征服的疆土之广使他的地位雄踞其他自由男性之上。也正是广阔的土地使国王能够有资财去供养一支资质优良且人数众多的侍卫队伍，况且越多人想要跻身这支队伍，就使为国王效力显得越发荣耀无比、令人向往。但国王不仅仅是一方联盟的领导、一支队伍的指挥，他同时也是所有需要帮助的人们的庇护人，无论寡妇孤儿还是异乡客，最关键的还有各个层次的自由男性，他们没有财产也没有进入联盟，是王权统治才使他们享受到了最大的自由，使他们的社会地位明显高于雇农仆役阶层。

纵使国王的权力如此之大，纵使区域联盟的核心职权都转移到了国王手中，当时国王却还不能做到在任何一个宗族内一手遮天。区域联盟声称与国王平起平坐，但农庄和家庭内部的事务国王也无权插手。而且王权统治并不是在所有宗族那里都行得通，有些宗族与他所拥有的土地面积相当，实力也毫不逊色，而这也是德意志一直以来的传统，在零散的民族中建立起最为丰富多样的国家生活形式。这些强大宗族就这样从大多数普通的自由阶层中脱颖而出，成了世袭的贵族，贵族即使在地区联盟中没有特权也享有他们自己的荣耀，因为之后国王就会从贵族中产生了。在一些宗族中，古老的世袭贵族只从少数几个支系中产生，并且不久就衰落了，而其他一些则延续了很长一段时间，并对人民的生活产生了深远的影响。从属阶层也改变着自己的命运，比如各个宗族中那些没有财产的自由人，只是方式不同罢了。在这一时期，德意志人四处面临着全新的且特别的生活方式，这也见证了德意志人无穷无尽的创造力，但同时，也越发清晰地向流淌着德意志血脉的儿女们，展现出一幅分崩离析、伶仃飘摇的图景。然而，这多种多样、不断改变着的国家生活形式虽然让人在研究观察时驻足流连，但引领着德意志人走向一个更宏大未来的却不是它们，更多的是那种不可抑制的、对自由的向往，坚定的信念，面对一切镇压者时无穷的勇气，与生俱来的忠诚以及根植在心灵深处的敬畏之情，使一种更高层次的国家及宗教生活生根发芽。

2. 罗马帝国对德意志宗族的镇压及其解放过程

前120年前后，多支德意志宗族向南方和西方进军，攻击邻近地区的凯尔特民族。一向骁勇善战的凯尔特人，当时已逐渐式微，内部的分裂更使其举步维艰，以至于无法迎战向他们浩浩荡荡拥来的德意志队伍，甚至德意志妇女和小孩也跟随在这支队伍中。于是，一些凯尔特人臣服于侵略者，另一些变卖了土地，还有一些甚至加入了这支威名赫赫的大军中，追随他们一起踏上征程。德意志大军一直行进至阿尔卑斯山脉，并于公元前113年消灭了一支试图在山脉东部阻止他们朝意大利进发的罗马军队。罗马人听闻，这支队伍由强悍的辛布里人（Kimber）和条顿人联合而成，都闻风丧胆。他们忧心忡忡，每个人都想撤往城中，并日日梦回布伦努斯和他的高卢军盘踞在罗马城废墟之上的可怕岁月[1]。然而战争的阴云却先转移到了莱茵河畔，侵袭了高卢人，之后才又回到罗马国土上来。高卢狭长的地中海沿岸，从罗纳河[2]河口向两侧延伸开去，辛布里人和条顿人便从这里入侵，而这一地区不久前刚刚臣服于罗马。大军要求罗马元老院将这块土地归于他们所有，并提出军队会效力于罗马作为回报。元老院拒绝了这一请求，并派出一支又一支队伍去镇压他们，然而结果只是一次又一次的镇压失败。罗马行省就这样对敌人门庭大敌，被罗马征服了一个世纪之久的西班牙也被大军洗劫一空，军中的一部分人甚至谋划着从北部再次进攻意大

---

① 指390年前后，布伦努斯率领被罗马人称为高卢人的凯尔特人攻占并洗劫了罗马城，使之成为一片废墟。——译者注

② 欧洲重要河流之一，流经现在的瑞士和法国境内。——译者注

利，之后直捣罗马。这时，是伟大的盖乌斯·马略①拯救罗马于危难，他用两场浴血战役瓦解了辛布里人和条顿人长久以来令人胆寒的军力。

这些战役使德意志人意识到了罗马的强大，以及凯尔特宗族的弱点，因此他们不久就形成了新的队伍。苏维汇人代替了条顿人的位置，并以其赫赫战绩扬名天下。苏维汇人是分布在德意志疆土中部的民族的总称，但他们似乎并没有以国家的形式统一起来。他们可能来自易北河中游与奥德河间塞姆诺（Semnonen）②人的土地上。这片土地在后来也一直是他们庆祝神节的场所，在夜晚的林间他们甚至会用活人献祭。现在这些族人从他们的居住地走出来，向南方和西方进发，一方面征服了美因河、内卡河直到多瑙河畔的凯尔特人领土，另一方面也不断骚扰莱茵河地区。他们击退了凯尔特宗族中的赫尔维蒂人和博耶人，莱茵河畔的其他德意志宗族也受到了他们的攻击，被迫去往莱茵河对岸的高卢地界寻找新的栖所。最终，是当时苏维汇人中最英勇的将领阿里奥维司都斯（Ariovistus）跨越了莱茵河，他先是佯装要与高卢的塞广尼人结盟，其后迫使他们交出其土地的1/3。他初到高卢时只带了15000名战士，不久却已经在麾下聚集了120万人，并且还不断有大批志士从德意志土地上纷至沓来。与此同时，莱茵河流域北部的一些德意志宗族被苏维汇人赶出了自己的家园，整个高卢似乎就要臣服于这支从东面袭来的精兵悍将脚下。这时的高卢人可能也认识到了，虽然德意志各个宗族像敌人那样从莱茵河南北或是跨过多瑙河闯入他们的家园，但不论是他们的勇气和力量，还是他们的体形、语言以及习俗都与自己一脉相连，并拥有一个共同的名字"日耳曼人"。

日耳曼意为咆哮的战士、呼喊着的斗士。相传一开始"日耳曼人"只是高卢人对一些被驱逐出故土并在马斯河（Maas）③岸边栖居下来的德意志宗族的称呼，而后，被用来称呼所有的德意志人，并流传到了当时与德意志人在高卢地界再次狭路相逢的罗马人那里。

此时的高卢人正对苏维汇人闻风丧胆，一方面，阿里奥维司都斯的大军

① 前157年至前86年，古罗马著名军事家和政治家。——译者注
② 苏维汇人的一支。——译者注
③ 欧洲主要河流之一，流经法国、比利时以及荷兰。——译者注

已经漫无目的地行进了许久，他意欲在高卢找到安营扎寨之所；另一方面，雄心勃勃的尤里乌斯·恺撒率领着他的军团从罗马行省向高卢内地进发，也想使高卢人臣服于他的脚下。恺撒抑或阿里奥维司都斯，罗马人抑或日耳曼人，谁才能在高卢指点江山呢？——经过一场浴血鏖战，阿里奥维司都斯还是败给了那个时代最伟大的军事雄才，苏维汇人对高卢的统治也成了泡影。多年征战之后，恺撒将高卢的所有宗族和邦国都收入囊中，势力范围直达莱茵河畔。他并不满足于此，他还要降服日耳曼人。他两次在汹涌的莱茵河上架起桥梁，好让自己的军队渡河，要知道，此前莱茵河上还从未有过桥梁。但恺撒似乎也预感到，罗马军的赫赫英名可能不保，这个原本无所畏惧的男人，不敢与辛甘本人（Sigambrer）和苏维汇人在他们的山间丛林中交战，未曾得胜便撤回了莱茵河对岸。

　　恺撒被刺身亡后，他征服日耳曼人的野心被他的族人继承下来。用暴力统治着罗马民众的奥古斯都大帝，待他的统治稍以稳固，便重新开始了向北征战，要让倔强的日耳曼人向永不衰落的罗马帝国低头。前15年，奥古斯都大帝的继子德鲁苏斯（Drusus）和提贝里乌斯（Tiberius）向阿尔卑斯山谷深处进发。围绕着意大利北部的广阔山区，当时还居住着一些自由的民族，他们中的一部分是凯尔特和日耳曼宗族，另一部分是伊利里亚的支系，他们的居住地分散在北部高原直到多瑙河畔。莱茵河上游以东到因河（Inn）流域居住着瑞特人（Räter）和文德里克人，继续向东直到维也纳森林居住着诺里特人（Noriter），在他们的南边，从德拉瓦河（Drau）和萨瓦河（Sau）直到亚得里亚海的最深处，栖居的是卡纳人，通过多瑙河他们又与潘诺尼宗族相连，而从多瑙河中游直到萨瓦河河口的所有土地都分布着潘诺尼族群。可即使山区作战如此艰险，这些民族，由于本身分布零散，没有统一的精神力量，最终都臣服于罗马铁蹄之下，这也使多瑙河成了罗马政权与日耳曼人之间的又一条分界线。

　　现在，罗马人可以同时从南方和西方攻打日耳曼人了。前12年罗马在莱茵与多瑙河畔召集起精兵强将。德鲁苏斯从下莱茵河，承恺撒之遗志，向日耳曼人发起进攻。同时，提贝里乌斯在多瑙河畔按兵不动，试图通过诱降德意志将领使对岸的宗族归顺罗马。当时，苏维汇人中的一支马克曼人（Markomannen），在他们的公爵马波德（Marbod）的率领下，和科瓦登人一起将高卢的博耶人从波西米亚驱逐了出去，而后占领了这块土地。在奥古斯都大帝的宫廷中，年轻的马波德学会了奴役一个自由民族的技巧，以罗马人为鉴，他也弄清了王权统治的来龙去脉，并在自己的民众中实行统治，在此之前德意志人还从未对这样的统治逆来顺受过。马波德像罗马皇帝那样命人建造坚实的城堡，身边随时跟随着护卫队。他像罗马人那样练兵，并将军队规模扩充到7万步兵和4000骑兵。率领着这支军队他继续进军，直至奥德河与维斯瓦河畔，使越来越多德意志宗族臣服脚下。当时的马波德还与罗马的当权者保持着良好的关系，许多罗马人还只将他视为工具，想利用他在多瑙河以北也建立起罗马的霸权。

罗马的德鲁苏斯联合了居住在莱茵河与瓦尔河形成的岛屿上的巴达维人（Bataver），又使弗里斯兰人（Friesen）也加入联盟，共同占领了莱茵河谷，并在此组建了一支舰队，好同时从海陆两面夹击内陆的日耳曼人。德鲁苏斯带领着罗马第一支舰队通过这条他自己设计的水路驶入了北海，而后通过北海进入埃姆斯河（Ems），期待以悬殊的兵力轻而易举地制约住乔克人（Chauken）和布鲁克特人（Brukterer），然而这个愿望还未达成，他就被迫踏上了回国的路。在随后的几年里，德鲁苏斯踏上了另一条征途。他与在如今的黑森地区定居的卡滕人（Katten）结成联盟，进攻舍鲁斯克族（Cherusker）居住的地区并一直行军至威瑟河畔（Weser）。然而，军饷严重缺乏加上冬季刺骨的寒冷迫使他们踏上了归途。在回程中舍鲁斯克人、辛甘本人和苏维汇人包围了他，如果不是德意志人的分裂使他们手到擒来的胜利不翼而飞，他就难逃一死。为了宣示所占土地的所有权，德鲁苏斯在利珀河（Lippe）和阿尔默河（Alme）的汇流边建起了一座城堡，命名为阿里索（Aliso）。这是罗马人在德意志区域内建立起的第一个派兵驻守的固定据点。在这一系列军事行动之后，罗马军队享受了一段悠闲的时光，德鲁苏斯利用这段时间，在莱茵河畔建起了一个又一个要塞，在美因茨和波恩的河流上架起了桥梁，沿河岸挖掘壕沟又建起城墙，并在陶努斯山区（Taunus）竖起了堡垒。直到公元前9年，他才又率领大军杀回了德意志土地。这次他取道美因河地区，与苏维汇人作战，随后朝韦拉河（Werra）方向行军，穿过图林根森林，与舍鲁斯克人交手后，一直到了易北河畔，那里居住的民族是罗马人之前从未听说过的。据说，当大军正要渡过易北河时，德鲁苏斯面前出现了一名仙女的形象，这位仙女对他说："不知满足的德鲁苏斯啊，汝欲何往？汝命已定，必不能睹尽这世间所有疆土，掉转回头，汝此行及此生的目标皆已达成。"这大概便是当人行将就木时会听到的阴暗的警告吧！他踏上回程，所剩时日无多。当他要渡过萨勒河（Saale）时，他与他的坐骑一起落水，摔断了大腿。他被送往附近一处罗马夏季营地，正值壮年的他就在那儿不治身亡，最终也没能在死前重新踏足罗马国土。这处营地之后被废除了，但地名保留了下来，被称为"灾营"。军团中的将士将他的尸首护送到了美因茨。听闻噩耗，提贝里乌斯迅速赶来，作为第一抬棺人带领送葬队伍前行。将士们想要将他们敬爱的将领埋葬在莱茵河畔，而奥古斯都想要以更隆重的礼仪厚葬德鲁苏斯，他命人在罗马的战神广场火化了德鲁苏斯的遗体，他的骨灰也被安放于奥古斯都的陵园内。亚壁古道上为德鲁苏斯建立起了凯旋门，而他和他的后人更被赐予了日尔曼尼库斯（Germanicus）的名号，意为"日耳曼征服者"。这位看似为罗马政权永远地打开了日耳曼大门的英雄，罗马皇帝就是这样祭奠他的。

迄今为止，一直在阿尔卑斯山区与潘诺尼人以及达尔马提亚人作战的提贝里乌斯，接过了他的兄弟在莱茵河畔未完成的使命。他不久便领兵深入德意志疆土，与此同时，奥古斯都大帝亲临高卢，并现身战场。德意志各宗族大为惊惧，派出诸侯作为使节求和。而奸诈的罗马人却无惧于善恶报应，不顾世人评断，将手无寸铁的侯爵当做俘虏捉了起来，并令其在高卢的城市中游街示众。为了不使自己的将士们因此灰心泄气，这些德意志侯爵自刎了，但群龙无首，德意志士兵们也不敢奋起反抗罗马大军。就这样，提贝里乌斯不费吹灰之力就将德意志的区域收入囊中，对日耳曼人耀武扬威，以胜者之姿荣耀归国了。据罗马年鉴中记载，当时莱茵河和易北河间的所有民族都归降了罗马。

在提贝里乌斯之后，一位叫作多米第乌斯·阿赫诺巴尔比（Domitius Ahenobarbus）的将军接到了圣命。他是一位颇具爆发力的战将，在日耳曼，他成功地渡过了易北河，使河对岸的宗族也成了罗马的同盟。在跨易北河地区为奥古斯都建起圣坛之后，他也带着显赫的声名回乡了。几年之后，由于一些德意志宗族仍旧固执地反抗罗马，提贝里乌斯再次领受皇命，以悬殊的兵力攻略德意志城池。提贝里乌斯的舰队从北海进入易北河流域，当地军队不加反抗便与舰队和解了。这位罗马战将在日耳曼民族的地盘上安扎了两块冬季宿营地。人数众多的乔克族对其俯首称臣，而日耳曼人中最骁勇善战的舍鲁斯克族与其结盟，布鲁克特人、卡尼纳法特人（Kanninefaten）以及其他宗族也都承认了罗马皇帝。提贝里乌斯能够获得这些成果，更多的是通过收买人心和玩弄计谋，他或是循循善诱或是许下重利，而不是使用暴力，更不会让德意志人觉得他们的自由受到了威胁。在罗马人的描述中，当时的日耳曼一片祥和，他们相信，不用多久，这片跨莱茵河两岸的土地就会成为罗马帝国的行省。罗马人的营地和堡垒周围渐渐形成了集市，建起了村庄，扩建成了殖民地，而罗马的风俗习惯、生活方式也慢慢为日耳曼人所熟知，大量日耳曼青年竞相赶来，想要在罗马军旗下一展壮志豪情。

然而，日耳曼人对自由的向往和反抗精神并未就此消亡。北方各部族越是看似顺从，受到罗马信赖的马波德，言语间就越发肆无忌惮。他自以为已经足够强大，能够与罗马针锋相对了。他对待罗马不自量力的狂妄，比起曾试图对抗罗马的皮洛士（Pyrrhus）①和安条克（Antiochus）②有过之而无不及。最终，提贝里乌斯从多瑙河畔出发，率领着12支罗马军团开拔去讨伐马波德。谁曾想，就在罗马军队距离敌方前哨还有5天行军路程的时候，潘诺尼人和达尔马提亚人突然倒戈。提贝里乌斯不得不与马波德讲和，承认他这个自封的王侯。

北方民族认为罗马已经被完全打败，自由又在他们心中重新萌芽。此时，昆克蒂利乌斯·瓦卢斯（Quinctilius Varus）被作为总督派往北方，他的任务是将罗马的司法及税收制度传入日耳曼。在此之前，作为自由的日耳曼人还从未向谁缴过税，而除去区域联盟的法庭，他们也从未听说过其他的裁判机构。佩

---

① 摩罗西亚国王，在一些对抗罗马的战役中虽然获得了胜利，但付出的代价十分惨重。西方用"皮洛士式的胜利"形容代价过于高昂的胜利。——译者注

② 塞琉古帝国国王，曾差点儿征服埃及，但在罗马的干涉下被迫撤军。——译者注

戴着荆条束徽章，被法学家和文书们簇拥着，瓦卢斯来到日耳曼，在利珀河与威悉河畔郑重执行起他的法官职责。起初，没有任何宗族敢违抗他的命令——但渐渐地，德意志人愤恨地意识到，这个外来的掌权者正将他们所不能理解的法律强加于他们身上，即使是轻微的过失也会被如奴役一般责打，生与死全听凭一人之言，而本就被他奴役为他劳作的人，现在还要缴税给他！罗马人对德意志人提出的要求，在德意志人的概念中等于将他们当作奴隶，这已经触及了他们的底线。愤恨不断滋长，德意志人复仇的火焰越烧越旺，他们酝酿着要推翻这个异族的统治。

终于，一个勇敢顽强的舍鲁斯克青年找到了办法。阿尔米（Armin）出身于舍鲁斯克族中的一条贵族血脉，和家族中的其他人一样，他很早就加入了罗马军队服兵役。由于英勇，他得到嘉奖，获得了罗马帝国公民权，荣升为骑士。在提贝里乌斯麾下他曾与自己的祖国为敌，他在军中学会了如何以权谋相斗，并认识到了只有军众一心、严明军纪才能干出一番大事。当他回到家乡，目睹着发生的一切，他意识到，只有通过一场大战才能拯救父辈们曾拥有过的自由，为了祖国的利益和守护着家乡的神明所有人都该拿起武器。他深知兵不厌诈，于是暗中设计，使罗马人即使得到警告也会被阴谋的丝线绊倒；他深知将分裂的宗族团结起来才能成就大事，于是第一次在人们的心中唤起共通的情感，使他们觉得有更重要的东西需要一同去守护。阿尔米成功地说服了舍鲁斯克族、布鲁克特族、马森族（Marsen）及查登族（Chatten）的首领加入自由联盟，通过首领使这些宗族的族人也加入进来。随后，他将大意的昆克蒂利乌斯·瓦卢斯引到了威悉河左岸沟壑纵横的山林之中。借助于大自然的威慑力，日耳曼人在狂风骤雨中将压抑的愤怒发泄到了罗马军队身上。整整3天的死神肆虐、人间地狱，整整3天的追捕、战斗和胜败，最终，瓦卢斯走投无路拔剑自刎，而剩下的残兵败将不是投降就是战死。一支5万人的大军就这样被全数歼灭，罗马人退守阿里索城堡，只在不得已时才派驻兵跨过莱茵河。莱茵河又成了罗马政权的边界。

日耳曼人的复仇是血腥的。在战场附近的圣林中，日耳曼人用敌军的大将和军中长官来祭祀神明，许多人丧命于绞刑架上，罗马的那些管理人更是被拔去了舌头。"终于，毒蛇，再也不能嘶嘶作响！"日耳曼人手握着那些淌血的舌头时，如是说道。他们还挖去战俘的眼睛，砍去他们的双手，让他们这样度过悲惨的余生。高贵的罗马人如今成了德意志人农庄中耕种的农奴、德意志人原野上放牧的羊倌。他们连死去的人也不放过，他们从瓦卢斯的尸体上砍下他的头颅，献给马波德作为胜利的标志。

而在罗马，奥古斯都原本为提贝里乌斯对抗潘诺尼人获得胜利设下大宴，这可怕的战败消息浇灭了人们所有的欢欣。战败的消息虽然可怕，但真正令老皇帝奥古斯都恐惧的是随之而来的、更为可怕的后果。他不敢想象，如果德意志统一起来，形成一股势不可当的力量，越过莱茵河，将当年恺撒征服的高卢收入囊中，随后翻越阿尔卑斯山，直逼罗马而来。他似乎已经看见，自己的皇位被生生地从手中夺走，而他人生的价值也就此陨落。他命人日夜在罗马城内巡逻，进行大规模搜捕，又向众神之王朱庇特祈祷，若是能拯救这个国家必当用更隆重的祭典、献上更多祭品。在绝望中，他撕毁自己的衣衫，任凭头发和胡须疯长，人们看到他像个疯子一样用头撞墙，痛苦地叫喊着："瓦卢斯，瓦卢斯，把我的军团还给我！"

如同惊弓之鸟般的老皇帝其实是多虑了。日耳曼人并没有渡过莱茵河，而被火速派往军团驻地的提贝里乌斯也完全有时间，从容不迫地用强有力的武器将驻地保护周全。在随后的几年中，提贝里乌斯甚至曾去到莱茵河对岸，但都带着十二分谨慎，并且只停留很短时间。身心俱疲的老皇帝不想给自己的统治招来新的祸害，垂死之际，他向继任者留下遗言，希望他不要再扩大罗马的疆土。

公元14年继任的提贝里乌斯，无心再用血流成河的战争去征服北方的民族。他深知，莱茵河的另一边是比金戈铁马更能杀人于无形的鬼魅之岸，对于这个眼下一致抗外的德意志，比起外部进攻，从内部分裂各个宗族，能更好地帮助罗马做好准备。然而他的侄子并不是这么想的——日尔曼尼库斯，也就是德鲁苏斯的儿子，是个勇敢正直的青年，也是军团中的宠儿，指挥着莱茵河畔的兵士们。他的心中燃烧着熊熊烈火，迫不及待地想要完成父亲未竟的大业，并为瓦卢斯报仇雪恨。他领兵横渡莱茵河，在利珀河边向马森族发起进攻。他的军队经过之处便是一片狼藉，马森人最敬重的女神坦法娜的圣地也遭到了破坏。战火还蔓延到了邻近的其他宗族，布鲁克特族、图邦滕族（Tubanten）以及乌西普族（Usiper）受到殃及试图截断日尔曼尼库斯的退路。罗马大军历经艰辛才重新回到莱茵河畔。

大费周章却无功而返，这场毫无斩获的行动刺痛了年轻将领那颗不安分的心。于是，等时节适宜时，他再次率兵启程，从美因茨横渡莱茵河，进攻查登人的领地，再从波恩返回罗马的辖区，同时派遣另一支军队从克桑滕（Xanten）渡河，进攻舍鲁斯克人和马森人。这时的舍鲁斯克人起了内讧。与阿尔米作对的正是他的叔叔赛格斯特（Segest），但赛格斯特的女儿图斯娜尔达（Thusnelda）显然更听从内心而非父命，嫁给了德意志的解放者阿尔米。间隙由舍鲁斯克族的一条支系开始，渐渐分裂了整个民族。这迫使赛格斯特请求罗马人为他撑腰。日尔曼尼库斯的军队再次攻来，解救了被阿尔米围困的赛格斯特。获救的赛格斯特带着整个家族投奔了罗马人，图斯娜尔达也被罗马人俘虏了，并在软禁期间诞下了阿尔米的儿子。怒火中烧的阿尔米在舍鲁斯克境内四处追击，矛头直指赛格斯特和罗马大军。他喊道，就算这是一个称职的父亲、一位伟大的将军和一支英勇的军队用他们的无数双手带走了一名弱质女流，但赛格斯特如果宁愿在异国他乡像个奴隶般活着，那么德意志人民会悼念他的，因为德意志人曾见过，在易北河与莱茵河间的罗马法官和他们佩戴的荆条束标志。如果舍鲁斯克人将祖国和他们生来就拥有的自由权利置于专制政权之上的话，那么，那些不听从罗马人指挥的人，就不会受到鞭打，也无须缴纳苛捐杂税；那么，他们就会让祖国来引领他们重获自由和尊严。舍鲁斯克人再次在阿尔米身边团结起来，毗邻的宗族也加入进来，北德意志民族为再次雄起做好了准备。此时，日尔曼尼库斯正派遣一支军队火速通过布鲁克特族领地前往埃姆斯河畔，而他自己，则率领一支舰队踏上了他父亲没有走通的那条水路，他通过北海，进入埃姆斯河与陆军会合。乔克人加入了日尔曼尼库斯的队伍，布鲁克特人被打得四散奔逃。大军来到瓦卢斯大败的战场，告慰了在此役中陨落的亡灵并为他们竖起了墓碑。但当这支大军真的与阿尔米的军队狭路相逢时，他们就没那么幸运了，不久便败下阵来。舰队遭遇暴风侵袭，陆军奋力抵抗身后紧追不舍的敌军，各番恐惧如影随形，待他们撤回莱茵河畔时已是损失惨重。

提贝里乌斯反对这种危险又毫无用处的行径，但心中的希望被一次次浇灭反而激起了日尔曼尼库斯的闯劲，他又不知疲倦地准备起了更大规模的军事行动。第二年春天，他派遣一支小分队到查登族领地进行侦查，自己则领军到达利珀河流域，在莱茵河与阿里索城堡间开辟出行军道。然后他便回程去准备主攻了。上千艘船只和10万名士兵集结在莱茵河下游。船队毫发无伤就来到了埃姆斯河的出水口，随后取道威悉河，而阿尔米的军队就驻扎在威悉河对岸。

当两军对阵之时，阿尔米提出要求，要与他在罗马军中服役的弟弟，也就是被称为金发少年的弗拉乌斯（Flavus），说几句话。这个要求得到了应允，分别已久的两兄弟隔了威悉河水，互相打了招呼便相向而立。弗拉乌斯在为罗马人征战的岁月里失去了一只眼睛。阿尔米问他，他的容貌缘何变成如今这样。弗拉乌斯告诉他那场战役的地点和名称之后，阿尔米又继续问，为了这些罗马人支付给他的酬劳又是多少。弗拉乌斯回答说，薪饷已经有了增加，他也获得了勋章及其他荣耀。"用钱买来的服从还真是廉价啊！"阿尔米用讥讽的口吻喊道。兄弟俩的争论到这里还没有结束。弗拉乌斯继续讲述罗马的国土之广、皇帝实力之强，讲述对背叛的惩罚、对服从的褒奖，讲述儿童与妇女们的安危；而阿尔米口中说的则是对祖国的义务，人们生而拥有的自由以及日耳曼的守护神。阿尔米急切地请求他的弟弟，他说，这也是母亲的请求，请他不要离开这个家庭，离开他的族人，更不要背叛他们。两兄弟的争论越来越激烈，怒火中烧的弗拉乌斯差点儿就要上马提枪，最终被人拉住。

日尔曼尼库斯坐镇威悉河，向阿尔米的军队发起进攻。最终，日尔曼尼库斯赢得了胜利，但罗马大军伤亡惨重，而德意志军队并没有被全数消灭。德意志人很快又聚集起来，几天之后，就在战场的附近向罗马人发动了进攻，双方胜负难分，但已足够给日尔曼尼库斯又一记沉重打击。即使这样，罗马人还是骄傲地竖起了一根凯旋柱，上面刻着"提贝里乌斯大帝在战胜莱茵与易北河间的民族之后，特立此柱，献予战神玛尔斯、众神之王朱庇特和奥古斯都"。随后，罗马军队便踏上了归程。若干军团走陆路，日尔曼尼库斯则和其他军团走水路。然而，一场骇人的风暴突如其来，冲散了船队。恐惧支配了一切，所有人都认为难逃一死。最终，日尔曼尼库斯侥幸生还，带着少量幸存者回到了罗马。就算是经历了这一切，日尔曼尼库斯仍不放弃，同年，他又向查登族领土派兵，并第三次领兵渡河对战马森人。由于这些宗族的领地荒无人烟，大军不久便撤回了冬季营地。事已至此，日尔曼尼库斯只得听从提贝里乌斯的命令，离开这片他心爱的舞台，不久之后，他便远征东方，并在那里毫无战绩地结束了自己的生命。

正如提贝里乌斯期望的那样，德意志宗族最大的外部威胁还未被清除，内部的分裂就爆发了出来，最终迫使他们向罗马政权屈服。马波德没有直接参与解放日耳曼，他遵守与罗马人的合约，以确保自己能名正言顺地保有对多个德意志宗族的统治。但塞姆诺人和伦巴底人（Langobarden）仍旧向往着古老的自由精神，于是便挣脱了马波德对他们的束缚，加入了舍鲁斯克人和阿尔米所率领的自由民族；而另一方面，舍鲁斯克人内部的分裂还在继续，阿尔米的叔叔英格奥默（Inguiomer）无法说服自己去听从侄子的号令，带着自己的追随者投奔了马波德。就这样，原本只是竞争对手的俩人很快变成了仇敌，并为了自己的名誉和实力互相拼杀起来。他们并非毫无章法地乱斗，而是双双遵循从罗马人那里学来的战场上的规矩，慢慢地向对方靠近。阿尔米激励着自己的军士，告诉他们新的自由等着他们去争取，罗马人将被他们打败。他将马波德称为卖国贼，罗马皇帝的走狗，说他会得到和瓦卢斯一样的下场。马波德则夸耀自己如何英勇战胜了提贝里乌斯派来的12支罗马军团，称阿尔米能歼灭瓦卢斯的军队全靠上不了台面的阴谋诡计，阿尔米的老婆孩子被罗马人软禁，是阿尔米的奇耻大辱，而日尔曼尼库斯还要拖着这两个累赘真是倒霉。在对彼此的怨恨中，战争打响了。一方面是为了过去的英名和未来的自由而战，另一方面是为巩固王权统治而战——这场在自由的日耳曼人和王权统治下的日耳曼人之间展开的战争，决定着这个民族的未来。这场战斗并未分出胜负，却让马波德的统治地位受到了重创，他不得不向罗马皇帝求援。见到日耳曼人内讧，提贝里乌斯心中大喜，他拒绝了马波德的请求，正如马波德当时未在对抗舍鲁斯克人的战役中支持罗马人那样。

马波德的统治很快便走到了尽头。被一位哥特族（Goten）首领废除王位两年后，他投奔了愿意给他施舍的罗马。日耳曼人马波德的王国就这样陨落了。几年之后，由于阿尔米不断受到亲族的敌视，并遭到了亲族的设计谋害，背上了企图称王统治众民的罪名，人们认为这位日耳曼的解放者违背了民族自由精神，纷纷弃他而去，以舍鲁斯克族为中心的联盟也瓦解了。阿尔米逝于22年，时年37岁，已经领导了这个民族整整12年。他的威名长久地留存于德意志民族的歌谣中，被人们代代传唱，而罗马人也在他们的年鉴中为阿尔米留下了永不褪色的篇章。

就算失去了马波德和阿尔米的领导，德意志人仍要为自由而斗争。长久以来作为罗马雇佣军的弗里斯兰人，在提贝里乌斯统治时期仍在协助罗马人攻城略池，现在又重新为他们的名字赢得了尊严。罗马帝国第三任皇帝卡里古拉（Caligula）所吹嘘的征服日耳曼人的战功，连罗马人自己都要讥笑。直到第四任皇帝克劳狄乌斯（Claudius）①执政时，又在莱茵河中下游展开了边境战争，当英勇的罗马大将多米提乌斯·科布洛（Domitius Corbulo）向弗里斯兰人和乔克人开战时，罗马人才明白，招惹日耳曼人没什么用处，只不过为国家带来不幸而已。胆怯的皇帝命令科布洛将罗马军团撤回莱茵河对岸。科布洛痛心疾呼："曾经的罗马战将是多么幸福啊！"最终听从了命令——德意志人给罗马人称霸世界的野心画上了界线，这可以说是德意志人所做的第一件攸关世界历史的大事。

从那以后，莱茵河与多瑙河成了自由的日耳曼人与罗马帝国的分界线，只有在莱茵河河口，紧靠莱茵河右岸而居的巴达维人还依赖着毗邻的罗马帝国。然而，没有外来敌人深入腹地前来侵扰，德意志各宗族之间又相互残杀起来。原先居住在埃姆斯河畔的安普斯特瓦里人（Ampstvarier）被驱逐出了自己的领地。在向对岸的罗马人求助无果后，他们又徒劳地尝试在日耳曼内部闯出一个新的家园：旷日持久的战争几乎消损了整个宗族。为争夺他们领地边的一座盐泉，赫姆杜伦人（Hermunnduren）和查登人陷入苦战。查登人甚至起誓，获胜后要用敌人向神明献祭，最终却是他们自己败下阵来，在神坛前被屠杀。

---

① 史称克劳狄一世。——译者注

在外敌当前之际，德意志各宗族的确在短时间内紧密团结在一起，可胜利之后，内部分裂又凸显出来，各宗族又各自为营，没有什么能使他们长久地统一起来。若要说是天意不愿德意志的长矛输给罗马的刀剑，不愿自由的日耳曼向专制的罗马低头，命中注定德意志将成为一个自主而强大的民族，还不如说，是在无数争斗与苦难之后，罗马人固执僵化的精神气质被软化了。

3. 德意志与罗马的和平关系

当提贝里乌斯率领他的水陆两军来到易北河河口，并在易北河一岸建起军营之时，德意志的刀枪正在易北河的另一边闪烁着寒光。一位年事已高但身形魁梧的男子跨上了一只轻舟——那是用一段被掏空的木桩制成的简陋交通工具，从他佩戴的饰物来看，他在族中地位颇高，他用双臂划水，朝罗马人所在的河岸驶来，并要求会见提贝里乌斯。他的要求被应允了，他一言不发地注视了战功显赫的罗马将领们许久，突然说道："吾辈韶华倏忽而逝，远方的人将你们敬为神明，而你们却出现在他们面前，于是他们便对你们刀枪相加！感谢你，让我今天能亲眼见到这些曾经只是耳闻的神明，今天是我人生中最幸福的日子了。"他满是敬畏地摸了摸提贝里乌斯的手，随后，便头也不回地回到了河对岸。

当时的德意志人就是在满怀着敬意仰视罗马人荣耀实习的同时，向他们举起武器的。罗马这座闪耀着熠熠光彩的永恒之城，罗马人横踞四海的统治权，罗马帝国众多繁华富庶的行省，罗马皇帝手中雄厚的兵力和无可比拟的权力，这一切对德意志人早就不再陌生。一开始是一部分人亲眼所见，后来他们回到德意志家乡，将这一切讲述给了那些从未踏足过莱茵河、多瑙河以外世界的人。

尤里乌斯·恺撒初识日耳曼人之际，就已经明白，世上再也没有比这群忠诚无畏的人更好的战士了，自然赋予他们无比强健的体魄，使他们终生都能服兵役。于是他立即将他们收入军中作为辅助兵团并以礼相待。法萨卢斯战役的胜利，日耳曼人从中相助，将罗马的未来交到恺撒的手中；在恺撒遇刺引发的腓立比战役中，罗马共和派军队又一次与新的掌权者针锋相对，两边的阵营中除去罗马军团，都有日耳曼人的身影；在瓦卢斯战败惨死之前，奥古斯都甚至放心地让一队德意志侍卫来保障自己的人身安全；在奥古斯都及他的继任者的统治下，日耳曼辅助兵团为罗马开疆扩土，向东直到帕提亚帝国附近，向南抵达非洲荒漠边缘，即使侵略德意志人的战斗，有一部分是由德意志人完成的。是为了满足自己的战斗欲望也好，为了获得荣耀嘉奖、挣得金钱财物也好，大批德意志人背井离乡，来到罗马人的土地上，以为罗马人服役为生。而这样做的并非少数几个人，有时甚至是整个族群的人。

任凭德意志人对家乡的土地再热爱，对自己家园的自由再向往，他们一踏上罗马土地，一切的感官和想象都如同着魔一般，罗马世界的宏大庄严，超越了他们心中尘世间所应存在的尺度。在距离他们如此之近的地方，竟然存在着这样实力雄厚、繁华夺目之国！

从大西洋到幼发拉底河，从多瑙河和北海到尼罗河瀑布，这片广阔区域间的所有国家和人民都臣服于罗马。时间可能见证过更为广阔的国度，但到那时为止，绝对还从未有更加华丽富庶的帝国。从此端到彼端，整个国度都施行统一的律法，使用同样的管理原则，一致的军事系统，一致的税收体系，所有城市在国家中的地位都毫无差别，除了无与伦比的都城罗马。早在奥古斯都执政时期，罗马城人口已达两百万，城中到处闪耀着金子和大理石的光华，到处是前所未有的艺术杰作和发明创造，即使是在罗马城衰落已久的今天，这些作品仍被当做无可匹及的典范受到世人的赞叹。四面八方的财力物力都齐集于此，寰宇之间形形色色的奇珍异宝都汇聚于此，而这个国度所拥有的一切，归根结底是为一个人的意志服务的。那个人看似只是从罗马帕拉蒂尼山中走出来的众人中的一个，却带领着罗马，征服了几乎每一寸当时已知的土地。

在罗马各行省中，备有一支总人数大概35万的机动部队，随时听候奥古斯都大帝调遣，而为了确保奥古斯都自己和罗马城的安全，16000名士兵驻扎在罗马城中，在亚得里亚海和西方海域分别驻扎着一支由25只帆船组成的船队，高卢水岸也驻扎有规模较小的船队。无论是黑海、幼发拉底河，还是莱茵河与多瑙河，五湖四海无不受到罗马皇帝的管束。大部分形省的执政官由皇帝亲自任命，所有执政官都听其指挥。他一声令下，从前偏远难行的地区就有了宽阔的道路；他一声令下，人迹罕至的空城就魔法般兴旺繁荣起来。正如同所有生命活力都朝向国家的心脏罗马涌来一样，新鲜充足的血液也流向了帝国的其他区域。在此之前，各民族大多只能在战场上兵戎相见，而现在，罗马帝国将最偏远的民族也团结到了和平的羽翼之下。所有这些民族为罗马帝国带来的精神和物质财富，不久之后便又使这些民族从中受益。分散在各地的产物通过都城的集中调配，能够平均地分配到各处。此前以狩猎为生的民族学起了农耕，荒漠成了沃土，零散的村落变为城镇，而帝国较大的城市中充满了形形色色的人间珍宝，这也是罗马城能够熠熠生辉的原因，同时这也反映出，所有被打上罗马帝国烙印的那些行省受了多么严苛的压迫，才使罗马拥有用之不尽的财富。

与日耳曼人毗邻的行省也早就深谙与大罗马帝国建立联系的诸多好处，对各种互利关系也都了如指掌。于是，这里曾经闲置多时的田野，不久就变成了茂盛的耕地，手工业也迅速发展起来。语言和习俗也完全改变了，一些之前所谓的感官与精神享受，现在成了野蛮人的所作所为。曾经肮脏的贫民窟上建起了恢宏繁华的城市，之后还成了世界上受到最多福祉的城市之一，这便是在多瑙河与阿尔卑斯山脉间的罗马行省——高卢发生的变化。

罗马人将他们在高卢的领地，即东面以莱茵河为界的那片区域，称为日耳曼尼亚，之后又将其分为两个行省：上日耳曼尼亚和下日耳曼尼亚。上日耳曼尼亚大约从莱茵河畔的布莱萨赫（Breisach）开始顺流而下，直到附近的河口，西面则以佛日山脉（Vogesen）营造的天然屏障为界。在这里居住的拉脱维亚族群中，混居着旺炯族（Wangionen，或写作Vangionen）、尼美特族（Nemeter）和特里伯克族的（Triboker）的德意志人。从这里崛起的繁华大都市，美因茨就是其中的佼佼者，直到今天这座城市还使人们回忆起当年德鲁苏斯和他的罗马军团的事迹。此外，还有沃尔姆斯（Worms）、施派尔（Speyer）以及施特拉斯堡（Straßburg）。继续沿莱茵河向下直到河口，便是下日耳曼尼亚，向西一直延伸到斯海尔德河（Schelde）和阿登（Ardennen），这里的日耳曼宗族也与高卢人同呼吸共命运。下日耳曼尼亚的首府是科隆，而这里同时也是罗马人在莱茵河畔最繁盛的殖民地，莱茵河畔的其他城市大多是由德鲁苏斯所建的堡垒发展而来的，比如宾根（Bingen）、科布伦茨（Koblenz）、雷马根（Remagen）、波恩（Bonn）以及克桑滕。而乌得勒支（Utrecht）和莱顿（Leyden）则是莱茵河口的重镇。而在辖区内部，马斯特里赫特（Maastricht）边的通厄伦（Tongern）发展起来成了日耳曼人中通格族（Tungrer）的要地。而在两个日耳曼行省西边则是上比利时。在佛日山脉和上马斯河间的土地上，至今仍有许多遗迹令人不禁去回顾罗马时代。上比利时行省的首府是特里尔（Trier），由于它的璀璨繁华，之后常常被作为皇帝的宫邸，甚至可与罗马城相媲美。梅斯（Metz）、图勒（Toul）以及凡尔登（Verdun）则是排在特里尔之后的二线城市。在莱茵河转弯处的巴塞尔（Basel）附近居住的是凯尔特人中的劳里卡族（Rauraker）和赫尔维蒂族，他们之后被归入了塞广尼行省。劳里卡人的都城叫作奥古斯塔·劳里卡（Augusta Rauracorum），距离巴塞尔不远，如今的奥格斯特（Augst）城边还能见到其遗址。赫尔维蒂人的重镇则要数阿旺提库（Aventicum）、温多尼萨（Vindonissa）和温迪施（Windisch）。阿旺提库现在被称作阿旺什（Avenche），地理上靠近纳沙泰尔湖（Neuenburger See）。而温迪施现在则是阿尔河（Aar）、罗伊斯河和利马特河（Limmat）汇流上的一个村落。雷蒂亚行省则从博登湖开始，向东延伸至因河河口，向南以阿尔卑斯山为界，向北以多瑙河为界。当时的雷蒂亚行省主要居住着凯尔特人，但罗马人不久便开始在这里进行殖民。雷蒂亚行省的中部是名为奥古斯塔·温德里卡（Augusta Vindelicorum）的城市，也就是现在的奥格斯堡（Augsburg），是当时罗马人极为重要的北方殖民地。中部还有雷根斯堡（Regensburg），它是罗马防御日耳曼人强有力的要塞之一，而美因河河畔的帕绍（Passau）则是罗马军队的驻地，名字也是由驻扎在这里的巴达维辅助军团而来。继续顺多瑙河而下，是诺里克行省。该行省东至维也纳森林，南邻萨瓦河上游。这里的居民也大多是凯尔特人，但不久他们就都接受了罗马的习俗和语言。恩斯河（Enns）向多瑙河的入水口附近，后来成了名为洛尔里卡（Lauriacum）的城市，现称为洛尔希（Lorch），多瑙河舰队就是在那儿建立起来，并驻扎有一支军团。诺里克行省的中心是现在被称为萨尔兹堡（Salzburg）的朱瓦乌姆（Juvavum）。多瑙河东北边是帕诺尼行省（Pannonien），向南以萨瓦河中下游为界，向西则与罗马本土相连，那里居住的主要是伊利里亚民族。该行省中包括古称温多博纳（Vindobona）的维也纳（Wien），维也纳向下在莱茵河畔是当时重要的军团驻地卡农通（Carnuntum），萨巴纳（Sabana）现在被叫作松博特海伊（Stein am Anger），库尔普河（Kulp）向萨瓦河的入水口是古称锡西亚（Siscia）的锡萨克（Sissek），位于萨瓦河河口的斯雷姆（Sirmium），曾经也是繁华之地，并在多瑙河战争期间常常作为皇帝的驻地，这座城市的部分遗迹至今还能在小城米特罗维察（Mitrovica）边找到。以上所有城市都是很早就成了行省中的重镇要地，因此对整个帝国也具有重要意义。

当罗马各行省及其下的城市不断发展兴盛之时，尤里乌斯一支逐渐衰落，在公元68年短暂的混乱之后，弗拉维一支接过了帝国统治权，并为了帝国的福祉做了极大努力。但不久之后，弗拉维一支也败落了，年事已高的涅尔瓦（Nerva）通过元老院推举登上帝位，其后通过收养贤德之人作为养子来继承帝位的方式，产生一系列通达贤明的君主：图拉真（Trajan）、哈德良（Hadrian）、安敦宁（Antoninus）以及奥理略（Marcus Aurelius）。他们各有不同的才华与追求，但有一点是相同的，他们都将帝国的福祉置于个人的安康之前，并竭尽全力造福于民。这是罗马帝国最为昌盛的时期，也是人们最为幸福安康的年代，以至于多个世纪之后仍使人不禁回想。

目睹着罗马人熠熠夺目的幸福生活，日耳曼人的心中不免对自己国度的贫乏和狭隘而神伤，罗马军队精良的武器和赫赫战绩吸引着他们，高卢郁郁葱葱的农田使他们心生妒意，罗马遍地可见的庄严恢宏之气势令他们惊叹，还有罗马纵情享乐的生活方式也时刻勾引着他们的心神。在这样的情形下，不单单是已经移居莱茵河对岸的罗马土地上的宗族，还有那些没有离开的日耳曼宗族，纷纷将原本的习俗和生活方式抛之脑后，对自己与生俱来的自由权利不管不顾，最终不惜屈膝臣服于罗马强权之下，也不足为奇了。

虽然边境战争还时常爆发，但随着时间的推移，罗马人与大多数德意志宗族之间还是建立起了和平友好的关系。双方达成协议，结成联盟，各民族为罗马帝国服务，受罗马帝国保护，有些人与罗马皇帝交好，他们从罗马皇帝那里学来了治国之道，并借罗马的影响力扩大自己的势力。当时，甚至自由的舍鲁斯克人也对这些罗马皇帝俯首称臣。罗马商人游历德意志各处，也拉动了北方德意志民族的需求。

比起战争，这样的和平往来反而更深刻地威胁着德意志人的自由。尤其是在公元1世纪末，罗马帝国雄踞世界的霸权再次不断增长，这样的威胁也达到了顶峰。不列颠沦陷了，多瑙河下游的土地不久之后也变成了达基亚行省（Dakien），德意志宗族四面楚歌。随后，就连莱茵河上游与多瑙河上游间的土地也落入了罗马人手中。罗马人往那里派遣高卢殖民者，并从多瑙河畔雷根斯堡以北开始，直到莱茵河畔的科布伦茨，筑起牢固的城墙与沟壕作为防御。至此，从内卡河（Neckar）到雷根斯堡之间形成了一条宽阔的军路，沿途诞生了许多城市，其中就有巴登-巴登（Baden-Baden），当时被称作泉乡奥勒利亚（Aurelia Aquensis）。这样一来，罗马人最终还是在莱茵右岸站稳了脚跟，而多瑙河左岸，直到诺里克行省和帕诺尼行省的区域也完全在他们的控制之下。现在，他们磨刀霍霍，只期望着，渡过那鬼魅之岸，让整个日耳曼不久之后也臣服在他们脚下。

然而，比鬼魅之岸更强大的，是日耳曼人对自由的热爱。那些轻而易举就结成的联盟，同样轻而易举就瓦解了。顺从于罗马的那些德意志国王，无法长久地稳固其统治权力；而即使出于尚武精神，使民众们愿意在一段时间内为罗马的军队服役，最终，他们还是会感到，争取自己与生俱来的自由权利，更能满足他们的向往。虽然，日耳曼人对罗马声色犬马、锦衣玉食的生活已不陌生，但他们还是保有自己简朴的习俗，何况在罗马人看来，最扎眼的粗俗行为，是东施效颦般对他们的穿着、习俗和行为方式进行模仿。日耳曼人如此顽固不化，在罗马的宏大气势和雄厚实力面前，竟还将自由置于光彩夺目的生活之前，即使在罗马人看来也不可思议。一位曾到访过日耳曼的罗马作家，满是惊讶地描写了查登族的栖居地，海潮如何淹没土地，人们居住的小屋如何散落在山坡间；他描写人们如何维持生计，海潮来时便马上出海，海潮退去就有遇难死去的人，由于周围没有大片草场，他们甚至无法饲养牲畜，只能捕鱼为食，而他们所用的劣质渔网是用芦苇和水草编结起来的，常常缠住自己，而雨水就是他们唯一的饮料。他疾呼道："若是这些宗族如今被罗马人民战胜了，他们恐怕会因为受到奴役而抱怨，是的，许多人也的确为了避免这样的命运，而在自讨苦吃。"

但罗马却也有这样一个独具慧眼的人，虽然他是彻头彻尾的罗马人，他对日耳曼人感同身受，并充分理解，为什么他们放弃光彩夺目的努力生活而选择贫穷的自由。这个人就是科尔奈利乌斯·塔西佗（Cornelius Tacitus）。透过罗马人渐渐消亡的自由，透过各种迷惑性的假象，透过罗马帝国光鲜得使人沉沦的盛名，他清晰地看到，罗马的统治在日耳曼人的自由意识面前碰了壁；他清晰地看到，这支从正直淳朴的风俗中成长起来的年轻的战斗民族，对于垂垂老矣的罗马来说，不仅仅是不可战胜的，长久下去甚至可能反过来置罗马于死地。正是塔西佗，不断将人们的目光引向自由的日耳曼人，使他们去思考：这个民族是怎样通过美德而强大的；如何帮助罗马发展到了它现在的高度，自己却沦落成了唯唯诺诺的奴隶；而在长达两百余年与日耳曼人的斗争中，虽然常常将其战胜，却无法使其臣服，使罗马始终记得失败的时刻；在自由与专制暴力之间展开的斗争是如何不公。他说："萨莫奈人（Samniter）没有，布匿人（Punier）没有，西班牙人和高卢人没有，甚至是帕提亚人也没有如此频繁地使我们警醒。比帕提亚王的力量更强大的，是日耳曼人的自由。"战栗中，他仿佛可以看到，罗马就要在日耳曼大军的铁蹄下陷落，他只好暗自期望，日耳曼人之间的恩恩怨怨永不消弭，好使他们无法联合起来对抗罗马。除此之外，他不知道还有什么能为自己的祖国做的了。"若帝国真的命数已尽，那么除了希望敌人内讧，我们也不能有更多期待了。"

4. 罗马的弱点和帝国的诞生

塔西佗的话如同预言一般。短短两年之后，莱茵与多瑙河畔的民众群情激奋，罗马收到了第一次亡国之日将近的警告。

奥理略大帝执政期间发生了多起动乱。他发现，长时间的和平使军队实力下降，军纪松散，军中人心不稳，最终爆发叛乱；而帝国人民贪图享乐、怠惰因循，习俗传统抛却脑后。罗马的宿敌帕提亚人绝不会放过这些弱点，他们攻入帝国疆土，歼灭帝国军队。一场旷日持久的战争在东方打响，罗马虽然艰难取胜，黑死病却紧随而来在军中爆发。随后，黑死病经由小亚细亚、希腊、意大利和高卢肆虐开去，夺去了无数人的性命。此前，日耳曼人在西南两面受到沟壕、城墙和堡垒阻挡，转而将矛头指向欧洲东部。现在，由于黑死病的催逼，不得不重新踏上旧时的征战之路。

162年，由苏维汇军队起头攻打雷蒂亚行省，乔克人攻入比利时行省，查登人则向莱茵左岸的罗马辖区进军。罗马人虽然成功地将这些侵略者赶了回去，但帝国的情势也越发危急了。几年之后，也就是167年，多瑙全线遭到袭击，敌军浩浩荡荡、人数众多，其中帕诺尼人继续渡过多瑙河，越过阿尔卑斯山，一路进攻到阿奎莱亚（Aquileia）。苏维汇人的大联盟中，大多都是日耳曼宗族：麦托曼人（Maitomannen）、科瓦登人、赫姆杜伦人、伦巴底人冲锋在前，其后是在东面栖居的汪达尔人（Vandalen）、阿勒人（Alanen）、哥特人（Gothen）以及巴斯塔纳人（Bastarner）；但日耳曼人之外，斯拉夫宗族也已经加入了这个民族大群体。一场旷日持久的残酷战争就这样打响了，胜败无常，战时协议不断签订又不断被打破；英勇的奥理略在这场战争中度过了他大半的执政生涯，却没能看到战争最终的结局。在多瑙河岸边的温多博纳附近，死亡侵袭了他，而他那不成器的儿子，怯懦胆小又沉迷酒色的康茂德（Commodus），花费了极大的代价才从敌军那里"买"来了和平。向罗马帝国发起进攻的日耳曼宗族所提出的要求，大部分都得到了满足；他们中的一部分被编入罗马军队，一部分进入罗马辖区或在边境区域定居下来，好守护边境地区不再遭受侵扰，即使是在帝国内陆也有分配给他们的住所。日耳曼人已将罗马帝国的弱点看得一清二楚，不消多时，对冒险的激情和财富的诱惑就又引来了新的侵略者。

康茂德遭到刺杀身亡后，帝国内的秩序瞬间瓦解，掌握兵权之人纷纷企图取而代之，对罗马人来说，战斗变得越发凶险起来。而与此同时，德意志民族也已经改头换面，日耳曼人的实力已经足够强大来对抗外敌。3世纪，旧时的那些宗族名称消失了，同时小而紧密的民族联盟诞生了；在较大的宗族联盟中，德意志各民族都以新的名称出现。我们可能会较多听到：辛卡本人（Sikambrer，译者注：原辛甘本人）、乔克人、安斯瓦里人（Amsivarier，译者注：原安普斯特瓦里人）、舍鲁斯克人、布鲁克特人和查登人；法兰克人

（Franken）①这一称呼则涵盖了莱茵河下游的所有民族，而在威悉河畔和易北河下游的宗族则被称为萨克森人（Sachsen），在此前萨克森只是易北河下游一支微不足道的小族的名字；美因河畔以及直到多瑙河畔的罗马界墙附近的苏维汇宗族现在合称为阿勒曼尼人（Alamannen）；在广阔的东部平原居住的各民族，在向哥特人臣服之后，统一被称为哥特人，虽然那些特有的旧宗族名称，如阿勒人、汪达尔人及赫鲁利人（Heruler）等并没有完全消失。易北河中游的伦巴底人声称弗里森是他们旧有的姓名，而现在，弗里斯兰人的称呼也的确有了更广泛的指代。位于中部的勃艮第人（Burgunder）和图林根人（Thüringer），不久之后也都称霸一方。

　　从宗族名称的变迁中可以看到，一场巨大的变革也在潜移默化中发生了，联盟由小变大，而原本分开生活的各个团体，也为了共同的未来而团结起来。这不再是由外部利益驱使而结成的区域与区域间松散的联盟，而是任斗转星移、世事变迁也拆散不了的坚韧联盟。在化解日耳曼各宗族之间的积怨、弥合族与族间间隙的过程中，自然赋予的亲缘关系、语言和习俗起到了一定的作用，但更多是共同的危险困境使他们联结到了一起。腹背受敌、四处征战，这样的情况下，各民族间就必须相互扶持保护，对于邻族，要么和睦共处，要么就使其听从自己的号令。邻族间的关系是如何发生改变的，具体的细节如今的我们已无从知晓，但有一点是不容怀疑的，那就是每个民族间的关系改变都以截然不同的方式进行着。有些宗族与邻族订下合约，在经贸上联合起来；其他一些则在不幸战败后，被迫接受与强大的邻族不平等关系；面对无往不胜的敌族，一些兄弟民族为了寻求庇护联合起来。最终，新的王权在其中的某一族中诞生，而这也意味着，其他兄弟民族的自由到了尽头。

　　在这个战乱不断的年代里，是为了抵御东面来犯的敌人也好，是为了朝西方的敌人发起进攻也好，诞生了许多位日耳曼国王。由于当时，全部的国家生活都系于军事，人们在战场间奔波，生死全在金戈铁马间，必须让他们意识到有必要将最高权力归集于一人，并从各贵族支系中选出一支王族，使其居于众

---

① 又译作弗兰肯人，在指地理区域时，亦常称弗兰肯地区。现今所说的弗兰肯地区大致位于德国巴伐利亚州内。——译者注

人之上。而在那个时代，萌芽已久的王权也在不断加强，即使是此前没有过国王的宗族，国王也已经对宪法的精神和形式有了极大的影响力。虽然组织形式各有不同，但各处的区域联盟之上产生了州联盟：不论州联盟的形式是像萨克森人那样，由各区域联盟派出议员组成州联盟议会；还是像法兰克人那样，所有自由人都有权出席州联盟集会，抑或只是由各区诸侯出席商议州内事务。在原本零散的小圈子上诞生了这样一种更高的秩序，这是德意志民族向统一迈出的重要一步，不久人们也清晰地看到，更大范围的统一是如何提升民族内部实力的。

3世纪初，罗马帝国的边境同时在莱茵河与多瑙河被攻破，哥特人从东面、阿勒曼尼人从西面向罗马人发起进攻。罗马人企图通过"军事殖民"来保卫边境，他们将边境的土地免税分给退役老兵，只要他们承诺继续在战时辅助作战；他们企图，通过授予暴虐的马里米努斯（Mariminus）国王权力，让他带领一群日耳曼雇佣军去和自由的德意志人作战，只因为马里米努斯是由一位哥特人父亲和阿勒人母亲在色雷斯（Thracien）生下的，有着日耳曼血统。然而，这些尝试都是徒劳无力的，罗马一方已渐渐招架不住不断拥来的德意志军队。虽然，马里米努斯靠着愚勇又一次深入日耳曼腹地，但泥泞的沼泽和茂密的丛林为他的进军画上了句号；而这时罗马人不得不全部撤出莱茵河左岸。人们在"十分地"（Zehntland）①所找到的罗马遗存，都是当时罗马皇帝的财产。若是用这些钱财去换取帝国的安宁，现在又会是怎样啊！

阿勒曼尼人还没被赶走，又有法兰克人在237年渡过莱茵河横扫整个高卢。哥特人带领着前所未有的精兵强将于251年渡过了多瑙河下游。在与哥特人的战斗中罗马皇帝德西乌斯（Decius）阵亡了，罗马人除了求和别无他法，答应进贡，并将达基亚行省的大部分割让给日耳曼。

当时，塔西佗口中帝国命数将尽的时刻，好像已经到来了。人们还没有好好庆祝罗马崛起千年，内忧外患就侵袭而来，将罗马人永世大国的疯狂理想化为泡影。一任又一任皇帝相继遭刺杀身亡，各行省也不再追随帝国中央。各

---

① 又称"Agri decimates"，它是介于莱茵河上游与多瑙河上游之间的地带，因为居住在那里的日耳曼人耕地收入的十分之一须上缴罗马帝国而得名。——译者注

军团都选举了自己的王，他们之间无休止的内战随后又反过来使他们自取灭亡，并使帝国损失惨重。与此同时，阿勒曼尼人和马克曼人则笃定地越过阿尔卑斯山，畅通无阻地通过意大利人口稠密的地区，到达了罗马界墙前。法兰克人将高卢洗劫一空，他们不仅从下莱茵河朝内陆发起进攻，而是大胆地乘着他们的小船远航出海，在高卢和西班牙行省登陆进行奇袭，并无畏地驾驶这些简陋的船只一直到达了地中海。而萨克森人也已经用树枝编结船身，再覆上皮革作为小舟，借此出海航行，威震不列颠尼亚和高卢行省的沿海区域，成了最为神出鬼没的海盗。钱包鼓了，又受到之前胜利的鼓舞，哥特人开始向更为广阔的世界闯荡，开启了一系列无与伦比的征程。他们不仅穿越了色雷斯和马其顿（Macedonien）向希腊发起进攻，雅典、斯巴达、科林斯，所有西方基督教文化中著名的城市都遭到了他们的洗劫；与此同时，他们的船队航行于黑海之上，将大军送往亚洲海岸，侵袭了当时尚还富庶的小亚细亚诸城，并再次使艾菲索斯（Ephesus）的狄安娜神庙化为灰烬。

　　但罗马帝国的丧钟还未敲响。当声名狼藉的加里恩努斯（Gallienus）遭谋杀身亡之后，杰出的马库斯·奥理略·克劳狄乌斯（Marcus Aurelius Claudius）①受到了罗马军团的推举，登上了皇帝宝座，元老院也对这个结果颇为满意。其后，哥特人前来劫掠，克劳狄乌斯大义凛然地派出了一支几乎没有任何武器装备的军队。即将迎战之际，克劳狄乌斯向元老院写道："面对敌人，我完全做好了以命相拼的准备，敌军有三十二万人之众。我若胜了他们，希望你们对我心怀些许感激；我若败了，也请想到，我是在加里恩努斯执政之后接手了这盘散沙啊。整个帝国在加里恩努斯和那许多暴虐的王侯压迫下如日暮西垂，奄奄一息，各行省也纷纷衰落。我们甚至没有足够的盾牌、刀剑和长矛。若是在这样的情况下我们也能有所成就，那我们理应受到惊叹赞扬。" 269年，克劳狄乌斯凭借一场压倒性的胜利，夺取了保加利亚和塞尔维亚边境的纳伊苏斯（Naissus），随后又歼灭了哥特人的船队，并由此将他们送上了归程。此役获胜后，克劳狄乌斯写道："我们迎头痛击了三十二万人的哥特军队，歼

---

①　史称克劳狄二世。——译者注

灭了由两千艘帆船组成的船队。田间岸边布满了敌军的武器和尸体。"这场胜利拯救了罗马，但短短一年后，克劳狄乌斯因罹患黑死病，在斯雷姆去世了。

按照克劳狄乌斯的遗愿，将由大将奥勒良（Aurelian）作为他在帝国中的继承人，去完成他未竟的大业并授予他"国之重建者"的称号。奥勒良成功地平定了行省中的动乱，使帝国重新统一起来。他讨伐了不断袭击意大利的阿勒曼尼人，又与哥特人订下了停战协议。通过不断征战，他达成了自己的目标，他的执政时期都是在行军打仗中度过的，他的整个帝国就如同他的军营；正是他，稳定了罗马，并兴建起护城墙，这些城墙至今还围绕在罗马城边。然而，为了达成这些目标，罗马也付出了很大的代价，沦陷了的达基亚行省就被割让给了哥特人。在奥勒良被刺身亡之后，人们相信，他们已经不再需要有军事背景的领导人了，于是元老院推举克劳狄·塔西佗（Claudius Tacitus）继承皇位，但人们很快就发现，军事才能还是必不可少的，于是军团拥立普罗布斯（Probus）登上皇位。这时，征服日耳曼人的想法又一次冒了出来，罗马人想要会会这群可怕的敌人，并在他们的地界将他们消灭。天助普罗布斯，阿勒曼尼人和法兰克人都被驱赶到了莱茵河对岸，哥特人也撤回多瑙河对岸，普罗布斯的军队得以深入日耳曼腹地。但面对日耳曼中部的民族时，普罗布斯的运气就没这么好了，他的军队数次险些不保。最后，他实在别无他法，为了保护帝国的边境，只好让新选出的日耳曼族群定居莱茵河与多瑙河岸，以便看守边境，并破例让日耳曼人加入罗马军团，在此前罗马军团可是只有罗马公民才能加入服役的。这样一来，帝国最大的威胁被暂时平息了。短暂的动乱之后，戴克里先（Diocletian）于284年被军团立为皇帝。他认为，可以通过在帝国内部建立新的机构来稳定国情、增强国力。

戴克里先以其卓尔不群的智慧预见到，零散的自由组织形式是行不通的，只有将帝国所有的力量统一起来，让最高权力拥有者能够整体调度、运筹帷幄，同时平息人们的间隙和各方的纷争，才能拯救江河日下的帝国。他以东方的专制体制为榜样，像波斯国王那样将皇冠作为最高权力的象征。按照东方宫廷礼仪，不是在罗马而是去到中东的尼科米底亚（Nicomedien），通过冗长庄重的仪式为自己加冕。他的仆从必须对他跪拜，称他为主人。在此之前，只有奴隶对他的家主才这样称呼，而且他们还要将皇帝奉为神明。此前尚存一些声望和权力的元老院，被剥夺了参与决策帝国事务的权力。失去了皇帝及其宫廷的罗马城，与别的罗马大城市相比不再有任何优势。意大利行省丧失了控制土地税和人头税的自由，从而失去了相较其他行省的优越性。所有的异见都被尽可能摒除，对前朝的追念被抹杀了，取而代之将开始一种全新的秩序。为了更便捷地管理国家内政，更好地防御外敌侵略，戴克里先将帝国政府分为东西两部，并将其一交由他的战友马克西米安（Maxmian）管理。马克西米安驻扎在米兰。戴克里先和马克西米安使用奥古斯都的头衔，并为帝国东西两部各设一名副皇使用恺撒的头衔，作为统治帝国的助手，特别负责指挥军队，同时也作为统治权的候选者，因为皇帝的人选最终还要由军团最终敲定。这一举措看似将帝国一分为二，其实却使整个帝国更紧密地联结起来，因为最终的决断权都在两位较年长的奥古斯都手中，帝国各地的立法与行政都由高层的国家部门统一掌管。

其后几个世纪帝国的发展，都建立于戴克里先所奠定的基础之上。只有将政府一分为二的举措没有得到理想的效果，很快就使帝国处于分裂的危机之中。

在戴克里先自愿退下皇位之后，在多位奥古斯都和恺撒之间了产生激烈的争夺，最终，君士坦丁一世（Constantin der Große）清除了所有异己，独占帝国鳌头。

戴克里先未竟的事业，由君士坦丁一世完成了。君士坦丁一世对帝国进行划分，任命自己的亲信为共治者，仍由四帝共同统治帝国。但这些共治者得到的只是对内政和司法的管理权，为了避免他们的权力增长太快，执掌兵权之人都另外任命。每位共治者之下都划分出多个管辖区，其下又分出行省以及更下层的城区。权力层层分配，最终都归于皇帝。这座由许多小城市作为基石搭建出来的国家建筑如同金字塔一般，而皇权就高高立于金字塔顶，将严酷的高压施加到各个城市身上，将这些城市最后的财富和罗马帝国残存的独立政治消灭殆尽了。帝国内的城市不仅要维护自己的运作，还要确保帝国宫廷、官员及军队的运作；税收都从城市中搜刮而来，早在当时，不留情面地征收苛捐杂税就已经被当成了一种执政的艺术。为了不断满足官员们的贪欲，维持宫廷内的琼楼玉宇，也为了供养军队，确保内部的和平与边境的安宁，收税的数目便越来越高。

过于庞大的内政官员及文武官员使得国家必须实行全新的秩序，于是，在谨慎与不安中，这些官员的俸禄、权力、头衔及象征身份的纹章都被加以调整。由此，形成了一支庞大的官吏贵族群体，虽然皇帝对各个官位均有亲自任免的权力，但他们还是在代代相承的财产和头衔中，寻求自身地位的巩固。不久之后，高阶的官衔甚至也可以作为荣誉官衔授予并未担任公家公职的人；除了因功勋而受封的贵族之外，又出现了名誉贵族，这两种贵族的荣光都来自皇帝冠冕的光辉。

君士坦丁一世在拜占庭建立新皇宫，并命名为新罗马，这里之后被人们用他的名字命名为君士坦丁堡；他的身边追随着元老院的官员，但正如所有罗马帝国的元老院一样，君士坦丁一世很少征求元老院的意见，即使前去征询常常也是些微不足道的事务，元老院的地位和作用几乎只和城市议会相当。相比之下，地位更为重要的是监理会，也就是皇帝的帝国议会，由最高阶的宫廷官员、侍从官、帝国首相、国家秘书长、公共财务部长、皇家私有财产管理人员以及皇家护卫队的指挥官组成，他们的位置与国务委员相当。其他官职如领事、裁判官以及财务官，虽然都是俸禄极高的荣誉官职，但对国家并没有太大的影响力。在新罗马这颗熠熠生辉的明星旁边，旧罗马的光芒变得越来越暗淡，它昔日的庄严尊贵也化为了毫无实质的泡影。

罗马统治者们长久以来所追求的目标终于达成了，这似乎也正是按照着事物发展的规律，自然而然得到的结果。一个此前在欧洲还从未有过的专制政体建立起来了，整个罗马王国臣服于皇帝脚下，罗马皇帝的疆土不断扩张，皇权统治不容反抗。无可争辩的一点是，通过专制政权的严苛管理，安宁与秩序又重新回到了罗马疆土之上。看起来，罗马帝国若要保全自己，似乎有必要用敬畏与惊恐筑起的钢铁铰链镇守起国之四方，同时这条铰链也要守护起它继承的所有财产，不论人们有没有认识到它们的价值，为了确保未来，有责任也有义务将这些财产守护起来。并且，需要守护的不仅仅是那些古老的艺术与科学结晶，而是人类智慧至今为止在生活的所有领域所做出的发明与发现，是过去的总和，是人类这一支系的全部发展。从这一角度来看，这一专制政体似乎是必要的，但它同时也带来了不幸，而这不幸最先波及的就是所有人民。在一个骄奢淫逸、贪得无厌的宫廷压迫之下，在庞大臃肿、为虎作伥的官僚机构欺凌之下，在一支不为祖国赴沙场、却为钱财洒热血的军队践踏之下，帝国的富庶在极短的时间内就被消磨殆尽了，欣欣向荣的行省也变为了穷乡僻壤。自由消亡之时，便也是自私自利之心碾压美德操行之日。正直的人也弯下了腰，诚实的口也油嘴滑舌地说起了奉承和欺骗的话，而曾经勇敢勤劳的民族则完全沦为了贪欲和胆怯的奴隶。不久之后，甚至已经无法从罗马人民中——从所有在帝国内出生的自由居民中——组建起一支军队，去与敌人抗衡，去与蛮夷拼杀。这群贪得无厌又懦弱懒惰的族人只会在歌舞升平与酒池肉林中继续生活。

旧世界在被奴役中消亡，新势力必定要将自由还给人们，并孕育出一个新的时代。

5. 基督教在罗马人与哥特人中的传播

这世间的事物看似在永恒的更替中循环，总是随着时间流转，又重新回到最初的开端。但若是因此就认为，君士坦丁王朝的历史会在几百年之后最终回归原来的国家生活形式，像东方的大专制政体那样发展的话，那就错了。朝那个方向发展欠缺的条件太多了！国家、权力和法律，这些昌明时代流传下来的概念，不会随意消亡。君士坦丁大帝的王国虽然保留了共和国的名称，却也更加细致谨慎地保护和扶持私人权力。更重要的是，就在君士坦丁误以为已经将国内所有独立的势力消灭殆尽之时，他将基督教提升为了国内具有更高地位的宗教，基督教教会拥有此前从未有过的权力，这不仅给统治者的为所欲为设置了障碍，也为国家的未来埋下了隐患。

基督教内部承载着神圣的力量，它借助于与罗马帝国的紧密联系，迅速从犹太山地走出来，传遍了整个罗马帝国。虽然在最初的那个世纪，信徒的数量还不十分庞大，但他们却都有着极为忠诚和高尚的信仰，一旦他们将心交给了上帝，他们便获得了一种平静，而这种平静是在这个世界——这个喧嚣的尘世上所不存在的；并且就算别人百般嘲弄，甚至是对他们加以最残暴的迫害，也无法将这种平静夺走。教徒人数越来越多，公元2世纪时，教徒人数之众甚至引起了皇帝以及非基督教徒的担忧，以致在帝国范围内针对基督徒采取了暴力手段；但殉教者的鲜血并没有扑灭信仰的火焰，反而成了滋养的甘霖，使基督教的福音种子越发强健茂密地抽芽生长。

　　基督教将所有承认它的人都编入一个友爱的团体之中，即教会。这个团体就是上帝在尘世中的王国，它将来自不同地方的信众团结起来，共同为信仰、为对天主的敬与爱而奉献。在此之前，犹太教的礼拜堂已经遍布了罗马帝国各处，最初的基督教团契就按照这一形式建立起了教规及外部秩序。最初，所有教内的成员都是地位平等的兄弟，每个人都无私奉献，全心全意地侍奉天主，虽然没有外部的纽带将一个个零散的团契联结起来，但共同的信仰与对天主的爱已经将他们从内心深处联系到了一起。但不久之后就出现了各式各样的分歧，不仅在团契的内部，也在各个团契之间产生了嫌隙。

　　由于对圣经旧约中一些概念的解读，团契中有一定地位的神职人员脱颖而出，越来越多地将团契的管理权掌握到自己手中，并将自己视为教义与礼拜仪式的唯一管理人。正如神职人员们将自己与普通信众区分开来那样，不久之后，在神职人员内部又划分成了高低不同的等级，居于顶端的是主教。按照类似的方式，人们也开始管理团契并对各个团契加以区分。村团契居于市团契之下，而市团契又从属于在行省省会城市拥有驻地的总团契。省会城市的主教，又称为大主教，相比行省中其他的主教权力与声望更高一层；在他的主持之下，行省中的各个主教济济一堂召开宗教会议，共同商议教会中的事务。3世纪时，安条克（Antiochia）、亚力山卓（Alexandria）和罗马的大主教获得相比其他大主教更高的声望，不久之后，君士坦丁堡和耶路撒冷的大主教也跻身于这一行列之中。这些主教的得势，一方面是由于他们所在的行省疆域宽广，将周边的其他大主教也收入了手下；另一方面是因为他们的教会历史相较别人更为悠久，便独占了"教祖"的敬称，而原先，这一称呼是所有主教都可以使用的。而在现在的这群"教祖"之中，罗马的主教又受到了最广泛的认可，因为在整个西方都没有与之竞争的敌手，而他的教会又是由耶稣的使徒伯多禄①亲自建立起来的。

　　基督教会就这样形成了自己的内部秩序，这一秩序帮助它获得了稳固的结构，也为它在尘世达成其使命提供了便利。这一秩序的必要性还体现在，它使基督教教众人数在有宗教迫害威胁之时也保持不断上升。危难教人祈祷，当那些古老神明在令人惊恐万状的危急关头对信众的祈祷听而不闻时，对他们神力的信仰就死了，那些背负着罪孽的灵魂和忧虑不安的良知转向了基督教团契的怀抱，在那里，他们重又相信了祈祷的力量，感受到了天父给予他们的回应。

　　在戴克里先时期，他认为基督教团契会与政治势力勾结，因此以最为残暴的方式迫害基督教徒。君士坦丁一世的目光更为长远，他意识到，基督教成为世界性宗教是不可避免的，若与基督教共同进退则世界霸权也会落在他的手中，所以，与其让国家在与基督教的斗争中消磨力量，不如接受这股新的不可战胜的力量，与之结盟。所以，君士坦丁一世公开自己的基督教信仰，想方设法惠及主教和富足教会。按照他的意愿，他的新都城从一开始就应该是一座彻头彻尾的基督教城市。改变宗教信仰，皈依基督教在过去将面临最严厉的惩罚，但现在这是能够讨得统治者欢欣的一件功绩，而君士坦丁一世自己，也在生命结束之前接受了基督教洗礼。

　　通过与国家的紧密联系，教会发展成了在巨大的危难面前或在平淡真实的宗教生活中，都能紧密团结在一起的组织。不论在东方还是西方，都有大人物开始尝试，不仅将基督教的伟大教义牢记心中，而且让其渗透到自己的精神中，并互相联结，神学这门学科就这样诞生了；但随着这一学科的诞生，对教义的争论使教会内外面临着永久的分裂。根据阿利乌（Arius）②的学说，耶稣具有神性，但并非神，与神不同，是类似于神的存在。这一说法轰动了当时的整个基督教派，激发了信徒间的争辩，使内部的大规模分裂变得不可避免。于是君士坦丁一世于公元325年召开了第一次尼西亚（Nicäa）公会，这是一次按

---

① 又译使徒彼得。——译者注
② 阿利乌，又译阿流，曾任亚历山大主教，领导了基督教阿里安教派。阿里安教派，又译阿里乌或阿利安教派。——译者注

照行省级宗教会议的模式召开的全国性宗教会议。在会上，到会的主教们批判了阿利乌的学说，并将教会认定的真正教义作为信条确定了下来。即便是皇帝也必须遵从主教们的决定，这也确保了教会和其教义的统一。

但比起教会与国家政权联合所获得的益处，国家从这种联盟中获得的收益更为巨大。因为基督教正是这样一种宗教，它宣扬着"皇帝的物当归给皇帝""在上有权柄的，人人当顺服于他"；指使信徒，皇帝要收关税就该上缴关税，皇帝要人民展现出敬畏就该展现出敬畏；教导信众，对和蔼仁慈的主上与对乖戾暴虐的主上要同样言听计从，因为这份顺从是神眼中最为满意的善行；它将忍耐与顺从当做最为高尚的情操，并最终将永不满足的人心指引向彼方的极乐世界，而非短暂的尘世幸福——像这样一种宗教，比起那些殚精竭虑锱铢必较的治国智慧，更能保证君士坦丁建立起的国家拥有稳固的基础。

但也正是在宗教上，在基督教教会中，新建立的专制政体触到了它的力量界限、遇到了无法逾越的鸿沟。教会宪法在一些情形下，仍允许基督教团契有自由行动的权利。因此，被国家禁止的自由在教会内得到了保留，即使是国家统治者在团契中也是地位平等的兄弟，并且作为教外人士必须服从于神职人员，这一点使得皇帝在教会内的权力变得尤为重要。虽然皇帝立身于尘世之间，但究其根本，他追求的还是超越尘世的永恒，因此他的地位应当是没有任何人世间的权力能够触及的。更何况，根据预言，他最终也将脱离这个世界。而主教正是这种力量的体现，他们带着这种不可战胜的神力，无所畏惧地向统治者指出，即使是对于居于上位拥有权柄之人，也有其权力的界限，但是，对于基督徒来说，比起听从人的号令，他们必须更多地听从神的号令。

在君士坦丁一世之后仍有异教试图摧毁基督教教会，对教义的旧有争议又爆发出来，教会与国家政权间的联盟也濒临瓦解，直到狄奥多西颁布皇帝谕令完全禁止了偶像崇拜，并于380年，将阿利乌创立的阿里安教派，作为异端邪说从罗马帝国彻底肃清，同时给予了尼西亚的天主教信经无可争议的重要地位。自此以后，罗马帝国真正成了基督教国家，而天主教会也成了国家的教会。但狄奥多西心里明白，天主教会的主教们并不甘心臣服于皇帝的脚下。由于皇帝在惩罚起义的塞萨洛尼基时所表现出来的暴虐，米兰的安波罗修（Ambrosius）

主教将他关在教堂门外，并丢下这样一句话："你犯下了和大卫一样的罪孽，那么就像大卫一样忏悔吧！"并直到他忏悔8个月之后，才重新让他回到教会中来。在帝国法规的制定中无处不体现着教会产生的影响，不合风化的戏剧演出被叫停或是受到限制，对奴隶和俘虏的压迫有所改善，长久以来被压迫的女性地位也得到了提升，寡妇与孤儿得到了国家的保护。教会与政府并肩治理国家、共同决定人民的命运，而它们之间的关系也深刻影响着国家的发展。有了教会的存在，政府无法再获得不加约束的绝对权力，而想要将教会的影响力从人们的灵魂消减甚至抹杀，更是不再可能了。

现在的问题是，基督教会与罗马帝国政权新近形成的这一联盟是否也能成为日耳曼人的主宰，使他们长久地臣服于其统治之下呢？想要做到这点绝非易事，因为罗马帝国的武器日耳曼人手中也都有，而关于他们心之所属的问题，也完全由他们自己全权决定。最初，是阿勒曼尼的雇佣兵将君士坦丁一世送上了皇位；并借由高卢和不列颠尼亚行省的军团，他才战胜了对手，获得了独自统治罗马帝国的大权，而这些军团大多都是由日耳曼人组成的；在他位于君士坦丁堡的皇宫中，法兰克人是极为重要的组成部分，而他自己也是第一个将罗马宫廷执政官的荣誉颁发给法兰克人的皇帝；他与哥特人倒是开战了，但当哥特人提出，为他提供4万的雇佣兵作为辅军——这正是他长久以来所要求的——他立即与哥特人讲和并与之结盟了；即使在君士坦丁一世的继任者们争夺皇位之时，日耳曼人也一直掌握着主要的决定权。正像坊间描述的那样，日耳曼人作为边境护卫者的威名并非浪得，就算人们想要用暴力———战胜日耳曼各个部族的首领并歼灭他们的军队，也需要英勇的皇帝尤利安亲自出马，来攻入德意志的疆土，而且他的胜利所带来的震慑并不持久，也并不像人们误认为的那样，是不可逾越的高墙；日耳曼人已经知道得太清楚，罗马帝国的弱点和强项分别在哪里。尤利安去世后不久，瓦伦提尼安大帝就不断与日耳曼人在边境展开战斗，面对向高卢攻来的阿勒曼尼人他只能一味防守，为了策反法兰克人对抗阿勒曼尼人，他将一名法兰克首领任命为罗马军队的指挥官；与此同时，与他共同执政掌管东部帝国的、他的兄弟瓦伦斯已经不再抵抗，任由西哥特人靠近帝国辖区。在这样的情形之下，罗马人还如何怀有对胜利的期待呢！

可谁知道呢？新的信仰所带来的征服世界的力量，在这场罗马人与日耳曼人之间已经绵延了500多年的古老斗争中，说不定会为罗马人带来有利的形势呢？是的，这两个敌对民族间的血腥斗争的确在一场基督教与异教间的战争中告一段落了，接下去的出路毫无疑问就是罗马的胜利，但像这样的一场信仰之战，就是在当时也是伴随着杀戮的。因为当时，德意志人中信仰基督教者不再是少数，哥特全族都皈依了基督教门；甚至在罗马帝国承认基督教会之前，对耶稣的信仰就已经成了那些强大的德意志宗族的主流。

在茂密而人迹罕至的林中，在喷涌的泉边以及在那空旷的山巅，而不是在由人类双手建造的庙宇中，不是在满是匠气的石像前，德意志人在此之前，都是在神圣的大自然中，与他们的神明对话并向祂们献上表示忏悔或感激的祭品。但他们的宗教绝不是沉闷的自然崇拜，他们认识到自己所拥有的自主的精神力量，而想象力则可以赋予这种精神力量以实质、形态及构造。主神沃坦①、雷神索尔以及战神提尔，神后弗丽嘉、丰饶神弗雷以及死亡女神海拉，还有成群的巨人、精灵和水中女妖，他们都通过自然元素和力量来发挥神力，但他们对于战争与和平的掌控也毫不逊色，也正是在战争与和平的转换间展现出了德意志人对内对外的整个生活。在更深层次的意义上，这一古老的信仰除了展现德意志人早期的生活，还表明了更高一层的事物的规律。它不仅告诉我们，始祖们在今生结束之后还有另一生等待着他们，因为主神沃坦会将在战争中英勇牺牲的将士纳入英灵殿，而其他人则会被严厉的死神海拉关进她幽暗的居所。他们也相信世界的终结，一场大火将烧毁天地，而所有的神与人也将一同消亡。

日耳曼人的信仰，并不像希腊人与罗马人的信仰那样，是慢慢消逝的，当基督教的福音书传到他们耳边时，他们还没有遗忘之前的信仰，但新的宗教就这样快速、像是命运早就安排好了一般，取代了旧有信仰的位置；他们改变了信仰，正如圣徒保罗转信基督教一样。是什么使德意志人快速而又坚决地皈依新的教义，并且使他们牢牢依附其上不再离开呢？有人认为，德意志人的旧有

---

① 相当于北欧神话中的主神奥丁。——译者注

信仰在这个过程中起到了一定的作用。旧有的信仰虽然失去了原本的光彩，但在很多方面，它都与基督教教义所指明的道理不谋而合，所以，人们能在一定程度上在基督教中找到解释与满足。一些人认为，日耳曼人就是这样实现了从异教到基督教自然而相对轻松的转化。但是，更为关键的是，这一新的信仰所带来的最深层、最独特的教义在于将耶稣作为救世主，在于神子带来的自由，在于人类与天父及救世主之间更紧密的关系，在于基督徒间兄弟般的情谊，在于彼此发自真心的守望相助——所有这些教义都与日耳曼人与生俱来的自由精神不谋而合，从最宏观的层面到最琐碎的细节全都与他们牢牢联系起来，与他们的本质产生了至深的共鸣。也因此，所有此前在黑暗中沉睡的意识，终于在福音的光芒中明晰起来。而此后，基督教成为战争的宗教。耶稣将他的信众们引入了对抗世界与其罪恶的战争，但在热火朝天的斗争中，他同时也用充满爱意的仁慈支持着他们并使他们在战争胜利后获得应有的薪饷。因此，日耳曼人也乐于以战将的身份面对他们的救世主，他们将自己视为耶稣军队中的侍臣，以自己与耶稣的关系为誓效忠军队，也以此作为自己最深刻牢固的羁绊。

当罗马方面还在为确定和维护教义的纯洁、为教会秩序和礼拜活动、为教会在国家中的地位等外在事务争论不休的时候，日耳曼人对基督教的理解已经更多地深入了人的内心，并且迫切地寻求在救世主本人身上确定自己的信仰，试图用自己的忠诚与其建立起最紧密的联系。因此，日耳曼人可能是最早一批追随阿利乌关于耶稣其人的学说的，虽然这一学说并不一定是最为正确的，但却是最简单易懂的，因为在这一学说中救世主与人类的地位更近了，更能通过人们的想象描绘出来。正如他们尝试着将全部基督教教义和教会生活融入他们自己的语言和思维体系那样，耶稣这个词进入他们的语言之后，成了他们心间充满爱与重量的词汇，而德语版的福音书也是他们一直以来的夙愿。我们所知道的，并且至今还有部分流传下来的第一本德语书，就是由哥特主教乌尔菲拉（Wulfila）翻译的圣经。

经过若干世纪的传播，基督教才渐渐传遍了所有的德意志宗族。在这一点上，哥特族领先了其他族群一步。在当时，哥特人还首先做出了尝试，他们在凯尔特人的基础上，试图建立起国家形式的联盟，想要在罗马帝国边上树立起与之比肩的民族帝国。他们是所有德意志宗族中最具活力、最有行动力的一族，同时又勤勉肯干。对于陌生的货物，只要确认可以当作货物就毫不犹豫地接收进来，毫不惧怕新生事物。他们懂得战胜之道，也懂得温和地抚慰战败者、贤明地统治臣服者。像这样一支民族，是理当居于上位的；而自古以来这一族中就拥有世袭的皇室血脉，族人们也都懂得听从于皇帝的号令，这更是为哥特族的统治道路排除了许多障碍。于是，275年，当奥勒良皇帝放弃达基亚行省时，哥特人占领了这块土地，从多瑙河下游出发建立起了欧洲东部一个疆域广袤的帝国。

从蒂萨河（Theiß）到黑海，再到顿河（Don）河口，从多瑙河畔和喀尔八阡山脉到波罗的海海滨，无数族群承认哥特人的统治，如阿勒人、巴斯塔奈人（Bastarnen）、汪达尔人、戈比德人（Gepiden）、赫鲁利人、鲁吉尔人（Rugier）以及司基伦人（Skiren），随后是达基亚行省的罗马垦殖者，最终是东部和北部的斯拉夫、立陶宛及芬兰族群。这个帝国的组成如此复杂多样，统治者在这样的情况下是怎样施行统治的，我们如今已不得而知，但可以确定的是，这个国家从不缺少精神与文化财富。黑海边多座废弃已久的古城，在哥特人的统治下重新获得了生机；达基亚行省中的农业耕作比之前规划得更为完善；哥特人建立起了自己的文字和书面语言，并在法律中规定了这些文字的写法。于是，在欧洲东南部的多瑙河河口及黑海海岸就诞生了这样一个时代，德意志民族在王权统治下建起了一个充满希望的帝国。若是哥特族的势力能够继续保持、不被分裂和动摇，那么之后，不仅是德意志民族，还有整个欧洲的命运都将会多么不同啊！但哥特人建立起的这个帝国，作为历史上一个不同寻常的现象，仅仅是暂时的，而它存在的意义也仅仅是向德意志人展示，他们也有建立起国家的力量，他们也能对这个世界的构架产生持续的影响。但这难道还不足够吗？至少在人们心中升起了希望，他们知道了，除罗马帝国外，国家还可以有别的形式，除那些称自己全知全能的教会外，宗教也还可以与皇权统治更紧密地联结起来！

6. 西方帝国在德意志民族手中的覆灭

罗马人曾说，当他们最为珍视的特洛伊城，在希腊人的暴力中倾塌，陷落成为废墟之时，他们伟大的祖先埃涅阿斯头顶的云突然散开了。这些云原本是要遮蔽凡人的眼睛，让他们无法探知天神的秘密的，而现在这些云散开了，埃涅阿斯看到，并非凡人而是不死的神在摧毁特洛伊城。他看到海神尼普顿用他的三叉戟撼动着城墙，众神之王朱庇特和他的妻子朱诺正在鼓动敌军拿起武器与特洛伊人开战，而智慧与战争女神弥涅尔瓦则屹立山巅，手中的武器闪着寒光。这样看来，特洛伊城的繁华和罗马帝国雄霸一方的统治权，完全是终结于神明之手，而凡人只是他们手中的工具而已。罗马人其实早已预见了特洛伊城的覆灭。日耳曼人摧毁了罗马城和整个西罗马帝国，并不是图一时之快，而是因为他们不得不这样做。不容迟疑的紧急形势逼迫他们投身于对抗这座世界之城和西方霸权的最后一战，他们冲锋陷阵，向罗马帝国发起进攻，直到他们战死沙场。将西罗马帝国政权摧毁是德意志人在历史上最大的功绩，同时也是唯一一次几乎所有德意志宗族都共同参与的行动；然而，这却不是一次经过深谋远虑、按照严密计划实施的行动。所以，击败罗马的并不是德意志人联合起来的力量和决心，而是人们所不知道的、更高的力量。

374年，当浩浩荡荡的匈奴军队——蒙古人中的一族——向欧洲进发，渡过顿河时，内外都不如先前稳固的哥特帝国，根本招架不住气势汹汹的游牧民族的进攻。几场战斗之后，东哥特人就连同先前臣服于他们的各个宗族一起归降于蒙古人了；而西哥特人则与之相反，在此之前，西哥特人的地位就相较于其他哥特族群有些特殊，而这主要是因为，他们接受了基督教的信仰，离开了原本的驻地，越过多瑙河，被罗马帝国纳入其中。20万青壮年男子带着他们的妻子和孩子，与东罗马帝国订下了和约，按照皇帝瓦伦斯的安排定居在多瑙河下游及达达尼尔海峡①之间的区域，然而不久之后罗马的官员都不再遵守约定了。他们并不将哥特人当作有人身自由的公民来对待，而是把他们当做低贱的奴

---

① 古称赫勒斯滂（Hellespont）。——译者注

仆，哥特人不堪侮辱拿起了武器，重新干起了他们烧杀抢掠的老行当，并于378年，在阿德里安堡将罗马皇帝的军队全数歼灭。这场战役之后，再也没有人见过瓦伦斯皇帝，于是狄奥多西一世接手了东罗马帝国的统治权。狄奥多西一世对待哥特人，像对待匈奴人一样，与他们签订和约。根据和约，不仅是多瑙河与海马斯山脉间的土地，还有色雷斯和小亚细亚间的广袤疆土，都被划分给了哥特侵略者。此后不久，哥特人就开始在罗马皇帝的宫廷发挥他们的影响力。甚至哥特式的服装也开始在宫廷中取代罗马人的长袍！哥特人成了与皇帝关系最紧密的亲信，而汪达尔人斯提里科（Stilicho）则成了皇帝的第一任执政官，皇帝将自己的侄女下嫁给他；皇帝甚至也容忍了哥特人对阿里安教派的固执信仰。而与此同时，另一边的西罗马帝国则是群龙无首，陷入了混乱，法兰克人阿波加斯特（Arbogast）正好利用了这一时机，将西罗马帝国所有权力全数掌握到了自己手中。随后，狄奥多西一世又与他陷入争斗，利用一支哥特军队，在阿奎莱亚（Aquileia）一场血腥的战役中将他击败了，并由此最后一次统一了罗马，使得自己一人大权独揽。

短短数月之后，395年，狄奥多西一世就去世了。在此之前，他已经将东西帝国分别托付给了自己的儿子阿卡狄奥斯（Arcadius）和霍诺留（Honorius），因为在当时，希腊和拉丁地区的习俗和语言已经产生了严重的分化，东西帝国教会秉持的教义和教法也渐渐背道而驰，要使帝国继续保持统一几乎已经不可能了；而帝国东西边境同时受到不断的侵扰，也使帝国权力分割变得尤为必要。阿卡狄奥斯得到了人们认为更好更安全的东罗马帝国，而尚处在冲龄的霍诺留则得到了西帝国，由汪达尔人斯提里科摄政。由于阿卡狄奥斯伤害了西哥特人在帝国中的权力，使得西哥特人将矛头指向了他，他们推举出一位年轻人，一位最英勇无畏的斗士，作为他们的国王。他就是出身于波罗的族下属贵族支系的亚拉里克一世（Alarich I.）。当时，他的族人失去了他们在达基亚行省的土地，迁移到多瑙河河口的一座岛屿上，亚拉里克就诞生在那里。上台之后，他带领着哥特族人顺利地扫荡了色雷斯和马其顿。此后不久，位于君士坦丁堡和罗马的东西两宫间的嫉妒猜疑不断加深，终于爆发。阿卡狄奥斯将亚拉里克任命为驻伊利里亚东部罗马军队的指挥官，并由此，将西罗马帝国边境省份交到了他的手中。阿卡狄奥斯这样做的目的是希望能够一箭双雕，一方面能为君士坦丁堡换来清静，另一方面也能将年轻气盛的战将引向西罗马帝国，让西帝国陷入腹背受敌的境地。亚拉里克没有多加犹豫，他听从皇帝的任命，于400年向意大利发起进攻，斯提里科虽不善用兵，却顽强地抵抗着亚拉里克的攻击。战争的胜败往往难以决断，对于波伦提亚（Pollentia）战役来说也是如此，这场战役一直延续到403年复活节也没有决出胜负。一个罗马人是这么说的："我们赢了战斗，但作为胜者被打败了。"最终，斯提里科不得不与亚拉里克签订和约，约定亚拉里克的年俸将由罗马帝国发放，同时也听从帝国调遣指挥归属于西帝国的伊利里亚西部的军队。正如君士坦丁堡的东帝国宫廷想要利用他来对抗罗马城的西帝国宫廷一样，现在罗马要让他对君士坦丁堡倒戈相向。而这位日耳曼青年，被夹在东西帝国之间，同时要辅佐两位君王，他也在心中思量着自己的命运。这座引得他怒火中烧、利剑出鞘的帝国必将沉沦。

当亚拉里克还在冷静筹谋、积聚勇气的时候，一支骇人的民族大军已经向意大利拥来了。这支由日耳曼和高卢族群组成的队伍，毫无组织，百无禁忌，405年，他们从莱茵河源头及多瑙河沿岸出发，越过阿尔卑斯山脉，所到之处烧杀劫掠，将中欧的所有民族都置于疯狂的动荡之中，也导致了匈人入侵。带领着这支50万人的队伍浩荡前行的，是一位名叫拉达盖苏斯（Radagaisus）的哥特人。拉达盖苏斯是异教徒，他发誓，如果神明保佑他获胜，他就会用所有罗马人的鲜血来祭祀祂们。而现在他真的得胜了，罗马人们把自己的不幸归结于基督教天主的无能，纷纷离开了教堂，转而又想重新祭拜异教神像。但这场暴风般的入侵不久便被镇压了。而这主要是借助于哥特人和匈奴人，他们从斯提里科那里收取军饷，帮助斯提里科战胜拉达盖苏斯，击溃了他的大军。饥饿在这支毫无组织的暴民中肆虐，其中的大多数人都丧生在了意大利，只有少数人回到了阿尔卑斯山的另一边。拉达盖苏斯被俘并丧生于此。

为了在这场危机中保卫意大利，斯提里科将不列颠和高卢的罗马军团召集起来，将西帝国拱手让给从四面八方袭来的德意志宗族。很快莱茵河畔的城市就都在德意志的铁蹄下陷落了，汪达尔人、阿勒人、阿勒曼尼人、勃艮第人以及法兰克人涌入了高卢，争先恐后要为自己在罗马的土地上挑选新的住处。

法兰克人将下日耳曼行省纳入囊中并扫荡了整个比利时地区；而勃艮第人则在上日耳曼行省站稳了脚跟，并将沃尔姆斯（Worms）定为他们的都城；阿勒曼尼人同时越过莱茵与多瑙河攻来，占领了赫尔维蒂人的土地以及雷蒂亚行省的部分区域；而苏维汇人、阿勒人和汪达尔人则在高卢南部觅得了栖居地，但不久之后，他们中的大部分就翻越比利牛斯山去往西班牙了。在那里，他们找到了最适宜居住和种植的地区。与此同时，萨克森人到达了高卢海岸，并在此寻找最安全的位置来建立港口。罗马帝国就这样失去了西帝国中最重要的几个行省。

由于这一巨大损失而引起的仇恨，以及这段不幸的时期所经历的全部煎熬，全部都归结到了一个人身上，虽然这个人也曾为了预防这样的下场付出全部努力。人们不知感恩地以叛国罪起诉斯提里科，而他则冷静地接受了对自己的死亡判决；而他召集起来保卫帝国的辅军，大多是日耳曼战士，被残忍地杀害了，或者是逃到与斯提里科交好的亚拉里克麾下，而侥幸保命。亚拉里克为斯提里科的死而愤怒，他下定决心，将矛头直指罗马，誓要为日耳曼将士报仇雪恨。

408年，亚拉里克率领着一支装备精良、英勇神武的军队向罗马发起进攻，并包围了罗马城。虽说罗马城中也有着百万民众，可除了用巨款换取日耳曼人的撤军，他们竟也别无他法。在随后的几年中，亚拉里克多次带兵攻到罗马城门前，强迫罗马人将皇冠从可怜的霍诺留头上取下来，让阿塔罗斯（Attalus）登上皇位，因为对这个皇位，他这个哥特人是不屑一顾的。他将这视为自己对罗马的仁慈，若他们拒绝，他就誓不撤军。但阿塔罗斯并没有达到他的期望，于是，亚拉里克又将皇袍与冠冕送回给了霍诺留，来表现自己的仁慈，但同时，他并没有减少围攻罗马的次数，并于410年8月24日夺取了这座城市。这就是罗马最终的结局。目光深远的智者若是看到罗马城的腐朽，必然能在很早之前就预见到这样的结果：获胜的蛮族立足于城市的废墟之上，罗马的土地任由骑兵的铁蹄践踏，而高傲的罗马人则要在征服者的利刃面前低下头颅。

可能是担心所有金银财宝都被亚拉里克掠劫一空，那些懦弱的罗马人曾绝望地向亚拉里克发问，先知道他给他们留下些什么。亚拉里克当时不无嘲讽地回答道："留下命就行了！"话虽如此，亚拉里克在战胜后表现得高尚而仁慈。当然，城市的一部分在入侵时被烧毁了，但在接管罗马城之后，亚拉里克禁止了一切暴力行为，他虽是阿里安教派信徒，却对其他教派的教会也加以保护。逗留短短几天之后，他就离开罗马城，到下意大利行省去了。从那里，他要渡河前往西西里，再前往非洲，好将那里的土地也收归自己的利刃之下。但死亡不期而至。亚拉里克去世时年仅34岁。为了纪念他们伟大的领袖和罗马的征服者，哥特人将布森多河（Busento）的河床选作亚拉里克的英雄冢。民众们将亚拉里克英俊勇敢的内弟阿陶尔夫（Ataulf）选作国王。在这个年轻人的眼中闪耀着智慧和勇气的光芒，有了这样一位领袖，民族必将前途无量。

罗马的命运落在了阿陶尔夫的手中，之后他承认，他的第一个念头，是要赶尽杀绝，让所有罗马帝国的土地都臣服在他的族人脚下，在罗马帝国所在的地方建立起一个哥特帝国，而自己冠上恺撒和奥古斯都的头衔，登上皇位。要想做到这些，他并不缺少勇气、实力和智慧，但他想到，自己的哥特族人曾经受到的统治是不平等的，如果人们没有平等的权利，国家就无法建立起来，所以他便将这份雄心压抑在心底；同样被他压抑在心底的，可能还有他对普拉西提阿（Placidia）的爱慕之情，迷人的普拉西提阿是霍诺留的妹妹，作为俘虏或者人质来到了哥特人的营地。她出身高贵、年轻貌美又受过良好的教养，俘获了这位日耳曼王侯的心。阿陶尔夫打消了他原先的念头，转而下定决心，要通过哥特人的力量重建和振兴罗马帝国。

根据皇帝的指示，阿陶尔夫前往了当时主要在日耳曼人势力控制之下的高卢，在那里，最后一些残存的罗马统治势力还在与反叛领袖不断争斗，并滥用皇帝之名。阿陶尔夫镇压了暴动者，并使高卢的一部分地区重新归顺于帝国皇帝。阿陶尔夫要用被拖欠良久的薪俸去迎娶普拉西提阿，但罗马帝国偏偏不将他应得的俸禄给他，这使他不得不转而将手中的剑指向他原本想要守护的国家。当他随后率领着族人，越过比利牛斯山，攻略西班牙的土地时，他在巴塞罗那惨遭杀害。

阿陶尔夫死后，西哥特的后几任国王将对比利牛斯山另一侧的攻略继续了下去。一开始，西哥特人是因为受皇帝之命而去征战，西哥特人为他在战场上打拼，他就将高卢南部的土地割让给他们。随后，西哥特人又倒戈与罗马皇帝开战。渐渐地，他们几乎夺下了西班牙的全部土地。以高卢为界，是苏维汇人的势力范围；汪达尔人离开这片土地，渡过地中海前往非洲；439年，他们在迦太基古城所在的地方建立起了新的军事统治，并在很长一段时间内，作为海盗使所有海域边的所有民族闻风丧胆；阿勒族人则在比利牛斯山两侧臣服于西哥特人的脚下。

在山脉的北侧，亦即哥特首府图卢兹所在的地方，西哥特人的势力从这里开始不断向外扩张，而罗马人尽管百般尝试，声明自己在高卢的统治权，结果都无疾而终。为了战胜西哥特人，霍诺留将上日耳曼行省划归给勃艮第人，将这些接受了天主教信仰的勃艮第人收归已用，但他们也不顾霍诺留订下的界限，试图扩张自己的势力范围；同时还有法兰克人和阿勒曼尼人也一再对高卢发起进攻。

最后一次使罗马人的名字为世人所认可和尊敬的，是杰出的埃提乌斯（Aetius）。霍诺留去世后，尚处幼年的瓦伦提尼安三世登基，由埃提乌斯摄政。埃提乌斯虽是哥特族后裔，但成长于罗马皇帝的宫廷与军队之中，不仅是位英勇的武将，还对文治也颇有心得。工作对于他来说完全不是压力与劳累，反而是一种乐趣，他不起贪念，不感情用事，对于所有谗言都充耳不闻。如果说这世上还有人能让岌岌可危的罗马重新走上正道，那这个人一定是他。事实上，他也是这样去做的，他一一击退了西哥特人、法兰克人、阿勒曼尼人和勃艮第人，平息了内战，并将各行省内业已瓦解的秩序重新建立起来。但西哥特人还是向北一直攻到了卢瓦尔河（Loire）；勃艮第人则牢牢镇守汝拉山脉与阿尔卑斯山脉西侧，并从那里将他们的势力逐渐向卢瓦尔河上游扩张；被勃艮第人抛弃的上日耳曼，则由阿勒曼尼人占领了，而下日耳曼则仍掌握在法兰克人手中，正是从这些法兰克人中诞生了一支萨利安-法兰克人，由他们的国王克洛迪奥（Chlodio）率领着将领土扩展到了索姆河（Somme）。对于罗马帝国来说，高卢行省只剩下卢瓦尔河、索姆河和马斯河之间、塞纳河两岸的狭长地带。

在日耳曼人一方面到处瓜分高卢行省时，另一方面也开始了在大洋彼岸对不列颠的掠夺。没有罗马军团的保护，早已忘了如何舞刀弄枪的不列颠人，只有挨打的份儿。北面有皮克特人（Pikten）攻来，西面是苏格兰人的威胁，东面又遭到萨克森海盗的袭击，在这样的情况下，不列颠还没有能站出来的领袖，真是到了走投无路的境地。430年前后不列颠人借助于从高卢来的主教日曼诺斯·封·欧塞尔（Germanus von Auxerre）终于取得了一次胜利。他用撼动人心的演讲激励了虔诚的民众们，从而击败了皮克特人和萨克森人。但敌人们很快又卷土重来，446年，不列颠人徒劳地向埃提乌斯求助。他们派人向埃提乌斯传信："蛮夷将我们驱赶到海边，大海又让我们无处可逃；不是被蛮夷扼死，便是在海中溺亡。"被埃提乌斯回绝之后，不列颠人终于在以萨克森为首领的麾下得到了庇护，并可以获得土地和薪俸。皮克特人就这样被击败了。战胜的萨克森人通过后续到来的援军变得更加强大起来，这些加入的军队有萨克森人，也有当时在日德兰半岛分布很广的盎格鲁人。强大起来的萨克森人很快将矛头转向了不列颠人，并建立起了肯特王国，随着王国的建立其势力也在岛上不断扩张。

面对敌人不可抵挡的强大实力，不列颠人失去了他们在岛上的部分土地，于是向高卢西北岸他们的同宗求援。在那里凯尔特氏族与罗马势不两立，通过联合增强了实力。在高卢的大战中，还有布列塔尼人（今天的布列塔尼就是以他们命名的）也在寻找契机，在对抗哥特人和罗马人的过程中伺机夺得独立的地位。

罗马人与哥特人，法兰克人与勃艮第人，阿勒人与阿勒曼尼人，布列塔尼人与萨克森人（因为萨克森海盗也重新据守在卢瓦尔河河口了），所有这些民族都在为高卢的统治权而战斗，这里所有的一切都处在疯狂之中。451年，匈人首领阿提拉率领着浩荡的队伍（据说有70万人之众），横渡莱茵河，直捣高卢中心，一路占尽天时地利攻打到卢瓦尔河边。

曾几何时，在多瑙河下游的战场，不是罗马人胜，便是德意志人赢，但现在，大敌当前，双方只能将战场的主导权交给匈人了。东部的日耳曼宗族被匈人消灭了，而君士坦丁堡也得向着同一个敌人纳贡，并将多瑙河三角洲也割让给了他们。罗马人和日耳曼人在东边双双败给了蒙古人。但在西面，德意志人立即开始了针对罗马人的新一轮进攻，并获得了前所未有的巨大胜利；战场转换，在多瑙河尚未解决的那些矛盾，要在高卢的土地上一锤定音。原本德意志人已经是胜券在握，但蒙古人却多次从中作梗，想使双方都臣服在自己的脚下。在这一刻，未来世界掌握在罗马人还是日耳曼人手中已不是问题的关键，更紧要的是，未来的整个欧洲是不是都要被匈人所奴役了。

匈人大军本就如此令人胆寒，何况现在，对所有军队以及归降宗族的统治权都握在阿提拉一人之手，他们更是获得了新的、毁灭性的力量。作战计划和对形势的估计都毫无用处，因为战胜的民族拥有更强大多变的执行能力，而且他们令人骇然的强权牢牢握在他们的领袖手中。所有内陆的日耳曼人只要受到阿提拉的进攻，就必然败下阵来。东部的德意志宗族，以及与他们毗邻而居的斯拉夫人，都无条件地听从匈人可汗的号令；君士坦丁堡和罗马政府也都战战兢兢地献上贡品；从莱茵河到伏尔加河，从多瑙河到威悉河，直到易北河，他都有着绝对的权威。在当时那样的背景下，个性突出的人物实在不少，但这位气宇轩昂、不同凡响的蒙古人首领使其他所有人都相形见绌。也只有在这样的时代，当所有民族的秩序和联盟全部被打乱或瓦解，才能够有这样一个人，孑然一身，只依靠明亮的目光、坚定的意志和沉着的勇气便登上世间独一无二的位置。

他在达基亚行省的东部边境建起了宫廷，由于时间紧迫，这座宫城完全是由木结构建筑组成的，但占地极广且人丁兴旺，一切事务都打理得井井有条，他从四面八方劫掠来的奇珍异宝全都珍藏在此。可汗的宫廷中到处极尽奢华之能事，让讲究的希腊人和罗马人也看得目瞪口呆；精神享受也并不缺少。就是在地球最远的那端人们也听过这位神武领袖的英名，来自世界各地的使节济济一堂，宫廷中除了匈语，还使用哥特语、拉丁语和希腊语。从阿提拉的体形上就可以辨认出他的族裔，他身材矮小，宽阔的肩膀上顶着一颗大脑袋，脸色灰暗，鼻子扁平，眼睛很小，毛发稀疏。但他极有气场，小眼睛也能观八方，他的表情常常是严肃的，几乎有些阴郁，但从中透露出的是无限的自信和权欲。他生活简朴，进食饮水用的都是木质器皿，他所穿的衣物和所用的兵器也都与其他的匈人毫无二致，但他也正是想借由这一点来获得作为世界主宰的认可与尊重啊！曾有人向他展示了一幅罗马皇帝的画像，画中的皇帝坐在金色的皇座之上，脚下是伏地跪拜的斯堪特人（Skythe），于是他也命人给自己画一张像，画他坐在国王的高椅上，而罗马的皇帝们则在辛苦地拖着大口袋，将金子送到他的脚下。阿提拉虽是个粗人，却是个能用自己的目光洞悉世界的粗人。幼发拉底河畔波斯人发生了什么了些事，他了如指掌；君士坦丁堡的宫廷对他言听计从；罗马的宫廷也全静候他的差遣；连迦太基的汪达尔国王身边也都是他派去的人。正如他所说，他手中握着的是战神的剑，他相信自己的意志，终能让全世界臣服。

　　阿提拉进攻高卢时，最先遭到致命攻击的，是莱茵河与马斯河间勃艮第王国和法兰克人的领土，随后是罗马人与西哥特人的地界。阿提拉行军至奥尔良（Orleans）附近，但这座城市由于听从了主教纳玛提乌斯（Namatius）的劝说，先是与阿提拉的军队对峙，令人惊奇的是，援军还真的在最后一刻出现了。在这紧要关头，埃提乌斯成功地将受到匈人威胁的日耳曼宗族与罗马人联合到了一起。奥尔良就这样脱困了，阿提拉也班师回朝。由罗马人、西哥特人和萨利安–法兰克人组成的联合军跟随其后，在马恩河（Marne）、奥布河（Aube）及塞纳河间，特鲁瓦（Troyes）和沙隆（Chalon）间的广阔平原上打响了一场残酷的战役（451年），这场战役决定了人类之后几个世纪的命运。西哥特人对阿提拉紧追不舍，使他无法获胜，他的赫赫英名在这时没有再给他带来幸运。似乎总是在这同一片土地上，伟大的民族征服者突然就失去了常伴自己的好运，而此时更像是两个阿提拉在对战。

　　阿提拉撤回莱茵河对岸，并在随后的几年中向意大利行省和罗马方向进军。他畅通无阻地翻越了阿尔卑斯山，一直开赴到亚得里亚海边。阿奎莱亚及其他人口较多的沿岸城市都被摧毁了，城市里的居民纷纷惊恐地逃往附近的岛屿。也就是在这时，一枝独秀的岛城威尼斯形成了它的雏形。整个意大利行省北部都被匈人控制了，但阿提拉却没有对罗马轻举妄动；并不是皇帝的军队拯救了这座城市，而是罗马的利奥主教①（Leo）亲赴敌营进行了劝解和请求。随

---

　　① 利奥一世，又称教宗圣良一世。——译者注

后，阿提拉重整士气再次进攻高卢，也再次遭到了西哥特人的反抗，而当453年他要第二次进军意大利时，死亡却突然降临了。他的统治转瞬崩塌，正如当时旋即建立起来那样：投降的日耳曼和斯拉夫部族重获自由，而匈人不久也回到他们位于亚洲的大草原去了。如同一颗偶然在夜空划过的火流星，发出的光芒照亮了天空，使其他星辰都显得暗淡，但倏忽即逝，不留一丝痕迹，仿佛它从未存在过一般，只留下久久为之惊叹并津津乐道的世人：阿提拉的力量也是如此瞬间化为虚无，地球上从此再无迹可寻，但他的名字却在诗歌与传说中穿越时光不断回响，而他的赫赫威望也在罗马年鉴和德意志英雄史诗中传颂至今。

匈人的势力瓦解之后，罗马政权在西帝国的统治也溃散了，日耳曼各民族又恢复了自由，双方长久的争斗终于有了了断。埃提乌斯遭到谋杀，而凶手正是皇帝瓦伦提尼安三世；临死前埃提乌斯托人替他报仇，于是不久之后，瓦伦提尼安三世也被刺杀身亡。这样一来，意大利行省完全没了保护。455年，凭借船队横行地中海的汪达尔人攻上了海岸，并向罗马方向袭来。罗马城毫无防守，甚至比哥特人来犯时，防御更加薄弱，汪达尔人很快便夺取了城市的控制权。皇帝的实权已经不复存在，那些冠着皇帝名号的人不断更替，不是当傀儡，替西哥特人和勃艮第国王办事；就是做懦夫，被君士坦丁堡的宫廷，或是驻扎在意大利的蛮族军队牵着鼻子走。

直到476年，赫鲁利人、司基伦人、鲁吉尔人、哥特人、图林根人及其他所有为罗马效力的德意志民族将奥多亚克（Odoaker）送上王座，意大利这片土地才又有了真正的统治力量。奥多亚克原本是这些德意志人中的一员，来到意大利时还只是个不起眼的武夫，德意志人将他推上统治之位，为的是建立起稳固的政权。奥多亚克将意大利三分之一的土地都划分给了他的日耳曼同胞，并尝试着在这片完全被毁的土地上建起新的秩序。但奥多亚克称王的时间也不过短短17年。君士坦丁堡的罗马皇帝，曾经受到西哥特人的威胁，现在又被盘踞在帕诺尼行省的东哥特人所胁迫，将罗马的战斗力都指向西方，并将对意大利的控制权拱手让给年轻的狄奥多里克（Theoderich）。狄奥多里克是阿马勒族（Amaler）王室的成员，年纪轻轻就已经成了国中的一把手。就这样，东哥特人带着族中的女人和孩子来到了意大利。在延续3年之久的激烈对战之后，493年，奥多亚克败下阵来，狄奥多里克不仅成了整个意大利行省和西西里的主宰，也将亚得里亚海东岸收入了囊中，更是将自己的权力扩张到了阿尔卑斯山脉北部地区。归降于他的，除了曾大部分被阿勒曼尼人占据的雷蒂亚行省之外，还有曾有日耳曼垦殖者居住，但被荒弃多时的诺里克地区。马克曼人和伦巴底人随后也来到这里，与哥特族人混居起来，这个混合的族群在550年时，从古凯尔特的博耶人衍生出新的名称，第一次共同使用"巴伐利亚人"（Baiern）的称呼。

此时最具争议的土地仍是高卢。在南部掌权的是西哥特人，中部地区在阿提拉的军队撤走之后又回到了勃艮第王国的控制下，而法兰克人则在他们伟大的国王克洛维一世（Chlodowech）的带领下从北方攻来，而在西罗马帝国覆灭后，罗马将军西阿格留斯（Syagrius）也试图在高卢与日耳曼人抗衡。486年，克洛维一世终于在苏瓦松战役中战胜了西阿格留斯，获得了高卢最后一块也是唯一一块罗马的土地。西罗马帝国就这样走向了终结，而影响了世界几个世纪之久的争斗也就此落下了帷幕。

将西罗马帝国毁灭，是德意志人最为重要也最为成功的事迹，而且所有宗族都出了自己的一份力。虽然此前他们并没有事先共同计划、协商或是联系，就在不知不觉中按照命运的安排齐齐投身到世界大战中去，在获得胜利的荣耀之后不久又分裂开来，分道扬镳。他们虽然分开了，但惨烈的民族大战和共同经历的风风雨雨却给他们留下了相同的回忆。正如当年的特洛伊之战为希腊诗人提供了创作的素材，这些回忆为德意志的诗人提供了丰富的精神养料，铸就了丰富多彩的传说。早期的英雄史诗早已失传，即使是阿尔米的名字都没有在颂歌中保留下来，但英雄传说却因为形式多样，又能不断衍生出新的诗歌，而不断流传下来。这些英雄传说连接起了哥特族的厄尔曼纳里克（Ermanarich）和狄奥多里克，连接起了勃艮第族的君特（Günther）和匈人族的阿提拉，并且在多种日耳曼支系中都别无二致。这样看来，德意志人似乎冥冥中知道，是强大的命运暗中推动着他们前行，并通过他们之手又决定他们周围民族的命运。

7. 在罗马土地上建起的日耳曼国家，罗曼民族的诞生

在那样一个所有民族和国家关系都动荡不安的年代里，在那样一个欧洲变革的时代中，人们做成了一件此后都从未再成功过的事，我们将它很贴切地称为民族大迁徙时代。因为这不仅仅是游牧部落那种长期的迁徙和漫游，或者一群武夫四处拼杀冒险，而是长久定居在某处的民族，浩浩荡荡地带着女眷和子嗣，带着仆从和财产，到远方去寻找一个新的家园。不论是个人、区域团体还是整个民族都处在动荡不定的状态之下，所有的财产分配关系都瓦解了，社会中的道德约束力也松懈了，国家与国土的界限失去了原本的意义。就如同经过一场地震之后城市化为瓦砾废墟一般，在这场民族大迁徙中，前代的整个政治体系全都分崩离析。此时，必须建立一套新的秩序，来适应全然改变了的民族关系。

德意志民族是最先被卷入这场迁徙大潮中的，因而他们的疆土移动最多，国家关系也改变最大。因为现在这种迁徙渐渐停滞，人们才看清事物发生的巨大变化，也才显现出来，在东方和北方丢失了多少德意志民俗传统。在哥特人所盘踞的多瑙河下游，现在只残存着伦巴底人和戈比德人，组成最后一点微弱的德意志统治势力，而他们不久之后也将离开这里。维斯瓦河与奥德河畔的土地，以及波罗的海沿岸，已经沦陷了，被长驱直入而来的斯拉夫族群所占领；德意志的土地只延伸到易北河畔。不久之后，斯拉夫宗族又吸纳了波西米亚人，向萨勒河以及美因河上游扩张。只有易北河下游丰饶的两岸至今居住着萨克森人，而北海边的湿地直到北面半岛深处还居住着弗里斯兰人，但即使是这些地方德意志民族的土地也已经大幅缩水了，因为在盎格鲁人离开半岛之后，丹麦人和朱特人从斯堪的纳维亚半岛及各个岛屿上，发动了袭击，继而占领了这片无人统治的土地。在西方和南方，德意志民族所斩获的，要比失去的多上两倍到三倍，因为曾属于西罗马帝国的、富饶美丽的行省，现在成了德意志人手中的战利品。日耳曼人征服了直到大洋与地中海边的所有土地，他们甚至越过海洋，在不列颠和非洲也建立起了统治。

只有少数宗族，例如弗里森，以及图林根和萨克森族的一部分，保留了他

们原始的居住地，其他大多数宗族都被迫远离了他们的故土。原本可以在波罗的海见到的民族，迁移到非洲定居下来，并在那里建立起了统治政权。那些从维斯瓦河畔走出来的宗族，先是来到了多瑙河口，随后在比利牛斯山脉安顿下来。曾一度在内彻河（Netze）与瓦尔塔河（Warthe）区域居住的民族，现在统治了卢瓦尔河及罗纳河（Rhone）地区。而曾经响彻苏台德山脉的名字，现在则回响在瓜达尔基维尔河（Guadalquivir）流域。

　　在这样的大迁徙过程中，德意志宗族的内部怎么可能不发生重组和变化呢？各个宗族之间正是在大迁徙中被分隔开来的。一度归属于哥特族大联盟的那些宗族，不久之后又恢复他们之前的族名，而哥特族也分裂成了东哥特和西哥特两支。法兰克人也分裂成了萨利安和里普利安两支。渡过大洋的那部分萨克森人与留在故土的亲族失去了联系，并且又在内部分裂成了威斯特法伦（Westfalen）①、欧斯特法伦（Ostfalen）②和英格尔恩（Engern）。即使没有产生民族分裂，也往往有小团体从大的民族联盟中脱离出来、独辟蹊径的现象。在萨克人前往不列颠尼亚的途中，伦巴底人加入了他们的行列，而随后萨克森人又随着伦巴底人前往意大利。高卢的阿勒人留在了原地，而另外一大部分阿勒人已在西班牙找到了住处。虽然图林根人的分布地仍在德国内陆，但我们既可以在瓦尔河（Waal）、马斯河（Maas）河口，也可以在奥多亚克国王的军队中找到图林根人的身影。德意志人的迁徙就这样继续着，到处都可以遇见零散的哥特人和苏维汇人小团体。

　　随着栖居地的改变以及宗族间的分裂，早先存在的区域群体间的紧密联系也变得岌岌可危，况且我们知道，区域联盟制定的宪法与土地密不可分，且完全是基于土地所有权建立起来的。还有一点是肯定的，那就是在日耳曼人与罗马人混居的地方，传统意义上的自由首先就是基于土地的平均分配。这虽然无法催生自由人自发组成的团体，但也不会因此使旧有的团体完全解体。大多数区域团体似乎都在迁徙过程中团结一致，在掠夺来的土地上继续维持着旧有的团体；即使是区域团体解散了，百人组至少还得以保留，而原先宪法的特点

① 又译西法伦。——译者注
② 又译东法伦。——译者注

在历经风云变幻之后也留存了下来。然而，日耳曼人在不久之后又回归了他们追求祥和平静的旧习惯。正如一位罗马作家所说，西哥特人刚刚踏入西班牙地界，就咒骂着丢开了手中的刀剑，拾起了木犁。总体上来说，曾经区域团体中的宪法被保留了下来，并在一些地区沿用开来。这些地区中，不是紧邻着德意志土地，就是像不列颠尼亚那样，被德意志人占领，而当地的原住民族则被完全驱逐了出去。同时，区域团体的宪法也使得德意志人的生活体系及他们的语言获得了持久的稳固地位。

通过他们旧有的宪法，日耳曼人的自由精神及力量得以保存，从而促使了他们在对抗罗马帝国时的胜利，但旷日持久的战争也使他们看到，如果没有强大的领导力量，他们就无法获得长久的成功。在与罗马人的战斗中败下阵来的所有民族，在诸位国王的麾下集结起来，在他们的指挥下摧毁了罗马的势力，并将这疆域辽远的帝国收入了自己囊中。而且，只有在各国王的领导下他们才能保持对帝国的占有。此外，留在原栖居地的萨克森人和弗里斯兰人自然是没有国王领导的，但那些攻占了不列颠尼亚的萨克森族群不久之后就缔造出了王权统治。其后，当伦巴底人在他们国王的率领下夺下意大利之后，他们也曾尝试过除掉王权势力，但很快就又放弃了。当日耳曼宗族统治了其他民族，与其他民族间的关系变得日益紧密起来，王权变得必不可少，而登上王座的也必须是位强大的人物，因为他的手中掌握着统一与团结。缺少了这两样，统治便不可能长久。此时的王权不再是软弱的、可以轻易铲除的势力，它已经渗透进了人民的生活，与人民生活的基本与核心紧密相连。

国王，首先是作为最高的战争统领存在的，通过手下的官员对百姓发号施令；但正如日耳曼人本就不将文治武治加以区分，国王同时也是文治的权力源头，他手下的官员同时是武官也是文官，他们在代表国家军事系统的同时，也执行法律禁令。具有人身自由的、同一区域内的乡绅仍旧参与判决，并能对社区事务建言献策，只是这一切都在钦差官员的领导和监管之下进行。若是进行军队检阅，或是商议关系人民福利的大事，全体人员都会出席，而国王也会亲自指挥。当时，若是违反了国王定下的律令，会被处以最高金额的罚款，而伤害高贵的国王更是不可饶恕的罪行，将被处以死刑。对日耳曼人来说，王权并非舶来品，并非简单地从罗马人那儿挪用过来的，但以罗马皇帝为鉴，对日耳曼王权势力的发展产生了极大的影响。

强有力的王权总是被强有力的贵族支系围绕着，因为他们作为国王的臣下地位总是高人一等的。所以，在新兴的日耳曼邦国之中，国王统领着国家事务，并经由手下官员大臣指挥军队、执行民政，很快就获得了不容小觑的地位。而且还不止如此，所有国王的追随者，以效忠国王为己任的人们，都从国王的荣耀光芒中分得一星光辉，并享受身居高位的尊荣，获得更为丰厚的俸禄和封地，并且基于国王的恩宠，这些也能被赐予自己的随从，如同以前掌管某个区域的王侯一样。国王手下的官员主要从国王的追随者中选出，并由被选出者以国王名义领导军队和法庭。在宫廷中侍奉国王的人员也从这些追随者中产生。很快，朝廷就按照罗马帝国的模式建立起来，日耳曼国王也采用了罗马统治者使用的徽章。很快，那些最受尊重的大臣如军事大臣、司库大臣、膳务大臣及掌酒司也因此获得了极高的地位，成了与宰相和伯爵领主平起平坐的重臣。而大量较低阶的大臣也借由这些位高权重的大臣在宫廷中获得了一席之地，并分得不少荣耀与赏赐。但这些宫廷贵族和臣役贵族是不能世袭的，而是像古时候那样，在主上和追随者之间存在着纯粹的私人情感，主上能够自由地决定追随者的地位、身份和职务。这一点也使臣役贵族与古老的日耳曼世袭贵族区别开来。臣役贵族虽是从世袭贵族中脱胎而来的，但世袭贵族的影响力正慢慢消失。新的贵族从军队首领的战时随从中脱颖而出，并且始终将他们的战将身份公之于众。赫赫战绩与英勇品行能赢得主上的恩宠，并换来不断的荣耀。

这样看来，在旧秩序之外形成新的势力并非偶然，而是必然的结果。新的势力固然削弱和抑制了旧的秩序，却不能完全消除和抹杀旧秩序。王权统治与人民自由继续以多种形式互相影响、互相限制；在事物发展的过程中，它们在各个方面互相碰撞，双方不断平衡，不断相互了解，虽然这看似有违自然规律。王权统治汇聚起各民族的力量，并将这力量引向特定的目标，而人民对自由的追求以及由此产生的国家秩序又防止了专制暴政的产生。

在漫长的战争中，社会关系完全瓦解了，所以一旦日耳曼人在他们征服的土地上感觉安全了，他们就开始尽可能和平地重建社会秩序。他们只将一部分掠夺来的土地作为己用，剩下的那部分仍然交由旧时的当地居民去建设。法律体系建立了起来，权利关系又重新有了秩序。罗马人从战胜者那里接过法典，而日耳曼人现在立足于曾经的罗马土地之上，对他们来说这些律法规范虽然用罗马的语言写就，却已经成了他们的习惯。当皇帝统治下严苛赋税减轻或是完全取消之后，安全感增长了，人民的生活和农业耕种都繁荣兴盛起来。即使在狂野的战争时期，德意志人也没有抛弃忠诚耿直的传统品德，现在，他们性格中的这些特质在公众关系中积极地反映出来。人们很快就意识到，德意志人的征服与罗马人的征服不同，他们并不是要颠覆其他民族原本的生活，而是要保护他族的权利，尊重他们的习俗和语言，而他们的自由精神也使反抗势力无法扩张开来。因此，这样的一场蛮族入侵并没有瓦解和摧毁罗马帝国的社会秩序，而是使之得以重构。这一强有力的重构深入内部，使罗马世界焕然一新，犹如将一枝新芽嫁接到了老树上。

当然，有许多事物都一去不复返了：那些几个世纪以来紧密相连的土地，相互间的利益渐渐发展畸形，最终分裂开来，贸易发展走上了旧有的道路，艺术和科学失去了重要地位，并迅速地衰落下去，实用的国家机构也衰败了，整个国家生活朝着尚武好战的方向改变着。但即使这样，当时的罗马人也将日耳曼人视为救星，因为日耳曼人将他们从严苛的皇权统治压力中解放了出来，这些粗粝的日耳曼人对于他们来说，更像是同盟和朋友，而不是统治者，况且这些日耳曼人宁可与他们共同自由朴素地生活，而没有为了浮夸华丽的生活，使他们生活在繁重赋税的压力之下。

哥特人与勃艮第人的王国

事实上，一部分德意志领袖相信，现在一切都将沿着和平的道路发展下去，他们认为罗马帝国要是吸收了德意志宗族，德意志人和罗马人就能和平相处、共同发展，并发展成为恒久的、不可撼动的力量。他们甚至还期待，罗马人能够对他们心怀感激。东哥特的狄奥多里克大帝曾写道："其他的国王赢得他们的威名，可能是通过使被占领的城市沦陷，而我们的意图不同，我们要利用我们的胜利，使那些归顺的人们感到相见恨晚，埋怨我们的统治权来得太迟。"日耳曼的国王们为了不伤害罗马人的自尊，仍旧将自己以及自己的族人称为异乡人，是在罗马帝国受到礼遇的客人，他们自己也认为，自己只是罗马下属的一部分。他们眼中的罗马，不是众多国家中的一个，他们已经习惯将罗马视为唯一的国——如他们所说，唯一的共和国。许多日耳曼人将君士坦丁堡的东罗马帝国皇帝视为一位霸主，虽然他侵犯日耳曼人的权益使他们大为不快，他们仍旧向往着能从他那里获得头衔、荣耀和尊严。

哥特人和勃艮第人曾一度为罗马皇帝服役，最初还因战败与帝国签订了合约。对于罗马，他们始终都有着一种依赖感，而在他们统治权的建立过程中，这种依赖感产生了灾难性的影响。勃艮第国王西吉斯蒙德（Sigismund）曾向罗马皇帝阿纳斯塔西乌斯（Anastasius）写道："我的王国是属于你们的，比起统治你们，为你们效力更能使我满足。即使看起来是我们在执政，我们的工作也只不过与你们的官员一样，你们通过我们来管理偏远的地区，而我们手中的土地也是属于你们的帝国的。"东哥特的狄奥多里克国王也曾经向同一位阿纳斯塔西乌斯解释过，在西边王国（他是指他自己的政权）和东边帝权统治之间，仅仅有良好的对外沟通是不够的，双方应当更多地利用自己的势力相互支持，使东西两边贯彻共同的意志和思想。狄奥多里克还将他的哥特族人形容成国家的武士阶层，并且他似乎常常将自己视作军队的最高统领，而他之所以接手罗马帝国的其他省份，获得公民权利，也只是为了保护帝国的边疆，保证内部的安宁。他曾说过："哥特人与罗马人的区别只在于，前者将战争的责任揽到自己肩上，而后者在和平安宁中繁衍生息。"

但实际上，国家内并不存在统一，反而是充满了无法调和的矛盾，使国家无法长治久安。两边的人民毗邻而居，但语言、习俗和生活习惯上的不同，如同箱子一般把两边的人们隔离开来，封闭在各自的世界中，例如两边的族人通婚成立家庭是被法律禁止的，也少有发生。而且不仅仅是语言习俗上存在差异，双方的律法、民政机构也不相同。最终，在那个时代有着重要地位的宗教信仰和教会生活彻底分裂了他们。

在那个时代，一切都崩塌了，整个罗马世界仿佛都被埋葬在帝国的废墟之下，人们的心灵完全被基督教的庄重填满了。所有的精神生活都从国家转移到了教会之中，先前只能通过皇帝的圣旨决定自己信仰的大众，现在经受了困苦和不幸，开始追随自己的内心选择信仰。由于尘世的生活对当时的许多人来说，已经失去了吸引力，他们就通过隐居来寻找幸福与平和。一些人厌倦了虚伪的尘世生活，在偏远的地区建起了僻静的隐居之所。正当狄奥多里克在意大利执政之时，圣本笃创建了卡西诺山（Monte Cassino）修道院，并订立了隐修制度，这一制度之后在整个西方传播开来。不久之后，由于拥向修道院隐修的人太多，不得不通过法律来加以限制。在王国内存在已久的主教教堂，数量较大，成了不断变换的、富足生活的中心。当时的这些教堂也已经不仅仅是祷告的场所，苦难的人们能在这里找到帮助，穷困的人们能在这里找到支持，迷茫的人们能在这里受到教导，发生纠纷的人们能在这里得到调节。罗马的民众将主教视为它们理所当然的代言人和领袖，而主教们也因此获得了远远超越他们宗教职权的势力。对教义的争议推动人民疏远非正统信仰者，与他们斗争，将他们视为异教徒。而现在，外来的统治者皈依了其他的宗教，一下子就触怒了虔诚的信众。很快，信仰的不同就升级成了比民族的区别更加不可调和的严重分歧。现在，东哥特人、西哥特人和汪达人都加入了阿里安教派，而勃艮第人也在哥特人的影响下离开了天主教会，转而加入了阿里安教派。宗教纷争持续升级，他们又如何保证国家内部的长治久安？罗马人虽然被日耳曼人所征服，受到来自统治政权的压力，但仍旧在宗教信仰方面追随着东面的君士坦丁堡，接受并信仰了尼西亚信经[①]，这也是因为他们仍认为自己与东面是一个整体。

国家的稳定能否长久，全在于能否长久地与东帝国保持良好的关系，然而事实很快证明，这是不可能的。或者说，至少将日耳曼国王们团结起来，建立一个西帝国是不可能的。朝着这一目标，狄奥多里克付出了无尽的努力和耐心，他尝试着将德意志诸侯们以和平的方式统一到他的麾下，并将这一吃力不讨好的事业作为自己一生的追求。他相信这是他的使命，一方面因为他已经占领了罗马和意大利行省，另一方面也因为他是罗马皇帝芝诺的养子。虽然我们

[①] 尼西亚信经是由尼西亚大公会议确定的基督教信仰基本决议，是传统基督教三大信经之一。——译者注

不知道，他是在什么情况下、出于什么考虑才被收养的，但作为皇家子嗣他也想光耀门楣。他始终认为，自己是德意志诸侯中地位最高的，并想方设法赢得其他诸侯的认可。他与其中一人签订了合约，与其他人则用联姻的方式结盟。当时图林根人的统治区域位于德意志内陆，从多瑙河以北延伸到易北河畔，宗教上还未皈依基督教，狄奥多里克也努力将他们拉进他的多民族和平联盟。狄奥多里克尝试以和平的方式完成统一，他是第一位这样做的德意志王侯。从他的身上，我们可以看到睿智的迪特里希·封·伯尔尼（Dietrich von Bern）的影子，不论当初还是现在，他高大威严的形象都在各宗族的英雄史诗和传说中流传着。但即使他的理想再高远，他的统治再英明，日耳曼诸国联盟还是败给了雄心勃勃的法兰克国王，而在狄奥多里克统治下意大利的繁荣，也很快衰败了。虽然，在狄奥多里克的统治下，他的国家曾在其他的日耳曼人面前大放异彩，但在他死后，国家内部的虚弱很快便显现出来。

法兰克王国

在与哥特人与勃艮第人相似而又不同的情形下，墨洛温王朝的克洛维一世在高卢建立起了萨利安-法兰克人的统治。克洛维的统治并不是一夜之间成就的，而是一步一步崛起的。他先是确保旧有的胜利果实紧握在手，然后才将目光投向新的目标，由此使得自己的辖区迅速扩大。一开始，他只是统治着比利时边境的狭窄区域，索姆河（Somme）与马斯河当时还流经萨利安-法兰克人的领地，就是在这样一块小小的区域内，克洛维还必须与其他宗族的首领分而治之，当时（公元486年）他领地的中心城市是图尔奈（Tournai）。随后，他成功地将整个区域都收归到萨利安人手中，歼灭了高卢的最后一支罗马军队。不久之后，直到塞纳河畔的土地也被法兰克人控制了，而卢瓦尔河畔的区域也是如此。苏瓦松（Soissons）和巴黎先后成了王国的首都。曾经，萨利安人在他们旧时的据点，几乎将凯尔特罗马人彻底歼灭，并将那里的土地肆意瓜分，而现在他们却没有这样对待占领地的原住民。这些人既没有被驱逐，也没有沦为奴隶，并且个人的土地、人身自由和权益也都没有受到侵害。甚至是像哥特人和勃艮第人在高卢进行的土地分割，对克洛维来说似乎也没有必要。那些直接由国王支配的公有土地，加上被抛弃或充公的土地，就足以用来安置国王和他的随从［这群随从被称为国王近卫队（Antrustion）］了。王国内的社会关系如同通过友好的协定确立下来一般，不久之后，克洛维就成了整个高卢的保护人。

阿勒曼尼人多次袭击这片土地，并长久地占领着上莱茵河两岸，496年时甚至扩张到了美因茨地区。现在，有了里萨利安-法兰克人从旁协助，克洛维对阿勒曼尼人发起了进攻，并很快取得了胜利。与前不久对待罗马的高卢人不同，克洛维对待与法兰克人同宗的阿勒曼尼人就没有那么心慈手软了，在雷姆斯塔尔（Remstal）以北，经由内卡河、科赫尔河（Kocher）、亚尔特河（Jart）以及陶伯河（Tauber）流域，一直延伸到美因河畔的区域，都割让给了法兰克人作为居住地，并且从此以后，法兰克人永远代替阿勒曼尼人成了这里的主宰。在莱茵河左岸，在阿尔萨斯，法兰克人对待阿勒曼尼人似乎温和了一些，在那里阿勒曼尼人的风俗和语言得以保留下来。当时，只有东南部的阿勒曼尼人领地没有沦陷，那里的阿勒曼尼人向东哥特的狄奥多里克寻求庇护，逃过一劫。随后，克洛维以诡计和暴力除掉了里萨利安-法兰克人的王族支系，将最高权力牢牢握在自己手中，并用这些权力控制着从马斯河到下莱茵河的土地。接着，他进一步扩张自己的国土，使新占领的土地完全日耳曼化，并使它们始终保持与跨莱茵河的母国的联系。至此，他的统治已经与哥特人及汪达尔人的统治完全不同，他已经能够集结起新的民族势力，阻挡其他宗族越过莱茵河侵犯高卢，防止新一轮的民族迁徙发生。

克洛维和他的法兰克人在高卢得势时，还没有皈依基督教，即使如此，这位征服者在不久之后就在本地人的影响下，皈依天主教，为自己冠上了作为天主教传播先驱的闪耀光芒。当克洛维在与阿勒曼尼人的战役中陷入险境时，他之前长久以来的虔诚信仰动摇了。"那些神明毫无神力，"他说道，"对待奉祀他们的人也不施与援助。"他决定，如果神子基督是胜利之神的话，他就要效忠于他。"你若能保我胜利，"他发誓道，"那么我便笃信于你，并接受洗礼，归于你的名下。"最终，胜利的天平倾向了法兰克人，于是克洛维便开始信奉神子基督。兰斯（Reims）的主教，圣雷米吉乌斯成了克洛维的老师，教导他基督教教义，并使他接受了尼西亚信经。国王和他的人民投入了天主教会的大门，战胜的法兰克人与战败的高卢人成了有着相同信仰的兄弟。

主教为国王施洗、使他信奉基督之际，也敦促国王进行积极的宗教斗争。"把头低好，辛甘本人，"他说，"现在起，你要崇敬那些你曾用火与剑迫害的，而迫害那些你曾经崇敬的。"几乎不需要刻意要求，克洛维就已经像一位仆从侍奉他的主人一般，以绝对的忠诚全身心地为他的主人基督而战。当他从圣雷米吉乌斯口中听到基督受难的故事，他还穿着受洗服就喊了出来："要是我和我的法兰克人民在场的话，我一定会为他报仇的！"而他的民众对基督的热情虔诚也毫不逊色于他，他们欢呼着迎接"爱着法兰克"的基督；他们认为自己要比罗马人虔诚得多，当罗马人杀害殉教者的时候，他们则在殉教者的骸骨上建起了华丽的教堂，同时他们也为自己皈依了天主教而感到自豪，因为其他的日耳曼人仍旧是阿里安教派的异教徒，没有向天主基督给予应有的崇敬。自此开始，在勃艮第人和哥特人统治下的高卢罗马人，都对法兰克王国怀着无限的向往，并迫切地期待着法兰克王国的扩张。

克洛维并没有长时间按兵不动，因为他也向往着，能将高卢从异教统治者手中解放出来。他首先向勃艮第国王冈都巴德（Gundobad）宣战，冈都巴德别无他法，只能将国内的天主教派主教召集起来，让他们劝克洛维退兵，但主教们却回应他说，维持和平最好的办法，就是让国王和民众们皈依天主教，这样就能使勃艮第人的所有敌人都失去力量。而事实上，冈都巴德仅通过展示自己对天主教的倾向就得救了。随后，克洛维又对卢瓦尔河以南的西哥特人发起了进攻。"阿里安教派的人还在高卢，"他说道，"使我很苦恼，让我们与神一起出发，去将这片土地掌握到自己手中。"507年，克洛维战胜了西哥特军队，并将自己的国土扩张到了加龙河畔（Garonne）。睿智的狄奥多里克仅仅为西哥特人保留下了南面到比利牛斯山脉的一片土地，而普罗旺斯则被他占为己有。然而这里的人们也对克洛维的统治充满了向往，克洛维在他们眼中不是征服者，而是解放了高卢南部天主教信众的领袖。如果说，宗教信仰的不统一是哥特、勃艮第和汪达尔王国的弱点，那么法兰克王国的优势正在于信仰统一，正是一致的信仰保证了其固有国土的安全，并使其能够不断向外征服扩张。

克洛维去世之后，他的王国分给了他的四个儿子。眼下，东哥特的狄奥多里克似乎阻挡了墨洛温王朝进一步的发展，但不久之后，克洛维的儿子们就重新踏上了他们父亲的那条胜利征程。勃艮第王国被摧毁了，同时，克洛维的儿子中最能干的长子提乌德里克，顺利地攻入了德意志腹地，终结了图林根王国。提乌德里克与萨克森人联合作战，作为回报他们获得了图林根王国的北部土地，以及萨尔河和易北河流域直到黑尔默河（Helme）及温斯特鲁特河（Unstrut）以南的土地。而图林根王国南部美因河至多瑙河附近区域则受到法兰克人的控制，渐渐变成了法兰克王国的土地。只有山林区直至温斯特鲁特河的地区还归图林根人管辖。而不久之后，这里也成了一位法兰克公爵的领地。随后，普罗旺斯和阿勒曼尼亚也被东哥特人用一纸合约转让给了法兰克王国。最终，失去保护的巴伐利亚公爵也臣服于墨洛温王朝的统治之下。这样一来，法兰克王国不仅统一了几乎整个高卢，还将全部只有德意志人居住的土地，除萨克森及弗里斯兰以外，囊括了进来。即使是萨克森宗族也向法兰克朝贡。现在，墨洛温王朝的国王已经能与君士坦丁堡的皇帝相抗衡，因为他的国土已经从大洋一直延伸到了多瑙河流域以及帕诺尼行省的边境，时刻威胁着君士坦丁堡的安全。

　　法兰克王国之所以能够维持长久的和平与稳定，不仅是因为天主教信仰将日耳曼和凯尔特–罗马的民众们联系在一起，使他们和平地毗邻而居；更是因为日耳曼人和罗马人生活中最具生命力的成分，渐渐融合，渗透进了国家生活中去。不可否认，罗马人井然有序的国家生活对法兰克王国国家机构的设置产生了极大的影响。不论之前王权对法兰克人有多少重量，在高卢的统治权交到墨洛温家族手中之后，它都得到了极大的提升。虽然法兰克王国对统治体系做出了一定的改变，但罗马的统治体系确实是法兰克王国的基础，而国家生活的基础则仍然完全按照德意志传统。对那个马背上夺天下的时代最为重要的军事体系，也全然是日耳曼式的，败者必须服从胜者。王国中的司法体系也是德意志风格，而高卢的百姓也必须遵从战胜者定下的法律程序。社会关系按照法兰克传统，只有土地、人身自由或者在国王的随从队伍中服役才能赋予一个人权力与尊严，而罗马帝国时期那样的名誉贵族、功勋贵族或者用金钱买来的贵族头衔都不复存在了。德意志式的观点和思维方式终于处于主导地位，各个区域和城市，各个不同的民族，只要不威胁王国的根本，都被赋予了极大的自主空间，比如在遇到法律案例争议时，罗马人仍能使用他们自己的法律，而他们早先的宪法也被保留了一段时间；又比如其他战败的德意志宗族也能享有特定的权力，他们自己的区域法律也被保留了下来。

　　整个墨洛温王国被划分成多个伯爵领地进行治理，日耳曼人的区域大多是按大区划分，而曾经罗马的土地则按原先的城区划分。伯爵由国王根据自己的考量来任命，每位伯爵在自己的领地中都可以招募和指挥自己的士兵，征用或买卖公有财产，管理领地的司法体系，维护领地的和平。每个伯爵领地下，又分为多个区域，相当于旧时德意志人的百人组。伯爵会定期或不定期地将百人组中的自由公民召集到某个集会地点，以庄重而又传统的方式开庭会审。伯爵作为法庭的领导从旁监督，在由行政区联盟选举出来的法官进行司法判决时给出建议，而从前备受尊崇的大区侯爵的职能则不复存在了。各个行政区在大多数事件上都能自主地进行判决。在若干位伯爵中通常有一位公爵统领，但他的权力主要集中在对军事的管理上。从这个角度来说，公爵头衔失去了它旧时的意义。在高卢，公爵只是指没有其他更多权力的军事官员。在巴伐利亚和阿勒曼尼亚，以及之后的图林根，则有所不同。在那里，公爵居于整个国家治理的领导位置，如同国王的执政官，整个国家的行政和法律几乎都握在他们的手中，只不过，他们不能自由执政，而是作为国王的大臣行使这些权力。这些公爵大多出身于王国中的旧贵族支系，在他们所在的地区，他们都有着极大的个人影响力。因此，比起作为国王的官员，他们更多的是作为宗族的代表出现的。这些宗族自己都追求自己在王国中的特殊地位，虽然在开始的那段时期，国王的势力还很强大，个别宗族不足以对王国构成危险，但民族和地域间的分歧渐渐升级，到了不容忽视的程度。由于王权统治仅限于简单地将王国的各个部分连接起来，即不在平时召开全国性的集会，在向外扩张的时候更是没有条件召开这样的集会。克洛维曾在每年的3月1日召开军事大会，但这一例会不久之后就被高卢人遗忘了，而在日耳曼人栖居的王国东部，这一惯例却保留了下来，而且这一集会还被用来征求人民对时事的意见。由于行政区集会也被废弃了，底层人民的政治生活完全被限制在了伯爵在百人组中召开的集会中，即使如此，这仍是个倔强且热爱自由的民族。

正如上文中所提到的那样，所有的国家机构都深深根植于日耳曼人的政治体系中，而王国中的凯尔特-罗马民众则必须去适应这一陌生的国家形式，只有这样他们的未来才有保障；而且使法兰克征服者顶礼膜拜的教会也完全依照罗马传统，使他们的适应过程没有那么困难。教会使用的语言一直都是拉丁语，高卢教堂的外部组织构成也深受罗马影响，被法兰克人征服后也没有改变。一开始，只有罗马人才能担任主教的职位，而主教的声望也不断提高，对所有国家事务主教都能产生极大的影响。虽然主教的选举需要国王的首肯，而主教人选也大多由国王来决定，但主教们却绝不会将这个职位看作王国的仁慈馈赠。他们深深坚信自己是独立于国王的，是覆盖整个高卢的大型团体的一部分。早在克洛维统治时期，他们就召开全国和区域级的宗教集会，团结在一起。这些宗教集会当然是在国王的批准下召开的，但为此他们常常需要在教区内进行动员，并时常涉足国家事务。国王们可能对他们与神职人员之间的嫌隙多一些忌惮，而主教们对国王则没有那么惧怕。

直到后来，墨洛温王朝才意识到，日耳曼政权和罗马教会彼此需要、互相渗透、密不可分，而它们的联盟对国家来说是必不可缺的。政教联合使所有的社会关系都有了新的形式，人们的思想也完全改变了方向，日耳曼与罗马世界的风俗、语言及生活习惯也渐渐被拉近，并为这两个长久以来敌对的民族找到了一个居中点，使他们能互通有无、和睦共处。从墨洛温王朝开始的这种宗教政治关系的发展，主宰了此后的中世纪生活。

伦巴底王国

当法兰克人的势力不断稳固之际，哥特人与汪达尔人的王国不是面临着完全覆灭，就是遭到分裂瓦解。达基亚行省的一位农民之子，查士丁尼（Justinian），奴隶出身，据说由于他贫穷的家庭交了好运，登上了东罗马帝国的皇位。这样一位受命运青睐的幸运儿可能会误以为，自己无所不能，甚至可以收复业已失去的对西罗马帝国的统治权。他刚刚在东面平息了波斯人的进犯，就向汪达尔人派出了军队。534年，他作为正统教义的维护者发起了针对阿里安教派的战争，经过两场大战，汪达尔王国被彻底毁灭了。接着，查士丁尼立即将矛头指向了东哥特王国并向法兰克国王们请求支援。他在信中写道："你们应当与我共同进退，因为真正的信仰以及对哥特人共同的仇恨将我们联系起来。"法兰克人虽然承诺出兵，却并不情愿将自己觊觎已久的土地拱手让给罗马皇帝，所以他们反而短暂地出兵援助了哥特人。但即使哥特人有了法兰克人的援兵，即使波斯人在东帝国边境再三来犯，即使英勇的东哥特人奋力反抗，554年，这个由狄奥多里克建立起来的统治政权还是陷落了。帝国皇帝又将他的势力范围扩展到了整个意大利行省，并且重新有了自夸的资本，说自己重新统一了罗马共和国。这时，他已经将目光投向由西哥特人占领的西班牙，并向那里派遣船舰和军队；而希腊人从地中海沿岸出发攻入了西班牙腹地。由信仰正统宗教的皇帝派遣的军队一出现，王国中罗马人的地位马上提高了。当时还信仰阿里安教派的苏维汇人，连同他们的国王一起改信了天主教，与希腊人结成了同盟。从那时起，他们成了西哥特人的仇敌。与此同时，法兰克人向西哥特人在比利牛斯山以北的最后一个据点发起了进攻。所有的一切都似乎要将这个王国置于死地。但就是在这样的情形下，这个王国还在查士丁尼死后再次摆脱了覆灭的命运。在国内，罗马人的暴动被镇压了；对外，一座接一座的沿海城市从希腊人那里落入了西哥特人手中，在边境保卫着王国不受法兰克人侵略，甚至使苏维汇人的统治走向了终结。但是，这一切之所以成为可能，都是因为哥特人认同罗马人的信仰，并且雷卡雷德国王最终皈依了天主教。自此以后，罗马主教们对国家事务的影响力达到了顶峰，哥特人与罗马人越来越紧密地联系在了一起，最终甚至抛弃了他们自己的日耳曼语言和习俗。一个世纪以来，君士坦丁堡的罗马皇帝要从教祖手中接过皇冠已经成为传统，而哥特国王雷卡雷德则是第一位由主教加冕的日耳曼国王。

　　查士丁尼去世后不久，意大利的大部分地区又被从东罗马帝国分割出去了。经过希腊人与哥特人间旷日持久的战争之后，这片土地变得荒芜不堪。这片历经了战火洗礼的荒土重新又回到了东罗马帝国的控制下，恐怕只有费尽心思才能使这片土地重新焕发出狄奥多里克时代的光辉。但查士丁尼没有这份心思，更不用说他的继任者了。意大利成了一个被忽视的行省，皇帝的官员们都唯恐去那里赴任，犹如对骇人的战火一般避之不及。人们盼望着日耳曼人重新统治这片土地，如果东哥特帝国毁灭14年后的568年，伦巴底人没有越过阿尔卑斯山，来到这个南部半岛寻找新的居住地，那么意大利一定早就成了法兰克国王的囊中物。

一直到当时，伦巴底人还一直和戈比德人一起栖居在多瑙河下游，并在那里建立了日耳曼统治政权。他们持续与君士坦丁堡的罗马皇帝对战，也常与保加利亚人、阿瓦尔人（Avaren）以及那些通过匈人开辟的道路来到欧洲的亚洲游牧民族处于战局之中。在这样的情况下，只有戈比德人和伦巴底人紧密合作，才能保存他们的势力，但即使面临这样的危险，这两个民族还是兵戈相向了。戈比德人在战争中败给了伦巴底人，此后不久，他们又不得不将自己的住所拱手让给了阿瓦尔人，当时阿瓦尔人的势力已经扩张到了达基亚和帕诺尼行省以外，阿尔卑斯山脉东部到达尔马提亚沿岸地区都被阿瓦尔人征服了。伦巴底人来到意大利，在他们的国王阿尔博因（Alboin）和克莱菲（Cleph）的带领下，经过7年征战，终于征服了波河（Po）周围的区域，从此以后这片土地一直都是伦巴底人的国土。随后，他们向南朝亚平宁山脉的西侧进发，到达了罗马附近。与此同时，他们在弗留利（Friaul）设立了公爵领地，用于防范希腊人及阿瓦尔人从东面侵犯他们新夺取的土地。如果他们之后能够更加深入意大利腹地，并在意大利中部的斯波莱托（Spoleto）、南部的贝内文托（Benevent）也设立公爵领地的话，说不定他们就能使所有土地都归于他们的统治下。威尼斯的岛屿，从波河河口直到安科纳（Ancona）的全部海岸线，当时希腊人在意大利的主要势力据点拉韦纳（Ravenna），包括西西里岛在内的南部岛屿，以及靠西面大洋的罗马和那不勒斯——这些土地都在希腊人的控制之下，这也导致了意大利内部不幸的分裂，由此产生的隔阂直到今天仍然存在。伦巴底人与哥特人一样，也信仰阿里安教派。于是，征服者与被征服的原住民间的宗教冲突又被点燃了，这对新建立的统治权来说更是危险，因为伦巴底人还没能完全成为半岛上的主宰者。相反，他们仍旧不断受到敌人的威胁，此外国王的势力也不如其他的日耳曼宗族那样稳固。为了使新的统治政权稳固起来，伦巴底人拿出了他们战胜时的那种无情和坚毅。罗曼民族完全被当成了战利品：他们不仅失去了自己的政治权力，人身自由也受到了限制，他们的土地被收走了，只能通过缴税来获得土地上三分之一的出产，罗马的法律被废除，罗马人失去了自己的官员，直接被伦巴底首领的权力所左右。伦巴底人占领期间执行一套成熟的军事法令。公爵们将土地进行分割，他们将主要城市作为据点，而将手下的军士分配到下属的各个区域。在公爵之下，由县长领导较小的区域，县长下面，再由合适的军士担任乡长。他们首先是各行政单位的军事指挥，但同时也掌握着民政和司法权力。在哥特人的统治下，日耳曼人与罗马人的分歧与隔阂经受住了考验，避免了冲突，民众们虽然不情愿，但现在他们必须接受伦巴底人的社会关系，同时也必须为两个民族的融合铺平道路。起初对天主教没有丝毫好感的伦巴底人，渐渐向天主教倾斜，并在成功占领意大利约100年之后，终于放弃了对阿里安教派的信仰，被战胜者的信仰反而赢得了战胜者的皈依，占据了上风，随后在其他方面的融合也就进行得很快了。当初来到意大利时，伦巴底人还对罗马的文化不为所动，现在他们已经像一个起步慢的学生那样，开始学习罗马的艺术与科学，他们将有名望的罗马人接到自己的王国中，允许他们随心所欲地生活。之前受到无情压迫的罗马民众现在则受到了极大的优待，他们身上耻辱的战败者标签也被撕去了。此后，伦巴底王国再也没有惧怕过希腊人和法兰克人的再三进犯，而两族民众也发展成为一个民族。在国家形式上，可以看到德意志的影子；而在宗教、语言及新文化的开端上，则明显有着罗马渊源。

　　欧洲西南部到处都有大量的德意志人，他们生活上的习俗和特点也受到了融合接纳，由此使欧洲西南部的社会关系产生全面的转变。德意志人将他们的自由精神灌输给他们遇见的罗马人，并使在安逸生活中变得软弱的罗曼民族重新拾起了武器。由日耳曼人引起的社会生活中的变革有多深刻，从崇武精神重新在希腊人统治下的意大利复兴起来，就可以清楚地看到。罗马、那不勒斯和拉韦纳的市民们也重新拿起了武器，向希腊人展现出他们独立、强悍的一面。在这些城市中也出现了新的社会关系，而这些社会关系与在伦巴底人的统治下产生的那些十分相似。但是，即使日耳曼的征服所带来的影响再深刻，也没能在不列颠尼亚和莱茵河及多瑙河流域的土地上完全占据主导地位。罗马的宗教教义及教会规程，罗马的语言及教育，以及一些罗马的国家机构，不仅仅在被战胜的原住民中保留了下来，甚至在不久后对征服者们也产生了极大的影响。日耳曼君主不仅向罗马人学习读书写字，甚至还向他们学习建立稳定的国家及教会秩序。不仅如此，大量战败者的族群不断对战胜者施加压力，最终使战胜者不得不放弃他们古旧僵化的传统，并与异族融合。这一发展趋势不仅仅发生在西班牙和意大利，在高卢所有密集居住着罗马人的地区也都有迹可循。

就这样，罗马的各民族通过混合与结合罗马及日耳曼的民族特性有许多相似之处，但在习俗和语言上又各具特色、自成一派，之后这些民族也发展分裂成了不同的国家。在西班牙、意大利及高卢的大部分地区，都可称之为具有罗马风格。高卢的那些地区还保留了法兰克王国的名号，而纯粹的日耳曼特色则渐渐消逝了。只有被阿勒曼尼人和巴伐利亚人占领的多瑙河流域，法兰克人控制下的莫泽尔河、马斯河及斯海尔德河附近的狭长地带，盎格鲁-撒克逊人手中的不列颠尼亚留给了德意志民族的后人。日耳曼人在民族大迁徙过程中征服的土地只剩下这些，而其他在日耳曼本土以外的日耳曼势力则全部衰败了。

8. 西方国家的分裂及其弱点，法兰克王朝的建立

日耳曼各民族对罗马帝国的进攻和占领是分散进行的，没有统一的计划，成功征服罗马帝国之后，这些民族各自建立了他们的政权，并由此瓦解了本来紧密联系在一起的各个区域。欧洲和西帝国的统一化为泡影，而期待日耳曼的国王们去重建这种统一更是希望渺茫，他们之间没有共同的利益，不断相互争斗，而那些被征服的人民在日耳曼体制的影响下也渐行渐远。

如果说在西班牙、意大利和高卢还存在较大型的王国，那么大多是基于罗马帝国时期留存下来的国家及教会机构，而很少是单独依靠日耳曼人的力量建立起来的。在征服者们将罗马的残存机构铲除干净的地方，比如不列颠尼亚，国家早期的统一很快就瓦解了，之前的联盟也分裂成零散的统治政权。盎格鲁-撒克逊人及紧随其后的朱特人都没有建立起自己的王国，而是由七八个松散地联系在一起的政权对不列颠尼亚分而治之，这些政权还常常处于敌对状态。日

耳曼人以自我为中心，习惯强调自己的特殊地位，使已经建立起来的王国，渐渐瓦解分裂，以至于西帝国之间的联系完全湮灭了。

分裂所导致的最不幸的后果，很快在新建立的王国中显现出来。面对怀着征服野心不断来袭的蛮夷，各民族力量却无法被聚集起来，相反的，日耳曼国王们却专注于内斗，王国内部的对战数不胜数，乱战毫无休止，这不仅瓦解了国家的外部秩序，也使由传统习俗维系的羁绊开始松动。肆意妄为取代了固定的法律秩序，失去了法律、信仰以及罗马世界习俗的控制，自由与武力也遭到了滥用。社会上下充斥着暴力和赤裸裸的肉欲。没有了立足点和社会联系的基督教会，面对周围日渐败坏的风俗也无计可施，自己也渐渐受到侵蚀，神职人员陷入了对虚浮世俗欲望的追求，一丝一毫神职人员应有的教养都没有留下。艺术和科学曾一度是能够激发人们积极向上的有力工具，能使人民在精神上团结起来，现在也不再受到承认，失去了其重要地位。最后一丝古罗马艺术及科学遗迹大约可追溯到公元6世纪末，随后而来的就是骇人听闻的野蛮时期，那个时期的西方国家没有留下一星一点精神生活的痕迹。我们能找到所有这一时期的文字及艺术作品，都被打上了粗暴野蛮的烙印，它们都见证着那些曾经在罗马统治下欣欣向荣的土地被粗鄙和残忍吞噬的过程。在那样一个时期，人们似乎跌入了深渊，迷失了自己。

西方世界的情况看似已无可救药，但实际上却并非如此。撒下种子就会结出新的果实，罗马帝国沉沦了，许多部族在它的废墟之上过着不幸的生活，但新的时候来了，日耳曼人和罗马人联合起来在帝国的废墟上建起了新的、更坚固华丽的建筑。崛起的时刻来临了，但这次之前自然先要经历漫长而惨痛的没落。

导致罗马日耳曼王国不断加剧分裂的原因有许多：首先，继承人的选定方法没有清晰公开地确定下来，本来通过世袭继承的方法与国家土地的划分联系在一起，后来则在选举继承和血缘继承间摇摆不定；其次，继承者的不确定削弱了王权，无法与逐渐强大的贵族相抗衡，而这些得势的贵族也试图在他们各自的领地建立起独立的势力；最后，长久以来被压制的民族与地域差异，现在挣脱了束缚，更强烈地爆发了出来。

尤其是在被墨洛温王朝世代承袭的高卢，当男性继承者不止一个时，王国便会被毫无顾忌地肆意瓜分。通过他们的瓜分，王国被分割成了东部的奥斯特拉西亚（Austrasien）以及原本法兰克王国所在的西部纽斯特利亚（Neustrien）。勃艮第，早先西哥特人的领地阿基坦（Aquitanien），卢瓦尔河以南，重新获得了其重要地位。除此之外，凯尔特民族在布列塔尼（Bretagne）也获得了越来越大的自由空间，并开始追求政治独立。而不列颠人的首领只在武力恐吓下才承认了国王的统治，并非出自真心。与此同时，英勇的山地民族加斯科涅人（Gascogner）从比利牛斯山脉走出来，征服了南部地区，其间只在战败后短暂地回到过他们的山里。整片国土都存在着深刻的地域差异。法兰克王国的南部与北部就由于受到日耳曼习俗及语言影响程度的不同，而有着很大的区别。而西北部与东部之间也存在差异，因为在纽斯特利亚罗马传统占据优势地位，而东部则主要继承了日耳曼的习俗和语言。

奥斯特拉西亚的政权联系着居住在莱茵河对岸的日耳曼支系，但这一联系也在不断瓦解。阿吉洛尔芬家族（Agilolfinger）的巴伐利亚公爵，虽然是由国王分封的，但不久就行使起了相当于国家君主的权力，他们监督领地中的伯爵，任命法官并在民众的参与下管理巴伐利亚的秩序，旧时的区域宪法在这里仍保有其效力，甚至还赢得了新的意义和重要地位。虽然公爵的权力在阿勒曼尼人那里常被分摊削弱，但他们的社会关系与巴伐利亚相似。图林根也有了自己的公爵。虽然这些公爵多亏国王的仁慈才有了如今的地位，但大多数时候他们还是有极大的自主权的。从外部看来，墨洛温王朝仍旧维持着某种程度上的统一，但实际上，内部的统一在7世纪就瓦解了，整个王国由若干个大大小小的独立政权拼凑起来，并且这些政权之间还一直处于敌对状态。而西哥特人和伦巴底人的王国中的政治关系也处于类似的瓦解过程中。

尤其是在外部敌人不断来犯之时，这样的内部分裂就更为危险了。伦巴底人仍持续与东帝国对战；盎格鲁–撒克逊人与侵犯岛屿西部的不列颠人战斗；法兰克人一边与西哥特人打得不可开交，另一边也不让弗里斯兰人和萨克森人有半刻消停，此外他们与一群同样危险的敌人——多瑙河畔的阿瓦尔人及易北河畔的斯拉夫人，亦有交战。

　　日耳曼人离开欧洲东部地区后，之前臣服于他们的斯拉夫人获得了自由，其中一部分为了对抗日耳曼人前往西部，另一部分则向东面的皇权统治发起进攻。斯洛文尼亚人、克罗地亚人、塞尔维亚人以及保加利亚人，由于接受了斯拉夫的习俗及语言，都被视作斯拉夫人。他们最终被希腊王国所接纳，并如同当年保卫罗马帝国边境的日耳曼民族那样，在亚得里亚海至黑海的北部地区、多瑙河及萨瓦河流域定居下来。向西进攻的部族则或是在易北河畔与德意志人毗邻而居，或是在波西米亚山林地区、多瑙河中游以及阿尔卑斯山脉东部地区找到了住所。对易北河到奥德河间的许多部族来说也发生了重大的转变：萨尔河与易北河间的土地收入索布人（Sorben）囊中；波西米亚的土地被捷克人占领了，并从菲希特尔山脉（Fichtelgebirge）出发进一步向西发展斯拉夫人的据点，直到美因河及雷格尼茨河（Regnitz）流域；从易北河源头直到摩拉瓦河（March）河岸成了摩拉维亚人（Mährer）的聚居地；离开多瑙河流域不远处，斯洛文尼亚人中的几个部族——卡兰塔尼人（Karantanen）和文登人（Wenden），终于夺下了阿尔卑斯山脉东部地区的大部分土地，现在这些地方被称作施泰尔马克（Steiermark）、克恩顿（Kärnten）及克雷恩（Krain）。在较长一段时间内，大多部族都被迫承认阿瓦尔人的统治，但最终他们还是颠覆了阿瓦尔人对他们的桎梏，在法兰克人萨摩（Samo）的领导下，于627年，建立起了以波西米亚为中心的王国，这个王国南至施泰尔马克地区的阿尔卑斯山脉，东临喀尔巴阡山脉（Karpaten），北部直达哈弗尔河（Havel）与施普雷河（Spree）流域。这是第一个大型的斯拉夫王国，正如日耳曼曾经在罗马的影响之下建立起自己的国家那样，斯拉夫人多种多样的国家生活也深受德意志人的影响。37年中，萨摩不仅要对抗阿瓦尔人的势力，还要时刻防范自己的族人倒戈相向。他的统治，为后世斯拉夫人在德意志东部的稳固地位，做出了贡献。

　　墨洛温王朝的国王们，面对四面八方对法兰克王国进行的攻击开始显得力不从心。统治权被交到了一支在骄奢淫逸中退化了的傲慢贵族手中。幸好，曾经毫不起眼的宫相们渐渐获得了权势，可以帮助无能的国王领导国家。宫相成了最重要的皇家宫廷官员，没有他们的参与国家事务都无法进行，他成了国家管理的灵魂人物、战争中近卫队的指挥，因为当时已经很难从高卢民众中征兵。由于王朝统治一再分割成奥斯特拉西亚、纽斯特里亚及勃艮第王国，每一个王国都需要一位特定的宫相，因为少了宫相国王就无法执政。不久后，王朝中所有的宫相甚至都不是由国王任命的，而是由大人物选出，分配给国王，因为他们更像是国王的保护人和赞助人，国王还需感谢他们的扶持。国王就这样失去了实权。

法兰克王朝是所有日耳曼王国中范围最大的，即使它面临着瓦解的危险，人们依旧将它视作未来的希望。如果法兰克王朝的统一彻底分崩离析，如果在或远或近的未来西方有可能重新被统一起来的话，那么永远只有一种可能，那就是终于有一支英勇能干的支系在王朝中的日耳曼地区——奥斯特拉西亚站出来，重拾克洛维的遗志，将国中势力重新集结起来，将软弱的王室贵族清除干净，从而登上王座。

628年，这个英勇的支系中首先站出来的是兰登的丕平（Pepin von Landen）①，他是辅佐未成年的国王达戈贝尔特（Dagobert）的宫相，在奥斯特拉西亚几乎有着至高的权力，而他则运用手中的权力尽力使墨洛温王朝的所有势力再一次联合起来。他使达戈贝尔特的势力范围扩大到了纽斯特里亚和勃艮第，并随即对扩大了的王国势力进行利用。萨摩的王国、阿瓦尔人及分布在东帝国边境外的民族全部都被战胜了，法兰克王国的军事实力又重新获得了承认。但同时，纽斯特里亚和奥斯特拉西亚间的旧有矛盾也重新爆发出来，与外部敌人的斗争并不能使国王满意，自由的德意志宗族拒绝听从别人的号令，刚刚建立起来的统一又再次崩裂了。此时，达戈贝尔特不得不把奥斯特拉西亚的王位传给他未成年的儿子西吉贝尔特三世（Sigibert Ⅲ.），而他在纽斯特里亚和勃艮第的统治权则由他的另一个儿子克洛维二世继承。随后统治纽斯特里亚的是一些放纵的贵族小团体，而奥斯特拉西亚则被丕平的儿子，格里莫（Grimoald），治理得井然有序。然而在西吉贝尔特死后，他没有了顾虑，想要将自己的儿子扶上王位，因而人民开始反对他。656年，他被自己的儿子杀死

① 又称老丕平，或丕平一世。——译者注

了，而统治权被重新交回了墨洛温家族手中。然而，不久之后，埃斯塔勒的丕平（Pipin von Heristal）①，即格里莫的女婿，重新将奥斯特拉西亚的统治权揽到了手中，成了奥斯特拉西亚的军事首领，并想要像阿勒曼尼、巴伐利亚及图林根的德意志公爵们一样，在这片令他声名大噪的德意志土地上获得与国王比肩的地位。但是，这个位置要求他将剑指向纽斯特里亚那些放纵的贵族，他很快就踏出了这一步，并将自己的政权扩张到了法兰克王朝的罗马地区。通过忒斯特里战役（Schlacht bei Testri）的胜利，他于687年成了纽斯特里亚的主宰，并安排他的一个儿子担任了宫相一职。自此，整个王朝的命运全部掌握在了自称为法兰克公爵的丕平家族手中。而对于墨洛温家族来说，除了空有头衔和王族徽章，什么也不剩了。

国王的统治权主要集中在王朝中的罗马地区，当这一统治权没落了，而德意志王族的新鲜力量也在罗马世界的影响下干涸衰败了，崛起了一支新的追求威名的尚武氏族。他们自信而顽强，将在世人面前重振法兰克人的声名看作自己的使命。他们的势力根植于王国中的德意志地区，尤其是在法兰克宗族的里普利安人那里。对于德意志的法律与习俗，里普利安人保存得比萨利安人要好。古老的德意志自由意识仍存留于他们心中，旧时春季3月的集会地点也保存了下来，而行政区和人民法庭也按照旧有的形式延续着。从这里诞生的新生力量也为王国中的罗马地区重新注入了活力，并使摇摇欲坠的社会关系重新稳定下来。原本定在卢瓦尔河、塞纳河、马恩河及埃纳河（Aisne）河畔的王国首都，现在被迁到德意志的莱茵河畔，国家的中心也由罗马地区转移到了日耳曼地区。

当时在欧洲中心能够崛起这样一个强大、有战斗力的国家，对这个世界来说真是幸事！阿拉伯人之前已经将一个又一个亚洲和非洲行省从君士坦丁堡的皇帝手中夺走，并包围着皇城度过了7个冬夏。现在，他们已经朝着西面进发了。他们从北非海岸出发，越过了传说中由海格力斯开辟的直布罗陀海峡，刚与西哥特军队碰面就将他们的势力歼灭了（711年）。为了能保证自己的人身自

---

① 又称丕平二世。——译者注

由及宗教信仰不受干涉，西班牙的一部分平民逃往了半岛上的北部山区。这群异教徒很快将他们的势力范围扩大到了比利牛斯山脉一带并来到了法兰克王国的边境线上，大量的基督教徒不得不臣服于他们的脚下。与阿拉伯人的战斗不可避免——这是与一个狂热信仰着伟大先知的民族的战斗，与先知狂热教义间的斗争，更是与一个在百年历史中几乎从未战败过的骄傲民族间的斗争。阿拉伯人的所有行动中都渗透着他们的团结和统一，而哈里发（Kalif），作为先知的继任者，将整个民族的军事及宗教领袖集于一身，始终领导着阿拉伯人，他手下的军队遍布亚洲、非洲及欧洲，随时听候他的调遣。如果丕平没有及时将所有势力重新团结起来，那么法兰克王朝永远也不可能战胜这样一股强大的力量。

714年，当丕平去世时，王朝的未来似乎又变得令人疑虑重重。但他的大儿子查理·马特（Karl Martell），被实至名归地称为铁锤查理，不久之后夺回了父亲的势力并获得比父亲更为响亮的威名。他的戎马一生，是从继母将他关在监牢内开始的。他与自己的家族斗，与王国中的大人物斗，与各地的小霸主们斗，与骄傲的德意志公爵们斗；他还在一场场战争中，与侵扰边境的萨克森人及弗里斯兰人斗。其中大部分弗里斯兰人都被他征服了，而他也从这些大小战役中脱颖而出，作为法兰克公爵及王侯完全掌握了国王的实权。墨洛温家族是否还拥有国王头衔，是否还坐在王座之上，已经没有人在乎，甚至有一段短暂时期，王座的的确确空缺着无人去坐。眼看着阿拉伯人已经攻到了卢瓦尔河畔，此时最重要的是，查理能够成功地袭击他们的要害，将他们驱逐出去。732年，正好是先知死后的100年，阿拉伯人在普瓦捷（Poitiers）遭遇了一场可耻的失败，而当他们6年之后再次回到普罗旺斯发起进攻时，查理又于738年在阿维尼翁（Avignon）和纳博讷（Narbonne）战胜了他们。他的这些事迹，不仅确保了他的家族在法兰克王国的统治地位，还使整个西方的基督教徒将目光投向了他。伦巴底人与他结为盟友；遭到伦巴底人和希腊人打击的罗马主教主动提出，授予他"罗马最高贵族"（Patricius Romanus）的头衔，并将圣伯多禄陵寝的钥匙交给了他；西班牙的基督教徒也期盼着他能够帮助他们，将他们从困境中拯救出来。通过战绩辉煌的查理，由丕平振兴起来的法兰克王朝再一次成了整个西方世界的中心。

741年，查理去世之后，他的儿子们将查理留下的王国理所当然视作他的遗产，进行了瓜分。查理的儿子中最有能力的是外号叫做"矮子丕平"①的那位，在斗败了他同父异母的兄弟格力博（Grippo）后，最终独揽大权。然而反对他的地方势力卷土重来，这次对抗他的当然不是已经被消灭的"地方小霸主"了，而是将自己视为民族代表的大公爵们。在实力悬殊的战斗中，这些公爵也败下阵来，阿勒曼尼的公爵统治就此终结了，图林根的公爵们也很快消失了，而阿基坦和巴伐利亚的公爵不得不暂时向强大的法兰克公爵低头，虽然他们不久之后就又高傲地站起来了。王国的统一范围越来越大，超过了历史上的任一时期，但只有通过强大的军事实力才能保存这一胜利果实。丕平的父亲和祖父早就已经意识到，王国中日耳曼地区所具有的英勇无畏、敢作敢为的古老传统依旧存在，并能够作为成就大事业的动力。所以，他们若要锁定胜利，就必须在这里招兵买马。为了建立起莱茵河畔各部族与王国的紧密联系，丕平用尽了所有办法。但是，这些部族中的一部分仍是异教徒。因此，在他看来最重要的，就是利用一致的信仰以及共同的宗教法律，将这些部族长久地与法兰克王朝联系起来。这时，他就想到了他的长远计划，他不断向异教的德意志人宣讲基督教福音，试图在日耳曼世界和罗马之间建立起新的羁绊。而促成这一切的就是圣波尼法爵（Bonifacius），他是德意志人的基督教使徒，同时也是罗马教皇的侍从。

西方罗马政权的毁灭也使基督教会损失惨重。在一些地区，原本基督教已深深扎根，现在又被完全消灭了。在不列颠尼亚，异教的盎格鲁–撒克逊人用尽全力摧毁基督教堂。只有岛上西部的不列颠人，虽然不能击退萨克森人的所有针对基督教的战斗，但也使得基督教信仰有了最后一点生存空间。不幸的不列颠民族以极大的热情向往着基督教，并从信仰中找寻慰藉。与此同时，受到意大利民族大迁徙的影响不断蓬勃发展的修道院生活，在北方达到了全盛。修道

① 又称丕平三世。——译者注

院中满是虔诚的僧侣，成了宗教生活的中心。一心向主的人们，怀着对救世主
箴言的忠诚，从这里出发前往各地，向异教徒们宣讲基督教福音。在岛北及爱
尔兰的皮埃特人（Pieten）和苏格特人（Skoten）已经找到了听众，随后不久，
这里就建起了基督教堂，而异教的萨克人，带着对不列颠的仇恨，不仅不接受
任何的基督教福音，还用最残忍的方式迫害天主的仆从。在多瑙河流域，已经
在基督教的福祉保佑之下的雷蒂亚、诺里库姆（Noricum）及帕诺尼，本来有
无数主教分布在各地，受到民族大迁徙的冲击都消失殆尽了，在这些地方，异
教的阿勒曼尼人和巴伐利亚人将他们的宗教带上了主导地位。相反的，在莱茵
河、莫泽尔河及马斯河流域，特里尔、科隆及美因茨自4世纪起就作为重要的主
教所在地和教会生活中心而存在了，虽然经历了与异教的里普利安人长时间的
争斗，但当掌握统治权的法兰克人接受了罗马的信仰之后，基督教最终赢得了
上风。现在，特里尔升格成了主教城市，并成了梅斯（Metz）、图勒（Toul）
及凡尔登（Verdun）教区之上的总教区首府；如同科隆处于通厄伦（Tongern）
教区之上一样，这一教区随后迁至了马斯特里赫特（Mastricht），其后又搬
移到列日（Lüttich）；还如同美因茨主教区居于沃尔姆斯（Worms）、施派尔
（Speyer）及巴塞尔（Basel）教区之上，后面的这几个教区可能是在法兰克时
期才建立起来的。

　　基督教会赢得一座座城市支持的过程是循序渐进的，但失去支持却往往是
一瞬间的事。最明显的例子就是罗马，人们除了要获得罗马这座城市对基督教
的支持外，还期待从这里执掌整个基督教。当第一位耶稣使徒圣伯多禄从其他
教祖中脱颖而出，获得广泛的认可，享有如同仲裁人一般掌控所有教会的权力
时，罗马教区在西方国家已经存在了一段时期。宗教会议的决议及皇帝的谕令
中都承认了伯多禄的教皇特权，并许诺了教皇对所有基督教会的统领。但这一
事件的后果却是使罗马失去了许多既得的势力。一方面，西方的正统教会受到
了日耳曼战胜者的阿里安教派和异教的排挤；另一方面，希腊的教会在语言、
对教义的阐释和理解以及宗教仪式上与使用拉丁语的教会渐行渐远，而与东面
君士坦丁堡的教祖紧密联系起来。很长一段时间以来，君士坦丁堡方面都十分
倚重罗马主教，而罗马主教也凭借与皇帝的亲近，使自己的地位得到了极大提

升，但同样的，罗马的重要地位下降之后，当地主教的地位也随之降低了。

当阿里安教派终于灭亡，日耳曼的征服者们怀着热切之情皈依天主教时，西方大主教的地位虽然达到了前所未有的高度，但西方世界的分裂以及各个区域教会间的隔阂阻碍了罗马大主教地位的提升。即使罗马大主教个人的势力再强大，在罗马城及周围地区的威望再高，从整个西方来看，教皇特权并没有得到广泛认可。

大多数地方的主教教会仅仅受到国家一方的监管，因为主教城市自己的势力也在不断地消逝。由于没有神职机构的监管，主教们也全都按照统治者的世俗利益来行事。宗教会议的构成几乎与世俗的国家集会别无二致，甚至与其合二为一。神职人员们沦落到了与因战绩获封的贵族们平等的地位，与他们争夺国王的恩宠以及对国家的影响力。如果当时就将守护基督教会作为国家的第一要务，那么主教们会将保护和增加教会财产作为最主要的保护方式。他们获得了最为丰富美丽的产业，凭借国王给予的特权，他们不仅不用纳税，甚至可以拒绝公务人员进入其中，还有自己的保护人行使区域内的管辖权。在征服这片土地约100年之后，墨洛温家族的希尔佩里克（Chilprich）发出了这样的悲叹："我们的宝藏越来越少，所有的财富都落到教会手中去了。随之而去的还有我们的势力，现在主教们统治着四面八方。"这些富有的主教完全过着世俗的生活，他们很少关心基督教福音在他们的教区传播的状况，对异教徒的传教更是不管不顾，即使周围的异教徒越来越多，他们几乎已经居住在异教徒之中了。

阿勒曼尼地区的基督教得以复兴，靠的自然不是这个有钱有势又有地缘优势的主教们，而是仅仅凭借尘世中的僧侣们。他们怀着对天主的热爱背井离乡，将天堂的光洒向在死亡的阴影中迷茫的众生。他们有一位叫弗里多林（Fridolin）的僧侣，他在莱茵河上游传教，并在莱茵河的一座小岛上建起了塞京根修道院（Kloster Säckingen）；另一位叫作高隆庞（Columban）的僧侣，与他的学生加仑（Gallus）一起，在博登湖畔讲解教义，加仑在那里建起了他著名的修道院；还有一位图德伯（Trudpert）成了布赖斯高（Breisgau）地区的使徒。7世纪，整个阿勒曼尼渐渐全部基督教化了，旧有的主教教区走到了尽头，新的随之诞生了。就这样，新的教区在斯特拉斯堡、巴塞尔、康斯坦茨（Konstanz）和库尔（Chur）建立起来，随后奥格斯堡也加入了其中。同样在7世纪，基督教传教士也来到了巴伐利亚。圣高隆庞的学生被称作这里的第一位传教士，虽然最终完成传教的是沃尔姆斯的鲁伯特（Rupert von Worms），696年，他在萨尔兹堡建起了圣伯多禄教堂。而鲁伯特最早、最终的继任者们恰巧也是爱尔兰僧侣。在东法兰克①和图林根，同样是一位爱尔兰僧侣，教士基利安（Kilian），他与他的伙伴柯尔曼（Coloman）和托纳（Totnan）一起漫游，先是宣讲基督教福音，随后在维尔茨堡建起了当地首座修道院。还有数不胜数的其他宗教基金会也是由这些漫游的爱尔兰人创建的，向四面八方散播着基督教的种子，经由这些种子，基督教收获了不少果实。但在确立教会秩序方面，爱尔兰僧侣们却不如罗马人贡献巨大，而且他们与罗马教皇也毫无联系。

当基督教越来越深地渗透进德意志地区之时，它也赢得了盎格鲁-撒克逊人的心。教皇格列高利一世（Gregor der Große）②将他的修道院兄弟奥古斯丁（Augustinus）以及40名随行人员派往盎格鲁-撒克逊人那里。肯特王国的君主埃瑟尔伯特（Æthelberht von Kent），曾经在可恶的不列颠人影响下蔑视过基督教，现在欣然地从罗马人那里接受了基督教。此后，罗马教会的斗争还是持续了60年，一部分是因为盎格鲁-撒克逊人的异教教义，另一部分是由于不列颠教会自由的宗教形式和观点。最终，国王奥斯温（Oswin）下定决心，而所有的盎格鲁-撒克逊人也一致同意，向罗马敞开怀抱，因为通往天堂之门的钥匙由圣伯多禄保管，而盎格鲁-撒克逊人不愿在叩响天堂之门时遭到圣伯多禄的拒绝。现在他们敞开怀抱接受罗马，也是与圣伯多禄建立起了更亲密的联系。现在，他们所有人都从罗马那里接受宗教指导，教会按照教皇的意愿进行管理，神职人员及尘世信众争先恐后地前去朝拜圣伯多禄的陵寝，罗马建起了一座专门培训盎格鲁-撒克逊神职人员的学校。而为了维持这座学校的运营，向每户征收一芬尼的罗马税。整个英格兰都追随着圣伯多禄和他的继任者，也就是罗马主教，

---

① "法兰克"在指代地区时也常译为法兰克尼亚或弗兰肯，在本书中统一译为法兰克。——译者注

② 又译额我略一世。——译者注

就如同克洛维曾经带领着他的法兰克人们献身于天主基督一样。

很快，盎格鲁-撒克逊的教士和僧侣们，追随着他们爱尔兰先驱的脚步，跋山涉水来到异教的德意志人中间，向他们宣讲基督教福音，并同时宣扬对圣伯多禄的敬奉。盎格鲁-撒克逊传教士们的首要目标是与他们有亲族关系的弗里斯兰人和萨克森人。在多次失败的尝试之后，威利布罗德（Willibrord）终于使基督教在弗里斯兰人心中赢得了长久的位置，在他被教皇任命为弗里斯兰人的主教之后，查理·马特719年的胜利使得他在乌得勒支（Utrecht）获得了固定的主教驻地。在威利布罗德的同伴中，最为突出的就是被称为黑白埃瓦尔德（der schwarze und der weiße Ewald）①的埃瓦尔德兄弟，他们在萨克森传教时以身殉教了；还有温弗里德（Winfried），这个来自维瑟尔的基尔顿（Kyrton in Wesser）的盎格鲁-撒克逊人，注定要确立起德意志教会的秩序，同时却也因为与罗马教会的联系，受到了极大的束缚。

根据罗马方面的意愿，准确地说是由于教皇格列高利二世②，又名波尼法爵，温弗里德才开始了他在德意志内部传教的伟大事业。东法兰克、图林根、黑森及弗里斯兰都在他广阔的传教范围之内，他在对基督教一无所知的一些地方普及基本知识，在另一些已经有了基督教萌芽的地方则将其发展壮大，还有一些地方，滋生出了罗马所不能容忍的自由教义和宗教形式，他的目的是将其清除消灭。至此，所有这些地方的异教都消失殆尽了。曾经耸立着异教圣树的地方，现在矗立着基督教的礼拜堂，而异教的献祭仪式也走到了尽头。格列高利三世③十分赏识温弗里德的事迹，将他任命为大主教，去管理那些新皈依的地区，并让他全权负责那里主教教会的管理。但温弗里德的建议却没有像教皇预料的那般，打动查理·马特。他更倾向于巴伐利亚公爵奥迪罗（Odilo von Bayern）的建议。奥迪罗曾在739年组织管理过萨尔兹堡、帕绍、雷根斯堡及弗赖辛根（Freisingen）的主教教会。但更重要的是，查理·马特的儿子丕平想要利用这位盎格鲁-撒克逊僧侣的作为，将德意志宗族与法兰克王朝更紧密地联系

---

① 由于兄弟俩发色一深一浅，所以被称为黑白埃瓦尔德。——译者注
② 又译额我略二世。——译者注
③ 又译额我略三世。——译者注

起来，于是才接受了这位最为勤奋的僧侣。

在那些新皈依的区域，主教驻地也很快建立起来，东法兰克地区的驻地被定在维尔茨堡，黑森的在布拉堡（Büraburg），艾希施泰特（Eichstädt）则统领背面邻近波西米亚森林的区域，图林根的驻地是埃尔福特（Erfurt），其后埃尔福特、布拉堡与美因茨教区合而为一。742年，波尼法爵就作为大主教召开了德意志主教会议，在其后的几年，他也定期召开这一会议。罗马神事活动程序，罗马式的教堂礼仪，主教等级制度，由罗马确立的圣本笃修道院制度，最重要的是对教皇特权的承认，是这届及其后几届主教会议最关键的决议。波尼法爵在一次宗教会议中写道："我们决定，直到生命终结都坚持天主教信仰，听从罗马教会，维护其统一；此外我们还决定，甘愿成为圣伯多禄及其继任者的仆臣，作为大主教继承圣伯多禄的衣钵，在方方面面谨遵圣伯多禄的教诲，因为他告诉我们什么是正直且允许做的事。我们所有人都接受并签署这份信仰声明，教皇与罗马教会对之欣然接受，并将它存放于圣伯多禄的陵寝中。"748年，波尼法爵将美因茨定为大主教驻地，不仅新创立的主教教区居于其下，就连沃尔姆斯、施派尔及乌得勒支在内的阿勒曼尼教区也被归入此列，甚至科隆连同通厄伦在内也在短时间内受到美因茨的管辖。不安分的波尼法爵已经使自己的势力超越了德意志地区的边界，并开始对法兰克的教会施加影响。他在各地都建起了大主教协会，使大主教们听命于罗马，为了达到这一目的他将象征教皇权威的披带从罗马带了出来。教皇特权又在西方受到了广泛的认可，尤其是在英格兰和整个法兰克王国更是有着空前的巨大意义。

法兰克王朝更新换代之时，罗马教会的地位也受到了承认，而那些最传统的日耳曼宗族向这两方冉冉升起的势力提供了人力财力，也为它们的崛起助力不少。法兰克王朝与罗马教会就如同两株相邻而栽的植物，从同一条源流汲取养分，从而生长出两枝强健有力的枝干，迅速地蓬勃向上。

此时，法兰克宫相和罗马主教都要清除面前的阻碍，解除长久以来身上的桎梏——丕平家族要取代墨洛温家族登上王座，而教皇则要斩断最后一丝与君士坦丁堡的皇帝间的联系。此时的他们都不再犹豫，都要干一番大事来解放自己，但是为了踏出这最后一步，他们需要彼此的帮助，而他们彼此间的协作成就了人类历史上最重要也最有成效的一段合作。

752年，丕平赢得教皇的许可，废除了墨洛温家族的最后一位国王，并将他送进了一家修道院。在苏瓦松附近的春季集会地，他通过传统的方式被选为法兰克人的国王，成为真正的君主和领袖。但同时他以新的方式，接受国中主教的涂油礼，来赋予自己夺得的权力以神圣与庄重。两年后，即754年，当教皇斯德望三世（Stephan Ⅲ.）来到法兰克王国请求保护，这位圣伯多禄的继任者又一次对丕平施行了涂油礼，并施礼将他及他的两个儿子查理和卡洛曼（Karlmann）送上了法兰克国王的位置。同时，他告诫民众要效忠于新国王，否则便将面临永恒的惩罚。自此以后，丕平自称为"受神庇佑的"法兰克人之王。

教皇不会白白替法兰克国王施行涂油礼，他也要求得到报酬。迫于伦巴底国王艾斯图尔夫（Aistulf）的势力，他不得不疏远罗马。虽然艾斯图尔夫还在意大利北部抢夺希腊人的领地，但由于分歧越来越大，教皇不能够也不愿意再向君士坦丁堡的罗马皇帝寻求保护，并将希望寄托在丕平身上。教皇用那个具有多重含义的"罗马最高贵族"头衔来称呼他，并请求他的保护与支持。而丕平也已经做好了准备，在不断强大起来的伦巴底人面前，维护圣伯多禄以及罗马的利益。两场战役过后，艾斯图尔夫就将之前所有的战果拱手交给了丕平，此外还有他的重点行政区和五城重镇（Pentapolis）[①]，也就是说波河河口至安科纳以南的所有海岸线，在西面从雷诺河（Reno）到阿尔卑斯山脉的背面，在此之前一直属于希腊人的一片土地，现在都落入了丕平手中。随即，丕平将这一地区献给了圣伯多禄，献给了罗马教会，也就是献给了教皇，人们说这也就是献给了罗马帝国——这里说的当然不是东帝国，丕平当时特意解释过，这是献给西帝国的。由此可见，他当时就已经有了重建西帝国的打算。他暂时以"罗马最高贵族"的身份发挥他的影响力，教皇由于要对付躁动不安的罗马民众，也经常需要他的支持，而对抗伦巴底人以及异教的希腊人，甚至只是确保自己在丕平进献的土地上的统治，丕平的协助都是必不可少的。教皇急需一股世俗势力来支持他，而丕平则需要一股受到广泛承认的宗教势力来保卫他新生

---

① 指中世纪意大利亚得里亚海沿岸五城，包括里米尼、佩扎罗、法诺、西尼加格利亚和安科纳。——译者注

的王权统治，并通过教会将各方团结起来。德意志武将与罗马主教必须长久地携手共进。

重新建立西方皇权的时机成熟了，在这个新的罗马帝国中，日耳曼尼亚将不再是一个臣服于别人脚下的行省，而是整个帝国的中心。而注定将戴上皇冠的那位君主，此时已是翩翩少年。

9. 由查理大帝建立起的西方皇权统治

多少年以来，日耳曼人民在心中向往着能够在小圈子内自由自在地生活，而这种向往对西方国家来说常常意味着分裂，多少次建立帝国的尝试被阻碍或是完全扼杀。而欧洲至此为止所有的发展全都毁于一旦，不仅是古老的文化，还有依靠传教士们清除其他狂热信仰、从欧洲一点点发展壮大的基督教都毁于一旦，这样的危险又有多大？没有人能否认，在日耳曼的征服之后，黑暗绵延了几个世纪之久，而德意志军队将自由还给世界，与其说是给人类福祉，更像是对人类的诅咒。虽然希望才刚刚在这黑暗中撕开光明的裂口，但终究会迎来拨云见日的一天。

一个更光明的时代已经近了。在这个时代，分散在各处的力量将重新集结起来；在这个时代，丢失已久的东西又被找寻回来；在这个时代，西方又将复兴统一，并将向世人展示，更加有生命力的信仰和更深厚的文明在这片由日耳曼人辛勤耕种的土地上萌芽、抽枝，比以前的任何时候都更生机勃勃。日耳曼民族与罗曼民族在国家和教会关系中越来越多地融合在了一起。虽然在此之前，日耳曼式的社会体系看似对大国统一不利，而现在，推进西方统一大业，并使其达到目标的正是日耳曼人。盎格鲁-撒克逊人温弗里德使法兰克教会敬奉圣伯多禄；如同当年在克洛维统治下，法兰克人发誓献身基督一样，现在人们敬奉起第一批耶稣使徒。就这样，他们将整个西方的教会统治权交到教皇手中，把教皇视作圣神使徒的继任者与代言人。正当教会在一个共同的教皇统治下越来越统一之时，在整个高卢及日耳曼尼亚崛起了新的王朝。他们不仅迅速夺得了这片土地上的势力，并且能够执掌意大利的政治事务，达到了西方基督教政权前所未有的高度。此时，教皇统治和王室政权的利益在各个方面均有交集，若两股势力针锋相对，不仅将削弱彼此的势力，他们的未来也将不复存在；而若是携手并进，那么每前进一步，双方都会强大一些，并最终达到西方政教统一的目标。罗马方面从来不缺少雄踞世界的野心，缺的只是一位法兰克王座上的君主。这位君主要能够突破受限的德意志天性，挺身实践伟大的政治理想，这样国家才能更快速地向其目标发展。在一个最恰当的时机，世界上这样一位君主化身成了查理大帝①。很少有人能像查理大帝那样，将诸多伟大的统治者才能集于一身；也几乎没有任何一位天才，能够获得像查理大帝那样恰当的时机来名垂青史。

768年，查理继承父位时还是个毛头小伙；他当时26岁，许多天赋的优良品质还没有完全发挥出来。但人们很早就能从他身上看到那种钢铁般的意志，孜孜不倦的勤奋，对极致的追求以及极强的可塑性，使他能够成为古往今来的君王之首。天赋品质造就了他的一切。完美比例映衬下的魁梧身材，明亮的浅色眼睛，脸上是胜利者的神情，洪亮的声音，彻彻底底的男性姿态，人们看他的第一眼，全部的注意力就会被他攫住，并倾心于他。躯体从没有阻碍他精神的充实，在他三十余载的执政生涯中，即使他从不惜力，却从未罹患过疾病。他始终如一地为国家的事务奔忙。晚上，他常常要起身四五次，去完成公务；即使是穿衣服的时候，他也会与大臣们商讨事务，或是让请求裁决的当事人陈述事情；就餐时，他命人为他诵读历史或神学书籍；没有任何时间是被白白浪费的。他始终保持着清醒的头脑和积极的心态，从未因为心情不佳而做出不公正的决断。在亲人与朋友的小圈子里他是幸福的，他精心地经营着自己的家庭，他的目光同样自信地注视着近处和远方。他不仅对肉眼所及之处了然于心，整个世界的格局对他来说同样一览无余。不论是解决轰轰烈烈的国家大事，还是细碎的家庭琐事，他都能获得同样的满足。特米斯托克力（Themistocles），这位雅典城造就的伟大英雄，虽然受教育不多却总能明辨是非，雅典人艳羡他的这种天才，而查理大帝也拥有这种与生俱来的决断力。在军中长大的他，据说

---

① 又译查理曼大帝或卡尔大帝，亦称查理一世。——译者注

是登上王位之后才开始接受正统的教育，却直至老年依旧孜孜不倦地学习；即使他的性格中仍残留着老牌日耳曼人的粗野痕迹，但国家与教会关系再艰难复杂，他也总是能用锐利的目光看透世事。可以说，所有在接下来的几个世纪将对君主们治国艺术提出挑战的重要问题，他在当时就已经考虑到了。

他登基时的形势并非特别有利。旧王朝留下的制度漏洞百出，新王朝将其作为遗产接手过来，从而多次导致了新的国家分裂。一开始，查理必须与他的兄弟卡洛曼分享统治权，很快兄弟俩就陷入了争执。为了让母亲高兴，查理娶了伦巴底国王狄西德里乌斯的女儿，而这段联姻却威胁到了与罗马之间的联盟。很快情势就变得危机四伏。卡洛曼在他执政的第四年去世了，法兰克人将他的儿子们排除在继承人选之外；查理离开了他的伦巴底妻子，与罗马重修旧好。自此以后，查理坚定而决绝地选定他的道路，那是一条使法兰克王国顺应事物发展的道路。

现在，所有在墨洛温王朝称霸一方的独立势力都被镇压了。在阿基坦仍有一支世袭的公爵家族，丕平虽然进行过讨伐，却没能战胜他们，是查理终结了他们。几个世纪以来，布列塔尼人一直违抗法兰克国王的命令。现在，经过漫长的斗争，他们的反抗终于以失败告终。只有巴伐利亚，在阿吉洛尔芬家族塔西洛（Tassilo）的统治下，依然作为具有特殊地位的公爵领地而存在，早在丕平时期他们就毫无畏惧地奋起反抗。失败使塔西洛大受打击，即使他还能将自己的势力维持下去，也要归功于查理本人的善意以及教皇在其中的作用。最终，他也不得不屈服，隐身于一家修道院中。

新王室从法兰克王国中保持着德意志传统的地区建立起来，而法兰克王国剥夺了德意志萨克森宗族的自由，这是一个新王室所面临的重大课题。几个世纪以来，萨克森人受到法兰克国王们的讨伐，常常在血流成河的战斗中败下阵来，但他们越挫越勇，在过去的一段时期，他们的统治权甚至渐渐地朝往西南方向扩张。作为最后一支自由的德意志宗族，所有反抗法兰克王国的起义都能从萨克森人那里获得广泛的响应。对基督教的传播，现在成了国王们巩固他们在德意志腹地政权的手段，获得了各式各样的有利条件，但在萨克森人那里却阻碍重重。在丕平生命的最后几年里，他不断地与萨克森民族斗争，而查理也从他父亲手中接过了这份遗产，并下决心不惜一切代价完成父亲的遗愿，使固守着自己古老语言和传统的日耳曼人，在心中永远接受王权统治及基督教信仰。他将收复最后一支自由的德意志宗族作为自己人生的重要使命。

半个世纪以来，与萨克森人之间的内部关系并没有重大的改变。民族自由而非王权统治，旧有信仰而非基督教信仰，仍旧占据上风，前人留下的传统习俗被完整地继承下来。那个时代的萨克森人依然是骁勇的舍鲁斯克人的后代，依然有着当年在阿尔米率领下迎战罗马人的气概。在这片并不广阔的区域中，领导众人还是由各地自己选出的军事领袖，由他来执行司法判决及军事律令。整个民族共同的首脑并不存在，但每年，各区的人们都会聚集到威悉河畔的集会地点。在这里，人们商讨国家事务，决定是战是和，若是要与敌方作战就会选举指挥作战的公爵。根据身份不同，民族中的自由公民被分为三个等级，首先是人数较少但十分强大的贵民，然后是自由民（也就是享有完全自由的人）以及半自由民（这一阶级人数众多，由享有人身自由但没有私人财产的人组成）。地理上，萨克森人向威斯特法伦地区的西格河（Sieg）、鲁尔河及利珀河，向埃姆斯河两岸，向威悉河两岸直到塞纳河，而在威斯特法伦则向易北河推进。通过他们，又区分出了占领下易北河右岸至艾德河流域的北方人，或称特拉瑟宾人（Transelbinger），而这群人曾经也被归于萨克森一族。

要与查理作战的，是一个骁勇善战的民族，他们有着不竭的自然力量，自由而狂野，放荡不羁，又有着蛮族的狡猾，但他们却没有被团结统一起来，所以在零散的战役中，战胜他们并非难事。然而，这些小规模的胜利不足以决定战争最后的输赢。要将各地区一个接一个攻略下来，要将地区联盟一个接一个消灭。这场查理大帝对战萨克森人的大战，与当年罗马人败下阵来的那场战争一样。查理与当年的罗马人面对着同样的对手，站在同一片战场上。而现在日耳曼的自由要向统治权屈服了，并被加入一个大国的关系网之中。但同时，这场战争还是信仰之战，查理带着圣人的遗骨投身战斗，虔诚的传教士们将骑士们送上战场。

772年，在沃尔姆斯附近召开五月集会的地方，对抗萨克森的战争结束了。军队都撤走了，埃雷斯堡（Eresburg），也就是现在施塔特贝格所处的地方，作为萨克森在迪默尔河（Diemel）的主要堡垒被夺走了；埃哥山脉（Eggegebirge）中的圣地，也就是曾经圣树伊尔明苏尔（Irminsul）（根据萨克森人的信仰，这棵树是万灵的化身）生长的地方，被摧毁了；到威悉河畔为止的所有土地都在战火的洗礼下荒芜了。萨克森不敢与兵力强大的法兰克人正面交锋，当法兰克人不断深入萨克森腹地，许多地区的萨克森人都向法兰克国王投诚，并送上人质作为保证。基督教的传教士也马上走遍了这片土地，向被法兰克王权征服的地区宣传基督教。但他们的传教只是对牛弹琴，查理才刚刚离开萨克森的边境，人们就重新集结起来，夺回了埃雷斯堡，又拿下了鲁尔河畔的锡格堡（Siegburg），这座城市如今只留下了一些少数遗迹，随后他们进攻了法兰克地区。775年，查理大帝不得不重新开战，他调动了全国的兵力，发誓若不能征服这"朝三暮四、出尔反尔"的萨克森人，就要将其歼灭。率领着浩浩荡荡的大军他又朝萨克森进发了，敌人避免与法兰克大军正面交战。只有一次，在维杜金德率领下的威斯特法伦人壮着胆子，在夜袭中与法兰克人正面交锋。查理的军队令人闻风丧胆，他们浩浩荡荡地一直攻打到奥克河（Oker）沿岸。但直到此时，仍无法定论，这片土地是否已经被查理征服。查理一离开这片土地，敌人们就在他的背后卷土重来，重新把刚刚攻下的锡格堡抢夺回去。776年，查理大帝带着一支不可战胜的军队又杀了回来，萨克森人马上放弃了反抗。查理还没有到达利珀的源头，萨克森人就开始发誓，要接受基督教并接受法兰克的统治，有许多人马上接受了洗礼。查理命人在萨克森建起城堡，自己在此逗留了较长的一段时间，并于777年，将五月集会的地点定在了帕德博恩（Paderborn）附近。贵族以及国中的自由公民都来到了强大的国王面前：没有一丝反抗的声音，所有的倔强似乎都已经被消磨殆尽了。萨克森人发誓，毫无怨言地遵从国王的命令，要是他们没有实践诺言，就让国王将他们的自由和土地永远夺走。无数萨克森人竞相接受洗礼，他们似乎真的归顺于法兰克王国了。只有维杜金德，他似乎有着阿尔米那样的精神，他不愿向法兰克屈服并逃往了丹麦国王西格弗里德（Sigfried）那里。

作为教皇的盟友，查理大帝同时还要与伦巴底人作战，这大大影响了他利用在萨克森的胜利迅速稳固统治权的计划。查理与狄西德里乌斯国王的女儿离婚之后，他们变成了势不两立的敌人。查理慈爱地将卡洛曼被剥夺了继承权的儿子们接到了自己身边，承认他们是法兰克的王，并请求教皇哈德良①为他们施行涂油礼。就算狄西德里乌斯国王试图离间查理和教皇，教皇依然"坚若磐石"，即使狄西德里乌斯领兵来到罗马城门前，占领了丕平献给教皇的大多数土地，教皇都没有动摇。教皇的求救信息在773年传到了查理那里，查理毫不犹豫便前去援助。阿尔卑斯山隘口防守薄弱，查理没费多少工夫就攻入了伦巴底平原。在这里，狄西德里乌斯也没有与查理的军队正面开战，而只是将一座座城市包围起来作为防御。

法兰克军队在这里忙于应战的时候，查理于774年的复活节前往了罗马，为了以"罗马最高贵族"的身份去巩固与教皇的联盟。迎接查理大帝的排场极为盛大，能享受此等尊荣的除他以外只有希腊皇帝了。教皇在圣彼得教堂②会见了他，和着"奉主名来的是应当称颂的"的颂歌，两人来到使徒的墓前并共同祈祷。随后便举行了豪华的复活节庆典。庆典过后，查理不仅承认了他父亲所进献土地的有效性，并且还扩大了土地的范围。查理解释说，和他的父亲一样，他与伦巴底人作战，并非为了金银财宝，为了土地和人力，而是为了维护圣伯多禄的权益，是为了提高罗马教会的地位。但如果教皇认为，查理会在圣徒的墓前放弃伦巴底国王的土地，而罗马可以因为丕平曾许下的承诺而要求将伦巴底王国的土地占为己有，那么他就错了。774年，在包围帕维亚（Pavia）许久之后，狄西德里乌斯落入了他的敌人手中，他只好宣誓效忠查理大帝。查理大帝继续称自己为"法兰克及伦巴底国王"，而狄西德里乌斯则被作为僧侣送进了一家修道院。

自查理夺取意大利的广大土地，成为教皇的邻居之后，查理与罗马主教的关系就发生了本质上的改变，因为教皇也意图向西扩张自己的统治权。摩擦与争议不断，两方势力互相提出各种要求，不愿让步，但眼下的局势又不允许这两方势力之前结成的联盟产生间隙或瓦解。776年所发生的事件证明了，教皇与法兰克国王的利益是紧紧联系在一起的。狄西德里乌斯的儿子阿德尔契斯

---

①　指教宗哈德良一世。公元772年至795年在位。——译者注
②　又译圣伯多禄教堂。——译者注

（Adelchis）之前逃往了君士坦丁堡，而如今在意大利现身了。他的内兄阿雷契斯（Arechis），骄傲的贝内文托公爵，当时还没有被查理击败，支持他夺回伦巴底的统治权，而其他的伦巴底公爵们也在暗中向他投诚。受到伦巴底人威胁的不仅仅是法兰克政权，教皇受到的影响也不小。于是查理又快马加鞭地赶到意大利，很快就将眼前的威胁压制下去，除了教皇统治下的斯波莱托以外，其余公爵势力被全数消灭。这片土地被划分，交由伯爵管辖，引入法兰克的军事及司法体系，主教及修道院院长们的政治地位得到了提升——一言以蔽之，所有的一切都变得尽可能与法兰克王朝的机构设置相似。4年后的780年，查理将他5岁的幼子丕平任命为伦巴底王国的小国王。为了维护自己的根基，达到特定的目标，在持续受到危险敌人侵袭的情况下，分权而治似乎在这片土地上势在必行。现在，一切还没有最终定论。贝内文托公爵的忠诚摇摆不定，不久之后，便臣服在了查理大帝脚下。希腊人始终没有放弃对意大利的觊觎，不断尝试与阿雷契斯取得联系。从"臭名昭著的异教徒"希腊人和"出尔反尔、臭不可闻的"伦巴底平民那里，教皇找不到他需要的庇护，只有显赫的法兰克王族能够作为合适的保护人，于是他将所有的荣誉都给了他们。他为丕平以及他的弟弟路易①加冕和涂油，使他们登上法兰克国王的位置。

路易是查理大帝最小的儿子。778年，他一出生就注定要成为阿基坦王国的国王，当时还在摇篮中的小家伙就被送往了阿基坦。因为当时，向西南方扩张的前景一片大好，查理大帝便想要在阿基坦为他的忠诚勇敢的追随者们建立一个中心。法兰克王国这样一个威武大国，甚至征服了哈里发统治下的阿拉伯人，在当时却已经显示出了将要分裂的蛛丝马迹。阿卜杜勒-拉赫曼（Abd ar-Rahman）是倭马亚王朝（Omaijaden）最后的子嗣，他逃往西班牙并在那里建立起了独立政权，首府位于科尔多瓦（Cordova）附近。但各个城市的执政官并非全部心甘情愿地侍奉新的掌权者。最终，管理西班牙萨拉戈萨（Saragossa）地区的苏莱曼阿尔-阿拉比（Sulayman al-Arabi）从比利牛斯山脉另一边找来了一支基督教军队。778年，查理大帝在西班牙的敌方领地发起了进攻，这群敌

---

① 又译路德维希，史称虔诚者路易、路易一世。——译者注

人曾被查理的先辈们从高卢的旷野中驱逐过。查理大帝在战斗中取得了胜利，并乘胜追击一支敌军来到了埃布罗河（Ebro）河畔，在萨拉戈萨重新布置了守卫，而在埃布罗河及比利牛斯山脉间的所有穆斯林首领都必须向他送上人质。出发时容光焕发的行军队伍，回程时也面临着重重危险和惨重的损失。当查理大帝的法兰克军队踏上归程时，他们在比利牛斯山脉遭遇了好斗又掠夺成性的巴斯克人，在奥雷亚加（Roncesvalles）的山谷中，他们更是经历了一场惨败。一段时间之后，巴斯克人才遭到了法兰克人的报复，并向法兰克国王屈服了；对西班牙的统治暂时又落入旁人手中。

查理大帝在比利牛斯山脉的深谷中遭遇的打击，甚至在威悉河与莱茵河畔也能感受得到——当时西方各地之间的关系就是如此紧密。萨克森人重又奋起反抗。刚刚建成的教堂纷纷被毁，传教士遭到杀戮，法兰克人受到驱逐，而法兰克本土也遭到了袭击。萨克森大军倾巢而出，一支攻打至莱茵河流域，从道依茨（Deutz）到科布伦茨（Koblenz）的所有土地全都变得一片荒芜。查理大帝立即派遣了一支由东法兰克人与阿勒曼尼人组成的军队前去对抗萨克森军队，却被击退了。779年至780年间，查理大帝亲自来到这片暴动的土地，并投入战斗，所有的地区又一次屈服在他的威严之下，重新表示对法兰克王国的忠诚，重新接受了基督教信仰，而查理大帝也接受了上一次的教训，不再轻易相信萨克森人的承诺，而要用切实的手段使这个民族顺从于他。他在萨克森周围，也就是法兰克王国边境及易北河畔，建起了许许多多的堡垒；被派遣前去镇守这些堡垒的兵力从东面和西面拥向萨克森，他们的镇守使那里有了一段时间的平静。查理大帝利用这段平静时光，在萨克森建立国家机构，随着这些国家机构的建立，古老的萨克森祭神仪式以及民族自由受到了极大的威胁。现在，萨克森土地上运行着法兰克王朝的军事与法律归程，正如前不久在伦巴底王国发生的一样，萨克森也被划分为多个伯爵领地，归顺查理大帝的法兰克大贵族或是萨克森的贵民，占领了统治地位。对主教教区的划分也被提上了议事日程，基督教传教士将在萨克森定居，而当地民众则被迫接受基督教教义，接受洗礼和参与教会生活，以及缴纳十一税。782年，查理大帝在利珀河源头举行了一次规模盛大的国民会议，看上去，国王已经能在萨克森自由执政了，就如同在他自己的宫殿一样。他摩拳擦掌，准备向萨克森东面的斯拉夫部族发起进攻，进一步扩大自己的疆土。一路军队朝居住在萨尔河及易北河间的索布人发起了进攻，这也是萨克人第一次加入法兰克军队服役。查理大帝想要将萨克人的好战精神用到其他方面，于是为他们安排了这样的任务。

查理大帝新建立的国家机构对当地人民的生活有着极为深刻的影响。古老日耳曼的自由传统，如鲜血一般从致命的伤口中流出，精疲力竭的萨克森人民甚至无法再挺直身体，但他们仍旧支撑着，用最后一丝力气，颤抖着对抗毁灭力量的来袭。眼看人民的自由不断流逝，维杜金德以复仇者的姿态回来了，他出现在萨克森人民中间，呼吁他们为维护旧有的信仰和代代相承的权利而奋起，弗里斯兰人也加入了维杜金德的阵营，共同的坚定决心使最后一批为日耳曼自由而战的斗士集结到了一起。782年，查理大帝还没有走远，整个萨克森和弗里斯兰就陷入了暴动。传教士们遭到杀戮，归顺法兰克王朝的萨克森贵民被驱逐出去，人们整装上阵，视死如归。查理大帝调回了攻打索布人的军队，转而让这支军队去对付维杜金德及他的大军。但在距离威悉河不远处的索特尔（Süntel）这支军队遭遇了大败。从莱茵河流域赶来的援军只救下了仅剩的很少一部分法兰克士兵。但此时，查理大帝已经带领着一支大军赶来了，他的亲自赴战似乎也震慑了敌军的反抗。最终，维杜金德放弃了这场自由之战，又逃到丹麦人那里去了。以一个复仇者，同时也是审判官的身份，查理大帝要求与违背诺言的萨克森人清算过节，并交出罪人；4500名萨克森人缴械认罪，查理大帝命人一天之内将他们在费尔登（Verden）全部斩首。通过这次重击，萨克森人本就奄奄一息的自由被击溃在地，血流如注。当时的查理大帝已经下定了决心，要彻底使萨克森人俯首称臣或者赶尽杀绝。他相信，在他血洗费尔登之后，他已经达到了他的目的。但是，发生在费尔登的屠杀除了使萨克森人感到害怕之外，更使他们心中充满了由仇恨与绝望而产生的愤怒。很快萨克森人又拿起了武器，而维杜金德也再次从丹麦回来了。783年，查理大帝动用全国之力再次讨伐萨克森，这一次，萨克森不再躲躲闪闪，第一次正面迎击查理大帝的军队。他们这么做简直是自寻死路，先是在代特莫尔德（Detmold），随后在奥斯纳布吕克（Osnabrück）不远处的哈瑟河（Hase）河畔，在数场骇人听闻的血腥战役之后，查理大帝战胜了萨克森人。萨克民族的全盛时期就这样逝去了，这片土地上的战斗力量也随之毁灭了。查理大帝继续进军，以风卷残云之势一直杀到易北河畔，一路上都没有遇到值得一提的阻碍。但即便这样，维杜金德还是与查理对峙了两年之久，直到查理的军队于784年和785年歼灭了他最后的残余势力。根据查理大帝的指令，维杜金德在他位于阿蒂尼（Attigny）的驻地投降并接受了基督教洗礼。至此，萨克森被征服了，用血换来的是强加于萨克森人身上的基督教信仰及王权统治。查理定下严苛的法令，拒绝接受基督教洗礼，延续异教习俗的下场只有死亡；伤害基督教传教士，反抗国王或是违背其命令，也都被视为死罪。

此后的8年，死一般的沉寂笼罩着萨克森地区，而查理大帝已经开始谋划着，要将矛头指向易北河对岸的文登人了。789年，他横渡易北河，向居住在河流中下游的维尔泽人（Wilzen）发起进攻。而维尔泽人的邻居，北方的奥博德里特恩人以及南方的索布人，与查理大帝结成了同盟，支持着查理大帝的计划，而捷克人也不得不为查理大帝派出援兵。就这样，法兰克王国的查理大帝一直进军到了佩讷河（Peene）河畔，维尔泽的侯爵将他视为君主：法兰克王国的统治在萨克森后方也建立了起来。在此期间，又发生了几次零散的暴动，而查理大帝都用他的铁腕摆平了。比如798年在威悉河与易北河之间的区域发生的暴动就是如此，对于法兰克的统治来说，这些暴动已经不能构成威胁了。同年，萨克森地区也迎来了首批固定的教会机构入驻。在萨克森的北图林根人拥有自己的主教，驻地位于哈伯施塔特（Halberstadt）；主教们从英格尔恩被派往各自的驻地，帕德博恩、明登、费尔登及不莱梅；在威斯特法伦，新建的主教辖区覆盖到了明斯特与奥斯纳布吕克。同时，科隆主教的势力也扩张到了这一地区，科隆大主教的权力凌驾于所有新建教区主教之上，而就是在这样的情况下，美因茨教区的范围也向南有所扩展。正当国家及教会机构开始在萨克森生根发芽之际，查理大帝觉得是时候废除那些血腥残暴的法令了，便任由人们将其遗忘。社会渐渐恢复有序的状态，查理大帝命人将萨克森人那些尚未成文的法律惯例记录下来，像对待图林根人一样，也给了他们一部成文的法律，而在别的部族那里，这样的成文法律已存在多时。

　　正当查理大帝在东北方为国土的扩张而努力时，向东南方的征战也取得了很大的进展。阿瓦尔人的王国虽已尽显颓势，但他们仍派兵援助了巴伐利亚公爵塔西洛的最后一次起义，也因此激怒了查理大帝。791年，查理率领大军，击败了阿瓦尔人的首领查阚（Chakan）并不费吹灰之力，一口气从恩斯河杀到了拉布河（Raab）。阿瓦尔人的土地也都被法兰克人征服了，法兰克的垦种者们在这里定居下来，而阿瓦尔人和这些法兰克人则渐渐同化了。斯拉夫宗族中的卡兰塔尼人，在伦巴底人撤离、阿瓦尔人陷落之后，统治了阿尔卑斯山脉东部的地区，心甘情愿地服从于法兰克政权。不久后，萨尔兹堡、帕绍及阿奎莱亚方面就开始尝试向这里传播基督教。虽然查理大帝不再直接参与，但与阿瓦尔人的斗争仍在继续。796年，国王丕平率领着一支法兰克军队来到了蒂萨河（Theiß）河畔，阿瓦尔人在多瑙河与蒂萨河间筑起的圈形防御工事被法兰克人夺取并摧毁了。查阚承诺效忠于查理大帝。此后，阿瓦尔人又几次想要夺回自己的独立，但屡战屡败，无疾而终。几年后，在东面还同时遭到保加利亚人袭击的阿瓦尔王国便完全沉沦了。至此，法兰克的统治政权进一步扩张，深入整个多瑙河平原，而基督教也随之在这些土地上死灰复燃。在那些勤勉睿智的基督教使徒中，不能不提萨尔兹堡的主教阿诺（Arno）。萨尔兹堡正是由于他使卡兰塔尼人和阿瓦尔人皈依基督教的功绩，才得以被提升为大主教驻地以及巴伐利亚的都会。查理大帝通过武力，使继承得到的疆土扩大了一倍，用他不可战胜的神武之力使所有对抗势力俯首称臣，也使国家的政治与宗教达成了统一。而这种统一是自罗马时代以来，在西方从未有过的。从比利牛斯山脉直到喀尔巴阡山脉，再到北部平原的奥德河与维斯瓦河河畔，从易北河河口直到亚平宁山脉海拔最高的区域，如今全部归于法兰克的政权统治之下，统统掌握在一个人的手中。这个人，不仅仅是世俗的军事政治势力听命于他，就连宗教势力也不能不对他马首是瞻。将所有内陆的德意志宗族统一起来，收敛他们无拘无束的傲气，使所有日耳曼人听命于同一位国王，这件事在之前的数个世纪一直被视作天方夜谭。而现在，这件看起来不可能的事，查理大帝成功地做到了。与此同时，他还将那些自从西罗马帝国陷落就被分割了的土地，也重新统一到自己麾下，古帝国最早的那些城市都成了他的城池，甚至是罗马也已经承认了他的权力。而罗马人与日耳曼人之间，在西方绵延了几个世纪的对立局面，似乎也被缓和平息了下来。因为如今，日耳曼人与罗马人共属同一个王国，同一门教会。就这样，查理大帝使法兰克王朝的统治登上全新的层面，使之拥有了雄踞一方、牵动世界秩序的意义。也正是法兰克王朝在西方坐拥真正的皇权实力之时，东罗马皇朝正经历着令人痛惜的陷落。当时，权欲熏心的伊琳娜为其子摄政已久，她用尽各种不堪的方法四处敛权。而此后，她更是在暴怒之下命人挖去了亲生子的双眼，还违背所有前代传统获得了皇帝之名，并将自己的罪行一一掩盖。在这样的情况下，与君士坦丁堡皇权维系着最后一丝联系的教皇，由于为查理大帝加冕而使东西方的裂缝进一步加深，谁又能将东罗马的陷落归罪于他呢？

圣伯多禄的继任者——当今的教皇，如何能不感激丕平以及查理大帝呢！正是有了他们的支持他才得以摆脱伦巴底人和希腊人的势力。随后，丕平和查理为罗马教会建立起的世俗统治也向世人展示了，他们是圣伯多禄虔诚顺从的孩子，同时也终于达成了教皇们长久以来暗中酝酿的、最为迫切的愿望。圣波尼法爵通过虔诚的信仰所接下的羁绊，将法兰克教会与罗马联系起来，使国王们越来越多地受到罗马的制约，也使罗马的权力扩张到了越来越广阔的疆域，而教皇特权所获得的高度认可也是前所未有的。在基督教教会担任最高神职长达23年之久的教皇哈德良，一直行事谨慎，在他生命的最后几年里，他与查理大帝彼此信任、建立起了亲密的友谊，而这段友谊能为他带来的所有好处，他都早已在心中衡量过了。根据哈德良的愿望，查理大帝强化了国内各大主教坐席之间原本较为松散的关系，并重整了其中的秩序；按照哈德良的愿景，查理大帝将受到罗马承认的教会法规和教皇制定的条令在整个法兰克王国贯彻推行。至此，所有教会事务都一律听从教皇指挥，教皇的影响力迅速增长到了前所未有的程度，甚至是在此前从未涉足过的地区，如今教皇统治也将其囊括进来，而在此前备受指摘的地区，教皇的权威也获得了无可争辩的认可，甚至是在意大利，教皇的地位也是在被法兰克王朝征服之后才真正稳固下来的。然而，教皇权力的外部势力发展却要比它所赢得的精神影响力稍逊一筹。当时的罗马主教仍旧腹背受敌，即使在他自己的城池之中，他也并不确信，如果没有法兰克国王的帮助，他是否能够牢握已经赢得的统治权，是否能够坐稳他在教会中的位置。并非出于对查理大帝的感激，更多的是危急的形势逼迫他将查理大帝视为自己的君主，承认查理大帝是罗马的统治者并允许他对罗马及对西方进行皇帝般的统治。教皇势力一旦陷入危机，那么，就必须迈出决定性的最后一步，使教皇的地位以及世界形势完全颠覆的最后一步。

教皇哈德良生命的最后几年在平静中悄然而逝，但他的继任者刚刚上任就迎来了风雨骤变。哈德良在795年年末辞世之后，良三世①继承其位。继位的同时，良三世将圣伯多禄陵寝的钥匙及罗马的旗帜移交给了查理大帝，完全信任他并要求他带着这两样东西去罗马，让罗马城的民众们对他宣誓效忠。新任教皇从一开始就看清了自己的处境，他将集权统治执行得如此深入，几乎已然将查理当作了皇帝。他要找到一位能够庇护自己的君主，并急切地需要他的支援。799年春，在罗马贵族间爆发了激烈的党派斗争。遭到敌人袭击虐待的教皇，从城中逃出来，并仓皇逃到帕德博恩，来到国王查理的面前请求庇护。同年秋天，法兰克的几位大使陪同他回到罗马，并为他摆平了敌对势力，但是没有查理的时刻庇护，教皇的处境依旧十分危险。随后，国王查理也来到了罗马，因为这时确立西方皇权统治的事宜已经定下了。

800年圣诞节，身着罗马君主礼服的查理来到了圣彼得教堂，教皇为他戴上了金冠。教堂里回荡着人们的呼喊声："君权神授的罗马皇帝查理万岁！愿主保佑伟大而爱好和平的查理大帝！"教皇匍身在这位日耳曼战神脚下，对他宣誓效忠，正如曾经罗马主教向君士坦丁堡的罗马皇帝宣誓效忠一样。

查理大帝登上罗马皇座的这一刻，德意志王侯们几个世纪以来所追求的目标也终于达成了。曾几何时，罗马在德意志人眼中意味着宏大的国家生活；也正是在罗马帝国的影响下，一个个日耳曼王国被建立起来。罗马帝国的疆域以及实力，罗马军队的神武和团结，罗马宫廷的耀眼光华，罗马律法的效力曾经是现在也仍旧是日耳曼国王们的理想。即使是飘摇虚弱的罗马帝国在日耳曼军队的铁蹄下沦陷的时候，那些最高贵、最具天赋的将领也珍视着这个帝国，他

① 又称教皇利奥三世。——译者注

们试图用自己的财力和物力重建这倾覆的大厦，并将此视为自己最后的也是最高的使命。但只要德意志宗族间还在连续不断的战争中互相削弱、互相消耗，还没有达成内部及外部的统一；只要王侯们还分开控制着德意志各民族，固执于自由意志，而拒绝强制性律法，拒绝所有试图贯彻到底的统治力量，那些领军人物又如何能完成他们的使命呢？西哥特的阿陶尔夫是这样，东哥特的狄奥多里克亦是如此，而最早的几位墨洛温王朝统治者也是因为同样的缘由，不得不在刚刚开始施行他们建立西方帝国的计划之后不久，就又放弃了。这些君王将相的努力，的确足以让他们在四海之内征服一些零散的疆土，建立起他们自己的据点，但是，永久打破各个地域的独立自治，帮助王权统治赢得对抗人民政权的关键性胜利，同时还将所有留在旧时驻地的德意志宗族统一到同一国中，又使他们与已经外迁的、罗马化了的日耳曼人重新建立起联系，将罗马皇权收入囊中，并以古时帝王继任者的姿态登上皇位的，查理大帝是第一人。

至此，罗马与日耳曼之间的斗争似乎平息了下来。其实，日耳曼与罗马之间的斗争从一开始就并非要拼个你死我活，并非要将罗马这个古帝国消灭殆尽，斗争的焦点更多的是在于是否要将德意志宗族接纳到由文明开化的民族所组成的国家中去；并非要摧毁至今所有的文化果实，而是要传播罗马珍贵的精神宝藏。这一次，日耳曼人没有被理所当然地当成奴隶，也没有受到罗马军团的胁迫；这一次，日耳曼人真正融入了大帝国，手握自己的武器，能够为自己的公民权和主权而抗争。当日耳曼人将一切以他们的方式进行改变，世间万物的自然发展终于将皇权交到了一位德意志王侯的手中，使他成了统领有史以来最大的日耳曼-罗马联合帝国的君主。

但这种皇权统治与几个世纪以来德意志当权者们所追求的最高政治理想是不同的，基督教教会将其视为最高的世俗权力，并将其囊括到宗教信仰中去，以自己的方式完善和改造这一统治。古罗马人坚信，他们的共和国注定要使世界上的所有民族遵循同一律法，听从同一号令。这一想法，在基督教时代并未消亡，而是借由宗教信仰重获新生——所有救世主的拥护者集结成一个团体，统一行动。基督教盛行的罗马，不仅仅在宗教信仰上追随基督教教会，还作为基督教国家将这一信仰灌输给所有天主教信条的拥护者。罗马帝国将正统的基督教视作天主最直接且永恒不变的旨意，并将天主确定的皇帝看作世界的统领，任何尘世势力都不能轻视其地位。人们认为，皇帝的义务与使命就是，保护基督教免受敌对势力的侵害，保卫四方秩序与和平，维护教会及神职人员免遭俗世势力的中伤和影响，庇佑鳏寡孤独者、不幸者及遭迫害者，以军事实力支持基督教福音的传播，并为布道扫清途中阻碍使其能够传播到世界之尽头，皇帝应当完成这些，并使基督成为世界的天主。根据这一设想，所有的国王、亲王、侯爵还有领主都成了皇帝的工具，所有基督教徒都必须将皇帝的号令视作天主的旨意，比起任何其他的俗世君主，他们有义务对皇帝更为顺从、更为敬仰。

天主教能够恰好在帝国解体的时候兴起，可以说是正逢其时。当皇帝执掌起西方统治，罗马的基督徒们期待着东面的君士坦丁堡能够建立起基督教皇权帝国，直到罗马主教与东方的异教统治者永远决裂。这件事发生之后，人们的目光转向了日耳曼人，而在日耳曼人中，一位王侯脱颖而出，他就是查理。他全身心地为实现一个统一的基督教国家而奋斗，为在正统教会基础上建立起罗马皇权统治而奋斗。而且，他有的不仅仅是实现这一理想的信念，他还拥有在这个疯狂的世界中将这一信念贯彻到底，使之成为现实的实力。

查理之所以努力登上罗马皇帝之位，并不是为了统治异教的罗马，也不是为了使上古君主们被遗忘的威严重获新生，从而让自己赢得无上的权力；他作为皇帝所建立的新政权，更多的是建立在他的宗教及政治理想上，为的是使西方教会通过皇权统治日臻完善。这位皇帝用他的统治权缔造出的不是一个专制暴政的罗马帝国，而是一个拥有神权政体的宗教国家。查理让他的朋友们称他为大卫王[①]，若是将他与前任的皇帝们相比较，那么人们不会将他与尤里乌斯家族或是弗拉维王朝的君王相提并论，而是会让他与君士坦丁家族或是狄奥多西家族的皇帝们，也就是那些罗马国教的奠基者，相比肩。查理大帝的理想无外乎建立一个神权帝国，让天主所选定的皇帝来统领这个国家，领导和管理不同民族、不同阶级的人民，这也是为什么新建立起的皇权国家会根植于教会的基

---

① 大卫王是前10世纪以色列的国王。根据《圣经》记载，他是以色列最正义的君主，虔诚于上帝，并精通诗歌与音乐。——译者注

础之上。不同阶层的人民形成了国家的肢体，而这一政体的首脑正是皇帝。如同皇帝有其特定位置一样，人们也按照天主规定的秩序在各自的圈子内各司其职，为了完成各自的使命他们必须与皇帝步调一致。每个人都必须按照神的意志和旨意生活，皇帝则拥有神授之剑，用来处罚违背神的意志的人。

查理是这样定位自己的位置的，也是按照这样的信念，在公元801年及802年间开始了他的皇权统治。他从罗马回来后不久，就命人将所有在他的疆土之内有效的宗教及世俗法律重新修订，并将所有与神的旨意相违背的条令剔除出去。随后，他按照宗教及世俗阶级挑选出使者，将他们派遣至四面八方，确保完善过后的法律能够切实贯彻，同时也是为了让那些已经超出12年期限的臣下重新对他宣誓效忠。这一次的宣誓，由于他的皇帝身份，对那些臣子也意味着更大的责任与义务。查理交付给这些使者的是基督使徒般的使命：他们要对民众们所有有违天主旨意的行为予以警戒，让民众们将基督教的德行要求牢记于心，也让民众们知道，终有一天他们都将在基督面前陈述自己一生的种种，接受天主的审判。

日耳曼的王权统治已经将种种宗教律法纳入了自己的体系，现在更是随着皇权统治得到了进一步的提升，将所有神职人员拥有的权力也一并收入囊中。现在，查理实际上就是"圣教会的摄政者"，不仅仅是教会集会需要经过他的允许，他还能够对教会的决议加以补充，对不足之处进行修改，他的手中握有决定性的权力，而教会只能给予他建议。他在国内所有僧侣及神职人员中进行的改革也不小，他迫使他们全力贯彻严格的教会生活，而这些生活条律大部分来自圣本笃所订立的修道院制度。查理所制定的法律涉及教会生活的方方面面，在之后的教会章程中往往能看到查理大帝定下的法规被记录在教皇的著作旁边。教皇虽然仍旧是西方教会的首脑，但在这位基督教皇帝的身边，他在所有的教会事务中都已经降格成了首席顾问的角色，成了国内第一大团体的监督者。而教会在这个新的国家中又享有怎样优越的位置，拥有多少权力啊！皇帝似乎就是教会最为恭顺虔诚的公仆，但同时又是它的统领，皇权国家为教会打破一切阻碍赢得至关重要的胜利；而教会反过来也可以说只是国家权力的一个工具，也纯粹是由世俗关系构建而成，并且它的存亡也总是取决于俗世的沉浮，其中的种种目的往往与基督教、与教会鲜有关联。

由于查理是作为法兰克国王，作为法兰克民族的最高将领及法官，登上皇帝之位的。所以，他所拥有的全部权力都基于他对自由的法兰克人民及所以臣服于他的民族所执行的司法权和审判权，一旦这一基础遭到动摇或是被夺走，那么，他的皇权也将倾覆。若要使他的国家长治久安，重中之重就是在法兰克人民中建立稳固的统治，所有削弱或动摇这一统治的因素都要使其转化，使其能够为己所用；国家中那些归降的区域要让它们融入法兰克的国家生活中去，使之同化，而无法再被分割出去；用一个组织使这片广阔的疆土团结起来，使各方势力达到平衡的状态，互相渗透，互为支撑，使国家中的各个分支都只为辅助国家首脑而存在，为执行他的意图而服务。而要将落败的罗马帝国的专制暴政强加到他自己的国家身上，用他的强大力量压迫各个宗族，从南到北在国内的每个角落都用统一的严苛律法进行治理，这是一项无比艰难的任务，也是查理大帝从未想到过的。不仅是他的政治理想不容许他有这样的想法，更多的是他所统治的各个民族，他们的天性和对自由的认识也不会容许。按照德意志人的性子，要是他们不能在自己的小圈子里自由自在地发展，就别想叫他们产出什么成果或者干出什么事业来。由此查理大帝也应该知道，不论是与完完全全的德意志民族，还是已经被日耳曼生活习性同化了的民族打交道时，想要赢得他们的支持，就得按照老传统来，就得体察民情，发挥个人魅力，与民众们面对面地接触交流，而不是通过僵死的国家机制来调整、管理和引导。

通过令人惊羡和崇拜的智慧和胸襟，查理大帝完成了这项任务。查理大帝的丰功伟绩影响如此深远，以至于他作为立法者的威名也在人类历史上熠熠生辉。除了他命人记录下的关于个人及民族权利的法规，他还将自己颁布的法令升格成为通用的国家法律——这其中包括他的诏令文书、他制定的律令以及在国会的协助咨询下制定的律令，使之成为适用范围最广的国家法律，能够调整国家整体关系，也能够控制各地的情况，使之适应于国家整体。至此，查理大帝终于完成了这项不被众人看好的大工程，使以自由为傲的日耳曼宗族遵循统一的国家法律。而使众人同心的宏大理想，也终于战胜了许多民族中由来已久、几乎已成为他们天性中一部分的生活方式和习俗传统。原本在迷茫中的民众们被团结起来朝向同一个目标，他们的心中也终于意识到，在他们身边的小圈子之上，还存在着一个更高更广、囊括所有个体的秩序。查理大帝的立法使德意志的精神发展朝前跨出了一大步，正因为查理大帝的这一尝试前所未有，所以过程中难免磕绊，但目睹最终成效，令人难以相信，这样的德意志宗族原本是怎样的野蛮。

如果我们从法律上来判别立法者的高下，那么我们就能看到，查理大帝用他敏锐的目光从人民的习俗中寻找制度的萌芽，并将这萌芽予以培养呵护，由此得到了最甜美的果实。这样看来，查理大帝的确是世上所存在过的最伟大的立法者之一。他没有抛弃任何一种日耳曼民族的天性，而是将这些原始天性加以培育管教，使之提升，并运用到正确的地方去，从而使它们开出更为宜人的花朵，结出更加优质的果实。正如法兰克的国家生活一样，我们也可以看到，教会机构主要以日耳曼形式为基础，查理大帝将德意志元素充分地应用到了政治建设之中；虽然他颁布的法令，比如民法，都是用拉丁语撰写的，但在法律的内容上完完全全是德意志的。从某种意义上来说，日耳曼民族所有过往的历史都如同河流汇集到了这部法律之中，而日耳曼民族未来的生活也将从这部法律中汹涌奔腾而出。罗马人将他们的十二铜表法看作他们整个国家生活的源泉，而这部有着更高效力的法律，对德意志人，乃至对所有欧洲民族都有着与之相当的重要意义。人们怀着无限的敬畏之情翻开这位伟大帝王的法典，这是第一本属于日耳曼人的法典，其中的每条例律都为它赋予了前无古人、后无来者的重要价值。此时卡洛林王朝的国家形象在我们看来也毫不过时，仍有着借鉴的意义，我们可以看到，令人咋舌称赞的壮举是如何达成的，那些高尚的目标又该如何去追求。

而将整个国家团结到一起的首要力量，就是罗马的天主教会。它在各个民族间传播着同一种信仰，同一种习俗规范，同样的宗教秩序，在此之前，这些民族都因为各自语言、习俗和法律的不同多有隔阂。现在，他们则通过这样一张人为创出的机制网络，紧密地联系在了一起。而教会越是深入地牵扯到国家利益中去，它对国家的影响力也就越大，国王越宗教，那么主教们就越世俗。主教议会与国家议会自然而然地被合并到了一起，神职人员的声音也成了其中最有分量的，主教们成了国王在各种政治谈判中得力的左膀右臂。他们伴在君侧，与伯爵们比肩，他们如同俗世乡绅那般坐拥大笔财富，他们还带领着自己的仆从护卫上战场，用握过主教权杖的手去握刀剑匕首。从前的神职人员几乎都是罗马人，而如今德意志人也开始接任神职。传教士们开始用德语传教，将宗教典籍翻译成德语。教士们用独特的方式方法使日耳曼民族接近基督教义，这些方法行之有效，甚至将那些封闭守旧的群体也囊括了进去，很好地达到了传教的目的。

法兰克民族以及基于法兰克民族之上的国民机制，虽然并不十分牢固，但也是将国家凝聚到一起的次要力量。法兰克人以胜者的姿态用他们手中的剑夺取了西方的统治权，成了在日耳曼-罗马世界的统领者，整个帝国都被控制在一位法兰克君主的手中，国家的每一个部分，大区、县镇、百人组以及用其他方式划分的行政单位也大多由法兰克的长官们管辖。法兰克国王的行宫和官邸遍布国内各地，法兰克贵族的城堡和驻地也四处可见。法兰克的基本宪法不仅被用在被征服的德意志土地上，也同样对归降的意大利有效。法兰克民族的生活方式贯穿环绕了整个西方，虽然没有强大到能够完全抹杀其他民族，却足以在眼下遏制住他们，使他们为实现自己的目标服务。皇权势力就是在这样的基础上崛起的，对外展现出的就是一个统一的国家。同时作为西方教会的首脑以及法兰克的国王，皇帝手中握有的是无上的权力，这些权力不仅将他置于国家的顶端，还使各个阶层的人民听命于他，如若不然至少也对他有所敬畏。正如上文已经提到的那样，教会完全掌握在皇帝的手中，主教虽然不是由皇帝直接任命，但也是按照皇帝的意志选举出来的，几乎可以说是皇帝手中的棋子。同样，世俗的市民社会也在他的全权掌控之下。伯爵由他一人独自任命，并以他的名义在各自的伯爵领地执行军事和司法管理。伯爵们对于皇帝来说不过是国家官员，如果国家整体利益需要，他就可以任意改换和任免他们的职务。皇帝钦定使臣，每年前往分散在各地的小王国视察，监督当地官员，倾听百姓对他们的申诉，以此将皇权贯彻到皇朝的每个角落，使皇帝本人始终将皇权牢握手中。皇帝本身就是国家的最高法官，他拥有单独裁判其朝臣乡绅的权力，当然他也有权亲自审判此外的其他案件。除此之外，国内所有的军事力量也在他的管辖之下，他在国内的各个民族征募士兵，决定是战是和，亲自领兵打仗或是任命大将，正如在战争期间他就会为各个民族的军队任命各自的公爵那样。虽说国会及枢密院都会在立法过程中从旁协助，但说到底，国家立法的权力还是完全掌握在他一人手中。这里所说的国会是由国内世俗及宗教中德高望重之人组成的，也就是由朝廷官员、主教、修道院长、公爵、伯爵以及全体皇家侍从所组成的。每年春季，他们就会进行一次集会，常常与五月集会时的军队检阅安排在一起。有重要的国家事务或是立法事项时，就会听取他们的意见。而枢密院则仅仅由深受皇帝信任的朝廷官员及贵族巨贾组成，而他们伴在君侧的时间也或长或短。枢密院成员会在秋季召开重要的会议，为接下来要召开的国会会议做好准备。会议结束前还会从国内各地选出德高望重者，使其成为皇帝的追随者，进行成员增补，增强皇朝实力，可以说枢密院也就是一个精简版的国会。

　　虽然那些宗教和世俗的高官看起来只是在皇帝的身边扮演顾问或命令执行者的角色，但在孱弱的墨洛温王朝统治期间，这些高官巨贾也曾拥有不可限量的势力。他们不断扩张自己的领地，在大片国家官员管辖不到的地方，逃避社会义务以及法律规范的管束。他们肆无忌惮地将公地占为己有，不仅用自己迅速膨胀的财富购得大量仆从，还聚集了大批的佃农长工。如果说当时的教会已经凭借其聚敛的财富、膨胀的特权足以对国王构成威胁的话，那么与世俗的贵族相比，还只不过是小巫见大巫！而这些拥有了威望、财富以及兵权的王臣，此时已经在自己身边聚集起了一批追随者，正如同从前的王侯们做的那样。他们将调兵遣将的权力握在自己的手中，要知道，在他们之后，在法兰克王国这一权力仅仅归国王所有。其实，当时的贵族们已经开始在暗中对下层的人民进行实际上的统治了。许多自由的人民，尤其是高卢地区的人们，追随富庶的地主，只要这些地主能保证他们的吃穿，他们就在其身边服兵役劳役。那些平民当面向他们的主人宣誓，要永远忠诚服从于他，无论他去哪里，都不在困境中背叛他。在此之前，这类人都被称作仆从或奴役，而此时，这些携带武器的仆从被称为领主邑从。贵族们让这些扈从跟随其左右，护卫其安全，彰显其尊贵。现在，这一称谓则被普遍用来指代那些自愿跟随效忠贵族的人。渐渐地，大多数世俗的高官巨贾都在自己身边聚集起了大量附庸他们的扈从，他们利用这些人去对付自己的仇家，并在之后用这群人的力量去对抗国王。由于这些大人物的财力物力主要还是基于世袭的财产，所以在当时就已经渐渐形成了世袭贵族，虽然当时的贵族还不是一个封闭的圈子，并时常有人通过为国王创下的功绩加入贵族的行列，但那些领头的贵族已经有了足够的势力，将墨洛温王朝送上陷落之路。丕平家族这一支也来自这些贵族之中，由于他们在武力上支援德意志宗族，而从众多的贵族中脱颖而出，而其他领主们或是在战争中被剿灭了，或是向别的领主投降，自己成了扈从中的首领，带领这些附庸邑从以及德意志军队共同对抗外部的敌人。而当丕平夺取了墨洛温家族的王位之时，想要消灭扈从的势力已经不可能了，想要将宗教和世俗的那些权贵重新限制在之前的条条框框中也成了妄想，可行的办法只剩下，将那些权倾朝野的贵族收为己用，并防范他们企图颠覆国家的野心。众所周知，国王丕平与主教们的关系十分密切，相对应的，他给予了教会极大的权力，并允许他们坐拥大量的世俗财富。而为了赢得世俗贵族的支持，丕平则动用了大量战时收敛的战利品。于是，所有领主带着他们的扈从投靠新的统治者，成为这位新统治者的附庸，而新的统治者则成了所有领主之上的领主。自此之后有了这样一条法令，如果扈从对某位领主宣誓效忠，他同时也就是对国王宣誓效忠。由此，国王将权力重新夺回了自己手中也调整了整个随从制度中的关系。现在，附庸关系与王权联系在了一起，但为了使这种关系能长久地维持下去，还需要利用扈从们的自身利益来强化这种关系——必须使他们自发地牢记对君王的忠诚。也正是由于这个原因，丕平并没有将那些用来笼络贵族的战利品作为赠予他们的世袭财富，而是将这些财富和头衔有条件地"借"给他们，他们不能将这些财富简单地继承给自己的后代，在一些情况下，丕平甚至能收回这些"借"出去的财产，而在丕平生前，他也的确是这样做的。这种形式被称为采邑，很快，以采邑的方式向邑从支付报酬就成了一种通用的办法。凭借功绩跻身贵族行列的人们渐渐转变成采邑贵族，而这种采邑制度也开始对法兰克的国家关系产生重大的影响。

查理大帝从没料到大公爵的势力会迅速崛起，而当他们的势力被消灭的时候，国内的其他世俗权贵，连同所有的邑从，事实上已经完全依赖于国王的势力，扈从制度只是进一步强化了王权，而不是削弱了它。整个邑从附庸体系从一开始就是以兵役为基础的，而扈从则是类似于骑士的一种战时编制。所以，扈从们使得国王获得了一支始终整装待发、训练有素，并因为个人义务而被牢牢团结在一起的军事力量，这在之前是从来没有过的，这也正是这个常常遭到外敌侵略的国家所需要的。查理相信，他的国家最主要的军事力量就在于这支庞大的皇家扈从队伍，而邑从制度对他来说是一种有着严密组织秩序的军事体系，是国家军事的基础。正是出于这样的考虑，查理不仅没有在国内阻止邑从及采扈制度的发展，还以各种方式给予促进和支持。同时，他也万分警惕地时刻注意着邑从与朝廷间的关系，监督着分封的采邑不被转化为私产，或是被损坏消耗，以此保证国王始终将对附庸于权贵的下等扈从的采邑权掌握在手中。正因如此，他才对各个采邑团体内的关系多加干涉。从国家整体来看，扈从体制对国王权力的提升起到了不小的作用，一大部分人民都通过老德意志人知道的神圣誓言对统治者表明了忠诚。

与此同时，教会也已经加入邑从体系和采邑制度的外部关系中去了，主教和修道院长也成了拥有扈从的领主，他们也必须作为领主向国王提供服兵役的骑士，来组成国王战时的军队。但查理更看重主教和修道院长职务的另一方面，这也更符合他的性格，更与他的尊荣相配——他不仅将他们视作基督教福音书的传播者，更是所有高等精神教育的执行者，查理期待着他们能够复兴以基督教日耳曼文化为基础的古代文化。

古时的艺术与科学杰作令查理心向往之，他前往意大利去观赏上古世界留下的废墟，他用古代的艺术品装饰自己的行宫及新建的教堂，他就是这样让一缕缕神的气息渗透进艺术与科学中的。甚至是那些被其他人忽视的德意志民谣，对他来说，也是原始精神生活所幻化出的一阵清新气息。西方宗教将艺术与科学限制在条条框框的规程中，给予古代罗马艺术科学的容身之地越来越小，因为现在的神学概念与当时已经全然不同，但查理的眼界并没有受到这些因素的限制。他认识到，宗教带给人们的应当是全面的精神塑造，也正因如此，基督教应当也必须吸纳接受分散在各个民族特性中的精华。出于这个原因，他积极投身于德语语言及诗歌的维护与创作中，他是第一个尝试总结德语语法规范的人，也是第一个编纂德意志英雄史诗集的人，他坚持让神职人员们用德语向德意志人传教布道。只有这样才能建立起德意志民众教育的基础，而整体的民众教育也是查理眼前时常浮现的，他在精神建设上的最终目标。

在新时期才刚刚诞生的民众教育，发展才刚刚起步，但实现整体民众教育的理想早就在查理心中生根发芽了。然而，民众教育需要通过学者们的授教才能实现，而当时社会中的学者几乎全部是神职人员。长久以来，他们的学识范围一直都以神学为主，他们的传道授业也主要以传播神学为出发点。也正因如此，查理更加珍视教会中新拉丁学者，并通过各种方式予以扶持。在第一批被他接到宫廷中的学者当中，不仅有意大利人，更有来自英格兰的学者。脱胎于罗马基督教的科学与文化被移植到英格兰之后，获得了新的养料，如今花开正盛。查理本人就是这些大学者门下最勤奋的学生，他将这些人作为自己精神世界的榜样，并身体力行地在实践中效仿他们。虽然查理大帝的最终目标没有完全实现，但新拉丁学派却在主教教堂及修道院中迅速发展起来。很快，法兰克神职人员博学的声名渐渐传开，甚至连目不识丁的百姓也开始参与到新的宗教生活中去了。在文学领域涌现了一批对后世有着深远影响的神学著作，拉丁语诗歌艺术蓬勃发展起来。德意志人受到艺术文化教育，开始尊重史实，能够明辨艺术创作与现实的区别，也是德意志人首先领悟了那些世间伟大事物的真谛。而这一切，都是神职人员们在查理大帝强大的精神指引下完成的。查理大帝命令主教及修道院长们将司法权交由世俗的行政官员代为执行，从而为他们排除了一切世俗的烦忧，使他们能够一心一意地专注于他们的宗教及精神上的职责。法兰克的神职人员们被赋予了多么伟大而神圣的使命啊！他们不仅代表着国家生活中精英阶层的精神生活，用他们的声望统领着整个宫廷及贵族，管辖着国家关系的方方面面，紧握着所有教会秩序的命脉，他们还渗透到了社会各个阶层的最深处，并将基督教的生活方式，以及一种更高一层的文明与精神建设带到人们中间。教士们团结起来成为国家的精神力量，而国家的精神运动也由他们来引领。能够形成这样一种局面，首先要感谢的就是皇帝本人，正是他使得9世纪成了历史上艺术与科学最欣欣向荣的时代，这同时也是德意志第一次成为精神生活最为丰富的地区之一。

　　虽然宗教及世俗的贵族已经通过国王的恩惠及他们自己的多方干涉拥有了举足轻重的地位，但对普通市民阶层来说，体力劳动仍旧是生活的主要组成部分，也仍旧是日耳曼国家生活的基础。正如在法兰克王朝的德意志区域仍然能看到的那样，是这些僵化的体力劳动和简单粗暴的严苛习俗保卫了王朝，使它不至于走上下坡路，也使丕平他们建立王权统治成为可能。没有人比查理更清楚，他力量的根基正在于此，而这根基正在渐渐枯萎消亡。所以，查理孜孜不倦地关注着这一阶层人民的生活，使他们的地位不被削弱，或是利益不遭到侵害。要是有高官巨贾明目张胆地排挤小地主，掠夺他们的财产，迫使他们依附于自己，那么查理就会动用他所有的权威去对付这些权贵，禁止他们行这些不义之事。对下层民众产生威胁最甚的是伯爵们，在他们的伯爵领地内，他们是最富有的地主，身边跟随着强大的邑从队伍。他们利用国王授予他们的司法和军事权力，在各自的行政区域内享有特权。加上利欲熏心，他们就会去侵犯普通百姓的自由权力，他们还狡猾地将市民们的权力转化为沉重的义务。于是，一些人便心甘情愿地为这些权贵服务，只为了摆脱无休无止的征兵令和恼人的法官上门走访。查理十分严肃对待市民们的这些烦忧，并为此制定了法律，规定限制官员们对普通市民提出的要求。贫困的人们可以免除一部分兵役，取而代之的，他们可以几人一起选出一人，并共同承担此人所需的武器装备；除此之外，在战争爆发之时会首先只在邻近战场的省份义务征兵。另外，车马出行的次数也受到限制，一年中仅有3次能够因为重要事由将所有伯爵领地内的自由平民召集起来，共同商议大区内的关键事务。而由伯爵做出的其他判决，必须先通过他的公职下属及7位陪审的同意。从这时起，7人陪审团定期代表大区内的民众作为法官执行判决，这也是德意志形成封闭的法官团体的开始。伯爵的下级官员，就比如陪审法官，都是通过钦差大臣，结合伯爵及民众的意见，从人民中选出的。所以，这些下级官员在某种程度上组成了一个自由独立的区域性官员阶级。毫无疑问，为了确保王国中日耳曼地区的自由，也为了重新建立起在罗马地区几乎已经消亡的自由，查理付出了不少的努力。他确定了伯爵领地内的定期集会，并将一定的权限赋予这些集会——甚至是关系到个人权利的皇家法律，也要由集会许可才能通过。当然，强化独立的区域自治，使其在整体上控制国家生活，可能并非查理的本意，但这种自治的效力及其辐射范围使各地的小圈子得以保有其活力，并对国家整体产生了积极的影响。更重要的是，它能够保护德意志土地上古老的习俗及受威胁的民族性。

如果财产不能受到保护，那么德意志就无法完全维护个人的自由。因此，查理免除了某些压榨普通民众的义务，并指导民众去维护和改善自己的财产状况。只有通过提高这些普通民众的生活财产状况，才能建立和维护一个更强大、自信的自由市民阶级。人们都说，查理是中世纪唯一一位洞悉了国民经济奥秘的君王，他知道中小资产所有者的富裕生活能够滋养和维护国家整体的福祉。然而，在那样一个时代，国家内部管理几乎全由司法掌控，查理并不能对提高国家经济状况做出大的整体调动，但他却可以成为其他人的榜样和标杆，向他们展示如何行之有效地发展农业。他也是整个国家的典范：他自己的牛奶场就是畜牧经济的样板，而他本人就是最优秀的农场主。他凡事亲力亲为，账单全都亲自过目，每一只在他地产上被射杀的狼也都要告知于他。在其他的方面，他也证明了，对于提高国家生活他毫不缺少资源和门道。他也关注那些在德意志地区只由佃户经营的行业，并在自己的地产上教导他们如何合理利用这些产业。查理还扶持了当时在德意志地区还很陌生的贸易行当，并为其开辟新道路。莱茵河沿岸便是一条贸易之路，连接着地中海和北海；另一条贸易之路则从易北河河口指向多瑙河中游，并分别向黑海及亚得里亚海伸出触手。然而，贸易之路所带来的推动作用并没有立即显现，直到后来才有了大规模的成效。贸易之路当时取得的成效如此之少，大概与剥夺了普通民众的自卫权，禁止他们在和平时期携带武器的御令所获得的成效相当。即使皇帝再铁腕，仍有残余的旧时自由意识及对法律管束的拒绝，这是他无法彻底消除的。

在基督教日耳曼时期，诸多不同的政治生活单位建立起来，并在查理大帝的国家中寻找着相互之间的连接。这些政治单位以联盟的形式互相补充，互相平衡，互相调整并渐渐渗透。神职人员与世俗贵族也必须相互倚仗和支持，但同时也互为监督。官员与各地民众在共同的努力过程中彼此促进，同时也彼此制约。高高在上的君王之冕维系着整个国家，但同时也是单独的国家单位将各个环节联系到一起的。由此，各方势力之间达成了某种程度上的平衡，但这种平衡仍需要依靠强大的治国艺术以及大量的心血和精力去维护。恐怕只有像查理大帝这样的伟大人物，才能做到这一点——各个阶层对自己的特殊利益要求是何等强烈，要将它们调和，使之顺应国家发展的道路又是如何艰难，这一切都被他的慧眼洞悉了。他愤怒地看到，神职人员们贪婪而又野心勃勃，贵族们飞扬跋扈，而他的臣下们则藐视君命、玩忽职守。事情并非完全是按照他的意愿和期许来发展的。

查理要在他的国境之内所有的地方都贯彻他的国家秩序，缺少的东西还很多。其实，在他脑海中闪现的灵光、他的政治理想，只有在他身边，在他的宫廷之中，才能真正地被彻底贯彻实行。按照帝国的宗教及世俗特点，皇帝身边聚集了一大批宫廷神职人员，这群人身后又跟随着许多显赫的世俗权贵。位于宫廷神职人员之首的是答问使（Apocrisiarius）或者大随行使（Erzcapellan），所有由皇帝定夺的教会事务都要经过他们之手，此外他们还接手了原本通过公投决定的事务。在答问使或大随行使之下还有大总理及皇家总理议事厅，后来，大总理获得了相当于大随行使的地位。在那个时代最精明的商人，最可敬的福音传教士，最初的学者都藏身于宫廷教士的队伍之中，他们组成了帝国主教的教育院，同时也领导着宫廷教育院——这是在当时整个西方最著名的教育机构。正如宫廷教堂成为所有宗教及科学追求的中心，宫廷法院代表着整个国家司法和行政智慧的高度。皇帝不是亲自坐镇指挥，就是请世俗官员中地位最高的行宫领主伯爵（Pfalzgraf）来代劳，经由他的手来处理所有法律事务。陪审官是从宫廷官员中精挑细选出来的，都是经验丰富、眼界宽广之人。而那些在国王身边侍奉的都是贵族出身的邑臣，而且他们都必须是能够作为骑士风纪及礼仪榜样的人。在查理的宫廷中谈笑的都是来自国内各地最具声望和影响力的鸿儒，而所有与查理近距离相处过的人，都会将他视为自己的同道中人，受到他的支持与鼓励。在宫中侍奉都要依循明确的秩序与规定，人人都各司其职，各尽其力，但所有人也互相关联，彼此促进。年长者可以从年幼者那里得到帮助和支持，年幼者则可以从年长者那里汲取经验，将他们作为先鉴。宫廷不仅仅是神职人员的培训所，也是贵族们的养成院。在所有的骑士制度中，作为标志性特点所存在的高雅风度和宫廷礼仪，或许就是从查理的宫廷开始的吧。

如众星捧月一般，十二武士们追随着查理大帝，而在查理大帝的光芒之下，这些英勇的武士都显得暗淡无光了。所有靠近他的人，目光都会被他牢牢吸引，这当然不只是因为他俊逸的外表，他举手投足间尽是威严与高贵，周身环绕着令人目眩的光辉，那似乎是由他清明睿智的思想所散发出来的光辉。老年时银白的长发是他尊贵头颅的装饰，那双眼睛仍旧熠熠生辉，眼神炙热如火，俊美的额头上只教人看出内心的愉悦与宁静，即使已经是个老者形象，但仍精神矍铄，魅力丝毫不减。这样的一幅画面不仅使当时的人们被深深影响，历史与传说也将这一形象记录了下来，以至于没有哪个孩子在成年之前还没听过查理大帝的名讳。在此之后的千年之中，也诞生了许多登上高位的统治者，但是他们之中却没有哪个是能与查理大帝媲美的——若能与查理大帝比肩，对最果敢的征服者，最睿智的君王们来说，便已足矣。在之后的时代之中，法国的骑士制度将查理大帝尊为第一位真正的骑士；德意志的市民阶层将他视为慈父般的人民之友和最正直的法官；天主教教会将他尊为圣人；在随后时代各民族的诗歌中，查理大帝的伟岸形象被一次又一次地强化和巩固——可能从没有人将查理大帝看作肉身凡胎的人。

相较于早期，查理生命中的最后几年进行的战事活动较少；他将赢得战绩威名的机会留给了他的儿子们小查理、丕平和路易，他自己则作为顾问，站在这些干练的指挥官身旁给他们提出建议。希腊皇帝尼基弗鲁斯（Nicephorus）将无耻的伊琳娜推下皇位之后，与查理义结金兰，并于803年与他一同用一纸合约定下了东西帝国的边界。与此同时，丕平将阿瓦尔王国彻底摧毁了，自此之后，东部及东南部就再未有过真正的威胁。阿瓦尔的边区，克恩顿及弗留利的边区现在也都确定了下来，而居住在这些区域之内及周边的斯拉夫人也都承认了法兰克人的统治。806年，查理大帝的长子小查理用一场大仗击溃了波西米亚人及索布人，使他们臣服于法兰克，为了对他们进行监督，法兰克的边哨设置在了诺德高（Nordgau），图林根的边哨则设在了萨勒河、格拉河（Gera）及温斯特鲁特河沿岸。

在帝国的西南边，对抗阿拉伯人的战争旷日持久且危险重重。查理早前在西班牙打下的江山现在又付诸东流了。793年，阿拉伯人翻过了比利牛斯山脉，前来攻打法兰克王国。直到800年，一支法兰克军队才在路易的带领下成功深入西班牙腹地，并在次年使巴塞罗那沦陷。西班牙边区的疆土就这样夺下了，通过之后几场战役的胜利，这块边区的面积得以进一步扩大。但是，与此同时，北部山区中的那些小型基督教国家也在崛起，将矛头指向异教徒。阿斯图里亚斯王国（Asturien）在英勇的国王阿隆索二世（Alonso Ⅱ.）的治理下形成了稳固安定的局面。奥维耶多（Oviedo）成了王城，而孔波斯特拉（Compostela）由于位于当时刚刚被发现的圣徒雅各布陵寝之上，城市地位也得到了提升。孔波斯特拉升格为"圣雅各的孔波斯特拉"[1]，阿隆索无畏的骑士精神鼓舞着西班牙的基督教徒采取进一步的行动。而他们最初获得的胜利正是受到了查理大帝的影响。而阿隆索则将自己称为皇帝的仆人，并将自己最为肥美的战利品都呈至他的脚下。同一时间，潘普洛纳（Pamplona）和整个纳瓦拉（Navarra）通过向法兰克暂时称臣，摆脱了阿拉伯人的桎梏。而在巴利阿里群岛、科西嘉岛及撒丁岛沿岸，法兰克舰队也在与阿拉伯海盗厮杀，并获得了一定的胜利。

毫无疑问，以现在的局面来看，法兰克的兵力已经超越了曾一度令人闻风丧胆的阿拉伯军队。然而，法兰克人还不能高枕无忧，因为又有新的敌人前来进犯了。这位新敌带着高涨的士气、强大的力量和疯狂的野心朝北部边境展开攻势，并在鏖战正酣之际不断获得新鲜力量的加入。这位劲敌就是丹麦人。在此之前，丹麦人对德意志宗族来说一直是有着亲缘关系的兄弟，直到基督教以及法兰克王国内部的紧密联合在这双兄弟之间设下了嫌隙，将原本血浓于水的情义化成了强烈的仇恨。对自由的追求无法抑制，英雄气概轻狂不羁，自然之力取之不竭，征服欲望熊熊燃烧——日耳曼人当年对罗马帝国采取过的全部行动和对其怀有的一切情绪，现在都由丹麦人还给了查理大帝统治的罗马日耳曼政权身上，并将之置于更大的危险之中，因为相比陆战，斯堪的纳维亚民族在水战方面毫不逊色，而法兰克人长时间在内陆作战，对滔天巨浪上颠簸的战争

---

[1]　城市名圣地亚哥–德孔波斯特拉（Santiago de Compostela）即由此衍生而来。——译者注

还需要慢慢熟悉。在熟悉水性的弗里斯兰人的帮助下，查理大帝的第一支水军整装待发。很快，法兰克的水军不仅在地中海作战，还监控了北海沿岸，防范北方海盗来袭。但海战仍不是法兰克人所长。

萨克森的骚动成了与丹麦人开战的契机。804年，查理大帝将顽固不化、难以驾驭的北方人引到了法兰克王国内部，趁他们国内空虚，将这片土地移交了相邻的奥博德里特恩人（Abodriten），许多北方人为了逃脱皇帝的统治，像当年的维杜金德一样，转而向丹麦王古德弗雷德求助。古德弗雷德领兵突破了法兰克边境，他的船只给北海沿岸带来了恐慌，皇帝的盟友奥博德里特恩侯爵也败在了他的剑下，维尔泽人摆脱了法兰克的束缚——808年时，丹麦人已经攻到了易北河畔。但这时，他们与一支军队狭路相逢了，这支军队就是由皇帝的长子小查理带领来讨伐他们的。古德弗雷德宣布退兵，并命人在王国边境沿着艾德河（Eider）北岸修筑城墙，这便为后来的丹麦防线（Danewerk）打下了最早的基础。皇帝之子乘胜追击，跟随丹麦人渡过易北河，并在跨易北河区域的土地上建起了法兰克统治，让德意志人重新在这里定居。这片土地被防御工事及坚固的堡垒环绕着，也是在那时，施特尔河（Stör）岸边的埃瑟维多堡（Esseveldoburg），即如今被称作伊策霍埃（Itzehoe）的市镇被建立了起来。尚未被完全战胜的古德弗雷德又重新整兵顿马，投入新的战役之中，他不仅妄图征服整个萨克森及弗里斯兰，甚至还盘算着攻入老皇帝在亚琛的宫廷中进行刺杀，以此终结法兰克政权的统治。在他击溃了奥博德里特恩人之后，他真的率领着一支由两百艘船只组成的水军来到了弗里斯兰沿岸。弗里斯兰人节节败退，不得不向丹麦人进献贡品。接下来，古德弗雷德又集结起强大的军队，誓要以绝对性的优势碾压萨克森。为了迎击丹麦军队，老皇帝又一次亲自上阵，然而，古德弗雷德的双脚还没能踏上战场，他就已经输给了自己的命运——他被自己的随从杀死了。随后，古德弗雷德的侄子亨明（Hemming）很快与法兰克人讲和了，向法兰克人保证了他们对跨易北河区域的统治。就这样，查理重新收回了对维尔泽人所在地区的控制，而奥博德里特恩人也心甘情愿地重新回归查理的统治之下。慢慢建起的边境防御工事也保证了帝国免受北方邻邦的再度侵扰。

　　现在，这片广阔的疆土有了能够抵御相邻国家及民族的钢铁边防，如同一方坚不可摧的堤坝，将肆虐的洪水拒之门外。为保边境安宁，这里还驻扎着法兰克的邑臣，他们组成了一支强有力的队伍，时刻警醒，防止有敌来犯，相对应的，这些邑臣被免除了其他所有对帝国的义务。这些邑臣被称为边疆军，由那些势力强大的伯爵统领，而这些伯爵都是查理从国内最英勇的战士中遴选出来封为贵族的。这些伯爵被叫做边疆伯爵，但狭义上来说，他们也可以被称为公爵，因为在最危险的时期，他们可以直接对边境省份的伯爵下达命令，在危险终止之前，其命令的效力一直存在。边疆的安宁总是短暂的，由于威胁一直存在，这些边疆公爵或边疆伯爵渐渐地获得了持久的势力。各地公爵势力受到压制之后，在帝国边境又有一股新势力崛起了，并插足于皇帝与伯爵之间。

　　查理大帝感到自己时日无多，于是便将自己最小的儿子路易提携上来，也由于小查理及丕平的英年早逝，父亲的所有统治权都继承到了路易的身上。查理大帝亲自将皇冠戴在路易的头上，自己则卸下冠冕甘居其身侧。4个月之后，即814年1月28日，伟大的皇帝查理在他位于亚琛的宫中辞世了，当时他72岁，执政已有46载，世人悲痛万分。

10. 法兰克帝国的瓦解

　　正如春季万物复苏，所有植物都开始抽枝长芽、花开正艳，然而突如其来的一夜寒霜就会将这些娇美的花朵摧残殆尽。而这些萌动的生命，即使得以幸存，也已经是遍体鳞伤了。查理大帝死后，民众的生活就经历了这样的一场劫难。查理所造就的生活有多么鲜活富足，当时世界各方势力有多么的团结一致、互相支持，如今这一联盟的瓦解就有多么的迅速。各方势力摩擦不断，陷入了不幸的争斗之中，使西方各民族的安宁生活成了泡影。并非查理创造的所有成就都不复存在了，由他开启的新发展仍在继续，只是在当前受到了阻碍，按照查理没有预想到的方式，达成了目标。

　　按照查理的意愿，皇帝之位应当同法兰克国王的王位紧密联系在一起，并由他的后人继承，并始终将都城设立在他的家乡奥斯特拉西亚地区。早先，查理有意将皇位传给自己的长子，但为了同时能够遵循老的法兰克律法，把帝国中的一部分土地封给小儿子们，为他们赋予王的名号、享有王的尊荣，只居于皇帝一人的权力之下。但在小查理和丕平死后，路易一人继承了父亲对整个帝国的统治权，只有丕平之子查理之孙伯纳德掌握了对意大利的一部分统治权。如若路易与他伟大的父亲在天赋和思想上有些许的相似，那么他就能不受限制地大展拳脚，继续他父亲未竟的事业，然而事与愿违，卡洛林王朝似乎气数已尽。

很快，人们就看出路易是个脑子糊涂又精神脆弱的人。执政不久，他就丢脸地把执政权力下放给了他的顾问及宠臣们，他不负责任地挥霍着国库里的财产，对给予邑臣的采邑不管不顾，使得这些邑臣变得飞扬跋扈。他过度偏袒神职人员，一切国家事务以罗马形式为优先，并且公然蔑视德意志的存在，这严重影响了帝国的统一与民族间的和谐相处。只有在增建宗教修道院和基金会的时候，他才会想到德意志地区。他为东萨克森成立了希尔德斯海姆（Hildesheim）主教管区，为跨易北河地区建立了汉堡主教管区。同时，他将汉堡管区升格为大主教管区，将整个北方的传教使命都托付给了那里的大主教。萨克森最早的修道院也是在路易的影响下建立起来的。虽然这些修道院在后世赐福众人，但在当时，虔诚的路易将整个帝国的未来都系于神职人员身上，必会招来灾祸。这样不幸的灾祸不久之后就在他的宫廷中发生了，矛盾冲突不断堆积导致了渎神的争斗——皇帝路易被他的儿子讨伐并战胜了。

这位懦弱的皇帝才上台执政没几年，就已经考虑继承人的排位问题了。神职人员们有充分的理由要求皇帝保证政权的统一性，但同时，在皇位归属的问题上，此前在法兰克王国从未真正存在过的、几乎已被遗忘的人民选举权又被重新提了出来。皇帝按照自己的想法公布一份继承人排位。在这份排位中，同时被提名为共治皇帝的长子洛泰尔[①]，几乎完整地将其父的统治权收入囊中，而其余两个较年幼的儿子则带有补偿性质地获得了两块小封地。此外，人民选举权也得到了一定程度的承认。法兰克贵族及被统治的德意志宗族对这种宗教意

---

①   又译罗退尔。史称洛泰尔一世。——译者注

味浓重的皇权统治十分厌烦，对这样的规定感到不满，在这样的情势下，老皇帝的侄子伯纳德甚至挺身而出，公开表示愤怒。伯纳德的抗议遭到镇压，他被逮捕并判处了死刑。其他的起义也都被轻而易举地攻破了。但当皇帝路易在第二段婚姻中迎来他的幼子查理①，他对这个老来子的偏爱使他成了自己的敌人。829年，他废除之前定下的继承人排位，不顾神职势力的想法，转而按照法兰克人传承已久的原则来分配国土。那些神职人员转眼就忘了皇帝路易曾经对他们的善意，反而与洛泰尔及其兄弟们联合起来对抗其父亲。父子之间长久以来的积怨爆发出来，儿子们不止一次与他们的父亲刀兵相向。虽然路易得到了来自德意志贵族们的支持，但最终他还是败给了他的儿子们。他的军队离他而去，他则遭到囚禁，他的皇权与继承权的效力在尘土中遭到践踏。即使后来，渐渐年迈的皇帝被他满心悔恨的儿子路易②及其他德意志权贵一起从牢中解救出来，并重新戴上了皇帝的冠冕，但皇帝的名誉已经遭到了损坏，皇家颜面尽失。缺少了具有震慑力的权威，泱泱大国又如何团结统一。洛泰尔与神职势力徒劳地想要弥补他们带给皇权统治的致命打击——但切开的伤口难以愈合如初。日耳曼人路易被洛泰尔的无理要求激怒，再次将矛头指向了自己的哥哥和父亲，然而829年，正当事情悬而未决之际，老皇帝路易去世了，空出的皇座随即引发了兄弟间的乱斗。

　　洛泰尔为将帝国大业统一在一人之手而进行战斗，日耳曼人路易以及他同父异母的兄弟秃头查理则暂时联合起来，想要平分天下。841年6月25日，骇人的战役在距离欧塞尔（Auxerre）不远处、勃艮第市镇的一处溪流附近③打响了（人们现在将这一小片水域称作安德里）。最终，洛泰尔大败。日耳曼人路易和秃头查理将他们的胜利归结于神的审判，而在实际上，这场战役确实决定了法兰克皇权的归属问题。但同时，这场战役也使法兰克人民受到了无法治愈的伤害，贵族的活力被扼杀了，长久以来本就四面受敌的法兰克骑士势力被从外部削弱了。从这天起，外部敌对势力从各处向帝国边境发起攻势。在一场战役

---

① 即秃头查理，又称查理二世。——译者注
② 史称日耳曼人路易。——译者注
③ 据载战役发生地为丰唐瓦（Fontenoy），所以又称丰唐瓦战役。——译者注

中，洛泰尔的军队全部覆灭，但他仍不认输，情急之下，他只得逃亡而难以保存实力。他劝说萨克森人，向他们保证，将萨克森最初的自由还给他们；他将丹麦人请到国中；但一切都只是徒劳，仍然留在他身边的大臣们要求他停止战争，他不得不答应下来，并向他的兄弟们伸出和解的橄榄枝。843年8月，《凡尔登条约》终于为这场令人心寒的兄弟战争画上了句点，兄弟们平分父亲的遗产：洛泰尔保留皇帝之位，并掌管奥斯特拉西亚、弗里斯兰、勃艮第的大部分区域、阿勒曼尼在莱茵河左岸的部分以及普罗旺斯；日耳曼人路易分得包括美因茨、科隆及施派尔大区在内所有莱茵河右岸的疆土；查理则分得纽斯特里亚、阿基坦、勃艮第的西北部、塞普提曼尼亚（Septimanien）及西班牙边境区域。虽然帝国仍在某种程度上是一个整体，皇帝地位仍略高于国王，但皇帝却已经完全丧失了最高的决策权，三国鼎立，一如曾经墨洛温王朝对继承权及国土的瓜分一样。就这样，由皇帝领导神权政治的理想破灭了，法兰克王朝传统的继承人制获得了胜利。

这种继承秩序的胜利对法兰克王国以及所有被法兰克人征服的民族来说都有着深远的影响。虽然，《凡尔登条约》不是为了各民族人民的利益，而是因为统治者的利益而签订下来的，但它对于西方民族的发展与兴盛却有着非同一般的重要性。秃头查理的王国基本上是由高卢地区组成的，那里盛行的是罗马式的体系；与之相对，路易的王国则完全是由日耳曼土地拼合而成的，也因此东法兰克王国成了日耳曼，罗马帝国后继者中特别的一国，那里的居民虽然来自不同的宗族，但在语言、习俗和思想上却几乎是一致的，单是从语言上就能辨认出各族间的亲缘关系。他们的语言与罗马那些博学的神职人员所使用的语言不同，与罗马化了的南部及西部邻邦所使用的语言也完全不同，他们将它称为德语，德语是大众的语言，说德语的人与说罗曼语的人是不同的。渐渐地，人们开始将说德语的人称为德国人，并终于提出了那个在当时还不很明确的概念——德意志民族。西法兰克王国的法兰克罗曼民族也以类似的方式发展着，在解除了与纯日耳曼民族之间的关联之后，罗曼民族的民族性发展得更为稳固了。因此，德国人与法国人将《凡尔登条约》视作各自民族的起点不无道理。查理大帝的帝国瓦解了，宗族间旧时的自然差异并没有骤然凸显出来；相反，各民族的民族性在一个更广阔的共同基础上以更为包容的方式发展起来。

　　受到若干因素的推动，东法兰克王国和西法兰克帝国走上了不同的道路。查理大帝在他的帝国中统一起来的各个政治单位，不可能在帝国各地平均分布，也不可能拥有完全相同的政治实力。采邑制度在高卢的土地上发展得尤其迅猛，由于过度兴盛，底层阶级的人身自由很快就被他们扼杀干净了，所有在采邑体系之外的圈子都不得不听任其摆布。那些大邑臣获得的权力如此之大，以至于他们将采邑所得的财产继承给他们的子嗣，而国王的直接权力只剩下对王位的所有权。除此之外，他拥有的权力与一个大采邑主并无二致。墨洛温王朝以及卡洛林王朝最初的君王们所拥有的王权此时已经渐渐缩水，想要在以后重建王权统治恐怕需要新的根基才行。在东法兰克王国则不同，各地的自治自由扎根已深，不可能轻易消除，采邑制度在这里发展迟缓，采邑主往往是作为国王手下的官员出现在人民面前。这里的治国方式更为有效，也更有凝聚力，国王仍是人民的国王，仍能够一声疾呼从民众中召集出军队。在这一点上，日耳曼人路易毫无疑问比秃头查理更胜一筹，也绝对居于洛泰尔之上。

　　只有洛泰尔的王国是由日耳曼以及罗曼区域组合而成的，因而缺少民族凝聚力，即使原来大帝国的最重要城池都在洛泰尔的法兰克王国内，但整个王国仍旧孱弱而不堪一击。855年，洛泰尔知道自己的日子不多了，便将自己的王国又分给了他的三个儿子。早前就被父亲提名为皇帝和共同执政者的长子路易二世得到了意大利，当时的意大利才刚刚与皇权势力建立起较为紧密的关系；在较为年幼的儿子中，洛泰尔二世获得了弗里斯兰、莱茵河左岸的阿勒曼尼地区以及奥斯特拉西亚，后来奥斯特拉西亚改名为洛林，而查理[①]则分得了普罗旺斯和凡尔登条约中划分给他父亲的勃艮第区域。这两个较年幼的儿子去世时膝下无子，而皇室支系又如此羸弱，路易二世也无法阻止叔叔秃头查理和日耳曼人路易向他的继承权伸出魔爪，并最终将其瓜分。于870年签订的《墨尔森条约》（Vertrag von Mersen）在这其中起到了至关重要的作用。条约将洛林及弗里斯兰的大部分土地都分给了日耳曼人路易，而阿勒曼尼地区的土地早在条约签订

---

　　① 后世也称普罗旺斯的查理。——译者注

之前就已经转让给了他。这样一来，所有德意志民族终于被统一划分到了东法兰克王国之中，并与罗曼民族隔绝开来。本来由路易二世皇帝的兄弟们所掌管的罗马的大片土地则落到了西法兰克王国的秃头查理名下。

　　由于路易二世皇帝也没有继承人，所以在他875年离世时，日耳曼人路易和秃头查理很快就开始了对继承权和皇位的争夺。虽然秃头查理在血缘关系上怎么算都该排在日耳曼人路易之后，但他却比日耳曼人路易更快登上了皇位。他首先现身罗马，与教皇若望八世①交好，他并不是作为家族继承人戴上皇冠的，而是接受了伯多禄继任者（教皇）的礼物而已。由于他受到教皇加冕成为皇帝，所以意大利的权贵们也都承认了他皇帝的身份。当他回到自己的西法兰克王国后，他甚至在邑臣中又进行了一次投票，以此使已经到手的继承权合理化。这一举动似乎使神职人员们长久以来追求无果的皇位选举制度实现了。罗马主教将提名皇帝候选人的权力握在自己手中并终结了皇位的继承制。一个大胆而宏伟的计划在暗中酝酿许久之后终于到了该付诸实施的时候。当皇帝的地位和权威不断下降，人们看得越来越明晰，查理大帝那些不争气的子孙是无法在这尘世间实现神权帝国的理想的，于是一个新的想法就此萌生：让伯多禄的继任者坐上西方神权政体的首座，并借他之手将分裂的西方重新统一起来。教皇原本就已经位高权重，他的影响力也不再限制在教会内部，而是已经在方方面面渗透进了世俗的生活！他在意大利拥有世俗的军队，听命于他的主教遍布四面八方，并且都是当地数一数二的人物。最重要的是，神职人员们自己与罗马之间紧密地联系起来，排除所有介于他们和教会首脑之间的中间环节，并保证教会首脑拥有绝对的君主权力，以此彻底动摇已经过度依赖于采邑体制的皇帝及国王的权威。在罗马大祭司的最高权力之下将西方统一起来，这一想法可能并非出自罗马，而是从法兰克教会中产生的。至少法兰克教会那些拙劣的行为起到了不小的促进作用，将教皇的权力推向了前所未有的高峰，将前朝古代闻所未闻的教皇特权概念变得人尽皆知。一本收录了早期宗教会议决议及早期教皇著作的典籍据说就是一位法兰克僧侣编纂并发行的，长久以来，这本典籍

---

　　①　也译作约翰八世。——译者注

与其他类似的集子一起被视作教会律法经典。谣传编纂这本典籍的人是塞尔利亚的圣依西多禄（Isidor von Sevilla），而上百篇源于早期基督教会的文章也都被归于了他的名下。散播这一谣传的目的不为别的，而是要在一方面将僧侣们的地位提升于世俗势力之上，另一方面使圣依西多禄获得不可限量的君主权威，并通过他，将绝对权力交到罗马主教的手中。在这里，教皇就是所有主教的代表，各地的大小主教都是他的工具和喉舌，借由他们的帮助，他独自掌握了所有的司法裁判权。据说，没有他的旨意，就不能召开教会代表会议，而会议上做出的所有决议都必须得到他的首肯，他有权决定一切重要的教会事务，而所有的人事任免也全凭他一人做主。他张一张口就能建立起新的主教领区，他动一动嘴主教们就从这个教区被换到了那个教区，只有在他的全权委托之下大主教才能向主教们授予圣职，而这一权力在此之前一直是由国王和大主教们行使的，是最为重要的权力，现在也被夺走了，变成了伪依西多禄诏令所规定的教皇理所当然享有的权力。

虽然新神权政治的思想并非出自罗马，却很快就被罗马人接纳了。教皇额我略四世①又一次越过阿尔卑斯山，但这一次他不是来寻求庇佑的，而是要在虔诚的路易皇帝人生中最耻辱的时刻站在他身边，疏通各方势力。教皇圣良四世②如同独立的王侯一般治理着罗马，并亲自担任军队的最高指挥，出征对抗阿拉伯人。终于，教皇尼各老一世③实现了历史性的突破。这位大胆而机敏的神父以极大的决心实现了教皇的皇权统治。他是第一位敢于公开援引伪依西多禄法典的教皇，并让所有将这本典籍称作无耻骗局的人都闭上了嘴巴。他在全世界面前宣布，尘世上最高的、不容反驳的裁判权是归教皇所有的，并急切地向世人展示这一权力。洛泰尔二世国王荒淫无度的生活成了教皇上位的最佳契机。主教们为洛泰尔二世赦免罪孽，但在863年时，教皇却在一场大型的教会代表会议上宣布将国王罚入地狱。随后教会代表会议又违背教皇意愿称该判决无效，教皇一怒之下，革除了科隆及特里尔大主教的职务，威胁所有不愿承认这项判罚

---

①　又译格列高利四世。——译者注
②　又译利奥四世。——译者注
③　又译尼古拉一世或尼古拉斯一世。——译者注

的主教，要将他们革出教门。在这一事件中，教皇智慧地向人们展示了，教皇权力首先是为了维护道德与良好的风尚而存在的。尼各老的继任者们也沿着他铺就的这条道路继续前行，即使他们并非总是拥有与尼各老一世同样的远见和幸运。最终，若望八世抓住了一个转瞬即逝的绝佳机会，将原本压制着教皇权力的皇权操控在自己手中，并使它能为自己所用。

要是神职人员们依靠他们惯用的密谋和算计就能决定国家和民族的未来，那么教皇统治无疑会取得最终的完全胜利。然而，光靠这些小聪明是行不通的，更何况是在国家内部处于无政府的混乱状态，同时边境又遭受外敌入侵的情况之下呢！最黑暗的时代到来了，只有挥起刀剑、动用武器才能建立起秩序，保证国家、教会以及个人的生存。事实证明，教皇的统治主要还是立足于对精神力量的控制，它无法在兵戎相见的时刻以战止战，所以不久之后，西方的统治权又不得不将日耳曼人的尚武精神扼杀。

就连法兰克人善武的英名似乎也渐渐衰落了。在四面受敌的情况之下，少数的几场胜仗也无法挽回整体的颓势，而原本被法兰克人握在手中的统治权也随之渐行渐远。由于南方阿拉伯人的侵略势力崛起，意大利也与法兰克面临着相似的命运考验，这与百年之前西班牙所经历的一切又是何其相似。很快，哈里发的军队就不再是人们唯一的对抗目标了。810年，一位行政官在北非沿岸建立了一个独立的政权，并随即宣战。827年，希腊皇帝手下一名叛逃的官员将阿拉伯人引到了西西里，阿拉伯不仅渐渐控制了岛上的所有城市，并残酷地用暴力巩固了他们对西西里的所有权。同时，他们还派出海盗船侵袭意大利海岸，很快，阿拉伯军队就攻入了半岛的内部，塔兰托和巴里落入了异教徒的手中，成了海盗们烧杀劫掠的起始站。贝内文托的公爵将卡普阿（Capua）和包括阿马尔菲（Amalfi）在内的萨莱诺（Salerno）湾作为特别行政区隔离开来，下意大利的伦巴底侯爵们被迫向阿拉伯势力低头，甚至连教皇也不能幸免。846年，阿拉伯人的船驶进了台伯河（Tiber），船头直指罗马的大门，并洗劫了圣彼得大教堂。教皇圣良四世建起了城墙，并于849年，召集起了一支船队，借助那不勒斯和加埃塔（Gaeta）市民的大力帮助，在奥斯蒂亚（Ostia）痛击了异教徒的水上势力。这场胜利拯救了罗马，但意大利沿岸也因此受到了重创，科西嘉岛和萨丁岛甚至落入了敌手。只要在海上，阿拉伯人就完全不用惧怕法兰克的国王们，因为法兰克王国根本没有像样的水军。这就是在查理大帝死后，人们很快抛弃了他生前刚刚着手建立的舰队，而遭到的报应。在陆上，路易二世皇帝还是与阿拉伯人有过数次交手，也时不时侥幸取胜，但无法取得持续性胜利的原因，恐怕还是希腊一再利用法兰克王国的弱点为自己赢取利益，法兰克王国无法与其建立起稳固的关系。874年，伦巴底侯爵们重新承认了希腊国的君主；东方君士坦丁堡皇帝的政权重新在整个阿普利亚（Apulien）站稳了脚跟；阿拉伯人则占领着卡拉布里亚（Kalabrien），并不断以这里及西西里作为据点，袭击意大利沿岸。

教皇若望八世将皇帝冠冕授予秃头查理的时候，他期待的是，秃头查理能够拯救意大利于危难之中，但查理自己也是爱莫能助，不仅因为他正与自己的兄弟日耳曼人路易争夺皇位，处在兵戎相见的边缘；也是由于他自己的王国正遭受着可怖的诺曼人无尽的侵扰。以当时的情形来看，似乎像是所有北面斯堪的纳维亚的民族都站起来反对法兰克王国了。就在这一时期，大规模的统治政权首先在挪威和丹麦崛起了，更多地介入到各地区的自由中去。自由不羁的灵魂不愿服从于少数强权者的意志，于是这些人背井离乡，到远方去寻找幸福。指挥官带领着随从，或是军营里的兄弟，一群人聚在一起便有无数可能性；战斗越是凶险，就越能激发他们的想象力，越能使这些北方之子勇气大增。北方的国王们也投入了战斗，为的是通过赫赫战绩来稳固自己的统治地位。但诺曼英雄们的战场和舞台主要还是在法兰克王国，将他们吸引到这里的是丰富的战利品，是前朝积累下来的恩怨，更是为了保护他们对众神的古老信仰——法兰克的神职人员们，例如汉堡的大主教安斯卡（Ansgar）就曾作为传教士努力地对抗过这种信仰。现在，法兰克王国纵使拥有强大的骑兵队伍和邑臣大军，但缺少了战船在水上的保护，根本无法迎战北方的敌人。凭借他们国家临海的地理位置，他们从小就了解汹涌大海中的所有危险并敢于直面这些危险，凭借这种智慧，诺曼人在当年春天就以其轻舟征服了那一整片广阔的海域：到处可见他们称之为"海上骏马"的轻便战船停靠在岸边。哪里有安全的停靠场所，哪里有奔流入海的河流，他们就停船靠岸，拔出刀剑，在当地肆意掠夺一番。诺曼人首先只是在弗里斯兰的岸边站稳了脚跟，但很快，诺曼人的足迹都布满了高卢的所有海域。西法兰克王国被诺曼人包围起来，一支支零散诺曼军队各自深入西法兰克腹地，随后又联合起来共同发动军事进攻。秃头查理感到自己无力与诺曼人抗衡，于是在866年向他们支付了4000磅银币屈辱求和，并请求诺曼人撤军，却无法阻止他们在短暂撤军之后又重新踏上西法兰克的土地。教皇和整个意大利又怎么能期待这样一位皇帝为他们提供有力的保护呢？876年，日耳曼人路易去世时，他的王国被按照法兰克继承法分配给他的三个儿子，并因此再度分裂。秃头查理参加完兄弟的葬礼再次回到意大利时，面对眼前的一切，他深感无力回天。877年，查理也突然离世了，纽斯特里亚的权贵们一开始不愿承认他的儿子口吃者路易作为国王，直到他公开宣布，他的王位是通过人民选举获得的，他的地位才得到了认可。才执政一年多，路易就一病不起了。879年，他那两个未成年的儿子卡洛曼和路易被推上了王位，王国也划分给了两人。但是，如同所有西法兰克的卡洛林家族支系一样，这一支也渐渐走向了衰落，路易三世和卡洛曼二世执政不久后也相继离世。到了884年，在秃头查理的后人中，只剩下口吃者路易的一个遗腹子，也就是当时5岁的查理①。西法兰王国的开头不算光彩，却没想到王国的终结更为可悲。早在秃头查理去世之后，王国就已经尽显颓势，接下来的几任皇帝甚至作为教皇的傀儡都嫌太弱。

在秃头查理死后，教皇若望八世开始考虑，要将一位法兰克大臣收为自己的养子，并提携他坐上君主之位。这个人便是博索（Boso）伯爵，借助于神职势力，他在实际上将普罗旺斯及勃艮第南部从西法兰克王国中分裂出来，并利用手段当选了这个特殊的勃艮第王国的国王，他将都城定在阿尔勒（Arles），所以又被称为阿尔勒王国。然而，就算教皇千方百计帮助他谋划，但由于教会势力减弱，皇帝宝座以及意大利的土地对博索来说，仍旧遥不可及。反倒是东法兰克王国——虽然在日耳曼人路易死后，对王国的分割似乎极大地削弱了其势力，但东法兰克王国却迎来了再一次的崛起。日耳曼人路易的长子卡洛曼获得了包括东南部边区在内的巴伐利亚，通过征战收服了意大利。卡洛曼及其弟

---

① 西法兰克王国查理三世，又被称为糊涂王查理。——译者注

弟萨克森的路易不幸早逝，于是，这些土地连同他们父亲所有的遗产就都归到了最年轻的弟弟胖子查理手中。胖子查理最初的活动范围仅限于阿勒曼尼亚，现在从哥哥们手中继承了大片的土地，整个东法兰克王国就这样又统一到了一起。命运注定他还要经历更大的劫数：骇人的险境提示人们，王国的所有力量将再次交到一人的手中。教皇将他对老一辈卡洛林家族成员的嫌恶抛在脑后，为查理进行了加冕；西法兰克王国的权贵们对口吃者路易的最后一个儿子视若无睹，转而将东法兰克的国王也推上了西法兰克的王座。除阿尔勒王国之后，当初查理大帝造就的王朝又拼凑到了一起，但王朝的统一复兴却还无从谈起。

　　一个统一的帝国至少应该能对抗外敌，可是当时，就连国防实力最强的东法兰克王国都处在极大的危险之中。在东部边境上活动的斯拉夫族群几乎全部暴动起来，对抗法兰克政权。摩拉维亚人的君主罗斯季斯拉夫虽然是借助法兰克人的力量登上王位的，但他建立起了一个独立的政权，并打造了稳固的政治与宗教秩序。希腊僧侣西里尔（Cyrill）与美多德（Methodius）是最先在南斯拉夫人中间传播希腊正教教义并卓有成效的使徒和讲师。经教皇允许，摩拉维亚人很快就建立起了自己的斯拉夫主教教区，这使萨尔兹堡的大主教十分担忧。罗斯季斯拉夫与德意志人刀兵相向20载，最后却败在了自己的侄子斯瓦托普鲁克（Swatopluk），也就是德意志人所说的兹万迪波德（Zwentibold）的诡计之下。斯瓦托普鲁克接手了摩拉维亚的统治权，表面上以法兰克大臣的身份出现，实际上却对法兰克充满了敌视。与此同时，索布与波西米亚也拒绝对法兰克王国俯首称臣，而是已经将军队开进了图林根地界，而维尔泽人和奥博德里特恩人也已经渡过了易北河。比他们更为可怕的敌人还有丹麦人和诺曼人。在一场易北河畔的战役中，丹麦人将一整支萨克森军队全部歼灭并将边区所有的防御工事摧毁了。诺曼人则从北海沿岸登陆，攻入了莱茵河流域，他们所到之处，城墙坍塌，教堂和宫殿在火海中化为灰烬，就连查理大帝在亚琛的行宫也有一部分成了大火的牺牲品。遭受到打击最为严重的还要数西法兰克，这一整片广阔的国土在这些侵略者眼中无疑就是肥美的待宰羔羊。

　　要同时应对这么多的强敌，恐怕需要查理大帝那样的远见和勇气才能够做到，而现在的这个查理，虽然掌握着完整的皇权，却没有查理大帝那样的勇气，更缺少他那样的智慧。他不仅没能驱赶走灾难，反而招来了更多的厄运。连续数年，他都用数不胜数的金钱向诺曼人进贡，以求太平。但这毕竟不是长久之计，当国内的混乱状态持续发酵，他那孱弱的手终究抓不住执掌一国的大权。卡洛曼的私生子阿努尔夫（Arnulf）原本在东部边区当公爵，现在在愤怒中举起了起义的大旗，东法兰克的权贵们随即对他表示支持。887年，胖子查理不得不在特雷布的宗教议会上宣布放弃王位，他对愤怒的权贵们言听计从，不久就悲惨地死去了。阿努尔夫被选为东法兰克的国王，而这次将他选举出来的人主要是世俗权贵们。现在，在德意志土地上卡洛林家族的王室继承也走到了尽头。目睹卡洛林王室日渐衰落，已经无力长久维持统治，法兰克王国各地教会及俗世的贵族们就联合起来，将这个王室家族推下了历史的舞台。

如今，阿努尔夫可能在曾经查理大帝的帝国之内发号施令，但他却不能保证所有人都如他期待的那样听命于他。全国各地不断有新的国王被教会和世俗权贵们推选出来。根据当时的年鉴记载："888年春，诸王侯百家争鸣。"在西法兰克王国，被推上王座的是奥多伯爵（Odo）。他的父亲曾是来自莱茵河对岸的低阶军官，用他赫赫的战绩给家门带来了荣光，很快提升了家族的地位。而奥多本人，虽然通过在巴黎对抗诺曼人赢得了极高的声誉，却仍没有受到西法兰克王国的广泛认同，因为权贵中的大多数很快又重新回到了支持卡洛林家族的最后一位正统后裔的阵营中去，回到了被称为糊涂王的查理三世那边。在尤拉河（Jura）与阿尔卑斯山脉之间的勃艮第地区，阿勒河穿流而过之处，出身于德意志贵族韦尔夫家族的鲁道夫伯爵，登上了勃艮第高地的国王宝座。而在意大利，两位伦巴底公爵弗留利的贝伦加尔（Berengar von Friaul）和斯波莱托的维多（Wido von Spoleto）①为了争夺国王之位对峙了许久。最终，斯波莱托的维多为自己，也为他的儿子兰伯特夺取了皇帝的桂冠，但这两位皇帝以及教皇都没能为皇帝的冠冕赢得一丝丝荣光。为了要与虎视眈眈的竞争对手们相抗衡，奥多、鲁道夫以及贝伦加尔暂时承认了阿努尔夫的最高统治权，阿努尔夫也期盼着自己能够获得真正的皇帝地位。891年，阿努尔夫在代勒河（Dyle）

---

① 亦写作斯波莱托的圭多（Guido von Spoleto）。——译者注

河畔给了诺曼人一记迎头痛击，而后又将矛头指向斯瓦托普鲁克——这个摩拉维亚人已经将自己王国的疆土扩张到了波西米亚以及大多数臣服于法兰克统治的地区，并公然对抗德意志人。阿努尔夫撤回对摩拉维亚人的进攻之后，又马上向意大利挺进。在斯瓦托普鲁克于894年去世之后，摩拉维亚王国的势力，由于要分配给斯瓦托普鲁克的儿子们而被分散削弱了。于是，在教皇福慕（Papst Formosus）的召唤下，阿努尔夫多次进攻意大利。维多和兰伯特的势力被打压下来，阿努尔夫占领了罗马并于895年接受了加冕，这与其说是对他努力的回报，不如说是来自教皇的馈赠。虽然，他如今戴上了皇帝的冠冕，但实实在在的皇权离他还很遥远。奥多与糊涂王查理三世共同统治着西法兰克王国，由于奥多的英勇战绩，西法兰克国势日渐平稳。维多在与阿努尔夫的一场战争中阵亡了，他的儿子兰伯特与贝伦加尔签订了协议，分割了意大利的统治权。随后不久，奥多与兰伯特相继去世，整个西法兰克将糊涂王查理承认为唯一的国王，贝伦加尔只得到了在意大利王国的统治权。自此以后，阿努尔夫只在德意志土地上享有国王的权力，他又将其中的洛林划分出来，让他的私生子兹万迪波德作为亲王来统治洛林。但即使是在德意志土地上，阿努尔夫的统治也并不稳固，他费尽心机才让那些胆大妄为的贵族听从于他的指挥。而王国的四面八方又都有敌人伺机而动，一些边区常常受到侵扰，有些甚至已经被夺走了。899年12月8日，皇帝阿努尔夫驾崩了，德意志各宗族很快意识到，他们已经失去了很多实力强大的诸侯。

这时，想要按照传统的方式建立起皇权统治也是不可能的，教皇们的熊熊野心最后也是一败涂地，而教皇的地位也从那不可企及的巅峰，跌入了黑暗的深渊。在尼各老一世登上教皇权力顶端之后，短短数十年，教皇的宝座就已经失去了其熠熠光辉，圣伯多禄的座椅上坐着的，只剩下由无耻的罗马贵族随意操纵的傀儡。王位的继承制度也被打破了，那些在皇权帝国衰落后被分隔开来的民族，眼下各自为政，成了自己未来的主宰。在各个城邦称孤道寡的都是经由选举产生的国王，然而将他们选举出来的都是教会及世俗的贵族们，他们按照自己的意愿选出邑主，用自己的意志代替了人民的意愿。但是，由于贵族们内部的嫌隙一直存在，并与其他尚未泯灭的国家生活元素处在对立的状态中，导致了所有西方国家和城邦中都蔓延着无政府的混乱状态。与此同时，那些仇视基督教统治的敌人也不断进犯。对于那些征服无望的老对手，不能使他们臣服，那么只能结下新的、更为深刻的仇恨了。

欧洲此时的状态，让人想起第一个日耳曼帝国迅速瓦解，并最终败在敌人刀下的过程。但是，查理大帝建立起来的教会及国家秩序异常稳固，在此基础上发展起来的民族生活也已经深入人心，要再次将整个国家和民族支系根绝重建已然是不可能的。沉重的阴霾再次笼罩了整个西方，绝望的人们徒劳地仰望着空中闪耀的繁星，伴随着旧文明世界的崩塌，一个骇人的漫漫长夜已经来临了。

千年的时间，无数日耳曼民族的历史在我们的眼前转瞬即逝。从那个古老的时代开始，当日耳曼人之间还没有国家的羁绊将他们联系在一起，当他们还分散在各自的地区中与罗马人对抗，一直到查理大帝出现，将整个罗马日耳曼世界囊括到同一个帝国之中，作为法兰克国王建立起雄霸西方的罗马帝权统治，这其中经历多少纷繁复杂的巨变！德意志人的信仰、习俗和语言经历了几多变迁，眼界与思维又得到了几多扩展，人们又如何从单一的社会关系建立起伟大的政治与教会关系，回首来路，感叹良多！

在这整个过程当中，日耳曼人所处的世界几经变迁，但他们从未完全放弃过他们自己的个性，从未忘却过自己的根本，从未否认过自己的与众不同。若有放弃、忘却或是否认的倾向，那么他们立即就会从战胜者的圣坛跌落到落败者的地狱，有几支强大的宗族就是因为这样早早地从历史舞台上离场了。就算是取得了世界霸权的法兰克民族，一旦国王和贵族屈从于罗马式的体制，也会失去其势力。

然而，日耳曼的力量还没有随着法兰克宗族的失势而消失殆尽。在莱茵河对岸及阿尔卑斯山脉的土地上还居住着这样一些民族，他们虽然也受到这千年历史发展的影响，但至今还未真正登上历史的大舞台，他们仍然保持着原始的自然天性。如同远古时代，他们还居住在宽广的山林之中，居住在自己的耕地边、农庄上。旧时地区自治的自由在他们那儿还没有完全消亡。从他们倔强不屈的性格中，仍能看到他们对自己的战争生活与所服行的兵役所持有的坚定而又自傲的态度。虽然从语言上，他们作为说德语的人与别的民族区分开来，可是各宗族间的差异，甚至宗族间怀有恶意的偏见，使各个宗族间横生间隙。但是，他们已经开始认识到，他们是属于同一个民族的，是同一位国王和君主的臣民。很快，伟大的国王们为他们带来了上天的旨意，国家团体内的联系日渐增强，他们的赫赫战绩提升了民族自信，在西方多次建立起罗马皇权统治，并由此使自己，也使德意志民族雄踞欧洲历史发展之巅几个世纪之久。这是德意志民族第一次以一个独立群体的形象出现，这也是德意志人的帝国首次被建立起来。日耳曼各宗族的历史就是与德意志民族的历史，与这一个个德意志帝国的历史联系在一起的。

德意志皇帝史讲述的不仅仅是那些德意志皇帝的生平和功绩，它首先要展现的是，这些来自德意志各宗族的皇帝如何将德意志民族统一和团结起来——这将是这部历史的关键所在，因为皇帝们的势力终会有消亡的一日，而德意志人民的生活还将永远继续下去。

第二篇

德意志帝国的建立

900年至950年

1. 东法兰克王国的衰落

要提笔写下900年开始的德意志历史，就会发现这时的德意志大地上，满是无以言述的悲伤，人们还从未如此阴郁地迎接过任何一个世纪的到来。

阿努尔夫皇帝，那个试图挽救查理大帝岌岌可危的帝国，那个用铁腕向帝国最邪恶的敌人诺曼人迎头痛击的皇帝，如今也离开了人世。皇帝的冠冕以及东法兰克的王座空置一边，谁又会在这个危难的时刻将治理帝国的重任扛到自己的肩头呢？

阿努尔夫与他的正室育有一个儿子——路易。阿努尔夫去世时，路易还只是个7岁大的孩子，可德意志的教会及世俗权贵们，却在900年1月21日于雷格尼茨河畔的福希海姆（Forchheim）举行的议会上，毫不犹豫地一致将他选为了东法兰克王国的国王。这一结果也受到了人民的赞同，很快小皇帝就接受了加冕并坐上了父亲的王座。人们选择让童子路易登上王位，而不是按照阿努尔夫本来的意愿，从那些成年的庶子中挑选继承人，是因为担心，如果现在让王位再落入旁人之手，那么已经处于分裂边缘的德意志恐怕将彻底分崩离析——至少美因茨大主教哈托（Hatto）在教皇的面前是这样为选择幼君继位辩解的。

这的确是个错误的选择。一个孩童又如何能维护或是建立起整个西方的统一局面呢？这个选择的本身不就说明，德意志已经彻底放弃了阿努尔夫曾经夺取的皇帝之位了吗？而这个并非查理大帝一支正统后裔的孩子，又该如何对抗查理大帝名正言顺的后代？更何况那人在前不久已经继承父亲的衣钵登上了西法兰克的君主之位。就算那个统治西法兰克的人是被称为"糊涂王"的查理三世，他若是论资排辈要求取回自己家族对莱茵河对岸土地的统治权，在不安的德意志权贵眼中也会是个极大的威胁。最为重要的是，德意志本身急需一位强悍的领袖，一个言出必行之人！

莱茵河畔的城市仍陷落在废墟之中，城墙残破不堪，代勒河畔的堡垒依旧被胜者占领着。知道会重蹈覆辙，谁又愿意去阻挡诺曼人呢？丹麦人和文登人突破了萨克森的边境，在图林根边区索布人虎视眈眈。摩拉维亚王国势力渐衰，巴伐利亚的主教和伯爵们正被困在连绵不断的战争中，而这时，新的敌人又已经在边境上甚至边境内与他们的军队狭路相逢，这就是匈牙利人。而就算是国内，也没有一处的形势是稳固安全的。阿努尔夫当时曾尽力平息过贵族支系的敌意，并保护教会及神职人员免受世俗权贵的攻击，而现在，到处都是胆大包天的渎神行为，对抗帝国的暴动起义，人们为了自救不惜做出最可耻的行径，帝国的各个部分正在分离、瓦解。从当时洛林的形势就可以看出，人们对国王的势力多么不屑一顾。阿努尔夫的私生子兹万迪波德成了洛林的亲王之后，强硬而粗暴地使用自己的权力，试图控制住反对自己的权贵们。这位年轻王侯尖锐而激进的统治方式对那些既得利益者产生了极大的影响，激起了广泛的仇恨。于是，阿努尔夫皇帝尸骨未寒，他的儿子就被驱逐出境了。兹万迪波德徒劳地尝试着以武力还击，保住自己的地位，然而，在短短的几场战斗之后，他就在马斯河河畔的一场争斗中身亡了。幸亏，当时的洛林人是与东边非正统的卡洛林家族，而不是与西边的正统卡洛林联合，使得居住在莱茵河流域的德意志宗族能够保持团结统一。

　　王国周围危机四伏，然而人们还是让一个孩童登上了王位，来保护岌岌可危的政权。那么，该来的终究会来的：王国沦陷，成为外敌的案上鱼肉，德意志大地上蔓延着令人悲愤的耻辱与绝望。

　　所有的恐惧都已经被释放出来，但这个不幸的王国最惨痛的灾难才刚刚开始，气势汹汹的匈牙利军队正朝着德意志袭来。

　　虽然西方早就将他们通称为匈牙利人，但他们仍称自己为"马扎尔人"（Magyaren）。约百年之前，一支芬兰–诺曼族群遭到别的民族驱逐，被迫从乌拉尔山（Ural）西侧山脚下的驻地迁徙出来，最终在第聂伯河（Dniepr）河畔的平原上安营扎寨，并渐渐将栖息地的范围扩展到了多瑙河河口。他们仍简单地以宗族支系为单位生产生活。原本的7个宗族，由于卡巴尔人（Kabaren）的加入，增加到了8个。卡巴尔人原本是可萨人（Chazaren）的一支，可萨人当时占据着顿河流域的统治权，并且在很长的一段时间内，都使马扎尔人臣服于其脚下。原本的7个宗族各自有自己的首领，由这7位首领选举出了第一位全民族的共同首领，他就是阿尔帕德大公（Arpad）。当时马扎尔人的财富主要是成群的牛马，他们依靠狩猎和劫掠来维持生计。很快，他们就将这营生扩展到了远方，早在862年，他们的手就已经伸向了法兰克王国的边境。他们个个骁勇善战，所有的邻邦都将他们视为可怖的敌人。大胆进攻，不畏伤痛，谨慎对待敌人的计谋，巧妙利用对手的弱点，虽然在其他时候放浪形骸，但在战时却军纪严明，再加上独特的排兵布阵方式，使得匈牙利人屡战屡胜。他们并不将所有军士集合成一个封闭的行军队列，而是将他们分成许多行军小队，这些小队让对手放松警惕，以为这就是整个军队，但不要忘记，他们的身后还埋伏着一支大军。通过这个方式，他们的每次行动都能够随机应变，并且能够随时加入新的、出乎对手意料的突袭和陷阱。他们先是让对手以为自己获得了胜利，然后，趁对手沉浸在战胜的喜悦中时再攻其不备，给予致命一击。马扎尔人在穿有厚重铁甲的战马上作战，得心应手地驾驭这些训练有素的马儿。虽然他们也使用剑和矛，但最主要的武器还是弓箭，在奔腾的马群中，弓箭手们能够更准确地瞄准目标，而且不论是敌军渐渐逼近之时，还是他们慌忙撤离的过程中，弓箭都能随时发射消灭敌人。他们在战争中极为残暴，获得胜利之后也尽情地享用夺取的战利品。对待敌人，他们不知道什么叫作怜悯，凡是与他们作对的人，便格杀勿论。他们都相信，他们用刀剑在尘世间砍杀的人，到了天堂就会变成他们的奴隶。所以，他们要的不仅仅是战胜敌人，而是将他们全数屠杀，他们的铁蹄所到之处，就会变成悲惨的死城。

与保加利亚人在多瑙河下游对战许久之后，马扎尔人于892年首先向摩拉维亚王国发起了进攻。但很快，君士坦丁堡的皇帝就将他们召唤了回去。由于保加利亚人在此之前对他的都城构成了威胁，这位皇帝曾带领马扎尔人的军队多次与他们作战。被马扎尔人击败了的保加利亚人与东部邻邦疯狂好战的佩切涅格人（Petschenegen）结成了同盟。895年，当匈牙利人又一次向西方踏上侵占掠夺之路时，佩切涅格人乘虚而入，攻入了无人防守的匈牙利人地界，消灭了本就不多的留守士兵，打倒了妇女和儿童，夺走了牲畜，将这片土地占为己有。佩切涅格人的军队久经沙场考验，阻挡了匈牙利军队回到故土的路途。匈牙利人只好沿多瑙河顺流而上，这一次不是为了洗劫沿途的国家，而是要寻找一处新的栖居地。最终，他们在喀尔巴阡山脉与多瑙河之间的大平原上停留下来，而在山区那里则居住着斯拉夫民族。新来的征服者们完全没有受到抵抗，因为在那片土地上只有零星的几座堡垒和城市，对战争毫无概念的牧人们在这里过着不受管制束缚的生活。安顿下来之后，匈牙利人很快重整旗鼓，展开了对摩拉维亚王国的新一轮进攻。现在，摩拉维亚王国成了他们的邻邦，而斯瓦托普鲁克死后他的儿子们全部站了出来，巴伐利亚贵族们也不断发动起义，这一切都使得这场战争变得更为激烈。虽然一开始匈牙利人还勉强支撑，但最终他们还是灰溜溜地撤退了，掉转方向重新开始了他们的征途。899年，他们通过法兰克王国边境取道意大利，从亚得里亚海到大圣伯纳德雪山，他们横扫了整个防御薄弱的伦巴底平原。谋杀、纵火、劫掠，他们涉足的所有街道都满目疮痍。

当这些马扎尔人满载战利品回到他们新的家乡，他们听到了童子路易登上法兰克君主之位的消息。他们赶忙摸清了法兰克王国的形势，随后一刻也不迟疑，朝巴伐利亚东部边区进发了。一支军队从多瑙河右岸行军越过了恩斯河（Enns），另一路军队则从左岸往上游行进。巴伐利亚的权贵们聚集起来商讨对付敌人的对策，但是，他们还没有见到敌人的影子，左岸的匈牙利军队就已经渡过拉布河，踏上了返程。此时，巴伐利亚人才终于暂时忘却了与摩拉维亚人之间的积怨，并且意识到，他们联合起来就能够震慑住强大的敌人。901年，巴伐利亚人与摩拉维亚人讲和，并使双方军队联合起来对抗外敌，然而为时已晚，他们已经被来势汹汹的匈牙利大军围困了。匈牙利军队将克恩顿洗劫一空，又多次攻打意大利，而他们最主要的攻击目标还是摩拉维亚王国。到了906年，斯瓦托普鲁克曾经统治的所有土地，全部落入了匈牙利人手中。曾无数次抵抗敌军入侵的堡垒如今人去楼空，圣美多德教堂成了废墟一片，原来的居民们受到驱逐，直到法兰克王国边境都掌握在马扎尔人的手中。

同年，居住在易北河畔迈森附近的戴勒米希尔人向匈牙利人求援，要求共同攻打萨克森，并突破德意志北部边区。翌年，他们又带着更为强大的军队再次向巴伐利亚发起进攻。为了保卫国土，边疆伯爵利奥波德（Liutpold）招募了人民军队。所有伯爵和邑臣，甚至主教和修道院院长们都带领着自己的卫队来到了战场。然而，在第一次交战中巴伐利亚就遭遇了彻底的惨败。几乎所有巴伐利亚贵族都和利奥波德一起牺牲在了战场上。萨尔兹堡大主教提奥特马尔（Theotmar）、弗赖辛主教乌多（Udo von Freising）、赛本主教撒迦利亚（Zacharias von Säben）以及许多其他的神职人员都在战争中光荣地死去了，还有数不胜数的普通百姓，他们的尸首覆盖了整个战场。有人说，巴伐利亚宗族几乎要被匈牙利人杀光了。此时的巴伐利亚国门大开，已经变得荒凉可怕，而一大部分边疆地区也被就此分割出去，再也没能收复回来。恩斯河下游的狭长地带被匈牙利人占领，原本居住在这里的德意志及斯拉夫民众被杀害和驱逐了。在东部边区，德意志人费劲气力也只能以恩斯河为界，在克恩顿荒芜的山区里，在匈牙利人毫无兴趣的地方站稳脚跟。而幼君路易至今为止，大多驻留在雷根斯堡，对王国西部关注较多，对巴伐利亚则任其自生自灭。边疆伯爵利奥波德的儿子阿努尔夫接过了这片土地的政权，但是为了维持住眼前的片刻安宁，他只能向匈牙利人进贡。

908年，匈牙利人扫荡巴伐利亚和法兰克，并直接攻入了萨克森和图林根，整个德意志大地似乎都成了那些野蛮人手中待宰的羔羊。在图林根，站出来对抗他们的是边疆伯爵布克哈德（Burchard），但他也没能逃过战死沙场的命运。与他一同倒在敌人刀下的还有维尔茨堡主教鲁道夫以及依格诺（Egino）伯爵。909年，甚至连从未发起过任何反抗行动的施瓦本也遭到了劫掠。匈牙利人带着数不胜数的战利品回到家乡，并于第二年又一次踏上了同样的征战之路。王国内的所有力量又一次被召集起来对抗他们，然而，又一次没有获得战神的青睐。在距离莱希河河口不远的巴伐利亚、施瓦本及法兰克边境上，王国的军队遭受重创，吉卜哈特公爵和许多其他的贵族诸侯都在战场上失去了性命。国王路易不得不逃亡以保全性命，还得向得胜的敌人纳贡。就算在这些年间，巴伐利亚人曾在一场战役中赢取了些许荣耀，但这还远远不足以抵挡住一轮轮新的进攻。

当时德意志大地上所经受的苦难是难以用语言描述的。不仅是农田遭到践踏变成了荒地，牲畜被征收，房屋遭到焚毁，所有的金银财宝都成了敌人的囊中物，这些敌人连那些毫无抵抗能力的人也不放过。就算是天真无邪的孩童，就算是智慧的老者，他们都不会给予一丝丝怜悯。被俘虏的妇人和少女们像牲畜一样被圈在牢笼中，成为他们无耻欲望的奴隶。这些敌人留下的脚印就是那些被洗劫一空的城池，他们走过的路上留下的尽是战火和硝烟，他们驻足后离开的地方只能看见残垣断壁、废墟尘埃。只要听到他们靠近的声音，所有的人和动物都会四散而逃，躲避在围墙后、堡垒中，或者逃往森林的深处。能够捡回一条性命的人就已经算是幸运的了！光是看这些敌人一眼就能使德意志人作呕而又胆寒。这些身材矮小的人，棕色的丑陋的脸上长着一双深凹的眼睛，闪着凶光，头上的一部分头发被剃去了，其余的头发编成最多三条辫子，再加上那完全陌生的语言听起来格外粗野生硬——这一切在德意志人眼中更多是厉鬼般的存在，而非人间应有之物。他们认为，这大概是世界末日的歌革和玛各①，他们的到来就是为了将尘世间的一切消灭干净。他们说，这些非人的恶魔茹毛饮血，说他们甚至将俘虏的心脏直接从尸体上撕扯下来，因为他们觉得那是一剂有效的健康补品。

在此期间，马扎尔人已经渐渐将他们在多瑙河畔的栖居地建设得日渐繁盛了，短短10年内②，他们将自己的领地从喀尔巴阡山脉一直扩展到了东法兰克和波西米亚的边境。整个国家被分为几个部落，分别由部落首领对自己部落的成员进行工作和财产的分配。居于首位的是整个民族的大首领，他的手中掌握了位于多瑙河和萨瓦河之间超过一半的国土。这里原来的居民们成了土地的附属品，与土地一起被划分给各个部落。虽然这里的土壤肥沃，但在一开始却很少进行农业耕种，因为这个民族原本在平静的海岸边栖居，人为饲养种植的程度较低，主要以狩猎和捕鱼为生。他们的整个生活与其他的亚洲游牧民族并无太大差异，衣物由兽皮制成，夏季居住在帐篷中，冬季则在简陋的茅舍或木屋里——即使在之后的一段时期，石制房屋在匈牙利人那里也很少见。对他们来说最需要的是广阔而茂盛的牧场，其他所有需求都可以通过军队带回的丰盛战

---

① 出现在多种文化的神话与民俗故事中，可以变换不同形象，往往出现在末世论中。——译者注

② 指900年至910年。

利品得到满足。

由一个孩子执掌政权的德意志对于他的敌人们来说几乎是手无寸铁、任人宰割的，而同时，由于没有强大的领袖发号施令，对权力和财富的贪欲使国内权贵之间也争斗不断，仇恨使整个国家变得更加千疮百孔。国内蔓延了混乱和无序，拳头硬的人就有理，许多权贵甚至死在血腥的暴力冲突中，而这正好使得匈牙利人有了可乘之机。

智慧的康斯坦兹主教所罗门是王国路易最可靠的参事之一，他将当时王国的形势称作世界上最悲惨的景象。"到处都充满了仇恨，"他说道，"伯爵与侍从，腹地与边陲的人们都陷落在争斗之中，城市里到处是起义暴动，法律遭到肆意践踏，而尤其是那些身居高位者，他们本该是人民的楷模，却成了最坏的榜样。他们的父辈曾将暴乱镇压，而今他们却挑动内战。既然民心如此涣散，国家又该如何保住其根本呢？"所罗门本人将这困境的主要原因归结于国王太过稚嫩。他说："这个病恹恹的孩子，顶着国王名号，已经欠我们一个真正的国王太久了。他那双稚嫩的手握不动刀枪，也贯彻不了律法。那孱弱且发育迟缓的身子只会让别人对他不屑一顾，让敌人胆敢放肆。"而所罗门所说的一句话："邦国啊，你的王若是孩童，你就有祸了！"（《圣经·传道书》第10章第16节）是多令人心惊胆战，生怕这句话就要在我们身上应验了。

这是一个如此险恶而混乱的时代！在这个时代中，那些无名无才、孤立无援的人根本无法维护自己的尊严和家门的荣光。当时在德意志土地上，普通人的自由遭受的损害可能比之前的任何一个时代都更为严重。只有极少数人才有能力，用自己的拳头击溃外部和内部的敌人，保住自己的身家。那么，那些没有能力的人又能怎么办呢？他们别无选择，只能投靠有权有势的宗教和世俗权贵，成为他们的仆役了。外部敌人带来的危险，以及国内持续的困境使得小资产所有者的数量越来越少。长期不断的经济低迷和发展停滞是在阿努尔夫时期困扰所有德意志疆土的重大问题。人们还没有从那个时期中缓过神来，匈牙利人就入侵了，国内的各种冲突也随即爆发了。刚刚播种下的种子被碾碎了，家里的粮仓被抢空了，还有不断有人要求他拿起武器去服兵役，在这样的情况下，一个普通人又如何能保全自己，保全自己的家呢！能将他从外部的困境中解救出来的，只剩下一种方法，那就是将他自己的地产过户给一个能够在危急关头保护他的人，用钱财买来自己的安全。虽然，这些寻求庇护的人大多仍能保留自己的人身自由，但他们的地位和价值却不再可与从前相提并论，他们失去了家财，头顶上有了可以使唤他们的地主，而租金的压力又往往使他们进一步沦落为奴隶。这样的人失去了自己在社区群体中的平等地位，渐渐地，甚至不再受到国家法律的保护，而转而被地主的家规束缚管教。而有些身无一物投奔权贵的人，自己的人身自由也随之丢失，为了苟且活命，只能逆来顺受。就这样，分化出了两大群体。这其中之一就是贫苦的农民，主要由必须缴纳佃租的佃农和奴隶组成，他们的人身自由以及尊严完全被剥夺了。而在战争中，这一备受压迫和蔑视的群体站起了，肆无忌惮地用他们所有的力量去抢夺他们失去的权利。

德意志人的本质决定了他们对自由的追求，他们生来就是要手握刀剑自己做主人的，恐怕只有命定的困境才能逼迫他们成为别人的附庸或奴隶。所以，在当时的困境中，如果还能保持自己的人身自由，能够拿起武器去服兵役，在王国、教会或是贵族的邑臣队伍中找到一席之地，那就是再庆幸不过的事了！虽说邑臣也要全身心地侍奉他的主人，公开向其宣誓效忠，切切实实地为主人的财富和势力做出自己的贡献，但邑臣生活的中心仍旧是体面的兵役，没有人能强制他去干奴隶的粗活。在某些情况下，他们必须承认邑主是他们的法官，接受邑主的审判，但他们在社区群体中的地位没有受到丝毫损害，他们与邑主们的地位是相同的。此外，邑臣的报酬也很丰厚，足以使一个干练的士兵在短时间内积累起财富和声望。功绩越是显赫，报酬也相应地越加丰厚，越是勇敢的战士收获的战利品也越加诱人。虽说采邑得来的财产是不能继承的，不能确保邑臣的子嗣享有完全相同的富裕生活，但至少邑臣们自己的生活是有尊严、有保障的。可以想象得到，在那样一个困苦的时代，那些勇敢的男子为了能够为强大的邑主效忠，是如何争先恐后要成为邑臣的吧。许多保有人身自由的普通人甚至还乐于将个人财产过户给教会或者地位更高的人，然后再以邑臣的身份将这些财产收回来，这样他们就能享受到邑臣的尊严及优待了。

即使是在贵族及神职人员的手下，在那些失去了人身自由的仆役中间，要枪弄剑的要比手无寸铁者高出一等，而且还会影响到他们下一代的地位，从这里就能看出，配备武器者在其他人面前所享有的荣光了。按照旧时传统，宗教及世俗的权贵们会在他们的仆从和差役中建立起一个侍从队伍，配备有马匹和武器，不论战时平时都跟随在主人左右。这些人组成一支训练有素的队伍，主人可以带领他们征战沙场，也可以利用他们报仇雪恨。尽管邑臣的身份从早先开始就已经越来越多地被律法及主臣之间的相互利益所定义，但两者之间的关系仍在很长一段时间内保持着开放、人性化的一面。可以说，主人的仁慈恩宠与臣下的忠诚不渝，两者之间形成的不可分割的羁绊，不仅从古时起就牵绊着领袖与他的追随者，之后主人与家臣——也就是那些失去了人身自由的仆从，他们之间也是由这种羁绊联系起来的。家臣们若是对这一紧密关系善加利用，就能常常从主人那里得到丰厚的赏金。所以，就算出身决定了他的不自由，决定他的身份与邑臣们不同，但其财富、声望及影响力足以与邑臣相比肩。即使是出身较为高贵的自由人也自小成为神职人员门下的家臣，这早有先例，由此可见900年到910年间，这样的家臣门主之间的关系能够带来的益处有多大。

这一时期，目光所及之处皆可见这种新的主仆关系不断建立起来，而旧时意义上的那种民族自由也因此被削弱了。在零星的一些地方，比如阿尔卑斯高地，在弗里斯兰的沼泽湿地，以及威斯特法伦的某些地方，还保留下来一小部分自由的中小领地主。但总体上来看，自给自足的自由人数量越来越少，自己建立农庄、自己耕种养殖并自己保卫自己地产的人越来越少。不久之后，就只有极少数的人可以将自己称作 "靠天吃饭" 的人了。大多数人都找到了自己的主人，并按照主人的吩咐，他们给马匹配上马鞍或是套上犁车。如此一来，在孱弱的童子国王的统治下，这一时期的德意志人从自由独立转向了对家主的依赖。其实，采邑的形式已经在德意志土地上存在一个世纪之久，但直到当时，采邑体系才在风行整个西法兰克之后，开始动摇了地区联盟的地位。

这一改变不仅深深触及财产所有关系，还对军事与法律都产生了影响，而在这一过程中还有谁比贵族及教会成员获益更丰呢？那些世俗及宗教权贵手下的侍从及奴仆一日多过一日，主教及伯爵门中善战的家臣数量也一日高过一日，随着仆从家臣的数量一起增长的还有这些权贵的傲慢气焰。他们如同国王一般，不受任何更高权威的制约，疯狂地争斗着。

卡洛林王朝通过武力及战绩统一了德意志各宗族，教会则努力借助于同样的信仰及教众之间的手足之情，将冲突不断的各个人民团体联系到一起，但是，不论是国家政权还是教会都没有成功化解各宗族间的差异。法兰克人、巴伐利亚人、阿勒曼尼人、萨克森人、弗里斯兰人及图林根人依旧按照自己的方式生活着，并且，由于帝国的划分，一些宗族甚至重新获得了完全独立的政治地位，虽然只是作为大法兰克王国的一部分。民族亲缘关系产生的自然牵绊仍旧比法兰克王国的政治力量强大得多。因此，法兰克王国的政权解体之后，各民族不仅没有丧失其势力，反而变得更加稳固和强大。东法兰克王国沉沦了，巴伐利亚与施瓦本，萨克森与图林根，弗里斯兰与法兰克重新成了封闭而独立的个体。而对于它们旁边的洛林来说，虽然那里的居民们都属于法兰克民族，但由于经历了诸多与东法兰克地区截然不同的历史事件，已然成了一个独立的、特别的区域。整体分裂为个体，个体仍是整体的组成部分，德意志民族这个整体，就是这样一直存在着的。

在连续不断的内外战争之中，这些群龙无首、毫无军事防御的德意志土地最为需要的是能够带领他们打败外敌的强劲手腕以及一套全新的秩序。能够满足这些要求的，除了国内那位战功赫赫、家私万贯又出身高贵的君主还有谁呢？普通平民都想要簇拥到他的身边，贵族们都想要成为他的邑臣，各地都想让他变成自己的公爵。这位新的国家统领来自一个古老而高贵的家族，这一姓氏几个世纪以来与巴伐利亚、施瓦本及图林根有着同样的地位，即使在法兰克政权的统治下也没有被完全遗忘。由于王国的各个宗族不能保护帝国、使之重新统一，于是从国家中分裂出来。这时，宗族的公爵们就有必要重新站出来，主持族中事务。要是有人问，公爵们有什么样的权力，以及从哪些不同的特点中可以看出他们的特殊地位，那么他就误解了公爵存在的真正意义。这些公爵会获得所有此前由国王行使的统治权力，在任何一项权力上他们都不受国王的制约，他们的权力更多的是与国王平等的，即使国王拥有法律权威，但动荡的时局和国家的需求将不受法律与习俗影响的重大权力托付到了他们手中。这一权力虽然从某些方面来说是全新的，却是深深根植在古老的人民记忆中的。在一些宗族中，这些新的公爵是通过人民选举产生的，所以有特别的记载，而对于其他一些宗族来说，连这种形式上的选举似乎都是毫无必要的。

900年至910年间，各个宗族的公爵统治都以截然不同的方式建立起来，而且大都少不了建立过程中的重重阻碍以及内部斗争，因为公爵统治建立必然会与国王统治的残余势力相对立。随后，主教们也不断阻挠公爵统治的建立，因为他们一心向往着王国的统一能够帮助他们实现教会的统一，如若不然，分崩离析的教会就只能依附于势力远远高于他们的世俗贵族，受到压迫和制约。最后，还有各片土地上那些高贵家族内部的不同意见，他们在谁比谁地位更高的问题上往往互不相让。新生势力的力量主要来自底层的人民，这些人在被国王抛弃了的土地上成了英雄。公爵统治在其建立之时完全是大众的政权，因此，几乎所有的德意志宗族都有赞颂公爵们对抗王权势力的诗歌和传说流传下来，直到我们这里还能听到一些残破不全的篇章和意义不明的段落。在所有这些讲述公爵事迹或是下层人民命运的传说里，国王和主教们总是站在对立面。这表明了，那些较低阶的神职人员也相信这些传说的真实性，并公开反对主教。我们所知道的那些长久以来与德意志如影随形的内部斗争，大都是基于流传下来的传说，而不是严格的历史记载，因为在那个国家内部不断瓦解的时代，真正的历史记载几乎已经完全停止了。

首先燃起战火并且战果最为丰富的是法兰克。在阿努尔夫统治之前，这里就有一支伯爵支系极为显赫。这一家族的城堡叫做巴本贝格（Babenberg），所以这一家族也被称为巴本贝格，后来的德国城市班贝格也由此得名。巴本贝格家族的势力是由一位名叫亨利的伯爵建立起来的。亨利伯爵在很长一段时间内对抗诺曼人，是最骁勇善战的将领之一，886年在巴黎的战役中阵亡了。亨利有三个儿子，分别叫做阿达尔贝特（Adalbert）、亨利（Heinrich）及阿达尔哈德（Adalhard）。他们都在美因河畔的法兰克地区富足地生活着。此外，长子阿达尔贝特还统领着法兰克边区，与波西米亚人作战，并管理着多个伯爵领地。他的叔叔博珀（Poppo）则代表图林根边区迎战索布人，是国内数一数二的大人物。直到阿努尔夫统治时期，巴本贝格家族都是法兰克毫无争议的最大的名门望族。然而皇帝阿努尔夫却执意扶持另外一支与他有亲缘关系的家族，这一家族的产业遍布莱茵河两岸及黑森地区——这就是康拉德家族（Konradiner）。这一家族是由4个兄弟发家的，族长康拉德（Konrad）是黑森高及上拉恩高（Oberlahngau）的伯爵；吉卜哈德（Gebhard）是国王行宫所在地的伯爵领主，同时也是维特劳（Wetterau）及上莱茵高的伯爵；埃博哈德（Eberhard）是下拉恩高（Niederlahngau）伯爵；最后一个兄弟，鲁道夫（Rudolf）则任宗教神职。892年，当维尔茨堡主教阿伦特（Arndt von Würzburg）在与索布人的战斗中不幸牺牲之后，阿努尔夫将战败的责任归结到了边疆伯爵博珀身上，并革除了他的职务，转而将他的职位给了康拉德，很快这一职务又转到了一个名叫布克哈德的人头上，此人在之后对抗匈牙利人的战斗中丧生了。维尔茨堡这片主教领地被划分给康拉德的兄弟鲁道夫，由此，康拉德家族在法兰克东部地区也站稳了脚跟。而在此之前，巴本贝格家族曾在这片区域享有独一无二的地位。从那时起，康拉德家族与巴本贝格家族四处为敌，阿努尔夫活着的时候，这种敌意还只是死灰之下的火星，而当童子国王登上王座之后，熊熊的火焰立即燃烧起来。

孩童路易是他的神父美因茨大主教哈托手中，毫无自己意志的工具。哈托出生于施瓦本，891年时，皇帝阿努尔夫将他任命为赖兴瑙（Reichenau）修道院院长兼帝国第一主教。哈托凭借自己精明灵活的头脑和坚定的意志很快赢得了皇帝的宠信，皇帝将他称为自己的知心人。两人的目标也极为一致，那就是要抹杀德意志贵族嚣张的气焰。轮到阿努尔夫的儿子执政之后，所有的国家事务都掌握在了哈托的手中，而哈托与康拉德家族的兄弟们关系极为亲密，康拉德兄弟们似乎完全按照哈托的意志来行动。巴本贝格伯爵感到自己越来越受到排挤，终于，他们的反应从一开始的谩骂和威胁变成了真刀真枪的实际行动。902年，双方全副武装发动了战争。阿达尔贝特带领着他的兄弟们以及兄弟们手下的全部邑臣及仆役，从巴本贝格出发了。交战之际，巴本贝格家族发现康拉德家族的人也都是胄甲加身，在第一战中，阿达尔贝特的兄弟亨利就不幸战死沙场，阿达尔哈德也成了俘虏。而康拉德家族这边，埃博哈德遍体鳞伤昏倒在战场上，后来被自己的军士发现运回了大本营，却不幸受伤过重，短短几日后便咽了气。为了给兄弟报仇雪恨，吉卜哈德立即命人砍下了俘虏阿达尔哈德的首级。这场打破国家和平的战争就这样演变成了一场不可调和的血海深仇。阿达尔贝特随即将主教鲁道夫赶出了维尔茨堡，并攻打了这片主教领地，迫使埃博哈德的儿子们放弃了施佩萨尔特（Spessart）山这一侧的财产，并使自己成了法兰克东部地区的统治者。国王随之给予了阿达尔贝特侯爵的权力。法兰克、阿勒曼尼、巴伐利亚、图林根及萨克森一致判定此次战争的爆发全是巴本贝格家族的责任，家族财产被全数收缴。国王亲自领军来到巴本贝格不远处阿达尔贝特名下的特雷斯城堡（Burg Theres），但想要真正打败这个胆大包天的男人几乎是不可能的。阿达尔贝特为自己的贵族身份，为自己的万贯家财，也为他人数众多的邑臣及仆从而骄傲，于是自立为王，一点儿也不将国王的尊严放在眼里。他不断扩大自己的势力范围，并于906年整装待发要将康拉德家族赶出黑森。在弗里茨拉尔（Fritzlar），两军交战，康拉德一方将军队分成三路，其中的两路在首战之后便掉头撤军了。乐观的将军激励他的军士们说，他们是为了自己的阵营，为了自己的妻子和孩子而战，然而这一切都是徒劳，都已于事无补了，当他率领着第三路军队迎战敌军的时候，他很快就倒下了，全身的伤口都在流血，失去知觉晕倒在地。阿达尔贝特的军队沉浸在胜利的喜悦之中，唱着凯歌将铁蹄踏遍了整个黑森，载着丰盛的战利品回到了他的城堡。此后不久，他受到国王的召唤来到莱茵高的特雷布尔（Tribur），他要在王侯们面前为自己辩护，说出这场血腥战争的目的。由于阿达尔贝特对国王的召见置之不理，国王亲自坐镇带领一支强军，多次包围了特雷斯城堡。眼看自己无法从这重重围困中突围出去，而作为他最坚定的追随者之一的依格诺，也投奔了国王，他随之丧失了勇气。他让人将城堡的大门敞开，带着少数随从出来面见国王，表示自己投诚的意愿。但他的敌人将他监禁起来，对他进行审判，最终，他被缚着双手在他的军队前、他的城堡前被砍去了首级。人们判定他有罪，认为他只是佯装投降，实际上早已盘算好了新的险恶计划，要继续侵害国家的安全。

人们在歌谣中传唱这个勇敢的男人不幸的死亡。按照民间的说法，人们相信是哈托的诡计使得这位勇士不得善终。按照这些歌谣的说法，按照"宣誓则无罪"的原则，主教哈托劝服阿达尔贝特向国王投降，随后却将这个将死之人最后的遗言说成是假誓，并且还狡猾地为自己进行辩护。

　　对手们落败身亡了，可康拉德家族的兄弟们却也没能享受太久人间的富贵。908年，主教鲁道夫就在与匈牙利人的战斗中身亡了。两年后，如上文已经提到的那样，他的兄弟吉卜哈德也死在同样的敌人手中。但总体上来说，巴本贝格家族的败落对康拉德一支来说是有益处的。康拉德的儿子们，康拉德与埃博哈德，很快将黑森地区、莱茵河及美因河流域所有法兰克的势力都统一到了自己的手中，并且凭借国王及神职势力给予他们的恩惠，他们达到了巴本贝格家族当初通过起义暴动所追求的目标。后来，康拉德称，尽管在童子国王路易生前他的头衔一直是伯爵，但自己当时所行使的是公爵权力，所以按照他的地位，他是与国王及主教哈托对立的。

　　在洛林，康拉德家族也在追求相同的势力地位，但结果却没有那么令人欣喜。这里的公爵势力不是通过康拉德家族之手，而是为了对抗康拉德家族势力发展起来的。在皇帝阿努尔夫的儿子兹万迪波德独立于东法兰克之外统治洛林期间，他将一名叫作雷基那尔（Reginar）的男子选为自己最信任的参事。雷基那尔出身贵族，他的家族来自埃诺（Hennegau）及马斯河下游地区。然而不久之后，兹万迪波德就对这个人感到厌倦了，对他满心怨气，夺走了他所有的家财和邑产，并将他赶出了洛林。雷基那尔并没有听从兹万迪波德的命令，而是自说自话来到了多尔弗斯（Durfos），也就是现在的多弗伦（Doveren）——马斯河出水口附近的一个地方。他在那里停留下来，并将那里作为据点，向国王的军队宣战。国王的军队来到这个充满沼泽浅滩的地方，水流纵横的地势使他们寸步难行。那些受到兹万迪波德压迫的贵族也纷纷前来投靠雷基那尔。并且雷基那尔在当时就已经将西法兰克的查理引了过来，但当时查理并不能在那里宣布自己的统治权。正是雷基那尔的朋友们杀死了兹万迪波德，使洛林归降于东法兰克王国。但是，他们对童子国王路易辅臣们就没有那么多的感激之情了。这些大臣不扶持雷基那尔的势力，却想方设法扶持康拉德族系在洛林的势力。于是，当雷基那尔对抗康拉德家族的时候，他的朋友们就与巴本贝格家族紧密联手，而当老康拉德在弗里茨拉尔战败的时候，小康拉德还忙于应付洛林的局势，无法支援。所以，巴本贝格家族的倒台，对洛林的康拉德家族势力来说也是幸事一桩。他们的敌人被消灭之后，他们的势力似乎也能长久地在王国的另一边稳固发展了。但这时，雷基那尔重新夺回了自己原本的位置，以他为首的势力对康拉德家族展开了反击行动。911年，整个洛林都在雷基那尔的势力统治之下。雷基那尔多次向西法兰克的查理投诚，成了第一位洛林公爵。

施瓦本公爵势力的发展基本与法兰克的一致。施瓦本曾作为公爵领地存在了几个世纪之久，随后直接并入了王国之中，一开始通过使臣，后来又通过官员和钦差大臣实现国家统治。童子路易统治时期的钦差大臣是艾尔香格（Erchanger）与贝尔希托德（Berchthold）两兄弟。除他们之外，还有聪慧而高傲的康斯坦兹主教所罗门也共同管理着施瓦本。所罗门是大主教哈托最为信赖的朋友，他与艾尔香格两兄弟的关系时好时坏。虽然，在施瓦本已经有了统治势力，而且国王也时常在这里逗留，但仍有一个勇敢男人站了出来，他试图像巴本贝格家族那样，将这里的最高统治权夺取到自己的手中。这个人就是边疆伯爵布克哈德。他来自图尔高（Thurgau）伯爵家族，他所掌管的边区面对意大利，位于阿尔卑斯山脉海拔最高的地区。他将自己称为"阿勒曼尼的王侯"并要求所有人承认他为这里的公爵。但回应他的却是多方反对，首当其冲的就是所罗门主教及两位钦差大臣。911年，在他召开的一次议会上，他在暴乱中被杀死了。人们将之称为"不公正的遭遇"。随即，布克哈德的敌人们残忍地追踪迫害他的全家。他的遗孀被夺取所有财产，他的两个儿子小布克哈德与乌达尔利希（Udalrich）被驱逐出境，原本属于他们的邑产也被全部瓜分了。就连小布克哈德的岳母吉瑟拉（Gisela）也没能幸免，有人作伪证，说她参与叛国，将她的财产也全部骗走了。老布克哈德的兄弟阿达尔贝特伯爵一直以正直的为人著称，却被诬陷教唆刺杀所罗曼主教，而遭到杀害。如同巴本贝格家族的遭遇一样，等待他们的也将是灭门的下场。这一系列都是在童子国王路易最后的时日里发生的，艾尔香格随后便夺取了最高的权力，虽然过了一段时间之后他才接受了公爵的名号。正如康拉德家族通过巴本贝格家族的衰落登上权力的高峰，艾尔香格也是踩着布克哈德的尸首登上高位的。

公爵势力在施瓦本可以说只是得到了复兴，而在巴伐利亚也是这样，从宗族历史的开端起，公爵统治就享有对整个民族的效力。现在，公爵统治也不费吹灰之力顺利地建立起来了。边疆伯爵利奥波德就已经在这里获得了一席之地，且其权力之大，无人能出其右。巴伐利亚所有的东部边区全都听他号令，并且他在当时就被这些地方的人称作公爵。他凭借一己之力对抗匈牙利军队，保卫巴伐利亚。那场夺取了他性命的不幸战役，不仅没有减弱，反而为他身后的名誉更添荣光。而他令人尊敬的儿子阿努尔夫毫无争议地继承了他的位置，同时继承了他的财富、邑产及显赫的声誉。除了他以外，还有谁能够领导和保护这片被国王抛弃了的土地呢！因此，阿努尔夫将自己称为巴伐利亚公爵，而他的所作所为也完全配得上这一头衔。他是否通过特定的选举受到人民肯定，这一点我们不得而知，但实际上，这样的选举也完全没有必要。

在萨克森，公爵统治也以类似的方式发展起来了，只不过相比巴伐利亚更加平和而悄无声息，利奥多尔芬（Liudolfinger）家族凭借其声望渐渐发展成了公爵势力。这一家族属于古萨克森贵族之一，在查理大帝统治时期就已获得了极高的地位，而当时的族长埃克贝特（Ekbert）是家族中第一个与查理大帝建立起联系的。他们的家族产业遍及威斯特法伦和英格尔恩，从鲁尔河与利珀河畔一直延伸到威瑟河畔。而且，由于查理大帝的近亲中一名叫依达（Ida）的女眷嫁给了埃克贝特，她的嫁妆进一步充实了这个家族的产业。依达的兄弟阿达尔哈德和瓦拉（Wala）为萨克森的皈依基督教付出了极大的努力，他们在威瑟河畔建立了科维修道院（Kloster Korvei①）。这座修道院的第一任院长是埃克贝特的兄弟瓦林（Warin），而修道院辖区的总督职务此后也一直由埃克贝特的后人继承。埃克贝特本人，查理大帝不仅派他掌管帝国西部的军队，还委以守卫帝国北境的重任。也就是在那时，埃克贝特为了对抗丹麦人建起了埃瑟维多堡。埃克贝特的弟弟科博（Kobbo）得到了日耳曼人路易的重用，在保卫国土的过程中贡献了自己的力量。埃克贝特的儿子利奥多夫（Liudolf）获得了比他的父亲更多的财富，登上了比他更高的地位。在利奥多夫的努力下，家族的产业一直延伸到了萨克森东部的易北河河畔及哈尔茨山脉，甚至在黑森也有利奥多夫的宅邸。这一氏族的声望如此之高，以至于国王路易将自己的一

---

① 又写作Corvey。——译者注

个女儿嫁给了这个萨克森人。利奥多夫在萨克森的地位举足轻重，甚至能与公爵的地位相提并论。这个家族从一开始就以各种方式支持国内对基督教及高等教育的扶持，那主要是因为利奥多夫想要提高教会的地位。他与妻子欧达（Oda）①前往罗马朝圣时，带回了殉教者阿纳斯塔修斯（Anastasius）和依诺增爵（Innocentius）的骸骨，一开始他将这些骸骨存放在自己重建的布伦豪森修道院（Kloster Brunshausen），后来又存放到了由他们资助的甘德斯海姆女子修道院（Nonnenkloster Gandersheim），他们的女儿哈图孟德（Hathumod）是这所女子修道院的第一任院长，后来她的两个妹妹先后接任了这一职位。从这时起，甘德斯海姆就成了这一家族最喜爱的修道院，并一直在该家族的监管和保护之下。卡彭贝格城堡（Schloss Kappenberg）和科维附近的卢多夫豪森（Ludolfshausen），也就是现在的当克斯海姆（Dankelsheim），是利奥多夫同时拥有的两处宅邸。利奥多夫去世时正是利奥多尔芬家族的权力达到顶峰之时。他的万贯家财和邑产以及他的声誉由他的儿子布鲁恩（Brun）和奥托（Otto）继承了下来。较年长的布伦，被视作布伦瑞克（Braunschweig）的奠基者，首先登上了权力的舞台。880年，当穷凶极恶的诺曼人攻入萨克森时，他领兵迎战，但不幸在战役中牺牲了，在这场战役中易北河北面的土地也沦陷了。与他一同并肩战斗的还有明登（Minden）和希尔德斯海姆的两位主教，12名伯爵，18名高阶邑臣和许多其他的战士，不计其数的军士成了胜者的俘虏。与此同时，斯拉夫人和文登人也攻入了萨克森和图林根的边境。这时的奥托掌握了整个家族的势力，在这紧要关头，他站出来，保卫人民与土地。889年，阿努尔夫皇帝曾再次领兵迎战奥博德里特恩人，但这一战却遭遇了惨败，从那之后，历任国王就再也没有为遭到打压的萨克森做过什么，为萨克森担惊受怕的只剩下奥托。他将军事力量召集到一起，维护好内部的平稳，一步一步地逼退敌人，守住了边境。斯拉夫人中的一支达勒米茨人（Daleminzier）威胁到了萨克森的稳定时，奥托再次出兵，但由于这场战争持续的时间太长，奥托将领兵的重任交给了他孔武有力又深谋远虑的儿子亨利，很快，敌军就被逼退到了帕伦

①　913年，欧达以107岁的高龄去世。她出生于查理大帝统治时期，并且见证了孙子奥托的出生。后来奥托接过了查理的政权和皇位。

（Paaren）。但达勒米茨人向匈牙利人求援并得到了匈牙利人的应允。906年，第一波匈牙利大军拥入了萨克森境内。908年，他们再次来袭，如同一阵无情的飓风席卷了每一寸土地，萨克森虽然损失惨重，却没有像巴伐利亚那样坠入深渊，这都要归功于奥托和他的儿子亨利，即使是在最灰暗的日子，他们都没有丧失勇气。在图林根边区对抗索布人的布克哈德最终死在了匈牙利人的剑下，在他死后，图林根的最高统治权也落到了奥托手中。当时，奥托的领地已经扩张到了温斯特鲁特河畔，在金色河谷①与基弗豪泽（Kyffhäuser）也都建有他宏伟的城堡。除了他以外，这片暴露在敌人屠刀之下的土地还能期待谁来给予它拯救与保护呢？在奥托掌权之后，索布人的势力消失了，他们原本占领的土地变成了图林根边区。大致在同一时间，文登人也被从易北河边的地区驱赶出来，易北河两岸曾经被丹麦人驱逐出来的萨克森人重新成了这里的主人。奥托稳妥地保卫着萨克森，迎击四面八方的外敌。巴本贝格家族与奥托家有着亲戚关系——奥托将他的女儿芭芭（Baba）嫁给了巴本贝格家族的成员，同时康拉德家族也与他家结有姻亲，两大家族之间的血海深仇将法兰克搅得天翻地覆，他是绝对不会涉足其中的。他从未与王室作对，除此之外，他娶了虔诚者路易的孙女海德薇希（Hedwig）做妻子，也使他与王室有了更紧密的联系。但他唯一心系的只有萨克森，他的统治温和而公正，他在这里享有全部的自由和最高的权力，人们甚至已经忘记了还有国王的存在，他的声望如此之高，以至于后世的人们用"阁下"来称呼他。东法兰克王国陷落时，除他之外还有谁能登台掌权呢？或者说，又有谁会想将他的势力夺走呢？这位头发开始灰白的王侯如此令人敬仰，他手中的权力全是他光明磊落地赢得的。在这个国家中还从未有过像奥托的政权这样，如此符合历史发展，如此顺应人民需求。不论他用伯爵或是边疆伯爵头衔称呼自己，他在实际上是萨克森与图林根真正的公爵。

国王在国内各地的权力就这样渐渐地转移到了公爵们的手中，王国也分裂成了巴伐利亚和施瓦本、法兰克、洛林与萨克森这几个公爵领地。911年夏，童子国王路易无声无息地死去了，正如他的一生也毫无作为一样——卡洛林王

---

① 指德国图林根州与萨克森-安哈尔特州边界上的一块区域。——译者注

朝在德意志的最后一任国王就这样离世了，甚至连驾崩的具体日期和地点都没有被记录下来。当时许多人的想法是，他们不再需要国王了，与至今为止的王权统治相比，在公爵们的统治下各个宗族能够受到更好的保护。骁勇的法兰克人荣耀的声名就此消逝了，再也没有比查理大帝后裔们更懦弱无能的王室能够执掌王国的权杖了。东法兰克王国，这个第一次将德意志宗族与罗曼人分离开来并将他们会聚到一起的国家，就这样终结了，而王国中的个体也随之永远瓦解了。

从原本的东法兰克王国，同时脱胎出了法兰克、萨克森、巴伐利亚与施瓦本四个王国，虽然这四个王国很快又合并，统一成了德意志帝国，但它们各自不同的特殊地位却源远流长，始终保留在人们的记忆中。

2. 康拉德一世试图建立独立王国却以失败告终

911年，童子国王路易去世时没有留下继承人，德意志人感到他们与卡洛林王朝之间最后的一根纽带被切断了。在莱茵河的这一边，德意志权贵之中似乎没有任何一个人想到，西法兰克也是由卡洛林家族的血脉进行统治的，并且这一政权还曾让洛林也臣服其下，没有人想到可以让他们来继承王位，将被分裂出来的东王国再次统一到卡洛林家族手中。

眼下，最大的危险显而易见，那就是曾被统一到东法兰克王国之中的德意志各宗族，如今又将支离破碎、分崩离析。但即使东法兰克王国只存在了很短的一段时间，王国内部的关系也不算融洽，它对德意志各宗族之间的相互理解所产生的作用却比人们想象的大得多。共同的国家及宗教秩序将原本形同陌路的各宗族更紧密地联系起来，而且人们已经暗暗感觉到：正如他们在语言和习俗上显示出的亲缘关系，在攸关生死的战斗中他们也应当是属于同一战线的，需要彼此的支持，联合起来守护共有财产。在国王路易去世时，并不是外在的力量迫使这个王国保持统一的，更多的是刚刚觉醒的德意志民族意识将他们团结到了一起。

就在这个时刻，当一个个宗族从卡洛林王朝分裂出来，德意志各宗族第一次自发地有了对政治统一的向往，这真是令人拍手称快！更让人拍手称快的是，法兰克与萨克森之间的积怨虽然尚未泯灭，却因为活跃的民族意识而退居次位。尤其是北德意志宗族保持了王国的统一。"他们如兄弟，如同一个民族那样站在一起，"科维修道院一位名叫维杜金德的正直僧侣在记载当时的历史时这样描写道，"这一切，都是由伟大的查理通过基督教信仰达成的。"如今，查理大帝的家族在东部地区已经没有后人了，德意志宗族若是想要继续保持统一，那么他们就别无选择，只能通过自由选举，从那些强大的王侯中选出一人坐上王位。911年11月初，德意志权贵及主教们在福希海姆惯例召开集会的地方聚集起来，为的就是举行这样一场选举。除了洛林之外，所有德意志宗族都有选举人出席，但人数最多的还是法兰克及萨克森的权贵们，他们也是最迫切地希望王国统一的人。选民们的目光理所当然地首先落在了这两大宗族的首领身上：奥托公爵和康拉德公爵。论实力与声望，两人都在德意志王侯中脱颖而出。由于这两人之间从未发生过冲突，甚至还有亲缘关系作为纽带，所以很有可能，其中的一方会自愿让贤给另一方；两方也都没有反对过王权势力，甚至还各自有过维护王权的行动；两方都对神职人员十分亲和，与教会有着良好的关系；最重要的是，两方都与已经枯绝的王室血脉沾着远亲。这一切都使他们在选民们心中有着旗鼓相当的位置。

选民们首先把票投给了奥托公爵。骄傲的法兰克人从一开始就占据着统治王权，现在，他们心甘情愿地在萨克森人面前低下了头。要是登上王座需要的仅是经验与智慧这两种美德，那么德意志人中就没有比奥托更配得上这顶冠冕的了，就算他的财富和权力，诸侯中也没有人能企及。但就算奥托拥有这么多有利的条件，却有一样，是他认为自己所缺少的，少了它便不能承受王冠的重量，那就是青春的力量。岁月使他的脊背微驼，头颅也因此向下低垂，而那个要在各种内忧外患中为德意志力挽狂澜的男人，他的头颅在众人面前必须是高高昂起的。在将一个孩童推上王位之后，又选择一个老叟继位，这岂不是太悲哀了吗！因此，奥托将票投给了法兰克的领袖，投给了正值青春壮年的康拉德公爵。此外，康拉德本来就是至今为止占据统治地位的族系的成员，在那个习俗与传承有着巨大力量的时代，使康拉德的当选更加名正言顺。当年长的奥托带领着他的萨克森族人甘愿向年轻的法兰克王侯称臣，所有人都一致地把票投给了康拉德，而统治权也就留在了法兰克宗族之中。但是，康拉德被选为国王，不仅仅因为他是法兰克人，也不是因为他与卡洛林家族的亲缘关系——虽说这些因素不无影响，但最重要的是，他在人们眼中是拯救了东法兰克王国的人。可以说，他是严格意义上的由德意志权贵选举出来的国王。按照古老的法兰克习俗，康拉德接受了涂油及加冕仪式。

康拉德要对那些将他送上王座的人尽哪些义务，我们今天无从知晓了，但这些人都相信，自己会在国王的参事队伍中拥有一席之地，相信国王会保护他们最切身的权力。因为没有哪个公爵、伯爵和大邑臣会去选出一个国王，让他来限制和损害自己享有的权利和自由。谁不知道，选举产生的国王比那些世袭的统治者拥有权力要少呢？在西法兰克王国，虽然国王查理是从父亲那里继承了王位，但国内的产业财富已经大多集中在位高权重的少数人手中。将国内各民族的力量集结起来对抗外敌，保存残余下来不多的国王势力，在西部的德意志王侯眼中，这就是康拉德国王唯一的任务。教会领袖们，第一位的就是美因茨大主教哈托和康斯坦兹，他们对康拉德的期待自然是完全不同的。他们希望，这位年轻的国王能用他有力的臂弯保护教会，帮助他们抵御贵族们的排挤和打压，终结小暴君的统治，在统一王国的同时也稳固德意志土地上的教会的团结。

人们对新国王寄予厚望不是毫无缘由的。康拉德本就是位英勇神武、充满男子气概的君王，他有着骑士的美德，代表着法兰克光荣而神武的形象。此外，他和他的家族一样，宽宏大量、仁慈和善，始终乐观开朗。他登基不久后来到圣加伦修道院，他坐在僧侣们的桌前，吃着和修道院兄弟们一样的食物。"不管你们愿不愿意，"他带着点狡黠地说道，"今天你们得和我分着吃了。"修道院的兄弟们叹息，他要是在别的时间到访，就能吃上新鲜的面包和更好的豆子了。"这有什么关系，"他回道："无论吃的是新鲜面包还是隔夜面包，神施与你们的怜悯是一样的。"他把在桌前诵读的修道院小学徒们叫到自己身边，将他们一一抱起来，又在他们每人嘴里塞了一块金块。其中一个孩子叫了起来，并把嘴里的金块吐了出来。见此情形，国王微笑着说："这孩子一定会成为一名正直的僧人！"当这些孩子在教堂内列队行进时，他命人将漂亮的苹果放在各处，然而就连年纪最小的孩子也没有伸手去拿这些诱人的苹果，国王十分欣喜，大大地赞扬了修道院的秩序以及孩子们良好的教养。作为褒奖，孩子们获得了三天假期，这三天自由玩耍的时间也成了圣加伦修道院学校许多个世纪延续的传统，作为对和善的康拉德国王的纪念。

在执政初期，国王获得了人们一致的认可，当国王将矛头指向洛林时，人们也十分欣喜。康拉德的这一行动，也是为了自己家族的利益。他的家族曾在国内占有庞大的邑产，但当王国毁灭之后，这些财产也随即丧失了。同时，为了树立起新政权的威望，为了它光明的前途，对洛林的行动也至关重要，因为洛林长久以来归属于东法兰克王国，现在可不能让它落入西法兰克王国之手。而西法兰克的国王查理对于能获得这块土地十分自豪，这也能开启他统治的新篇章，他亲自来到洛林，并在这个新省内设立了驻地。为了对抗他，康拉德发起了两场战役，但均收效甚微。两战下来，康拉德只占领了由阿勒曼尼人居住的阿尔萨斯，除此之外的跨莱茵河地区仍旧是查理的地盘。

对于康拉德的新政权来说，开头的两场战役就没能吹响胜利的号角，这的确不是好兆头。但对康拉德来说更为不幸的是奥托公爵的离世，这个将王位让贤给他的人在912年11月30日永远闭上了眼睛，但奥托尸骨未寒内战就爆发了，这一次，战争的熊熊火焰是康拉德也无法扑灭的。

奥托丰富的经验弥补了康拉德的年轻气盛，这位萨克森老公爵强大的影响力也帮助康拉德赢得了许多德意志王侯的支持。奥托死后，只有那些居高位的神职人员还真心实意地听从康拉德的号令。国内的主教们，如美因茨的哈托和亨里格尔（Heriger）、康斯坦兹的所罗门、帕绍的皮利格里姆（Piligrim），常常出没于王宫之中，他们在朝廷中很受重视，在那里为所欲为。他们嫉恨那些得势的贵族，并向国王进谗言，将他们对公爵们的仇恨发泄出来，他们向国王灌输着这种想法：要将查理大帝的王朝以它旧有的形式复兴，并终结贵族们的暴行。而国王太过轻信他们的谗言和计划，最终在与公爵们的斗争中丢了性命。

奥托公爵死后，人们马上看清了国王的意图。奥托的儿子亨利当时正值壮年，马上继承了父亲的衣钵，通过一场形式上的选举成了萨克森公爵，并得到了认可。对于儿子还直接继承了父亲在萨克森和图林根大量的邑产这一点，没有人提出疑问。能坐上王位，康拉德一直对奥托怀着感激之情，那对他的儿子康拉德是否也应该怀有感激之情？康拉德以及大主教哈托的心中充满了对亨利的惧怕和怀疑。他们担心，有了父亲的无上权力，这个萨克森人会骑到康拉德的头上来，对国王的权威产生威胁。因此，他们不断削减他父亲留下的邑产。整个萨克森都被国王这种不知感恩的行为惹恼了，尖刻的怨言传到了国王耳中，但国王却不理会这些逆耳的言论，而更愿意让其他的花言巧语来安慰自己。萨克森人支持他们的公爵，站出来保护自己的权利。如果国王不能放心地将父亲的邑产给他，那么说明，他是足以争夺王权的人。913年年初，康拉德亲自来到萨克森，但他在这里没有见到一张笑脸，迎接他的全是阴郁的表情和高傲的眼神，而这些英勇的骑士和数不胜数的军士全都围绕在亨利身边。于是，他避开那些公然针对他的反抗行动，考虑要听从人们给他的建议，用计将亨利铲除掉。

按照传说中所说，哈托不止一次插手这一龌龊的行动，而传说也将亨利的故事与不幸的阿达尔贝特相比。科维修道院的僧侣是这样讲述这个传说的：为了得到国王和法兰克人的宠信，哈托要陷害亨利。因此，他在金匠那儿订制了一条精美的项链，然后他佯装请他赴宴，将项链赠送给他，并趁机勒死他。主教发出了邀请，并许诺要赠予公爵华美的礼物，施与他极大的恩惠，好确保他会上当。这时主教又一次去到了金匠那里，查看订制的项链。当他看到那条项链时，他发出了一声叹息，金匠惊讶地问他，是什么让他的心情如此沉重。"啊！是那个正直的人的鲜血啊，这条项链就要沾上亨利的鲜血了。"哈托怀着良知这样说道。金匠大为震惊，但他没说什么，将他的作品呈送给了主教。但刚一送完，他就匆忙来到了亨利面前，其实在送项链的路上他已经遇见过亨利，现在他将事情的来龙去脉都告诉了亨利。亨利十分气愤，唤来送请柬的主教使者，命令他说："回去告诉哈托，我亨利的脖子不如阿达尔贝特硬，我不想带着成群的仆役去叨扰他，我会待在家中思考，如何侍奉他这个主教。"他也的确精明地将主教服侍好了。萨克森及图林根的大主教都对他特别优待，他获得了无数的资产。他将布克哈德和巴尔多（Bardo）这两位公爵驱逐出了各自的领地，他们中的一个是国王的妹夫，并将他们的财产分配给了他的邑臣和仆从。不久后，大主教哈托去世了。传说，哈托遭受了神的惩罚，他是被一束闪电劈倒在地死去的。

在这里，文艺创作和历史真实早已无法分清了，但可以肯定的是，康拉德和哈托曾试图谋害亨利。913年，萨克森与法兰克之间爆发了战争，布克哈德与巴尔多被赶出了领地，而主教哈托也的确在此后不久的913年5月15日一命呜呼了。他的继任者是此前担任福尔达（Fulda）修道院院长的亨里格尔，他与哈托有着同样精明的头脑和一致的观点，对国王的决策也产生了不小的影响。

在对抗康拉德的过程中，萨克森人紧密地团结在亨利身边，不仅是为了他那位卓越的父亲，也是因为他本人的美德。有人说，他就是一枝花，宣告着春日的到来。看到高大魁梧的他身穿铠甲与别人进行骑士决斗简直是一种享受。在萨克森再没有比他更果敢精明的猎人了，而在战场上他也已经展现出了无人能比的勇气。在与达勒米茨人的战役中，他得胜归来；对抗匈牙利人时，他也冲锋陷阵，虽然没能获得全胜，但虽败犹荣。他那天生的锐利目光无人可比，甚至叫当时的法兰克人也称赞不已。他一眼就能看出什么是可行的，什么是有利于最终目标实现的，并且他绝对不会做那些力所不能及的无用功。

狂妄自大和轻率虚浮完全与他不沾边。即使在宴饮时，心情愉悦时，他看上去也严肃认真。他的臣下之中没有人遭到过暴力对待，平和与秩序是他始终追求的，而他也总能轻而易举地做到。他常常褒赏忠诚追随自己的邑臣和仆从，很难说他们是因为对他的敬畏或是对他的爱戴而跟随着他。而亨利最大的美德之一就是他对萨克森土地及萨克森人民的爱，他严格遵循萨克森的传统习俗，并与迁往别地的萨克森人重新建立起中断已久的联系。他的前后两任妻子都是美丽的萨克森女子。他的第一位爱人是哈特博格（Hatheburg），她是梅泽堡（Merseburg）埃尔文（Erwin）伯爵的女儿，十分可爱迷人，他们在萨勒河的河滩上举行了结婚仪式。但这对爱侣的幸福却没能持续多久。所有未经教会结下的缘都会被拆散，所有背着教会在暗中结下的缘也注定要被分割。人们发现，哈特博格已经结过一次婚，在首任丈夫去世之后她投身教会成了修女，所以她从父亲那里继承来的丰富家产注定是归属于教会的。所以在哈伯施塔特

（Halberstadt）主教齐格蒙德（Siegmund）的判决下，这桩没有经过教会同意的婚姻被判无效，夫妻两人被迫分离。当时哈特博格已经怀有身孕，但这也无法阻止这场婚姻的瓦解，而她的儿子唐克马尔（Thankmar）也被打上了私生子的烙印。几年之后，亨利按照父亲的意愿，向出身于维杜金德公爵贵族家庭的玛蒂尔德求婚。她的父亲提奥多利希是威斯特法伦的大人物，他的产业和宅邸都在位于离黑尔福德（Herford）不远的恩格（Enger）。由于当时维杜金德公爵神勇地保卫了萨克森的自由，这一家族的荣光比起卡洛林王朝覆灭时更盛了。玛蒂尔德很早就被送进了黑尔福德的修道院，但她的名字在所有的文件上都被标记了出来，因为她不是为了成为修女而进入修道院的，在她习得了所需的知识后她还要回到俗世的生活中。在黑尔福德，玛蒂尔德长成了一位娇美的少女，虽然深居修道院墙之中，但关于她美貌与美德的佳话已经传遍了萨克森的土地。老奥托希望亨利能娶维杜金德的孙女玛蒂尔德为妻，而亨利作为儿子也不想违背父亲的意愿。带领着一队侍从，亨利来到了黑尔福德，他先是远远地看到了教堂中的玛蒂尔德，随即便兴高采烈地找到修道院院长（那其实是玛蒂尔德的祖母，她作为寡妇在修道院内蒙面修行），向她提亲。他刚一见到少女如花似月的美貌，整颗心就都属于她了，他不愿再推迟婚期。他经过了祖母的同意，在知会父母之前就与玛蒂尔德订了婚。没过几天，他就悄无声息地将玛蒂尔德带回了家乡。亨利与他的娇妻所到之处都受到了万人空巷的欢迎，之后不久，他们在黄金河谷的瓦尔豪森（Wallhausen）举行了盛大的婚礼，其规模之大只有王室婚礼才能与之相比。而整个瓦尔豪森都被亨利作为聘礼送给了玛蒂尔德。婚礼是在909年举行的，到了912年11月22日，玛蒂尔德诞下了他们的第一个儿子，这是奥托作为祖父人生的最后一件喜事，这个小男孩也被取名叫奥托。当时所有的萨克森人都怀着自豪的心情注视着这一家人——埃克贝特和维杜金德的后人。对他们来说，亨利是在最危难的时刻能够给予他们慰藉和支持的人。后人们传说，他是祖国的救星和解放者。

　　国王康拉德与亨利及他的萨克森所进行的是一场十分艰难的斗争，而这场斗争的结局，比所有对抗王权统治的暴动都更加令人忧心。施派尔的主教埃恩哈德受到两位伯爵的袭击，被杀死了，而同时，艾尔香格公爵公开表示反对康斯坦兹主教所罗门以及国王。雪上加霜的是，匈牙利人此时又卷土重来，攻入了巴伐利亚，并进一步对这片土地进行侵略。在阿努尔夫公爵的麾下聚集了勇敢的巴伐利亚战士。在他母亲库妮古德（Kunigunde）的两位舅舅艾尔香格和贝尔希托德的带领下，施瓦本人也与他们并肩作战。就在因河将它的滚滚水流注入多瑙河的地方，距离帕绍不远处，打响了一场血腥的战役。挥洒了无数汗水之后，匈牙利人被打败了，而阿努尔夫与艾尔香格这两位公爵也赢得了声名，他们让可怕的敌人尝到了惨败的滋味。国王一方从洛林战场空手而归，而公爵势力却在高唱凯歌，这给了康拉德一个警告，让他想到了要与艾尔香格和解。他将此前与他的积怨一笔勾销，又与艾尔香格的姐妹库妮古德，也就是阿努尔夫公爵的母亲，结为夫妻，为的就是在他们之间建立起新的纽带。他期待着，通过这场基于政治手段而非爱情结成的婚姻，能同时将巴伐利亚和施瓦本牢牢稳固在王国之中。

然而，他的算盘打错了，他的所作所为丝毫没有巩固国家与巴伐利亚、施瓦本之间的关系。艾尔香格和贝尔希托德在国王的土地上建成了施塔海姆（Stammheim）城堡不久，皇帝就命令他们在圣加伦修道院卸任，这使得两人对康拉德及圣加伦修道院院长所罗门主教的积怨重新爆发出来。两兄弟带着复仇的劲头，首先对比较容易接近的敌人展开了行动。在所罗门主教的一座城堡中，他被两兄弟抓住囚禁了起来。康拉德赶去营救所罗门，并成功地将艾尔香格一举拿下。914年，艾尔香格遭到驱逐，但很快，又有另一个人站了出来，代替艾尔香格的位置反对国王。被杀害的公爵布克哈德的儿子，小布克哈德从流放中归来，他的身边聚集一批受到不公正对待的人，并占据了赫高（Hegau）一处绝佳的高堡，也就是建在玄武岩壁上的霍恩特维尔（Hohentwil）要塞，这处要塞当时被新建起来，后来又多次出现在历史记载之中。很快，915年，整个施瓦本都陷入了反对国王的暴乱之中，国王多次征战来到施瓦本，包围霍恩特维尔。但这些国王的反对者不屈不挠，不久便传来消息，公爵亨利的军队已经杀进了法兰克。国王这才撤下了对霍恩特维尔的包围，离开施瓦本，赶去迎战亨利。

关于艾尔香格战场上英勇事迹的赞歌与传说在德意志大地上流传甚广，其中一个较有娱乐性质的版本是由一位名叫艾卡德（Eckard）的圣加伦修道院僧侣演绎的，他的版本与那些可信的历史记载多有出入。而关于康拉德与亨利之间的战争，我们也主要是从一位名叫维杜金德的科维修道院僧侣创作的歌谣与传说中得知的。

他这样讲述，915年，国王派遣他的兄弟埃博哈德（Eberhard）领兵出征，攻打萨克森。当埃博哈德来到埃雷斯堡（Eresburg）时，他却没有在这块法兰克与萨克森之间的兵家必争之地见到敌人的踪迹。一个萨克森人的影子也见不到，埃博哈德变得不耐烦起来，最后他口出狂言道："萨克森人不敢与我公开对垒，让我没办法用自己的实力与他们一较高下，让我好是伤心啊！"这句话刚一说出口，他就看到士气高涨的萨克森人已经来到了堡垒前。萨克森军队将他的士兵们一一打倒在地，他们的剑在法兰克队伍中霍霍作响，后世的说唱艺人这样唱道：

> 地狱的牢笼再大
> 也容不下沙场上的亡灵

但这下子，埃博哈德总算见识到了萨克森人的本事，他再也不想和萨克森人较量了，而是骂骂咧咧地带着羞愧逃走了。而当国王康拉德听说了这个消息之后，他集结了法兰克的全部力量，出征讨伐亨利。他得到消息，亨利正在离哥廷根不远的格罗纳（Grona）堡垒中，身边带的人不多，他就立即动身前往那里，要将堡垒包围起来。他来到堡垒前，向亨利派出一名信使，让他告诉亨利，如果他自愿投降，那么康拉德会把他当做一个忠诚的朋友，不会再与他为敌。亨利并不相信康拉德的这些话，但他面临着巨大的压力，心中已经动摇想要投降，就在这时，从哈尔茨山区赶来的提特玛尔（Thietmar）伯爵出现了。这个机敏又善于用兵的男人来到亨利会见信使的大厅，他向亨利报告，他为公爵带来了新的军队，并问他该将营地扎在何处。亨利听了他的话，仿佛重新看到了一线希望，他问提特玛尔带了多少人来。"3万人。"提特玛尔利落地回答道。于是，亨利将信使打发走，并在第二天早晨突破了法兰克人的包围圈，启程回家了。但最精彩之处在于，提特玛尔根本没有带来3万人马，而是只带了5个人就来到了格罗纳，伯爵用他的机智帮助公爵打赢了他原本用剑无法获胜的战役。

传说中的故事就是这样。而历史记载中只提到了915年在埃雷斯堡发生的战役以及亨利返回法兰克，对战斗的具体过程及引发的结果只字未提。可能不久之后，双方就和解了，毕竟两地悲惨的情形对两位王侯来说都是同样的揪心。同年，一直以来精明地利用德意志内部矛盾的匈牙利人又一次来犯，给德意志土地带来了令人惊骇的重创。施瓦本、法兰克、图林根和萨克森都遭到攻击，匈牙利人的大军一直行进到了不来梅。在不来梅城中，教堂被焚毁，传教士们在神坛前遭到杀害，十字架被砍下来，受到亵渎。与此同时，文登人与丹麦人也入侵了北易宾根（Nordelbingen），将到易北河畔的所有土地化为战场。在这样的时刻，以亨利的立场，多少会倾向于和国王结盟，而国王自己也不断有新的担忧。

国王从霍恩特维尔撤兵不久，艾尔香格从施瓦本的流放中回来了，他与布克哈德联合起来对付那些维护国王的人。在距离博登湖不远的瓦尔维斯（Wahlwies）便是两方交战的战场，这片战场在之后的时代也多次经历过生死存亡的较量，而这一次，艾尔香格、贝尔希托德和布克哈德在与国王的拥趸和康斯坦茨主教的对抗中大获全胜，艾尔香格作为施瓦本公爵受到了广泛认可。这时，艾尔香格的侄子阿努尔夫也站出来，公开反对国王。国王于916年搬到了巴伐利亚的雷根斯堡附近，但他并不想排挤自己的继子，也就是对他怀有敌意的巴伐利亚公爵。事情发展到这里，终于发生了一个对康拉德有利的转折。艾尔香格与布克哈德签下一份协议，归顺于国王，而贝尔希托德则逃往巴伐利亚，投奔阿努尔夫去了。这样一来，康拉德至少将施瓦本掌握在了自己的手中。

916年9月，德意志众主教都来到了里斯（Ries）的霍黑纳尔泰姆（Hohenaltheim），这里距离讷德林根（Nördlingen）不远，只有萨克森的主教们没有出席。他们聚集到一起，为的是针对国内混乱的局势商榷解决措施，控制调整各方势力。此前，他们也求助过罗马的若望教皇，请他给些建议。虽然教皇也身处险境之中，他不仅送来了回复书信，还派来了他最重要的宫廷官员之一，奥尔托纳（Ortona）的伯多禄主教。作为教皇的使节，伯多禄主教不仅出席主教大会，还要将散播在各地的导致分歧的地狱种子彻底根除，使卑劣之人的丑恶嘴脸和险恶诡计再也不见天日。这场主教会议的过程被记录了下来，成了那个悲惨的时代最奇特也最重要的见证之一。

　　一开始，主教们聚集到一起，他们只是悲伤而沉默地坐着，不知道要如何开始这场会议。这时，教皇的使节站了起来，开起了话头。他向众人宣读了一封他们呈给教皇的书信，"我们谦卑地倾听所有言论，"他们这样写道，"深思熟虑并真心实意地认同"。他们首先在信中按照教皇的意愿宣告了自己的行径和罪孽，因为眼下的惨状他们也有责任，而接下来必须有所改变，每个主教都要尽到主教的职责。但忏悔之后，他们首先想到的又是他们自己的利益，考虑着他们自己的收入和权利是否能得到保障，并决定应该继续定期收取十一税，而不能由于其他人对主教和传教士们的嫉妒而将之取消。他们又商议，神职人员不应当由世俗的法官进行审判，而只能由教会高层做出判决，要是主教或传教士被他们的同僚判罚失去了自己的教区，应该由教皇来决定他们的任免。在这之后，他们终于谈到了如何巩固国王的统治，如何促进教会的良好发展。"我们知道，"记录中写道，"许多人背信弃义，不遵守对自己的国王与主人的誓约，也对神的审判毫不在意，满嘴污言秽语，简直玷污了主的名字。"因此，他们得出结论，要人们重新对国王宣誓效忠，对于那些伪誓会遭受到教会最严重的诅咒。为了给他们要做出的决议赋予地狱的威慑力，所有神职人员都站起来，大声呼喊了三遍以下的句子："违背此决议者，在主降临时等待他的就是诅咒和永恒的炼狱，他的位置将与加略人犹大及其狐党同在。阿门。"随即，在场的所有人都重新对国王宣誓效忠："我们在主及所有天使的见证下，在先知、使徒和殉教者们的见证下，在所有基督教天主教会的见证下发誓，绝无谋害国王的想法，决不害其性命，决不夺其王权，决不妄想窃取他的冠冕，决不集结人员策划阴谋以任何形式伤害国王。我们之中若是有人有以上行为，他就会受到主的诅咒并永世不得翻身。"随后，艾尔香格及他的随从便被判处了宗教罪行。由于他们对接受过涂油礼的人，对他们的国王兼君主以及主教所罗门进行了袭击，他们必须放下武器，进入修道院，用他们的余生反省自己的过失。其他人若在将来不遵守誓约的内容，或者有别的背叛行为，也将面临严苛的惩罚。尤其是对国王不忠者会受到革除教籍的处罚，对主教不忠或试图谋害主教者，将被罚在修道院中修行悔罪多年。甚至对于本来无法解决的事宜，毕竟有许多人没有出席这次的会议，他们也做出了决议。914年，在康斯坦茨的所罗门遭到反对者袭击的同时，长久以来与人民处于敌对状态的斯特拉斯堡主教奥特贝特（Otbert）遭到了谋杀，经由一场可疑的选举而登台的利希威（Richwin）成了他的继任者。虽然收到了邀请，但利希威没有出席在阿尔泰姆（Altheim）举行的宗教议会，所以他必须亲自现身美因茨的大会才行。同样要在美因茨现身的还有萨克森的主教们，他们如果这次不接受邀请，就会被剥夺作为主教举行弥撒的权力，直到他们在罗马为自己辩护成功。沃尔姆斯主教利肖沃（Richowo）接到任务，针对两名迷惑了埃恩哈德主教的伯爵做进一步的调查，并将调查结果知会教皇。由于时间匆忙，较低层民众对教会的抗议被无视和遗忘了。但那些参与了艾尔香格、贝尔希托德和阿努尔夫的复仇行动的人却没有被忘记，他们若是收到邀请而没有出席宗教议会，就必须立即前往各自教区的主教那里领罪，不然的话，就会被革除教籍。他们还特意为贝尔希托德和阿努尔夫定下了期限，他们必须在10月7日之前出现在雷根斯堡的宗教议会上，要是他们不出席，那么就将他们革除教籍，并永不恢复，而且他们将会像背叛了天主的犹大一样接受永恒的惩罚。

以上就是神父们在霍黑纳尔泰姆做出的决议，而实际上，贝尔希托德很快就与自己的内兄签订了协议，归顺于他了。但是，由于阿努尔夫仍顽固地反抗他，神父们制定的这些惩罚在康拉德看来也太轻了。他被怒火冲昏了头脑，不顾已签订的协议，将自己妻子的兄弟艾尔香格与贝尔希托德判处了死刑。917年1月21日，康拉德命人将这两人，连同他们的侄子利奥弗里德（Liutfrid）一起，在内卡高（Neckargau）的阿尔丁根（Aldingen）斩去了首级。战胜了匈牙利人的英雄们就这样死去了，他们的命运如同巴本贝格家族的阿达尔贝特一样，他们的故事也被民众在歌谣中传唱。在这场血腥的处决之后，康拉德却没有获得自己想要的结果。阿努尔夫没有归顺于他，反而重整旗鼓向他宣战，要为自己的舅舅们报酬。而小布克哈德也在施瓦本挺身而出，并且很快就受到所有施瓦本权贵的认可，成了公爵。施瓦本和巴伐利亚公开发起了暴动。

　　同年，康拉德领兵前往巴伐利亚，讨伐自己的继子阿努尔夫公爵。阿努尔夫不敌国王，带着老婆孩子逃往了匈牙利，他宁可将自己的性命交在残忍的宿敌手中，也不愿将之交付在自己的继父之手，因为这双手上沾满了舅舅们的鲜血。直到康拉德去世，阿努尔夫都再也没有回到过自己的家乡。艾尔香格和贝尔希托德一死，匈牙利人没有了顾虑，何况阿努尔夫也在他们这里。于是他们卷土重来，攻入巴伐利亚与施瓦本，他们的铁蹄还踏上了阿尔萨斯和洛林的土地，而这时的康拉德卧病在床，再也无法抵挡这场血腥的风暴了。

　　巴伐利亚的战役在康拉德身上留下一个伤口，间接导致了他之后的离世，但在他的心上还留着千百个伤口，在那些王国尚且兴盛的年月里就已经让他的心死了。这个强大的男人如今缠绵病榻，心中那些能使他重回战场的希望也全部熄灭了。

　　执政7年间，王冠的重量一直沉沉地压在他的肩头。要是一个有才华的人竭尽全力去追求一个目标，却因为目标太过高远而最终失败，没有什么比这更令人悲伤了吧！康拉德想要按照传统的方式复兴查理大帝的王国，但是时代不同了，不可战胜的新势力出现了。多少次，康拉德以为自己战胜了敌人；多少次，他亲临战场获得幸运的垂怜，但他一旦转过身去，敌对势力就又冒出头来。这无休止的循环消磨了他高贵而干练的天性，冠冕之下的他全然成了一个残忍阴险的小人。之所以会演变成这样，是因为他要在危机重重的冲突之中控制人们的命运，却没有鹰一般的锐利目光，能不被谗言和假象所蒙蔽，明辨未来的走向；他的目光常常失去焦点，没能在一个新旧势力更替的时代，作为一位王侯果断地控制住老朽的势力。康拉德的确被权力冲昏了头脑，但他的错误情有可原，因为他始终在公正的基础上坚持着自己的信念，并始终追求着人民的福祉。像他一样迷失了方向的人有许多，却很少有人像他这样，在临死的时刻眼前的面纱突然被揭开，长久以来的疑惑消失了，眼前突然拨云见日能够洞见未来。很少有人能像他这样，在生命最后的时刻，坦诚自己的错误，在垂死之际牺牲自己的利益而为对手的利益发声。一位萨克森古代编年史作者曾说："他对祖国的福祉如此关心，甚至不惜提高自己对手的地位来促进国家的发展，这是多么可贵的美德啊！"

按照维杜金德的描述，康拉德感到自己时日无多了，他将自己的兄弟埃博哈德叫到身边，对他说："我的兄弟啊，我感到自己再也承受不了这生活的重担，这是主的意愿，我要死去了。法兰克王国今后要变成什么样，这都要看你的了，所以你要听听我的建议，好好在心中衡量啊。我们有许多忠实的臣下和大量的民众，他们跟随我们出生入死，我们拥有城堡和武器，我们手中握有冠冕和权杖，王权的熠熠光辉也围绕着我们。但我们缺少运气和正义的品格。兄弟啊，这份幸运与正义现在都在亨利手中，王国的未来注定是萨克森的。你拿着这王室的徽章，拿着这带有金色绶带的国王礼服，带着老皇帝们的宝剑和冠冕，去亨利那里吧，与他和解，成为他的朋友。不然的话，整个法兰克民族都会与你一起倒在他的剑下，因为他必然会成为那众多民族的国王与领袖！"康拉德这样说道，埃博哈德的眼泪止不住地流下来，他发誓一定会按照康拉德说的去做。此后不久，国王康拉德便于918年12月23日驾崩了，没有留下任何男性子嗣。随着他的离世，人们也谅解了他的所有过往，法兰克人将他埋葬在福尔达的老修道院内，就在圣十字神坛前面，对他进行了真挚的悼念。如今，康拉德的墓地早已被毁坏了，甚至没有一块石头能让人辨识出，这位经历了万般磨难的王侯究竟在哪里安息。

3. 亨利一世国王统一德意志

谁人没有听说过捕鸟者亨利的故事呢？919年，当埃博哈德及法兰克人带着国王的冠冕找到他，要为他加冕的时候，他正在捕鸟。时至今日，亨利当年在奎德林堡（Quedlinburg）捕鸟的地方还被标记出来，称为"捕鸟地"。这可能是基于一个美丽的民族传说，这个传说随着时间的流逝不断被修饰和扩充，而正史之中却难觅其踪迹；根据这个传说，亨利设下的并非寻常的捕雀笼子，而是使德意志的敌人走向毁灭的天网。

埃博哈德对他死去的兄弟做出的承诺，他都忠实地履行了。他效仿奥托让贤给康拉德的行为，将按照习俗本应该属于他的统治权给了亨利。于是，包括他在内的所有法兰克权贵如今都要以萨克森的亨利马首是瞻了。埃博哈德说，亨利比自己更有资格统领德意志，而且将这个萨克森人选为国王，也是康拉德的遗愿。所以说，在德意志王国历史的开端，并肩站着两个男人，这是史上罕见的。

如果说康拉德的选择主要是基于法兰克和萨克森的统一而做出的，那么也的确是这两个宗族将亨利选为了他们的国王。只有这两个宗族还坚信着王国的统一，所以与以往不同，他们没有聚集到福希海姆，而是来到了黑森境内埃德（Eder）河畔的弗里茨拉尔进行选举。埃博哈德将法兰克人召集到这里，亨利在众人面前被选为法兰克与萨克森的国王。所有人都跟着埃博哈德投票，萨克森人大声欢呼，庆祝亨利继续统治萨克森并赢得了法兰克的统治权。这一切都发生在919年4月14日。

但这时，美因茨大主教亨里格尔站了出来，要求亨利接受涂油礼和加冕礼，亨利谦和但坚定地拒绝了。他说："我能被选为国王，拥有国王的名号就足够了。在我之前，没有一个萨克森人做到过这些。我感谢主的仁慈和你们的爱戴。但到这里就已经足够了。涂油礼和加冕礼还是留给比我更优秀的人吧，我配不上这样的尊荣。"亨利的言论很得民心，聚集起来的民众都对天起誓，要效忠于新国王，他们的声音如雷贯耳，在天空中不断回响："亨利国王万岁！保佑亨利国王！"

新国王的这些话到了神职人员们那里就不那么悦耳了。亨利不愿像丕平之后的所有法兰克国王那样，从教士手中接过象征最高权力的信物，这件事他们始终念念不忘。他们认为，一个没有神职人员加冕的国王，就如同无柄之剑，纵有利刃，也难以施展。但亨利完全配得上主的恩典，他的人民也从不认为，缺少了这个仪式他的王权都不是天主授予的了。也许有人要问，亨利为什么拒绝按照老传统从亨里格尔手中接过权杖？原因可能在于，他不愿意像康拉德及童子路易那样被主教们指使，不愿意仅仅成为神职人员的国王，而是要成为庇佑众人的君主和统治者。又或者，按照当时的想法要成为法兰克人才能接受加冕，而他想要保持自己萨克森人的身份。

通过将亨利选为国王，使王权从法兰克人手中移交到萨克森人手中，这使历史跨出了重要的一步。按照血统、习俗与语言代代相承的法兰克宗族，那些孔武有力、战功赫赫、称霸一方的法兰克骑士，他们的祖先曾让萨克森人臣服在自己的脚下，而现在他们成了萨克森人的臣下，并且心甘情愿地将自己延续了几个世纪的统治权交给了那个敌对的宗族。即使现在亨利将自己称为法兰克国王，即使他将自己的王国叫作法兰克王国，那个卡洛林王朝统治下的法兰克王国也不复存在了。亨利的统治权并不是继承于任何之前的政权，他是独立的民选国王，也就是说，他是由法兰克和萨克森人民共同推上王位的，而其他的德意志宗族之后也都加入了他们的阵营。这样来看，亨利的当选是一个全新的德意志王国的开端。

　　亨利有着令人惊叹的洞悉力，他很快就看清了自己所处的位置，并很快知道了，如何才能在这样的情况下，将曾经属于东法兰克王国的德意志宗族重新统一起来。在他那平静而洞穿一切的目光注视下，未来之谜迎刃而解。他小心谨慎，不让自己走上康拉德国王的老路，他用自己无所畏惧的创造力开辟出全新的道路。他不想依靠将各个宗族一一打败来实现统一的国家政权，他不想在一个法兰克政权倒台之后用一个萨克森政权取而代之，这样做的话，就与墨洛温王朝及其后的卡洛林王朝的做法毫无二致了；他不愿像法兰克国王那样，自己作为权力的中心，通过依附于他的官员们来治理国家。在亨利眼中，只有一个方法能重新将德意志统一起来：每个宗族都负责自己族内的事务，按照自己的传统建立秩序。不论战时平时，都由一位公爵来统领，而伯爵及地主们则听从于他的号令。公爵在议会上解决自己领地内的纷争和冲突，贫穷和受压迫的人都能从他那里得到庇佑和支持，他监管教会，保证领地和平并防御外敌入侵。而跨宗族的事务，就由万民之上的国王负责统领，他是所有人民的最高法官和将领，是受压迫者最后的保护伞和避难所，也是教会的最高保护人。亨利的理想如此，而事实也的确如此！德意志各部族如同皇冠上熠熠生辉的宝石，各有不同却交相辉映，只有它们和谐地组合在一起，才能成为尘世间最高权力的象征。也如同一只手上的五根手指，虽然各有所长，但只有大家抱团握拳才能发挥最大的力量。

　　不论在历史记载中，还是在族人的记忆中，亨利始终是以萨克森人的身份存在的。正是亨利，重新与迁移到大海对岸的萨克森同胞建立起了联系。所以，他的影响力能够一直延伸到海的另一边，一点也不令人惊讶。当盎格鲁-撒克逊人及朱特人在不列颠岛上建立起他们的王国时，那些新融入的民族很快就感受到，他们需要一个共同的最高首领来对抗他们共同的敌人，于是他们设立了一个被称为"不列颠统治者"（Bretwalda）的位置。而丹麦和瑞典的小国王们也以类似的形式，分别在列德拉（Ledra）和乌普萨拉（Upsala）设立了更高统治者的席位。"不列颠统治者"的席位随着时间的推移，在不同城市间流转，而盎格鲁-撒克逊人的王国在"不列颠统治者"的治理下保持了几个世纪的统一。"不列颠统治者"不是仅仅由国王们选出来的，而是由所有贵族及其族人选出并对他们进行统治的。一开始，只有七个国家的军队听从他的号令，但当盎格鲁-撒克逊人接受了基督教之后，他对各个国家的宗教事务也有了影响力，并且各国的内部关系也越来越多地依赖于他的治理。很长一段时间以来，"不列颠统治者"只是不列颠岛上七国联盟的统领，现在终于使七国形成了稳固的统一态势。这样的统一，早在亨利之前的百余年，就由埃克贝特国王为其开辟了道路，直到这个时代，才由爱德华（Edward）国王得以践行。919年，由多个邦国组成的盎格鲁-撒克逊联盟终于成了一个国家。要是我们这里的萨克森王侯不能理解，海那边的萨克森人是如何在类似的艰难条件下变得统一而强大，共同对抗敌人的，那么他也不能期待，在海的这一边也会随着时间推移各族融合的条件慢慢成熟起来。

而在德意志宗族这边的情况是，就连要所有宗族马上认可萨克森王侯在联盟中的领导地位，都还缺少许多必要条件。亨利的势力范围被限制在法兰克与萨克森。巴伐利亚与施瓦本眼下与王国完全脱节了，在那里掌权的是阿努尔夫和布克哈德公爵，前者在康拉德死后从匈牙利人那里回到了故土。洛林仍在西法兰克的势力范围内。暂时只有法兰克和萨克森结成了联合王国。当亨利在萨克森和图林根宣布他作为国王的权力时，他将在法兰克的这一权力心甘情愿地给了埃博哈德。埃博哈德的前人在法兰克所获得的成就，通过康拉德国王而稳固的政权，毫无保留地交到了埃博哈德手中。此后，亨利与埃博哈德之间再也没有发生过冲突，直到亨利去世，他们都是忠诚而牢靠的盟友。

当亨利在执政之始解决了匈牙利的入侵之后，让所有原本属于东法兰克王国的宗族都承认他的最高统治，就成了他的首要大事。

920年，在一位采邑主的协助下，他首先要对付的是在布克哈德公爵统治下的施瓦本。早在康拉德死后，勃艮第的鲁道夫国王①就多次试图侵占阿勒曼尼边境地区。布克哈德公爵英勇抵抗，在温特图尔（Winterthur）给了鲁道夫沉重一击。但在与国王亨利的战斗中，布克哈德就没有那么走运了，他感到自己力不从心，因为施瓦本的许多人，尤其是那些受到他打压的神职人员，就向往着国王的统治。于是，这个从不轻言放弃的勇士放下了手中的武器，向萨克森人低下了他倔强的头颅，将他在施瓦本管辖的所有城池以及民众拱手让给了国王。毫无疑问，亨利将任命主教的权力握在自己手中，所有王室财产，只要他没有赏赐出去的，都归他所有。除此之外，布克哈德仍保留着他在施瓦本及与之相连的阿尔萨斯自由执政的权力。在正式文件中，布克哈德称自己是"神恩庇佑的阿勒曼尼公爵"，他说是天主让人民和土地臣服于他。他在地区议会上像位自由的公爵那样，调节人民间的纷争，并且亲自带领军士征战沙场。在这之后不久，他与之前的敌人勃艮第的鲁道夫国王结成互相信任的朋友，并将自己的女儿贝尔塔（Berta）嫁给了他，同时将瑞士阿勒曼尼亚、阿尔高直到罗伊斯河（Reuß）的一部分土地赠给了他，或许是作为女儿的嫁妆吧。之后，当国王鲁道夫前往意大利征战时，布克哈德也带着自己的邑臣去帮助他，最终丧生在战场上。

920年，亨利将自己的王国与施瓦本联系了起来，虽然这种联系尚且松散。次年，他的矛头就转向了拜仁。阿努尔夫从匈牙利人那里回来时，贵族们热情地接待了他，有人在他的耳边悄声说，他现在该去争夺王冠了。阿努尔夫也对自己的实力很有信心，并开始建立自己的势力。但是，阿努尔夫肆意掠夺当地神职人员的财产，不假思索地将教会的收入用来组建强大的邑臣队伍，惹恼了那些高阶的神职人员，他们给阿努尔夫取了别名叫"恶人"，并且请求亨利到巴伐利亚来，而这也正中亨利下怀。亨利很清楚，自己要对付的人是谁，于

---

① 西法兰克国王，又名拉乌尔（Raoul）。——译者注

是，他带领着一支人数庞大、装备精良的队伍踏过了巴伐利亚的边境线。这时候，巴伐利亚人可能要叫起来了："这些萨克森人要在我们的土地上做什么？他们的父辈可是一只脚也没踏进过巴伐利亚的土地啊！"甚至在几百年后，也有一位巴伐利亚人这样写道，那么当时的巴伐利亚人又会如何对待这些萨克森人呢？

在多瑙河畔坚固的罗马古城雷根斯堡，阿努尔夫集结起他的军队。当亨利领兵前来，试图围困城市，他便予以反击。但亨利想要的不是战争，而是和平，于是他向阿努尔夫提出会谈的请求，他们要面对面地解决他们之间的恩怨。这时，阿努尔夫提出，要与国王进行单独决斗，他冒险将军队撤回城中，来到约定好的地点准备决斗。亨利也准时出现了，可他却没有带武器，而是一开口就要求与他和解。他说："你为什么要违背神的旨意呢？按照祂的意志，祂要我被人民选为国王。要是人民选出的人是你，那没有谁会比我更加乐见其成。你为什么要为了自己的野心，让这么多基督徒白白流血牺牲呢？"这话让阿努尔夫不禁深思起来，他回到自己的军营，想寻求别人的建议。他们劝他，如果亨利允许他自由地管理巴伐利亚的主教管区并且让他设置主教坐席的话，他就应该向亨利投降。阿努尔夫听从了这条建议，而亨利也成全了阿努尔夫的要求，使他成了自己的邑臣。

约30年后，遭到流放、生活在德意志宫廷中的克雷莫纳（Cremona）的利奥普朗德（Liudprand）主教熟悉德意志的历史，他就是这样描述事情发展的过程的。但他的描述有多少看起来像是从民间传说中引用出来的，带着些许传说的成分。科维的维杜金德只写到，国王亨利包围了雷根斯堡，但阿努尔夫感到自己不足以与之抗衡，于是打开城门，站在国王面前，将自己和他的整个国家都交到了亨利手上。亨利见到阿努尔夫公爵归顺于他十分喜悦，对待公爵也是敬仰有加。我们可以确定的是，阿努尔夫承认亨利是他的君主，并且，他通过协议获得了所有其他公爵享有的权利以及在巴伐利亚设置主教管区的权力。最后的这项权力之所以如此重要，是因为根据习俗，只有受到神的恩宠接过国王权杖的人才能有设置主教管区的权力。相比布克哈德，阿努尔夫更加自由且独立地统治着巴伐利亚，几乎与国王无异。他也在正式文件中称自己为"神恩庇佑的巴伐利亚公爵"，他命人在钱币上烙刻自己的名字，将伯爵们派出作为自己的使臣，并像布克哈德一样，独立带兵出征海外。934年，在对抗普罗旺斯的入侵者于格（Hugo）时，意大利人向阿努尔夫请求援助，他心里盘算着也许能趁此机会，在那里得到自己在巴伐利亚失去的王冠，于是便带兵前往伦巴底，但最后他的盘算却落空了。

以莱茵河为界的土地重新团结在了一起：王国恢复到了日耳曼人路易当年按照《凡尔登条约》分得的规模，但是，路易以优厚的条件赢得的洛林，直到康拉德统治时才又被分裂出去的洛林，还没有回归。亨利也注意到了这一点，而形势也如同他期望的那样在发展。

雷基那尔死后，他的儿子吉赛尔贝特（Giselbert）继承了他的公爵之位。这个年轻人充满力量，一心想干出一番大事业，但对于自己所做的事情总是太过冲动，热情来得猛去得快。他的性格也反映了整个洛林人民的性格特征，人们对洛林人的印象普遍是雄心勃勃、贪得无厌，同时又反复无常、阴险狡诈，为了自己的利益见风使舵，可以轻易地改换自己效忠的君主。吉赛尔贝特也是这样追求地位和财富的，并且他相信没有什么能难倒他，但他却缺少实现目标必需的谨慎和从容。他常被人描绘成一个矮小壮实的男子，力大如牛，眼珠总在转来转去东张西望，以至于人们无法看清他眼珠的颜色。他说话时常常只说一半，他提的问题总是引人联想，而他的回答总是含混不清。可想而知，吉赛尔贝特很快就和国王查理结下了仇，查理让自己的邑臣疏远吉赛尔贝特，最后将他逼得离开了洛林，逃到了亨利那里，他仅仅利用这一点就从国王查理那里获得了返回洛林的许可，并取回自己大部分的财产。这些都还发生在康拉德执政时期，康拉德死后不久，受到一个宫廷侍从的大胆挑拨，查理的大邑臣们暴动起来，西法兰克王国似乎也来到了瓦解的边缘，陷入了与之前的东法兰克王国同样的困境。吉赛尔贝特也对国王记恨在心，大多数洛林的权贵围绕在他身边，将他作为元首。如同阿努尔夫统治巴伐利亚一样，吉赛尔贝特以完全相同的方式统治了洛林，他将教会的财产占为己有，想方设法在洛林最富有的修道院当上了院长，自说自话地占领了通厄伦教区并逼迫科隆大主教完成对他的任命。随即，吉赛尔贝特重新与亨利建立起了联系，他想在与查理对抗的过程中，让亨利作为自己的靠山。如果不是因为921年一个意料之外的转折，东法兰克王国可能在这时就已经完全统一了。查理借助于神职人员，尤其是兰斯大主教的影响力，重新获得了拥护，并为了赢得英名踏上了战场。他带领自己的邑臣与亨利对战，一直杀到了纳赫高以及沃尔姆斯地区，920年时，他曾在这里输给了德意志军队。查理许下的承诺也动摇了吉赛尔贝特和洛林的人们，他们重新回到查理身边，支持他在921年继续攻打亨利。亨利看到，凭借洛林的军力，必然要经历一番腥风血雨才能胜过他的王国，于是他向查理伸出了橄榄枝。在波恩附近，莱茵河水经过七重山脉，流入宽阔下游的地方，两位国王为了和解而来到这里。莱茵河畔两军严阵以待，而河的中央停着一艘船，两位国王就在船上见面。那是921年11月7日，两位国王签订协议结成了联盟，查理郑重承认亨利为东法兰克的国王。这是继施瓦本和巴伐利亚认可萨克森王权之后，最重要、最具有决定性意义的事件。现在，最后一位卡洛林王朝统治者也承认了亨利的王权，并在形式上放弃了莱茵河以东的土地。至此为止，东法兰克王国，或者说德意志王国更为贴切，才真正拥有了独立的政权。获得西法兰克的承认对亨利来说意义重大，有了他们的承认，即使没有赢得洛林，亨利可能也不会介怀吧。

不久之后，洛林方面表示自愿归顺东法兰克。如同当初康拉德在德意志一样，查理与神职人员结成联盟，试图重新从愤怒的大邑臣那里赢回颜面，但他们为了与他作对，将曾经的国王奥多的弟弟罗贝尔（Robert）伯爵，也立为了国王。923年，整个法兰克王国和洛林陷入了两方对立的形势中，在苏瓦松打响了一场血腥的战役。罗贝尔在战场上倒下了，但最终是查理输掉了战役，因为当对手罗贝尔的女婿，勃艮第公爵鲁道夫被推上王位之后，查理最后的追随者也离开了他。最终，亨利贝特（Heribert）伯爵制住了国王查理，将他软禁起来，其间，这位不幸的国王短暂出逃，但终究又被投入了监牢，并在狱中结束他悲惨的一生。但也并非所有人都对鲁道夫言听计从，毕竟他曾背叛了自己的国王和邑主。吉赛尔贝特公爵和其他洛林的权贵联合起来反对他的统治，将亨利和他的萨克森人请来了洛林。

眼下，时机似乎已经成熟，一直以来静观其变的亨利要动手介入洛林的政权了。他领兵来到洛林，不久就使大部分地区归顺于他。此时，鲁道夫也派出了精良的军队，而亨利认为，现在还没到用武力斗争赢取洛林的时候。于是，他与鲁道夫休战了，暂时撤回了莱茵河对岸。休战结束之后，他于925年才重新回到战场，但他发现这里已经发生了变化。吉赛尔贝特和其他洛林的权贵重新回到了鲁道夫的阵营，他不得不将吉赛尔贝特位于曲尔皮希（Zülpich）的堡垒包围起来。最终，他捉住了这些见风使舵的人，把他们变成了自己的人质。吉赛尔贝特的反抗被击垮之后，整个洛林渐渐地归顺于亨利了。该年年底，亨利不费一兵一卒，仅仅依靠巧妙利用洛林的社会关系，就将这片美丽的土地赢回了东法兰克王国内，使得莱茵河的河流能够在两岸德意志土地的迎送下奔流入海。

维杜金德将以上历史事件也叙述得如同传说一般，说亨利国王再次得到了幸运的垂怜。在他的记载中，洛林民众中有一个叫做克里斯蒂安的人，声望很高，他看到国王做任何事情都顺风顺水，就想要立下一桩特别的功劳来赢得国王的恩宠。他想到了一条擒住吉赛尔贝特的妙计。他佯装重病，请公爵来探望自己。当毫不知情的吉赛尔贝特出现在他的城堡，傻乎乎地掉进设好的圈套时，他就命人将吉赛尔贝特捉住，并在严格的看守下移交到亨利手中。听闻这个危险的敌人被控制住了，国王十分高兴，但他并不想用长久的牢狱之灾来折磨这个敌人，而是要用慈爱与善意赢得他的支持。因为国王知道，吉赛尔贝特是个精明狡猾的人，也知道他在洛林的地位。

不管国王究竟对吉赛尔贝特做了什么，可以肯定的是，亨利将在洛林的公爵权力留给了吉赛尔贝特，之后又使他全心全意地跟随在自己身边，928年时甚至将女儿吉尔贝歌（Gerberge）也嫁给了亨利。洛林回归东王国之后，康拉德家族也重新赢得了他们原本拥有的财富和邑产。事情能有这样好的结局，埃博哈德公爵对此贡献不小，他随后成了洛林的王室领地伯爵，这一职位是从洛林独立时期保留下来的。亨利与莱茵河对岸的康拉德家族联系如此紧密，对他自己新占领的土地来说也是一种保障。在这之后，鲁道夫国王可能也在形式上承认了对洛林的割让。

在执政的第六年，国王亨利就完成了统一德意志土地和宗族的大业，他成功地将国王康拉德在整个统治时期孜孜以求却无疾而终的追求完成了。他从容不迫地完成了这项大业，不依靠威胁恐吓，而是以他的平静、强大的洞悉力，以及对和平的追求——他不愿德意志与德意志人自相残杀。一个和平和睦的联盟就这样在德意志各宗族间建立起来了，随着时间的推移，这个联盟也变得越发紧密，德意志人渐渐形成了一个民族，而民族归属感也越来越深地扎根在德意志人的心中。这个由亨利建立的王国，人们可将之称作邦国联盟，但只要有足够的时间，它就能发展成为一个强大、统一的国家。教皇和主教们在阿尔泰姆的宗教议会上定下却没能实现的目标，亨利完成了，当然，他走的是一条与主教们完全不同的路。所以说，为德意志统一打下第一块基石的，并不是那些主教，而是那个拒绝从传教士手中接过冠冕的男人。

新的王权统治就这样无声无息地建立起来了，德意志王国也发展起来了，很快人们就已经忘却，这一切都是怎么发生的。至少在王后玛蒂尔德最早的传记中，那是在她去世后不久人们为她撰写的，以及在萨克森族人的家史中，人们都承认不知道统一是如何建立起来的。轰轰烈烈的事业在平静中结束了，新的秩序轻轻松松地持续了几个世纪，一下子，千头万绪的混乱状况就像被施了魔法一般，以最简单的方式解决了。这就像是在暗夜中向人们袭来的恐惧，每一分每一秒都滋生出新的混乱、喧嚣和挣扎，可怕的绝望和对死亡的恐惧填满了整个空间，救赎与希望无处可寻。直到太阳突然从晨雾中射出第一道光，将大地染成金色，绝望的人群才稍稍平静下来，看清彼此的面目，分清各种事物，秩序与平静重新回到人间，世界又以它夺目的光彩向人们绽放笑颜。亨利的清明和从容就是这阳光，照亮了原本被黑暗笼罩的德意志大地。

4. 亨利战胜文登人、匈牙利人及丹麦人

在将莱茵河这边的土地统一起来，并使洛林回到王国中之后，亨利就把治理各地的任务交给了各位公爵。公爵之中，统治权力最大的是巴伐利亚的阿努尔夫，就我们所知，亨利其后再也没有亲自到过这片公爵领地，也没有直接插手过领地内的事务。布克哈德公爵在对抗匈牙利人的战斗中不幸去世之后，他的儿子法兰克的赫尔曼（Hermann）伯爵以及一位和善的埃博哈德公爵于926

年接管了施瓦本的公爵领地，我们不知道他是以何种方式得到的统治权，因为
他还与布克哈德公爵的遗孀雷根琳德结成了夫妻。但此后，施瓦本与王国的关
系更加紧密了。这样一来，就由一个法兰克人掌握了施瓦本的最高权力，这也
使公爵统治的意义产生了变化，使它与国家的整体利益更为契合。正如，康拉
德家族现在为亨利的权力扩张添砖加瓦一样，吉赛尔贝特公爵身边的法兰克人
埃博哈德，作为王室领地上的伯爵，也占据了一个影响力极大的位置。由于洛
林对西法兰克王国的派系斗争多有涉及，所以地区内的形式仍错综复杂，恢复
稳定局势还需时日。许多时候，还需要亨利亲自出面干预。928年，他就曾率
领大军前往多尔弗斯，这里曾是雷基那尔反抗国王兹万迪波德的地方，现在被
鲁道夫国王的兄弟博索伯爵占领了，而亨利则要将这里的控制权夺回。当时，
亨利与吉赛尔贝特公爵一起，与刚刚投诚的雷基那尔以及他的兄弟博索达成了
和解。这时，莱茵河流域到处都是康拉德家族的势力，法兰克的政治事务全部
掌握在康拉德家族手中，他们几乎分享着亨利的统治权，并实际上获得了谁都
不曾有过的高位，这是他们在康拉德国王执政时就曾追求却未实现的。所以，
即使国家落到了萨克森人手中，法兰克人仍占据了格外重要的位置。在法兰
克权贵们的建议下，亨利决定在上黑森的希尔海姆和沃尔姆斯召开诸侯议会，
商讨国内事务。宗教议会也按照王命得以召开，旨在重建垮塌的教会风纪：
我们可以在科布伦茨、杜伊斯堡和埃尔福特举行的宗教议会上看到法兰克、
洛林、施瓦本和萨克森的主教们，而巴伐利亚教会则因为其特殊地位，由阿
努尔夫公爵进行监管。按照阿努尔夫的命令，巴伐利亚于932年在丁格尔霍芬
（Dingelhofen）召开了议会。

　　亨利国王自由地管理着萨克森和图林根这两块他继承来的土地，他对两地
的情况也尤其关心。他孜孜不倦地追求着，在内部建立起长久的和平，并保护
这里的人民不受外敌的侵扰。在亨利的治理下，这两块土地明显走出了衰落的
阴影，而亨利在这里建立起的秩序，也成了其他地方的榜样与典范。

　　好运总是青睐正直的人。在919年匈牙利人大举进犯德意志之后，这个顽固
的敌人又很长一段时间都没有再来骚扰德意志边境，这可能也是一种幸运。但
在924年，他们又出现了，并且针对萨克森人发起了进攻。他们所到之处，都变

成了废墟。城堡和防御工事，修道院与教堂，还有贫穷的农人们仅有的住房都被大火焚毁了；男女老少遭到屠杀；只要看看哪里有烟雾和火光，就能知道这些可怕的敌人行进到了哪里；人们纷纷逃进森林里、高山上和洞穴中。"这些惨象还是略去不说为好，"维杜金德说，"说出来只会徒增悲伤。"

国王亨利无法与这些占尽先机的敌人公开对抗。他已经不是第一次与匈牙利人交手，他知道自己的军队没有胜算。在萨克森，年满13岁就有义务拿起武器对抗敌人。根据记载，老法兰克王国的战时条例中要求，所有自由男性，拥有较多地产的人必须亲自参军，而小地产主们则须选出一人参军并共同承担其装备费用。但是，这些条例已经荒废多时，在经历了之前不幸的年代之后，拥有人身自由的人不断减少，由此集结到军队中的人数少之又少，即使招募到新的士兵，也大多是对战争一窍不通的人。传说，童子国王路易以及亨利自己都不得不用死刑相威胁，才能够征集到士兵。贵族和他们的邑臣及家仆自然是常常使用兵器，也时常为了复仇陷入争斗。在这个时代的德意志大地上，最不缺少的就是仇恨，萨克森也不例外。但是，这些争斗往往是小规模的混战，个人的勇气和计谋就足以决定胜败，这种小型的战斗是当时的德意志人所熟悉的，但要在开放的战场上对抗兵力雄厚的敌人，与整个民族相争，德意志人对这种战争中的技巧早已生疏了。即使亨利派出了平时勤奋练兵的邑臣军队，但终究难以团结一致，在大规模行动中更是毫无头绪。此外，与匈牙利人必须骑马打仗，虽然法兰克的邑臣军队长久以来主要是由骑士组成的，但骑士在萨克森却还是新鲜事物。大部分贵族都只派出一些装备简陋的步兵加入军队，而在马上冲锋陷阵的艺术在萨克森还是鲜有人知的阳春白雪。因此，以现在萨克森提供的邑臣军队的水准，亨利不能将对抗匈牙利人的重任交付在他们手中。所以，他索性避免交战，而在哈尔茨山脚下，离戈斯拉（Goslar）不远的维尔拉（Werla）王室领地的城堡中闭门不出。

即使在这时，亨利仍一直得到命运的垂青。一个匈牙利贵族被他的手下捉住了，带到了他的面前。这个俘虏在他的人民中很受爱戴，于是匈牙利人很快就派来了使节，要帮他摆脱敌人的桎梏。他们愿意用大量的金银财宝交换人质，但这并不是亨利想要的。和平，亨利要的只有和平，于是他提出，只要匈牙利人维持九年的和平，那么他不仅会放回人质，还将每年向他们进贡。匈牙利人答应了这些条件，向萨克森许诺了九年的和平，撤军踏上了归程。

让自己的祖国向另一个国家进贡，用金钱买来自己奴隶的身份，没有什么比这更令人羞耻的了。卡洛林王朝的政权就是这样走向衰亡的，想必亨利对这一点也很清楚。但是，亨利并不是因为贪图一时的太平，才向敌人买来了九年的和平，而是为了确保萨克森长久的自由，从和平时期开始的第一秒起，他就不遗余力地为这一目标而努力。九年对亨利来说，足够他在这片满目疮痍的土地上建立起牢固的防御体系。

亨利与匈牙利人的协议只对萨克森有效，926年年初，匈牙利人就转而攻打巴伐利亚、施瓦本及洛林，亨利不能够，抑或是不愿意，维护这些地方的和平。既然这些地方的人们总是希望将自己与国家隔绝开来，想要以一己之力对抗外敌，而那些公爵也想要亲自验证自己在战场上的运气，那么亨利也只管把自己的心思放在萨克森和图林根，于是也只有两地的防御体系得到改善。

924年到928年间，萨克森和图林根较大的村镇都还没有可靠的城防。只有在莱茵河及多瑙河两岸，原本罗马人居住的地方，才有修筑着城墙和塔楼的城市，但就连这些防御工事也已经在诺曼人的刀枪和匈牙利人的铁蹄下成了废墟。萨克森人还按照古老的习俗居住在零散的农庄中，周围是他们自己的庭院和耕地，或者居住在相邻而建的开放式村落中。仅仅在少数地方矗立着拥有防御设施的国王领地和贵族城堡，只有少数地方散落着几个主教、传教士和僧侣的教堂，正是这些地方首先将人们的生活汇聚到一起，形成具有活力的往来沟通。边境防御简陋，曾由查理大帝在这里建起的堡垒，大多在与丹麦人及文登人的战争中损毁了。所以，这片土地几乎是国门大敞迎接着它的敌人，而内部分散的定居地也不能有效地阻挡住敌人。在亨利看来，首先要做的，就是扩建和加固现有的城堡，同时兴建新的堡垒，让规模更大的军队能够在有庇护的地方集结起来。最需要这些防御工事的地方就是边境，那样就能将敌人拦截在国家的门槛之外。很早之前，奥托和亨利就成功地在萨勒河畔将索布人打败，也顺利地击退过从易北河中游入侵的文登族人。在这片边区上，亨利曾打过多场胜仗，现在他也在这里将大量的仆从集结起来，分给他们或多或少的邑产，让他们服兵役。这些边区都执行着严格的军事法规，与它们邻近的地区也大都接受着同样的管理，而堡垒就主要建在这些地方。数年之前，英格兰国王爱德华就曾为了抵抗丹麦人，以相同的方式建立一系列的边境堡垒，从而在敌人的袭击中保全了自己的国家。亨利很有可能也是借鉴了盎格鲁–撒克逊人的先例。

现在，边区大兴土木，日夜不休，一幢幢房屋、一座座庭院鳞次而立。在无休无止的工作中，人们必须渐渐习惯这种高强度的工作，因为在和平时期他们就必须坚强起来，这样才能在之后的战争中勇敢地存活下来。很快，边境地区的城镇就被新建的壕沟和城墙包围起来。练兵场扩大了，被毁坏的工事也都得到了修缮和重建，曾经只散落几个孤零零的茅草屋的地方，现在突然变为了成群的住宅。哈尔茨山区的奎德林堡就是这样，在博德河流淌的旷野拔地而起；之后成为王室领地的戈斯拉也是这样诞生的，人们还在那里发现了拉默尔斯贝格（Rammelsberg）的第一条矿脉。按照哈特博格的意愿，国王一直保留着梅泽堡，现在也进行了扩建，并增建了一道新的石墙。在梅泽堡周围，国王为罪犯们设立了一个类似于避难营的设施，以增加城市人口，抵抗外敌。这些可疑的犯人居住在梅泽堡的郊区及科什贝格的城堡森林的附近，而那些可靠的仆从则居住在城堡内部。人们将来自那里的军队称为梅泽堡军或是科什贝格军，之后别的地方由类似人员组成的军队都被冠以这两个名字。维杜金德说："这是一支由强盗组成的队伍。国王亨利对待国民向来温和，纵然是盗贼和强盗也能得到他的宽恕。除去罪犯的身份，这只是些勇敢善战的男人，他们背负自己应受的刑罚居住在梅泽堡郊区。亨利给予他们耕地与武器，命他们与民众们和平相处，但对于文登人，便可随心所欲地劫掠之。"梅泽堡的军队如此强大，以至于几年之后他们就能以千人之军对抗波西米亚人。

亨利也尝试用其他方法刺激新城的人口增长。他下达命令，所有的萨克森人共同参加的司法议会、人民集会以及庆典，凡是涉及买卖交易或是为了商讨公众福利的，都必须在城墙之内举行。当时，人们仍将这种在封闭环境下的生活视为监禁和隔离，亨利下达这样的命令，是为了让人们渐渐适应这种变化。在这一点上，亨利可能也借鉴了爱德华国王的举措，爱德华就曾命令所有形式的贸易都必须在城门内进行。

这些固若金汤的城池，不仅会在敌人新一轮的进攻中抵御住袭击，还保证了边区居民们的安全，给他们提供了避难之处。所以，在边境地区，每九个拥有邑产的臣民之中，就有一个得到城市中，为自己也为其余八人购得住宅、仓库和储藏室，因为他们在地里收获的三分之一果实都要运入城中，并贮藏在那里。而那八个在城外的人，则帮助那个进城的人照顾耕地，为他播种和收割，并将地里的出产运进他的谷仓。这些仆从在城外没有或只有简易的住所，因为一旦敌人来袭，这些都会最先化为乌有。

虽然，这些法令最开始只是针对萨克森和图林根边区，但其效力也渐渐对内地产生了影响，也使萨克森人适应了城市生活。零散的小型城堡渐渐消失，乡野间只剩下些山匪的老巢，而在大型的堡垒，尤其是国王领地周围则形成了人口众多的城市；主教驻地及著名的教堂和修道院附近人来车往越加频繁，人们将自己的住宅越来越多地建造在一起，使防御外敌变得更加轻松。萨克森和图林根最初城市的建立，就是为了防御外敌，但随后这片和平而富足的土地上，就靠着德意志人的勤奋和智慧结出了丰硕的果实。人们曾经坚信，德意志城市的自由与秩序是亨利建立起来的，这种说法虽然是错误的，但将亨利称为城市奠基人却不无道理，因为是他首先让萨克森人按照规划，适应了关上城门后的城市生活，将萨克森人零散的生活规整到紧密的生活圈中。如果有人远道而来，当他在远处看到萨克森人口稠密的城市正用那高耸的瞭望塔向他招手，当他跨入城门时看到千万人在这里过着勤劳安宁的生活，那他就该想到逼着萨克森人兴建城市的亨利。

但说到底还得以战止战，军事实力的较量不可避免，亨利必须建立起一支能够与匈牙利人抗衡的军队。如同他让萨克森人习惯于城市生活那样，他也必须让他们习惯法兰克人习以为常的骑士役，习惯在马背上作战。亨利订立的军事法规主要是针对萨克森邑臣，专为那些骑马的臣下和仆从设立的。随着边区王室役的人数大规模增长，大量训练有素、经验丰富的骑兵队伍应运而生。这样的邑臣队伍仍是亨利在军事行动中的主力军，而主力军中的核心就是国王在边区培育的战士。虽然亨利和他的继任者仍旧在战事中使用步兵，但在士兵征募过程中，步兵役已经完全失去了往日的光芒与荣耀。很快，战士成了骑兵的同义词，人民军队成了骑兵队。萨克森人，甚至所有德意志人都渐渐不再习惯用双脚征战沙场，直到很久之后，步兵才恢复了其重要性。亨利就是这样改变了德意志人的军事秩序和作战方法，开辟出了新的道路。

这一切花了亨利四年。"连我这张嘴都太拙劣，"维杜金德说，"说不出当时亨利是凭借什么样的远见和谨慎，为了保卫自己的祖国，完成了这一切。"

随后，他在928年展开了与王国另一大敌人的战争，那就是让萨克森人民不得安宁的文登人。与匈牙利人相比，文登人没有那么危险和恐怖，与他们作战可以当作练习，为迎战更强大的敌人做好准备。第一战的对手是文登人中的一支赫维勒人，他们居住在宽阔的哈弗尔河两岸及施普雷河下游。两军多次交战，赫维勒人节节败退，亨利最终攻入了他们的大本营，也就是现在的勃兰登堡。这座城市当时被叫做布雷纳堡（Brennaburg），被哈弗尔河围绕着。亨利围城之时，正值隆冬，他们的军营就扎在冰上。冰雪、铁马与饥饿——正是这三样东西让布雷纳堡沦陷的，随着城市的沦陷，赫维勒人所有的土地都落入了战胜者的手中。

接下来，亨利向南讨伐达勒米茨人，亨利人生中的第一场战争的胜利也是在与达勒米茨人的战斗中获得的。他们知道亨利的能耐，不敢与他公开对垒，于是躲藏在亚纳（Jana）的堡垒中，但20天之后堡垒也被攻陷了。文登人与萨克森人之间的血海深仇，如今遭到了血腥的报复。城市遭到洗劫，成人遭到屠杀，孩童则被当成奴隶遭到贩卖。这就是血债血偿的邪恶传统，而德意志人语言中的"奴隶"（Sklave）一词也是由"斯拉夫人"（Slaven）演变而来的。

随后，亨利领兵继续向南，攻打与文登人有亲缘关系的波西米亚人。在幽暗的波西米亚森林中，由阿努尔夫公爵率领的一支巴伐利亚军队也前来支援。这是长久以来，萨克森与巴伐利亚人第一次联合作战。他们深入波西米亚腹地，来到了奔流的伏尔塔瓦河岸边，布拉格古城的所在地。在这里，年轻的波西米亚公爵温泽尔（Wenzel）将自己的领地交给了国王亨利，而说服他这样做的，正是他虔诚的祖母、皈依了基督教的露德米拉（Ludmilla）。他的领地仍作为邑产保留在他手中，但从今往后他将自愿向萨克森进贡，根据后来的记载，数额约是500马克银币和120头牛。从这时起，德意志国王就要求波西米亚诸侯尽邑臣之职责，听从其号令，直到在经历漫长的时代之后，波西米亚反过来对德意志诸侯发号施令。

在国王亲自降服斯拉夫宗族的同时，萨克森伯爵们与北面的文登人之间的战斗也进行得十分顺利。首先是居住在哈弗尔河北面到佩讷河（Peene）流域的雷达里尔人（Redarier），随后是奥博德里特恩人和维尔泽人，都被迫从他们原本的居住地向北方和西方迁移到了波罗的海海岸边。在很短的时间内，萨克森人就夺取了易北河与奥德河间大部分地区的统治权。

但顽固的文登人还没有放弃，族人的鲜血使复仇的火焰越烧越旺。愤怒使雷达里尔人首先站出来反抗德意志统治。929年，他们集结成军，随即攻打了易北河附近、位于维尔本（Werben）和阿尔内堡（Arneburg）之间的老边区中的瓦尔斯莱本（Walsleben）。当地虽然人口众多，城池稳固，可还不足以抵抗数量上占优势的敌军。瓦尔斯莱本几乎在一瞬间就被攻破了，全城百姓在一天之中遭到屠杀，没有一个人活到第二天。这如同一声惊雷，唤醒了所有文登人，他们联合起来如同一个人，要挣脱萨克森人施加在他们身上的桎梏。

亨利迅速备战，并命令贝尔哈德（Bernhard）和提特玛尔伯爵，立即包围被文登人占领的兰策恩（Lenzen）堡垒。萨克森大地上，军队以最快的速度集结起来，连同在边区的王室役从，都严阵以待。包围兰策恩5天之后，军中突然获得消息，一支文登军队正埋伏在附近，要在当晚突袭萨克森营地。听到这个消息，贝尔哈德马上将军士们召集到自己的营帐前，命令众人保持警醒，整夜抱剑而眠，以备不测。众人散开了，心中各自怀着不同的情绪，有战斗前的兴奋和害怕，也有希望和恐惧。夜幕降临，似乎比寻常的夜晚更加黑暗，天空被厚重的云层覆盖，大雨滂沱而下。恶劣的天气使文登人丧失了突袭的勇气，而萨克森人则手握武器彻夜未眠。黎明时分，贝尔哈德决定发动进攻，并命人发出出兵的信号。军中众人按照习俗，在出征前一起进圣餐，向他们的将军郑重宣誓效忠，随后再互相许以承诺，要在危难中互相支持帮助。天完全亮了，在一场夜雨过后，天空呈现鲜亮的蓝色，萨克森士兵们开始向插着文登人旗帜的地方行进。第一轮进攻由贝尔哈德亲自冲锋，但由于敌军数量太大被挡了回来。在此过程中，他发现文登人的骑兵数量不如他多，倒是步兵数不胜数，而雨后泥泞的土地使步兵们行动困难，往往被骑兵们驱赶得七零八落。这使得他和萨克森众人重新鼓起了勇气。而当他们看到，文登军队上空升起一股厚重的烟雾，而他们身边则围绕着明亮的光芒时，他们对自己的信心更盛了。对他们来说，犹如获得了神的帮助。进攻的号令再次发出，他们兴奋地呼喊着冲向敌军阵营。文登军队人数太多，拥挤在一起，人们徒劳地尝试着拨开左右的人群，但身边都是被打散的文登士兵，与他们的同僚失散，遭到误伤晕倒在地。两军都损失惨重，但文登军队仍死咬不放。于是贝尔哈德向提特玛尔派去了一名信使，让他火速派来援军，提特玛尔随即调来1名大将及50名骑兵。萨克森军队如暴风雨般侵袭了文登军队，文登军阵脚大乱，没多久便想落荒而逃。旷野四周全是挥舞着宝剑的萨克森人。文登人想要回到兰策恩，却是徒劳一场，因为提特玛尔已经截断了他们的退路。许多人在绝望之中逃到了附近的湖中，那些没有刀剑砍杀的大多在这里被溺死了。步兵中无人生还，仅有少数骑兵保住了性命。800名文登人成了俘虏，在随后的几日里被处死了。在兰策恩阵亡的文登人约有10万。萨克森一方也损失惨重，军中的一些精兵强将也在此役中战死了。随着这次的战役，整场战争也终结了。兰策恩沦陷，城内居民全都交出武器，只求保住性命。虽然性命可保，但他们被要求净身出城，他们的妻子儿女、他们的仆从和财产全都留在了胜者的手中。

　　贝尔哈德和提特玛尔在德意志人民中赢得了赫赫英名，因为他们随机应变，以少战多，在对抗数量占优的文登敌军过程中打了一场漂亮的胜仗。国王隆重地接待了两位将军，他们凭借自己的功绩赢得了他口中最美的赞誉。

　　在战胜的欢呼中还混杂着其他一些愉悦的乐音。当时，亨利正在为他的长子奥托举办婚礼。从远亲盎格鲁-撒克逊王室家族中，奥托觅得了他的人生伴侣。与他共同走向圣坛的就是美丽的伊迪萨（Editha），她是爱德华国王的女儿，也是当时以强硬手段征服英格兰的国王埃塞尔斯坦（Athelstan）的姐妹。看到亨利前来提亲，埃塞尔斯坦感到受宠若惊，于是不仅将伊迪萨，还将另一位妹妹艾尔吉瓦（Elgiva）一同送到了德意志，亨利和奥托要在两人之中选出一人。在埃塞尔斯坦的首相的陪同下，两人乘船顺莱茵河而上来到了科隆，国王亨利的使节在那里迎接了他们。被选中的仍是伊迪萨，随即举办了盛大的婚礼。婚礼第二天早晨，伊迪萨从她的丈夫那里收到了一份丰厚的晨礼[1]，那就是马格德堡以及萨克森境内许多美丽的地产。一年后，伊迪萨为奥托生下了一个儿子，取名利奥多夫（Liudolf）[2]。全体民众为这个孩子的诞生而欢呼雀跃，在他的身上人们似乎看到了未来的统治者，但没有人知道，等待着他的是多么灰暗迷茫的命运。

932年，国王亨利再次带兵攻打文登人，他这次的目标是施普雷河两岸的卢萨蒂亚（Lausitz）[3]人。此前，亨利在迈森建立了据点和堡垒，现在从这片达勒米茨人的土地上出发，向卢萨蒂亚逼近。他渡过易北河，不费吹灰之力就踏入了敌人的边境。在达默（Dahme）与施利本（Schlieben）之间，有一块名叫莱布萨（Lebusa）的小地方。那里是当时卢萨蒂亚人的大本营，城中居民上万，有十扇城门和坚固的护城墙，如今人们还能看到剩下的残垣断壁。莱布萨遭到亨利军队的包围，只能投降，并向国王纳税进贡。在这里流淌的鲜血想必也不会少，因为对待文登人，亨利是绝对不会剑不出鞘的。

如今，德意志人已经在易北河与奥德河之间和乐地生活了几百年，但这片土地的每一寸，都是浸透着热血的啊。是在那些冷酷的时代，德意志的习俗和语言，连同基督教信仰一起，被播种到了这里；萨克森人用他们的铁腕扼住了文登人，并最终将他们碾碎消灭。要是他们在这样的桎梏下发出呻吟，表示自己的不满；要是他们一再站起来反抗压迫，却在战斗中被绝望击垮，谁又能埋怨他们呢？

933年，与匈牙利人之间的停火协议就快结束了，眼看与这个顽固的宿敌开战在即。我们可以看到，亨利充分地利用了过去的九年。萨克森有了钢铁般的边防，而国王手下有了一支身经百战、忠诚不渝的邑臣军队。现在的确到了，与老对手一较高低的时候了！

国王将全体民众召集起来，在全国议会上说道："这片土地曾经是多么

---

① 德意志人的婚礼习俗，在结婚第二天早晨新郎向新娘赠送晨礼。——译者注

② 又译鲁道夫。——译者注

③ 卢萨蒂亚横跨现在的德国、波兰和捷克三国边界，是索布人的聚集地。——译者注

混乱无序，现在你们从这种混乱中解脱出来了，这点你们自己最清楚，因为你们经受过那种内忧外患的沉重压力。但现在，在天主的帮助下，我用自己的操劳和你们的勇敢，使王国上下都洋溢着和平与和睦，也束缚住了文登人的手脚，听从我们的号令。现在剩下的，就是要击败匈牙利人这个公敌，为此我们所有人都要再次拿起武器。到今天为止，为了填满这个敌人的口袋，我一直向你们以及你们的儿女征税，现在，我甚至不得不从神的教会和主的仆从那里抢钱，因为我们已经一无所有，身无分文了。所以我仔细斟酌，该怎么做才好。为了不使我们变成奴隶，我该将原本献祭给主的贡品也拿来交给他的敌人吗？或者，我该索性将主的圣坛也牺牲掉，解除我们与主之间的羁绊吗？"说到这里，所有民众都站起身来，向天空呼喊："真正的神啊，祂所行的一切无不公义，祂所做的一切无不神圣，祂使我们免受束缚。"随后，他们向国王起誓，在任何困境中都忠诚地支持他，永不背离他。人群就此散去了。

不久之后，匈牙利人的使者来了，像往常一样要求进贡，但这一次他却是空着双手回去的。匈牙利的骑兵队很快就赶来了，浩浩荡荡的大军通过达勒米茨人的地界向西方进发。他们要求达勒米茨人给予金钱和人力的支援，但达勒米茨人可能也知道，亨利已经全副武装准备好了。所以，他们没有向匈牙利人上缴贡品，而是轻蔑地将一些不值钱的玩意儿丢在他们的面前。匈牙利人面对羞辱虽然极为气愤，却没有停下来报复达勒米茨人，而是匆忙向图林根进发，在932年冬到933年年初攻入了图林根。但很快，可怜的图林根人民就再也负担不起这支大军的供给了，于是一部分的匈牙利军队继续向西，打算攻入萨克森。

亨利早早从萨克森和图林根集结了一支强大的骑兵队伍并在当地颁布了征兵令，据说，巴伐利亚及其他地方的骑士们也纷纷赶来，会集到他的麾下。他从容地等待着匈牙利军队分散兵力的时刻。向西行军的匈牙利军队刚刚上路，萨克森和图林根人就向他们发起了进攻。敌军大将在一场血腥的战斗中身亡，军士们四散而逃。许多人在冬季的寒霜中冻死了，其他的一些死于饥饿，还有许多人成了俘虏，也悲惨地死去了。"这正是他们应得的。"科维修道院虔诚的僧侣这样说道。

　　而大部分留在东面的匈牙利军队在这期间得到消息，王后的一位姐妹居住在附近的一座城堡中——她就是没能嫁给奥托公爵的那位姑娘，后来与图林根一位叫维多的人结了婚，据说城堡中藏着许多金银财宝。于是，他们即刻启程，向这座城堡发起进攻。要不是因为当晚他们就攻入了城堡，可能第二天白天他们也将继续攻城。但在第二天夜里，他们听闻了自己的军队败给萨克森人的消息，并听说亨利正带领一支勇猛的军队向他们袭来。他们感到非常害怕，于是马上点起篝火作为信号，集结起散布各处的队伍，离开了城堡前的营地。而亨利当晚就在不远处扎营，那是一个当时被叫做利亚德（Riade）①的地方，可能是现在黄金河谷中温斯特鲁特河畔的村庄里特堡（Rietheburg），那里坐落着许多利奥多尔芬家族的城堡。清晨来临，亨利得知敌人就在附近，立即命令军队摆好阵形。他对手下的将士们说，他们应当将所有希望寄托于神的恩惠，今天他也会像往常许许多多的战役中一样，与他们同在。匈牙利人是这个国家的敌人，也是他们所有人的敌人，他们今天就要为祖国和祖辈们报仇雪恨。只要他们勇敢地放手一搏，就一定能击退敌人。每位军士的心中都充满了勇气，他们兴奋地看到，亨利骑着马在队列中巡视，时而在前方，时而到队列中间，一会儿又来到队列的最后一排。而他不论走到哪里，都有圣天使长米迦勒的标志飘浮在周围，因为这就是王国军旗的标志。但国王担心，如果萨克森全副武装的骑兵队直接朝匈牙利人发起进攻，那么匈牙利人一定无法抵抗，四散而逃，这样就不能将他们一网打尽了。因此，他先是派出一支由千人组成的图林根步兵队伍，带着少数几个骑兵作为先锋。他想到，这支先锋队现身之后，匈牙利人必定会与之交战，这样可以顺势将匈牙利军队引入预先埋伏好的战场。事情完全按照亨利的预想进行着，匈牙利人渐渐靠近国王安排好的军阵，但他们刚一看见那装备精良的骑兵队，就慌忙撤逃了。他们逃窜得如此之快，以至于亨利的军队追了两英里，都没有捉到多少俘虏。但亨利占领了他们的营地，并释放了之前被匈牙利人囚禁的俘虏。那是933年3月15日，对许多人来说都是

---

　　①　维杜金德所记载的地点是利亚德，他的报道完全可信，这里的描述就是以之为基础的。而利奥普朗德记载的地点则是梅泽堡，虽然他的记载与史实多有出入，但很长一段时间以来，人们却一直信以为真。

个值得庆祝的日子，因为在这一天之后，直到亨利结束执政，再没有一个匈牙利人踏足过德意志土地。

这场令人难忘的胜利使军士们以及萨克森人民都爆发出经久不息的欢呼，他们将亨利称为国父，赞颂他为世界的统治者和皇帝，他们这样称颂亨利的时候，似乎知道他的儿子奥托将继承多么大的国土和权力。这位伟大的萨克森国王击败了战无不胜的匈牙利人，他的声望也传遍了天下。但亨利则将胜利全都归功于神的护佑和帮助，他将原本要进献给匈牙利人的贡金，拨给教会，让他们去帮助穷苦的人们。

现在，德意志人还有最后一个敌人需要亨利去消灭，那就是丹麦人。虽然他们与德意志宗族有着共同的祖先，但长久以来彼此厌恶、互相敌对，当年伟大的查理大帝为他们划下了界限，他们已经越界太久了。他们不仅占领了艾德河、特雷讷河（Treene）及施莱湾（Schlei）之间的边区，在布鲁恩公爵不幸身亡的那场战役中，他们还在文登人的帮助下掠夺了易北河以北所有的土地，并用战火将荷尔斯泰因（Holstein）那些富饶的地区夷为平地。所有居住在这个区域的德意志人，都被驱逐到了易北河对岸，并时常遭受这群敌人的劫掠。经过很长时间，丹麦人才被渐渐逼退，萨克森人也返回了他们在易北河对岸的故土。此外，这个敌人还从另一边侵袭着德意志人，丹麦海盗总是乘着轻舟登陆弗里斯兰海岸，并一路烧杀抢掠深入其腹地。

亨利早先就曾和这群可怖的宿敌交过手，但那场战斗没能进行到底分出胜负。现在，这位渐渐老去的英雄再一次站出来，最后一次带兵跨越丹麦人的边境。虽然他们的国王老戈姆（Gorm）身经百战，第一次在斯科讷和日德兰半岛上统一了丹麦王国，但面对打败了匈牙利人的亨利，他仍不敢正面交锋。戈姆向亨利求和，任何条件都愿意满足。于是亨利要求恢复王国原本的边境，并在原本丹麦人霸占的北部地区施行与曾经的文登人占领区相同的法规，好在丹麦人离开后将这边土地作为邑产分配给萨克森的将士们。艾德河、特雷讷河及施莱湾之间的区域后来被称作石勒苏益格（Schleswig）边区，一直是德意志与丹麦间的边境，直到康拉德二世在约100年之后，将直到艾德河河畔的土地割让给了丹麦国王克努特（Kanut）。康拉德二世将由查理大帝定下的、由亨利用他的远见恢复的边境线退让给丹麦人，的确不是光彩的事迹啊。

5. 亨利一世国王执政末期

王国亨利在萨克森和整个王国内的重大举措都受到了幸运的垂青和神的庇佑，而他自己的家庭也始终洋溢着幸福。

命运给亨利一位像玛蒂尔德这样勤奋、虔诚而又亲切的女人作为妻子。她的性情温厚平和，始终为他人的福祉而奔忙，是国王得力的助手。她早晚都为丈夫的一举一动祈福；受苦受难的人都能从她那里得到庇护；国王做出过分严厉的判决时，她总是加以劝说，如果丈夫的怒火没有平息下来，不从嘴里说出仁慈的话语，她就无法放下心来。亨利自己也心甘情愿地承认，自己的许多功绩都要感谢这位杰出的女人，并将奎德林堡、珀尔德（Pöhlde）、诺德豪森（Nordhausen）、格罗纳以及杜德尔斯塔特（Duderstadt）赏赐给了她。

玛蒂尔德为她的丈夫生养了五个优秀的孩子，他们大多天资极高。在长子奥托之后，身为公爵夫人的她又将两位女儿带到了世上，她们是吉尔贝歌和海德薇希（Hedwig）；在亨利登基之后，与国王同名的儿子也出生了；最后，在他们结婚的第十六年她生下了小儿子，取名布鲁诺。之后不久，吉尔贝歌离开了家，嫁给了吉赛尔贝特公爵；但相对应的，奥托的妻子，美丽而虔诚的伊迪萨来到了他们家中。奥托和伊迪萨的第一个孩子就是在亨利国王在世时出生的。

亨利决定让自己的幼子布鲁诺走上神职道路，于是在他大约4岁时，将他送进了乌得勒支主教巴德利希的学校。由于一些不愉快的经历，亨利原本并不青睐神职人员，但在他的晚年，却与教会走得越来越近，这可能也是虔诚的王后玛蒂尔德所乐见的。亨利一直严守当时的宗教信仰，并且尤其重视珍贵的圣髑。勃艮第的鲁道夫国王就通过赠送圣矛[1]赢得了与亨利的友谊，据说圣矛手柄上的钉子是耶稣十字架上的，从那以后，圣矛就一直被视为国宝。而西法兰克的国王查理则试图通过赠送圣德尼的手骨，获得亨利的援助。维杜金德记

---

[1]　圣矛又称命运之矛。罗马士兵朗基努斯为了确认十字架上的耶稣是否已死，用该矛戳刺耶稣侧腹，血水喷溅出来，证明耶稣已死。——译者注

录，亨利万分感激地接过这份神圣的礼物，满怀崇敬地跪倒在圣髑前。虽然亨利对那个时代所有的圣物都表现出万分崇敬，但他在早年对神职人员却不甚信赖。神职人员无法像在前朝的国王身边那样，对政治事务产生彻底的影响，也得不到国王的赏赐和特权。直到国王的晚年，他才开始郑重地重建荒废已久的教会及修道院风纪。几乎全部富有的修道院都被世俗权贵掌握在了手中，甚至出现了由世俗之人任修道院院长的奇怪现象，这些人将修道院的收入用来满足他们世俗的需求，贴补他们物欲横流的生活。坐上主教坐席的也往往不是称职的神职人员，而是那些出身名门，花重金买来朝廷职务的纨绔子弟，他们坐上主教席位，为的也只是继续敛财，过荒淫的生活。在巴伐利亚、施瓦本、法兰克都是这样，尤其在洛林更是如此，雷基那尔公爵和他的儿子吉赛尔贝特就是用教会的收入装满了自己的钱袋。亨利召开了多次宗教议会，来控制这一教会的丑闻。历史文献中记录得清清楚楚，934年，人们开始在洛林的一些修道院中整顿风纪。在《使徒行传》第八章中，就将贩卖圣职称为"西门罪"[①]（Simonie）。按照利奥普朗德所记录的，在与匈牙利人的大战之前，亨利想要永远取缔这由来已久的丑恶交易。

　　在亨利生命的最后几年，他也感到自己时日不多，终于开始着手管理起了修道院。在哈尔茨山脚下的奎德林堡是他的王室领地，他很喜欢和玛蒂尔德一起待在这里，他也将这里留给玛蒂尔德作为遗产。他想要再建一座修道院，好让自己死去的时候，能在奎德林堡有一处安息之地。可能也是这个原因，王国和玛蒂尔德都积极地推动奎德林堡教堂的建造。从王室领地旁边的一处高地，可以纵览远处的景色，教堂的建造工程很快就在这里开始了。就在人们为这一建筑工程奔忙的时候，亨利听到了一个消息，在博德河（Bode）穿流而过之处，一个通行困难的地区，温德豪森（Wendhausen）修道院的修女们正在贫困中苦苦挣扎，而这些修女又偏偏都来自贵族家庭，过惯了养尊处优的生活。修女的亲戚们于是请求国王，请他将修女们调到奎德林堡去，而这正合玛蒂尔德的心意，因为她也十分看重高贵的出身，她认为出身于高贵家庭的人必然有高

[①]　由《使徒行传》中行邪术的西门而来，西门试图向圣伯多禄购买圣灵赐予的天赋，
　　遭到拒绝。——译者注

贵的思想。玛蒂尔德期望，这所她为之倾注许多心血的修道院，能够成为整个萨克森之中，孕育高贵礼仪和基督教美德的所在，所以她急切地要促成此事。于是，国王决定将温德豪森修道院迁至奎德林堡。

我们清楚地知道，在国王离世之前不久，他还曾想过要去罗马。是什么在吸引着他呢？难道说他拒绝了从主教手中接过国王冠冕，现在想要效仿查理大帝和其他那些查理家族中的国王，在罗马圣伯多禄教堂从教皇手中接受冠冕吗？难道说在多年的停滞之后，他想要重振西方的皇权统治？但要是回想亨利的一生，他总是将自己的计划和追求定在切实可行的范围内，他的野心也从未超出德意志的边境，那么以上这些假设就都不可信。或许是别的原因，使他有了想去罗马的念头。几个世纪以来，罗马的圣地、使徒伯多禄的陵墓就使萨克森人魂牵梦萦。海外的萨克森裔国王伊尼（Ine）①和埃塞尔伍尔夫（Athelwulf）②就曾前往罗马朝圣，亨利的祖父利奥多夫带着虔诚的妻子欧达也到过罗马，后来萨克森人格罗（Gero）还将战胜文登人用的武器悬挂在使徒的墓前，亨利也想像他们一样，不是以君王的身份，而是作为一名普通的朝圣者去往罗马，在自己的垂暮之年去到使徒流血牺牲的地方祈祷，在那个无比神圣的地方将一生的功名献给天主。然而，这个愿望终究没能实现。

亨利在四处征战和赫赫功绩中渐渐老去，原本强健的身体也慢慢变得不堪一击。935年秋，他来到丛林密布的哈尔茨山区，这里是他喜爱的狩猎场，并在埃尔宾格罗德（Elbingerode）和吕伯兰（Rübeland）之间的博德菲尔德（Boldfeld）城堡逗留了许久。博德河汹涌的浪涛在嶙峋的山岩间流过，这里曾是德意志最伟大的国王和皇帝们最爱的住所，在亨利一世之后的百余年，亨利三世也是在这里离开人世的，然而如今，这里已经难觅往日的踪迹了。在一次中风之后，亨利一世国王虽然恢复了过来，但他开始考虑留在这个世上还需要整理安排的事务。

亨利首先想到的是王国的继任者。他不能也不愿意再一次将一切交给未知的命运来决断。毫无疑问，德意志已经成了一个由选举产生国王的国家，但在

---

① 688年至726年间任威塞克斯国王。——译者注
② 839年至858年间任威塞克斯国王。——译者注

亨利的贤明功绩之后，人们不可能放弃这个萨克森家族而另选他人。931年，亨利来到法兰克的时候，埃博哈德公爵、所有主教及伯爵都对他表示了最高的敬意，为他准备了盛大的宴会，并将家中的宝物进献给他，由此可见，法兰克人对他也都心悦诚服。但亨利担心儿子们的野心，担心他们各自不同的出生和成长过程使他们之间有所争斗。亨利的长子唐克马尔是他那段不受教会认可的婚姻的结晶，奥托小时候他还只是位公爵，而三子亨利是他登基为王之后的第一个孩子。亨利将他与玛蒂尔德所生的第一个孩子，也就是奥托，选作了继承人。虽然奥托与亨利很相像，常常是所有人的宠儿，但从奥托身上，亨利看到了比他自己更崇高的追求和更坚强的意志。做出这个决定之后，他将国内的权贵召集到埃尔福特，他要在这里向他们推荐奥托作为继承人，并期待他们早些遂了他的愿望，就像当初他们遵从康拉德的意愿那样。

936年年初，权贵们从全国各地会集到埃尔福特，这是国王亨利最后一次出现在他们面前，向他们举荐他的儿子奥托成为未来的国王。经过深思熟虑之后，所有人都决定要支持奥托。亨利也考虑到了教会对他的支持，通过将温德豪森修道院迁到奎德林堡，为他扫除了登基路上的最后阻碍。最后，国王也想到了自己的家族。奥托将继续作为家族的族长，而亨利自己的财产将分配给奥托和其他的儿子们；唐克马尔也没有受到冷落，他继承他母亲丰厚的财产，原本献给他母亲的修道院也交到了他手中。

埃尔福特的诸侯集会结束之后，亨利带着少量的随从来到了黄金河谷温斯特鲁特河畔的梅姆勒本（Memleben）。那里当时是王室领地，曾有宏伟的修道院矗立一旁，现在已经变成了一个简朴的村落，但仍有教会建筑的残骸让人们回忆起往昔的峥嵘。在这里，亨利再次病发，他感到自己最后的日子近了。他将玛蒂尔德叫到身边，先是悄声与她说了许久，随后突然朗声说道："我深爱的忠诚的女子啊，感谢天主基督让我在你之前离开人世。别人都不曾像我这样拥有你这样虔诚又有德行的女子。你常常让我的愤怒平息下来；总是能给我有用的建议；要是我走了弯路，你就把我引回到正直的道路上；你不倦地提醒着我曾受过的苦难，总说'对一切心怀感激吧'；我的灵魂即将离开肉体，我要向神和他选定的圣人讲述你和我们的孩子，为你们祈祷。"玛蒂尔德被丈夫的话深深感动了，也告诉他，自己多么感激他的爱与忠诚，随后她离开他的病床前往城堡中的礼拜堂，为了让她濒死的丈夫能够得到灵魂的救赎而祈祷。不久之后，亨利就在他的儿子们以及几位萨克森贵族的面前停止了呼吸。众人发出的哀叹声传到了礼拜堂中，被王后听得清清楚楚。她整理好心情，问道，是否还有哪位传教士尚未进餐，好来给她那刚刚离世的君王和夫婿做一场弥撒。当时已经日上三竿，但还有一位名叫阿德尔达格（Adeldag）的修士尚未进食。他为国王亨利做了第一场弥撒，为了感谢他，王后将随身佩戴的金手镯送给了他，日后也常常照顾这位修士。弥撒结束后，她踏进亨利的房间，眼泪止不住地流下来，但她还是强忍住悲痛，走到在亨利灵床前哭泣的儿子们跟前，对他们说："我忠诚的儿子们啊，把今天看到的一切记在心里吧，尊崇和敬畏天主吧，他有着决定生死的能力啊。"

那天是936年7月2日，星期天，国王亨利去世时年近六旬，并且已经在德意志大地上执政了17年。

他的陵墓定在奎德林堡他亲自建立的修道院中。在无数人的眼泪和悲呼中，亨利的遗体被抬到了献祭给圣伯多禄的修道院教堂的神坛前。直到今天，亨利仍在那里安息，而来到奎德林堡的人也都要去那里瞻仰一番。在教堂地下室有一间光线昏暗的房间，被人们称为老礼拜堂，在那里，一块简朴的大理石牌标示出亨利棺椁的位置。这块石牌有些裂痕，周围镶着橡木的边框，四角由柱子支撑着。这个阴暗的房间里照不进一丝阳光，看到这个坟墓的人可能都会觉得，这个伟大的德意志王侯值得在阳光普照的地方拥有一个更华丽的陵墓。但又有哪种尘世匠人制作出的纪念碑能够配得上这个男人呢？像他这样有着惊天成就却始终谦逊的人，大概会觉得简单才是伟大吧。

让我们站在他的墓前再一次回顾他辉煌的一生，没有什么人能像亨利这样将短短六十载过得如此波澜壮阔。科隆的教士鲁特格（Ruotger）曾精辟地总结过亨利幼子布鲁诺的一生，而对于亨利的人生，他说："如果要说亨利是怎样使王国洋溢着和平的美好；说他是怎样克服了危难的处境，在内有同族相残、外有恶邻侵扰的情况下，将如此广大的国土统一到了一起，那么一天是说不完的。海陆两面都有来自丹麦人的威胁，散落在各处的斯拉夫人对德意志怒火中烧，残暴的匈牙利人又用战火焚烧着王国的土地；莱茵河对岸暴乱不断；国内权贵自相残杀，在这样的情形下，要完成统一几乎是不可能的。用壮士断腕的决绝将溃烂的疮口从健康的肉上剜下，再使之愈合，都需要无与伦比的耐力与果决。但亨利做到了，并且在极短的时间内，在神的恩惠下，所有异族都对德意志将士们闻风丧胆，这是前所未有的。而王国的统一将人民都团结起来，组成了一个世间罕见的强国。"

在这世上，确实有那些强大的君王和统治者，他们让庞大的国家、广阔的土地都屈服在自己的剑下，将那里的社会秩序改头换面；在这世上，也确实有那些杰出的思想家，他们为人类几个世纪的精神发展开辟道路——人们并不将亨利与这些人相提并论，亨利自己也从未定下或实现过类似的目标。如果要找出与亨利相似的王侯，那么只有那些实现了民族统一的海外萨克森裔国王了，埃格伯特（Egbert）、阿尔弗雷德（Alfred）和老爱德华就是很好的例子。这些国王一生的追求不外乎，将统一与团结融入国内各民族的生活中，使国家脱离巨大的危险并培育起生机勃勃的国家生活——亨利就是这样去做的，并且也获得了伟大的成果，并对后世产生了深远的影响。他在世时，人们就已经将他视作一个全新的王国的奠基人，这个王国基于东法兰克王国而建，虽然仍沿用东法兰克之名，但实际上，通过将德意志各宗族统一起来，已经以德意志王国的姿态登上了历史舞台。作为国家的奠基人，亨利对于德国人有着特殊的意义，也使他成为德意志历史上数一数二的人物。将德意志各宗族集合成一个国家形式的共同体，成为一个在政治和宗教上达到内部一致的民族，并在此基础之上形成共同的、清晰的民族意识——直到这一刻，才有了严格意义上的德意志民族；直到这一刻，德意志人才开始与查理大帝王朝中的罗曼民族，与北面的斯堪的纳维亚民族以及海对面的盎格鲁-撒克逊人清晰地区分开来。从那个时代开始，一直到今天我们所称的德意志王国和德意志民族，它们的历史都是由亨利开启的。这是亨利播下的一颗种子，种子茁壮成长，使后代的人们不断有新的收获，在上天的庇佑之下，结出越来越丰硕的果实。

科维的维杜金德记录道："国王亨利是那个时代欧洲最伟大的国王，无论精神还是体格都无人能及。他留下的儿子，比他更加高大；他给儿子留下疆域广阔的王国，不是从自己的父亲那里继承而来，而是依靠着神的恩惠亲自建立起来的。"

6. 奥托一世的当选与加冕

国王亨利去世之后，法兰克和萨克森人随即集合起来选举新的国王。从前，法兰克是王国中唯一掌权的宗族，现在他们与萨克森人共享王国的统治权。王国的势力就是以这两个宗族的联合为基础的。当时，萨克森与法兰克不分伯仲，都是王国的核心，而其他的德意志地区，如施瓦本、巴伐利亚和洛林，则相对较松散地聚集在他们周围。

虽然亨利将他与玛蒂尔德的嫡子奥托定为自己未来的接班人，也赢得了诸侯的赞同，但这并不意味着，选举制度就此被废除了，而且也已经有人提出异议，质疑奥托登上王位是否恰当。

有些人强调，亨利的二子小亨利是在其父登基后出生的，在王宫中长大成人，而奥托早在亨利还只是区区公爵时，就降生到了人世。据说，当父亲在埃尔福特的王国议会上优先选择了奥托，而没有选择他，小亨利十分气恼，孩子气的傲慢使他不禁喊出声来，说他的血管里流的是更高贵的血。玛蒂尔德虽然要遵从丈夫的遗愿，也要尽到作为母亲的义务维持儿子们之间的和平，但她将这一切都看在眼里，心里记挂的几乎全是小亨利，把他视为丈夫的影子。这些年中，小亨利渐渐长大成年，萨克森找不出一个比他更加俊美的少年；他使起刀剑来无比灵活，练习时一刻也不懈怠；虽然有着一腔热血和雄心壮志，但他看上去一点儿也不莽撞，反而处事谨慎。还只是少年的他，额头上就时有严肃阴郁的表情，可以看得出，这一点也是遗传自他的父亲——那个从不信口开河，即使玩乐时也举止严谨的人。这样的小亨利，如同当年他的父亲一样，轻而易举地赢得了人们的心，尤其是在萨克森，相比哥哥，小亨利是人们更喜爱的王子。因为，人们认为奥托的性格中有一种高傲，就连他的母亲也不知道这点从何而来。奥托刚刚24岁，但人们已经看出，他会是一位严苛的君主，他要求绝对的奉献与服从，并谋划着要进一步使自己的地位得到提高。他的步伐中带着自信，他的目光望向更高更远的方向，美德也在他身上熠熠生辉令人无法忽视，对待天主他拥有无法动摇的坚定信仰，对待朋友他忠实不渝，对待可怖的敌人他充满勇气。人们看到的他大多是开朗而友好的，他喜欢带着他的鹰去狩猎，在偏僻的小径上可能还会听到他迷人的歌声。他总是与人坦诚相待，但在他身边的人又总会产生一种敬畏之情，不敢对他完全信任。他的热情有多汹涌澎湃，他的怒火就有多骇人，就算是最亲近的人，他也常常十分严厉地对待他们。早在孩提时代，奥托就和弟弟亨利常有矛盾，他们俩的意见总是不能一致。这样的奥托，使向往着无拘无束的萨克森人更多地感到害怕，而不是敬爱。

但倾向与环境都是会变化的，到了选举的时候，人们还是遵守了他们对国王亨利的承诺，没有任何异议地将奥托选为了国王。这次选举的形式与当初亨利被选为国王时一样，但现在，单单是选举对人们来说已经远远不够了。奥托也要求自己的王位受到全面的认可，人们决定，立即将德意志所有的公爵、伯爵及最高贵的那些王国邑臣召集到亚琛，共同在查理大帝的老皇堡中确认这次选举的结果，并向新国王宣誓效忠，随后国王还将按照旧时的习俗，接受涂油和加冕。

查理大帝的皇室领地将石柱厅与大礼拜堂连接在一起，这两幢建筑都是查理大帝始建的，所用的大理石石柱都是从罗马和拉韦纳（Ravenna）运来的。936年8月8日，就是在这石柱厅中，所有德意志权贵会聚一堂，为新国王举行了加冕仪式。奥托登上王位，众人向他宣誓，永远忠诚于他，在他遭到反对时支持、拥护他。就这样，他们按照老习俗使他成了"法兰克国王"，因为当时和其后的德意志国王还保留着这一头衔。也因此，奥托将自己所有的萨克森服饰都换成了法兰克的短袍。当时及其后很长一段时间，人们都认为，只有法兰克族人或是来自法兰克的人，才能接受国王的冠冕。从那以后，国王一旦选定，无论他来自哪个宗族，都会被当作法兰克人。在热烈的气氛中，奥托由公爵、伯爵以及其他领主陪同着，来到了大礼拜堂。

如今拜访的亚琛的人们，依旧能一睹这座礼拜堂的风采。这座八角形的礼拜堂耸入云天，顶端围绕着两层以石柱装饰的拱廊；地面中间标记着查理大帝棺椁的位置。当时的天空中密布着从远处汇聚过来的云层，似乎要亲眼见证这个重大的日子，而在下面，美因茨的希尔德贝特大主教（他是在与科隆及特里尔的大主教明争暗夺了许久之后，才得到了为国王加冕的权力）以及所有大主教、主教及传教士都在等待着年轻的国王。国王的身影出现在礼拜堂门前时，希尔德贝特大主教迎上前去，右手执着主教手杖，左手引着国王来到礼拜堂中央查理大帝墓碑所在的地方，好让所有人都看得到国王。这时，大主教转过身，向着人群朗声道："你们看，我将奥托带到了你们中间，神选中了他，国王亨利认定了他，所有王侯也推举他成为你们的国王。你们若是支持这一选择，就将右手举向天空吧！"所有人都举起了手，礼拜堂中回荡着震耳欲聋的呼喊："新君主万岁！"

接着，大主教带着奥托来到了祭坛前。祭坛上放着宝剑与剑带、王袍与襻扣、节杖、权杖与王冠，象征着国王的尊严。大主教首先拿起宝剑与剑带，转身面对国王说："用这把剑斩杀所有主的敌人、异教徒和败坏的基督徒吧，因为神赋予你统治法兰克王国的权力，是为了让你维护整个基督教世界的和平。"随后，他拿起王袍与襻扣，披带在奥托身上，对他说："这件王袍的镶边一直拖到地上，是在告诫你，要始终不渝地坚守信仰、为和平而奋斗。"最后，当他将节杖与权杖递给奥托，他说："这两样信物是要告诉你，对待那些臣服于你的人，你要像父亲一般管教他们。""但是，"他补充道，"对主的仆从人，你尤其应该向他们伸出悲悯的手，像对待孤寡之人一样。永远不要让你额前象征悲悯慈爱的油干涸，因为你头上永恒的冠冕，是你在各处施恩的回报。"说完这些话，他为国王涂上了圣油，然后与科隆大主教维尔弗里德（Wilfried）一起，将金制冠冕戴在了国王的头上。

加冕仪式到这里就结束了，奥托在头上王冠光芒的映照下朝王座走去。两根精美绝伦的大理石柱衬托着华丽的王座，端坐其上的奥托可以俯视众人，而众人也都能清楚地看到国王的面容。奥托留在王座上看完了整场弥撒，随后他离开王座，起身回到查理大帝的宫殿中去了。

在涂油和加冕仪式进行的同时，宫殿中的大理石餐桌上已经摆满了王室宴会的珍馐佳肴。新上任的统治者与主教及群臣一起入座，但服侍他用膳的是德意志的公爵。这是当时的惯例，这是各地的公爵向万民之上的国王表示，他们认可他作为自己的君主，并全心全意成为他最得力的仆从。因为从早先开始，在德意志王侯们的宫廷中，就都是由最具权势且最有声望的臣下担任司酒官、财务官、膳食官和侍卫官，围绕在王侯的身边。当时在亚琛，就是由洛林公爵吉赛尔贝特担任财务官，组织了整场庆祝活动，法兰克公爵埃博哈德作为膳食官安排了宴会，施瓦本公爵赫尔曼则担任了最高司酒官，巴伐利亚的阿努尔夫带着他的骑士和战马负责护卫工作，并负责寻找能够支起帐篷供人马休息的地点，因为城内没有足够的空间容纳所有来到亚琛的领主。欢庆结束之后，奥托给每位权贵都准备了厚礼，并施与丰厚的赏赐，所有人都欢喜而归。

像这样的庆典是德意志的民众们前所未见的，之后再未有过规模与意义类似的加冕典礼。这场庆典同时也是对国王亨利一生建立起的功绩进行的献祭，同时也将德意志民族的统一昭告天下。参与这场庆典，就相当于参与了德意志王国的奠基仪式。查理大帝的子嗣们在德意志土地上施行的统治已经被消灭殆尽了，虽然国王的头衔以及加冕的传统还时时让人想起卡洛林家族的法兰克政权，但是，当德意志各地区的权贵全都心悦诚服地向一个统治者俯首称臣，而这个统治者又来自最纯正的德意志宗族萨克森，并且维护着父辈们古老的自由，这时一个崭新的秩序已经被建立起来了。亨利国王拒绝了法兰克人已经褪色的冠冕，但他用自己的功绩赢得了新的荣光，使得他的儿子能从修士手中接过焕发崭新光芒的德意志王冠。父亲曾经认作邑主那些王侯，现在对儿子俯首称臣，并要求成为他的家臣和仆从，其中改变的可不只是空洞的头衔。奥托的王权统治并不仅仅是萨克森公爵在众公爵之上的统领地位，他手中握着的权力是从前德意志土地上的所有国王都不曾拥有的。如果说比起德意志国王，亨利更像是萨克森之王的话，那么奥托虽然被称作法兰克国王，却完完全全可以称得上是德意志之王。

7. 执政初期的考验

头戴王冠的人往往不会承认，这顶王冠是多么沉重的负担，甚至比死亡的力量还更令人压抑。而德意志国王的冠冕更是如此，何况是在其刚刚建立初期，内部各方势力又争斗不断的时候。谁要是在这时戴上了这王冠，就不要奢望悠悠闲闲地度过一生，而是要经受数不清的内外斗争的考验，并向芸芸众生证明，他是顶天立地的强者。很快，奥托经受考验的时刻到了：面对伟大的父亲，他能否证明自己是值得他骄傲的儿子呢？他年轻的臂弯又是否足够强壮，能够勒住政权的缰绳，维护并巩固德意志土地上刚刚建立起来的统一呢？

　　亨利去世的消息才刚刚传到东面斯拉夫人的耳朵里，一些好战分子就已经蠢蠢欲动，试图挣脱萨克森人的桎梏：他们就是居住在易北河下游的波西米亚和文登族人。虔诚的波西米亚公爵温泽尔带着他的领土臣服于萨克森，在亨利死前的一段时间里，他就死在了他的兄弟波列斯拉夫（Boleslaw）的手中，因为对于这个果敢而傲慢的男人来说，人民的自由远比兄弟的性命重要。波列斯拉夫刚刚把公爵统治权夺到手，就马上向萨克森人叫嚣起来，并整顿兵马准备刀兵相向。他看不惯邻邦的一位斯拉夫首领对德意志人卑躬屈膝，首先与他开战了。虽然，一支来自萨克森和图林根的德意志军队，也就是由国王亨利创立的、令人闻风丧胆的梅泽堡军，很快赶来支援，但波列斯拉夫毫不畏惧，并一下子攻入了对手的边境。他将军队分成两路，分别攻打萨克森人和图林根人，并且将其双双歼灭。没了德意志军队的阻挠，他直闯邻邦首领的大本营，以飓风之势占领了堡垒并将之夷为平地。为了使这位诡计多端又骁勇善战的波西米亚公爵俯首称臣，萨克森人又采取了不少行动，但一直到奥托执政的第十年，他才终于向这个外族政权低下了头。

　　相较之下，愤怒的文登族人放弃得更早。年轻的国王刚一登基，就与他们在战场上摆开了阵势。奥托可能对自己的兵法战术还没有十足的把握，认为自己经验不足；在跨过敌国边境后，他就将领兵的任务交给了一个英勇而贤明的萨克森人赫尔曼，他是彼林（Billing）伯爵的儿子。这个赫尔曼日后还取得了更大的尊荣，后世的人将他神化，说他出身贫贱，其实他生于萨克森最高贵的家族之一，甚至和王室家族也是近亲。奥托的祖母欧达就来自彼林家族，玛蒂尔德王后的一个姐妹还嫁给了赫尔曼的哥哥维希曼（Wichmann）。奥托以他犀利的目光找到了这个合适的人选，但他的这一选择在骄傲的萨克森权贵中却引起了嫉妒与不满，他们中的许多人感到自己也有能力担任这一职位，对未经战场考验的青年国王所做的选择并不服气。尤其是赫尔曼的哥哥维希曼，他一气之下离开了军队；另一位萨克森贵族领主艾卡德宁可死在文登人的手里，也不愿亲眼看到赫尔曼得胜归来；所有人心里都充满了对国王的怨恨和对赫尔曼的嫉妒，每个人的脸上也都表现出这样的情绪。但赫尔曼的骁勇使得所有嫉恨他的人感到惭愧。他上阵杀敌，总是能一招致命，在极短的时间内就结束了战争。9月时，文登人重新投降并像往常那样交上了贡品。国王从文登人那里召回了正直的赫尔曼，任命他为边疆伯爵，就这样，国王在他的第一场战争中大获全胜。

但来年（937年）春天，匈牙利人卷土重来。他们也知道，亨利不在了，要来试试新任国王究竟有多勇猛。浩浩荡荡的匈牙利大军跨过德意志边境，穿越法兰克，试图开辟一条新路线，从西面进攻萨克森。但奥托也迅速集结了他的军队，匈牙利人还没到达萨克森边界，奥托的军队就已经摆好阵势等着他们了，匈牙利军队一到就被打了个措手不及，很快就撤军逃跑了。他们向西逃窜，奥托的军队紧咬不放，直到他们彻底离开德意志王国的地界。在此之后，匈牙利人的骑兵队伍越过法兰西的平原来到了卢瓦尔河畔，他们以风卷残云之势侵袭了这片可怜的土地，因为那里没有像亨利和奥托这样的王者，能够抵挡得住这股摧毁一切的风暴。

仇恨与不安在西法兰克四处蔓延。西法兰克的鲁道夫国王在亨利之前就已经过世，国内最有权势的人成了于格——他的父亲是推翻糊涂王查理三世后被推举为王的罗贝尔，他同时也是国王奥托的侄子。他原本有机会登上王的宝座，但想到死于沙场的父亲他拒绝了，但他也只是在利用表面上的顺从规避危险，从而更好地利用自己的权力罢了。最终登上王位的是路易四世，他是糊涂王查理的儿子，之前远渡重洋逃难到了英格兰的舅舅埃塞尔斯坦那里，现在回来继承父亲的王位，并想着凭借父亲的名义统治西法兰克。他将自己称为神恩庇佑的法兰克公爵，宣告自己在王国中一人之下、万人之上的地位，而实际上即使头上只有一人，他也不想屈居人下。当路易渐渐展现出自己的野心，于格开始疏远他，没有于格这位强大的公爵支持，王权力量就太过薄弱，国内的冲突继续蔓延。但于格心中对权力的向往并没有熄灭，他不仅继续加强自己在国内的势力，还在国外寻求强大的同盟。除了国王奥托之外，他可能找不到更好的人选了，很快他就娶了奥托的妹妹海德薇希为妻。奥托将自己的妹妹嫁给这位大公爵，可能是希望她能将于格拉拢到他的妻侄路易身边。当时法兰西的内部就是处于这样一种分裂的态势，德意志人长久以来被迫接受的惨痛教训，现在法兰西人也要亲身经历一遍了——一个分裂的国家总是会轻易沦为敌人的案上鱼肉。

　　但没过多久，外部的敌人才刚刚被打压下去，内部争斗就在德意志土地上爆发开来。崇尚和平但又能震慑四方的国王亨利离开了这片土地，他那骄傲而暴躁的儿子，他那令人又爱又憎的儿子，是否也有足够的力量，将一个同样骄傲、暴躁、向往自由的民族控制在手中，并让它们按照自己的意志来行动呢？这一切的答案，现在正要揭晓。

　　正如我们所见，法兰克与萨克森的统一是王权势力的根基，也关系到王国的未来。法兰克与萨克森只要有一方瓦解，那么另一方也势必陷落，而如今双方之间的裂痕已经再显眼不过了。

　　双方之间的嫌隙是由萨克森人，而不是法兰克人率先挑起的，这一点并不奇怪。科维的维杜金德记录道："王权统治被掌握在自己宗族的手中，萨克森人十分骄傲，不愿意再向其他任何人俯首称臣。他们要是从谁那里获得了邑产，或是成了谁的仆从，他们不会将那些人看作自己的主人，而是觉得，这一切都该感谢萨克森的领头人，他们的国王。"萨克森邑臣与法兰克邑主之间各种矛盾冲突层出不穷，而奥托也涉足其中维护自己的萨克森族人，而且他加强了针对法兰克贵族的统治。

　　类似的争端首先在黑森爆发开来。埃博哈德公爵在迪默尔河（Diemel）流域拥有大量地产，而他的一位萨克森邑臣布鲁宁（Bruning）则拒绝听从他的指挥。这使埃博哈德公爵勃然大怒，他认为，这个傲慢的萨克森人所拥有的一切都是他给的，所以他即使不先请求萨克森国王的裁判，也可以主张自己的权利，没有人能够因此责怪他。许多法兰克权贵同意他的想法，并对他计划采取的所有行动表示支持。于是，埃博哈德召集起一支军队，来到了布鲁宁的堡垒，迪默尔河畔的海尔默斯豪森（Helmershausen），一把火点燃了整座城堡，并将居住在那里的所有人杀死了。奥托一听说这个消息，立即将埃博哈德公爵及所有支持他的法兰克领主召来接受他的审判。虽然众人百般辩解，他们无意忤逆国王的权威，只是想要帮助同僚报仇，以解心中的愤恨，但国王还是判罚了埃博哈德公爵，要求他上缴价值百磅银币的马匹，其他人受到的惩罚是要在众人面前将狗举在眼前[①]，并一直行进到马格德堡的王室领地。而大胆引发这场冲突的布鲁宁和他的同伙们是否也受到了惩罚，我们就不得而知了。

虽说，埃博哈德和他的朋友们接受完处罚，国王在王室领地亲切地接待了他们，施与赏赐，没有人空手而归，但可以想象得到，这些法兰克人是怎样回到家中的，他们又将如何看待这个年轻气盛的国王。我们也还能够想象得到，埃博哈德的心中又翻滚着怎样的巨浪，当年，他带着哥哥康拉德的遗愿将王冠递到萨克人手中，如今他却要亲自站起来反对他们了！国王的赏赐没有使他释怀，反而进一步激怒了他。他谋划着复仇，他的朋友们紧密地联合在他的周围，所有人摩拳擦掌，不论要冒怎样的风险都愿意与他并肩作战。而他在法兰克也不缺追随者，因为他是一个令人心情愉悦的人，不论是与同僚们抑或是地位低于自己的人相处，他都开朗随和，他总是向贫困的人们伸出援助的手，正如他总是向朋友们敞开家门。除此之外，他的家族在不久前还掌握着王权，在过去的30年中，他是法兰克距离王位最近的人。就连许多萨克森人也觉得他没能继承王位，对他来说是不公平的，想着他是否会向萨克森报复，并在暗中与他联合起来对抗国王。

我们已经知道，赫尔曼的得势引起了许多萨克森贵族对国王的不满。赫尔曼的哥哥维希曼就一直疏远着国王，心中埋藏着愤懑，而他在人民中极有名望，是国内最优秀的人之一，很少有人像他这样英勇无畏又精通兵法，心志高洁又睿智机敏，人们都将他视为天人。很快，国王又面临着一个新的重要抉择，这个抉择也同样令他树敌无数。除国王之外，在萨克森最有权势的人是西格弗里德伯爵，他曾在国王前往亚琛时为他代理朝政，并在易北河中游直到奥德河畔将文登人击退。就在不久前，西格弗里德伯爵去世了，许多双眼睛虎视

---

① 这是一种针对拥有人身自由的民众所处以的惩罚，在之后一段时间内也通行，相当于惩罚家臣背上马鞍，或是农民背上犁车游街。

眈眈地盯着空出的位置，由于西格弗里德伯爵与唐克马尔的母亲是兄妹，并且
将伯爵的头衔看作自己的遗产，所以人们都相信最有资格坐上这个位置的，是
国王亨利与哈特博格的儿子、奥托同父异母的哥哥唐克马尔。何况唐克马尔无
疑是个果断干练的战将，他总能给别人精明有利的建议；但这些优点同时也是
他的缺点，他整日在打打杀杀中消磨时间，他的精明也伴随着对财富权力的贪
婪以及报复的野心。由于自己的出身被无辜打上私生子的烙印，与王位失之交
臂，父亲虽然给了他许多地产，但他母亲丰厚的遗产却被剥夺了，有着这样的
经历，想必他的性格中应该充满了阴郁与压抑。现在奥托又拒绝让他坐上西格
弗里德伯爵的位置，而将之移交给了出身更为低微的下哈尔茨山区的格罗伯
爵，复仇的火焰开始在他胸中燃烧起来。他是堂堂的王子，却在早年就被打
上了令人不齿的烙印，被认为配不上更高的名望，所以他就自己为自己开辟
成为权臣的道路，然而这条道路也被人们故意阻断了。在一边煽风点火的人
不在少数，很快埃博哈德与唐克马尔就在暗中联合起来，各自带领着一众自
己的追随者。

　　当法兰克与萨克森反对王国的阴谋还在暗中酝酿的时候，巴伐利亚已展开
了公开的暴动。亚琛加冕仪式结束一年后的7月14日，阿努尔夫公爵去世了，
留下了好几个儿子。对他们来说，这正是动摇萨克森统治的好时机。长子埃博
哈德首先举起了公爵统治的大旗，并狂妄地拒绝了国王的召见，不愿前往王室
领地向国王宣誓效忠，也拒绝从国王手中正式接过巴伐利亚的公爵统治权。世
俗的权贵们本来就心甘情愿地追随阿努尔夫的长子，而他又为自己在教会中赢
得了不少支持者。长久以来，帕绍的主教们就一直嫉妒萨尔茨堡教区地位高
于自己，想要扩大自己的教会管区从而获得佩戴大主教佩带的资格，最终他
们通过一个骗局达到了目的。他们说很久以前，被摧毁的罗马城市罗瑞亚库
（Laureacum）曾是大主教驻地，后来这一驻地被迁移到了帕绍。埃博哈德帮助
帕绍主教吉尔哈德（Gerhard）实现了他的心愿，吉尔哈德不仅去到罗马，从教皇
良七世[①]手中获得了大主教佩带，而且还成了整个德意志教区的代理主教长。教

---

① 又译教宗利奥七世。——译者注

皇对阿尔卑斯山脉另一边的教会事务已经放手不管很久了，现在借此机会重新插手德意志的事务，而埃博哈德公爵和吉尔哈德主教就是他在这里的左膀右臂。

巴伐利亚的态势发展迅速不容小觑，于是奥托于938年亲自来到了巴伐利亚。他在内心希望，自己能够像父亲当年使阿努尔夫公爵归顺那样，使公爵那不可一世的儿子也顺从于他，但他想错了，很快他就意识到，只有用武力才能驯服这群傲气的巴伐利亚人。于是他迅速集结起一支大军攻入巴伐利亚，并很快占领了整个地区。这下，埃博哈德无可挽回地失败了，他不得不接受国王的审判，他被驱逐出了国境，而他的名字也从此后的历史中消失了。

国王将巴伐利亚公爵的头衔赐给阿努尔夫公爵的一个兄弟，他的名字叫作贝尔希托德。在阿努尔夫还在世时，他就以公爵身份治理着克恩顿，并在埃博哈德与国王的对抗中加入了国王的阵营。但阿努尔夫的权力并没有完全移交给贝尔希托德，因为贝尔希托德手中并没有设置巴伐利亚主教管区的权力——巴伐利亚人曾经是用这项权力作为交换，归顺于亨利的。此外，公爵阿努尔夫的二儿子小阿努尔夫在巴伐利亚谋得了一个新的职位，这个新职位的设置，使得公爵的权力大打折扣——而小阿努尔夫的头衔就是王室领地伯爵。在卡洛林王朝时期，国内各处都有王室领地伯爵，其间他们已经获得了独立的地位。王室领地伯爵的头衔很早就产生了，因为他们是国王在宫廷审判中的帮手和支持者，而小阿努尔夫在巴伐利亚所担任的这个王室领地伯爵又有了新的权力，他不仅能在所有王室城堡、地产和邑产上以国王的名义进行监督，也负责处理该地区的国家收入。这也就是说，卡洛林王朝时钦差使臣的职责也统一到了这个王室领地伯爵的身上，使他成为与公爵比肩的、不容小觑的人物。

此时在巴伐利亚发生的一切，都有着不可估量的重要性。这不仅仅是因为这些事件将巴伐利亚更紧密地与王国联系起来，还因为从中可以看出，奥托对公爵在王国中的地位与他的父亲有着不同的看法。对他来说，公爵头衔并不是可以世袭的身份，他决定了公爵继承人需要由人民选举产生，他眼中的公爵更多的是国家的官员，他可以自由设置公爵权力，所有在当时被认为是王权的权力，他都不会放手交给公爵。在他看来，压制公爵家族的势力是当务之急，而现在，他针对掌权的家族，分散和削弱其权力的举措恰恰也证明了这点。他提拔家族中的一个成员从而削弱该家族的另一个成员，在此过程中，他削弱了巴伐利亚的家族势力。在同一时间，他还促成了自己的弟弟亨利与阿努尔夫美丽的女儿尤迪特（Judith）之间的婚事，使这一家族与王国以及王室的命运更紧密地联系在了一起。这场联姻也必将产生重大的影响。

在埃博哈德身上发生的悲剧，以及巴伐利亚正在上演的变化，都使国内的大邑臣们心中充满了忧虑。这位年轻的国王在各地的所作所为会与他的父亲有什么不同，他对王位的看法又与其父有什么不同？萨克森人手中握有的权力，几乎超越鼎盛时期的法兰克政权，是德意志大地上前所未有的。可以预见，等待着人们的是一场王权势力与公爵势力间的殊死较量，而当对手们以其人之道还治其人之身，开始破坏王室家族的和睦的时候，这场较量对奥托来说越发危险起来。

唐克马尔与法兰克的埃博哈德公爵已在暗中结盟，在国王忙于应付巴伐利亚的局势时，埃博哈德已经举起了复仇的大旗。他无视国王的命令，再次领兵攻打布鲁宁，一场大规模战斗在黑森展开了，战斗的双方法兰克人和定居在黑森的萨克森人很快就将这场战斗打到了威斯特法伦。埃博哈德的邑臣与国王弟弟亨利的邑臣之间产生了冲突，并很快演变成两位强大的领主之间的冲突。耕地荒废了，房屋毁坏了，到处充斥着谋杀与破坏。奥托在惊骇与忧愁中听到这个消息，于是召集人们去往鲁尔河畔施蒂勒（Steele）的庄园中举行王国议会，那是威斯特法伦的地界——就在距离埃森不远处。扰乱和平的人必须出席这次议会，并听候对他们的判罚。但埃博哈德公爵和他的朋友们不愿意再抱犬游街了，他们没有出现在议会现场，这一行为表明，他们认为没有必要听从国王的号令，这显然使他们成了忤逆的罪人。但即使这样，奥托还是原谅了他们，因为他想用这一宽厚仁慈的举动终结国内的纷争，可以预料得到，如果他继续强硬下去，就会威胁到王国的统一。

但这种宽厚仁慈只是进一步激怒了这些人而已，许多人还将国王的温和视作懦弱的表现。反叛者们并没有放下武器，反倒是他们的自负一日高过一日，恐惧在黑森、法兰克及威斯特法伦不断蔓延，国王康拉德所经历过的噩梦仿佛再次重演了。一些受到亏待的萨克森人也与埃博哈德联合起来，最终就连国王的兄弟唐克马尔也拿起了起义的武器。他聚集起自己的朋党，在一个幽深的夜晚突袭了威斯特法伦的贝勒克（Beleke）要塞。那是在利普施塔特（Lippstadt）以南，当时他同父异母的弟弟亨利正在此逗留。唐克马尔将亨利囚禁起来，将他像低贱的奴隶一般捆住，带着他来到埃博哈德面前，这是他送给他的盟友埃博哈德最好的礼物。他将豪华的城堡留给了他的军士们，任由他们劫掠，随后继续在威斯特法伦进军，最终在埃雷斯堡安营扎寨。他就是以那里为据点带着他的军队将许多地方夷为了平地。

奥托的处境危险重重。一个接一个的诡计朝他袭来，而他孤立无援，看不到救赎的希望。他在法兰克和萨克森几乎找不到一个朋友，更不用说在别的地区了。施瓦本的赫尔曼公爵是法兰克人，又是埃博哈德的堂兄弟；巴伐利亚几乎快要脱离王国了；而在吉赛尔贝特公爵统领下的洛林永远是随风倒的墙头草。

但在危难之中，意料之外的朋友伸出了援手。睿智的维希曼伯爵在此之前因为弟弟赫尔曼的事在家生闷气，对家门外的纷争不闻不问，但当他看到残暴的内战，想到它可能带来的悲惨结局时，他坐不住了。他来到国王面前，重新赢得了国王的恩宠，用自己的忠诚将之前的过节一笔勾销，直到生命尽头也一直受到国王的信任。许多萨克森人也效仿这位备受崇敬的伯爵，缓和与国王的关系。但更重要的是，埃博哈德公爵陷入了与亲族间的争斗中。是法兰克公爵自己家族内部的矛盾将胜利拱手让给了奥托，这与在巴伐利亚所发生的如出一辙。维特劳公爵乌多的儿子吉卜哈德（Gebehard）在贝勒克身亡，他的死成了引发埃博哈德公爵家族中矛盾的导火索，首先就是他与他的堂兄乌多之间的冲突，很快乌多的朋党也开始攻击乌多的兄弟施瓦本公爵赫尔曼以及他的两位堂兄弟，其中之一就是被人们称作"矮个子"的下拉恩高伯爵康拉德（Konrad Kurzbold）；出于对埃博哈德的仇恨，这些人坚定地站到了奥托的阵营中。当时人们就已经看出，吉卜哈德的死会涉及更高的势力阵营，对之后的权力争斗有着决定性的作用。就在埃博哈德忙着同族相残的时候，幸运也渐渐离他远去，而比他更早落得悲惨下场的，是唐克马尔。唐克马尔的疯狂行径，使得奥托无法再对他的所作所为坐视不理。奥托被伤透了心，决定用武力对付自己的兄弟，于是向埃雷斯堡派出一支军队。当地的居民自愿为奥托的军队打开城门，孤立无援的唐克马尔只能逃到了当地的圣伯多禄教堂中。国王的人马气势汹汹地追赶着唐克马尔来到教堂中，其中还有亨利的人马，他们怒火中烧，誓要为自己的主人报仇。他们冲破教堂的大门，违背教规，冒着亵渎神灵的风险手握刀剑闯进教堂。唐克马尔站在神坛前与追兵们搏斗，最后他力气用尽，只能将手中的盾牌以及象征他高贵出身的金链取下，放在地上表示投降。但这些人仍对他发起了再一次的攻击。一个名叫迪亚波德（Thiatbold）的萨克森人谩骂嘲弄唐克马尔，于是唐克马尔予以回击，最后迪亚波德死在了神坛前。战斗越演越烈，唐克马尔仍英勇地四面防御，却不料从背后射来一支矛枪。这支矛枪是被人从靠近神坛的教堂窗户中投进来的，被射中的唐克马尔一动不动地倒在神坛前，没了声息。这支矛枪，是奥托军中一个名叫梅西亚（Maincia）的士兵投出的，唐克马尔死后，他将留在神坛前的金链也抢走了。

这一系列的巨大变故，奥托全都毫不知情，得到消息的时候，他悲痛不已。在神坛前发生的暴行，想必在他的心上蒙了一层阴翳，但眼下正是危急关头，因此而迁怒疏远手下的将士并非明智之举。他深深地为自己兄弟的悲惨命运叹息不已，他也毫不避讳地让手下的人知道，他是多么珍视唐克马尔的胆识，虽然他有一个致命的缺点，那就是不懂克制，这也注定他无法成为得到重用的权臣。不羁的性格使他英年早逝，倒在神坛前的他还不满30岁。另外4名与唐克马尔共同策划谋反的贵族男子也落到国王手中，并被处以了绞刑。被埃博哈德与唐克马尔占领的其他萨克森城堡重新回到了国王的手中，埃博哈德公爵失去了所有的追随者，也不得已开始考虑，要与国王言和。

当时奥托的弟弟亨利还在埃博哈德的控制之下，埃博哈德找到亨利，跪倒在他脚下，苦苦请求这个被他狠狠羞辱过的王子能够原谅他。埃博哈德最终如愿得到了亨利的原谅，但他为之付出的代价也是巨大的！我们知道，亨利之前就觊觎王位，也曾妄想自己有权继承王权；人们没有让他出席亚琛的加冕礼，并让西格弗里德伯爵监督他，在一定程度上也是有意为之。经历了过去的一段时期，他怎么会不知道奥托的敌人数量之巨、用心之险恶？此时，萨克森所有心怀不满的人都将希望寄托在他身上，也是情理之中的事；而这些人怀着恶意说出的话，又助长了亨利心中的妄想；他的灵魂既然无法摆脱对权力的渴望，那么夺取他的自治权只能点燃他危险的激情。我们无法知道，亨利的密谋是如何渐渐形成的，但早在他被埃博哈德囚禁时，他就已经下定决心，要夺走哥哥的王冠，并亲手举起权杖。虽然他对埃博哈德公爵的所作所为愤怒至极，虽然这两人的目的与用心大相径庭，但有一点他们是相同的，那就是对奥托的敌意。现在，利用埃博哈德实行自己计划的时机到了，亨利同意原谅埃博哈德，对他遭受的不公待遇既往不咎，条件是埃博哈德与他结成联盟反抗国王，并帮助他登上王位。埃博哈德这个国王的死对头，毫不犹豫地答应了亨利的条件。既然是国王自己引起的家族争斗，他何必顾忌什么礼俗规矩？他只需顺水推舟，而后隔岸观火。与埃博哈德结成联盟之后，亨利带着埃博哈德的厚礼，被恭恭敬敬地送走了；这与他来时真是天差地别的待遇啊！他回到奥托身边，两兄弟许久未见，奥托真心实意地为重逢而喜悦，而亨利心中却掩藏着阴谋。

埃博哈德也重新获得许可，可以觐见国王了。不久前接替希尔德贝特成为美因茨大主教的弗里德里希，被当时的人们奉为睿智与虔诚的楷模，他尽心尽力地帮助那些对国王犯下罪过的人悔过。奥托让埃博哈德来到自己面前，这位骄傲的法兰克公爵跪在年轻的国王面前，身家财产听凭处置。犯下这么重的罪过，怎么可能不受责罚呢？但国王也不愿意用严苛的惩罚再次激怒这位德高望重的公爵，于是他暂时将他发配到了萨克森的希尔德斯海姆，不让他回到家乡。在埃博哈德郑重宣誓重新效忠于他之后，他又欣然接受了他，恢复了他从前的地位和名誉。而奥托所不知道的是，这个男人心中愤怒的火焰并没有熄灭。

奥托还未将国内的混乱局势厘清，那边匈牙利人又出其不意地攻入了萨克森，利用萨克森内部冲突乘虚而入，烧杀抢掠。他们取道图林根，在富饶的哈尔茨山区安营扎寨，将其周围的地区洗劫一空。在一位匈牙利将军带领众多士兵来到布伦瑞克与沃尔芬比特尔（Wolfenbüttel）之间，要前去攻打施特顿堡（Stetternburg）要塞的时候，一场骤雨倾盆而下，等匈牙利军队赶到要塞前时，已经浑身湿透、筋疲力尽了。要塞的卫兵们见此情景，决定突围出去。他们大声呼喊着冲出敞开的城门，径直冲向东倒西歪的匈牙利士兵，立即将他们杀得四散而逃。许多匈牙利士兵被歼灭了，大量战马和一些地方军旗被萨克森人所缴获。看到匈牙利人惊慌而逃，邻近地区的居民们也都加入了追击匈牙利军队的行列。最终，这支匈牙利军队几乎全军覆灭。而另一支在子夜时分继续行军的匈牙利军队，受到一块路牌的误导，中了文登人的计谋，被引到了阿勒尔河（Aller）与奥赫热河（Ohre）交汇处一个叫做多姆林（Drömling）的地方。那是一个长满了赤杨树和低矮灌木，被芦苇和香蒲覆盖的地区，沼泽密布，荒无人烟，人们相信那是荒野猎人居住的地方。匈牙利人被困在沼泽地中，萨克森人将其围困，并一举歼灭。这支队伍的首领没有立即毙命，他被捉住带到了国王面前，在缴纳了一大笔赎金之后，被放走了。而剩下那些留在原地的匈牙利人，听到这些噩耗，也都立即收起营帐，安好马鞍，踏上了归程。从那之后，德意志的北部边境再也没有了匈牙利军队的困扰，这群宿敌再也不敢前来进犯了。这一次，即使没有国王的帮助，萨克森人也得以成功自救，这都归功于国王亨利一世所建的那些防御工事以及他在世时所做的明智安排。

奥托收获了这场战役的胜利，跌宕起伏的938年终于接近尾声了，这一年虽然充满了忧虑与不安，但若是回头看看，终究是一个稳定而安宁的一年。此时的奥托还不知道，等待他的是更加艰难的一年，现在面对的一切不是战斗的终结，而恰恰是它的开始。

8. 939年，亨利的罪行与悔悟

奥托一定已经感觉到，身边有人背叛了他，而这个背叛他的人就是他的亲兄弟。

亨利快马加鞭制订谋反的计划。他凭借慷慨的赠予将萨克森和图林根那些旧日的朋党重新召集起来，紧密地围绕在他身边。他的姐夫洛林的吉赛尔贝特公爵对奥托并非完全忠诚，也与他取得联系，并被说服加入了亨利的阵营。吉赛尔贝特并非期望亨利登上王位，只是想借机使奥托失势，好让自己上位。在他那摇摆不定的心性之中，滋生着一种渴望，他要使洛林升格成为一个独立的王国，让这片美丽富饶的土地重新回到不久之前的状态，他自信能够让这些愿望成真，甚至他曾对他的妻子这样说道："今天你还在公爵的膝头说笑，明天就要在国王的臂弯里睡觉了。"

在埃博哈德回到法兰克之后，再次拿起武器的时候似乎到了。年初，亨利在图林根与法兰克边界上的林中山区——萨尔费尔德（Saalfeld）——将自己的朋党和追随者们集结起来；他们要在这个历来被用作节庆集会的地方，共同商讨他们的大计划。被亨利以重金收买的人悉数到场，并发誓要支持亨利，但其中的大多数人并不愿意将自己的身家性命全部赌在这个少年身上。他们想到，如果大战就在这附近爆发，那么他们就必须公开表明自己的立场，如果届时奥托占了上风，他们可就没有好果子吃了；所以他们宁愿等待远方的奥托先做出决定，然后再见机行事。对他们来说自身的安危远比亨利的利益重要得多，因此，他们劝说亨利离开萨克森，并向他保证他在萨克森和图林根的堡垒会由值得信赖的人来看守保卫，让他赶快去洛林吉赛尔贝特的身边，从那里发出全面起义的信号。亨利还太过稚嫩，看不透这其中的危险以及这些人自私的用心；集会结束之后，亨利就在国王不知情的情况下离开了萨克森。包括威斯特法伦的多特蒙德和萨克森东部的梅泽堡在内的堡垒，以及那些至关重要的地区，他交给了自己认为可以信赖的人手中。现在，他要与哥哥分道扬镳的决心已经路人皆知，而他的不忠也成了公开的秘密。

虽然谋反的消息不胫而走，但它仍就被当作机密。所以，当这个消息传遍萨克森的时候，还是引起了极大的震惊。没有人料到，两兄弟之间的隔阂已如此之大，也没有人知道这背后的原因。但在萨克森人之中，最震惊的还是奥托，听到消息时他甚至不愿相信自己的耳朵。但他很快整理好情绪，召集起军队，快马加鞭地往莱茵河方向追赶亨利去了。他路过多特蒙德时，城堡的卫兵们听到大军行进的声音，想到在埃雷斯堡发生在唐克马尔身上的事情，于是立即为国王敞开了城门。亨利对哈根（Hagen）青眼有加并将多特蒙德的堡垒托付给他，而现在，就连他也不加反抗地跪倒在奥托脚下，承诺按照奥托的请求，亲自找到亨利并想尽一切办法阻止亨利实施他的计划；如果他没能做到，也要亲自回来面见国王。他发了毒誓，离开国王，带着国王的人马火速来到了宽广的莱茵河河畔边，那里正是利珀河与莱茵河汇流之处。

军队中的一部分士兵已经渡到了莱茵河对岸，但哈根还带着军中的核心势力站在河的这边。这时，亨利和吉赛尔贝特已经铠甲加身，在对岸做好了战斗的准备，对哈根的请求和劝说无动于衷。哈根回去向国王请命，亨利的军队对他紧追不舍。他不敢立即向国王禀告自己无功而返，惶恐地来到国王面前，说道："哦，我的国王啊，你的兄弟，也就是我的邑主祝福你的国家长治久安，并让我告诉你，他很快就会亲自来拜访你。"当奥托要追问亨利的意图是好是坏时，他就看见，一支大军已经来到了河岸边，长长的队列中军旗飘扬，正向国王的军营方向行进而来，奥托一惊，转身质问哈根："这来的是什么军队？他们意欲何为？"哈根不慌不忙地回答道："那是我的邑主，也就是你兄弟的队伍啊。他要是听从我的建议，现在就不会是这种局面了。但至少，我遵守承诺回到了这里。"

奥托不安地站起身来，翻身上马，来到了河岸边，他再也无法掩饰自己的情绪。情急之中，竟然找不到一艘船可以将大军渡过河去，然而河面太宽也无法用别的方式渡河。已经渡到对岸的那部分士兵，他们又该如何抵挡这突如其来的袭击呢？他们眼看自己必死无疑，甚至放弃了抵抗。这时，奥托跳下马，和他的将士们一起跪倒在圣矛面前——它手柄上面的钉子是来自天主十字架上的！国王向着天空举起双手，呼喊道："主啊，你创造了万物，你控制着一切，请你低头看看这里的人民吧，你让我做他们的首领，现在请你为他们将仇敌驱走吧，这样全世界都会知道你是无所不能的，知道没有凡人能违背你的意志，因为你是全能的、永恒的主宰！"奥托就这样为自己，也为他的民众祈祷着。

河对岸的国王军队将他们的物品很快转移到了莱茵河河岸附近的罗马古城克桑滕，并在旁边的小城比尔滕（Birten）排兵布阵，等待敌人的到来。幸好，在他们与洛林之间隔着一片沼泽，可以阻挡住敌人的首轮进攻。虽然他们的人数极少，装备又格外简陋，只有百名萨克森士兵是全副武装的，但他们却以惊人的勇气分成两路作战：一部分人围住敌人，从背后突袭。这是亨利和吉赛尔贝特万万没有想到的，也使他们的部队困惑不安起来。当他们发现有人从背后来袭的时候，洛林军队中一些会说法语的人用法语喊起来："快逃！快逃！能走的快走！"洛林人不知道这只是计谋，以为自己的军队已经彻底被打败了，战友们互相警告着，很快就各自逃命去了。许多人被杀死了，还有一些人成了俘虏，敌军的物资全都成了国王军队的战利品。但萨克森人死伤也不少，其中就有那个杀死了唐克马尔的梅西亚。亨利也在战斗中身负重伤，人们以为这会要了他的命，但三层的铠甲替他挡住了一部分冲击，减轻了他手臂上受的伤，但这个伤口也给他留下了后遗症，这可能也是他之后早逝的原因。

科维的维杜金德就是这样描述在比尔滕所发生的一切。他所记录下来的战斗过程已经足够令人惊奇了，而其他文献中对这场战役的描述，惊奇程度也不相上下。其中最早的记录源自战役结束后的20年，是根据民间口口相传的故事撰写的，战役中那些意料之外的转折和激烈场面在那些文献中全都变成了玄幻的奇迹和夸张的文学创作。我们可以清楚地看到，对这场战役的记录中也有民间神话传说的影子，人民为王权统治与公爵势力之间的对抗做出了他们自己的解释。

由于比尔滕一战，萨克森人在兵力悬殊的情况下，以少胜多，打了一场传奇般的胜仗，受到民间传说的神化也是意料之中的事。奥托以及他同时代的人都将这场战争的胜利归结于祈祷的应验，认为这是上帝做出的安排；而在现实中也的确少有这样令人惊奇的胜利。正是由于突袭出乎亨利和他手下士兵的意料，他们才会如此迅速地失去了勇气。奥托追击亨利和吉赛尔贝特，使得他们在莱茵河对岸广阔的土地上没有立足之地，直到他听说亨利离开了洛林，要回到萨克森，他才下令停止了追捕。

在此期间，萨克森发生一个对亨利而言极其不利的转变。家住萨勒河畔的图林根伯爵达迪（Dadi）将国王得胜的消息和亨利的死讯以最快的速度传遍了图林根以及萨克森东部地区。他劝说那些城堡中反对奥托的将军，尽快求和，而这些将军还没等把事情的来龙去脉弄清，就心急火燎地接受了达迪的建议。很快，所有亨利名下的城市与堡垒都向国王投降了，只有梅泽堡和塞彭恩两地还站在亨利一边。亨利这才意识到，自己听信小人的建议离开萨克森，是多么重大的错误，于是他火速赶回家乡，身边只带着9名骑士，想要做出补救。但这时已经太晚了，整个萨克森和图林根都是国王的天下了。亨利别无选择，只能在梅泽堡闭门不出。

听到消息，奥托也马上回到了萨克森；他跟在亨利后面，重兵包围了梅泽堡。这座城市被围困了整整两个月，最后不得已才投降。亨利同意停火30天，随后撤走了守城的士兵，并在这30天的期限内，带着那些依然跟随他的邑臣和仆从离开了萨克森，而那些想要归顺国王的人，则不受阻碍地留了下来。亨利走后，萨克森享受了短短几日没有争斗的夏日时光，与此同时，边境上的冲突并没有停歇。

文登人几次三番前来侵袭，将一支由将军海柯（Haiko）率领的萨克森军队歼灭了。他们觉得时机已经成熟，该是全方位攻占萨克森的时候了。但奥托不放弃，他不知疲倦地一次次重整旗鼓，多次与文登军队激烈交锋，终于成功地阻击了他们。接着，他将指挥的大旗交给了格罗伯爵，而他自己则去对付亨利，因为那时亨利已经在洛林与吉赛尔贝特暗中勾结，为新的战斗做好了准备。

在这跌宕起伏的一年中，第二场战斗也随即打响了。血腥的游戏又重新展开，激烈程度不断升级，人们孤注一掷，胜者将赢得一切，而输家则会一败涂地。

这一次，他们为自己找到了新的支持者。法兰西不论在当时还是之后的很长一段时期内，一直都是德意志王国的反对者和敌人，他们也不惜将法兰西卷入德意志内部的争斗中来。这时，吉赛尔贝特公爵甚至暂时放弃他独立洛林的计划，他与许多的洛林权贵全都拥护法兰西的国王路易，换来的是路易派出一支军队来到德意志边境，支援两人的反叛行动。奥托不想就此将洛林拱手送人，认为眼下形势刻不容缓，不能再对洛林心慈手软了。他从萨克森率领一支大军出发，火速来到洛林，凡是违背他命令的一律斩杀。这支冷酷的军队引起了人们的恐惧，很快再也没有人胆敢违反奥托的命令了。国王路易也带着他的军队回到了他当时的驻地拉昂（Laon），吉赛尔贝特公爵则躲进了谢夫雷蒙（Chevremont）城堡中。谢夫雷蒙，意为羊山，坐落在距离列日不远处，由于地势极高，难以通行，人们认为只有山羊才能爬到那样的高处去，因此命名。奥托的军队将谢夫雷蒙团团围住，但这个狡猾的男人还是从奥托手中逃了出来，他们甚至连城堡都没能夺下。

而萨克森方面已经多次催促奥托返回，因为不仅文登人没有放下手中的武器，就连丹麦人也在这时前来侵袭。洛林的仗还没有打完，奥托就必须离开洛林了，他将这里的事务交给自己信赖的友人，并试图为他们找来新的联盟。也是出于这个原因，他始终与妹夫于格公爵保持联络，并与他联合起来对抗他们共同的敌人——法兰西国王路易。在于格迎战国王路易的时候，前不久加入奥托阵营的青年伯爵伊莫（Immo）则与吉赛尔贝特公爵作战。

这个伊莫伯爵可以算是当时洛林最足智多谋的人了。是吉赛尔贝特亲自把他培养起来的，并且他总是听从这位年轻人的建议。但伊莫很快就发现，奥托与吉赛尔贝特完全不同，于是就投靠了强大的国王，站在了曾经的主人和贵人的对立面。他也的确用一些精心策划的计谋给这位公爵制造了不少的麻烦，百姓都知道了这么一个聪明的伯爵伊莫。民间对于伊莫的传说，我们也通过维杜金德的笔略知一二。他写道：有一回，公爵手下的牧人赶着一群猪从伊莫的城堡前经过，猪群中的一只小猪崽直往紧闭的城门上撞，但就在猪崽再一次向门上撞去的时候，城堡的门打开了，于是公爵的猪群就跟着小猪仔一起跑进了城堡中。吉赛尔伯特听说此事很是气愤，于是领着一支军队亲自来到伊莫的城堡前。伊莫命人弄破了几只蜂巢，并将这些蜂巢从城堡上扔到了那些骑兵的头上。马匹们受到蜜蜂的攻击，疯狂地奔逃，马上的骑士们被颠得几乎从马鞍上跌下来，伊莫站在房里看着混乱的景象哈哈大笑，说这些蜜蜂就是他派来的突围部队。公爵讨厌这样的恶作剧，立即转身撤军。走之前他说道："我与伊莫两个人就能镇住整个洛林，可我与整个洛林也镇不住一个伊莫。"

在此期间，伊莫虽然进行了诸多谋划，但他并不想阻碍吉赛尔贝特公爵重新恢复其实力。奥托才刚刚离开洛林，国王路易就卷土重来，踏过洛林边境，来到了凡尔登让人们对他宣誓效忠。随后，他没有受到丝毫阻挡，就来到了富庶的阿尔萨斯，并将奥托的追随者全都驱逐了出去。与此同时，一直从旁观察这场战斗走向的埃博哈德公爵又一次违背誓言，伺机而起。看到路易占领了阿尔萨斯，他相信自己的机会也来了，是时候撕掉顺从的面具，尽情复仇了。他的人马占领了布莱萨赫（Breisach），这是一座在罗马时代就已经建有防御工事的古城，当时也一直是上莱茵河地区的一处军事重地；城市位于一座孤峰之上，被河流包围宛若一座岛屿，若能占领这里，就能执掌周围广大的区域。莱茵河畔其他的要塞也都被埃博哈德的人马占领了，但这时，埃博哈德自己却带着一支军队投奔吉赛尔贝特和亨利去了。

　　当时已是晚秋，年景也随之变得越发晦暗而悲凉。奥托辗转于战场与战场之间，奔忙于一个又一个包围圈中，从萨克森来到洛林，又从洛林赶往受文登人侵扰的边境，随后又回到洛林，从洛林再返回萨克森！当他第三次来到莱茵河畔，等待着他的是最为凶险的一场战役。在王室中成长的少年亨利目睹着一切混乱与不安，可是他仍在心中嫉妒哥哥拥有王冠。

　　风险越大，奥托就越是英勇不退缩，他充满力量与信念投身于一场场激烈的生死战役中。现在，他来到莱茵河流域，要将埃博哈德手中的城市夺回来。他包围了布莱萨赫及其他被占领的城堡，同时将美因茨大主教弗里德里希派到埃博哈德那里充当调停人，要求埃博哈德主动投降。但弗里德里希打的算盘与奥托不同，他本身就惧怕国王的威严，想要找到王权势力与公爵势力间的平衡，并不惜一切代价维持和平安宁；因此，他做了超出国王命令的事，赌上自己的信誉，向公爵承诺，国王会应允他的所有条件。可是奥托不能，也不愿意为一个传教士自作主张的承诺埋单，虽然他也已经预料到，这将会使这位德高望重的元老主教成为他新的敌人。奥托撕毁了弗里德里希与埃博哈德签订的条约，弗里德里希随即与埃博哈德达成一致，并主动要求带着自己的仆从在梅斯（Metz）与他们会合。与弗里德里希一样背叛国王的还有斯特拉斯堡主教罗特哈德（Rothard），而且国王阵营中的许多主教，都在弗里德里希大主教的挑拨下，渐渐动摇叛离了国王。曾几何时，这些主教在他们的尘世君主这里寻求庇护和支持；但渐渐的，国王的政权似乎是按照他们的意志而存在的，也要依靠他们才能维持下去；现在，他们甚至转身背叛了王权。这些主教自己也害怕，年轻的奥托会成为一位强大而威严的统治者，而这是他们以及公爵都不希望看到的！

　　虽然大主教弗里德里希及其他的主教已经和敌人谈妥了，但他们还暂时留在奥托的军营中。奥托得到消息，埃博哈德和吉赛尔贝特要从安德纳赫（Andernach）渡过莱茵河。由于他们已经占领了莱茵河对岸的所有土地，现在他们要来进攻奥托所在的莱茵河河岸了。那些不忠的主教也闻风而动，立即趁夜悄悄离开了，匆忙中，他们甚至放弃了自己的身家财物。奥托军中一些胆小怕事的人也纷纷效仿，成群结队地叛逃出军营。诚实的萨克森人维杜金德这样说道："人们心中的希望消失殆尽，没有人相信萨克森政权还能维持下去。"

但这时的奥托，比任何时候就要坚强伟大。面对军中的大规模叛逃他不慌不乱，留下的人虽然少之又少，但他仍表现出坚定的信念，好像前方是通畅的坦途，并不存在任何阻碍，他处理政务一如往常，好像手中的势力完全没有损失减少一般。正是在此时，经受了考验的他成了真正的王者，再也没有人能够将他与生俱来的尊荣与权威从他手中夺走。当时，一位强大的伯爵威胁国王，如果国王不将洛尔施修道院的收入归到他名下，就要像其他人那样背叛他。洛尔施是海德堡附近一座富足的修道院，当然不能落入这样的人手中。奥托回答这位伯爵说："法律上写得清清楚楚，神职机构不能拿来喂狗。但你如果要离开我的话，那就走吧，越早越好！"这位伯爵羞赧难当，立刻跪倒在国王脚下。

在这样的困境中，奥托都会想到比尔滕的那场战役，想到天主是如何拯救了他并将胜利赋予了他。这一次，他也同样有惊无险地脱离了险境；这一过程也足够精彩，使得民间也流传着关于这场胜利的种种传说，而我们的文献中也将这些传说记录改写下来。毫无疑问，就算我们不仔细研究奥托获胜的细节，也知道其中必定有出人意料的转折。情况越是险恶，拯救越来得更为彻底。

吉赛尔贝特与埃博哈德的大军要渡过莱茵河，最为忌惮的就是埃博哈德堂兄弟乌多和"矮个子"康拉德这两位伯爵。他们俩占领着莱茵河、美因河以及拉恩河畔法兰克富饶的区域，因为与埃博哈德结仇，他们与奥托是紧密的盟友。国王派出这两人，连同乌多的兄弟施瓦本的赫尔曼公爵，前去迎战两个敌对的公爵。他们率领着一支大军，却迟迟不敢展开决定胜负的大战。按照克雷莫纳主教利奥普朗德的记载，有一天，他们遇到了一位正在大声哭喊的传教士，就询问他为何如此悲痛，传教士回答他们说："我刚刚从一群强盗的手里逃出来。他们将我唯一拥有的东西，我的马匹抢走了。他们把我变成了一无所有的人。"乌多与康拉德又问，他有没有看到埃博哈德和吉赛尔贝特。他们从传教士口中听说，埃博哈德和吉赛尔贝特已经准备打道回府了，他们的大批兵士和战利品已经到了安德纳赫，不日就将渡过莱茵河；只剩他们两人，带着少数随从，还留在河的这一边，就在这附近无忧无虑地享用着佳肴呢。乌多和康拉德一听，立即整顿兵马做好战斗准备，来到了传教士所说的地点。据说，他们真的找到了那两个人，发现他们正在桌边玩着游戏。发现有人出现，两位公爵立即离席，一场胶着的战斗随即打响了。法兰克人埃博哈德顽强抵抗，旧伤上又添新伤，将来人一一击退，但最终他精疲力竭，倒在地上失去了知觉。吉赛尔贝特则选择了逃跑，他和许多人一起躲进了一艘驳船中，但是人多船小，吉赛尔贝特和他的人马最终被滚滚波涛吞没，葬身在莱茵河的诅咒中。这就是法兰克和洛林的两位公爵最后的下场，其中，吉赛尔贝特甚至没能得到一场像样的基督教葬礼，有人说，他的尸首没能被打捞上岸；也有人说，渔夫们将这些落水者打捞上来，拿走了他们的武器，将他们草草掩埋了。

听到这个消息的时候，奥托还远在莱茵河上游的布莱萨赫。利奥普朗德写道，那是一天清晨，奥托正翻身上马，要去远处的一座教堂里做晨祷，这是他每天都不会错过的。这时，他看到一个人沿着街道匆匆赶来，待来人走近一些，奥托认出那是一名信使，他欢呼雀跃着为奥托带来一个好消息。但刚听完信使的第一句话，奥托就命令他不要再说下去了，他跳下马，跪倒在地，感谢天主又一次拯救他于危难之中。随后，他从容不迫地重新踏上了去教堂的路。

埃博哈德阵亡的消息传开以后，布莱萨赫及其他要塞纷纷投降；不久后，国王离开阿尔萨斯和施瓦本，来到法兰克，而大主教弗里德里希也羞愧地回到了国王身边，因为美因茨的普通民众——他们是美因茨的主要组成人员，也是当时国王政权的中坚力量，他们关上了城门不让那些无耻的主教入城。但民众也只维持了很短的时间，弗里德里希与罗特哈德主教只受了很轻的惩罚，不久他们就又回到了城中，毕竟对于百姓来说神职人员在他们心中的分量比国王重得多，很快，主教们无耻的背叛行为似乎就被人们遗忘了。这一系列变故使亨利心灰意冷，想要逃往谢夫蒙特，但他的姐姐吉尔贝歌，也就是吉赛尔贝特的遗孀，却出于对奥托的恐惧对他关上了城门。亨利走投无路，只能出走法兰西，在那里，国王路易接受了他。此后，路易和顽固的亨利又向洛林发动了一次进攻，但奥托很快就从法兰克发兵讨伐，将路易赶回了法兰西，在他撤军的路上，吉尔贝歌还从洛林追击他。这时的洛林，再也没有人胆敢违抗萨克森人了。为了与国王路易对抗，奥托再次与于格公爵结盟，随后，他渡过莱茵河，回到了萨克森。这一年危机四伏、令人殚精竭虑的战事终于结束了。

这一年已经足够悲惨了，随之而来的严冬以及由此引发的饥荒使这一年的光景越发沉重起来。但即使这样，德意志也始终受到比别处更多的赐福与庇佑。这一连串的大风大浪考验着年轻的国王，不仅证明了他在险恶的环境中保全自己和人民的能力，更让人们看到，国王亨利亲手栽下的德意志统一之树，扎根已深、基础已稳。因此，埃博哈德公爵、吉赛尔贝特公爵以及法兰西国王路易之所以几次三番地举起武器，可能并不是为了将王冠从哥哥的头上摘下，再戴到弟弟的头上。不论他们对不经世事的亨利说过些什么，埃博哈德永远也不会放弃法兰克独立，而去拥戴萨克森国王；吉赛尔贝特想要的也是一项国王冠冕；而路易更是从来不愿意从德意志战场空手而归。这不仅仅是国王与权贵邑臣之间的斗争，同时也是为统一而进行的斗争，为德意志的自由而进行的斗争，而奥托要捍卫的也不单单是他的地位和王冠的荣光，他也捍卫着德意志民族的尊严与未来。经历了这场战火的试炼，王国的统一更加稳固而坚强了，有了足以抵挡外部入侵的能力。如果说亨利一世统治下的德意志更像是一个邦国联盟，他作为这个联盟的首脑权力还受到诸多限制，那么在过去的那段时间之后，每个人都清楚地看到，奥托追求的是比他的父亲更强大的权威，当时其他的欧洲君王都没能拥有这一权威，但他已经成功地得到了。法兰克民族凌驾于其他德意志宗族之上的态势，在这场争斗之后，终于彻底被打破了；从此以后，法兰克与萨克森、施瓦本和巴伐利亚并驾齐驱。除此之外，公爵领主失去他们从前几乎与国王比肩的重要地位，现在要依靠国王才能存在。那四位在亚琛为国王加冕礼而奔忙的公爵中，有两位作为忤逆的罪人被镇压了，一位虽然平安地度过了一生，但他死后，公爵的权力也随即消亡了。

巴伐利亚与施瓦本两地，是在不得已的情况下归顺了亨利一世国王，并且与王国的关系始终较为松散，但在这场争斗中却没有动摇，这一点是值得铭记的。奥托对此也心存感激，并与两地的公爵更紧密地联合到一起，埃博哈德公爵留下的丰厚资财大部分都被分给了他们。

波西米亚森林附近的边区，以及后来被称为上浦发二次的拉布河与雷根河流域，已经归属于巴伐利亚公爵领地许久了；现在，原本属于法兰克公爵领地的、直到美因河及施佩萨尔特山脉的地区，也落到了巴伐利亚公爵贝尔希托德的手中。奥托还希望通过联姻，进一步巩固与贝尔希托德公爵的关系。于是提出，他可以在吉赛尔贝特的遗孀吉尔贝歌和他们渐渐成年的女儿维尔特鲁德（Willtrud）中选择一个，作为自己的妻子。贝尔希托德选择了女儿，并在之后与她结成了夫妻。就这样，前不久还必须带兵前往的巴伐利亚，渐渐地与王国的关系更紧密了，不是单单因为形势所逼，而是也有自愿和避免麻烦的成分。

施瓦本的情势也有些类似，他们的公爵法兰克人赫尔曼在战争中为国王立下了大功。埃博哈德很大一部分私有财产都被赏赐给了他的兄弟乌多、他的堂兄弟"矮个子"康拉德以及他本人。他们全都因为埃博哈德的失势而有所斩获，并与年轻的国王越发互信，国王将他们视为自己势力中的中坚力量。

埃博哈德的丰厚财产一部分遭到收缴，一部分赠给了教会，还有一部分进行了重新分配。在这个过程中，又有一个法兰克人带着极高的名望与财富出现在众人的眼前，他就是维尔纳（Werner）的儿子，人们叫他"红发康拉德"。很快，他就在奥托的恩惠下将沃尔姆斯和施派尔附近、莱茵河左岸风景秀丽的伯爵领地都收归到了自己名下。那是一块物产丰富的福地，可以建立起和谐美好的王侯领地。奥托没有在法兰克另外设置公爵领地，国王自己同时也是法兰克公爵。

最难摆平的是洛林。那里的人们虽然在危难之中向奥托屈服了，但按照他们那种摇摆不定的性情，不能期望他们长久地服从国王的指挥。离开洛林时，国王奥托将治理洛林的最高权力交给了利希威的儿子，伯爵奥托，并将吉赛尔贝特被寄予厚望的儿子，一个取名亨利的男孩儿，一并交给了他。伯爵奥托在洛林一点儿也不清闲，因为没过多久，就又有人开始反对萨克森政权，这些人集结在梅斯主教阿达尔贝罗（Adalbero）身边，坚决不向国王臣服。吉赛尔贝特的侄子安斯弗里德（Ansfried）和阿诺德（Arnold）虽然逃过一劫并且归顺了国王，但国王刚刚离开，他们就拒绝将自己的城堡交给伯爵奥托。他们占据着谢夫蒙特这个无法动摇的坚固堡垒，别人都拿他们没办法。按照维杜金德的记载，这时出来帮忙的还是聪明的伊莫伯爵。他派人向两人传话说："三人联合总比一人强大，要是我们三个结盟的话，为什么还要为那些萨克森人卖命呢？他们不过是战胜了你们一次，我们联合起来他们就很难再次得胜了。我是由吉赛尔贝特公爵这位人中豪杰一手培养起来的，他一直像个朋友般尊敬我，给我极大的权力。我为了我们共同的统治者无耻地离开了他，冒着生命危险与萨克森人联合起来。但我的酬劳是什么呢？我得到的只有谩骂和耻辱，人们拿着武器找上门来，几乎要把我这个自由的人变成奴隶。"实际上，在此之前的不久，伊莫曾与国王的军队结下了梁子，国王的军队包围了伊莫的城堡，伊莫不得不交出自己的城堡，但有人说，这一切都是狡猾的计谋，是用来迷惑别人的。"你们看，"伊莫派去的人继续对吉赛尔贝特的侄子们说道，"现在我来找你们，为的就是让我们联合起来，这是对所有人都有益的事。为了向你们展示我的忠诚，我想将我唯一的女儿许配给你，安斯弗里德。最好选定一个地方，我们在那里会面，再面对面地详细商谈。"安斯弗里德和阿诺德并不是傻子，而且他们也很清楚伊莫是个什么样的人，但是伊莫的话还是打动了他们，使他们跌入了陷阱。他们定好见面的时间和地点，伊莫早早地全副武装埋伏在了隐蔽处，等两人按时出现就将他们一举抓获，重兵看守送到了国王那里。他命人告诉国王："阿诺德是个软弱的人，对他根本不需要动用链条手铐，只要威胁他一下，他就会把知道的全说出来。但安斯弗里德比铁还要硬，用最严酷的刑罚要是能从他嘴里套出一两句话，那就算很多了。"奥托将这两人关押了一段时间，然后就将他们放走了，因为奥托看出，洛林的安宁主要取决于法兰西国王路易，只要他不来侵扰就平安无事。

然而，940年时，路易迎娶了吉赛尔贝特的遗孀吉尔贝歌，并将奥托的弟弟亨利也接到了身边，对奥托来说，这使他成了更为危险的敌人。既然心中不安，奥托索性在940年集结起一支大军，打入了法兰西腹地。他一路杀敌来到了塞纳河畔，在那里，于格公爵带着他的追随者们热烈地拥护支持着奥托。但路易没有就此认输，同年冬天，他又来攻击洛林，这场战斗没有分出胜负，只是以双方停火而告终。第二年，路易国内的局势让他无暇分身，而他又在与公爵于格的战斗中败下阵来，根本没有机会顾及国王的战场。但和平还远远没有到来，直到942年年底，两位国王在两国国境交汇处，埃纳河畔的武济耶

（Vouzier），进行了会面，两国才终于开始了和平相处并结下了较为紧密的盟友关系。在这一过程中，吉尔贝歌无疑起到了很大的作用，使得自己的哥哥与原本敌对的丈夫能够达成和解。通过让路易将法兰西勃艮第地区分封给于格公爵，于格重新承认了路易在法兰西的最高统治。他们希望通过联合的力量，将30年前被诺曼人夺走的沿海地区重新收复回来。自两位国王以及于格公爵和解之后，洛林的暴动也平静下来，整个地区都顺从于萨克森人的命令。

在此期间，洛林暴动的源头亨利也终于停止了谋反的企图，但在此之前，他已经付出了不小的代价。他背负着沉重的罪孽负隅顽抗，直到他心中的贪婪和欲望消耗殆尽。

跌宕起伏的939年给了亨利沉重的打击，可他却没有吸取教训，改正不足。当他失去希望，匆忙逃往法兰西的时候，当奥托亲自握剑以胜者姿态闯入法兰西腹地的时候，他自然也曾想到要与哥哥和解，但他心中并未真正感到悔恨。多位主教为亨利求情，而奥托也真心实意地伸出了和解的橄榄枝。他满意地看到，亨利在他面前放下武器，臣服在他脚下。他原谅了弟弟所做过的一切，只将他禁闭了很短时间，就把他放了出来，并给了他洛林公爵的权力，希望能就此管束住弟弟，也控制住洛林地区。

但对亨利来说，洛林是远远不够的。在这片陌生的土地上，这群陌生人中间，他无法实现自己人生的野心与抱负。于是他又重蹈覆辙，在各地混乱的局势中闷闷不乐、手足无措，完全无法胜任自己的位置，不久便逃也似的离开了洛林。奥托对弟弟的行为极为不满，免去了他的职务，并将这一头衔赐给已经治理过洛林地区的伯爵奥托，也就是利希威的儿子。这件事再次伤害了亨利的自尊心，他心中的愤恨又燃烧起来；很快他又看到了一个实现他熊熊野心的契机，并牢牢地抓住了它。深深的仇恨蒙蔽了他的双眼，他不顾一切地抓住那若有似无的一线希望，最终却被拖进了堕落的深渊。

居住在萨克森东部的邑臣们需要不间断地提防着文登人的入侵。大将格罗虽然依旧带领着一支大军驻扎在这里，但军士们对这位严格的将领并不总是言听计从。与文登人的战争十分艰苦，当地物资又很困乏；此外，由于文登人定期前来索要贡品，格罗也时常陷入财政困境，分发下去的酬劳和赏赐也不如军士们期待的那样多。最终，军中众人拒绝再听从格罗的指挥，并向国王申诉格罗的严苛与吝啬。但是，国王相信他忠诚的仆人，站在了格罗这一边，于是将士们很快就迁怒到了国王身上。许多萨克森东部的大邑臣毫不掩饰地表达对奥托的怨恨。亨利甚至没有一一认识这些人，就开始通过馈赠与承诺助长他们对国王的不满；在信使来来往往的脚步中，这一区域许多英勇善战、颇有声望的人物都与亨利结成了联盟。而其他地区奥托的仇敌也不断与亨利联合起来，其中就有前不久才受过国王恩惠的美因茨大主教弗里德里希，他正策划一场谋杀，要夺走国王的性命。对国王的深切仇恨使这些人策划出了一项残暴的谋杀计划。按照国王的想法，下一场复活节庆典将在萨克森东部举行，而亨利也将到场参加，那么不如借这一时机，将这个无法在战场上被斩杀的人，用谋杀的方式铲除掉，将王冠戴到亨利的头上。既然王国中位居第一的主教向这桩罪行伸出了手，对权力的贪欲便也随即侵蚀了原本高贵的、年轻王侯的心，甚至是谋杀自己亲生的哥哥也没有让他有些许犹豫或退缩。

　　神在这时也保护着国王。这一邪恶的计划虽然保密了许久，但在复活节前终于走漏出风声。当这些密谋者聚集到奎德林堡，来到国王身边的时候，国王心里已经清楚了他们的险恶用心。但他不愿影响节日的庄重气氛，于是像往常一样举行庆典，只是日夜在身边带着可信的邑臣。直到节庆过后，由于国王牢靠的防卫措施而忧心忡忡的密谋者被一网打尽。他们中的大多数都按照法律得到了应有的制裁，死在了刽子手的刀下；大主教弗里德里希由于他的圣职逃过了死罪，被移交给福尔达的修道院严加看管起来；剩下的人遭到了驱逐和流放。亨利侥幸逃脱，在那段时间里，没有人知道他去了哪里。

　　残暴的谋杀计划失败了，但不久之后，就连亨利也要感谢天主，保住了哥哥的性命。因为经过这一系列充满仇恨的日子之后，他似乎开始真心悔过了。在母亲的请求和主教们的劝说下，奥托的情绪软化了，亨利又来到了哥哥面前。奥托又一次原谅了亨利的过错。奥托对亨利说："你的所作所为根本不配得到我的宽恕，但既然你已经万分羞愧，我不愿意再加深你的痛苦。"他命人将亨利送到莱茵河畔因格尔海姆（Ingelheim）的王室领地，并将他严加看管起来。守卫们一步也不敢让他离开领地，这个有着王室血液的少年很快就再受不了这种严苛的监禁。一个夜晚，亨利只带着一个传教士就悄悄离开了因格尔海姆，前往法兰克，而奥托正在那里举办圣诞庆典。圣诞日的清晨，法兰克福大教堂中，天籁般的乐音刚刚在国王耳畔响起，他就看见自己的弟弟穿着粗糙的袍子，赤着双脚从冰冷的地面向他走来；奥托再一次从他口中听到了发自真心的祈求，请求国王的善意宽恕。国王的心间还回荡着天籁般的赞歌声"愿尘世和平"，于是他原谅了弟弟，即使他曾多次妄图杀害他，并毫不忌惮渎神的罪孽，要夺走神赋予他的冠冕，他还是将弟弟的罪过一笔勾销了。他将弟弟从地上扶起来，给了他自由。

　　941年的圣诞日，奥托与亨利两兄弟终于和解了。从这天开始，他们才像真正的兄弟那般相处。日后，人们还在歌谣中赞颂着两兄弟的和睦与互爱。亨利也似乎完全变了一个人，他对统治权的向往转变成了对奥托深深的忠诚。他的所有追求似乎只是为了支持哥哥的意图，完成哥哥的意志。直到这时，在亨利身上那些珍贵的天赋给国家造成了无数不幸之后，才开始为其祖国的安康而发挥作用。他试图用自己的功绩，至少在哥哥的心里，抹杀自己深重的罪孽。在此之后，两兄弟始终同心同德，人们都说，似乎是他们两人共同在治理着德意志。

9. 巩固王权统治及王国统一

　　威胁奥托统治地位及国家统一的暴风骤雨平息了，王国迎来了较为安宁的时代，由亨利一世开启的、统一德意志各宗族的伟大事业，终于能够进行了。国王的势力重新名正言顺地凌驾在德意志各地的势力之上，年轻的国王也越发牢靠地握住了政权的笼头。德意志各宗族间的羁绊越是深刻牢固，实现统一的德意志王国的信念也就越发坚定而强大。

　　当时，人们已经开始将说德语的人统一称为德意志人，但人们还没有德意志王国的概念，也不存在德国这一名称。奥托统治下的地区根据情况而定，被称为法兰克与萨克森，或是日耳曼尼亚，再或者沿用之前的名称东法兰克王国，正如奥托的头衔是东法兰克国王一样。虽然名称没有改变，王国的特征和本质都发生了翻天覆地的变化。卡洛林家族在东面绝嗣之后，康拉德成了首位通过选举登基的国王。康拉德与查理大帝王朝的统治者们一样，都属于法兰克宗族，他并未在全新的基础上重建摇摇欲坠的王国，只是利用陈腐的制度让国家苟延残喘。他本想使王国重新走上康庄大道，却最终使大厦倾覆。在他死后，法兰克王国被交到了萨克森人亨利手中，这就标志着一个新秩序的开始。现在王国的民族基础必须改变，亨利一世提高了萨克森宗族的名望，但萨克森人从未想过要进行和先前的法兰克宗族类似的统治。实际上，萨克森人统治下的法兰克王国不再以一个宗族凌驾于其他宗族之上为基础，而是已经建立在所有德意志人的平等和统一之上了。正如我们看到的那样，亨利一世建立的王国是以邦国联盟的形式出现的，这个联盟中的成员互相平等，并赋予萨克森人在一段时间内指挥领导的权力。王国内部的联结还是相对松散的，一些重要的王权还掌握在公爵手中，在南德意志国王的权威还未得到真正的认可，只有在萨克森之内亨利才享有完整的统治权，所以直到去世，亨利一世都更像是萨克森王，而非所有德意志人的君主。但尽管如此，所有居住在王国中的民族还是渐渐接受民族统一的理念，所有德意志宗族都以相同的方式在亚琛见证了奥托登基成为他们的国王，所有公爵也都以相同的方式侍奉奥托作为他们的君主。从这天开始，奥托就完全以一位强大统治者的姿态不加区别地管理着所有德意志宗族；虽然他还是更尊重萨克森人，并将族内同胞放在更高的位置，但他的统治方式不是以扩大萨克森人的权力为第一要义的，他做出的政治决策完全是从德意志民族的共同利益出发，为王国的统一而服务的。将分隔开的德意志宗族团结成为统一的王国和民族，奥托将之视为自己神圣的使命，所有妄图破坏王国统一的阴谋诡计，都会引起他的盛怒，并作为渎神的罪行受到阻止。他就是这样镇压了一起起以削弱国王权力、分裂德意志宗族为目的行动，长期地维护着一个以德意志民族共同利益为基础的政权。也就是说，一个以德意志的民族性为基础的政权。所以，一个明晰的、带有民族性的德意志王国概念刚一出现（941年至946年间），奥托就被称作曾经的德意志国王，即使他自己从未使用过这个头衔，这也是具有重要意义的。

　　亨利与奥托建立起来的是一个新王国，但这并不代表，这个新的王国与原来的法兰克王国毫无关系，而奥托虽然在实际上是德意志国王，但他依然把自己当成法兰克国王的继任者。王国的秩序在整体上还是保持不变的，并且奥托所接过的统治权力也是卡洛林家族的遗产。奥托的王权来自卡洛林家族的国王颁布的法令，要是按照法兰克的律令，奥托就要被处以叛国罪，并且破坏了国家的和平。但如果要将卡洛林家族的国王颁布的法令作为整个王国的法律，那么就应该充分考虑到变化的外部情况，而正是卡洛林国王的法令所针对的形势与关系，现在发生了翻天覆地的变化！国内各地停止向国王派出信使传递消息；教会与尘世权贵们得到的豁免权达到了前所未有的程度；邑臣们拥有了独立的地位；由于公爵势力的崛起，伯爵们与王权统治者的距离更远了；民众防御力量的基础由招募军队变为了骑士军队。这些旧有的法令必须进行全面的修正，并添补许多内容，才能适应新的社会关系。但萨克森人并不是依靠新法律来统治的。实际上，我们今天无法找到当时的许多成文法律，并非只是巧合，那个时代被修订成文的法规本来就少。这是一个明确的标志，象征着这个王国从现在开始，重新建立在一个德意志民族的基础之上，习俗与传统远比成文法律重要，而且只有那些已经深入德意志人骨髓的法规才有其效力。即使在之后的时代，成文法律能够发挥其效力了，治国的基础仍旧是查理大帝时代的法律以及父辈们留下的优良传统。卡洛林王朝的国王们制定的法律与那些成文的民族法律遭到的待遇是相同的，仅仅因为语言上的陌生，就已经使它们几乎被遗忘，更何况那些言传身教的传统本就比文字法律更有分量。不论是在共同还是私人关系中，习惯与传统都是最重要、最受尊崇的行为准则来源。前人们的生活准则在人们的意识与心灵中延续，它深深扎根，并不断萌发新芽，抽枝散叶，保持着活力。

　　所有审判都公开进行。各州的审判由公爵主持，各区及百人组的法庭则由国王任命的伯爵及其手下官员管理，领地内的裁判权归保护人及管理人所有，邑臣法庭由邑主进行审判。针对自由贵族的审判不是由国王的法官，也就是伯爵做出的，而是从自由人中选出陪审团，由陪审团做出判决，而陪审团之外还有列席的其他自由人，他们给予裁判人建议，对他做出的裁判进行褒奖或是批评，其他的法庭的流程也在形式上类似。不论哪里的法官，身边都有精通法律的陪审团，不论哪里的裁判，人民都能积极地参与其中。根本不存在人民所不知道的陌生法律条令，在他们不知情的情况下管制着他们。那个时代的法律还没有被禁锢在狭窄的誊写室中，而我们这个时代正重新试图将法律从这斗室中解放出来；那个时代的法律是依靠习俗与传统发挥其约束力的，每个人都熟悉知晓法律，其效用完全渗透进整个民族生活中，无时无刻无处不在。人们很少将法律书写在羊皮纸上，因为这没有必要，法律已经写了人们的心中。国王的准则、人民的准则、邑臣与仆从的准则都是由习俗与传统自由发展出来的，并且发展得异常蓬勃。

虽然国王本身对法律制定和规则建立的影响很小，但对法律规章的监督却被人们公认为国王的职责，国王必须严格保证，每个人的权利都受到保护，而法官不能滥用他的权力。一个时代若是要防止权力的滥用，就尤其要关注这些方面。不论是因为审判王侯和国家邑臣时，只能由国王亲自审判，也不论是在之前的审判中无法做出判决，或判决不能令人信服而需要国王的判断，国王都需要不断地参与庭审。因为由多人组成的陪审团不能达成一致意见，或是陪审团自己也知晓有关事务历来遵循的准则，又或者是他们的判决受到责难、被驳回了，这都是常有的事；而在所有这些情况发生的时候，必须将事务移交给另一个法庭，而当他们找不到可以寻求公正建议的人时，最终都要向国王寻求解决办法。

但即使是寻求国王的帮助，也不意味着国王能任意做出判决，而是要与陪审团商议，找到最明智的解决办法。要是连陪审团与国王也无能为力的话，就会选出一位仲裁人，他能够自由地做出裁判。但如果不是迫不得已，奥托是极不愿意起用仲裁人的，这一点，从938年在施蒂勒发生的一场争论中可见一斑。

当时人们在争论，如果有一个留下遗产的人，在死后不仅留下了几个儿子，膝下还有已经去世的儿子所养的孙子们，那么这些孙子是否应该代替他们死去的父亲，和他们的叔伯共同继承遗产呢？按照最原始的德意志规范，只要氏族中关系较近者尚在人世，那么关系较远的成员是完全没有继承权的，但在墨洛温王朝统治下的奥斯特拉西亚，孙辈在这种情况下是有继承权的。自那以后，新旧规范产生了冲突，这使法官与陪审团所持的意见也往往相左。因此人们寻求奥托的建议，而奥托则将这个问题带到了施蒂勒的议会上，让众人共同商讨。人们最后认定，这应当交由仲裁人审查并作为裁断。但奥托不愿意用一个仲裁人随随便便决断，使被维杜金德称为"人民中的精英与长者"的法官和陪审团受到羞辱和谩骂；因此，他驳回了议会的这一建议，转而将决定权交给全知全能的神。而让神来审判其实是通过一场比武，因为当时支持孙辈继承遗产一方的武士赢得了胜利，所以孙子能够代替死去的儿子与叔伯共同继承遗产就成了确定的法律。这一规则在此后的德意志各州得到施行，虽然在一些地方仍然按照古老的习俗将孙子排除在继承人之外。

在那个时代，人们将天国与尘世的距离看得相当遥远，而奥托的做法却将两者联系了起来，所以许多人都指责奥托的方法是不明智的，也是野蛮的[①]，但说到底，这也完全是德意志的做法，根植于他作为萨克森人的天性，既然要任意地决定基本准则，那不如就用一场比武来做出裁断。日耳曼人认为在所有两方对擂的战斗中，都是由神裁决出胜负的，这一想法在萨克森人中间尤其普遍。不论是在当时，还是之后的时代，自由的萨克森人要是不服法官的判决，都能够向国王求助，并让自己的七位同僚与判案的七位陪审员进行对决；对萨克森人来说法庭绝对的胜负同样能作为证据，证明一项指控的有效与否或是证词的真伪。所以，奥托在这件事上的做法完全是基于萨克森民族的心性和想法，之后，奥托还将这种法庭对决运用在意大利的一些法庭裁判中，并使得这一做法在西方世界得到越来越普遍的应用。不论现在人们如何看待这类法庭决斗，这在当时的时代都是常用的裁决方法，从中也可以看出，当时的人们宁愿将是非对错交由全能的神来评断，也不愿将决定权交给尘世仲裁人的个人意志，并且当时的国王也不是法律的主宰。如果传统和习俗没有告诉人们行为的准则，那么人们就将裁断的权力交给神的最高意志。

在德意志王国，国王对立法和法律的发展影响很小，但他在其他方面却

---

① 德国法学家尤斯图斯·莫泽（Justus Möser），有些人说他的行事方法是萨克森式的。他很好地为奥托的做法做了辩护，他认为，奥托选择了法庭决斗而不是其他做法，象征着德意志人对自由的热爱，其中包含着极大的敬意（《爱国主义幻想》（Patriotische Phatasien），第四部分，第153页）。

有很大的自由发挥空间。他执政期间最重要的任务与之前一样，仍是维护国家和平，捍卫人民不受外敌侵扰，确保传统准则的实行，保护教会及其他需要帮助的人。国王的所有权力与权威，除了他最高邑主以及人民代表的角色，都来自他作为最高法官、战时将领以及教会保护人的身份。在王国的边境之外，当然只需要军事力量就足够了，但在内部的国家治理上，国王拥有着完整的自由权力，没有任何东西能够限制他按照自己的意愿做决定。定期的国家及教会大会没有了，五月集会也不再召开，宫廷中的秩序失去了原本严格的封闭性，枢密院也消失了，州省级别的行政单位也不像以前那样各自为政了。因为本来由钦差大臣管理的各州省，现在除了公爵及王室领地伯爵之外，国王自己也承担起了部分职责。奥托的整个政府，像他父亲的政府一样，都带有强烈的个人特色，虽然他们的德意志王国在秩序上与法兰克王国一脉相承，但正是国王本人自由的角色定位，使得整个政府恢复到了古日耳曼时期那种状态。

国王就是国家本身。国王可以自由地根据自己的偏好选择信任的人进入自己的宫廷，让他们在国家事务上给予他建议，帮助他决策；在这些人之中，国王选出伯爵和主教，按照他们的功绩分封邑产，最丰厚的邑产往往是凭借最私人的功绩而得到的。国王在他的大臣们中间，就如同古时的首领在他的随从中间一样。

王国政府除了国王本人之外，没有其他固定的中央机构；宫廷本身没有固定的地点。国王在哪里逗留，哪里就是王国政权及宫廷的所在地。虽然奥托最爱待在哈尔茨山区的城堡中，待在基弗豪泽或黄金河谷，但我们可以看到，他很少在某处长期停留。他的王室领地分布在他统治疆域内的各个地方，他就在这众多的王室领地间来来去去。德意志各州都是他的家，所有地方他都要亲自视察，家中事务也都要亲自决定；哪里有敌人侵扰边关，哪里爆发了起义，哪里有政治和宗教的重要事务需要决断，他就马上去到哪里。奥托作为国王的生活是充满了不安与奔忙的，但这样一种不停歇的漫游生活却能把国王带到各个宗族的身边，使国王能近距离地平等接触各地的风俗人情，这也对巩固王国统一起到了很大的作用。

国王还借助于神圣的宗教节日如圣诞节、复活节和圣灵降临节，来塑造他与众不同的光辉。在这些节日到来的时候，德高望重的神职人员从各地来到国王的宫廷中，他们的到场出席就是对这些神圣的节日庆典一种特别的献祭；公爵与伯爵们也带着丰厚的礼物来到他们的邑主和君王跟前，争先恐后地向国王展示他们的赤诚忠心；邻邦属国的王侯们则献上贡品，俯首称臣；友国的国王们派来使臣送上奇珍异宝，这些异域使节不同的习俗与语言也引得人群的侧目。无论国王身在哪里，王室宫廷的生活都欣欣向荣而又多姿多彩；一场场节日庆典，一夜夜欢歌宴饮，令人目不暇接，但宫廷中不仅仅寰宇享乐，最严肃的事务也要斟酌考量，而这也常常按照老习俗，在餐桌上解决。享受佳肴的同时，往往就决定了国家是战是和，就与异邦的国王和民族签订或解除了协议。在餐桌上还有主教和伯爵得到任命，分封邑产，授予特权，甚至诸侯法庭也大多与类似的宫廷议会合并在一起。由于国王会在宫廷议会上听取大臣们对重要国家事务的意见，所以宫廷议会在一定程度上取代了卡洛林王朝时期定期国家议会的位置；但宫廷议会的议程是完全自由、不受约束的，早先的国家议会上许多固定的流程都没有沿用到宫廷议会上来。大型国家议会上的一些形式是值得保留的，比如正式召集德意志各州大臣全体到会。但现在，只有在商讨长期战事或是要确定王位继承人时，他们才会悉数到场，即使他们全部到场，也不会对会议内容进行记录；至少没有任何来自那个时代的国家议会记录流传下来。因此，我们也几乎无从知晓，大臣们是如何对国王建言献策的。与此相比，更常见的是在国王的命令下，召开各个德意志地区或整个王国的教会议会，由于政权本身宗教与世俗相结合的特点，在这些宗教议会上也会讨论重要的国家政治事务，或者索性与国家议会或宫廷议会合并为一。这些会议上，国王也尽量确保能亲自出现在主教们中间，并且对议事的过程也有着重要的影响。这些宗教议会有着更为严格的规范，其宗教性质商议的过程也更为正式，并有文字记录，其中一部分流传至今。

　　虽然国王的统治在他的国境之内是完全自由的，几乎可以说是随心所欲的，但奥托的统治权还是受到了不少限制。因为国王权力的界限本来是模糊的，但雄心勃勃的君王越是想要扩大自己的权力，那些与之相对的因素就越要限制他的权力。在人民心中，对王国统一的信念还远远没有重新觉醒的宗族意识那样鲜活，由于宗族意识的性质，它势必处在王国政权的对立面。身居高位的俗世贵族通过遗产继承获得邑产，并在他已经获得的大片领地上进行着完全独立的管理。虽然神职势力为了将自己从贵族们的排挤中解救出来，在短时间内与国王紧密联合起来，但他们仍未放弃与国家统治对立的、神权政治的理想。虽然眼下，他们停止了使政权依赖于教会的尝试，但这并不意味着，他们会放弃要求其在宗教及尘世社会的独立地位和优厚待遇。

由于还没有政治协议规定国王和王国政治体之间、教会与国家之间互相的权力，国王在这里对贵族及神职人员的处理，还不是法律上的问题，只是双方势力强弱的问题，取决于形势的走向，看最终是宗教的精神利刃还是世俗的真刀实枪更为锋利。由于贵族和神职人员在卡洛林王朝末期都赢得了强大的势力，而德意志王国又一下子成了选举制的国家，就越发不可能依靠国家势力使宗教及世俗贵族完全回归到先前的仆从臣下的位置；这两者已经取得了独立于王权之外的位置，这是他们不可能完全放弃的。但是，过去的苦难已经向德意志各民族清楚地展示了王权统治的必要性，缺少了稳固的王权他们只能任人宰割。奥托顺利使公爵们归顺后，王权统治的必要性得到了人们的认可，也确保了王国未来的发展。利益间的冲突、针对彼此权力界限的争斗也因此在国王与贵族之间、在王国势力与所有地方势力之间延续下去。

在这场斗争中，奥托所处的位置并不是最有利的，因为除了他在萨克森的势力之外，所有支撑着王国的力量都不在他的手中，而是在他对手的手中；而他的对手又恰恰是那些本该为他服务、将他的命令彻底贯彻执行的人，反对他的贵族最主要的是他自己手下的官员。这些官员同时也是拥有着丰厚私产的强大领主，在他们的领地上居住着无数下人和追随者，他们身边围绕着由善战的邑臣和家仆组成的卫队；除此之外，他们还是曾将王冕授予奥托的人，并且在奥托死后决定着王位去向的人。而那些神职人员，除了他们的身份给他们带去的所有优势之外，他们极高的威望不也是一样有力的武器吗？查理大帝曾试图通过提高普通自由公民的地位来限制贵族的势力，但他的这一尝试却没能带来长久的效用。而奥托也无法使用与查理大帝相同的策略，因为此时，自由的中小资产所有人在德意志各州已经越来越少；如果大区法律还长期保留的话，那么一些贵族的豁免权就会发展得越来越大；而王国的军事实力不再以步兵军队为主，而是基于由邑臣组成的骑兵，亨利一世对这种军事体系的形成产生了重要影响，这对旧式的地区自由自治更多是削弱而非增强。当时被称为人民的群体，只是或主要是指国民中配有武器的人，这些人所在的阶级，就已经包括了采邑团体。在这些自由阶层中，奥托没有能够对抗贵族的有力武器，他除了利用他们之间的利益冲突离间他们，用贵族对抗贵族，用神职人员削弱神职人员，没有其他更有效的办法来确保自己的王权。在当时的情势下，只有通过建立和赢得一支党羽才能保有并提升王权势力。

当时，所有不利于王国统一以及反对国王统治的尝试都仍与公爵势力脱不开关系。深深扎根于德意志体系中的省份和地方势力与公爵们联合起来，那些未从国王那里直接获得特权与优待的贵族也参与其中，甚至是身居高位的神职人员，在对抗王权的时候，也毫无顾忌地亲近长久以来与之为敌的公爵势力。因此，在939年年轻的国王经历了一场惨痛的失败之后，公爵势力会在王国中占据怎样的位置就成了至关重要的问题。

在奥托执政初期，公爵们的一再暴动就已经充分向奥托显示了，亨利给予公爵们的高度自主权，在一个强有力的王国统治中是行不通的。所以，奥托想方设法利用当时的胜利削弱公爵势力，并扩张他的王权势力，也是意料之中的事。这也是因为，当时的奥托既没有能力彻底清除公爵势力，使之完全回到康拉德国王的那种道路上，并且他的地位也主要是基于他在萨克森作为公爵所拥有的势力，这样的身份也不允许他彻底清除公爵势力。但奥托可以做到的是，通过自己亲临德意志各州遮蔽和压制公爵们的权力，他能够凭借自己的职权对公爵采取限制措施，安插新的官员进行监督，通过他亲自任命的人手削减公爵们的自治权。奥托不厌其烦地尝试所有方法控制公爵势力。但正如我们所见，只有在法兰克，奥托通过将所有权力汇集王权之下，彻底清除了公爵势力。使这支长久以来凌驾于德意志各州之上、占据统治地位的宗族失去自主统治的首领，剥夺这支由于荣耀的过往而高高在上的民族独立自治的权力，这对奥托来说，想必具有无可比拟的重要意义。但是，想要成功地做到这一点，他必须牢牢限制那些尚存的康拉德家族成员的权力，并且努力转移其他法兰克权贵的熊熊野心，使他们不再觊觎法兰克公爵之位。除法兰克之外，其他公爵保留了下来，但他们再也不能像亨利在位时那样，独立行使国王的权力。除非是在保卫王国边境的时刻，他们再也无权决定是战是和；巴伐利亚公爵也不再拥有曾经的特权，不能再对巴伐利亚的主教进行任命。渐渐地，所有的省份都设置了王室领地公爵，以监管国家地产和收入，并代替国王进行司法协助，监督公爵与伯爵们的一举一动；在各省中，这些王室领地公爵就是国王的执政官，在各省的地方势力面前，他们就是王国的代表，而在此之前代表着王国的还是公爵。从前，王室领地伯爵曾作为国王的代表居于君主体制的中心位置，而现在他们成了国王的执政官，使各个分裂出来又重新结合在一起的州省在国王的监管之下，但又不完全失去自治。但国王最愿意尝试的，还是将完全效忠于他的人提升到公爵的位置，然后通过各种方法使他们依附于他。

如果说在早些时候，奥托的法兰克公爵位置看起来一部分来自继承，另一部分基于人民选举，那么从一开始，他就将自己拥有国王的权力视为顺理成章且不可剥夺的，无论他是不是拥有公爵之位，他都是无可争议的国王，并且他绝不容许任何人侵犯和逾越他作为国王的权力。938年，他就将巴伐利亚公爵控制在了自己手中，其后又亲自选出了洛林公爵，并相继在其他州省也采取了同样的措施。

洛林公爵奥托在944年就逝世了，吉赛尔贝特年轻的儿子亨利也很快离世了。洛林需要一位新的公爵，国王需要从他手下的大臣之中挑选出一人，将洛林这片仍不安定的土地托付到他手中。最终他选中的并不是洛林人，而是一个法兰克人，他就是在对抗公爵的斗争中立下大功的红发康拉德。这个年轻人的心性中有一些顽固和鲁莽，但他的这种顽固在一定程度上也是一种天赋的优秀品质，似乎显示出他的内在价值；人们往往会原谅年轻人的这种顽固，因为这种顽固总是与男人的担当与智慧形影不离，而康拉德正是这样。无论是在他的驻地还是家乡，他在同僚们当中总是声望很高，因为他头脑灵活又行事果断，是所有的战士都向往的那种人。如果有谁能制服不安分的洛林人，那么就是他；更何况，他从父亲维尔纳那里继承而来以及奥托赏赐给他的伯爵领地，莱茵河畔风景秀丽的土地就在洛林旁边。康拉德丝毫没有辜负人们对他的期望，他很快就平定了国王交付给他的大片土地，并凭借这一功绩受到国王极大的赏识，4年后，国王将他刚刚成年的女儿路特嘉德（Liutgarde）许配给了康拉德。

945年，巴伐利亚的公爵头衔也再易其主。在为萨克森王室尽心尽忠之后，贝尔希托德公爵去世了，甚至在他生命的最后一年里他还英勇地击退了来犯的匈牙利人。而他留下的唯一一个儿子太过年幼，奥托不愿授予他巴伐利亚公爵的位置。这时，太后玛蒂尔德为自己苦命的儿子亨利进言，她请求奥托考虑考虑这个忍受了诸多苦难的弟弟。实际上，奥托也遂了母亲的心愿，让弟弟亨利举起了巴伐利亚公爵的大旗，而且亨利本来也因为与阿努尔夫公爵秀外慧中的女儿尤迪特结成了夫妻，始终与巴伐利亚保持着联系。就这样，曾经几度怀着仇恨试图争夺王冕的亨利，重新拥有了重要的权力。但这一次奥托再没有后悔自己的决定，而亨利也没有再辜负哥哥的信任。他还未完全成年，心中渴望能做出一番大事业，他想让父亲伟大的名讳更添荣耀，也想要偿还他过去对哥哥的亏欠，让所有德意志人忘记他不堪的过往而只记住他好的一面。现在他找到了这样一个位置，让他能够发挥自己的才干，实现自己的抱负，于是他不知疲倦地时刻保持警醒，对抗王国内部和外部的敌人。维杜金德说道："不久，巴伐利亚上下纷纷传颂两兄弟间的和睦，他们同心协力拓展疆土、抗击敌人、统治人民。"

在奥托的影响下，公爵们的地位当然发生了重大的改变。公爵的头衔及与之相连的德意志王权统治的特点保留了下来，但这些公爵再也不是旧式的民族公爵，再也不是作为各个宗族的代表半心半意地臣服于国王的统治之下。现在这些公爵并非出出于他们各自统领的州省，或者是因为自己的妻子才与当地有了关联，而且他们都是由新国王亲自任命的，他们的权力都系于国王的权力。负责统领洛林和施瓦本的都是法兰克人；法兰克掌握在流着萨克森血液的国王手中，而巴伐利亚则在他弟弟的掌控之下。只有在萨克森，由本族人担任公爵的传统被延续了下来，并且还升格成为雄踞整片德意志土地的王权统治；除萨克森外的所有地方，公爵都已经不再是可与国王比肩的独立势力，而更多的是国王的仆从和官员。现在的这个王国才又可以与当年法兰克人统治下的那个王国同日而语了，奥托所进行的统治，与亨利那种类似于"不列颠统治者"的统治是完全不同的。如果说，亨利一世所追随的是盎格鲁-撒克逊的埃格伯特国王的足迹，那么奥托所继承的便是查理大帝的衣钵。

但要是有人因此认为公爵的地位无足轻重，公爵的权力完全丧失了的话，那就错了。在他们自己的辖区内，他们被赋予的权力还是极大的，可以说他们"统治"着各州。他们统领着地方的军事体系，为一方的平安而奔忙，他们召开宫廷会议、法庭审判及地方会议，并且在这些会议上，当地的主教、修道院院长、边疆伯爵、伯爵及王国邑臣都必须面见公爵；除了公爵本来就能继承和拥有的大量遗产，在获封公爵时，他们还能收到丰厚的邑产以及众多指派给他们的王国邑臣。此外，他们通常还会获得多个公爵领地下的伯爵领地。拥有了这样的权力与财力，就确保了公爵能够享有王侯般的尊荣；而且公爵势力也联系着各种各样的宗族和地方势力，使这些强大的势力既与国王保持联系，又保持距离。在这其中仍存在着威胁王国统治的力量，正如同在其他圈子中也并非所有反对势力都被消灭殆尽一样，尤其是那些神职人员，他们常常占据着令人忌惮的高位；即使这样，奥托也已经成功地获得了无比强大的势力，在人类历史上，还从未有其他德意志人将这样庞大的势力统一到手中过。

亨利一世国王通过邑臣誓言将公爵们团结在自己身边，并且在一段时间内，仅仅依靠这种采邑关系就使各宗族的领袖听命于他，将德意志各州统一在一起。后来，在国王奥托前往亚琛接受加冕的时候，他也使国内所有宗教及世俗王侯、公爵、主教、伯爵、王国邑臣通过邑臣誓言对他宣誓效忠，而采邑关系也在刚开始的一段时间内决定了他与国内王侯们的关系。因此公爵与伯爵领地、主教及修道院辖区仍继续由国王封赏给个人。当采邑制度在西法兰克王国逐渐被贵族们改变，邑产成了可以继承的财产，采邑制度成了桎梏王权统治的枷锁，当采邑关系使国王背负上更多的义务，而非给予他更多权力，国王就成了邑臣们的奴仆而非主人；奥托则与之相反，虽然一些有势力的王国邑臣试图反抗他，他仍以邑主的身份对待他们，秉持采邑原始的关系设定，只将那些权贵看作要对他尽特殊义务的人。他既不允许他们继承邑产，也不给予他们任何干涉国政的权力，或是可能威胁到国家利益的特权。要是他将带着旗帜的长矛作为邑产赏赐给公爵和伯爵，将戒指和权杖赐给神职人员，那么这些受到赏赐的人就必须双手合十向他宣誓效忠，承诺永远对他忠诚不欺、有求必应，无论他去往哪里都追随他，决不在险境中抛弃他。通过这一誓言，他们背负上了沉重的义务；而对国王来说，除了给予他们邑产之外，无须给他们其他的回报。只要他们不行不忠之事，那么采邑关系就会将这些王侯大臣越发紧密地团结在国王身边，而不是使之疏远。但在奥托心中，他除了是王国中最大的邑主之外，当然还拥有更大的权力、更高的地位。他认为，他的国王冠冕是神授予的，他注定要统领德意志大地上所有的民族，而这项冠冕赋予了他凌驾于贵族及所有其他阶层之上、最高最广的权力，除了父辈们的萨克森血统以及各方势力的争斗没有什么能够对他的权力产生影响。他没有按照法兰克的老习俗让所有的自由人民对他宣誓效忠，对他来说，所有出席他加冕礼的人都将手举向天空，大声表达出对他这位国王的认可，这就足够了。他认为自己就是纯粹意义上的人民国王，也就是在基督教影响下、在神职人员的潜移默化下，所有德意志宗族设想中的人民国王。

体面华丽的宫廷已经作为国王所应有的慷慨，还有许许多多搬迁或是行军需要的之处，都要求奥托始终拥有富足的财产，而事实上，在他重新稳定了秩序之后，也的确获得了重要的资源。除了享有丰厚的遗产之外，他还能自由支配全部的国家收入，虽说国家收入由于之前软弱的卡洛林王朝减少了许多，但通过奥托推行的严格秩序，国家收入还是非常可观的。亨利一世国王在文献中就被塑造成一个很会持家治国的人，他对国家收入的掌控要比对自己国王权力的掌控严格得多。有明确的证据表明，他在洛林、法兰克、施瓦本和巴伐利亚都有与在萨克森同样的王室资产，但公爵们仍将各州各地产生的国家收入托付他来管理。而奥托则委托新设置的王室领地伯爵负责要上缴给王室的收入，从而大大提高了国家收入。

毫无疑问，最重要的收入仍来自广泛分布在国内各地、被家臣与佃农们租用的王室地产。最茂盛的王室森林主要是为了使王室成员享受狩猎的乐趣，而并非作为用来赚钱的经济林。而王室矿山，如果有金属出产的话，都是供国王来支配，可以带来一定的财政收入。别国为求和平所上贡的金银或是为避免革除教籍所缴纳的罚金，这些收入的一部分也流进了国家的钱袋中，但随着豁免权的日益增加，这项收入也逐渐减少，但许多财产查抄及充公的行为又带来了不小的收获。收取海关及过路费用的权力，以及调控货币及贸易市场的权力本来都是只属于国家的，并且是重要的收入来源，但奥托在这些权力上却延续了卡洛林王朝的做法，慷慨放手，使得那些神职人员凭借他们的豁免权赢得对海关、货币及贸易市场的掌控。

固定且平均的国家税收是没有的。我们都清楚，自由的德意志人对征税是多么厌恶，他们将之视为对自己尊严和自由的侵犯。所以，虽然在法兰克王国的高卢地区会征收人头税和土地税，但这种税收也没能扩展到莱茵河流域及莱茵河对岸。当然，一些遭到镇压的德意志民族必须向墨洛温王朝的国王们上贡，我们知道的阿勒曼尼人、图林根人和弗里斯兰人就是这样。贡品的一部分是金钱，另一部分则是实物。后来，这些贡金和贡品就被免除了，或是转而交给教会的基金会。据我们所知，在奥托执政期间，只有图林根还必须向王室的财政机关上缴一定量的猪猡作为税金[1]，此外在伯爵领地库尔（Chur）也要收取税金，国王不久后就将这笔钱直接拨给了当地的主教管区。

比起这些零散的税收，那些按照旧时习俗以赠给王室礼物的名义自愿献上的贡品更为可观。没有人会空着双手来到王室宫廷之中——宗教及世俗的权贵们通常都会向国王献上大量的金银财宝，一次赢得和巩固国王对他们的恩宠。随着时间的推移，这变成了一种形式上的、令人认为是负担的上贡形式，以至于那些富足的大型修道院之间甚至签订协议确定彼此上贡的金额。从这一协议中我们得知，洛尔施修道院与其他修道院一样，每年都会向王室财政机关支付上百马克的贡金。奥托各地征战，那些被打败的民族所缴纳的贡金和贡品也是一笔不小的收入，当时他就收到过丹麦人、文登人和斯拉夫人大量的上贡。除此之外，国王本人、他的宫廷侍从和官员在国内各处都能够随意膳宿，无须支付任何费用，就连他们的车马费也被一并解决。这样看来，国王为了维持自己的宫廷花销出去的国家收入又收了回来。另外，军队的装备及给养费用都是

---

① 称为豚税（Schweinezins）。后来亨利二世取消了图林根的这项税收，可参考第二册第四篇章内容。——译者注

由邑臣们承担的，在国内行军时产生的军需支出也记在大臣们的账上。这样一来，我们就不难理解，为何奥托即使在各种场合下都不吝赏赐仍能保持王室富足，因为在他那些多种多样的行动之后，牵扯着各方关系，使他的资金来源绝不会枯竭。在那样一个时代，人们粗野的内心却极为看重物质世界的财富与浮华，而国王所处的社会关系要求他用大量的赏赐来笼络那些具有影响力的人物。如果没有充实的国库，那么奥托就无法保证国家统一，也很难在德意志人中间维护他作为国王的尊严。

新的王国是建立起来了，但所有的一切还处在过度和酝酿的过程中。国家的整体利益与各个州省各个阶级的特殊利益还常常发生冲突，不同势力间的界限还十分模糊，新的社会关系还没有稳固下来。人民的新生活由内而外以一种自由且独立的方式发展形成了；无论是高层还是底层圈子中，都建立起了独特而多样的生活形式；这些生活形式相对查理大帝建立的社会不一定都是进步的，相当一部分反而表现出一种倒退，但无论如何都是与德意志民族的心性相符的，这是他们与生俱来的。

哪里有许多不同社会元素共同自由发展，哪里就少不了摩擦与冲突；因此我们也能看到，在当时那些强大的势力之间常有旷日持久且艰苦卓绝的对抗，且过程中充满了变数。采邑制度与旧式的人民自由进行着角逐，旧时的大区法律由于豁免权的不断扩张渐渐被废除，人民军队也不得不为骑士军队让位；世俗及宗教贵族进一步凌驾于广大人民之上，并彼此争夺，以管辖更多人民与土地。但世俗贵族与神职人员由于立场不同不相为谋，他们都将确保自己的利益看得最为重要，而对国家整体的富裕安定不屑一顾，世俗贵族们甚至还试图瓦解王国统一，而重新建立旧式的宗族势力，几乎要被排挤出去的王权势力也多次出手镇压这些贵族。当德意志各宗族第一次切实地感受到一股共同的民族意识在心中涌动的时候，当他们真切地意识到，分裂的德意志必定会成为敌人的鱼肉，德意志人看到了建立王权统治的必要性，也看到了强大国家势力的必要性。从一开始，这一国家势力中就渗透着对民族自由和独立的向往。随后，人们又意识到，只有德意志各宗族进一步相互融合才能取得并确保他们的自由和独立。所以，他们很快就投身于对抗贵族的险恶战斗中，过程虽然艰险，但他们最终取得了胜利。现在，旧式的民族自由也渐渐走向衰落，它所留下的遗产不仅落到了贵族的手中，其中的大部分更是留给了王权统治。

恰恰在采邑制度与地方自由的博弈中胜出之时，才能建立起强大的王权统治，站在世事的中央将所有人的富裕安康加以考虑，遏制强权的产生，使针对底层人民的暴行能遭到报应，这对德意志民族来说是何其幸运！当粗暴的阶级分化渐渐明显，王权统治使人民重新有了一个共同的基点。设想一下，如果一方面是蝇营狗苟的贵族，他们认为自己是不受国王管控的独立势力，完全为了自己特殊的社会关系和地方利益到处搜刮；而在另一方面是心怀叵测的神职势力，他们妄图实现自己神权政治、宗教国家的设想，不断尝试建立一个无所不包的王朝，而小宗族思想无疑是极好的温床。如果这样，刚刚萌芽的德意志民族意识又该如何抽枝散叶呢？如果不是像奥托那样在德意志各宗族间建立起王权统治，又该怎么做呢？

10. 设立边境和扩展边疆

国王亨利对抗国家外部敌人取得了光辉的战绩，他击败了匈牙利人、丹麦人和文登人，建立起了他的王国，但在亨利死后，边境的敌人又变得不安分起来，比起王国内部的矛盾，这些外部的敌人给德意志各州带来了更大的威胁。匈牙利人又现身在德意志境内，萨克森边境也不断遭到丹麦人和文登人的侵袭。所幸萨克森已经有了对抗匈牙利人的能力；但国王仍必须亲赴战场，驱赶文登人。王国北部及东部的边境得不到长久的安宁，只有通过连续不断的作战才能切断敌人所有的势力，换取长久的安定。国王利用国内和平的时期，将国内所有力量汇集起来对抗外部的敌人，并通过强大的防御措施抵挡住外来的侵袭。国王亲自参与这些战斗，但比国王的威名更为响亮的，是他军队中英勇的大将，为德意志民族和基督教会而战的英雄。

其中，最令敌人闻风丧胆的就是边疆伯爵格罗。我们知道，当奥托将保卫边境、对抗文登人的重任交给格罗这个出身卑微的人时，萨克森人是多么不满，但事实证明，格罗就是最合适的人选。格罗有着令国王也要高看他一眼的卓越品质，就算是出身最为高贵的人也不一定能与之相比。他在战场上的经验极为丰富，也精通治国的种种门道；他能言善辩，却更喜欢脚踏实地而非夸夸其谈。要是有什么东西是值得争夺或赢取的，他能随时投身其中，但也总能在适当的时候收手，并且他也不是吝啬小气的人。此外，他虽然是个严肃强硬的战将，但他也很虔诚，对神充满敬畏，不会忘记照顾自己的教会和仆从们。

格罗管辖的边区从萨勒河和易北河中游延伸到奥德河畔。这里居住着已经完全臣服于萨克森政权、放弃了自治权的一些民族，比如索布人和达勒米茨人，这些民族的名字渐渐从历史中消失了；与这些民族比邻而居的则是一些文登宗族，他们想方设法反抗异族政权，不放过任何可能挣脱这一政权束缚的机会。这其中就有施普雷河上游的米尔赞人①、下游的卢萨蒂亚人、哈弗尔河畔的赫维勒人，以及居住在哈弗尔河上游与奥德河之间的雷达里尔人和乌克人（Uckrer）。最后三个族群都属于强大的留提曾部族（Liutizen），同样属于这一部族的还有位于格罗辖区之外的维尔泽人，维尔泽人中又分为奇尔奇潘人（Zirzipaner）和托伦萨人（Tollensaner），他们栖居在从佩讷河和托伦瑟湖（Tollense）到海岸边的区域。

自从格罗接管他的边区，他就没有停止过与文登人的战斗，这位恶邻不断烧杀抢掠，即使是国王亲征也只能保证暂时的和平，没过多久他们就又一次次卷土重来。其间，文登人还会偶尔佯装停战，按照文登人出尔反尔的作风，这甚至比公开的战斗来得更加危险。他们想通过假装停战，使格罗放松警惕，再突然袭击刺杀格罗，但格罗比他们更为精明，他将计就计地报复了他们。格罗知道文登人要谋害他之后，邀请了30位文登人头领赴宴，他巧妙地向他们劝酒，将他们灌得烂醉如泥，随后，他便命人在当天夜里将他们全部杀死了，此后的很长一段时间内，人们都对这场鸿门宴津津乐道。

这次的事件，在文登人对德意志人的旧仇上又添新恨，并点燃了一场生死攸关的大战。阴险的敌人为英勇的格罗制造了数不清的麻烦。科维的维杜金德说："斯拉夫人就是这样，在逼不得已的情况下，他们能忍受得了极大的苦难和

---

① 索布人中的一支。——译者注

辛劳，艰苦的条件对他们来说似乎小事一桩，要是我们的人在相同的情况下，恐怕早就唉声叹气、叫苦不迭了。"但同时，斯拉夫人内部也是不统一的，每个人都想做对自己有利的事，他们也将各自的利益看得高过整体的利益。如果没有不可反抗的神圣意志严格地限制他们，这个民族就不能保持良好的教养和秩序。所以，虽然他们为自由英勇反抗，最终还是败在了格罗的剑下。

他们之中还出了叛徒。一个名叫图古米尔（Tugumir）的赫维勒贵族男子，在亨利一世执政时期就落到了德意志人手中，他答应帮助格罗夺取勃兰登堡及周边地区，以获得大量金钱与优待。为了达到这一目的，他回到自己的族人中间，告诉他们自己偷偷从德意志人那里逃了出来。在勃兰登堡，他们欣喜地接受了他，并认为他就是带领军队与德意志人作战的合适人选，甚至授予了他王侯的权力。除了他之外，他的家族中只剩下他的侄子一人能够阻止他，于是他将侄子杀死，将城池拱手让给了萨克森政权。就这样，格罗在文登人的土地上也站稳了脚跟，他从勃兰登堡出发不断前进，一直杀到了奥德河畔，战胜了一路上的所有民族，使他们和亨利一世时期一样按时向国王上贡。

在彼林家族的赫尔曼管辖的边区内居住的北文登人，即瓦格里人（Wagrier）、奥博德里特恩人、奇尔奇潘人和托伦萨人，居住在从艾德河河口到波罗的海沿岸的区域间，也响应了他们族人同胞的起义行动，而赫尔曼也与他们展开了一场鏖战。他们歼灭了一支萨克森军队，国王与赫尔曼两人费尽力气才使战争得以终结。

从这时开始，德意志人开始自由地对直到奥德河畔的文登边区进行统治，而在这些地区也开始施行严格的秩序。被称为"边区"意味着这一地区位于王国旧时的边境线外，是新的占领区，那里的人民有着向国王上贡的义务。贡品的内容一部分是贡金，另一部分则是食物。那里的人们向王室运送谷物、亚麻、蜂蜜、蜜酒、啤酒、猪、鹅和鸡，还要为国王及其邑臣服各种形式的徭役。他们要是不愿意服役的话，也可以租用土地作为佃农在他们自己的贵族头领和王侯手下生活，而一些宗族中的贵族王侯甚至还作为国王的仆从而存在，比如在奥博德里特恩族中就是这样。对于广大的民众来说，他们不过是换了个君主而已，因为在文登人当中，完全拥有人身自由的农民或是市民阶级是陌生的，大众总是被贵族所统治。在王侯与贵族头领们失势后，他们留下的地产落到了国王手中，又转而被封赏给国王指派到当地的众多邑臣和家仆。这些人也与其他的王室人员一样，拥有武器装备并随时准备奔赴战场；这些人同时也形成了一支边境军队，分散在无数堡垒中，这些堡垒已经在文登人的土地上存在多时，现在被德意志人接管，受到修建与加固。以这些城堡为中心，形成了许多"城堡守卫区"（Burgwart），统称城堡管辖权辐射的区域。每座城堡都设有一位城堡伯爵或是城堡主，他们的地位在那些战将之下，通常居住在城堡、城堡周围建起的城市中或是郊外农场上；而文登边区的伯爵可对一个或多个城堡守卫区下达命令。驻扎在边区的伯爵、城堡主及所有兵士将领都听从边疆伯爵或边疆公爵的号令，持续不断的战事也要求边疆伯爵和边疆公爵拥有高于其他人的权力。在南部的文登边区，格罗就行使着这样的权力，而在北部及与丹麦相邻的边区，则由赫尔曼在稍晚的时候掌握了这一权力。

当时的丹麦人也利用了德意志的内部矛盾前来进犯。936年，老戈姆的儿子"蓝牙"哈拉尔德（Harald Blauzahn）登上了丹麦国王的位置，他是一位果敢的战将，想要充分利用此时统一起来的丹麦势力干出一番大事业。他的目光并不只专注在一处，他将载着勇猛的北方大汉的战船派往四面八方。他与那些有亲缘关系的、在法兰西建起统治政权的族群建立联系；他将自己的一个儿子派到在英格兰的丹麦人那里，并将另一个儿子派往普鲁士沿岸，要他在那里建立政权；他还成功地确立了自己在挪威的统治权，在希维纳河（Swine）河口，文登城市尤姆纳（Jumne）边上建起了约姆斯堡（Jomsburg），并以那里为据点发起了对文登的进攻。像哈拉尔德这样的一位王侯，是不可能与萨克森人和平相处的。他最先发起的几场战役，就直指亨利一世国王设立的丹麦边区。当地的伯爵与王室邑臣们没能经受住这第一击，他们和他们手下的兵士都被歼灭了，在艾德河与边境界墙之间的萨克森殖民区也被摧毁了。赫尔曼火速带领他的军队来到这里，但他也招架不住这强大的敌人。据说，赫尔曼落到了丹麦人的手中，而他被俘虏的时间之久，甚至使赫尔曼学会了他们的语言。战事持续了许久，直到国王奥托亲自率领一支大军出征，这才迅捷地使这场旷日持久的鏖战告一段落。

我们现在所知道的关于奥托这次出兵的细节都来自后世模糊且夸张的描述。据说，国王领兵杀入丹麦腹地，敌军没有人敢前来迎战，他用战火与刀剑将日德兰半岛夷为平地，一路来到了日德兰半岛北部尽头的海岸。在海岸边，奥托将自己的长矛远远抛向汹涌的波涛中，按照古老的德意志习俗，将这片海域标记为他王国的边境。据记载，在国王的见证下，这里的海峡被命名为"奥托海峡"（Ottensund），并且至今，与提特半岛相对的一处海岸仍以奥托的名字命名。有人说，直到奥托收兵踏上回程时，哈拉尔德才在石勒苏益格拦住了德意志军队，要与之正面较量，但奥托赢下了这场战斗，丹麦人被迫乘着他们的战船逃走了。在这之后，边境地区才终于迎来了安宁的日子，过程虽然曲折，但边区总算建立起来了，德意志殖民区重新活跃起来，赫尔曼公爵也从此接管了这个被称为石勒苏益格的边区。

波西米亚公爵波列斯拉夫曾战胜过德意志军队几次，所以一直以来并不将德意志人放在眼中，但如今文登人和丹麦人相继败下阵来，使他也恐惧起来，并最终向这个不可战胜的敌人缴械投降了。946年的一天，奥托狩猎归来，欣喜地接见了波西米亚俘虏们，向他们展示了他所猎得的丰富战利品。几年后的950年，波列斯拉夫卷土重来，但奥托很快就将之镇压下来，他将波列斯拉夫逼退到布拉格，顺从地撤了军。这位波西米亚公爵重新成了国王的邑臣，并向国王支付了拖欠已久的贡金。巴伐利亚公爵亨利的公爵领地涵盖整个波西米亚森林，与强大的斯拉夫王侯们的领地相邻，所以监督波西米亚人的任务就落到了他的肩上。

自此之后，波西米亚人就没了动静，这也使亨利这样一位年轻气盛、心怀壮志的王侯无法在那里施展才华、赢得功名，而此时多瑙河下游地区为他打开了一片广阔的舞台。这片国土上的一大部分仍在匈牙利人的手中，人们费尽心力才夺回了恩斯河河畔的区域。在939年到950年间，匈牙利人仍在多瑙河沿岸和阿尔卑斯山谷中，朝巴伐利亚和克恩顿边境发起进攻，并利用每个机会使自己的大军深入内部。虽然贝尔希托德公爵在与匈牙利人的战斗中获得了胜利，并挫败了他们的进攻，但在边区尚未彻底建立起一套有序的防御机制。我们找不到任何当时在巴伐利亚新建边境堡垒的记录，而同一时代的萨克森已

经在亨利一世国王的指挥下建起了许多坚固的城堡。早在900年就建成的恩斯
堡（Ennsburg，也就是现在的恩斯）对当地的人们来说似乎已经足以抵抗外敌
了。要是抵抗住敌人的进攻都已经十分困难，那就更不用说主动进攻敌国了。
但在与这群基督教的宿敌的战争中，公爵亨利却很快取得了新的转折。

　　匈牙利人在克恩顿向亨利发起进攻，亨利顺利地将其挫败了。由于意大利
国王几乎将弗留利边区拱手让给了匈牙利人，那里的边防十分薄弱，匈牙利人
就从那里不断拥入克恩顿；亨利就在那里与他们对战，并夺下了边区的都城阿
奎莱亚，以确保自己能掌控战争接下来的走向；亨利将他的兵力广泛分布在阿
尔卑斯山脉的高地直到亚得里亚海布满沼泽的海岸。随后，他渡过恩斯河，攻
入匈牙利人栖居的多瑙河流域广阔的平原。亨利打了两场大胜仗，他的巴伐利
亚军队一直行进到了蒂萨河对岸，查理大帝的军队也不曾到过更远的地方。匈
牙利人没有再向亨利发起进攻，于是亨利和他的巴伐利亚军队就这样毫发无损
地回到了家乡。亨利凯旋，带回了大量战利品，匈牙利人从欧洲各地劫掠而来
的无数珍宝堆满了他们的营帐，现在这些东西都落到了亨利手中，被运到了巴
伐利亚。但亨利用他的剑所夺取的不止这些珍宝。在与妻儿分别许久之后，亨
利为他们带回了一些精美的礼物。亨利为他的王兄征服了匈牙利人，这一点当
时的人们就深信不疑，但他具体是怎样做到的，却没有文献记载。虽说我们所
能获得的资料极为稀少且模糊，事件的来龙去脉存在不少疑问，但我们知道，
公爵亨利是当时第一位敢于在匈牙利人的地界向他们发起进攻的王侯，正如他
伟大的父亲是第一位战胜匈牙利人的王侯。亨利用这一战绩证明了，他是值得
父亲骄傲的儿子，而他的威名也传遍了德意志各地。亨利赢得这场胜利的时间
是950年，但令人扼腕的是，随之而来的其他事件分散了他的注意力，他没能沿
着自己开辟的这条道路继续走下去。

　　在这段时间内，国王本人以及赫尔曼、格罗和亨利为他取得的战果的确是
丰硕的。他们不仅保卫并扩展了王国北面及东面的边境，同时也为接下来的时
代做出了重大的贡献，使此前与西方的政治与宗教生活相隔甚远的那些国家感
受到了德意志的影响力。在这之前，德意志各州是西方文明最外缘的边界，从
这时起，德意志渐渐地站到了欧洲共同生活的中心位置；面对更丰富、更高雅

的精神文明，德意志人一直以来都处于被动接受的位置，而现在他们也能够主动向别的民族传播这些文明了。跟随着德意志将士们的脚步，德意志的传教士和商人们也来到了欧洲东部及北部地区。直到这时，世界探索者们的脚步才不再迷失于日耳曼森林中，而是穿过日耳曼森林，来到了那些新发现的地方；在多瑙河及易北河河畔的城市生活也变得越发生机勃勃，贸易和手工业迅速发展起来；市民阶级逐渐形成，在农民阶级中几乎消亡的地方自治自由又在市民阶级中复兴起来。然而，当时的人们并没有意识到，他们经历的一切有多么重大的意义。但就算他们并不清楚这些事件的历史意义，当时的年鉴也没有忘记记录下对抗丹麦人和匈牙利人的战斗，并零散地记述了文登人归顺投降的过程。

11. 西法兰克王国、勃艮第王国及意大利王国的分裂及衰落

就在东法兰克王国或者说德意志王国发展得越发稳固强大的时候，从查理大帝的王朝中分裂出来的罗曼各国却明显不断走向衰落。这些国家的王室势力都已经无法与贵族及神职势力抗衡；底层人民遭到压迫，失去自由，手无寸铁的大众沦为好战君主的牺牲品；各地从中央政权中脱离出来，缺少统领的各地零散势力又太过孱弱，无法抵抗外敌。阿拉伯人和匈牙利人如同贪婪的秃鹰嗅到了腐肉的气味，向这些从内部开始腐坏的国家发起进攻。

当时的西法兰克王国已经被称为"法兰克王国"，比起东法兰克，这里地域间的民族差异更大。在不列颠人身边有残余的哥特族人；在俯首称臣的罗曼人中间混杂着战胜他们的法兰克人；勃艮第王国建立起来之后，在马恩河（Marne）与塞纳河之间的区域仍留存着一些勃艮第人；最后甚至当时被认为是异教徒的诺曼人也被接纳进来。这样一个国家中该有多少种不同的语言啊！除了南部的罗曼方言，北部形成了一种比在日耳曼影响下更为特殊的方言；一些地方还有人说着未与其他语言混杂在一起的、纯粹的德语；在另一些地方，人们听到的是北方斯堪的纳维亚的语言，而在西北边的半岛上通用的则是古代高卢的语言。一方面因为民族差异，一方面也因为历史关系，或者说更多是偶然，导致这个王国分裂成了许多或大或小的疆界，使得王国无法再保持统一，

并听凭各地掌权者的喜好在分分合合中不断变换。不论这些掌权者的头衔是公爵、边疆伯爵还是伯爵，王权统治对他们来说都无足轻重；只要他们手中的权力没有被更强的势力夺走，他们几乎就是独立的王侯，称霸一方。法兰西、勃艮第、阿基坦和诺曼底公爵，在弗兰德边区、哥特及西班牙边区的边疆伯爵，弗尔曼德瓦（Vermandois）及其他地方的伯爵已经将一些强大的伯爵变成了自己的邑臣，并按照自己的喜好在各自的辖区内任命主教人选，而得到主教之位的人大多是他们自己家族中较年幼的男子。由此产生了一种奇怪的现象，国内虽然到处都有势力强大的王侯，可是国家的最高邑主国王却是最孱弱无力的人；国王手中最后一项重要的权力，即任免国内主教的权力也被夺走了，而国王任命的主教们也被纷纷赶下了台。这个王国十分富足，在经历了诺曼人的袭击之后很快便恢复了繁荣；国内也有许多人口众多的城市；查理大帝所推广的精神教育制度已经渗透进了较高的社会阶层，虽然比起查理大帝时期并没有显著进步，却不至于彻底消失。但是，法兰克王国虽有这些优势，国内各自为政的权贵们还是导致了王国悲惨的衰落。在法兰西和勃艮第公爵先后升格成为国王，却都无力担起国王的责任之后，人们这才将卡洛林家族的最后成员，年轻的路易①，推上了他父亲的王位。但他之所以能登上王位，还要感谢一位比他更强的大臣，这就是法兰西公爵于格，他是国王乌多的侄子，国王罗贝尔的兄弟，并且是莱茵河对岸那位强大国王的妹夫。路易与他的父亲糊涂王查理不一样，他试图用战绩挽救已经渐渐失去光辉的国王冠冕。在与洛林人的战斗中，他陷入了困境，但幸运没有垂怜于他，他只得转而与国王奥托结盟，而在此前他刚刚才对奥托的军队发起过进攻。这时，是吉赛尔贝特的遗孀，奥托的姐妹，也就是他的妻子吉尔贝歌向他伸出了援手，也正是吉尔贝歌使东法兰克与西法兰克王国重新和解。从这之后，与莱茵河对岸王室宫廷的亲情与友谊就成了路易唯一的支撑。那些助他登上王位的大邑臣已经落马许久；他任命的那些主教都被赶走了；就连为他加冕的兰斯大主教阿尔托德（Artold）也被弗尔曼德瓦伯爵亨利贝特（Heribert）的一个儿子，一个名叫的格的入侵者，赶走了；

---

① 又称海外归来者路易或路易四世。——译者注

除了拉昂之外，路易在国内再也没有一处稳固的城堡；他的王室权力和国王称谓成了空壳，而于格公爵则是世俗贵族实际上的领头人，也是王国中最强大的人。据说，国王奥托愿意与他的妹夫和解，然而于格提出要求，除非在法兰西的基础上，再将勃艮第也归入他的公爵领地，他才肯认可国王的地位。在与路易签订了协议之后，王权统治最危险的敌人变得比任何时候都更加强大了。

在于格的支持下，路易采取一项新的行动，而这项行动也再一次提高了国王的地位。在佛兰德伯爵阿努尔夫的鼓动下，诺曼底公爵威廉被杀害了，威廉未成年的儿子继承他的公爵权力，而路易则希望利用这位公爵的青涩，依靠自己的兵力及计谋将诺曼人的土地夺过来。但在与诺曼人战斗的过程中，路易和于格又分裂了，而在战事中的路易也陷入了困境。诺曼人向与他们有亲缘关系的丹麦人请求支援，丹麦国王"蓝牙"哈拉尔德率领着大量轻巧的战船来到了诺曼底海岸，对丹麦人的恐惧重新笼罩了整个王国。路易的敌人一天天增加，而他的军队则因为于格的离开大幅度缩水；因此，他请求和解并要求与对方进行一次会晤。但在会晤时，丹麦人埋伏起来，突袭了路易和他的随从人员。国王路易的许多随从都被打倒了，国王则在逃跑时被抓住，被捆起来交到了他的敌人于格公爵的手中。于格公爵毫不手软，将自己的君主和连襟投入了监狱之中，以此彻底清除旧政权的最后余孽。就这样，路易与他的父亲一样，悲惨地落入了敌人手中。更令他痛苦的是，他与吉尔贝歌前不久才出生的小儿子也被诺曼人控制起来，并很快在他们的都城鲁昂（Rouen）结束了他短暂的生命。

奥托怎么能对这样的事情坐视不理呢？尤其是当自己的妹妹吉尔贝歌也被牵扯其中，他更是忧心忡忡。眼下，路易和于格之间是不可能轻易和解了，他必须果断地用自己的力量介入其中一方的事务中。由于路易进攻了洛林，所以奥托比较倾向于他的妹夫于格，并发挥自己的影响力制定了对他较为有利的协议，但现在，奥托完全失去了对他的好感。他看到，这个不安分的男人野心勃勃，他不愿维护国家的和平，也不愿服从于被他推上王位的国王。在奥托看来，于格的仇恨是针对王权统治的仇恨，而他已经受够了权贵们的苦，对路易四世的命运感同身受。他不等吉尔贝歌来为自己和孩子们求情，不等路易从狱中派来的信使来到他的面前，也不顾路易曾多次言而无信争夺洛林的土地，他一心只想着，要将自己的妹夫从困境中拯救出来。奥托来到莱茵河畔时，于格也出现在他的营帐前，请求与他会面。但奥托却请他吃了闭门羹，只将康拉德公爵派到于格面前，转达他想说的话。这下子，于格明白了自己的处境，于是整兵饮马准备投入战斗。

946年，奥托已经从王国各地集结起大军，战争一触即发。可能是奥托的大军使恐惧袭上于格的心头，他在囚禁国王路易一年之后释放了他。但条件是，路易必须付出更大的代价来换取和平，他不得不将自己手中仅剩的堡垒拉昂，以及勇敢地一直维护着他的萨克森妻子吉尔贝歌交给于格。就这样，路易成了一个脚下没有国土，手中没有权力的国王。他可以仰仗的只有奥托的力量了。不久后，奥托率领着一支由32000名全副武装的骑士组成的军队来到了法兰克王国，而这支队伍的核心战斗力是令人胆寒的萨克森勇士。于格派了一名信使向奥托自夸说，奥托的军队对他来说不算什么，他在自己父亲灵魂的见证下起誓，他军中闪着寒光的铠甲和头盔，比奥托一辈子见过的还要多。而奥托则从容回答于格说，他有着数不清的草帽，比于格父亲一辈子所见过的还要多。此后很久，百姓中还不断流传着国王说的这句话。奥托在这里所说的"草帽"，指的是萨克森人，夏季时节萨克森人常常头戴宽大的草帽，而那场战争打响时，正是炎热的8月。于格的信使还带了许多于格自夸的言论，奥托感到那些都不值得他一一回应。于是，于格说，萨克森是个胆小的民族，萨克森的矛太小了，七支萨克森矛插在杯子里他都能一口吞下去。当时萨克森人使用的还是古日耳曼人的标枪，比起敌军骑兵使用的长矛的确要小一些，却能很好地命中目标。

奥托才不会被于格的这些大话吓怕。他毫无畏惧地领兵进发，很快就将路易接到了自己的军中。两位国王联合起来向拉昂的堡垒发起进攻，但这座位于高山上的城市有重兵把守，似乎坚不可摧。与拉昂相反，兰斯很快就被德意志人攻下了，德意志军队随后迅速来到于格公爵的驻地和他的势力中心巴黎。他们将巴黎围困了一段时间，却始终没有成功夺下这座城市，虽然他们渡过塞纳河，一路在诺曼的土地上披荆斩棘来到了鲁昂的城门前。由于当时已是年末，诺曼人在之前的战争中也没有太大的损失，所以想要速战速决是不可能了，于是奥托撤兵回到了德意志。在拉昂、巴黎和鲁昂的战斗卓有成效，奥托在法兰西征战了3个月，在他离开时，他将夺回的兰斯和其他几处堡垒交给了路易，此外他也为路易新赢得了一些大臣的支持。现在，路易要独自将反对于格的战斗进行下去，毕竟他的王冕不能全由别人的武器夺得。

但事实很快就证明，失去奥托的协助，路易是没有能力夺回自己在国内的统治权的。他多次现身德意志王室宫廷，向奥托描述他悲惨的境遇，希望他这位强大的内兄能为他从中斡旋。最终，奥托促成了于格和路易之间的停战，使他们两人用别的方式解决彼此间的争端。

内部斗争对法兰克王国的教会影响尤为严重。一些主教被从他们的位置上赶下了台；那些重要的宗教职位，比如兰斯大主教之位，被两方势力争来夺去，哪方占了优势，整个教区的治理权就落到哪方手中。大多数主教都站在势力强大的于格这边；其他不愿意服从于格的人，也并没有长久地追随路易，在发现他不能保护自己的安危后，纷纷投奔德意志国王。尤其是在罗马教皇也选择了于格的阵营之后，这些主教无法向教皇求助，便更多地倾向于奥托。最终，奥托决定召开一次宗教议会，来解决这些受排挤的主教对于格的控诉，其中就有被赶下台的兰斯大主教阿尔托德，但奥托要求这些前来集会的神职人员首先声明于格侵犯了国王路易的权力，否则他就对他们的控诉不予受理。奥托认为，神职人员的声明会对不幸的路易有所帮助，而且他也已经承诺要帮助路易。

奥托尽力推动着事情的发展。在凡尔登和穆宗（Mouzon）的两次神职人员代表会议都无疾而终之后，他向罗马派出使臣，以劝说教皇支持他的计划，而实际上，教皇也向德意志派出了一名特殊的外交使节，那就是博马尔佐（Bomarzo）主教马利奴斯（Marinus），以期针对法兰克王国教会的困境在高卢及德意志区域召开一次全体主教大会。948年6月7日，这次会议在德意志境内的因格尔海姆召开了。奥托与路易这两位国王都亲自出席了会议，34名主教到场，但只有少数是来自法兰克王国的。这是因为，站在于格一边的主教都没有应邀前来参加会议，而收到了通知的于格本人也没有现身会场。主持会议的是教皇的使节，会议开始没多久他就提议，大家首先商讨关于国王路易的事件。路易公开讲述了他悲惨的境遇，揭露了于格使他陷入的困苦。他说到，要是有人想说这是他咎由自取，那他已经做好了准备，只要会议要求或是国王奥托一声令下，他就愿意发誓证明自己的清白，或是用决斗的方式表明自己的无辜。现在，路易能否夺回自己的王冕取决于大会和国王奥托的判决。我们知道，奥托以及那些响应奥托的旨意前来与会的人，本来就是支持路易的。人们决定，再次书信于格公爵，要求他前来参会，并重新服从于名正言顺的国王路易，如果他再不听从这一决议，就要革除他的教籍；奥托承诺，在迫不得已时会使用武力执行这一责罚。随后，在其他的教会问题上也都做出了对路易一方有利的决议，兰斯主教阿尔托德及拉昂主教鲁道夫的教职重新得到承认，神职人员代表会议也到此结束。

　　但于格对这些主教做出的决议并不买账。于是，洛林的康拉德全副武装陪同路易回到他的王国，而按照奥托的旨意，在特里尔召开的宗教会议上宣布于格作为忤逆君王之人被革除教籍。很快，吉尔贝歌来到她哥哥的宫廷中，提醒他兑现自己的承诺，于是奥托又将康拉德公爵派往法兰克王国支援路易。然而，要使一个手中没有实权、对臣民又毫无影响力的人坐稳王位是极为困难的，康拉德通过多方斡旋和一系列磋商，才使于格在950年重新服从于国王路易，并将拉昂堡垒交还到他的手中。法兰西的国王从德意志人手中接过了他的王冠。但此后不久，路易和于格就又因为一些小事重新陷入了冲突中，路易又请来奥托裁判两人的是非，而于格也没有拒绝前往亚琛接受判决。动身之前，于格给奥托送去两只狮子作为礼物，希望奥托能和善地对待他。奥托的确好好地接待了他，但奥托也严格地要求路易保有国君之位，并下达命令，除非路易允许，任何人都不允许在法兰克王国拥有堡垒。由此可见，当时萨克森人在法兰克王国的影响力十分巨大，奥托的话语和意志都会得到执行。

　　而在勃艮第，国王奥托当时的影响力也不小，勃艮第虽然从西法兰克王国分裂出去了，但在各方面的利益上仍然是与西法兰克相连的。据说，迎娶了路易二世皇帝女儿的博索伯爵受到教皇若望八世的青睐，被无数教会权贵推举成为了勃艮第国王，统领南阿尔卑斯山脉和侏罗山脉西部，围绕罗纳河和索恩河

（Saône）的勃艮第各地。教皇原本期望，要为他的宠儿博索赢得意大利王国，并让他戴上皇帝的冠冕，但这些意图却没有实现。887年，博索在法国小城维埃纳（Vienne）去世了，离世时仍是个无足轻重的小王侯。他死后，他未成年的儿子路易①继承了他的位置，继承下来的王国可能由他的母亲掌管，但这也无法阻止根基孱弱的王权统治走向衰亡。除去寸草不生的阿尔卑斯山脉高海拔地区，这个王国也有茂密肥沃的土地以及罗纳河河谷中人口众多的城市，宽广的贸易之路从王国中穿过，将欧洲南部与西部连接起来；但这里的王权统治却一直十分贫弱且孤立无援。形成这种状况的原因在于，这个王国中的主教管区及修道院分布得过于密集，而这些位高权重的神职人员又不断向国王索要赏赐和自由特权，国王受到他们的支持才登上王位，也必须主动施与赏赐。但主教管区被以国王的名义分封给贵族家庭，被他们控制在手中，因此，国内所有的势力和名望实际上都是贵族的囊中物。只有通过向外扩张和掠夺才能稳固王权势力，但在路易尚且年幼之时，韦尔夫家族的鲁道夫就在侏罗山脉、莱茵河、阿尔河和本宁阿尔卑斯山脉（penninische Alpen）②间建立起了第二个勃艮第王国，而这个上勃艮第王国一方面限制了下勃艮第王国的发展；另一方面，路易原本打算将叔叔理查德建立的法兰西的勃艮第公爵领地争取到自己的王国中，这一希望也由于上勃艮第王国变得越发渺茫了。路易成年后，他的野心将他吸引到了意大利，想要在那里完成父亲没有完成的事业，赢得国王及皇帝的冠冕。在这里，对贝伦加尔（Berengar）国王的广泛认可只持续了很短的一段时间，事实证明，他没有能力震慑匈牙利人使之远离意大利，于是人们纷纷离他而去，而路易二世的孙子，年轻力壮的路易正在此时带着他宏大的计划来到了意大利，他受到了当地人们热情的欢迎，戴上了意大利国王的王冠，并于900年在罗马接受加冕成为皇帝。

同时拥有西方世界的三顶王冠，路易的这个美梦在转瞬间就破灭了。比美梦破灭更快的，是意大利人对他的支持，他们很快就重新回到了贝伦加尔的身边。在成为意大利国王一年后，路易就不得不离开这个王国，并发誓，永远

① 又称瞎子路易或路易三世。——译者注
② 阿尔卑斯山脉西南部的一段，该段的最高点为杜富尔峰。——译者注

不再回到意大利。但他并没有遵守这个誓言，意大利再次掀起反对贝伦加尔的浪潮时，他就重新出发前往意大利，要让那里的人们承认他的皇帝头衔。一开始，他的行动顺风顺水，但这只是假象，命运似乎是为了在揭露自己的阴谋时给年轻的皇帝更沉重的打击，才先向他展露无辜的笑颜。905年在维罗纳（Verona），路易以为找到了安全的藏身之处，却遭到背叛，贝伦加尔攻入了维罗纳路易所在的堡垒；强健有力的路易眼看自己被敌人团团包围，只能请求他的敌人发发慈悲。由于路易违背誓言，贝伦加尔命人剜去了他的双眼，随后将他送回了他的勃艮第王国。在下勃艮第王国，这个瞎子皇帝又度过了20多年悲惨的生活，而他的王朝的命运也同样悲惨。他在王国中所有的权力都被他的仆人，一位叫于格的伯爵夺走了。这个于格伯爵是洛泰尔二世国王的外孙，他有着少见的强硬和残暴，但他坚定的意志和犀利的洞察力又是极为人称道的。

在上勃艮第王国，年轻的鲁道夫二世于911年继承了父亲鲁道夫一世的王位，由于被限制在狭小范围内，上勃艮第王国无法自由地发展壮大，于是鲁道夫二世与路易一样迫切地希望向外扩张自己的统治权。他首先将矛头指向了德意志，但919年时，他在温特图尔被施瓦本公爵布克哈德击败了，于是鲁道夫二世与布克哈德和解，娶了布克哈德的女儿贝尔塔为妻，并满足于拥有当时属于上勃艮第的阿尔河与罗伊斯河之间的德意志区域。但鲁道夫二世向外扩张的野心尚未泯灭，他将目光投向了意大利，既然下勃艮第在意大利的计划失败了，那么他就换一种方式让勃艮第人登上高位。

贝伦加尔国王不受阻碍地统治了意大利一段时间，在此期间，阿拉伯人已经在加利格里阿诺河（Garigliano）河畔长期驻扎下来，教皇若望十世忙于应付阿拉伯人不断的侵扰，几乎忘记了已经有皇帝的存在，于916年在罗马为贝伦加尔戴上了皇帝冠冕。克雷莫纳的利奥普朗德主教非常了解自己的国人，他说："意大利人总是想要两个君主，好让他们两虎相争互相制衡。"贝伦加尔登上了皇位，许多人又想起了另一位君主，于是将鲁道夫也请到国中。鲁道夫十分愿意响应他们的请求，来到了阿尔卑斯山海拔较低处。922年，他在一场血腥的战役中战胜了贝伦加尔，接受加冕成了意大利的国王，随后他带着胜利的喜悦回到了他的山中。贝伦加尔皇帝没能从这次的失败中恢复过来，于924年在维罗纳被反对他的勃艮第党派刺杀身亡了。

不久后，鲁道夫再次造访了他的意大利王国，乍看之下这里并没有反对他的人，但很快，他就与一名叫伊尔门嘉德（Irmengard）的王室女子成了对手。当时，伊尔门嘉德凭借自己的魅力和计谋，以及不羁的行事作风将意大利的权贵都控制在了手中。她是罗泰尔二世的外孙女，她的父亲是富有而虚荣的托斯卡纳边疆伯爵阿达尔贝特，她的丈夫生前是手握重权的伊夫雷亚（Ivrea）边疆伯爵阿达尔贝特；而她寡妇的身份则使她能够不知廉耻地过着放纵的生活。鲁道夫国王也落入了她的情网，而这个女人也帮助他登上了意大利的王位。但这个喜怒无常的女人心中早已谋划着另一个计划。她与自己的继兄于格联合起来，这个于格就是将下勃艮第的所有势力都夺到自己手中的人，他们要夺取国王和皇帝的位置，并且已经确信教皇若望也会同意他们的计划。于是，他们开始着手策动意大利的权贵反对鲁道夫，鲁道夫在这个强大妖女的影响下离开了他的追随者，回到了他在阿尔卑斯山脉中的王国。鲁道夫走后，意大利的主教及大臣们将于格选为了他们的国王。很快，国王鲁道夫再次试图夺回意大利的统治权，但终究失败了，他的岳父布克哈德公爵还因此丢了性命。

926年，于格将下勃艮第的统治权留给了他的兄弟博索之后，来到了意大利海岸。他在帕维亚（Pavia）接受加冕成了国王，所有国内的主教和伯爵都承认了他这个国王。但他没有得到皇帝的冠冕，因为支持他的教皇若望后来被从圣伯多禄的座席上揪了下来，投入了大牢，并在狱中死去了。于格在意大利的王位还没有坐稳，瞎子皇帝路易就于928年驾崩了，将他在名义上统治着的下勃艮第王国留给了他当时20岁上下的儿子查理-康斯坦丁（Karl Constantin）。于格听到路易驾崩的消息，火速赶回勃艮第家乡，将年轻的继承人控制在维埃纳，从他的手中夺取了他父亲的统治权。931年，他确定自己夺权成功之后，重新回到意大利，将自己的儿子洛泰尔定为共同执政者和继承人，他的果断与精明给大臣们留下了极为深刻的印象。

至今为止，于格作为国王获得的一切都是与伊尔门嘉德共同商议的结果，即使说并非所有成果都归功于她，她的作用也不容小觑。但在此之后，为了得到觊觎已久的皇帝之位，他来到了罗马的玛洛齐亚（Marozia）身边，并从此与伊尔门嘉德分道扬镳。于格在罗马的计划失败了，失去了伊尔门嘉德的影响力，意大利权贵中间出现了一支对于格不满的党派，这些人在934年将鲁道夫国王请出山，将他请到了伦巴底平原。但于格知道怎样避免与这个对手产生冲突，他用从下勃艮第夺来的统治权换取了上勃艮第的平安无事，他将罗纳河及索恩河流域的统治权拱手让给鲁道夫国王，条件是鲁道夫将意大利留给他。

就这样，勃艮第王国于933年实现了统一，合并起来的勃艮第王国，又被称为阿尔勒王国（Arelat），在之后的一个世纪中都保持着独立，随后又与德意志王国联合了很长一段时间，但在此期间都没能形成真正强大的势力，也没有尤为重大的历史影响。当时，合并之后的勃艮第王国最大的敌人就是阿拉伯人，他们长期驻扎爱普罗旺斯沿岸地区，占领着阿尔卑斯山脉西部的山脊；于格和康拉德都不知道该怎么对付这些阿拉伯人，在这段时间中，于格甚至利用阿拉伯人实现自己的勃勃野心。而那些从阿拉伯人的侵袭中逃过一劫的，又被匈牙利人夺走了。匈牙利人几乎每年都会从意大利越过山脉来到勃艮第王国，在这个政权孱弱的国家大肆劫掠一番。

937年，国王鲁道夫二世就逝世了，除了一位遗孀，他只留下两个未成年的孩子：13岁的儿子康拉德是他王位的继承人，而康拉德的妹妹阿德莱德（Adelheid）注定要在德意志历史上扮演一个重要的角色。与此同时，于格一刻也没有停止过对勃艮第王国的关注，他一直在等待一个合适的时机，将他失去的对勃艮第的权力重新夺回来，而现在正是这样一个机会。对鲁道夫二世的悼念还没有完全结束，于格就向他的遗孀贝尔塔求婚了，并让阿德莱德与自己的儿子洛泰尔订婚。现在，于格是康拉德最近的王室亲属，他想将年轻的国王也掌握在自己手中，并以监护人的身份摄政。但勃艮第的大臣们都认为于格是个残暴阴险的人，不同意由他执政；大臣们策划将小国王夺到自己这边，并将他交给了国王奥托——唯一一个能够在于格的强权和诡计中确保这个孩子安然无恙的人。从这时开始，奥托就成了这个勃艮第小王侯的监护人，他还亲自前往勃艮第，帮助处理那里的国家事务。小国王大多数时间都在奥托的护卫队中度过，直到943年年初，他回到自己的王国，将维埃纳作为自己主要的驻地。康拉德国王被人称为"爱好和平者"，他在之后的日子也一直是奥托忠诚可靠的朋友。由于奥托在勃艮第王国声望极高，德意志人甚至将勃艮第视为奥托的占领地。

奥托与勃艮第王室的联系将他直接牵扯进了意大利的关系网中，而当那些争夺意大利王座的王侯开始在南部的德意志土地上寻求支援，巴伐利亚和施瓦本先后卷入意大利王权的争斗战中，奥托更是无法置身事外了。早在亨利一世执政时期，巴伐利亚和施瓦本的公爵们就多次插手南方的争端，甚至还常常亲自南下到伦巴底平原参战。但当时亨利一世的注意力集中在北方的形势上，并不在意这些事；但奥托已经涉足南德意志各地的纷繁关系，并将意大利的局势也看在了眼里。

在勃艮第国王康拉德来到奥托身边后，他之前与于格结下的友谊也走到了尽头。于格这样的一位国王从来不缺少敌人，他那种任人唯亲的做法在历史上几乎找不出第二个人，无论教会还是世俗机关内的肥差，他都安插了自己的私生子或是别的亲戚，而这些人都是些贪婪的无耻之徒，他们在各自的位置上随心所欲、作恶多端，但于格的残酷暴政又使人们敢怒不敢言。伊夫雷亚的边疆伯爵贝伦加尔就遭到了严重的迫害，虽说他作为伊尔门嘉德的继子是于格的亲戚，以前也受到过于格的恩惠，在他的帮助下与博索的女儿维拉（Willa）结为夫妻。边疆伯爵贝伦加尔是曾经的贝伦加尔皇帝的外孙，在许多人眼中，他注定会将人们从于格专制政权中解放出来，于格因此憎恨他，想要毁掉他的前途。于格设计了一次突袭，想要抓住贝伦加尔，弄瞎他的双眼；这样的话，贝伦加尔就有了与被于格侥幸夺取政权的路易国王相同的遭遇。但这个险恶的计划走漏了风声，贝伦加尔提前逃走了。于格派了一群帮助他的阿拉伯军队去追赶贝伦加尔，但仍被他逃脱了。最后，贝伦加尔逃到了奥托的宫廷中寻求庇护，因为当时所有在意大利受难的人都将奥托视为救星。于格要求奥托交出贝伦加尔，并愿意用大量财宝作为交换，但奥托鄙夷地拒绝了他，并讥笑他竟然会认为堂堂德意志君王会出卖自己要保护的人。奥托说："于格派人来传信给我，要我对请求我庇佑的人视而不见，让我不要伸出援手，这真是最大的愚蠢。"但就算国王认为于格的做法极为愚蠢，他对贝伦加尔的支持也并不是毫无底线的，帮助心怀不满的臣子忤逆自己名正言顺的君王，这可不是奥托的作风。对奥托来说，人们对他王权的崇敬比起于格不断从阿尔卑斯山另一边运来的丰厚礼物重要得多。面对于格和他那群狂妄的勃艮第人，意大利人的憎恨越来越深，然而骄傲的意大利人却一直将这种憎恶压抑在心里。945年，边疆伯爵贝伦加尔带领着一小支他自己赢得的德意志随从队伍，越过阿尔卑斯山回到了意大利。人们热烈地迎接他的归来，将他视为国家的解放者，人们呼喊着他的名字，仿佛他是大卫王或查理大帝；有人说，他将把黄金时代带回了意大利。意大利民众的激动情绪正符合他们一如既往的作风，不论爱憎都激烈且分明。所有人都倒向贝伦加尔一边。尝试让自己的儿子洛泰尔登上意大利王位无果之后，于格想要带着财产逃往勃艮第，但他被拦住了。他不情愿地留在了意大利，头上的王冠成了摆设，因为实际上拥有意大利最高权力的人成了贝伦加尔。但贝伦加尔也是因为有奥托的支持，才相信自己有执政的能力；这位伟大的萨克森君王还没有踏足富饶却不幸的意大利国土，他的一言一行就已经对这里的形势产生着重大影响了。

就这样，东法兰克王国的政权在萨克森人手中重新崛起了，而南部和西部罗曼人的王国却经历着令人叹惋的衰落；在东法兰克王国诞生了真正的王权统治势力，而罗曼人的王权却被不断削弱或是转变为残酷的专制政权。德意志王国一方面对这些残破的国家发挥着他重要的影响力，另一方面又凭借自己的赫赫威名震慑着北方和东方的蛮族。德意志王国能够扮演如此重要的角色，与它位于欧洲中心的天然地理位置是分不开的。这样的地理位置使它能够调节西方各国势力，斡旋于西方各国复杂的关系网中。通过他的妻子，奥托与英格兰也一直保持着联系。直到现在，海峡两岸的萨克森裔人能够通过各自的统治者重新建立起稳固的情谊依旧是一段佳话：940年，国王奥托和他的母亲玛蒂尔德在一本福音书的首页签下自己的名字，并将这本书作为礼物赠给了英格兰的埃塞尔斯坦国王。

国内的纷乱平息之后，奥托的统治获得了受人敬仰的地位，法国、意大利、勃艮第和英格兰国王的使者和文登人、波西米亚人、丹麦人和匈牙利人的首领纷纷来到奥托的宫廷中；945年及之后的949年，君士坦丁堡的皇帝先后两次派人送来充满敬意的赠礼；950年，科尔多瓦（Cordova）的哈里发也派遣特使来到萨克森王廷。奥托成了西方世界首屈一指的君王。

12. 奥托一世的宗教态度

就在一切顺风顺水的时候，国王奥托遭受到了命运的沉重一击，这使他深刻明白了尘世间的一切是多么的短暂而脆弱。

946年1月，妻子伊迪萨的离世撕裂了奥托的心。为奥托生下两个孩子的她，恰是风华正茂的时候，突如其来的死亡却使她永远离开了奥托的身边。当时，这位盎格鲁-撒克逊公主已经在德意志人中生活了18年，她的离世使所有人都泪湿衣襟，因为她不仅是个慈爱的母亲，更是位受人爱戴的皇后。她活着的时候，人们就将她视为圣人，因为她虔诚的灵魂如此纯净而真实，在她高尚的行为中人们可以看到她对主的热爱，她的祈祷不止一次将她的丈夫从险境中拯救出来，她的好言相劝也常常使国王从盛怒中冷静下来，无论他心中的恶浪多么汹涌，她都能温柔地将之平复。有一次，因为母亲的过度行善，国王与他的母亲发生了口角，母亲伤心地离开了宫廷，伊迪萨疏解了丈夫的怒气，最后，国王带着悔意请求母亲原谅他。

伊迪萨的善良有时也会惹怒奥托。有一次，为了使伊迪萨无法向别人伸出援手，奥托甚至下令伊迪萨保持双手抱臂。传说，为了检验伊迪萨是否能做到，他在节日里将自己乔装成乞丐等在教堂门口，当身穿节日盛装的王后走近的时候，就急忙请求她施舍。她温柔地拒绝了，她说，除了身上的华服她什么都没有，而他赶忙按住她不让她把外套脱给自己。他说，她身上的一块布就足够帮助穷人的了，而王后心软了，于是允许他拿走了华服的一只袖子。当她来到庆典上王室的席位上，她已经换上了另一件外套，国王假装惊讶地问她，为什么换了衣服。国王这么一问，顿时让伊迪萨羞愧难当，简直想要逃走。这时，国王命人将早上的那件外套取来，他将她给的袖子还带在身边，想要证明她违背了命令。但就在这时，奇迹出现了！被呈上的外套完好无损，两袖俱在。国王意识到，原本想要考验妻子的他，反倒被老天爷给考验了一番。

还有另一个美丽的传说，从中也可看出人们对伊迪萨的喜爱。据说在一个深夜里，一只雌鹿来到了马格德堡伊迪萨的寝宫中，它用蹄子轻轻推动宫门，走进宫中来到了王后的身边。雌鹿哀鸣叹息着仿佛诉说着极大的痛苦，又似乎想引起人们的同情，它伏在王后的脚下待了一会儿，随后就离开了。伊迪萨命令一位猎人跟着这只雌鹿。猎人追随了鹿的踪迹来到了易北河畔，并在那里看到雌鹿正在照顾一只被陷阱困住的幼崽。他将小鹿从陷阱里释放出来后，雌鹿就带着小鹿消失在了丛林深处。听到可怜的鹿妈妈得到了帮助，伊迪萨非常欣喜。几个世纪以来，这位和善的王后就活在许许多多的传说中，代代相传。

马格德堡的圣莫里茨修道院是由奥托按照伊迪萨的愿望于937年修建起来的，王后高贵的遗体就葬在了那里；修道院的老礼拜堂北面竖立着王后的纪念碑。现在我们所看到的纪念碑，经过重新设计，立在几个世纪之后修建的华丽大教堂中，这座大教堂被视为德意志最宏伟庄严的教堂之一，是德意志人虔诚的象征。

深爱的女子死去了，奥托受到了很大的影响，他比从前更多地投身到宗教事务中去。原本以为还有很长的人生路要走的伴侣，倏忽间就永远地离开了。这让奥托想到，死亡也可能在他的王国蒸蒸日上时突然向他袭来，让他意识到，在这个尘世上，任凭一个人拥有怎样的权势都不得不向死亡低头屈服。他阅读神圣的宗教著作与书籍并进行思考。按照当时人们的想法，他是为刀兵而生的，而不是为读书而生的，所以他在这时才开始学习识字，但他很快就掌握了要领，可以毫无障碍地阅读圣书经典了。

从这时开始，国王对国内的宗教事务也变得更为用心了。真挚而深沉的信仰从来都是奥托性格中重要的组成部分；他总是提醒自己，自己生活在主的直接保护之中，主的全能始终支持着他和他的追随者们；祷告所带来的力量，总能使他从繁杂的情绪中平复下来，使他重新获得面对苦难和困境的勇气；并且他彻底地坚信，他的王权是主授予他的。虽然他是如此虔诚的人，但在他执政初期，他仍将当时其他的事务看得比宗教事务重要得多，身居高位的神职人员也不能从他那里得到特别的恩惠。神职人员要求在沦落的卡洛林王朝政权中获得独立，并对世俗政治事务进行指导，这在当时的奥托看来，侵犯了他作为王侯的尊严。除了他亲自提拔的汉堡大主教阿德尔达格之外，教会的掌权者在很长一段时间内都与奥托及奥托任命的公爵处在敌对的状态中。我们知道，许多人称道美因茨的弗里德里希高洁的品行，但他却多次被指控忤逆，都是好不容易才逃脱了惩罚；我们也知道，在这位主教犯上之后，其他主教也在939年相继落马。942年，与吉赛尔贝特公爵是近亲的特里尔大主教罗德伯特，以及康拉德公爵家族的通厄伦主教，在控制了洛林之后，就做出了背叛国王的举动，并被要求公开为自己的辩护。而国王的弟弟亨利才刚刚接管巴伐利亚，就陷入了与萨尔茨堡大主教赫洛德（Herold）令人恼怒的争端中。年迈的科隆大主教维尔弗里德为王国做出了很大的贡献，他从未公开损害过王室的尊严，但就连他也与奥托有不少矛盾，因为科隆和汉堡这两个大主教管区一直对不来梅主教管区的所有权存在争议，而奥托公开支持汉堡大主教，并最终将不来梅判给了汉堡管区。

在这样错综复杂的关系中，教会和修道院在奥托执政初期对他并不支持，也就情有可原了。奥托虽然保留了神职人员早先拥有的那些特权，一些主教管区，尤其是汉堡、他弟弟布鲁诺接受教养的乌得勒支以及遭到阿拉伯人劫掠的库尔，获得了他的馈赠，奎德林堡的修道院、亨利的修道院以及在马格德堡新建的莫里茨修道院都受到了国王的恩泽；但受到这种恩泽的修道院只是少数，而且由于母亲对所有的教会和修道院都慷慨布施，使国王感到不满。由此产生的矛盾也使得王室家族产生了令人惋惜的裂痕。在丈夫亨利去世之后，为教会的地位奔忙、虔诚地实现信仰的价值就成了玛蒂尔德最大的快乐。除了在奎德林堡城边的山上建起的女子修道院，她又在山脚下王室城堡的旁边为男性僧侣建起了一个新的修道院会。她将自己继承的财产毫不吝惜地用在这些宗教建筑的建造装潢上，以至于她的儿子们不得不劝说她节制一些。当时奥托和弟弟亨利才刚刚和解，他们就一起劝说母亲；母亲不仅将自己继承的遗产挥霍一空，还指责两个儿子的不是，说他们一定扣压了不少父亲留下的财产；他们受不了母亲一再的侮辱，最终要求母亲放弃她继承的财产，搬到一所修道院中去住。母亲十分惊讶，自己的儿子们竟然如此不知感恩，决绝地放弃了亲爱的丈夫留给自己的遗产，回到了恩格她父亲留给她的土地上，用自己仅有的一些收入扩建那里的修道院，她也因此被视作那座修道院的新奠基人。母子之间的矛盾持续了较长的一段时间，直到善良的王后伊迪萨化解了他们之间的隔阂。当时，奥托对提升宗教机构和修道院外部条件的投入很少，对精神教育的参与，对垮塌的修道会风纪更是不闻不问。在洛林的梅斯主教阿达尔贝罗曾做出过一些整顿教会风气的尝试；在德意志各州，大主教弗里德里希曾领导过一场修道院改革；但奥托在很长一段时间内都对这样的尝试置身事外，有时甚至怀着不信任的态度，而这些尝试也因为缺少国王的支持收效甚微。直到伊迪萨去世之后，他的态度才发生了转变，他开始全身心地投入教会的建设中。他效仿自己的母亲，在宗教典籍和为天主不断建立尘世王国的过程中，为自己苦闷的灵魂寻找慰藉。他渐渐地明白了教会建设对王国的未来是多么重要，它能在这个粗野的原始时代指明前进的方向、树立起人们的目标。这时的奥托，终于与母亲在对宗教的倾向上找到了共同点，也与投身宗教事业的弟弟布鲁诺走得更近了，而布鲁诺也成了奥托在宗教事务上的得力助手。亨利一世最小的儿子布鲁诺，其精神力量和不懈实干的精神完全不输他的哥哥，只是兴趣和教养使他走上了与哥哥截然不同的人生道路。由于父亲认定他投身宗教，他在幼年时期就离开了父母身边，离开了萨克森的家乡。他被送到了洛林，那里还保留着卡洛林王朝时期修道院学校遵循的教育模式，虽然不久之后，这些学校就在当时的形势影响下遭到人们的蔑视；而这位王子的任务就是要将洛林人更紧密地团结在萨克森政权的周围。因此，教养王子的职责被交给了吉赛尔贝特公爵的亲戚，也就是当时还很年轻的乌得勒支主教巴德利希（Baldrich）。那时，亨利一世刚刚将自己的长女许配给洛林公爵吉赛尔贝特，而吉赛尔贝特家族的另一位成员，罗德伯特也刚刚被授予了特里尔大主教的职务。布鲁诺就在与洛林公爵家族的紧密关系中成长起来，养成了法兰克人那种活泼热情的性格。

这个少年很早就展现出了耀眼的天赋和能力，日夜工作学习他也从不叫苦，很快就超过了所有同龄的孩子。尘世的喧嚣享乐竟然完全影响不了这个出身高贵的少年，无法将他的注意力从书本中吸引过来，这使人们大为惊讶。他带着严谨与忠诚刻苦钻研，使得人们引用《圣经》中的话语"孩童的动作是清洁，是正直，都显明他的本性"（圣经·箴言20:11），来赞美他心灵的纯净真挚和他此后清廉的一生。布鲁诺嗜书如命，如果有人将书错放或弄皱了，就会惹恼他；而他不仅对书的外部保养存放十分较真，阅读和钻研的时候更是如此。他不像其他那些天赋较高的孩子，囫囵吞枣地急着读完一本又一本书，沉浸在多彩的插画所带来的想象中；他认真阅读每个单词，注意每种表达方式；书籍的形式和作者想表达的内容对他来说是同等重要的；与他同时代的人对语言文学之美关注甚少，而这位王子却被赋予了这种天赋。据说，在学会基础语法之后，我们的布鲁诺就首先阅读了基督教诗人普鲁登修斯（Prudentius）[①]的作品。无论是与宗教相关的内容、流畅的思路，还是对表达方式的选择、富于变化的用词都使布鲁诺心醉神迷。之后，在他阅读泰伦提乌斯（Terenz）[②]的喜剧时，人们从他的脸上就可以看出他阅读到了哪里，因为在书中省略的空白处他脸上的笑容就消失了，变得面无表情；他能感受到形式之美，而美的形式也总是能吸引他的注意力。他很早就开始练习拉丁语的读写，以至于在后来，他的拉丁语水平达到了可为人师的地步。

奥托与洛林及吉赛尔贝特公爵的关系恶化的时候，大约14岁的布鲁诺回到了王室宫廷中。虽然还只是志学之年，他丰富的学识和成熟的理智已经让他比别人更早成了一个堂堂正正的男人，而他的哥哥也想让他用自己的学识为国效力。当时，查理大帝时代的宫廷机构已经荒废许久了，王室宫廷的神职机构也是如此。答问使的权力减小了，并和大随行使合并成了一个职位。随着帝国的灭亡，大总理及总理议事厅也被取消了，而他们的职权遭到了分割和取代；大主教在从帝国中分裂出来的各国中夺取了大总理或大随行使的头衔，但却不承担相应的义务，而将之推给作为总理陪同在国王身边的、较低阶的神职人员身上，自己以大总理的身份为他们授予职务证书。作为国家神职人员培训所的宫廷学校也早就不存在了。在这样的情况下，奥托发现当时唯一还维持运作的国家总理议事厅极为混乱，美因茨、科隆、特里尔和萨尔茨堡的大主教都把自己称作王国的大总理，却在国王登基之后对宫廷的神职事务置之不理。他们本身

---

① 奥莱利乌斯·普鲁登修斯·克莱门斯（Aurelius Prudentius Clemens），古罗马后期著名基督教诗人。——译者注

② 普布利乌斯·泰伦提乌斯·阿弗尔（Publius Terentius Afer），罗马共和国时期剧作家。——译者注

往往没有能力担任如此重要而影响力巨大的职务，但因为重要事务全都经由他们之手处理，国王又不得不信任他们。如果要维持王国统一，那么首先就要调整和规范宫廷事务的处理流程，培养一批有能力的神职人员，简而言之，总理议事厅或者按照当时通用的表达称为国王的"神事厅"（Capelle）[①]，必须重组。奥托将重组的任务交给了自己的弟弟，他不仅将弟弟任命为总理，还于940年让他作为大随行使全权负责整个总理议事厅的工作；整个王国的教会关系也由他监管。

布鲁诺全身心地投入到了宫廷的工作中，并按时地完成了所有的工作。在接下来的13年中，几乎所有的职位证书都是由他亲自签发的；在这期间，他还必须日日听取那些受到排挤或求助无门者的哭诉，而所有去过他那里的人都受到了慰藉、获得了建议或得到了心理上的支持。国王去到哪里，哪里就有布鲁诺的身影，而有布鲁诺的地方问题就都会迎刃而解。他如此年轻，权力的重担拖不垮他，在解决繁杂的宫廷事务之余，他还有精力继续自己钟爱的阅读和钻研。布鲁诺杰出的传记作者鲁特格（Ruotger）曾说："在空闲的时间再也找不出比他更忙碌的人，而在忙碌的时间他却总能找出片刻空闲。"

在布鲁诺不断为别人奔忙的同时，他也没有停止过完善自己，因为他是个从不自满的人。无论国王将他的营帐扎在何处，布鲁诺的身边总是带着书。鲁特格说："他到哪里都带着自己的小图书馆，就像以色列人到处带着他们的约柜那样。"在颠簸的路途上，在喧闹的宫廷中，他都能静下心来，心无旁骛地钻研或冥想。他绝不会将早晨的珍贵时光浪费在零碎的小事上，因为在这段时间内他能不受打扰地阅读，而当饭后宫中的人们都心满意足地休憩时，他则精力充沛地处理着宫廷的事务。这样一个充满活力又求知若渴的人，他高尚的精神散发着光辉，很快就成了他所在世界的精神中心，将人们都吸引到他的身边；经过那个野蛮残暴的时代洗礼，保留下来的所有学术和教育机构，都汇集到他的身边，从他那里获得新的力量。实际上，国内所有认为自己在宗教方面有所建树的人都来到了王室宫廷中；但其中的很多人都灰心丧气地回去了，因

①　神事厅原来指王室宫廷中负责制作和保存证书执照的地方，但在卡洛林时期，这一概念被用来指代所有在宫廷中效力的神职人员。

为布鲁诺让他们认识到，自己的学识什么都算不上，而布鲁诺正是这条他们才刚刚踏上的求知路上的灯塔。

在布鲁诺成为别人的榜样和楷模的同时，他也在为自己找寻新的老师。他首先找到的老师是希腊人，他们中的一些是从君士坦丁堡宫廷来的使臣，一部分零散居住在德意志的修道院中，比如据我们所知，当时有多位希腊僧侣居住在赖兴瑙的修道院中。虽然当时希腊人的学术已经开始僵化和枯竭，但比起当时其他的西方国家，他们的学识仍涉猎极广，语言文字精巧优美，社会教育也更为精细，当时东方二等的学者也能轻易地将西方一流的学者比下去。布鲁诺认为自己也能向他们学习，于是努力学习了他们的语言；他很喜欢与希腊学者进行辩论，在这些针对价值观的争论中，这些希腊人运用他们的真知灼见，辩得舌灿莲花，但他们都惊讶于少年布鲁诺精妙的想法；在与布鲁诺的辩论中无法解决的问题，他们就带回祖国，请教他们国内一流的学者。可能有人认为希腊语对当时的西方人来说非常陌生，但事实并不完全是这样，当时西方人学习希腊语更多是用来与东部王国进行沟通，因为东西王国间的联系并未完全断绝，而不是为了研读古希腊著作。随着西方世界的发展，古希腊人的典籍已经离他们太过遥远了，就连希腊人的神学著作也被当做异教书籍，鲜少引起西方读者的注意。所以，学习希腊语没能为布鲁诺的精神世界发展带来丰硕的果实，也就不足为奇了。

布鲁诺认为对自己影响最深的老师是一名叫做伊斯拉埃尔的爱尔兰主教。我们知道，伊斯拉埃尔给过他的弟子一张证书；他在其中强调，布鲁诺是个神圣而杰出的人，并认为，在他眼中对心灵的宗教教育比对精神世界的科学教育有更高的价值，所以他认为布鲁诺的科学教育会对他的宗教教育产生了影响。对这个伊斯拉埃尔，我们知之甚少，但从他的言论中，我们不难看出他的品性与学识。

这时，不列颠和爱尔兰的僧侣们又像曾经的弗里多林、高隆庞和加仑那样，对德意志宗族的宗教生活产生了深刻的影响。他们被诺曼人和丹麦人从他们的岛屿上赶出来，渡过大海，一部分人来到了莱茵河畔那些由爱尔兰人筹建起来的修道院中，比如圣加仑修道院，另一部分则逃往洛林，对那里修道院风纪的振兴发挥了有益的影响，并使那里的新派修道院也分享了他们对于学术教育的热爱。他们与阶级分明的卡洛林王朝神职人员保持距离，他们也不认为自己有义务听从罗马教廷的命令，他们的生活就是祷告以及对肉体的苦炼修行，他们也投身于学术钻研，试图在贫穷和恭谦中寻找天主的王国，为他们的人民换取安康；天主预示的未来作为他们共同的秘密，使他们与信众的关系更加紧密；他们四处展示通俗易懂的标志和神迹证明天主对世界的统治。没有人再相信圣髑的力量，没有人再重视梦的内容，苦行和斋戒成了最重要的事，他们发誓要将朝圣之行进行到世界的尽头。这些僧侣的思想中，混合着科学的真实和宗教的幻想，混合着对圣名的虚幻盲从和真实的基督教信仰；从他们的行动中，人们的确可以获得一些启发，但不能因此就认定这是真正的虔诚恭顺，是按照主的意志舍己献身的无私大爱。德意志人向来不喜欢卡洛林王朝那些高贵的神职人员，他们僵化的教会制度、炫耀般的渊博学识和华丽的尘世生活都使他们反感。而看到这些朴实的僧侣，让他们仿佛见到了圣人，因为这些僧侣的形象正好符合了当时大多数人对最崇高的基督教生活的想象。

　　苦难的时代告诉德意志人以及所有西方国家的人，仅仅依靠凡人的力量什么都做不成，如果没有神在背后支持，任他们再怎样努力也是徒劳。这种绝望使人们来到教堂中和神坛前，他们在这里寻求天主对他们现世的庇佑和对未来的保障。虔诚的心灵能在教堂中得到慰藉；心存疑惑的信仰者在祝词、预言和预知梦中寻找寄托；迷信的信仰者则认为圣人的遗骸有着救赎的神奇力量，并相信对圣名的虚伪追求能免除主的惩罚。民众们四处寻找能够证明神的悲悯的直接证据，人人都想拥有能使人获得神助的信物，而传教士在普通人眼中就是宗教生活鲜活的见证者——而那些主教的陈腐作风在他们眼中又是什么样子呢？他们翻阅着发黄的宗教卷宗，争论着生硬的教条，他们屈服于世俗势力，将提升罗马教皇特权及类似的事作为自己一生的事业。在这样的情况下，人们疏远主教，而去追随虔诚的隐修士和神圣的僧侣，是必然的后果；民众们形成了自己的宗教生活，这种宗教生活既不缺少内心的温暖，也拥有着鲜活的力量，但如果这种宗教生活还要与教会联系在一起，它就还需要一个引导力量。民众中产生的这股充满活力的信仰浪潮来得恰逢其时，并将好几位卓越的人带回了教会之中，成了新的主教。这其中就有在圣加伦接受教育，后来受到亨利国王任命的奥格斯堡主教乌里希（Ulrich）。以类似的方式发挥自身作用的还有爱尔兰的僧侣，他们使神职人员重拾了严谨的学术研究，还为他们指明了一种虔诚的宗教生活方式。从这方面来看，他们对许多地方的教会和修道院进行了改革，其中最为突出的就是洛林。

正如我们所见，这些爱尔兰人对布鲁诺也产生了极大的影响。他很快走上了和这些爱尔兰人以及乌里希主教相同的道路，他的内心世界受到了这一新的信仰生活的影响，生活也带上了禁欲的色彩，和那些爱尔兰人一样他也活跃在神职人员改革的阵营中。按照当时的惯常做法，他的哥哥将多家修道院，尤其是富裕的洛尔施修道院，交给他打理，但他认为，哥哥将修道院交给他，不是要他凭借这些修道院的收入富裕起来，而是要将它们打造成令天主满意的修道院，于是他精心打理，运用手中的资金和权力建立起了严明的修道院风纪。一些萨克森修道院还十分贫困，他就慷慨馈赠；在人口众多、已经成为贸易枢纽的地方，如索斯特（Soest），还没有教会的存在，他就命人将圣髑带到那里，以圣人之名建起教堂。

但布鲁诺革新的重点还是神职人员的学术教养。在查理大帝之后就鲜少投入使用的宫廷学校在布鲁诺的努力下重新打开了大门，并吸引了一批精干的教师。当时将人类所有的智慧结晶总结为七门自由学科，有史以来，一直只有三门较为初级的学科，即语法、修辞和辩证法在学校中教授，现在算术、几何学、音乐和天文学也走进了课堂，虽然授课方式还较为简陋，只是将旧有的书籍交到学生们手中，但这一举措使得布鲁诺在当时人们眼中，几乎相当于这些学科的奠基人。布鲁诺也在宫廷学校中教课，并且是极受欢迎的老师；他从不因为自己师者的身份就在学生面前表现出自负，他亲切友好，温和中透着严厉，让学生们都趋之若鹜。按照他传记中的描写，他是"跨着巨人的步子在追求美德的路上疾行"，但他从未忘记时不时回头看一看落在他身后的人，他不知疲倦地给他们指导，好让他们的路走得轻松些。

自从奥托对精神追求倾注他全部的注意力之后，国内的宗教和精神风貌的确大有提升。930年前后，宫廷学校发展壮大起来。随后不久，出身洛林、学识渊博的莱特尔（Rather）来到了宫廷学校中。莱特尔曾背井离乡，依靠国王于格在意大利做出了一番事业，但也曾两次被驱逐出维罗纳他自己的领地，现在他在宫廷学校中任职，布鲁诺也时常向他学习，而他更是被人们视为那个时代的第一位神学家。克雷莫纳主教利奥普朗德是在那之后不久来到奥托的宫廷中的，他饱读经典所获得的学识也在这里发挥了作用。现在，人们越过阿尔卑斯山脉远道带来的不再只有圣髑，他们还带来了其他珍贵的宝物，其中最重要的就是古时杰出作家们的经典著作。有一位名叫古恩佐（Gunzo）的意大利人应奥托的要求，将带上百册经典书籍到德意志，其中的一些典籍在几个世纪之后又被重新带回了意大利。人们热切地投身于对古代诗人、演说家和史作家的钻研中去。维吉尔（Virgil）[1]、贺拉斯（Horaz）[2]、奥维德（Ovid）[3]、泰伦提乌斯、西塞罗（Cicero）[4]和萨卢斯特（Sallust）[5]这些业已远去的智者仿佛重新活了过来，在自由的学术氛围中成为德意志人的老师。人们刚刚认识了这些古代学者，就沉醉于他们熠熠生辉的雄辩和精美绝伦的辞藻中。而与此同时，他们也已经做好准备要与他们一较高下：当时人们撰写的历史书籍和诗歌虽然还显得粗糙和笨拙，但已经表明了人们对完整文学形式的追求，而这些作品的内容对德意志人来说也有着恒久不变的价值。很快，对学术的热情就从宫廷传遍了整个国家，修道院学校迅速地蓬勃壮大起来。圣加仑和赖兴瑙修道院就是其中的翘楚，福尔达修道院恢复了往日的盛名，黑尔斯费尔德（Hersfeld）也紧追不舍，科维修道院则成了萨克森首家对学术研究进行特别扶持的修道院。就连甘德斯海姆和奎德林堡的女子修道院里的少女，也在修行之余读起了维吉尔和泰

---

[1]　普布利乌斯·维吉尔乌斯·马罗（Publius Vergilius Maro），古罗马诗人，代表作有《牧歌集》《农事诗》等。——译者注

[2]　昆图斯·贺拉斯·弗拉库斯（Quintus Horatius Flaccus），古罗马诗人、翻译家，代表作有《诗艺》等。——译者注

[3]　普布利乌斯·奥维德·纳索（Publius Ovidius Naso），古罗马诗人，代表作有《变形记》等。——译者注

[4]　马库斯·图利乌斯·西塞罗（Marcus Tullius Cicero），古罗马哲学家、政治家、作家和演说家。——译者注

[5]　盖乌斯·萨卢斯特乌斯·克里斯普斯（Gaius Sallustius Crispus），古罗马历史学家。——译者注

伦提乌斯；维尔茨堡修道院甚至从意大利请来老师给孩子们上课。

在这股学术风潮的影响下，诞生了德意志人独特的文学，它虽然披着古典罗马文学的外衣，但完全根植于德意志民族之中；它描写的是修道院中的修行生活，却在古典的世界观中流露出自然的情感；它关乎宗教，却不拘泥于教条的争论和陈腐的典籍；它诞生于宫廷，却保有朴实、忠诚和正直；人们仿照维吉尔的诗作，将古德意志英雄传说以六音步诗行（Hexameter）的形式重新呈现出来；简单的动物故事也和上了严格的古典格律；人们用萨卢斯特和塔西佗式的语言来讲述萨克森民族早期的精彩历史故事；有一位修女甚至用泰伦提乌斯喜剧的形式重述了圣人们的传奇。而这所有的文学作品都带着布鲁诺的烙印，他渊博的学识和对语文学的热情，他在修行生活中的勤勉，他与生俱来的宫廷地位，影响着接下来一个世纪在德意志土地上诞生的所有文学作品。但同时，德意志文学还受到另一种精神气质的影响，这虽然不是人们乐见的，但德意志民族最真实的本质，强大而粗野的性情也蕴藏在这些书籍中。比起别的任何一个世纪，人们可能更会将10世纪称为野蛮的世纪。在这个世纪之初，所有在卡洛林王朝获得的艺术与科学成就都经历了一场低潮；但在这个世纪的中期，德意志各地的教育又重新得到振兴，而科学和艺术更是第一次渗透到了德意志北部地区；但当时的教育还仅仅局限于宫廷之中，局限于神职人员和宫廷周围的贵族之中，只关系到一小部分精英人群。没有人比德意志的史作者更深刻地感受到，当时社会的文化经历了怎样的剧变。从黑暗的古代传说中突然来到卡洛林王朝时期明亮的光线之下，却又在10世纪初再次陷入黄昏来临时的混沌之中，史作者几乎无法分辨真实与虚幻，各种传说纷杂混乱、自相矛盾、零散残缺；但到了世纪中叶，史作者们有了可靠的文献和资料来源，使得他们至少能够从整体上看清事物的发展过程；脚下的根基稳固了，他们不用再依靠猜测在摇晃的地基之上重建历史的广厦了。

当时国王的神事厅不仅仅是教授科学和文学的学校，同时也是国家宗教与政治的培育所，奥托及其继任者在接下来一段时间任命的所有德意志主教，几乎都出自那里。神事厅所培育出的宗教领袖，与卡洛林王朝后期的神职人员完全不同。这些主教通过努力登上了教会高位，对国家政权却仍忠心不二，他们自愿与国王一起征战沙场，为了各州的利益他们也愿意到异地任职。他们对等级制度不屑一顾，也不会妄图实现神权统治，他们对罗马教皇并不卑躬屈膝，但对圣伯多禄却崇敬有加；他们努力追求，在神授予他们的主教管区进行自由而独立的管理，在自己的辖区之内进行家长式的统治。教会风纪的树立，修道院及修士会的改革，神职人员学术生活的兴起，这些都被他们视为自己的使命；但同时，他们也将其他领域的事务视为自己的职责所在，城市的防御工事、市场和货币的管理、贸易和交通的发展、欠发达区域的开发、林业秩序、主仆关系的法律规范，以及豁免权范围内他们的权利和义务。这些都是切实的任务，完成这些使命，不仅是对天主更是对人民的功绩。罗马教会将不少这样的主教作为圣人来敬奉，他们的德意志祖国也对他们的贡献感激不尽。他们使被压迫的民众在社会中的地位得以提高，使城市生活恢复了活力，还促进了农业的蓬勃发展，就连民族精神的发展也在一定程度上归功于他们。他们从神事厅来到德意志王国各地，将相同的教育背景，相同的管理基础，相同的宗教和政治观点传播至他们所到之处，他们虽然分散在各地，但在精神上却仍互相连通。可以说，正是通过他们，才建立起了稳固的、不为统治者的意志所转移的民族政治基础。在不幸的叙任权斗争①使他们和世俗君主之间产生间隙之前，我们都可以在这群主教中找到许多值得崇敬的人，因为他们展现出了对祖国深切的热爱。

当时在德意志土地上成长起来的神职人员，心中充满坚定的信仰和与人为善的热情，就不可能不加入传教的队伍，而早在奥托时期就已经在这一领域开辟了一片广阔的新天地。

享有盛名的北方使徒安斯卡是第一个将基督教推广到丹麦人和瑞典人中的传教士，以他作为榜样，汉堡的大主教们始终保持着传教的热情，但向北方传播基督教福音也遇到了诸多困难，德意志主教与当时看似不可战胜的北国武士在政治上的矛盾，使传教几乎中断。而大主教的修道会本身也引起了冲突与不快。在安斯卡担任主教期间，汉堡就时常遭到北方海盗的侵扰，当地的教堂

---

① 指11世纪和12世纪时，教会与世俗君主间针对圣职任命和授予权的争夺。——译者注

也被海盗毁坏。另外，大主教教区与不莱梅的主教管区合并，在此前，不来梅管区一直是在科隆的大主教管区之下的。教皇尼各老一世虽然明确地将不来梅从科隆的大主教管区中分割了出去，但科隆方面对此不断提出异议，此后的教皇和宗教代表会议又再三更改这一决定，没有定论。这个问题关系到教区的地位和存亡，所以大主教们也就越发无暇顾及传教的事了。向北方传教的事宜重新被提上议事日程，是在亨利一世打败丹麦人之后的事。大主教乌尼（Unni）作为安斯卡合格的继任者登上汉堡大主教之位，他走遍了丹麦的内陆和岛屿，甚至瑞典也留下了他的足迹。在所到之处，他发现早先建起的修道院社区都已经荒废了，他试图重新扶植起当地的基督教，但由于他在旅途中不幸死去，他没能建立起稳固的教会机构。乌尼的继任者是位年轻的萨克森贵族，他从小受的教育就是为了成为神职人员，并且他还在王室的总理议事厅供过职——他就是在亨利一世去世时为其颂念祷文、完成第一场弥撒的阿德尔达格。他是由奥托亲自提拔上来的，我们也可以看到，他是这时唯一一个受到国王的特殊恩典和无条件信赖的德意志大主教。阿德尔达格之后的许多功绩也要归功于奥托对他的青睐；他不仅获得了大量的特权，奥托还赐给他从罗马获得的大主教礼袍，并说服教皇彻底驳回科隆大主教的要求，将不来梅归入阿德尔达格的汉堡管区。而阿德尔达格也的确配得上他的地位；他与奥格斯堡的乌里希主教志同道合，并且是当时的先锋人物。不来梅的亚当是汉堡大主教管区的老撰史人，他将阿德尔达格称为汉堡大主教管区的真正重建者。他说："阿德尔达格毕生为之忧心的，是异教徒对基督教的皈依和教会的建立；因此，神与人都爱他，尊敬他，即使他的敌人也不例外。"奥托在战场上击败了丹麦人，并在丹麦边区建立起更稳固的秩序，增加了异教徒皈依基督教的可能性，在此之后不久，阿德尔达格就顺利地在丹麦内陆建起了主教座堂。在伊迪萨王后去世后不久，奥托更是在这里建立了三个新的主教管区，这都象征着他对宗教的热忱，这三处分别是石勒苏益格、里伯（Ripen）和奥胡斯（Aarhuus）。奥托将象征主教身份的信物授予新上任的主教，阿德尔达格大主教则为他们进行授予圣职的仪式，这样一来，在教皇确认了丹麦、挪威、瑞典和整个北方都是汉堡的传教区之后，他就已经有了在北方各国的下级主教了。

与此同时，使臣服的文登宗族皈依基督教的尝试也有了一定的成果。亨利一世在位期间，阿德尔达格的长辈和老师，费尔登主教阿达尔瓦德，就在亨利战胜文登人之后开始对奥博德里特恩人传教，使得其中的许多人都皈依了基督教。这就为日后奥尔登堡（Oldenburg）主教管区的建立奠定了第一块基石，使它能与奥托的丹麦主教管区在同一时期正式建立并发展壮大。斯拉夫人将奥尔登堡称为斯塔尔加尔德（Stargard），那里最初是主教的驻地，后来主教驻地改至吕贝克，搬迁到临近波罗的海海岸的地方，与费马恩岛遥遥相对；这一主教管区从奥博德里特恩人和瓦格里人居住的狭长海岸地带，一直延伸到佩讷河和易北河河畔。该主教管区归汉堡大主教管辖和保护，正如丹麦的主教管区由北方地区的边疆伯爵赫尔曼·彼林负责一样。

但当时的奥托还不满足于这些，他已经开始制订一个更宏大的计划，要使更多的文登人皈依基督教。旷日持久的战争使文登人屈服了，但他们心中对德意志人的仇恨还没有消除。使他们屈服的是暴力，对于那些铁石心肠又高高在上的主人，他们心中的愤怒还难以平息，更何况这些主人说着陌生的语言、有着与他们完全不同的信仰。在当时的文登人中间还存在着古老阴暗的邪神崇拜，他们将血淋淋的祭品献给他们的神明，而这些祭品不仅仅是牛羊，他们甚至在神坛前直接杀死活人献祭。他们认为，对他们的神明来说最好的祭品就是令他们深恶痛绝的基督徒的血，并且他们的战神斯维亚托维特（Swatowit）每年至少痛饮一名基督徒的鲜血才能得到满足。只要对异端神的崇拜不终止，只要基督教还没有将战胜和战败双方联结成亲如兄弟的伙伴，那么这些地方的长治久安就无从谈起。奥托很清楚这一点，因此他全身心投入到了这一事业中，要将异教从所有文登宗族中清除干净，将基督教教堂遍布在这里的土地上。

毫无疑问，奥托坚持执行的这一大计，早在设立马格德堡大主教管区时就在心中酝酿了。马格德堡的莫里茨修道院是伊迪萨的陵墓所在的地方，现在，奥托在这里设置了新的大主教管区，并将向东部斯拉夫民族传教的任务交到了马格德堡大主教的手中。但美因茨主教弗里德里希性情顽固又较真，他认为向东部传教的任务应该交到自己的手中，在他面前奥托很难施行他的计划，于是，计划暂时搁置下来，奥托满足于先进行一些准备工作。眼下，奥托也向哈弗尔河与施普雷河流域派遣了萨克森的神职人员和僧侣，他们在格罗的护卫下一路前往奥德河畔，在沿途的所有地方向文登人传播福音。虽然促使一些文登人接受洗礼的并不是向往皈依的心，而更多的是对暴力和强权的恐惧，但很快人们就已经可以建造起教堂，组成基督教社区了。像以前的所有时代一样，在这些基督教福音从未到达过的地方竖立起十字架，会引起一些人的憎恶，但对一些人来说这却是最高的荣耀。946年，奥托就在哈弗尔河以北、易北河与奥德河之间的地区设立了哈弗尔贝格（Havelberg）主教管区，那里主要居住着好战野蛮的雷达里尔人。3年后，他又在哈弗尔河与施普雷河流域为赫维勒人和卢萨蒂亚人设立了第二个主教管区。这些管区的首任主教都由国王亲自授予主教权杖，并由美因茨大主教授予圣职。国王用收到的贡品和十一税来资助这些由他亲自设立的文登主教管区。文登人每年都要按犁车的数量交税，收获的谷物和亚麻也要上缴一部分给主教。一些人并非心甘情愿地将自己的钱财与他们的神职官员分享，并对强加到自己身上的信仰心怀不满。但即使在这里，福音也发挥着他治愈的力量，这里迎来比以往更为安宁的时期，基督教不仅被战败者渐渐接受，战胜的一方也变得越来越宽厚温和了。

奥托开辟了德意志人的传教之路，他重拾了查理大帝和虔诚者路易的事业，他将使者派往远方，让他们将光明带到处于黑暗中的民族中去。当时没有一位教皇曾经想到，就连教会也几乎忘记了它们传教的职责，偶尔有虔诚的主教笃信箴言的力量，试图凭借一己之力完成这项大业，但他们即使责任感再强，也没能带来显著的成果。这条通往未来的坦途，也注定是要留给萨克森政权去开辟的。现在，文登人曾经居住的地方遍布着教堂；漫游的行者们从远处走来，还未看清城市或村庄的模样，就先看到了高耸的教堂塔楼在向他送去主的问候；教堂和旁边的墓园在喧嚣的生活中营造出一片宁静的中心地带，漫游者走近时就会不自觉地被这种气氛吸引，礼拜天他还能听到赞歌的乐音，于是便在胸前画下十字。这样的祥和在这里可不是从来都有的，这大概要感谢奥托，是他首先将基督教生活在这片土地上培植起来的。

奥托以这种方式在德意志各州为教会注入新的生命力，在东部与北部的异教地区建立起了新的主教管区，并通过因格尔海姆的宗教代表会议介入法国的教会事务中去。与此同时，他已经与西方教会的首领，教皇亚加二世①，建立了紧密的联系。947年年末，奥托将精明而忠诚的福尔达修道院院长哈达马尔（Hadamar）派到了罗马，以此敦促教会对德意志教会重要的争议问题做出决议；但同时，奥托还将一名代理牧师派往阿尔卑斯山脉另一侧，全权授予他使徒的权力。这个人就是博马尔佐主教马利奴斯，他主持了因格尔海姆的宗教代表会议，并且是阿尔泰姆宗教议会后的第一位教皇使节。

在奥托所有的教会建设中，都包含着对伊迪萨的悼念。同样的，我们从他其他方面的作为中也能看出他对深爱的妻子无限的回忆。他对利奥多夫（Liudolf）和利奥特嘉德（Liutgarde）这两个伊迪萨为他留下的孩子呵护备至，没有什么，能够比他们收到人民的爱戴和关照更让他欣喜的了。尤其是当时16岁的少年利奥多夫，他是民众的宠儿，没有任何一个与他同龄的孩子，能在体能和精神的天赋上与他相比，人们坚信不疑，他将会继承父亲的王位。而奥托虽然正值盛年，还未满40岁，就已经急着定下利奥多夫继承人的身份。他将国内的权贵们召集起来，在盛大的庆典上宣布利奥多夫作为自己的继承人和共同执政者，让大臣对其宣誓效忠。此后不久的947年，他让利奥多夫娶了伊达（Ida）为妻，她是强大而富有的施瓦本公爵赫尔曼的女儿，而赫尔曼经过了无数考验，是奥托信赖的人。948年年末，赫尔曼公爵去世后，利奥多夫不仅通过妻子伊达获得了岳父的丰厚财产，还获得了施瓦本公爵的头衔。利奥多夫通过伊达获得这一头衔，正如同亨利通过阿努尔夫公爵的女儿尤迪特得到了巴伐利亚一样。但利奥多夫与伊达两人在施瓦本逗留的时间很短，他们通常是跟随着宫廷，因为奥托不愿与自己的儿子分开，并且奥托明确强调，伊达是作为未来的王后嫁给利奥多夫的。

在利奥多夫将伊达娶进家门的同时，伊迪萨的女儿利奥特嘉德嫁给洛林的康拉德公爵。这个在相貌和性情上都与母亲十分相似的女子嫁给了最受奥托提拔和重用的男人。此外，康拉德也与利奥多夫建立了深刻的友谊。康拉德以他耀眼的赫赫战绩被人民视为当时首屈一指的人物，这将年轻气盛的利奥多夫

① 又译阿加佩图斯二世。——译者注

吸引到了较为年长成熟的康拉德身边。而康拉德与亨利公爵也是彼此信任的朋友。虽然这段婚姻后来给利奥特嘉德带来许多痛苦，但在当时人们还赞颂这是段幸福的婚姻。

现在，所有的德意志公爵领地都掌握在了国王最亲近的人手中。他的弟弟亨利掌管着巴伐利亚，他的儿子监管着施瓦本，洛林由他的女婿控制，而萨克森和法兰克则在他的直接统治之下。要是一个家庭统治了所有的德意志土地，那么这个家庭的历史就变成了王国的历史。这些公爵因为亲缘关系紧密联结在一起，在他们的统治之下，德意志各宗族似乎也成了最为统一的整体，也成了一个大家庭，一个大民族。长期的安宁与和谐似乎有了保证，因为在人们看来，奥托建立起的秩序维持着所有事物的长效运转。奥托和康拉德正处在精力最旺盛的岁月，亨利也才30岁，而利奥多夫的大好青春才刚开始。即使国王英年早逝，王国也已经有了继承人从而确保萨克森王室不会群龙无首。

这个世纪之初有诸多险恶的征兆，而现在，人们已经来到了世纪中叶。在这半个世纪之中，德意志王国发生了多么巨大的改变啊！

德意志各民族，曾经是查理大帝的日耳曼-罗马大帝国中的一部分，被迫经历了一段悲惨的命运，目睹了帝国的毁灭；他们经历了残酷的内部斗争，并受到了野蛮族群的粗暴对待。最终，他们与卡洛林王朝统治下的罗曼民族脱离开来，但他们的内部也蔓延着分裂的危险，倾向于按照旧有的宗族差异建立多个小王国。但历史进程并没有使他们重蹈覆辙，而是使他们走上了新的发展道路。一个全新的、广阔的王国建立起来了，德意志各宗族留在自己原本的居住地，他们的语言和父辈的习俗也得以完整纯粹地保留下来，他们与外部分离开来，一面是罗曼人，另一面是斯拉夫人和北方的斯堪的纳维亚民族，形成对外封闭的整体；新建立的王国以所有德意志宗族的整体利益为基础，各个宗族的特色在这个王国中能够或者说必须发展成为整个民族普遍的风俗。

在这段时期，我们常常能够发现，只有外部敌人施加的压力才能促使德意志人的民族统一，激发出人们的民族意识。罗马人的入侵首先使零散的德意志部落联合成为强大的同盟；随后，从东部和西部的侵袭又使得以宗族为基础的小同盟汇集成了更大的民族团体；接下来，莱茵河对岸的法兰克人用他们的利剑将德意志内陆统一到了一个政权之下；毫无疑问，丹麦人、匈牙利人和文登人的烧杀劫掠使德意志人认识到紧密团结的必要性，并由此建立起稳固的王权统治，使这个德意志人能够将四面八方的外敌赶出自己的国土，确保德意志民族对外的独立和自由。在这期间，王国的统一还经历了大型内部斗争的考验，在紧要关头命运才为德意志人指出了稳固而明智的前进方向。因此，不仅仅是外部的强制力量，还有德意志人的美德共同造就了统一的王国。

查理大帝的大帝国衰落之后，所有的民族都试图在各自的民族基础上重塑国家生活的形式。没有一个地方能不经过内部斗争的考验就达到这一目标，没有一个地方能不受外敌侵扰就实现这一向往；但也没有一个地方能像德意志王国一样完成得如此迅速。在短短数十年间就建立起了一个王国，而这个国家一直延续到了许多个世纪后的今天，当时建立的政治根基至今也仍发挥着影响；比起卡洛林王朝的组织结构，这个王国的秩序和机构设置更清晰地映射出古日耳曼人的本质，但也正因如此，它并没有完全脱离出由查理大帝建起的日耳曼-罗曼世界。即使这些民族现在想要分裂开来，由于日耳曼体系的特点已经深入影响了所有的国家机构，他们的发展也不可能完全改辕易辙。并且，他们并不处在同样的教会组织之中，他们的行事作风、语言和教育都明显带着罗马体系而非日耳曼体系的烙印！人们可能会抱怨，作为一个独立的德意志王国，教会却仍遵循罗马的形式，教堂和学校中德语受到排挤的情况甚至比之前更加严重，整个德意志文学也全披着罗马的外衣，罗马的语言甚至成了德意志王室的宫廷通用语；但就算人们对此有所抱怨，也不能否认，正是因此才避免了德意志民族被从文明史的大进程中被剔除出去。我们的民族与西方和南方的民族分割开来，建立起独立的政权，在这样的情况下，可能正是因为语言和教育上的罗马倾向，才长久地在文化发展的过程中坚持下来。

当形成以民族为基础的王权统治之后，各个势力汇集到一起，德意志民族便在历史上画出了浓墨重彩的一笔，并很快完成了对人类发展的伟大使命！在西方文明受到毁灭威胁的关头，是德意志人的武器抵挡住了来势汹汹的异教民族。也是德意志的传教士，将基督教福音带到北方和东方的异教宗族中去，渐渐拨开异教笼罩在人们头顶的阴云，并使宗教的光芒普照更广阔的世界。而此时其他的西方基督教国家呢？法兰克王国、意大利和勃艮第，他们都陷在分裂的争斗中，国力虚弱，无法自立，更不用说传教了！

德意志民族当时所取得的崇高地位，首先要感谢的就是两位来自萨克森的伟大国王。亨利一世开辟了道路，奥托一世完成了使命。虽然儿子在一些方面的作为与父亲当时的想法不尽相同：国王的地位被进一步提高，公爵失去了最初对各个零散宗族的重要意义；但亨利所画下的蓝图，在奥托这里几乎全部得以实现。对儿子来说最重要的理想，也是父亲曾经所魂牵梦萦的——那就是在促进国家对内对外整体安全的前提下，实现王国的统一；同时在不影响国家存在的基础上，对各个以德意志宗族为基础的州省分开管理。

奥托可能也曾想过，只要完成父亲的事业，那他的使命也就达成了，对他来说就足够了。但力量不曾停歇，生命并非静止，它总是将我们从一个目标引向下一个目标。当奥托在心中衡量他为自己和他的人民所取得的地位，当他纵览世界局势，他的心中产生了一个更新、更高的追求——那就是罗马的皇帝之位。为了赢得皇冕，沿着父亲的足迹是远远不够的，他有了新的向往，产生了新的想法，要去开拓新的道路！

亨利的名字是属于德意志历史的，而奥托的作为必将在世界历史上留下不可磨灭的印记。

第三篇

德意志民族的神圣罗马帝国的建立

奥托家族①的皇权统治

951年至1002年

---

① 又称利奥多尔芬家族。——译者注

1. 失去皇帝的意大利

"你要是赢得了皇帝的冠冕，就能使所有的王国都臣服于你。"教皇若望八世在879年给路易国王的信中如是写道。这位罗马主教试图用光鲜的假象蒙蔽这位野心勃勃的卡洛林王朝国王，因为当时的皇帝在意大利之外没有任何权力，在意大利国内也已经失去了所有威望。

秃头查理的政权太过孱弱，他将对皇权统治最重要的权力都拱手让给了神职人员。比如他将罗马的钦差使臣全部撤离，而这些使臣原来一直是代替皇帝在罗马执政的，将这些人撤走就意味着将城市的统治权彻底交到了教皇手中；同时，他还将意大利中部和南部的大片城市和土地赠送给教皇，其中的一些土地甚至原本就不属于他——这样一来，他不仅扩大了伦巴底主教的豁免权，甚至还使他们在各自的管区内有了高于公职官员的监管权力，而在此之前，这种权力都是掌握在钦差使臣手中的。从这时起，意大利的王权统治就一日日沦落下去，国王虽然仍保有皇帝的头衔，但这一皇权也失去了它背后唯一的权力支柱。西方皇权的光辉就这样渐渐暗淡下去，最终它发出的光辉如同缺少燃料的蜡烛，越发昏暗下去，只能照亮近旁的一方土地。

924年，在圣彼得大教堂接受加冕的贝伦加尔遭到谋杀身亡，一位博学的意大利诗人在浮夸的拉丁诗句中将这位贝伦加尔皇帝称为吾皇。4年之后，博索的儿子，瞎眼皇帝路易在维埃纳结束了他二十余年黑暗无助的岁月，离开了人世。他一生追求皇位，但最后只有少数追随者还将他称为皇帝；曾经享有基督教最高地位的皇帝名号，现在成了一个空无一物的虚衔。在这半个世纪里，教皇们在背地里将皇帝们玩弄于股掌之间，使其再也无力振兴罗马与意大利，更不用说雄踞世界了。所以，不能在罗马接受加冕，戴上空有华丽外表的冠冕，也并非憾事。

但皇权统治的概念并未因此消失，而是一如既往地占据着人们的内心。

由于它所代表的所有设想和观念，都与当时的教会和国家秩序有近似之处，因而牢牢地根植在人们的脑海中。当查理大帝的族系在意大利绝嗣之后，教皇们将皇冕授予了并不强大的勃艮第和意大利王侯，不论他们是出于对这些王侯的畏惧，还是因为向往那一点点可怜的回报，也不论加冕是否能使这些王侯安定下来，也不论这是否避免了这个世界陷入更深的困境，那个时代的人们都坚信着，皇权是由神授予的，坚不可摧。人们仍像以前那样，将皇帝视为基督教世界的最高统领，视为人类生活秩序的出发点和中心。这一政权可能经历一时的低潮，但它不会就此而消亡，并且当转机来临时必将重新迎来辉煌。

我们有这样一本引人注目的小文献，它是在那个时代被撰写成书的《罗马城内的皇权统治》。书中赞叹，罗马城和意大利能够在卡洛林家族的皇帝领导下是一件幸事，书中也大声疾呼，自从卡洛林王朝衰落之后，皇权统治就完全丧失了其效用，无休无止的战斗与纷争都是源自于此，权力失效、暴力横行也是源自于此。而且，不仅仅是罗马人的心中充满了对逝去帝国的回忆；法兰克的修道院僧侣们，坐在斗室之中记叙前代的历史时，也不会遗忘曾经的帝国；百姓在就餐时还会颂唱查理大帝的歌谣；国王亨利的骑士们在击败匈牙利人之后，在沙场上以皇帝之名称呼亨利，所有的人都在实践着皇权统治的理念。每个深入观察过这个时代变迁的人，都会哀叹当时的基督教邦国缺少统一的领导。许多人因此认为，是时代带来的苦难使人们不断触犯宗教戒律与法律，使四面八方的异教民族入侵西方，残害基督教徒；世界分崩离析，如果没有神指派的皇帝出来执掌大局，世界局势就无法重新走上正轨。

事实也正是如此！欧洲各国的分裂与衰弱对应着整体局势的衰落，欧洲西方各个国家的统一以及基督教国家间的联盟都瓦解了。阿拉伯人和匈牙利人，丹麦人和文登人才会在半个世纪之久的时间里对罗马基督教国家大肆劫掠，在这里疯狂地放纵他们的欲望，正是因为缺少了一位皇帝，将西方那些沉睡的力量唤醒，正是因为缺少了一位世界统治者，举起大旗将骁勇善战的骑士集结到一起。如果皇权统治不能建立起来，不能同时拥有光辉的头衔与切实的权力，那么西方的未来就成了问题。当时的人们依旧用"罗马帝国"指代整个西方基督教世界，现在，这个帝国比以往任何时候都更需要强大有力的引导，需要一位真正的皇帝。

但如何才能建立起名副其实的皇权统治呢?

教皇若望八世曾明确说过,他能为皇帝加冕,他也能成为皇帝。实际上,在路易二世皇帝去世之后,教皇们就认为自己有着登上皇帝的宝位的权力。世人在很长一段时间内都没有剥夺他们的这一权力,以至于这件事似乎失去了效力。西方人认为,只有皇帝才能从圣伯多禄的继任者那里接受加冕。但当时,谁能期待一位教皇有多大的作为和决策呢?从世纪之初就有一系列的懦夫和小人坐上过伯多禄的圣座,他们连自己身边的人都不能领导,更不用说要他们去影响世界的命运了。在这群惹人蔑视的教皇中,唯一一个有担当的人似乎就是若望十世了,但他也只关注着罗马的利益,他更多地将自己视为罗马城的主人,而非整个基督教世界的牧人。教皇的权力连同皇权统治一起堕入了深渊,而教皇权力没有彻底消失简直称得上奇迹,所以依靠这些教皇是永远无法拯救西方世界的。

但是,就算命运能在当时派来一个强大的统治者领导罗马教会,这个人也会在建立皇权统治的过程中遇到无法逾越的障碍,因为按照长久以来的惯例,皇帝的权力只能授予意大利的国王,而意大利王国正是当时所有西方国家中处境最为艰险危急的。在这里,所有的社会关系,所有的政治、宗教和传统秩序似乎都在迅速走向瓦解的境地。凭借一己之力,治愈意大利政体中深入骨髓的损伤,似乎是不可能的,而要通过建立充满活力的皇权统治来重振整个西方,更是无望。

让我们来回忆一下意大利当时的整体局势。仅仅通过粗略的观察我们就可以确定,按照这个国家的政治和宗教状况,不可能建立起强大的皇帝政权;我们会看到,如果皇权统治的理想再次成真,那也是由这个国家之外的异势力促成的。同时,由于皇权与意大利王权已经随着时间的推移合二为一,这股势力定会将意大利的统治权也一并夺取,在这里扎下稳固的根基。

此间的变革虽然巨大,日耳曼宗族一再的侵略和移民对意大利产生的影响虽然深刻,但这还不是能使那里的古典文化得以发展成熟,而后在时代的浪潮中湮灭的全部因素。在古代影响和调节着人民生活的那些政治关系当然已经不复存在了，但人们的思维方式和习惯却没能彻底改变。就像在一场地震过后，宏伟的大厦成了废墟，建筑的华丽与整体的和谐都化为了乌有，但楼宇的残骸还留存着，混乱地堆叠在一起。意大利社会中的古典生活元素也是如此，与建筑废墟不同的是，在若干世纪之后，它失去的统一与和谐得到了重建。

　　意大利人无法参与国家管理，也无法承受艰苦的兵役，他们在早先的皇帝时代，就已经过起了和平的市民生活，喜欢在惬意中丰富自己的精神世界，使自己的感官得到享受。投身于艺术与科学，为贸易和手工业而忙碌的意大利民族变得软弱起来，最终成了受压迫的奴隶；他们不得不侍奉异族的君主，而不论是臣服于北方善战的王侯，还是屈从于打入意大利的入侵者，又或者听从于君士坦丁堡皇帝派来的官员，他们的处境都别无二致。半岛的政治统一被瓦解了，所有的政治机构受到重组，生活中充满了粗重的劳动与战争，基督教教会的权力不断变化；事物的整体格局似乎发生了变化，但民族的天性却不会彻底改变。就算意大利的城市纷纷建造起坚固的护城墙，在城内陡峭的山壁上建起城堡，就算城中的居民情急之下被迫拿起了武器，各个行业依然照旧，交通运输也仍以原本的方式运转，意大利也依旧连接着欧洲东西方的贸易。在学术教育方面的情况也没有什么不同。像格列高利一世这样勤勉的教皇，或是如同努西亚的圣本笃那样避世的圣人，可能会将世俗的古典教育视为反基督教的，从而想要举起武器与之对抗。但即使这样，这种从英格兰渐渐传播到整个西方的神学教育，也曾持续地对整个民族产生过影响；俗世的教师们在这里发挥着他们的影响，他们的不懈努力使得自由的古典学术成果得以保留下来一部分。古典的学术生活在意大利的修辞学学校里演变成了枯燥干瘪的知识堆积，但就如同干柴上的火星会化成明亮的火焰，隐藏的精神火花还要将在这世界点燃一团火焰，照亮一方天地。在这个战火纷飞的时代中，和平时期的各种艺术形式没有完全沉沦；在一个完全由既定的思想方式驱动的时代，自由的精神运动没有彻底消亡，这对其后的人类精神发展有着深远的影响。

　　伦巴底人占领了意大利之初，所有在意大利人民眼中有价值的东西，在伦巴底人看来都是丝毫没有意义的；但很快，他们就接受了被占领国的习俗和思维方式！伦巴底人与意大利人能够如此迅速地融合成一个民族，不仅仅是因为他们使用了更轻柔悦耳的意大利语，也不仅仅是因为他们终于放弃了与罗马天主教派教义相对的阿里安教派，而是多个因素共同决定，使两个民族方方面面的生活习惯渐渐互补融合。这片土地上原始的居民从占领者那里重新学习了用兵打仗以及对土地的珍惜，而占领者则从原住民那里学到了贸易与手工业，艺术与科学。伦巴底国王艾斯图尔夫实行的法令极为引人注目，在这法令中他对人民武装做出了规定：他将地产主和商人分为大、中、小三个等级，每个等级的商人与对应等级的地产主，都必须服同样的兵役。按照这个法令来看，当时在伦巴底人中，商人已经成为一个值得注意的社会阶层。而在同一时期，商人没有在任何德意志宗族内得到这样的地位，并且毫无疑问，一些自由的伦巴底人也已经进入了商人阶层。同一时期的伦巴底文献中还提到了公证人、医生和画师，根据这些人的名字，他们都是日耳曼裔。此外，还有一个事实不容忽视，在几个世纪之后的意大利重新建立时的第一个重要学者是出身贵族的保尔·瓦内弗里德（Paul Warnefried）[①]的儿子，而他的祖先是与伦巴底国王阿尔博因（Albuin）一起来到意大利的。他的教育主要源自深厚的古典文学，后来他进入了神职阶层。他让他的学生，也就是贝内文托公爵亚里奇斯（Arichis）的妻子，阅读尤特罗庇乌斯（Eutropius）[②]的罗马历史，并为她续写了这本书。人们将一部摘录自费斯图斯（Festus）[③]的语法著作也归在他的名下，但实际上这本书是由与他同一时代的其他意大利学者引介过来的。查理大帝的语法学和修辞学老师是比萨的彼得，他是与保尔·瓦内弗里德同一时代的人，并且也与保罗在同一领域中获得了卓越的成就，后来他被提拔为阿奎莱亚的大主教。在查理大帝宫廷中，神学领域的杰出学者主要是盎格鲁-撒克逊人，而在古典文学领域则是意大利人，尤其以伦巴底人为主。

所以法兰克的征服者在这片土地上既没有找到传统的伦巴底人，也没有找到原先的罗马民众，而是一个结合了日耳曼和罗马元素的民族，他们虽然没有古伦巴底人的骁勇善战，但在所有和平时期才有的艺术领域，他们任何一个纯

---

① 伦巴底史学家和僧侣。——译者注
② 古典时代晚期的罗马历史学家。——译者注
③ 罗马辞书学和语法学家。——译者注

日耳曼部族都有更深的造诣。在伦巴底政权的统治下，意大利就已经成了一个拥有诸多城市的国家，而这些城市正是建立起地方法规的基础。伦巴底征服者们按照日耳曼惯例引入地方法规，而伦巴底的公职官员也已经在这些意大利城市中拥有了他们的驻地，这一举措是有着深远意义的。城市生活使残存的城市手工业和城市教育体制得以保留下来，这是极为必要的。国家已经显示出振兴的势头，社会福利不断发展，艺术和科学充满活力，查理大帝占领伦巴底王国时，伦巴底王国与半岛上一直以来反对伦巴底人的大部分地区更紧密地联合起来，并入了查理强大的帝国中。

查理的政权对刚刚萌芽的发展势头更多地起到了促进的作用，而非抑制。由于被划分为多个伯爵领地，并同时引入了法兰克的军事和司法体系，伯爵领地的掌权人通常都是法兰克人；神职人员的地位得以提升，他们各自的管区也脱离了公职官员的管辖；这一切在最初的阶段似乎对整体的社会关系都没有坏处。此外，定居在这里的法兰克的邑臣们很快就与当地人融合到了一起，这些移民的第二代就已经完全被视作意大利人了。罗马和拉韦纳所处的地区与伦巴底人接触密切，早先与高卢及日耳曼地区的联系受到重重阻碍，现在也变得自由通畅了。皇帝不仅保护各种形式的意大利艺术，更是热切地给予扶持与资助，这是多大的收获啊！意大利社会的富裕程度发展到了几个世纪以来的最高水平，艺术与科学也迎来了一个巅峰时期，使得其后的人们也要带着艳羡回望这段时光。

但法兰克的统治者们也带来了另一些改变，而这些改变随着时间的推移渐渐显示出其毁灭性。首先就是采邑制度，这一制度对伦巴底人来说并不陌生，但之前没有对他们的政治制度产生深远的影响。卡洛林家族的王权与皇权在意大利衰弱下去之后，尤其是在停止向各地派遣钦差使臣之后，人们才看到这一制度的弊端。比如在高卢和日耳曼地区，大邑臣们飞扬跋扈欺压自由民众，甚至自负地挑衅王室。被他们的欺压所激怒的自由阶层，不能受到国王的保护，便在情急之中向拥有豁免权的神职势力寻求庇佑，并因此将自己的财产作为税金全部交到了教会和修道院手中。很快，国王也明白了，为了与贵族相抗衡，他们除了想方设法提升神职人员的势力之外别无他法，于是国王不断扩大他们的管区，使他们越来越多地从法律体系中脱离出来，最终，他们的管辖权甚至超过了公职官员。教会与修道院的财富增长到了无以复加的地步，如果说意大利的一半土地是属于神职势力的，说他们的豁免权使他们完全免受公职官员的干涉，也毫不为过。但神职人员们不断插手到俗世事务中，渐渐忘记了自己的神职身份，他们在骄纵自傲中登上巅峰，却也在奢侈与安逸中沉沦。贵族们一直用嫉妒的目光注视着神职人员，于是侵犯他们的权利，还常常对他们进行粗暴的攻击，使主教和修道院不得不让武装的护卫队跟随左右，而这支护卫队则是他们用教会的财产作为邑产或酬金换来的；当时的神职人员的确别无选择，只能将教会资产中的一大部分用于换取武装力量的支持，这样才能与别的势力抗衡。所以，正如在别的地方一样，采邑制度在这里造成的后果也无外乎世俗贵族间的明争暗斗、神职与世俗势力间的纷争和对普通民众的彻底压迫。但意大利最令人揪心的时刻还是在卡洛林家族绝嗣之后，宗教和世俗贵族们都自以为皇位是自己的囊中之物；由于常常出现同时有两位君主的情况，他们互相争夺，试图将对方打压下去；权贵们试图将国内的所有权力都揽到自己手中，于是将无政府状态作为他们在形式上公认的原则。没有人考虑国家的整体利益，每个人都只顾着在自己熟悉的区域建立独立的统治权。主教们追求着在各自的城市中拥有广大无边的势力，伯爵们想在自己的领地内为所欲为。很快，手握重权的边境伯爵就将边区内的其他邑臣掌握到了自己手中，建立起了一个对外封闭的疆域，并在这一疆域内随心所欲地实行统治。像这样登上权力巅峰的有意大利北部弗留利和伊夫雷亚的边疆伯爵，中部图西亚（Tuscia）和斯波莱托的伯爵，这两位伯爵还同时占领着卡梅里诺（Camerino）边区，他们各自为政，使统一的王国政权无处立足。

而当最狂野凶恶的敌人又在这时入侵意大利，内部分裂造成的严重后果马上显示出来了。虽然城池广大而坚固，虽然人口众多，但国内没有任何可以有效地阻击敌人的力量，使得这些强盗能够丝毫不受阻碍地对这片富饶的土地进行劫掠，用这里珍贵的财宝满足自己的贪欲。很长一段时间以来，从西西里岛攻来的阿拉伯人一直侵扰着意大利南部和中部的海岸。早在846年他们就到过罗马附近，但由于当时皇帝和教皇的反击，他们的行动失败了，没能在意大利中部地区找到长期立足的据点。现在，他们卷土重来，并获得了成功。880年前后，他们在加利格里阿诺河河口安营扎寨，并在这里建起了一座城堡，以此为据点向意大利腹地发起进攻，确保他们不会再轻易地被赶出这片土地。他们将荒凉的马尔泽山区（Marsergebirge）选作他们的贼窟，从这里出发，分别向亚得里亚海、第勒尼安海及波河进发；随后，他们将劫掠得来的战利品运送到加利格里阿诺河，那里已经安排有等候的船只，要将这些财物送往西西里岛和非洲。周围没有一个城市能够长时间抵抗他们；僧侣们离开了，留下空荡荡的修道院任人毁坏；罗马周围的地区时刻处在危险之中，从西方各地通往圣彼得大教堂的朝圣之路也都被截断了。可以说，在这近30年中，意大利中部都被异教徒占领着，直到教皇若望十世集结国内的力量发起反击，才改变了这种状况。在卡梅里诺边疆伯爵埃尔伯利希（Alberich）的带领下，列蒂（Rieti）、内皮（Nepi）和苏特里（Sutri）的民众们拿起武器，集结成军，连同萨拜娜及周围地区的居民，向斯波莱托和卡梅里诺边区发起进攻；多场血腥的战役使阿拉伯人损失惨重，最终撤回了他们建在加利格里阿诺河畔的城堡中。在希腊人的协助下，埃尔伯利希很快包围了城堡；大多数敌人都在这场血战中倒下了，少数没有在刀下丧命的，也成了基督徒们的俘虏。这样一来，至少罗马和意大利中部地区在916年得以从恶敌的手中解放出来。

富饶的伦巴底地区越来越频繁地受到阿拉伯部落的侵扰。889年，西班牙的海盗也在普罗旺斯的海岸登陆了，并占领了圣特罗佩海湾上的一座城堡，当时那里被称作方济纳图（Frarinetum）。现在被叫作拉加尔代弗雷纳（La Garde-Frainet）的那个地方，其地理位置对侦查防御薄弱的勃艮第王国来说十分优越，同时也可以作为伺机攻打北意大利的据点。很快，这里就聚集起越来越多的异教徒，从方济纳图来的阿拉伯人也会聚成了一股不容小觑的敌对势力。几场胜仗让他们尝到了甜头，他们越发深入地挺进阿尔卑斯山谷中，占领了连接意大利和高卢的阿尔卑斯山道，而这些道路也是商人和朝圣者们常走的，于是在很长一段时间内，没有人能轻易地翻越阿尔卑斯山脉的西部。从这里出发，他们进一步劫掠山区中的坡地，并一路来到了平原上的城市。最终，他们在圣伯纳德，在普罗旺斯和多菲纳多处，在萨瓦（Savoie）和瓦利斯（Wallis）都建起了坚实的堡垒，并在这些地方统治了将近一个世纪；直到如今，一些地方和山脉的名称还沿用着源自阿拉伯语的名称，它们提醒着人们，在那个时代，这些不速之客曾给阿尔卑斯山脉的居民和漫游者带来过什么样的苦难。勃艮第国王多次尝试将方济纳图的贼窟摧毁，都无疾而终，而除勃艮第之外，利古里亚（Ligurien）的沿海地带以及伊夫雷亚伯爵领地也一再受到这些恶邻的侵扰，只因这些异教徒将劫掠基督教城市视为对自己神明与先知的献祭。

比阿拉伯人更险恶的敌人是匈牙利人，从899年这群来自东面的蛮族踏足富饶的伦巴底平原开始，侵袭就接连不断。在德意志军队将匈牙利人驱赶出来之后，匈牙利人就将浩浩荡荡的大军连年派往意大利北部的众多城市中，把那里的财富和珍宝洗劫一空。萨克森和图林根匆忙建起的堡垒，在匈牙利人的侵袭下化作了废墟；而意大利城市的防御工事已经坚固地挺立了几个世纪，也没能止住匈牙利人前进的脚步，反而越发强烈地吸引着他们；他们首先进攻的就是伦巴底人口最为稠密的城市，人们不得不付出大量金银财宝才换来了匈牙利人的撤军。帕维亚曾是当时除罗马之外最繁华的西方城市，因为匈牙利人的烧杀抢掠，于924年已经化为了废墟。43座教堂被大火吞噬，原本数不胜数的城市居民中，只有200人劫后余生。意大利中部荒芜的山区对于匈牙利人来说没有太大的吸引力，但他们也早在926年就已经攻入了罗马地区，在将这里夷为平地之后，穿过托斯卡纳踏上了回程。在接下来的几年间，他们又多次来到罗马城前，直到在942年前后，在圣乔万尼城门前打响了一场血腥的战役，这场战役之后匈牙利人立即撤军了。之后，他们又在列蒂附近与伦巴底军队的对战中大败，此后他们再也没有回到过这个地区，而是满足于在伦巴底平原各处继续他们的恶行。

意大利在10世纪上半叶所经历的苦难是难以想象的。当时所有的文字记录都充斥着对形形色色暴行的控诉，劫掠、纵火、暴力，这种种的苦难这个国家都从内部和外部的敌人那里尝受过了，但不论文字描述再怎样骇人听闻，与现实比起来还只是小巫见大巫。我们知道，德意志也有过相似的遭遇，10世纪初德意志人也经历了内部的分裂，德意志人也见过边境被外敌突破的景象；但这种不幸的遭遇却对德意志民族产生了积极的影响。人们将外敌的入侵看作上天的惩罚，人们用心祈祷主的悲悯，他们相信慈悲的主会支持帮助他们，带着这样的信念他们拿起武器，并在对抗外敌的战斗中获得了荣耀无比的胜利。与此同时，德意志的统一也在新的基础上得到了巩固，宗教与政治秩序建立起来，接受新式教育而产生的优秀神职人员们不懈努力，使社会风气也得到了提升。就这样，德意志从不堪的颓势中走出来，在950年前后重新获得了备受崇敬的国家地位，而德意志民族获得这一成就的主要手段就是，将王权统治作为提升人民精神品质的中心，并将来自人民的精英会聚到王权周围。天主为德意志人安排的机缘就是这样，而意大利的民族命运又是多么不同啊！

不久之后，意大利的传统和社会秩序就以最残酷的方式陷入了瓦解的边缘。所有束缚和羁绊都被挣脱了；到处都充满着逃出牢笼的狂野贪欲；人们只关注感官的享乐，脑中只有酒池肉林和珍宝美女；当传统的坚强品质失去了价值，所有人类精神中更高尚的东西，使生活成为生活的那些要素反倒使人们软化下来，变得不堪一击。就是在这样的情形下诞生了空前绝后的情妇政权统治时期。情妇身居高位，在她的一颦一笑间，王国、公爵领地、主教管区、修道院会的大小事务就决定下来；她的悲喜决定了百姓的苦乐；国王与骑士，主教与修士都看着她的眼色行事。整个民族都垮塌下来，似乎回到了古典时期的放浪形骸，在欲望的丛林中心醉神迷。苦难使德意志人坚强起来，而同样的苦难却将意大利人最后的担当和严谨都带走了。

无论古今，人们总是能够通过神职人员的生活来评断出一个民族的精神状态。洛林人莱特尔曾在此期间两次[①]登上维罗纳主教的宝座，根据他的描述，当时意大利主教的生活可谓活色生香。从莱特尔那里我们可以知道，当时高贵的伦巴底主教佩戴着希腊饰品，穿着巴比伦的华服；进餐时他们卧在榻上，耳畔是靡靡之音，眼前是撩人的舞蹈；随后他们赶去狩猎，放出迅捷的猎鹰，或是乘坐奢华的香车，傲慢地俯视周围的众人，直到夜晚降临仆人再次请他们前去用膳；最后，他们心满意足地进入梦乡，早上伴随着一声咒骂从床上醒来，怪日光搅了昨夜的美梦。真正的教会生活在意大利已无迹可寻，宗教信仰仅仅是

---

① 两次任期分别为931年至935年和946年至948年。

纸上的空谈，只有向教会捐赠的时候才存在，而这些捐赠背后往往都藏着其他目的。教会的所有秩序都松弛荒废了，宗教议会少有召开，即使召开商讨的也都是政治利益，因为主教们在享乐之余仅剩的时间里，唯一严肃对待的事务只有各自的政治利益了。

　　如果想要见识修道院中神职人员的生活，就不得不提到在1000年前后由法尔法（Farfa）修道院院长于格所写的文字，其中记录了他的修道院是如何被摧毁的。由于卡洛林王朝统治者们的慷慨，意大利各地的修道院都极为富足，但这些修道院大多位于城市之外，外敌入侵时往往最先受到攻击，损失也最为严重。在萨拜娜山区中的法尔法修道院也是如此，作为意大利最富有的修道院之一，它遭到了阿拉伯人的摧毁，修道院的僧侣们也流散到了各地；其中的部分人到了费尔莫（Fermo），另一些到了列蒂，还有一些去了罗马。925年前后，他们回到了原来的地方，并重建了修道院；但将修道院建成的第一任修道院院长就与院中的僧侣们发生了冲突。最终，两名僧侣将院长杀害，篡夺了修道院院长的位置，瓜分了院中的财产还都娶了妻子。其中一人名叫康博（Campo），他生了三个儿子和七个女儿，全部用修道院的财产供养着。他的一个女儿嫁给了名叫阿佐（Azo）的犹太人，并让这位女婿也在修道院中任职。另一个谋害院长的凶手叫作希尔德布朗德（Hildebrand），他也挪用修道院的财产来供养自己的多名子女，他们将修道院的资金几乎挥霍一空。甚至连其他的僧侣也都娶了妻子，分散地居住在他们的乡村别墅中。他们先将自己在修道院中的住宅拆毁，这样他们就不会再被迫搬回这里了，他们搬出修道院之后，只有在礼拜天时，才会来到修道院的礼拜堂中进行弥撒，然后带着他们从院中盗得的金银回去，用这些金银为他们的妻子打造项链等首饰。罗马方面察觉到了修道院的异常之后，派遣僧侣来对法尔法修道院进行改革；但被派去的僧侣都遭到了不善的对待，差点儿连命都没保住。最终，罗马动用权力，在康博和希尔德布朗德之外又设置了一名新的修道院院长，让三人共同拥有院长的头衔，但没过多久，这位新院长就被毒杀了。教皇任命了他的继任者，但此人很快就和修道院那些无耻的僧侣同流合污了。后来，这位修道院院长被教皇的手下发现通奸，被治了罪，他还毫无顾忌地用修道院的财产逃脱惩罚。罗马教会想方设法，试图控制住修道院中伤风败俗的种种恶行，但由于国内缺少强大的皇帝，所有的尝试都失败了。

反基督教心理在当时意大利的神职人员中十分普遍，这在意大利文学作品的发展方向中表现得尤为明显。与其他的西方民族相比，意大利的非神职阶层与文学的距离虽然没有那么遥远，但即使是在意大利，也主要是由神职人员主导着学术与教育的走向。在风俗颓靡之际，文学成了学术腐化不可反驳的证据，但在后卡洛林王朝时期的其他欧洲国家中，文学著作则达到了前所未有的高度。在10世纪中期处于鼎盛时期的克雷莫纳主教利奥普朗德，在他的作品中展现出无限的活力和广博的学识，他掌握了文字的表达形式，使读者能够从他的作品中获得阅读的乐趣。当时有一位诗人，歌颂了贝伦加尔皇帝的事迹，他的名字我们已经无从知晓。他的诗作虽然只是模仿古典时期的诗歌形式，但也十分精妙。说到底，渗透在当时的意大利文学著作中的并非基督教时代的生活，更多则是已经腐朽退化了的古典主义和赤裸的感官追求。如同令人惊惧的恐怖幽灵，我们在意大利文学中看到的是异教文学的再现。要是人们在接受教育时，阅读的不是《圣经》和教会文学，而是古代诗人、哲学家和演说家的作品；要是这类作品读得太多又缺乏引导，同时又鲜有对《圣经》典籍的援引，那么产生这样的结果也并不令人意外。一位名叫维尔嘉德的语言学家曾在10世纪中期在拉韦纳讲学，他的故事能告诉我们当时的社会已经混乱到了怎样的程度。据说，他看到幽灵化作维吉尔、贺拉斯和尤维纳利斯（Juvenal）①的形象出现在他的面前，幽灵告诉他，由于他为了使这些学者的名字能流芳百世做出了很大贡献，所以他也将获得不朽的声名。听到这话，维尔嘉德脸色苍白，所以他开始反对宗教典籍，并声称，人们应当对诗人们的话多些重视，他们的作品应该成为教科书；随后，他就被当作异教徒判处了死刑。我们清楚地知道，并非只有维尔嘉德一个人是如此。由此也不难理解，莱特尔为何反对那些将永恒的智慧称为愚蠢的学者，那些将异教故事视为神迹传奇的学者。从莱特尔的记叙中我们得知，当时意大利的城市中充满了自以为是的学者，他们乐于被称

---

① 又译朱文纳尔，古罗马讽刺诗人。——译者注

为博士或硕士，这说明在当时的意大利，凭借学识已经可以有不错的收入了。

如果说莱特尔是在为反对意大利哲学家而发声，那么，他反对的是所有那些插手学术教育和声称自己博学的人，他将这些人称为"世俗智者"和"接受城市教育的人"。语法学家和修辞学家的教育确实站在其他西方国家所盛行的宗教神学的对立面，并且具有世俗的特点。所以，在其后使意大利领先于其他欧洲国家的实用科学，如医学和法学，也正是脱胎于这些学科之中。萨莱诺（Salerno）最古老的著名医学院萨就可追溯至10世纪，而位于帕维亚的最古老的法学院也诞生于同一时代；但这两家学院的前身都是修辞学学校，并始终与修辞学学校有着紧密的联系。这种教育有着世俗的性质，因为这类学科的基础根植于发达的城市生活中，并且也作用于城市生活之上。从中也展现出，在最久远的时代就已经在意大利建立起来的城市交通，完全没有停滞，而是始终发展着，为这些学科的传播提供了可能。

在这段时期中，意大利的贸易虽然经历了诸多阻碍，但它依旧遵循着古老的贸易道路；不论是在国内还是在阿尔卑斯山脉的过渡地带，仍到处可见意大利商人的身影。在经历了敌人的烧杀抢掠之后意大利没有变得贫困，而是保持着富足的形象，这除了要归功于这片富饶的土地之外，更多的是因为意大利人充满活力的贸易交通。从事手工业大多是没有人身自由的人群，但他们越来越多地受到教会的保护，并由此渐渐获得了自由。军械匠、金匠和建筑师是手工业者中最受尊敬的；而建筑师们更是格外繁忙，因为被摧毁的城市需要很快重建起来，而各地倒塌的城墙和陷落的壕沟也需要重建。每处堡垒，每座城池，现在都被城墙和塔楼围绕起来；由于不能从其他方面获得援助，各地只能尽全力自保。当时罗马的护城墙上分布着381座坚固的瞭望塔，46座经过特别加固的碉堡及6800个城堞。伦巴底的城防也毫不逊色。当时进行建筑工程的速度有多快，看看帕维亚的例子就能够知道。这座城市在924年几乎完全被毁，第二年就必须完全重建护城墙，以抵挡住新一轮的包围；30年后，帕维亚就重新成了意大利最富裕繁华的城市。在匈牙利人首次进攻时，他们就摧毁了威尼斯的岛屿；但此后不久，新城就作为共和国的中心在里亚尔托（Rialto）重新建立起来，成了世界奇迹。意大利城市中的大多数建筑，包括教堂和皇宫，也都是木质建筑，但这些建筑都十分华丽，而且人们在这些建筑中也毫不吝惜，大量使用从东方而来的金饰。

在这个内部瓦解分裂的时代中，意大利城市生活的发展不仅没有受到阻碍，而是得到了非同寻常的促进。动荡不安的局势使零散居住的居民拥进城市中，并在那里长期定居下来；围绕在城市外面的城墙和壕沟，将城市与乡村区域分割开来，而在此之前这两个部分的土地同在伯爵领地之下，是一体的；农村地区最终从伯爵领地中脱离出来，由于主教的豁免权凭借从王室获得的特权不断发展，主教渐渐控制了整座城市，甚至是居住在城市中的自由人民也受到他们的管理，这使得伯爵领地法庭也被取消了。为了避开伯爵和其他公职官员的骚扰，大部分居住在城市中的自由人民渐渐转向教会，他们为教会服役以获取保护，但他们也因此要接受主教或保护人的管辖，或是由他们在法庭中代言。由于国王们对此不管不顾，而将留给各个主教全权管辖，伯爵们在城市中的辖区以及与此相关的政治利益减少了；只有死刑裁判权还留在伯爵们手中，国王法庭及王室领地伯爵则被确定为判决的更高一级的裁判机构。在这样的发展形势下，城市形成了完全对外封闭的状态，在城市之中可以建立和施行独立的法律和社会体系。城市的最高领导者就是主教本人，当地的王室宫廷及其中所有仆从和收入也都由他管辖；主教的头衔成了法庭的同义词，他和他手下的邑臣统治着城市，城市居民就是他的臣下，而整座城市都被看作是主教教会的财产。

并不是所有地方的主教都是城市的最高统治者。在有强大王侯支系的北部和中部意大利边区，主教们虽然也想方设法获得所在城市的自治权，但都没有多大的进展；反倒是伦巴底平原上的大城市中，身居高位的神职人员纷纷如愿以偿。但他们的成功也不是一下子获得的。主教们要想在贵族们的嫉恨中自保，仅仅拥有从国王和皇帝那里获得的特权是不够的，他们还需要物质力量的支持，需要鼓鼓的荷包和随时准备出击的邑臣军队，以守护已经夺得的权力。9世纪末和10世纪初，诞生了最早的特权区，使城市作为对外封闭的教会特权辖区而存在。892年，为了重建被毁的城市，摩德纳（Modena）主教将所有的王室税金都收入囊中，土地、城门、桥梁和道路都是白白赠送的，此外他还获得许可，在城池周围建起1英里长的防御工事。904年，克雷莫纳所有海关和公众机关的收入都落入了当地主教的手中，城市及其周围5英里范围内的管辖权也全都归他一人。但当时还没有哪个主教能够获得伯爵统治权，他们只能够管辖公职官员，但他们的豁免权及政治权力的范围越来越大，10世纪初的伦巴底，一些人口众多的城市已完全成了主教们的囊中之物。

虽然城市主教的豁免权也孕育着一些积极的发展萌芽，但由它引起的混乱和意大利社会关系的瓦解也不容小觑。国王们扩大主教势力，主要是为了在对贵族的对抗中获得神职势力的支持，但主教们一旦在城市中找到追随者作为自己强大的后盾，就会马上与国王分道扬镳；与世俗权贵们一样，他们也是出于私利才支持争夺王位的一方，而反对另一方，他们与世俗权贵们也是一样的言而无信；他们也见风使舵，哪里有利益可得就改换到哪方的阵营中，损害王权的威严也毫不在意。在卡洛林家族的世袭国王之后，弱势的选举国王们登上了王座，虽然他们中的大多数都戴上了皇帝的冠冕，但王权势力却已经有名无实。也不论国王是本地人还是外国人，他们都没能得到长期的认可，没能建立稳固的势力。斯波莱托的维多和他的儿子兰伯特，弗留利的贝伦加尔，下勃艮第的路易，最后还有上勃艮第的鲁道夫，他们所有人都是傀儡国王，都是他们背后势力手中的玩物，任人利用，最后又被清除。这里所有的国王都缺少勇气和力量去直面意大利彻底的无政府状态。

926年意大利的局势，以及在其后多次重复出现的类似状态，使得国家内部产生了对专制强权的需要，意大利需要一个不顾权力与传统、依靠强权建立并统领国家的政权。专制统治的唯一目标就是权力，一旦失去权力，政权便走向衰亡。

由下勃艮第的于格建立起来的就是这样一个专制政权，为了夺取意大利的统治权实施了许多暴行。实际上，于格身上具有诸多重要的品质，这些品质对他所选择的角色来说是尤为关键的：犀利的洞察力、坚定的意志、强硬以及不留余地的性情，这些品质使他能够独自统治一个沉迷于传统世俗的民族。将他打败的，不是他和他统治的人民沉沦享乐，更多的是面对外敌时，他虽有雄心壮志，但缺少勇气和自信，没有显赫战绩的他留不住身边的支持者，也震慑不了对他不满的人。

　　前文中就已经提到过，于格是洛泰尔二世的外孙，他本来是瞎子皇帝路易在普罗旺斯的仆从，后来飞黄腾达。通过计谋与暴力，他夺取了阿尔勒王国，并使自己戴上了王冕；我们也已经说到，于格如何通过从阿尔勒王国退位，从而使上勃艮第国王鲁道夫二世放弃与他争夺意大利王位，随后他又是怎样谋划着，在鲁道夫死后重新将这个王国占为己有，但奥托保护着鲁道夫的儿子康拉德，他成了阻碍于格计划的强劲对手；在这之中，他是如何在意大利建立起自己的势力，如何利用自己的权力，最终又是如何失势的，都值得一一考量。

　　于格能登上意大利王位，亲族关系扮演了重要的角色。他的继姐妹伊尔门嘉德利用自己的魅力和轻佻，将所有意大利贵族迷得神魂颠倒，掌控在她的股掌之间；强大的图西亚边疆伯爵维多是伊尔门嘉德的兄弟，他通过与罗马女子玛洛齐亚的婚姻获得了对罗马及教皇的影响力；伊尔门嘉德的继子贝伦加尔是曾经的贝伦加尔皇帝的外孙，他从自己的父亲那里继承了伊夫雷亚边区，于格在不久后就尝试着，通过自己的侄子之手与这个青年结盟。很快，恐惧就牢牢攥住了这个刚刚赢得的政权。在帕维亚发现有人试图谋反，这些人受到了不留情面的严厉惩罚。克雷莫纳的利奥普朗德说："自此往后，人们再也不敢像对待前任国王那样轻视于格，而是对他畏惧不已。"教皇若望十世协助于格登上了王位；此后不久，若望十世在维多和玛洛齐亚的影响下倒台了，这使于格成为皇帝的愿望暂且搁置了，但对于于格的势力而言，若望十世下台带来的积极影响多于负面的。对于继任的教皇，于格既然没有恩情要报，他便肆无忌惮地将当年丕平献给教皇的土地夺到自己名下，使自己完全成了重点行政区和五城的主宰。通过这一举措他的王国才被联结起来，在意大利中部也获得了无可争议的认同。他将斯波莱托和卡梅里诺边区分给一位亲戚，将萨拜娜地区从罗马分离出来，让另一位堂兄弟作为法尔法修道院院长管理这个地区。当时，下意大利的伦巴底王侯领地完全在东欧国家的影响之下，但929年，于格家族控制的一股强大势力在卡普阿（Capua）和贝内文托活跃起来，试图将当地从希腊人的桎梏中解放出来；斯波莱托的新任边疆伯爵提奥巴尔德（Theobald）求助于贝内文托的王侯，在对抗皇帝军队的战斗中取得了辉煌的胜利。一切都顺风顺水，于格来到了执政的第五年，他的名号受到了人们的崇敬，他襁褓中的幼子洛泰尔，已经被意大利的权贵们推崇为王位继承人和共同执政者。

如果于格放手一搏，将阿拉伯人和匈牙利人一劳永逸地赶出意大利，他的政权也许就能得到长久巩固，并扩张到整个半岛。但不幸的是，于格用来维持和扩张统治权的力量，一直是他最初夺取统治权的力量，那就是利用情妇的影响力和亲族的关系。当他的继兄维多和他的妻子艾尔达（Alda）相继去世后，玛洛齐亚和他分别成了寡妇和鳏夫，他又企图通过这一途径占领罗马，登上皇帝宝座。

情妇女子在罗马的影响力也可谓一呼百应。在城市中掌权的贵族深深沉沦在欲望中，而教皇们也是有名无实，心甘情愿地听凭贵族情妇们的差遣。在这些情妇中，夺得的权力最大的是臭名昭著的狄奥多拉（Theodora），领事管狄奥菲拉克图斯（Theophylactus）的妻子。在很长一段时间内，她的手中都握着王国大事的决断权和城市的命运；皇帝和教皇都不能做到的事，八面玲珑而阴险毒辣的情妇却能做到。之后，这位声名狼藉的母亲又将手中的权力交给了她的女儿玛洛齐亚，这个不知羞耻、放纵无度的女儿的险恶用心不输她的母亲。她一开始是教皇色尔爵三世（Sergius Ⅲ.）的姘头，随后成了将阿拉伯人赶出加利格里阿诺河的边疆伯爵埃尔伯利希的情妇，最终又嫁给了边疆伯爵维多。她比任何人的势力都要强大，导致了教皇若望十世的倒台和死亡；继任的利奥六世和斯德望三世教皇也都与她保持着热络的关系；最后，她甚至将自己与色尔爵三世还未满20岁的儿子扶上了主教的位置，于931年成了教皇若望十一世。不久后，她的丈夫边疆伯爵维多死去后，她的愿望似乎全都实现了。

玛洛齐亚虽然在放纵中渐渐人老珠黄，但她心中欲望的火焰还没有熄灭，并在无尽的统治权力中寻求满足。她再次向一个男人求爱，而这个男人能帮助她获得世界上最崇高的荣耀。与她牵手的是国王于格，而于格也正与这样的女人相配。说他拜倒在玛洛齐亚的裙下，倒不如说他拜倒在欲望之下；他与他的情妇们过着颓靡的生活，这些情妇中的三个（人们叫她们维纳斯、朱诺和塞墨勒）尤其受于格的喜爱，她们的孩子都被扶上了崇高的地位。对于玛洛齐亚的提议于格更不会拒绝，她承诺要亲手将于格推上罗马的最高地位，使他登上皇帝的宝座与她的儿子教皇若望十一世平起平坐。

932年，于格来到罗马。台伯河畔坐落着固若金汤的堡垒圣天使堡，那是为了用作哈德良皇帝的陵寝而建造起来的，于格就在这里接见了玛洛齐亚。由于边疆伯爵维多和于格是一母所生，所以于格和玛洛齐亚的结合是不被教会的条例所允许的，但他们还是在这里结成了夫妻。他们举行了盛大的结婚仪式，而于格也期待着自己的野心能够实现。有一天，玛洛齐亚与边疆伯爵埃尔伯利希的私生子小埃尔伯利希和于格遇到了，小埃尔伯利希奉母亲的命令在宫廷中当差，由于他在于格这个骄傲的勃艮第人面前没有表现出足够的谦卑姿态，于格当众扇了小埃尔伯利希一个耳光。小埃尔伯利希只是个孩子，连个青年都算不上，但他充满了力量和勇气，坚信自己是要干出一番大事的人。不知分寸的他离开了圣天使堡，集结起一群罗马人，心中燃烧了激情。他说："罗马傲视众城，却听凭一个情妇的调遣。我们正目睹着最可耻、最值得唾骂的恶行：为了一个情妇的喜好，就要葬送罗马的自由，而那些曾经被罗马奴役的勃艮第人，现在竟然统领着罗马。于格现在只是作为客人来到我们这里，就敢给我，他的继子，这样的羞辱，要是他成了罗马人，又会怎样对待你们呢？你们难道对勃艮第人的傲慢与贪婪一无所知吗？"这番话在罗马人民的心中如同惊雷，人们会集到一起，将埃尔伯利希选作他们的首领，一起向圣天使堡进发。他们将圣天使堡团团围住，见到这个阵势，于格慌了神；他命人趁夜从城墙上垂下绳索，通过绳索逃出了城堡，迅速赶去与他驻扎在罗马城附近的军队会合。很快，于格带着军队回来，围困了罗马城，而埃尔伯利希则在城中防守。埃尔伯利希的防御十分有效，很快于格就骂骂咧咧地离开了罗马，而他登上皇帝之位的美梦也就此破灭了。

失败的行动比预期中更快地动摇了于格的地位。于格来到这里时带着勃艮第的骑士，勃艮第的神职人员，其中也有一些法兰克传教士，由于在故土受到排挤不得不背井离乡，于是也跟着于格来到了这里。他们所有人都将希望寄托在于格身上，宁愿于格信任异族人，也不希望看到于格完全信任见风使舵的意大利人。所以国内最丰厚的邑产大多都给了勃艮第人，尤其是与国王有着或远或近的亲属关系的人。最为美丽和富有的主教管区和修道院也都封给了勃艮第人和法兰克人，其中的一些人有着明确的政治方向，他们的职位也并非一无是处。为了国家的安全，于格必须郑重地重建已经完全瓦解的教会秩序；于是，他和克吕尼（Cluny）的第二位修道院院长，同时也是一场大型修道院改革发起人的奥多，建立了紧密的联系。但这一举措的成效却十分有限，神职人员很快都与贵族一样暴动起来了。看到异族人得利，刺激了敏感的意大利人，意大利人的民族感本来就极强，在入侵的外族统治者面前，这种感情更是越发强烈起来；而当好运离于格而去，于格受到了更沉重的打击，因为就连从他那里得益最多的异族人，也没能对他保持忠诚。于格将一个名叫米洛（Milo）的人任命为维罗纳的伯爵，将他那个被从列日的主教管区赶出来的堂兄希尔杜因（Hilduin）任命为伯爵。931年，他又将希尔杜因升任为米兰大主教，前文中多次提及的洛林僧侣莱特尔是他的朋友，而莱特尔也是跟随着于格离开家乡洛林的。米洛和莱特尔两人，虽然都是由于格提拔上来的，但当巴伐利亚公爵阿努尔夫进攻维罗纳时，他们还是马上就打开了城门。阿努尔夫的行动失败了，莱特尔不得不在监牢中为自己的不忠赎罪。但很快，于格的兄弟，掌管着图西亚边区的博索，也因为背叛被于格关进了大牢。

于格政权的内核已经不再稳定，而在对抗埃尔伯利希的战斗中，他又接连失利，进一步削弱了他的势力。因此，他最终听取了修道院院长奥多的建议，在936年与已经掌控整个罗马的埃尔伯利希签订了协约。在于格逃走之后，埃尔伯利希将他的母亲及同母异父的兄弟教皇若望囚禁起来，这才终于将罗马的情妇政权画上了句号。玛洛齐亚很快就悲惨地死去了，教皇若望虽然重获自由，但没过几年也去世了，而他的继任者利奥七世只是埃尔伯利希手中的傀儡。埃尔伯利希从奥多那里受到的启发不比于格少，他也想维护国内的和平，甚至还娶了于格的女儿艾尔达为妻；但当他发现，他的岳父希望通过这场联姻登上皇帝宝座时，他感到自己受了欺骗。像埃尔伯利希这样的人是不会轻易被狡猾的计谋打倒的。于格使尽浑身解数都没能占领罗马，而当他在罗马城前吃了闭门羹的同时，罗马的城门却向每个从他的残暴政权中出逃的人敞开着。意大利人又如他们所愿同时有了两位王侯，这样一来，他们又能让两虎相争、彼此削弱了，不到刀兵相向，双方仇恨的怒火就无法熄灭。941年，于格向罗马发起进攻，并且真的占领了罗马城的一部分，但他却没能长久地保住这一战果。942年，修道院院长奥多又赶到意大利劝和；而我们已经无法知道，他人生中最后的重要使命是否完成了。

于格的处境越来越危险。他缺少长期有效的胜利，在分配宗教及世俗职位时使用裙带关系，他的独断专制和残暴冷酷也使人们越发疏远他。不满于格的人早就将目光放到了伊夫雷亚边疆伯爵阿德尔贝特（Adelbert）的儿子们身上：贝伦加尔皇帝的孙子小贝伦加尔和伊尔门嘉德的儿子安沙尔（Anschar），他同时也是小贝伦加尔的继兄。安沙尔看着自己的目光使于格感到不安，于是他将安沙尔从宫廷中调走，任命他为斯波莱托的边疆伯爵；于格亲手将武器交到安沙尔手中，让他在斯波莱托进攻一个名叫萨里洛（Sarilo）的勃艮第人。当他听说，安沙尔在战斗中败下阵来并丢掉了性命时，他不禁欢呼起来，但他高兴得太早了。其实，安沙尔的兄弟贝伦加尔已经将他从险境中解救了出来；有人向他告密，说于格要让人剜去他的双眼，于是他翻越阿尔卑斯山，逃到了国王奥托身边。这些事发生在940年，从这时起，于格就一直处在对贝伦加尔和萨克森人无尽的恐惧中。于格和国王亨利早先结成过联盟，在奥托执政初期，这一联盟仍存在着，但自从奥托作为康拉德国王的代表主持勃艮第王国的事务起，联盟就瓦解了，于格的一系列计划也随之破灭了。

于格在四面受敌的情形下，试图与希腊宫廷结成联盟，保住自己的位置。对抗阿拉伯人的行动使得利古里亚沿海地区的局势变得越发危险起来，希腊和意大利的商人们都对此颇有怨言，于格借商谈此事的机会与希腊皇帝建立起了联系。希腊人早在十年前就有过驱逐海盗的行动，君士坦丁堡同意派遣一艘战船给于格，帮助他彻底消灭普罗旺斯沿海地区的阿拉伯海盗，而条件则是，于格将他的一个女儿嫁给皇帝的一个儿子。942年，大军从海陆两面向拉加尔代弗雷纳发起进攻。希腊人从海上围堵，使阿拉伯人无处可逃；于是阿拉伯人向内陆撤退，但于格不仅在这里截断了他们的去路，还与他们达成了协议，既然阿拉伯人要将本宁、利旁廷[1]和里申[2]阿尔卑斯山脉的关隘都占为己有，那么他们

---

① 利旁廷阿尔卑斯山脉（Lepontische Alpen），西阿尔卑斯山脉的一部分。——译者注

② 里申阿尔卑斯山脉（Rhätische Alpen），东阿尔卑斯山脉的一部分。——译者注

就必须保护于格的王国不受来自德意志方面的侵袭。随后，于格归还了希腊战船，但他仍保持着与君士坦丁堡的联系。于格和一个妃嫔所生的女儿贝尔塔被送往君士坦丁堡，并于944年嫁给了后来的拜占庭皇帝罗曼努斯二世（Romanus Ⅱ.），但几年之后，贝尔塔就死去了，也没有留下任何子嗣。

于格在拉加尔代弗雷纳行动中的所作所为降低了他在民众眼中的威望，943年匈牙利人再次入侵伦巴底时，他不与匈牙利人近距离交战，而是给了他们许多金钱，并为他们指路，据说是将他们引向了西班牙那里的非基督教族群，这使得老国王仅存的一点威严也完全丧失了。然而，匈牙利人并没有真的跨过王国的西境，他们走后不久就掉转矛头，将伦巴底洗劫一空，才踏上了回程。

现在，各项条件发展成熟，已经到了决定性的时刻。国王越来越感觉到人们对他的疏远，945年春，当贝伦加尔带领着一小支军队通过温曲高（Vinschgau）渐渐靠近意大利边境时，就连于格最信任的那些朋友也离他而去了。他将管理维罗纳边区的权力移交给了他的侄子，也就是阿尔勒大主教马纳塞（Manasse）。此外，他还将特伦托（Trient）、维罗纳和曼托瓦（Mantua）主教管区的丰厚收入也交给他打理。但从于格那里备受恩惠的马纳塞却是最先背叛于格的人；他违背米兰大主教的诺言，为贝伦加尔打开了维罗纳的城门。人们将贝伦加尔视为国家的解放者，认为他能将民众从压迫人的专制暴政中拯救出来。贝伦加尔从维罗纳出发，继续向帕维亚进军；意大利宗教及世俗的权贵从四面八方赶来支持贝伦加尔；于格彻底被抛弃了。人们在米兰夹道欢迎贝伦加尔，欢呼声响彻天际；于格自己也意识到，他的时代到头了，于是他将儿子洛泰尔送往米兰，期望权贵们能支持这个已心软的青年；而他自己则放弃了对皇位的追求。

长期的派系斗争使意大利成为外敌侵略的对象，权贵们也已经对此产生了厌倦；他们想通过一次整体调整将所有内部分裂势力彻底地清除干净，以此打造出一个他们向往已久的黄金时代。他们当时走的每一步、实行的所有举措都带着这样的信念。洛泰尔扑倒在米兰圣安波罗修（St. Ambrosius）①教堂的

---

①　又译圣盎博罗削。——译者注

十字架前请求权贵们的悲悯，并向他们承诺，在所有事情上都对他们言听计从，在这样的情况下，权贵们重新将他选为了国王并向他宣誓效忠。但权贵们同时也将贝伦加尔推上了第一参事大臣的位置，并将所有事务的领导权都交到他手中；贝伦加尔得到的是国王的实权，而洛泰尔得到的则是与父亲共享的国王头衔。于格想要带着他受到压榨的财产离开，遭到了人们的阻止，因为人们有理由担心，一旦于格逃出意大利，他就会集结兵力重新夺回他失去的势力。于格的亲戚们，连同他的那些私生子，都留在他们的政府机关中。于格最心爱的儿子胡伯特（Hubert），是他和勃艮第女贵族旺德尔摩达（Wandelmoda）的私生子，他本来统领了图西亚、斯波莱托和卡梅里诺边区，现在仍旧保留着图西亚的管辖权；他在斯波莱托和卡梅里诺的权力则移交给了勃艮第国王鲁道夫二世的一位妻兄波尼法爵。波尼法爵的政治地位十分稳固，他的儿子提奥巴尔德很快就获得了边区的共同采邑权，他的女儿则嫁给了胡伯特。与罗马的埃尔伯利希之间，很长时间都没有再发生战事。国王洛泰尔于947年6月27日迎娶了勃艮第国王的女儿阿德莱德。从于格为了夺得勃艮第的统治权迎娶鲁道夫二世的遗孀贝尔塔之后，转眼间已经过去了十年，现在他的儿子和鲁道夫二世的女儿订了婚。夺取勃艮第的计划失败之后，他就和贝尔塔分开了，而洛泰尔婚还没结成，于格的生命就走到了尽头。946年复活节前后，他终于在暗中离开了意大利。他带着宏大的计划，要像20年前一样，再一次攻克这个美丽的南部王国；可这个计划执行到一半，他就撒手人寰了。947年4月19日，在度过了六十余载跌宕起伏的人生之后，他在阿尔勒去世了。人们试图在争夺意大利统治权的各方势力之间寻找平衡；而于格的死则恰似为各方签订的协议盖上了确认的戳记。

　　这时的意大利比以往任何时候都更安宁。国内的争端平息了，面对外敌人们自信有能力抵抗袭击。人们与埃尔伯利希和平共处，而阿德莱德则保证了勃艮第国王，也就是她的兄弟，不会轻举妄动；由于姐姐的关系，洛泰尔与希腊宫廷也有了亲属关系；奥托国王则从那时起成了勃艮第王室家族的保护人，即使在贝伦加尔遭到流放的日子里也一直支持着他。四方一片安宁，人们终于可以期待，恶劣的匈牙利和阿拉伯强盗也臣服于自己的号令下。

但人们对贝伦加尔的期望很快就破灭了。在王国的敌人面前他也变得胆小软弱、优柔寡断。947年，匈牙利人再次出现在意大利时，他没有带着武器上阵杀敌，而是想用金钱向他们妥协，并且通过闻所未闻的人头税来筹集给匈牙利人的这笔资金。当人们知道贝伦加尔用这笔钱中饱私囊时，民众的不满到达了顶点。此外，人们还发现，他与国王洛泰尔之间存在着诸多矛盾。洛泰尔向君士坦丁堡的宫廷寻求援助，抱怨自己悲惨的处境。君士坦丁堡皇廷想方设法，要让贝伦加尔向洛泰尔尽到应尽的义务。949年，贝伦加尔将他信任的历史学家利奥普朗德派往君士坦丁堡，想要打消拜占庭皇廷的担忧；但洛泰尔的处境没有丝毫改善，在阿德莱德为她的丈夫诞下一个女儿之后，贝伦加尔的妻子维拉感觉受到了威胁，她希望尽快铲除儿子阿德尔贝特统治道路上的阻碍。这个维拉是于格的侄女，按照利奥普朗德的描述，她是意大利那些蛇蝎妇人中最为狠毒的一个。嗜权、易怒、怀恨在心并且贪图享乐的本性集于她一身，即使是她的丈夫也惧怕她。但她最恨的，就是年轻的国王和他的妻子。统治者间的分裂很快就重新演变成了国家内部的派系之争，并显示出王权统治一直以来的弱点。解除了米兰大主教的职位之后，马纳塞甚至无法得到之前承诺的报酬，而莱特尔，在被赶出维罗纳之后又回到那里，可很快又感到惴惴不安，在恐惧中第二次离开了他的主教驻地。由于他们无力抵抗外敌，使得匈牙利人能够通过意大利多次侵袭巴伐利亚公爵领地，于是巴伐利亚公爵亨利于950年入侵了意大利弗留利和阿奎莱亚边区，攻占了区内最重要的城市，过程中没有受到任何阻碍。亨利在伦巴底的城市中建起了许多联系——这也证明了贝伦加尔与德意志的友好关系已经走到了尽头，而奥托国王不可能不知道亨利的作为。

我们看到，于格夺取皇位的所有计划是如何在埃尔伯利希的坚持下失败的，我们也看到，缺少皇权统治的意大利是如何分裂的。埃尔伯利希在罗马建立起了自己的势力，意大利境内没有任何一股势力能与之相提并论，比起于格，洛泰尔或是贝伦加尔能使埃尔伯利希屈服的希望更小了。

毫无疑问，埃尔伯利希是个非凡之人，至少在那个时代的意大利少有像埃尔伯利希这样的人物。在22岁的年纪，埃尔伯利希就已经占领罗马，并带领军队抗击各方的敌人。他重建了罗马城及周围区域的秩序，他以"全体罗马人的王侯与议员"的名义进行完全独立的统治，决定战争与和平，在十二宗徒圣殿教堂（Santi Apostoli）旁边他的宫廷城堡中进行最高法庭的审判，货币上烙有他的名字，所有的官员也都由他指派。完全瓦解的教会风纪也被他重新振兴起来，他重建旧有的修道院，并建立了一批新的修道院；就连阿文提诺山上他出生的房子也被改建成了神职机构；圣玛利亚修道院就是在这个过程中建立起来的，格列高利七世就是在这座修道院接受教养的。埃尔伯利希忠诚笃信，他在所有的宗教事务上都听从克吕尼修道院院长奥多的建议；但即使这样，他也没有放过教皇们，他留在圣伯多禄座席上的，只有教皇的宗教职能，以及一个完全没有意义的虚名。利奥七世、斯德望九世和马林二世（Marin Ⅱ.）①这几位教皇都只不过是埃尔伯利希的傀儡，虽然那些证书执照仍以这些教皇的名义签发，货币上仍有他们的画像。埃尔伯利希并不限制这种表面上的权力象征，但所有其他自主独立的权力他都会一一斩断。他并不向往皇帝的头衔，他非常清楚地知道，皇帝的冠冕并不能为他带来实权，只会将他牵扯进无尽的争斗之中，而这些纷争是他不愿经历的。他已经足够强大，能够统领罗马，所有企图建起皇权的尝试也都被他扼杀在萌芽状态中。和于格一样，埃尔伯利希也是个专制统治者，而且当时的局势也使他不得不成为一个专制暴君；但他和于格不同的是，他的野心只在于自己手中的权力，所以他能够保有自己的统治权一直到生命的终结。在埃尔伯利希的统治下，罗马和它的教皇又处在怎样的位置呢？按照人们的想法，罗马想要成为世界的中心，也应当是世界的中心，而现在，罗马封闭起来，与所有其他的基督教政权隔绝开来。教皇作为所有教会的掌舵人和审判官，现在却被一个城市的暴君掌握在手中，为他下级的利益而服务。丕平、查理大帝及他的继任者为教皇建起的宗教政权，完全瓦解了，整个罗马都掌握在埃尔伯利希手中，而意大利国王们夺取了拉韦纳和五城。罗马的神职人员偶尔也会感到自己坠入了深渊。有两位主教马林和本笃想谋划除掉埃尔伯利希，并将埃尔伯利希的姐妹们也卷入了这个密谋之中；但姐妹中的一个将这个阴谋透露给了埃尔伯利希，参与密谋的人都按照法律受到了严厉的惩

---

① 又译玛理诺二世。——译者注

罚。最后，就连946年登基的教皇亚加二世也似乎配不上他的职位，并为解除教皇职位开了头。在埃尔伯利希生命的最后几年中，他感到自己的地位并非完全不受威胁。于是，他在君士坦丁堡的皇廷中寻找到支持者，并派出使者队伍前往君士坦丁堡，这些人要替他向皇帝的女儿求亲。而于格的女儿艾尔达是不是已经去世，又或是被她的丈夫赶走了，我们就无从知晓了。

当时意大利的王侯们争相献媚，希望得到希腊宫廷的青睐，如果当时统领欧洲东部的是位强大的皇帝，那么他也许会将这些示好的行为看作一种邀请，邀请他重拾皇座赋予他的古老权力，将这片土地重新收入囊中。如果欧洲的东方和西方能够重新统一在一位皇帝的统领之下，如果罗马帝国和整个基督教地区能够重新统一，欧洲的历史会如何发展，人类的历史将走向何方，谁又能想象得到呢？如果那样，日耳曼宗族所带领的历史发展走势，恐怕就要被打断，或者永远终结了吧。固然，对于当时东方的皇帝来说，凭借他的一己之力是不可能同时统治罗马和意大利的。意大利半岛的南部，阿普利亚（Apulien）和卡拉布里亚（Calabrien），当时还在皇帝的管辖之中；那不勒斯和加埃塔（Gaeta）以一定程度上的共和形式由公爵们统治，随时都可以收归皇帝名下；阿马尔菲（Amalfi）通过希腊人、阿拉伯人及欧洲西方各民族间的贸易往来，迅速发展起来，为了维护自己的利益，不愿意与东方帝国完全脱离；而威尼斯也是同样，当时那里的贸易就已经高度发达，并且通过在各方敌对势力摇摆不定，维持着自己的独立自治；贝内文托、卡普阿和萨莱诺的伦巴底王侯也大都承认了希腊帝国的崇高地位；虽然他们会因为一时的利益暂时改变阵营，但对于稳定且充满活力的皇权势力，他们不足以构成威胁。长久以来，整个半岛南部地区和北部分隔开来，并主要在君士坦丁堡的统治之下。皇帝在这里有足够的势力，在广阔的帝国之中，他也有足够的势力听候他的调遣——毫无疑问，皇帝是有能力向罗马及被派系之争分裂的意大利王国发起进攻的。但君士坦丁堡方面却完全没有想到过要夺取西方的统治权；结盟和联姻的誓约对他们来说就足够了，通过使臣队伍和皇帝御书对意大利施加一些影响，他们就满足了。

毫无疑问，罗马东帝国仍存在一支强大而统一的势力，但当时掌握着这一势力的人却不懂如何利用它，也完全没有意识到自己处在多么崇高且强大的地位。利奥六世皇帝并不擅长朝政，他一生都致力于钻研宗教哲学，在他驾崩之后，他未成年的儿子君士坦丁七世（Constantin VⅡ.）于912年继承了皇位，人们给了他一个响亮的别名"生于紫室者"（Porphyrogenitus）。他以这一名号统治了罗马帝国之东长达半个世纪，但很长一段时间内，他都必须与一位摄政王分享他的皇权，而这位摄政者和他的儿子们也一直觊觎着皇权；直到944年他才得以独立执政，却从未真正使用过自己的权力。所有的权力都在腐朽的宫人和放纵的情妇们手中；突然飞黄腾达的小人控制住皇帝，情妇也带着她们毒辣的诡计插手朝政；皇家宫廷挥金如土，换来纸醉金迷、颓靡浮华的宫廷生活。阿拉伯人和保加利亚人分别从东面和北面包围了都城和帝国中的重镇，但受到重重包围的人们只敢求和，并且维持着这样苟且的和平过了整整20年。皇帝是个脾气温柔的人，他不问世事，在他的皇宫中过着平静的生活；他醉心于文学与音乐，写字作画他也十分擅长，但刀剑和权杖对他来说就太过沉重了。面对这样一位皇帝和他的宫廷，罗马和意大利完全不必害怕，同时也不能抱什么希望。

希腊帝国的软弱是意大利最大的幸运。意大利人一直以来懒散的性格渗透在整个半岛的社会关系之中，并使之不断分化瓦解，这样的意大利是无法抵挡东方新势力的，而只能促进和加快这些势力对意大利的影响。意大利要想使伤口痊愈，它自己能做的似乎很少，如果要重建稳定的政治和宗教秩序，它也缺少稳定持久的社会基础。必须有一支强大的铁腕再次介入意大利的社会关系，完全改革和重振半岛的局势。只有这样，意大利以及整个欧洲西方基督教国家的未来才有保障。由于皇帝与教皇本来就对西方世界有着决定性的重要意义，是他们将整个欧洲西方社会联系起来的。现在，随着事物的发展，他们与意大利的命运紧密交织在一起，这也就使得意大利的局势变得重要起来。社会中充满了自私自利的派系团体，到处都是残暴肮脏的阴谋；皇权统治在这混乱的局势中渐渐沉沦；教皇也只剩下一个虚名。要终结这些党派的恶行，就意味着要重建皇权统治，意味着要使荣光与尊严重新回归圣伯多禄的座席，更要使西方基督教国家重新建立联系。

2. 占领意大利王国

意大利的王权统治只有通过专制形式才能贯彻下去；法国的大邑臣们将所有权力都从卡洛林家族成员手中夺走了，卡洛林王朝的继承人只能通过向外寻求支持才勉强保住王位；从未有过强大政权的勃艮第，在未成年的王侯统治下，王室势力越发虚弱。而与此同时，在德意志土地上，从长久以来的艰苦内斗中诞生出了一支全新的、充满活力的王权统治力量，这一统治力量在国内国外日渐增长，同时也越发显示出实现卡洛林时代伟大理想的能力。不过，它的实现方式却是独特的。在西方所有的王侯之中，没有别人能够理解皇权统治的真正意义，也没有第二个人更有资格将荣光与力量赋予基督教世界的最高头衔，只有奥托；而他所处的位置也自然而然地使他将目光转向皇帝的冠冕。

对于那些从查理大帝的帝国中分裂而成的国家，奥托的影响力已经显现出来；在凭借一己之力保卫西方基督教世界免受四面八方敌人侵袭的过程中，奥托的力量已经得到了验证；而通过重振传教事业使查理大帝的宗教理念得以实现，也都是依靠他和他的势力完成的。在卡洛林王朝时期的流传中，对奥托已经得到的位置、掌握的权力有诸多不同的描述，那么他是不是已经有了皇帝般的权力呢？像奥托这样一个人，对个人的高尚情操和强大的权力有着非同一般的感知，如何使他实际上已经拥有的权力得到名义上的认可呢？即使奥托不像他在现实中那样重视个人地位的高低，他也不得不将王国的尊严引领到一个新的层面，引向皇权统治的建立。查理大帝的皇室驻地坐落在他的王国之中，丕平家族的发源地也在这里，这里是皇权统治最初建立的地方；人们没有忘记，在意大利的卡洛林家族绝嗣之后，这一家族的德意志支系与法兰西支系争夺皇帝的宝座，德意志支系最终夺取皇位；自卡洛林王朝在德意志的统治者阿努尔夫将意大利作为邑产分封给贝伦加尔一世，并在圣彼得教堂接受加冕成为皇帝之后，只过去了近半个世纪。因此，建立意大利最高统治政权和重振皇权统治也就是重新找回自己国家往昔的辉煌，也就是夺回被剥夺的权力，更是通过新的夺取的势力和重新赢得的尊严，维护和巩固自己的政权。像奥托这样一位德意志国王，深深执着于卡洛林时代的政治理想，必定会将重振皇权统治作为自己必须完成的使命。

　　我们不知道，奥托是从何时开始有了成为皇帝的想法，但自从他致力于整顿国内教会秩序，为了在异教族群中传教与教皇建立起直接联系开始，这一想法就越发真切起来。据说，947年年底，奥托让他信赖的参事大臣，福尔达修道院院长哈达马尔，去到教皇身边，并带回了罗马对于德意志教会最重要的几个决定；随后，教皇亚加二世将博马尔佐主教马利奴斯作为自己的代表派遣到德意志，主持了因格尔海姆的宗教代表会议——那正是在埃尔伯利希全面压制教皇地位的时候，当时没有像查理大帝和利奥教皇曾经那样针对皇权统治的建立进行磋商，这对于萨克森王室的上升势力来说，简直难以置信。当时事态发展到了怎样的程度，自然没有留下任何报道；因为比人们所预期的更快，奥托已经领兵攻入了意大利王国，为实现他的伟大目标开辟道路。

　　950年11月22日，少年国王洛泰尔毫无征兆地在都灵（Turin）离开了人世。国王的离世对贝伦加尔来说正是时候，他也正是能从中获利最多的人。他急切地想要将空出的王位夺到自己和家族的手中，于是，他在12月15日就将意大利的权贵全都召集到帕维亚，并让这些权贵将他和他的儿子阿德尔贝特选举为国王，而且两人在同一天就接受了加冕。这一刻，贝伦加尔才展现出他的真实面目。他还没有戴上王冠之前，都是以随和友好的形象示人；一旦头顶上多了王冠，意大利人就眼看着他变成了一个贪婪而残暴的王侯，进行着肮脏的钱权交易，排挤高阶的神职人员。克雷莫纳主教利奥普朗德本人就从他那里吃了不少苦头，他说："他就像是鸟类中的鸵鸟，从它的羽毛上看不出它的本性，但到了时候便奋力振翅，那力量让马匹和人类都自愧不如；[1]要是到了这样的时候，那就再也没有人能驯服这个贪婪野蛮的动物了。"利奥普朗德亲眼见证了，这位邪恶的王侯在固执、残暴和对低级趣味的沉迷上不输他那声名狼藉的恶妻维拉。

　　贝伦加尔上台执政没几天，就已经失去了人心；人们将目光转向洛泰尔年轻的遗孀阿德莱德，那时的她还未满19岁。她美丽聪慧又为人正直，深深赢得

---

　　① 化用《约伯记》三十九章第13节至第18节。

了民众的心，而勃艮第那些相互争斗的诸多党派也认为，只有她才是未来的希望。一些人想要给阿德莱德意大利王国的继承权，并认为可以借她之手为国家找到一位新驸马，在这样的情况下，围绕着王位的继承权产生了诸多混乱与争议，也是情有可原了；但至少阿德莱德认为自己是理所当然的王位继承人。

贝伦加尔也很忌惮阿德莱德和她的追随者，一心想要毁掉她。她为丈夫服丧的日子还没有过去，贝伦加尔就先提出，她应当嫁给自己的儿子阿德尔贝特，而阿德莱德则愤怒地拒绝了这个提议。很快，贝伦加尔就成了阿德莱德最险恶残暴的敌人；这位高贵的女子不得不承受贝伦加尔和他无耻的妻子一次次的中伤和暴行。他们将她的金银、饰品、她的随从一一夺走，最后甚至剥夺了她的自由。在她的丈夫去世只过去短短几个月，她就在951年4月20日被囚禁到了科莫（Como）的监牢中。她在这里遭到了惨无人道的虐待，他们将她美丽的秀发拔去，鞭打和践踏出身王室的她。之后，贝伦加尔将阿德莱德囚禁在加尔达湖畔的加尔达城堡中，并派一名伯爵看守她。阿德莱德在冷酷的监牢中苟且偷生，身边只有一个女佣陪着，被看守团团包围，就这样度过了恐惧不安的四个月；她一无所有，只有一名忠诚的教士支持着她，使她能在信仰中找到慰藉。年轻的王后当时所经历的不可言说的苦难，在日后，她还常向克吕尼修道院院长奥迪罗（Odilo）说起。奥迪罗说："但这对她来说也是种修行，让她年轻的心不会被感官的欲望所吞噬；天主爱谁，就给谁历练。"

这件丑闻传遍了各地，触动了所有人的心。人们相信，洛泰尔是被毒杀的，而贝伦加尔正是通过谋杀才夺得王位的。几乎所有人都站在这位年轻而悲惨的王后这一边。在德意志，洛泰尔的死所激起的反响比其他任何事件都要剧烈，尤其是在紧邻意大利的德意志州——巴伐利亚和施瓦本。那里的公爵已经多少次卷入阿尔卑斯山脉另一边的纷争之中，在那里发生的一切都关系着他们的切身利益！只要意大利的东部边区还暴露在匈牙利人的魔爪之下，巴伐利亚人就不得安宁；而由于国王于格故意将阿拉伯人引到边境上，使得施瓦本南部不断受到阿拉伯人的劫掠。贝伦加尔国王并没有能力在基督教的敌人面前，保卫自己的国家以及与之相邻的德意志各州；何况他夺取王位用的是极为险恶的手段，更不能期望他平息内部敌对派系所发动的反抗。此外，这对骁勇善战又心怀雄心壮志的巴伐利亚人和施瓦本人来说，正是打开了一条获取荣耀功名的坦途。与贝伦加尔的友好关系终结了。不久前，巴伐利亚公爵亨利才夺取了阿奎莱亚，并可能也在那里建立了统治权，现在他又再次整兵顿马；而施瓦本的利奥多夫也和他一样做好了准备，随时都能向伦巴底平原进发。时局的困境导致了这场反抗贝伦加尔、支持阿德莱德的争斗，这场争斗带来了积极的影响，并似乎促进了骑士精神。

　　阿尔卑斯山脉另一边发生的一切，也牵动着奥托的心，而这不仅仅是因为他与勃艮第王室家族关系紧密，他们首先向奥托求助，希望他保护不幸的王后；更多则是因为在为阿德莱德复仇的过程中，他找到了夺取意大利王国统治权的适当时机，拥有了意大利的统治权就能复兴西方皇权统治。但是，只有将阿德莱德的利益与他自己的利益紧密联系起来，他这个来自北方的异族人才能够在意大利王国站稳脚跟，并融入当地社会；因此，他脑中的想法渐渐成熟，既然身陷囹圄的年轻王后是意大利的希望，他不如奉上自己的王位，与她携手。许多从罗马朝圣归来的人告诉奥托，他们在洛泰尔的宫廷中受到了友好的接待，奥托也从他们那里听说了阿德莱德的美丽容颜、迷人魅力以及正直的为人，这一切都更加坚定了他的想法。于是奥托很快就下定了决心，出兵讨伐贝伦加尔，解救阿德莱德，借阿德莱德之手获取意大利王国的统治权，并以此开辟出一条通往罗马、通往皇帝宝座的道路。这场讨伐的对象是贝伦加尔这个不知感恩的小人，他曾到萨克森宫廷寻求庇护，并在德意志的帮助下建立起自己的势力，而他现在滥用手中的权力，到了他接受惩罚的时候；这也是为了无辜的受害者们而进行的复仇，重拾古时对意大利王国的权力，借阿德莱德之手赢得那些被压迫的派系的支持，从而确立统治地位；这更是为重建西方皇权统治而做的铺垫，而这一皇权统治势必要在巩固了王室在意大利的权威之后建立起来。这是奥托一生中所做出的最重要的决定。他将国内的大臣召集起来，向他们坦白自己前往意大利和罗马的意图，而大臣们都欣然同意了他的想法。951年夏天，德意志各州所有乡镇都武装起来，会聚成一支浩浩荡荡的大军向阿尔卑斯山的另一边进发。

　　然而，留在家乡的利奥多夫等不及要用实际行动证明，自己已经长大成人，成了父亲和人民所期许的男人；同时，向南扩张自己的伯爵领地在他看来也只会带来益处，并能助他获得功名。一些野心勃勃之人激动人心的演说，使本来就更蠢蠢欲动的他更加热血沸腾；他很快就在身边募集了一批人马，这些人都想要到山那边去碰碰运气，就像那个两度被赶出维罗纳的主教莱特尔一样，期待着东山再起。那个夏天，在没有事先询问父亲情况下，利奥多夫就奔赴了战场；带着他从施瓦本集结的少量兵力，他就翻越阿尔卑斯山向贝伦加尔开战了。但他却没能获得期待中的胜利，不仅贝伦加尔对他发起了反击，就连他最能依仗的一支援军也没有出现。身边的人叫他放心，说当地不满贝伦加尔的人们会迅速地为他打开城门，但他几乎在所有地方都吃了闭门羹。有人说，他与他的叔叔亨利公爵之前就因为公爵领地的边界问题结下了仇，现在亨利也和利奥多夫一样，希望向意大利方向扩张自己的领地。于是，亨利派遣使者穿过特伦托前往伦巴底，并且他还呼吁那些贝伦加尔的反对者远离利奥多夫。人们是这么说的，利奥多夫自己也相信了这种说法，心中充满了对叔叔的怨气。粮食的匮乏和季节带来的不便使利奥多夫和他的小军队吃了不少苦头；他别无选择，只能撤退，与父亲那支已经开拔的大军会合。

在此期间，国王奥托带着他装备精良的威武之师出发了。伴在奥托左右的有他的两个弟弟，亨利公爵和大随行使布鲁诺；他的女婿，英勇的洛林公爵康拉德担任大将，美因茨精明的弗里德里希、特里尔博学的罗德伯特和许多其他的主教、伯爵及大邑臣也都在队伍中。布伦纳山口（Brenner）打开了阿尔卑斯山脉的大门，大军就从这里穿过，向下来到汹涌的阿迪杰河河谷中。国王勇敢地朝着他人生中最新、最高的目标进发；从不久后莱特尔写给亚加教皇的一封信中，我们可以看出世界对他的期待。莱特尔认为，奥托要统治意大利王国的原因没有别的，只是为了以皇帝的力量遏止在意大利发生的诸多不公与暴行，并建立起基督教世界的秩序。

当奥托踏上意大利的土地，就看到利奥多夫带着他的人马向他走来，他一无所获地回到父亲身边，奥托对他鲁莽的行径大为震怒。对这个有着高远追求的杰出青年来说，人生中的第一个重大期许就这样破灭了，这次的失败像一根刺深深地扎在他的心中。一些想要靠利奥多夫获取功名的人，现在也离开了他，其中就有莱特尔，他重新回到了洛林。利奥多夫怀着沉重的心情归入了父亲的军中。

特伦托当时还在大主教马纳塞的手中，他向奥托敞开了城门。马纳塞曾是第一个离开他的叔叔于格的人，现在，这个不忠之人又首先背叛了贝伦加尔，并且似乎已经在暗中与奥托结盟许久。维罗纳也不加抵抗就向国王交出了城池，伯爵米洛前不久才从马纳塞手中为自己同名的侄子买到了一块主教管区，并想方设法从教皇处获得了让其担任主教的许可，这位伯爵米洛似乎也是在之前就与奥托达成了一致。就这样，德意志大军不受阻碍地拥入了富裕的伦巴底平原。贝伦加尔甚至不敢亲自出现在战场，奥托来到哪里，哪里的城门就为他而开，尤其是各地的主教都迫切地想要拉拢奥托。贝伦加尔试图保住帕维亚，但他的对手还没对这座都城发起进攻，他就先逃走了；在他逃走后的一天，9月23日，奥托进入了帕维亚。贝伦加尔逃到一座城堡中，希望能从强大的敌人手中保住自己的一条命。

奥托并没有追击他的敌人，他留在帕维亚，而意大利的宗教和世俗权贵不断会集到他的身边。拥有众多教堂的城市米兰也向萨克人投降了，而支援奥托有功的马纳塞则获得了米兰的大主教之位，作为对他功劳的报偿。奥托已经将自己视为这片土地的统治者，在他的证书上他称自己为"伦巴底人之王"又或者"意大利人之王"，并将马纳塞任命为他在这个王国中的大总理。没有进行选举，没有加冕仪式；并非按照贵族的意志，也并非通过阿德莱德得到继承权，奥托就这样统领了意大利；作为东法兰克国王，他认为自己对意大利王国有着与生俱来的统治权，并将意大利视为东法兰克或者说德意志王国不可分割的属国。

不费一刀一枪，奥托就入驻了贝伦加尔的都城；不用血流成河，他就取得了对美丽的南方王国的统治权；但他追求的最终目标还未达成。他为自己设定和执行的使命，是通过阿德莱德之手确保意大利的统治权，以及为自己开辟通往罗马的道路。

在奥托踏上意大利的土地之前，就在利奥多夫在伦巴底碰了一鼻子灰的时候，阿德莱德已经奇迹般地从监牢中出来了。雷焦（Reggio）主教阿德尔哈德

（Adelhard）派了一名信使来到王后的狱中，她将出逃的想法传递给了主教；同时，主教还承诺为她在雷焦准备一处安全的藏身处。忠诚的教士和唯一在狱中陪伴她的女仆为阿德莱德找来越狱需要的物资。他们挖掘了一条地下通道，从塔路通向外面；8月20日夜里，王后在两人的接应下，从这里逃了出去。同一天夜里，王后下了囚车，三人用双脚继续前行；到了破晓时分，他们躲进了一个山洞。他们就在这种颠沛流离的危险处境中度过了好多天，在这期间，他们趁夜沿着街道前行，白天则躲藏在山洞、树林和麦田中。因为看守阿德莱德的狱卒们已经追了上来。据说，有一次，狱卒们在搜索一片王后藏身的麦田时，用长矛到处戳刺起伏的麦穗，并将高高的秸秆折断；但就是没有找到躲在其中的王后，王后就这样奇迹般地从他们手中逃脱了。最终，逃亡的一行人来到一片宽阔的水域前——那可能是支流众多的明乔河（Mincio）在曼托瓦形成的沟渠和沼泽，教士让两位女士留在原地，自己赶往主教阿德尔哈德那里，告诉主教王后已经逃出了监牢，正在等待他的救援。两个女子焦急地等待了几日几夜，心中充满恐惧与担忧，而饥饿更是使她们精疲力竭。这时，一位渔夫划着他的小舟过来了，他刚刚用渔网捕到了一大条鲟鱼。他看到这两位女子十分惊讶，就问她们是谁，又是怎么来到了这里。"你难道看不出吗？"阿德莱德说道，"我们不是本地人，在这里孤立无援。我们就快被饿死了，给我们点吃的吧，老天，要是你什么都没有，那至少给我们指点迷津，帮帮我们。"渔夫心生怜悯之情，正如主在荒漠中对饥饿的人们所说的那样，他说："你看，除了水和一条鱼，我就没有别的可以给你们果腹的东西了。"按照渔夫们的习惯，他随身带着取火的工具，很快就生起了明亮的篝火，并在火上将鲟鱼烤熟了。女仆和渔夫侍奉王后吃完了这餐寒酸的饭食。这之后不久，忠诚的教士从阿德尔哈德主教那里回来了，并带来了一个好消息，一支前来保护王后的武装队伍已经到了附近，王后得救了。骑士们欢呼着前来迎接王后，阿德尔哈德主教亲自出来接驾，首先将王后接到了雷焦，之后又将王后带到了距离雷焦不远的卡诺莎（Canossa）城堡，那里是一名叫做亚托（Atto）的人的邑产，他是主教手下一位英勇的邑臣。阿德莱德欣喜地走进这座城堡，曾经有一位德意志国王怀着完全不同的心情也来到过这座城堡；而现在这座城堡已片瓦无存，而城堡所在的地方成了德意志耻辱的印记。

　　入驻帕维亚之后，奥托就派遣了亲信作为使者前往卡诺莎，带着丰厚的礼物向阿德莱德示爱，并邀请年轻的王后前往帕维亚。看到这样一位强大的王侯要将深渊中的她一下子推上荣耀的高位，她欣然地应允了奥托的求婚，并赶去与他会面，人群簇拥着她，重又像一位王后那样对待她。奥托派自己的弟弟亨利带着王室卫队作为迎亲队伍，前去迎接阿德莱德的到来；阿德莱德刚刚渡过波河，亨利就已经在等候着她了，这是她见到的第一个奥托的家人，对她来说也是象征着宏大未来的信使。阿德莱德从未忘记与亨利第一次见面的时刻；从第一眼起，她就感到可以完全信任这个男子。在接下来的旅程中，亨利一直悉心照料着王后；他想博得这位王后的欢心，而对于亨利而言，只要他愿意，赢得别人的喜爱是轻而易举的事。

　　奥托在帕维亚等待着他的新娘。他对这位年轻貌美的女王一见倾心。促成这场对世界历史影响重大的联姻的第一条红线并非爱情；在向阿德莱德求婚之前，奥托从未亲眼见过这名女子，求婚也并非因为温柔的爱意，而是为了她和他的地位，但爱情很快就使这位伟大的王侯与这个可爱迷人的女子结成了坚不可摧的联盟。不久之后，大约是在10月，婚礼就在人口众多的帕维亚举行了，民众们欢呼雀跃。美人配贤君，奥托身边有了阿德莱德。阿德莱德本来在意大利就拥有洛泰尔赐给她的广大地产，现在奥托又给了她埃尔萨斯、法兰克、图林根、萨克森和斯拉沃尼亚（Slavonien）的地产，阿德莱德可以算得上是世界上最富有的女人了。

　　帕维亚这座城市曾见证了阿德莱德最悲惨的一段时光，现在它又见证着她迎来新的幸福。这位年轻的女王，曾被人无耻地夺取了王冠，现在戴上了两顶冠冕，全世界都将她的丈夫视为欧洲首屈一指的君王，在他的身边她获得了从未有过的崇高地位。她的第一任丈夫离世还不到一年，然而在这短短的一年中，还有什么是她没有经历过的呢？她奇迹般的冒险经历，将她的名字传遍了世界各地，成了人们津津乐道的谈资！在几个世纪中，意大利的人们都不断谈论着这段罕见的命运转折，谈论着围绕在美丽王后身边的那些明争暗斗，不倦地歌颂与传唱着这段故事；阿德莱德几乎成了意大利传说中的"美女海伦"。

我们对她的描写，并非源于那些虚构的传说，而是来自克吕尼修道院院长奥迪罗的叙述，他是王后晚年最信任的朋友，也有一部分是来自甘德斯海姆的修女们在王后在世时所做的记录，而她们则是通过消息灵通的内部人士获得了这些信息。

至今为止，奥托都一直受着命运的青睐；德高望重的贤才不断来到他的身边，而他自己也通过恩惠与慷慨的赏赐寻找新王国中的权贵，将他们留在身边。但他没有料到，一场骤变正朝他袭来。

在奥托入驻帕维亚之后不久，他就将自己王国内地位最高的神职人员——美因茨大主教弗里德里希，以及库尔主教哈特贝特（Hartbert）派往罗马，与教皇商议建立皇权统治的事宜，并要求教皇接纳他前往罗马。虽然教皇很想满足奥托的愿望，但他受到埃尔伯利希的控制，不能自由地按照自己的意志行事。而固执的专制君主埃尔伯利希也坚定地拒绝了为萨克森人打开城门的请求，正如曾经的勃艮第人一样，奥托的使者们只好带着这令人失望的答复回去了。我们不知道，弗里德里希在罗马扮演着怎样的角色，但我们可以相信，这件事情令人不快的结局恐怕都会归罪到他的头上；至少国王和国内最具声望的主教之间的矛盾又凸显出来，并在当时就处在爆发的边缘，随时可能成为公开的仇敌。

现在，如果想要完全实现当初使他来到阿尔卑斯山这一边的所有目标，奥托别无选择，只能用武力夺取罗马，并同时夺取皇帝宝座。但他还没有控制住贝伦加尔，光是这一点，就使他无法有进一步的举措；但更重要的是，他已经能够感受到，他所拥有的那份幸运将许多不善的眼光也吸引到了他的身上。有人认为，意大利王国是一份恶意的礼物，会给德意志王国带来巨大的不幸；而这其中就有奥托的儿子和继承人利奥多夫。

利奥多夫的第一场战斗这样草草收场，让利奥多夫丢尽了脸面，心中不知有多气恼。他首先将他的怒气发泄到了叔叔亨利身上，他眼睁睁地看着亨利越发受到父亲的信赖与恩泽。亨利为父亲接来新的妻子，并很快获得了她的信任，通过她，亨利对国王的影响力更大了，而利奥多夫很快就意识到，再也没有母亲能在父亲耳边为他说话了。他越是觉得父亲疏远自己，就越发觉得亨利对父亲的忠诚是奴颜婢膝的谄媚，越发感到厌恶。"他对待奥托不像是一位兄弟，而像是一个仆从，想方设法要完成奥托的命令。"萝丝维塔（Roswitha）这样说道。她说这话自然是想要称赞亨利，但利奥多夫又会怎么看待亨利的这种举止呢！参加父亲的婚礼时，利奥多夫该是带着怎样复杂的感情啊！在他看来这个年轻貌美的女子只是亨利的盟友，看着父亲将这样一个女子拥入怀中，他的心中又是怎样的忧愁呢！他的心中升起千百种恶毒的想法，只要在继母和亨利的身边，他就无法抑制自己的愤怒和担忧；婚礼结束后不久，他没有向父亲辞别，就离开了帕维亚的王室驻地，赶回了萨克森的家乡。老奸巨猾的大主教弗里德里希也随他一起离开了帕维亚，来到了萨克森。

利奥多夫的离去，以及他与大主教弗里德里希的亲近，使国王既震怒又担忧。很快，不幸的消息就传来了。利奥多夫与弗里德里希在萨尔费尔德共同庆祝圣诞，而他们也集结起了众多的追随者。939年，亨利曾在这里策划他的谋反阴谋，现在就在这个伤心地，利奥多夫和他的追随者口出恶言，压抑已久的愤恨爆发出来，人们激动地咒骂埋怨着事态的发展，议论着奥托的新婚姻，将所有罪过归于意大利之行以及亨利公爵的野心。从萨尔费尔德传出的流言蜚语传遍了王国各地，人们已经开始谈论对抗国王权威的阴谋了；这一消息很快就传到了阿尔卑斯山的另一边，传到了奥托的耳朵里，这也成了奥托放弃向罗马进军的最主要原因，奥托终止了与贝伦加尔的争斗，赶回萨克森。他知道得非常清楚，往往一个微不足道的原因就能在这个倔强不屈的族系中引发内战，导致不可估量的后果，为了不走到那一步，他要亲自将所有暴动的企图都扼杀在萌芽之中。此外，他完全有理由怀疑大主教的忠诚，并且儿子那种容易受到挑拨的心性也使他不安。

952年，奥托在帕维亚举行了圣诞庆典，并一直在这里待到了2月初；随后，他命女婿康拉德公爵率领足够的兵力留在这里保卫这座城市，而自己则踏上了回程。2月26日，奥托和阿德莱德来到了科莫，并在3月1日时到达了苏黎世。接下来，他们沿着莱茵河向下穿过了阿尔萨斯；复活节时，国王一行人已经到了哈尔茨山区的珀尔德，那是距离劳特贝格（Lauterberg）不远的地方，是他母亲的属地。她孜孜不倦地为宗教事业奔忙，当时就在那里建立起了一所男子修道院。国王带着他的妻子从珀尔德来到马格德堡，那是伊迪萨安息的地方，也是国王最爱停留的地方。萨克森的民众都很高兴能够再次见到国王，他们也热情地接待了新王后；正如太阳驱散迷雾，国王夫妇亲自出现在人们面前，一下子就打消了人们心中的不安与恐惧；而父亲的出现似乎也平复了利奥多夫心中的烦闷。

但奥托刚一离开伦巴底，贝伦加尔就卷土重来了。并非所有的宗教和世俗权贵都离开了他；我们知道，博学的韦尔切利（Vercelli）主教亚托就一直想要那些支持奥托的同僚离开奥托，而尤其是波河对岸的城市和堡垒仍掌握在贝伦加尔和阿德尔贝特的手中。康拉德公爵的处境真的如此危险，以至于不得不避免开战；又或者说，他不愿意开战，是因为这场战争只能给亨利一人带来好处？我们能确定的是，他在没有知会奥托的情况下，与贝伦加尔达成了协议，只要贝伦加尔自愿前往萨克森，并向奥托表明愿意归顺于他，他的王国就会接受贝伦加尔。贝伦加尔马上放下了武器，与康拉德一起出发前往萨克森；他们几乎就跟在奥托和阿德莱德的身后。

贝伦加尔来到马格德堡附近时，就有一支由公爵、伯爵和宫廷官员组成的队伍远远向他走来；他受到了国王般的接待，但他下榻的地方并不是宫廷城堡，而只能留宿在一间旅店中，然后他徒劳地等待了三天，等着奥托能够接见他。奥托已经接受了意大利国王的头衔，亨利想要向意大利扩张自己的公爵领地；而阿德莱德受到过他的迫害——他们所有人都厌恶贝伦加尔，驳回了康拉德的决定。看到自己带来的人没有受到公正的待遇，自己许下的承诺无法兑现，康拉德非常气愤，他再也不能压抑对国王、对阿德莱德尤其是对亨利公爵的仇恨；愤怒之中，他与利奥多夫一拍即合，甚至连一直以来与他敌对的大主教弗里德里希也与他和解了。关于贝伦加尔的事务使王室家族产生了分裂，使王国内最有权势的王侯势不两立。人们看到，康拉德和利奥多夫故意避开亨利；而亨利毫不留情地用挑衅的言语冒犯这个青年。奥托不惜一切代价避免王室和王国的分裂；最终，他让贝伦加尔前来见他，见他愿意归顺也就接受了他。但贝伦加尔原本期望的是收回自己的整个王国，这一点完全落空了；他甚至差点儿没能自由地返回意大利。国王在马格德堡只对贝伦加尔做出了暂时的决定；最终的解决方案被推迟到夏天在奥格斯堡举行的王国议会上；贝伦加尔收到命令，要在王国议会举行时和阿德尔贝特及权贵们现身会场。接下来发生的事当然就是与康拉德的和解，但即使这样，亨利的影响力也依旧在不断增长；贝伦加尔以及通过康拉德所提的那些要求没有完全得到应允，他将这一切都怪罪于亨利并对他怀恨在心。

8月初，王国议会在奥格斯堡召开。与王国议会一同召开的还有一场大型宗教代表议会，来自德国和意大利的4位主教及21名主教出席了会议，会议上，对两个王国都做出了相当重要的决议。有关8月7日所做决议的档案留存了下来，并向我们展示了，国王在他的全盛时期是如何与神职人员相处的。主教们按照国王的旨意议事；在议事结束之后，他们请国王来到他们中间；奥托现身会场，取代了大主教弗里德里希的主持位置，所有的决议只有在经过奥托许可之后，才被记录下来，才具有其效力。毫无疑问，比宗教议会的决议更重要的是王国议会，但很可惜，我们没有任何与此相关的文献。但就我们所知，在大多数德意志和意大利权贵的见证下，贝伦加尔的事务得到了最终的解决。

意大利王国被归还到贝伦加尔和阿德尔贝特的手中，但两人必须郑重地宣誓成为奥托的邑臣，让奥托用金制权杖赐予他们意大利王国作为邑产。希腊皇帝的使臣在奥格斯堡惊讶地看到，贝伦加尔从一个自由独立的王侯成了德意志国王的邑臣。当时的意大利国王很可能就已经像其他依附于德意志的王侯一样要向奥托进贡；可以肯定的是，后来的意大利王国每年都要向德意志国王缴纳1200磅金子，缴纳这笔贡金的原因可能要追溯到当时贝伦加尔与德意志国王的关系。除贡金之外，贝伦加尔为了收回自己的王国还付出了更多的代价。弗留利旧时的公爵领地已经被分割到伊斯特拉（Istrien）、阿奎莱亚、维罗纳和特伦托边区中，不再属于意大利，而是与德意志王国合并，受到巴伐利亚公爵亨利的管辖。

从奥格斯堡的决议中获益的只有亨利，他不仅保有原来的领地，还有了新的收获。他从中得到的好处是无法估量的，因为现在他广阔的领地四面都有了防御，能保护这片土地不受匈牙利人侵袭，而且南方的大门也随时向他敞开。意大利之战的解决只使他一个人感到雀跃，他的雄心壮志在这一过程中得到了彻底的满足。眼下，巴伐利亚公爵的领地比以往任何时候都要广阔，更重要的是，除了得到土地之外，他对王国命运的影响力也更大了。

奥托当初行军前往意大利时的期许，曾有一刻眼看都要实现了，但终究没有像亨利那样顺利地达成。虽说意大利的关隘仍对他敞开着，贝伦加尔也已经归顺于他；但他还是从伦巴底王国统治者的位置上退了下来，放弃了伦巴底国王的头衔，他入主罗马的计划失败了，而这一计划能否在未来得以实现也仍存疑。他的愿景没能实现，而对那些与他最亲近的人，那些至今为止与他共同维持王国社稷的人，他也开始疏远起来，心中怀着对他们的恼怒。国王的地位虽然极为崇高，但当时他的势力仍主要基于王室家族的和睦，王室家族的每一条间隙很快会从整个王国的局势上体现出来。

贝伦加尔能够收回自己的统治权，主要归功于奥托对康拉德的关照。康拉德在战争时期及和平时期都对奥托有诸多贡献，康拉德看到至少他的誓言实现了一半，才暂时不再多说什么；但他在心中并没有完全谅解奥托。怀着雄心壮志踏上意大利土地的利奥多夫感到自己受了欺骗，更是无法平静，现在听说康拉德要反叛，由衷感到欣喜。还有什么比这样一个盟友更能助他实现自己的期望呢！很快，阿德莱德诞下了一个儿子，受洗时孩子被取名为亨利，光是这个名字就再一次伤了利奥多夫的心；如果人们的流言是真的，奥托真的要将已经承诺给利奥多夫的王位转而传给这个孩子，又该怎么办？这所有的一切都使康拉德和利奥多夫忧心忡忡，他们曾是国王心中最重要的人，现在却处处受到排挤，而且当时在他们身边还多的是助长他们怒气的小人。国王的权威日渐增长，使许多人感到厌恶；首先暴动起来的是较年轻的一辈人，他们不像老一辈人那样感受过内部斗争带来的苦难，向往曾经那种各地自治的自由，并以此为目标。在人们看来这些年轻人的行为似乎无可争议，他们无心的行动似乎都不能称之为暴动，大主教弗里德里希甚至为他们献上了自己的祝福；大主教的名望让这些行动在大众眼中看来甚至是值得褒扬的。就这样，一场新的阴谋渐渐铺开了，但就连阴谋参与者自己也认为是在维护国王，实则是在反对国王本人和他的权力。国王的儿子不仅清楚地知道这场阴谋的开端，并且正是领导这些阴谋的人，操纵着这场阴谋的进行。

奥托在阿尔卑斯山另一边所播下的悲伤的种子确实萌发了，但只要有些许收获，谁又会将一片广阔的耕地闲置呢！

3. 父子之战

几年之前，亨利与康拉德这两位公爵之间的亲密关系使通情达理的布鲁诺也感到委屈，他们在弥撒上还继续说着两人的悄悄话，布鲁诺在气愤中不禁说道："这样的知心朋友有一天恐怕也将变成恶毒的仇敌。"布鲁诺一语成谶，两人很快就成了仇敌。这两个杰出的男人曾经并肩携手共同为国效力，他们的分道扬镳不仅损害了国家的利益，他们友谊的终结也使王室家族分裂成为两个敌对的阵营，由于当时王室家族的事务就是整个国家的事务，两人的分裂也威胁到了德意志王国和民族的统一，使之来到了瓦解的边缘。国内再次爆发了危机重重的内战，这也清楚地说明，除了王侯间的亲族关系之外，维护德意志的统一还需要别的纽带！

952年冬天，阴谋的大网逐渐收紧，而国王还对最新的事态一无所知。这一年在平静中走到了尽头，奥托几乎相信，这场积酝已久的风暴不会再来了。他和阿德莱德在法兰克福庆祝了圣诞，随后，两人在953年新年伊始来到了阿尔萨斯，阿德莱德在那里看望了自己的母亲。在回程中，他们两人在法兰克福的王室领地逗留了较长一段时间，最终来到了因格尔海姆，他们在这里与亨利公爵共同度过了复活节。但那时就已经有了风暴来临的第一个预兆，在暗中蛰伏已久的阴谋终于爆发出来。奥托得知，康拉德和利奥多夫的堡垒都已处在战备状态，而他的儿子们已经从法兰克、萨克森和巴伐利亚集结起了一批鲁莽大胆的年轻人。奥托发现身边傲慢无礼的眼神多了起来，他看到人们开始拒绝对他毕恭毕敬地行礼；在因格尔海姆他的身边只带了很少一些随从，他害怕自己会落入暴动者的手中，于是他离开因格尔海姆的城堡，前往美因茨。但令他吃惊的是，人们无缘无故地让他在城门前等候，迟迟不打开城门，而此前人们都是欢呼雀跃地迎接他的到来。城门终于开了，国王来到城中，却也在不知不觉中走入了敌人的圈套，这都是因为他轻信了大主教的忠诚啊。

大主教弗里德里希按照自己的习惯，在斋戒期间来到美因茨城外的隐修棚屋中，做出一副不问世事的样子，在阅读经文和祷告中度日，他听说奥托来到了美因茨，就立即回到城中，虚伪地摆出一副恭敬的态度接待了国王和他的妻子。在他的安排下，利奥多夫和康拉德也很快来到了美因茨；他们借口要为针对自己发行暴动的指控进行辩护，要将自己的忠诚昭示天下，来到国王面前坦白了他们的真实目的。他们一再重申，这些行动都不是针对国王的，而是为了阻止亨利公爵的阴谋；如果叔叔亨利来到因格尔海姆，他们就要将他控制起来。大主教弗里德里希所任的圣职使他能够扮演调解人的角色，为暴动的王子们说情，动摇国王的心思。

奥托可能从未感受过当时那样的痛苦。他眼睁睁地看着自己被最亲近的人，被自己的儿子背叛；他在谋反者的势力之下孤立无援。虽然怒火在他的胸中翻滚，但面对这些恶毒的把戏，他不得不摆出一副和善的样子，将暴动者的要求一一应允下来。他与他们达成了一份形式上的协议，协议的内容我们已经无从知晓，但这份协议束住了他的手脚，使他被他们控制起来，无法反抗。奥托作为国王的身份被完全遗忘了，这是此前从未发生过的事。

阴谋者们认为自己的目的已经达到了，将国王移到别处去。奥托乘船沿莱茵河而下来到了科隆，随后又迅速赶往萨克森。4月3日，他来到多特蒙德与母亲共度复活节。在经历这样一场劫难之后，没有什么能比重见母亲的喜悦，能比母亲在他失意时的温柔爱意，更能使他重新振作起来的了。萨克人对他的追随也使他振奋起来，被忠诚的人们围绕着，他重拾了自己作为国王的尊严与荣耀。"他在萨克森重新找回了作为国王的自己，"诚实的维杜金德说道，"在法兰克他几乎迷失了那个自己。"

在他的萨克森族人和亲友之中，奥托重新感到，自己是自由的，并马上发表声明，将他在美因茨制定的协议作废，表明自己当时所做的所有承诺都是被迫的；他要求康拉德和利奥多夫交出这场无耻阴谋的主使者，如若不然，他们将受到国家的制裁。这一次，大主教弗里德里希又想扮演调解人的角色，他劝说国王，为了王国的和平与家族的和睦，履行之前的诺言，维持协议的效力。但当国王渐渐看清他的嘴脸，宫廷中的所有人都对他冷眉冷眼，他就再也不敢要求什么了。奥托毫不动摇，并马上在弗里茨拉尔召开了王国议会；在会上，要对反叛者们做出裁决。

　　国王再次亲自赶往科隆。康拉德最为倚仗的梅斯主教阿达尔贝罗被国王争取了过来，而这位梅斯主教凭借自己的地位和他的家族在国内有着极大的势力。此外，国王重新与吉赛尔贝特公爵的家族建立起了联系。吉赛尔贝特的兄弟雷基那尔是埃诺的伯爵，而特里尔大主教罗德伯特和乌得勒支主教巴德利希都是他的堂兄弟，他们都表示反对康拉德；康拉德如同一个专制君主一般来到洛林，进行着勤勉而严苛的统治。现在，几乎整个洛林都站在国王这边，都将矛头指向了康拉德。人们将长久以来压抑的积怨发泄出来，私人的恩怨也可借此机会成为国王眼中的功绩，从而获得报偿。

　　国王确保了洛林人对他的支持，便渡过莱茵河踏上回程。在弗里茨拉尔召开议会的日子近了，人们都忧心忡忡，不知道利奥多夫和康拉德会如何应对。阴谋的主使者他们交不出来，因为主使者就是他们自己，而触怒已经受到刺激的父亲，也是一件极其危险的事。因此他们决定不去弗里茨拉尔，而是要用公开的决斗来决定事情的黑白，他们认为国王没有遵守与他们的协定，他们是更正义的一方。恶毒的美因茨大主教又插手进来，企图扮演和平维护者的角色，于是他来到弗里茨拉尔的王国议会上。但亨利公爵列举出他的诸多罪状，罪行之多，用意之恶劣，就连大主教自己也无法为自己开脱。人们都将反叛的罪责归结到他的身上，他引起了所有参会民众的公愤。他只好以最快的速度离开议会，逃回美因茨；但很快美因茨对他来说也不安全了，他将城市交到国王的敌人手中，自己则逃往莱茵河畔的古老堡垒布莱萨赫，那里是几乎所有时代的叛国逆上者都会去的藏身处，在埃博哈德公爵的叛乱之后，一直是个令人叹惋的纪念地。

　　在弗里茨拉尔的王国议会上似乎就已经对康拉德和利奥多夫发出了全国性的谴责，他们的公爵头衔也被革除了。我们明确地知道，康拉德在叛乱爆发后不久就被革职，因此可以猜测，利奥多夫也是同样的情况。除此之外，王国议会还对所有被国王捉到有反叛嫌疑的人进行了审判。这其中有两名图林根贵族，他们是威廉和达迪伯爵，他们本来很受奥托的尊敬，曾在939年的战争中立过大功。达迪曾凭借自己的智慧，在比尔滕一战后，帮助国王夺取了图林根和东萨克森。他们两个都是康拉德的老战友，现在他们受到同谋的指控，由于他们无法为自己辩白，双双被流放到了巴伐利亚，接受亨利公爵的管理。这一惩罚使所有受康拉德和利奥多夫事件牵扯的人惶惶不安，因为他们知道，亨利公爵对待他的敌人可不会心慈手软。

王国议会结束时，各地都已经处在战备状态。整个施瓦本都控制在利奥多夫手中，而他已经盘算着要夺取法兰克；他带兵前往当时人口众多、防备森严的美因茨。康拉德则赶往自己本来的公爵领地洛林，他相信自己可以轻而易举地说服不安分的洛林人，让他们拿起武器对抗国王。但这一次，他想错了；更多的洛林人都将矛头指向了他，并在雷基那尔伯爵的率领下奔赴战场。他们在马斯河河畔与康拉德交战，虽然他们人数众多，但康拉德仍毫不畏惧地向他们发起进攻。这是一场激烈的战役，康拉德如同一头勇猛的雄狮，斩杀了无数洛林人。他的好友，也就是埃博哈德的儿子康拉德，在他的身边倒下了；他心中的怒火越烧越旺；他面对包围在他身边的敌人，犹如一只高贵的野兽，身边围绕着追随它的兽群。而他手下的骑士都勇敢地与他并肩作战，但洛林方面却有源源不断的新部队加入战斗。战斗从中午持续到了傍晚，直到夜幕降临敌对双方才分开。康拉德与雷基那尔都迫切地渴望赢得这场战役，但康拉德对洛林的企图破灭了；他不得不拱手让出这块土地，虽然之后又有人发动了几场支持他的运动，但他再也没能在这里站稳脚跟。

康拉德前往美因茨，并在那里与利奥多夫会合。但奥托也已经在萨克森集结了军队，赶往美因茨了。很快，他就夺下了沿途所有敌方的堡垒；一路上，他没有受到大的阻碍，7月中旬就率领着萨克森军队来到美因茨城前；法兰克人和洛林人纷纷在这里加入他的阵营，亨利公爵也带着一支巴伐利亚军队前来支援他。

一场非同寻常的恶战就这样展开了，所有人的心都被战争的走向牵动着。国王的军队就驻扎在城外；城内则是王位的继承人，一个受到民众爱戴的少年以及国王的女婿。这场父亲与儿子之间的战争会有怎样的结局，这场所有内战之中最令人胆寒的战争又会将王国的未来带向何方呢？

美因茨的城墙不断遭到破墙柱的撞击，但城墙依旧屹立不倒；人们对守城士兵发起进攻，人们在城门前刀兵相向，战场血流成河——却迟迟难以决出胜负。围城之战持续了两个月之久，却也没使城内的军队弹尽粮绝。许多国王军队中的人已经开始动摇，他们赞叹反叛者的勇敢，想要为他们辩护；几乎所有人都将亨利公爵看作这一切纷乱的始作俑者。就连巴伐利亚的军士们也开始不服亨利的指挥，越来越多地刁难他。他们本来就对萨克森人领导巴伐利亚军队这件事颇为敏感，现在更是对他感到厌烦；他们厌恶亨利，正如厌恶洛林的康拉德一样；他们也是违背自己的意志被迫接受亨利这位公爵的，而亨利对巴伐利亚的统治又如此严苛。阿努尔夫公爵的几个儿子还活着，他们虽然是亨利的内兄，但仍认为他夺走了他们的荣耀与尊严。这些儿子中最年长的是王室领地伯爵阿努尔夫，亨利离开巴伐利亚时将管辖巴伐利亚、守卫巴伐利亚主要堡垒雷根斯堡的任务交给了他，他将州内不满亨利的人聚集到自己的身边，与军中刁难亨利的人建立起了联系，利奥多夫也亲自与阿努尔夫暗通消息，将阿努尔夫也拉入了阴谋者的阵营。

奥托军中的气氛十分不利，他感到陷入了困境，想到了要和解。他命人将儿子和女婿请到营帐中，他们在他面前为自己辩解，随后他就心平气和地与他们将这件事解释清楚。作为对他们安全的保证，他将自己的堂兄和萨克森伯爵埃克贝特，也就是赫尔曼·彼林的侄子，作为交换人质送到城中。仍是953年，利奥多夫和康拉德被团团围住，切断了所有联系，他们不可能再长时间地反抗下去，最终同意前往父亲的营帐中。当儿子和女婿来到父亲面前时，他们跪倒在他脚下，表明自己已经做好准备为自己的所作所为接受任何惩罚，他们只求，那些在这场危险的行动中给予他们帮助的朋友能够安然无恙。但毕竟叛国忤逆之罪不可能轻易逃脱，而不知该如何惩罚儿子的奥托更急迫地要求他们交出自己的同党。但两人坚定地拒绝了，因为他们对朋友们发过誓，决不将他们交到愤怒的国王手中。

康拉德和利奥多夫出现在军营中时，人们都大为欣喜，所有人都认为战争已经结束了，因为要是这两个年轻人不愿意臣服，他们就不会冒险出城。但当人们看到，他们如何固执地拒绝执行国王的命令，欢呼声就戛然而止了。但对于这件事，没有一个人比亨利公爵更加愤怒，更何况那两人明确声明这场阴谋不是针对他们的国王和父亲，而只是针对他们的叔叔亨利，并认为他们是正义的一方。

按照维杜金德的叙述，亨利来到利奥多夫面前，严词说道："你说你没有反对国王和君上，以此扬扬自得。你看，这里的所有人都知道你是要盗取王位的强盗，用武力侵袭了他的王国。你要是对我不满，要讨伐我的话，为什么不带着你的军队来攻打我呢？你放马过来就是了！"亨利拾起地上的头盔，继续说道："但你完全避开我的势力，却针对你的父亲发起暴动，让他如此忧心是为了什么呢？你站在自己的君主和父亲的对立面，这就是对天主犯下了大罪。你要是还有良心和理智，那就把你的怒火发泄到我的身上吧。我是不会怕你的！"听完亨利的话，少年没有回答，而是转身离开了，康拉德则跟在他身后。

但利奥多夫还未离开军营，他的叔叔布鲁诺就来到了他身边，布鲁诺在不久前刚刚登上了科隆大主教之位。他认为这是他的使命，去提醒利奥多夫注意他作为晚辈的义务。按照他的传记作者鲁特格的记录，他对这个怒火中烧的年轻人说道："唉，要是你能听我的话退一步，你都不知道你能为你自己和所有人带来多少好处。你牵动着你父亲和所有人的忧愁和欢乐，要是你离我们而去，我们对未来还有什么期待呢？你威严的父亲因为你的关系头发已经变得灰白，你难道没有看见吗？你使他这样痛苦，对你也没有益处。你也知道，从你还是孩子的时候开始，他对你倾注了多少爱。要是你不尊重这样一位父亲，那就是对天主犯下了罪孽。不，你不要为自己辩解，你对你父亲和他的王国所做的事情，就是罪孽。你不听朋友的劝告，只听敌人的谗言，但他们只会考虑自己的利益，不会想到什么是对你有利的；他们不是要带你走上正途，而是要引你误入歧途啊。你曾经是你父亲的喜悦与骄傲，整个王国的希望与向往，现在却成了所有人心中的痛。你想想，是谁将你推上这样的高位，是谁将王国的继承权给了你！他这样做，就是为了让你做出这种不知感恩的事吗？你去听听，因为你的关系，空中天天回荡着他的叹息声；你去看看，他为你流下的眼泪。现在，他的心还为你敞开着，他为迷失了的儿子而叹息，你如果能迷途知返，他一定会十分欣慰的。他会原谅你的；虽然他现在怒火难平，但等他重新将你放在心上，很快也会原谅你的同党。只要他再次接纳你，他就会将他们的行为看作暂时的错位，而不是罪行，因为他爱你超过爱他自己。"布鲁诺如是说道，但这个年轻人却没有将这些话放在心上，他的胸中仍翻滚着愤怒与绝望。他和康拉德一起回到了美因茨。战斗重新打响，比之前更加血腥残暴，并渐渐蔓延到王国各地。

战火首先烧到了巴伐利亚。在与利奥多夫商谈过后，巴伐利亚的伯爵们马上离开了美因茨城外的营地，离开了他们的公爵和国王，倒戈来到了敌方阵营。同时，王室领地伯爵阿努尔夫也在雷根斯堡举起了起义的大旗。亨利和国王就这样失去了整个巴伐利亚。与此同时，莱茵与多瑙河畔也打响了一场场对抗反叛者的战役。

萨克森的局势也发生了危急的转变。在国王外出期间，边疆伯爵赫尔曼·彼林在这里履行着公爵权力，这位英勇而善解人意的战将在前文中也已经多次提及。在国王领军包围美因茨时，他曾派遣自己的侄子维希曼和迪特里希伯爵带领一支后援军前去协助。现在，军队离开了美因茨，利奥多夫和康拉德就向这支援军发起了进攻，他们趁萨克森军队不备，在法兰克边界对他们进行伏击，将他们逼入一座废弃的城堡中，并将他们围困起来。维希曼和迪特里希眼看防守无法再继续下去，终于在被围困的第三天与敌军达成停火协议，并让萨克森军队返回家乡。在商谈的过程中，利奥多夫也尽力争取他的萨克森族人的支持。再多承诺也无法动摇迪特里希的忠诚，但利奥多夫却成功地将年轻的维希曼拉到了自己这边。维希曼出身彼林家族，与王室家族也有血缘关系，那个心怀妒意看着自己的兄弟赫尔曼受到提拔因而对国王暗藏愤怒的老维希曼是他的父亲。父亲已经死去了，留下两个儿子维希曼和埃克贝特。埃克贝特就是那个被作为交换人质送到美因茨的伯爵。他们两个都对叔叔赫尔曼怀着怒气，他们认为赫尔曼所做的一切都是为了夺走他们的地位、金钱和土地。他们对国王也没有好感，因为国王由于他们对赫尔曼的想法而冷落他们。埃克贝特没有忘记，国王曾严厉地责骂他，因为他鲁莽地挑起了一场战斗，而自己则觉得应当受到褒奖，因为他英勇作战，甚至还为此瞎了一只眼睛，而这也是他被各地的人称为"独眼"埃克贝特的原因。在美因茨时，埃克贝特就已经被利奥多夫劝服了。现在，维希曼也同他一样加入了反叛者的阵营。两兄弟一起来到萨克森，准备在这里给他们的叔叔一个下马威。而赫尔曼以非同寻常的警醒态度追踪着两人的车马，通过周密而细致的考虑阻止了他们的险恶计划。萨克森没有爆发大规模起义，奥托还得感谢赫尔曼。而当维希曼和埃克贝特认罪之后，要将他们两人作为谋反者做出审判，这时赫尔曼公爵站出来替他们求情，说他们只是鲁莽的少年，惩戒他们还须手下留情。奥托饶过了他们，但仍命人将维希曼放在自己身边严格看管起来。

在此期间，美因茨仍旧被包围着，只是利奥多夫和康拉德离开了城中，去协助国内其他地方的起义行动。利奥多夫前往巴伐利亚，康拉德则再一次来到洛林，这一次他的到来有了收获。9月，奥托受局势所迫不得不放弃围城。长时间的战争使军士们倍感疲倦，他们怨声载道，要求国王在事态变得不可挽回之前退位。奥托难以拒绝，他随后决定，带着仅剩的一些随从，在秋冬时节就赶往巴伐利亚会见利奥多夫，而保卫洛林的任务则交给了他的弟弟布鲁诺。

这一次，布鲁诺又将所有的目光汇聚到了自己身上。我们知道，他在奥托的宫廷中有何等重要的地位，因为他是王室总理之首，所有政务都经由他的手处理。他曾对哥哥亨利与康拉德之间过分亲密的友谊十分厌恶，但他们反目成仇时，他还是努力地想方设法解决他们的纷争，这也正符合他平和公正的性格。而当他的家族之中发生了不幸的争斗，他不得不选择立场的时候，他坚定地公开支持他的两位哥哥，并毫无保留地反对反叛的侄子。奥托从一开始就全力以赴要斩断康拉德在洛林的势力，现在，他再找不到比他的弟弟更得力的助手了。布鲁诺在洛林长大，并且因为他的老师巴德利希的关系，他与强大的埃诺伯爵家族也走得很近，而洛林的公爵领地从前就是由这个家族统治的。国王和雷基那尔伯爵以及他的堂兄特里尔的罗德伯特、乌得勒支的巴德利希能够顺利的和解，都要感谢布鲁诺从中调停。我们可以看到，这一联盟对战争有着多么深远的影响；能够维持这一联盟并通过弟弟拉近与洛林的关系，还是源于不久之前的一次绝佳机会。那是953年7月9日，科隆大主教维尔弗里德去世了，选民们纷纷将目光投向国王的弟弟布鲁诺。一名洛林当地的伯爵哥特弗里德

（Gotfried）曾受布鲁诺援助和教养，他首先站出来支持布鲁诺当选。不久后，人们就出奇一致地将布鲁诺选为了大主教。信使快马加鞭将消息传给身在美因茨的国王；而布鲁诺则赶往科隆，接受任命。但很快，他又被哥哥召回了美因茨城外的驻地。他再一次劝说利奥多夫放弃他渎神的行为，但仍是徒劳；年轻人的执拗让他一头扎进自己所做的事中就不知回头。由于奥托要前往巴伐利亚，他就将统领洛林的权力托付给了他的弟弟。

将公爵权力交付到一名神职官员的手中，这还是闻所未闻的新鲜事，而将公爵的大旗和主教的权杖都握在一手之中，也使布鲁诺不无担忧。但奥托让他不要担忧，并努力平息由此产生的流言蜚语；他认为，人们必然会对布鲁诺的公爵权力产生疑义，甚至会使他们产生罪恶的念头。"你没有看到吗，"在布鲁诺传记作者的记录中，国王这样说道，"大主教弗里德里希摆出一副避免参与内战的样子，逃离出这场使无数人误入歧途、卷入战争的纷争。如果他真的像他说的那样，只想整日在冥想中平静度日，那他就会将他的城池和堡垒交给我，交给王国，而不是将它交给我的敌人。那些人残杀人民、反叛祖国、背信弃义，巴不得用他们肮脏的手亲自将我扼死，他们夺走了我的儿子，夺走我弟弟的妻子、孩子及公爵领地，还要将他置于死地。别离开我，你是我唯一的慰藉和支柱，你从小一直与人为善，美德与智慧都存在于你的本质之中。和你在一起，我就不会失去幸福、尊严和名誉。你不要害怕，只要我们不放弃自己，我们就并非孤立无援。"布鲁诺无法拒绝王兄的请求，他搀住哥哥的手臂，向他发誓，会按照的命令行事。

奥托动身前往巴伐利亚后，公爵兼大主教布鲁诺立即来到了亚琛。9月21日，他在这里召开了一场大型的地方议会，他确保洛林权贵们对国王的忠诚，并向他们承诺无论何时都会向他们伸出援手，即使搭上他的性命也在所不惜。支持布鲁诺当上大主教的哥特弗里德，按照布鲁诺的安排管理公爵领地内的所有世俗事务，其后，哥特弗里德也继续拥有公爵头衔，只是没有公爵的完整权力。除了哥特弗里德之外，他在埃诺的伯爵家族中还找到了康拉德的宿敌们，他们在下洛林地区给予了布鲁诺有力的支持；在上洛林则有梅斯主教阿达尔贝罗和他的兄弟弗里德里希伯爵帮助布鲁诺，他们所在的家族位于南锡、梅斯以及巴尔，与卡洛林家族有亲缘关系但当时已日渐衰落。

康拉德在美因茨留下一支军队，再次来到洛林。他首先对梅斯和梅斯主教阿达尔贝罗发起了进攻，而他也确实攻陷并洗劫了梅斯城，但很快他就离开了。整个冬天，康拉德都待在洛林，但他仍旧没能成为整个洛林的主宰。布鲁诺始终保持着对国王的忠诚，他管理着王室的疆土，守卫着下洛林。

在巴伐利亚的利奥多夫要比康拉德走运一些。王室领地伯爵阿努尔夫为他打开了雷根斯堡的城门，巴伐利亚其他的所有堡垒也随之落入了他的手中。他将亨利的妻子和孩子们驱逐出了巴伐利亚；他将丰厚的公爵财产占为己有，并让手下的将士也从中分赃。巴伐利亚的所有人不是站到了与国王敌对的阵营，就是像主教们那样，摇摆不定。奥托跟随着儿子，带着有限的人马向多瑙河进发，他虽然围困了雷根斯堡，却没能顺利将其攻下。天气渐渐寒冷，战争无法继续。在巴伐利亚征战了三个月之后，国王在圣诞节前踏上了回程。圣诞节时他已经回到了萨克森。

这阴郁的一年走到了尽头。王室家庭中的间隙演变成了残酷的内战。由于奥托家族的成员统治着德意志各州，王国的统一全都系于他们家族的团结，所以现在他们之间的裂痕几乎相当于王国的瓦解。很快，939年后看似将永远臣服于王权势力之下的地方势力崛起。在那些拿起武器对抗王权的地方，国王不得不暂时顺从于地方势力，虽然他们出兵也是出于对自己利益的考虑；在洛林就是如此，而吉赛尔贝特公爵的家族也正因此重新获得了重要的地位。更令人担忧的是，曾经的公爵家族也开始反对国王，认为可以借此恢复他们往日的声望，比如巴伐利亚的阿努尔夫家族就是这样。在施瓦本和法兰克，旧时的公爵家族也加入了这一浪潮——埃博哈德的儿子康拉德在血腥的马斯河一战中牺牲了，有人说，他是埃博哈德公爵最爱的孩子；而不久之后在施瓦本追随了利奥多夫的布克哈德很可能也出身于旧时的公爵家族。如果各州势力再次居于王国势力之上，如果地方势力击败了王权势力，历史会不会向着完全相反的方向发展呢？人们对奥托当时的危急处境毫不隐瞒。他采取的一切行动都失败了：先是围困美因茨，随后是雷根斯堡。反叛势力日渐壮大，整个德意志南部，施瓦本和巴伐利亚，对国王来说几乎完全沦陷了；法兰克几乎完全掌握在叛军手里；对洛林的争夺还在继续，萨克森一些迂腐的首领依旧不愿向出身相同的人俯首称臣，也卷土重来。

奥托心中的那份英勇无畏使得他在这样的困境中也决不放弃。"国王在危难中毫不动摇，"维杜金德说，"他从未忘记自己是神恩庇佑的君主和国王。"

曾经外敌的入侵巩固了德意志王国的统一，提升了王权的势力；现在，外部的侵袭又以一种罕见的方式拯救和重建了王权统治。

新年伊始，匈牙利人突然入侵巴伐利亚，几乎将这片已经严重受创的土地夷为平地。利奥多夫毫不避讳地指责亨利公爵，认为是他将敌人引来的；而奥托和亨利则认为这是利奥多夫和他同党的阴谋。他们就这样互相指责，而实际上，这群王国的敌人一直都在边境蠢蠢欲动，只等内部斗争为他们提供乘虚而入的时机。当他们得知，巴伐利亚失去了亨利公爵的守护，就迅速地突破了巴伐利亚边区，从各个方向入侵公爵领地。

虽然利奥多夫和他的朋党没有将匈牙利人引来，但从另一方面来说，他们也没有采取行动，保卫这片土地不受恶敌的侵袭；他们甚至给他们金钱，与他们签订协议，让他们攻打相邻的州省。亨利公爵的宿敌萨尔茨堡大主教赫洛德，现在在利奥多夫的阵营中，他就是这样做的，他将大把的教会财产都拱手交给了匈牙利人。

奥托就不会这样。他一听到匈牙利人入侵的消息，就从自己不幸的深渊中振作起来，重拾王者的自信与傲气。他迅速从萨克森集结了一支强军，在2月初就前往巴伐利亚对匈牙利人发起反击。匈牙利人早就知道，国王和亨利公爵是亨利一世国王杰出的儿子，于是避免与他们两人交战。正当匈牙利人想撤出巴伐利亚的时候，利奥多夫却给他们钱财，还给他们指路，让他们能长驱直入法兰克。3月，匈牙利大军浩浩荡荡穿过法兰克，渡过了莱茵河。复活节前的星期日，圣枝主日，3月19日，他们来到了沃尔姆斯。当时的沃尔姆斯在康拉德的手中，洋溢着复活节的气氛，匈牙利人受到了金银相赠，随后康拉德亲自将他们引向了洛林，引到了他的敌人大主教布鲁诺和雷基那尔伯爵那里。在这样的情况下，人们都将利奥多夫和康拉德看作外敌的同盟，又有什么令人惊奇的呢？

眼下，国王军队的全部兵力都将矛头指向了巴伐利亚，而不是匈牙利人。去年的征战和匈牙利人的侵略已经使他们精疲力竭，巴伐利亚军很快就请求停战。虽然利奥多夫极为反对，但当地的人们都倾向于求和。可以确定的是，停战状态持续到了6月15日，随后，双方在纽伦堡附近的兰根岑（Langen-Zenn）进行了一次会晤，为了给这场战争做个了结。

在此期间，施瓦本也形成了一支支持国王的势力。奥格斯堡主教乌利希和他的兄弟迪特波德（Dietpold）以及马尔希塔尔（Marchtal）伯爵阿达尔贝特一直在施瓦本保持着对国王的忠诚。但年初时，他们感到自己的势力太弱，乌利希甚至离开了奥格斯堡，来到了附近的一座堡垒中避难。巴伐利亚的王室领地伯爵阿努尔夫领兵攻打，夺下了奥格斯堡并包围了主教所在的堡垒。但2月6日时，迪特波德和阿达尔贝特从背后袭击了王室领地伯爵，伯爵彻底败下阵来。主教乌利希返回奥格斯堡，自此以后，国王的支持者在施瓦本变得越来越多。利奥多夫在南德意志的势力堪忧；而国王方面的势力却日益增强。

大主教布鲁诺在洛林受到排挤，洛林的局势开始变得越发棘手。与埃诺伯爵家族的联盟是布鲁诺在下洛林的主要势力来源，但这一联盟很快就松散了。哥特弗里德伯爵获得了洛林的公爵领地，而雷基那尔也有继承这一领地的权力，单是在这一问题上布鲁诺对哥特弗里德的偏向，就足以惹恼这群埃诺人了；更何况布鲁诺一来到洛林就将列日的主教管区交给了自己的老师，也就是被驱逐出维罗纳的博学之士莱特尔，而没有像埃诺人要求的那样，将管区交给家族中一个名叫巴德利希的年轻人。莱特尔还没来得及在列日站稳脚跟，一场反对他的起义就在圣诞节前后爆发了。这场起义可能就是由埃诺伯爵家族的人发起的，至少雷基那尔伯爵、罗德伯特大主教以及乌得勒支的巴德利希很快就加入了反对莱特尔的人群，他们要求莱特尔下台并任命年轻人巴德利希作为主教。这场起义发生的时候，康拉德正将匈牙利人引向洛林，而布鲁诺只能眼睁睁地看着这里的局势朝着不利于国王的方向发展；最终，他只好无奈地答应了埃诺人的要求。莱特尔不得不离开，而相对的，雷基那尔和他的人手则起誓继续效忠国王。这下，布鲁诺才腾出手来对付已经大肆袭来的匈牙利人和康拉德，虽然他们从各个方向发起进攻，但布鲁诺防御及时，还是暂时控制住了局势。

　　匈牙利人暴风雨般的侵袭很快就过去了；4月初，他们袭击了列日地区，接着是康布雷（Cambrai），并最终向法兰西王国进发，取道勃艮第和意大利踏上了回程。康拉德与匈牙利人分开后，重新发起战斗，试图将洛林从国王那边夺回来。刚开始时，局势胶着难分胜负，但国王的党派在巴伐利亚和施瓦本取得的胜利使康拉德终于接受了自己的颓势。在布鲁诺的率领下，国王忠实的追随者们已经来到了布勒斯高（Blesgau），来到了同样全副武装的康拉德对面，人们都期待着这场决定性战役的结局；康拉德经过深思熟虑，请求停火，并承诺在兰根岑的议会上会出现在国王面前。看到事态这样发展，最高兴的就是布鲁诺了，他本来就厌恶战争，现在事情能以这样出乎意料的方式解决，他心里沉重的石头仿佛也落了地。

　　康拉德与利奥多夫承诺给予匈牙利人支持，这给他们的行动带来了无法估量的伤害。当人们看到他们与王国的宿敌结成联盟，就再也不愿意蹚进他们这摊浑水里了。人们越是近距离地重新感受到外敌侵略的残酷，奥托与亨利这两位战胜了匈牙利人的英雄就越发显得荣耀而崇高。在对奥托和亨利的颂扬，以及对康拉德以及利奥多夫的唾弃中，兰根岑议会的日子近了；一场难以预料的转折和舆论风向的转变已经显现出了预兆。

　　德意志的王侯与主教们悉数到场参加会议。国王的反对者和追随者都来了。看到事态已经平息，见风使舵的弗里德里希大主教决定重新获得国王的信任；他离开布莱萨赫，出现在与会的人群中。缴械投降的康拉德心中无比悔恨，也来到了会议现场，他下定决心无论国王对他仁慈抑或严厉，都接受国王的制裁。他的妻子路特嘉德在战争中死去了，可能就是她的离世影响了康拉德的决定，可能就是公主的亡故让他认为奥托不会原谅他。利奥多夫也出现在会场，但他的心中还燃烧着对叔叔亨利的熊熊怒火，他还利用了停火的协议，以备再一次在施瓦本和巴伐利亚与亨利对战。

　　维杜金德为我们生动而翔实地描述了在兰根岑进行的会谈。

　　他记述到，参会的人们聚集到一起之后，国王奥托出现在人群中间，说道：“唉，要是我儿子和其他反叛者的愤怒只是我一个人的苦闷和担忧就好了！现在却搅乱了整个基督教。他们像强盗一样洗劫我的城池、抢夺我的国家还不够，还要用我亲人和朋友的鲜血来浇灌他们的怒火。你们看，我的儿子已经被夺走了，我现在坐在王位上，最险恶的敌人却是自己的孩子。还有我最爱的孩子，我给他的荣耀要比他的出身高出许多。"他转向康拉德，继续说："而他却让我唯一的儿子与我刀兵相向。这件事再怎么沉重，我都承受了，可竟然还要将主的敌人和人民的敌人，将匈牙利牵扯进这桩交易中来。他们将我的王国变为荒地，杀害和囚禁我的人民，摧毁我的城市，纵火将教堂化为灰烬，夺取传教士们的性命。这群基督的敌人作恶多端，却还安然无恙地回到了驻地，而他们的路上洒满了鲜血，铺满了我赐予儿子和女婿的金银。还有什么是比这更大的罪孽，还有什么是比这更无耻的背叛呢！"

国王如是说道，他的话音刚落，亨利公爵就站了起来，接着哥哥的话头继续说，言辞更加激烈。他说，将在战场上抗击过两次的国家宿敌变成自己的盟友，为他们打开国门，这是卑鄙无耻的；他宁愿赴汤蹈火，也不愿与公敌结盟，遭人唾骂。

这时，利奥多夫走上前来说道："是啊，是有人将匈牙利人引来了，但引来他们的不是我，他们是来对付我的。除了给他们金钱，让他们放过我和我的人民，其他的我什么都没有做。如果在这之中我有什么过失，那至少所有民众知道，我并非心甘情愿，而是受外界局势所迫。"

紧接着，大主教弗里德里希来到国王和参会者的面前。他强调说，他愿意用任何方式来证明自己的清白，他从未在暗中做过反对国王的事情；只是因为他平白无故受到指控，又惧怕国王的怒火，才对国王避而不见的；他的誓言就能保证他忠诚的追随。"你只要起誓，你会尽自己的权力协助我，维护和平和和睦，这就够了，其他的我都不要。"奥托这样回道。于是大主教心甘情愿地起了誓，随后安然无恙地被释放了。

但大主教和康拉德终究没能说服利奥多夫也做出退让。在会议上再一次被叔叔激怒，使这个年轻人不愿屈服；就这样，与他联合至今的盟友离开了他，并如维杜金德说的那样重新"与天主及国王结盟"。

失去了康拉德，利奥多夫就失去了一位阅历丰富并且声名显赫的朋友，失去了他的建议与支持；自从大主教弗里德里希公开声明反对利奥多夫之后，他在诗人眼中的神圣光环也消失了；但即使这样，他也没有停下脚步，又重新投入了战斗中。他自己也不再期待能够获得多大的成功，但无尽的绝望驱使着他，在所有希望都落空之后，带着固执的傲气，牢牢抓住他自以为拥有的权力，盲目地在毁灭前垂死挣扎。

就在会谈结束的那天夜里，他就带着自己的随从离开了；他再次来到巴伐利亚，带兵占领了雷根斯堡。国王就跟在他后面，巴伐利亚又打响了一场血腥残暴的战争。

沿途，奥托路过一座被反叛者占领的小型堡垒；当时人们将那里称为霍萨达尔（Horsadal），现在则叫做比伯特河畔的罗斯塔尔（Roßtal an der Bibert）。在堡垒前发生了一场激烈的战斗。"凡胎肉眼之人，"维杜金德说，"从未见过比这更艰苦的鏖战。"人们带着熊熊怒火一直战到夜幕降临。堡垒中的人拒不投降，天亮时奥托的军队离开了堡垒，因为对国王来说，当务之急是要尽快到达雷根斯堡城前，那里是反叛者的主要据点。他带领重兵在城前驻扎了三天，打败匈牙利人的英雄亨利公爵和令文登人闻风丧胆的边疆伯爵格罗也都在军中。而城中集结着暴动者们的主要力量，由利奥多夫和王室领地伯爵阿努尔夫指挥。

国王的军队从各个方向将雷根斯堡团团围住。很快，城内就出现了粮草匮乏的情况，于是被围困的人们决定，用计从背后伏击国王军队，从而突围出去。这一行动充满了危险，但他们宁愿在英勇作战时倒下，也好过在饥饿中悲惨地死去。然而，突击行动失败了，利奥多夫的人马损失惨重，被逼回了城内。更不幸的是，在此之后不久，城内草场上所有的牲畜都落到了亨利的手中，他们的处境越来越艰难。这时，利奥多夫终于决定，带着自己阵营中最有声望的人，一起前往国王的营地；他向国王求和，却没有成功。因为父亲要求儿子投降认输，但即使是到了这个时候，顽固的利奥多夫也不愿意屈服。

战斗又开始了。城内的人们再一次试图突围。从白天的三时一直到九时，战斗一直处在胶着的状态。身经百战的大将，边疆伯爵格罗，将暴动者赶回了城中。就在那时，王室领地伯爵阿努尔夫在城门前倒下了。在两天的时间里，人们都不知道阿努尔夫去了哪里；最终，一位来到城门前寻找食物的老妇人发现了这位贵族的尸体。城内人心惶惶，他们派出信使来到国王的营帐，商讨移交事宜。那时已是8月底，人们已经在围困中苦苦坚持了六个星期。利奥多夫和他的人马离开了这座城市，急速赶往施瓦本。他相信，自己的公爵领地是他最后的庇护所。

雷根斯堡毫不退让，但为了追上利奥多夫，国王很快便和亨利公爵一起离开了。就在国王军队离开的那天夜里，一场熊熊大火几乎烧毁了整个雷根斯堡，但在经历了这场悲剧之后，城内的居民依旧反对他们的国王和公爵，看到战争的局势倏忽之间又转向了另一方，令他们感到心满意足。

亨利公爵占领了多瑙河畔的纽因堡（Neuburg），国王渡过莱希河（Lech）攻入施瓦本，并径直来到了伊勒河（Iller）。他将军营驻扎在伊莱尔蒂森（Illertissen），他与利奥多夫的军营之间只隔着一条河。眼看着恶战似乎难以避免，一直以来忠于国王的两位施瓦本主教，奥格斯堡的乌利希和库尔的哈特贝特，双双来到了利奥多夫面前，再次试图将这个鬼迷心窍的年轻人带回正途。直到这一刻，在无路可走的困境中，他才终于想起叔叔布鲁诺曾经苦口婆心的话语。他终于准备好做出退让，国王向他承诺，到下一次弗里茨拉尔的王国议会之前都会保持停火状态，等到议会上再对这段悲惨时间中的所有纷扰做出最后定夺。随后，奥托带领着他的军队返回了萨克森。

命运的沉重打击彻底磨光了利奥多夫的傲气，得不到父亲的谅解，他的心难以平静。他不等弗里茨拉尔的议会召开，就赶到了图林根。按照奥托的习惯，每年秋季他都会来这里狩猎。利奥多夫的到来使正在狩猎的父亲吃了一惊。他赤着双脚跪倒在父亲面前，动情地说出了自己的请求。泪水从父亲的眼中涌出，在场的所有人也都流下了眼泪。奥托心痛地将儿子搀扶起来，又向他展现出无私的父爱。利奥多夫发誓，无论父亲要怎样惩罚他，他都接受。这一切都发生在绍菲尔德（Saufeld），一个距离伊尔姆河畔的贝尔卡（Berka an der Ilm）不远的地方。

消息传来，大主教弗里德里希病重，恐怕时日无多，弗里茨拉尔的议会以及国王对孩子们的审判不得不因此而推迟。不久后的10月24日，国王的老对手弗里德里希去世了，比起他的一生，他的去世倒是荣耀可敬许多。国内的王侯和主教在12月中旬才得以集合到一起，不是在弗里茨拉尔，而是在图林根的阿恩施塔特（Arnstadt）。在这里，康拉德和利奥多夫再次郑重地臣服在他们的父亲面前，并交出了美因茨及法兰克所有的堡垒。国王重新接受了他的儿子和女婿，并将他们在法兰克和施瓦本的个人财产都还给了他们，但公爵权力和王国邑产永远也不会归还给他们了。洛林继续留给大主教布鲁诺，因为他一直谨慎地守护着这方土地。施瓦本被封给了一位叫作布克哈德的贵族，这可能是926年去世的布克哈德公爵同名的儿子，也是年轻的阿德莱德王后的叔叔。年长的布克哈德娶了亨利公爵活泼的女儿海德薇希，很快，这个年轻貌美的女子就将较为年长的丈夫控制在了自己手中，考虑到她家族的势力这也是必然的。美因茨的主教管区是德意志各州中最强势、最重要的，它被封给了国王的一个私生子，这个名叫威尔汉姆（Wilhelm）的儿子，是国王与伊迪萨结婚前与一个文登贵族女子生的。威尔汉姆很早就进入了教会，他接受教养的地方很可能是著名的赖兴瑙修道院，虽然他的学识与品格不能与他的叔叔布鲁诺相提并论，但他和父亲一样充满活力，果断而勤奋，全身心地投入了自己的工作中。在28岁的时候，他通过美因茨教会的一致推选，坐上了德意志王国主教的第一把交椅，虽然他还很年轻，但他已经感受到了自己作为圣波尼法爵继任者的义务，不因为自己是国王的儿子，而影响他的使命。

　　就这样，奥托与他的儿子以及女婿——那个在他执政前期最为亲近的人之间的斗争结束了。无论是对于作为国王的奥托，还是对于作为父亲的他来说，这都是一场无法言说的痛苦斗争。关于希尔德布朗德（Hildebrand）与哈杜布朗德（Hadubrand）的古老歌谣①在德意志历史中以形形色色的方式一再重演，我们总是能够看到，无论是在上流社会中还是在底层社会中，总会有亲人反目的故事；这种毁灭性的对立状态似乎根植于德意志人的本性当中，他们十分主

---

① 传说，父亲希尔德布朗德与儿子哈杜布朗德在由伯尔尼的迪特里希指挥的军中效力。儿子哈杜布朗德从小就认为自己的父亲已经死了，但是有一天，父亲希尔德布朗德在一场战争中出现在他的面前，哈杜布朗德认为这是敌人的计谋，要求与希尔德布朗德对决。按照当时的习俗，希尔德布朗德无法拒绝。于是希尔德布朗德就陷入了两难的境地，他只能杀死自己的亲生儿子或者被其杀死。故事结局不详，希尔德布朗德也在著名的尼伯龙根传说中出现过。——译者注

观，一旦沉浸到自己的执念中，就不受外界规则和限制的影响，即使是再神圣无上的界限，他们也不为所动。但在这场家族纷争之中牵扯到了前所未有的巨大利益，太多筹码被加注到这场纷争的输赢上。人们可能会认为，这只关乎一两个人的影响力，但实际上，这同时也关乎德意志民族的统一以及新建的王权统治。此外，更关乎德意志人所取得的、在西方各民族及皇权统治中的领先地位。所以，与王国敌对的邻邦才会立即加入战争，君士坦丁堡的皇帝和科尔多瓦的哈里发才会积极地关注战局。

在同一屋檐下的家人之间产生矛盾，影响家庭和睦，并不是罕见的事情，但要是发生在强大的王室家族，这样的矛盾纷争就会对整个王国的命运产生决定性的影响，就比如当时的德意志。通过这场不幸的纷争，强大好斗的贵族还没有被战胜，就重新获得了对抗王权统治的给养；神职人员们才从世俗欲望的泥潭中渐渐回归到他们的天职之中，在纷争中又回到了起点；德意志各宗族对旧时地方自治自由的狂热情绪又凸显出来，由于公爵已经失去其民族意义并越来越接近于专制统治者，他们就拿起武器对抗公爵。各个民族就这样投入血腥的内战中去，所有人都热血沸腾，已经遗忘的仇恨被回想起来，已经被熄灭的野心又被点燃了。原本通过功名将被现世和后世传颂的英雄，否认神的指示，麻痹即使在恶棍心中也尚存的善念，欢呼着将最险恶的敌人带入他的乡镇中，带入这个已经在纷争中间离了的王国之中，并从整个王国的毁灭中获得一己私利。这样一场纷争似乎由一股地狱力量煽动起来，而那复仇的欲望只有用毁灭一切的暴行才能消解。

民众从未忘记过这场战争。时至今日，我们依旧能够读到，伟大的奥托国王是如何与他高傲的儿子对战的，不论是对父亲抑或儿子都没有太过严厉的评判。这段德意志历史虽然可以作为一出伟大悲剧的素材，但它并没有成为德意志诗人作家笔下的悲剧，而在这个故事的结尾父子之间也达成了和解；利奥多夫、康拉德和亨利在这场纷争中的过错，都在他们维护奥托尊严的英勇事迹中，以他们的英年早逝偿还了。

4. 在腹背受敌中建立王权势力

a.内战在巴伐利亚的终结

如同一艘船受到狂风巨浪的侵袭，风暴停歇之后不会立即恢复平稳，而是会在泛着泡沫的海浪中继续颠簸许久，随后船长才会悲伤地查看损失：在执拗的儿子和女婿终于屈服之后，奥托和他的王国也是如此。

曾经祥和而荣耀的王国现在发生了怎样的改变，经历了怎样的损失，面对着多少威胁，原本的风纪和秩序又被多少混乱与无序所取代！贝伦加尔和他的意大利王国解除他们对德意志的邑臣义务，并理所当然地将并入奥格斯堡的边区重新夺回了手中；文登人暴动起来；匈牙利人在边境伺机而动，想和去年一样收获丰厚的战利品。而在国内，内战还远远没有结束。并非所有与利奥多夫和康拉德一起拿起武器的人，都和他们一起缴械投降。而在一些地区，就比如在巴伐利亚，国王的威严和声望还没有恢复。

在一封大主教威尔汉姆写给教皇的信中，我们可以清楚地读到当时德意志各州的情况。威尔汉姆的信是为了向教皇道歉，他没能亲自前往罗马，也无法派使者去罗马。"我们身处在水深火热之中，"他写道，"我即使出现在你们面前，想问的话也问不出口，因为内战的痛苦不可言说，一旦开口眼泪就会止不住地流下来。父子之间，兄弟之间，甚至生死之交的朋友也反目成仇；人们不再顾忌阶级的界限或是亲缘的羁绊；国王无法实行统治；主教们失去了他们手中的权力，这些天主的宠儿被迫服行徭役，受到流放或被灼瞎双眼；本该听从于主教的公爵和伯爵，却对主教趾高气扬；没有一所教堂是完好无损的。我并不控诉任何人，我只怪这局势。"如果说威尔汉姆在955年年末写下的这封信函符合当时的真实情况，那么当年年初德意志王国的内部状况又该是怎样的一幅惨象，国王一个人的忧心又如何应对整个王国的颓势呢！

奥托的当务之急，是使巴伐利亚人重新服从亨利公爵的号令，同时抵挡住匈牙利人新一轮的入侵。当时，匈牙利人已经整兵顿马重新来到了边区中，奥托在年初领兵进入巴伐利亚，守住边关，才暂时阻止了他们的入侵计划。随后，两兄弟就将连同边区在内的整个巴伐利亚州都掌握在了手中。最顽固的雷根斯堡，拒绝为他们打开城门，在复活节后又经历了一次围城，经过顽强抵抗之后，受到饥饿的逼迫才屈服下来。随后，在米尔多夫（Mühldorf）又打响了一场血腥的战役，而几个世纪之后在这同一片战场还将做出一个对德意志王权影响深远的决定。萨尔茨堡大主教赫洛德与亨利的敌人们勾结已久，在米尔多夫战役开始前不久被捉住了，没有经过神职法庭的审判，他就被弄瞎了双眼，流放到了瑟本（Seben）；而萨尔茨堡教会的财产则被亨利公爵分配给了他的邑臣。在这场战役中，暴动者经历了一场惨败；四位伯爵，阿达尔贝特、阿斯科温（Askwin）、阿努尔夫和克尔罗（Kerlo），以及一大批低阶官兵都在这场战役中牺牲了。5月初这场战役似乎结束了，国王的权威和亨利的势力在巴伐利亚重新树立起来；不久后，阿奎莱亚边区也被收回了，按照亨利的想法，阿奎莱亚的宗主教（Patriarcha）是暴动势力最主要的力量来源。而阿奎莱亚的宗主教也遭到了与大主教赫洛德一样残暴的复仇；人们相信，亨利毫无缘由地对他执行了宫刑。夏天来临时，巴伐利亚及各边区又重新回到了亨利的全权掌控下。据说，"所有他已经放弃的公爵领地和财产，又重新到了他的手中"。这里又重新传颂起了他的英勇，但同时也有他的冷酷无情——给这个王国带来诸多不幸的冷酷无情。相比之下，奥托要温和许多，他还对巴伐利亚的暴动者举行审判；参与了反叛行动的伯爵和大邑臣遭到流放，但下级的人们都被宽恕了。亨利在巴伐利亚的势力重新建立起来之后，国王于955年7月1日前后返回了萨克森。

这里的人们都对国王的归来感到喜悦。因为在内战爆发后不久，文登人就暴动起来，萨克森的局势不容乐观；更危险的是，萨克森人要在孤立无援的情况下对抗这群宿敌。

正如之前提到过的那样，赫尔曼·彼林的两个侄子，维希曼和埃克贝特，早在953年夏天就加入了利奥多夫的阵营，但当时他们俩很快被自己的叔叔打败了。虽然与叛国逆上的罪行相比他们受到的惩罚很轻微，但国王还是将维希曼留在自己身边看管起来。奥托在954年年初出发前往巴伐利亚时，命令这个不安分的年轻人随他一起前往巴伐利亚。但维希曼却声称自己病了，必须待在家中。奥托要他回想一下，奥托是如何将他这个无父无母的孤儿当作自己的儿子一般养大成人，并请求他不要再给自己增添新的痛苦，因为奥托的心情已经足够沉重了。但野心勃勃的维希曼一心想着复仇，对奥托的话语无动于衷。奥托将看管维希曼的任务托付给伊多（Ido）伯爵，离开了萨克森。奥托才刚刚出发，维希曼就从笨拙的看守手中逃了出来。他请求看守允许他去狩猎，看守允许了。在阴暗的树林中，他与藏身在那里的同党会合了，他们一起赶往他的家乡，并攻占下了他的城堡。他的兄弟埃克贝特也已经将国王的恩惠抛在了脑后，与维希曼联合起来，趁奥托在巴伐利亚之际，重新发起了暴动。但赫尔曼公爵知道要怎么对付这两个不安分的侄子，他将他们的军队驱赶到了帕伦。他们俩就从那里渡过易北河逃到了文登人那边，两名文登族首领——纳科（Nako）和斯托瓦内夫（Stoinef）兄弟俩早就渴望着能向德意志人复仇，为他们提供了避难所。

文登人再次发起暴动，首先向赫尔曼公爵的边区发起了进攻。954年复活节前，赫尔曼带兵抗击暴动者。他差一点就夺下了两个侄子藏身其中的文登族堡垒。然而行动失败了，赫尔曼也在不久后撤了兵。复活节后，文登军队在维希曼的带领下前来攻打赫尔曼。赫尔曼的军队人数太少，无法与文登人浩浩荡荡的大军正面作战，因此他避免正面交战，而是建议将科卡勒斯米尔（Cocaresmier）城堡作为交换，我们现在无法考证这座城堡坐落在何处，但当时有大批民众都逃到了这座城堡中避难。城堡中的军民同意交出城堡，但条件是让所有自由阶层的人带着他们的妻子和孩子不带武器爬出城墙，而那些仆役，就如同金钱和地产一样要留在城中。文登人进入城堡时，一个文登人看上了被释放出城的女人，想要将她从她丈夫身边夺走；而她的丈夫则请他吃了一记拳头。这时，文登人就呼喊起来，说萨克森人违反了协议，于是抽出大刀胡乱砍杀起来。所有成年男子都被屠杀了，剩下的女人和孩子成了奴隶。

德意志人在这里留下的血海深仇亟待偿报，但奥托还困在内战的泥沼之中。同一时间，格罗公爵的边区也发生了暴动。当时，格罗在雷根斯堡城外围困利奥多夫，他一回到家乡，就不得不立即在乌克马克（Uckermark）①迎战文

---

① 又译乌克边区，意为乌克人居住的边区。乌克人是文登人中的一支。——译者注

登人；刚刚离开战场的他又来到了另一片战场上。刚刚与父亲和解的康拉德，陪着格罗一同上阵杀敌，在这场战斗中，他才重新为奥托的名誉和德意志王国的尊严而举剑。乌克人被击败了，人们赢得了丰厚的战利品，萨克森洋溢着胜利的喜悦；但是，当955年夏天奥托在结束了巴伐利亚的最后一场战斗回到萨克森时，暴动还没有完全被挫败，科卡勒斯米尔之仇还未报。现在，他想要集中全部精力对付文登人，然而另一个恶敌却使他不得不先将矛头指向别的方向。

b. 莱希费尔德战役

奥托刚刚回到萨克森，匈牙利人的信使就来到了他的宫廷中，他们似乎是来求和的，并表示他们的民众要臣服于国王，但实际上，他们是来侦查萨克森的局势的，企图在合适的时机再次发起进攻。匈牙利的使者们带着国王丰厚的赏赐刚刚离开，亨利公爵从巴伐利亚派来的信使就到了，他们带来消息："你看，匈牙利人在王国的边境蠢蠢欲动，想要和你一较高下。"收到这封快报，奥托即刻出发，重新来到了巴伐利亚，几乎就跟没离开过一样。他的身边只带了少量萨克森将士，因为与文登人的战争也迫在眉睫，不能使萨克森失去战斗力。

在此期间，匈牙利人已经遍布整个王国，深入了施瓦本腹地。零散的骑兵队伍径直来到了黑森林，而主力部队则驻扎在奥格斯堡周围莱希河畔的平原上。这群恶敌还从未以如此庞大的数量出现在这里过；上万名匈牙利士兵入侵巴伐利亚，他们为自己的作为感到荣耀，除非天崩地裂，他们对世上的一切都无所畏惧。他们的这次入侵比以往的任何一次都更残暴。

危急关头，奥格斯堡主教乌利希这位国王忠实的朋友，展现出令人赞叹的勇气。恰恰是他深爱的城市奥格斯堡受到了匈牙利人尤其沉重的打击，几乎无法进行抵抗。奥格斯堡是座人口众多的大城市，但围绕着这座城市的只有一座较低的城墙；城墙上甚至没有塔楼，当时的人们在塔楼上瞭望巡逻确保城墙周围的安全，现在我们还能在许多古城中看到这样的塔楼；可能这就是匈牙利人选择奥格斯堡的原因。但即使这样，乌利希也相信神会给予他帮助，他决定誓死守城。他的身边聚集着一支大型的骑兵队，骑士们个个英勇无比，当匈牙利人冲杀过来时，他们心中唯一的希望就是迎上去与他们一较雌雄。但乌利希阻止了他们这样贸然拼杀，他想要让他们等敌人来到城墙前。他命人将最容易攻破的城门堵上，带着骑士们来到另一座朝向莱希河的城门前。匈牙利人在第一扇城门前吃了闭门羹，也来到了这里，他们的大军密密麻麻堵住了城门，他们认为没有人再能阻止他们入城了。但很快，乌利希就和他的骑士们突围出来了。战斗发展到了白热化阶段；乌利希身穿主教法衣穿过废墟，骑马来到他的军队中间；他没有佩戴头盔，也没有穿着铠甲，即使石块和弓箭如同雨点般袭来，他也毫发无伤；乌利希手下的人马英勇作战；许多匈牙利人倒下了，其中还有他们的一位贵族。匈牙利人看到这位贵族倒下了，军队中发出了疯狂而野蛮的号哭声，很快他们便撤回了营帐。

乌利希欣喜地带着他的骑士们回到了奥格斯堡城中，为下一次的战斗做准备，因为他清楚地知道，下次匈牙利人就会投入全部兵力攻城。因此，他命人以最好的速度修缮城墙，一切都要维持良好的状态。随后，他让修女们排成节庆时的队列在城中游行，并用祈祷和颂歌请求主的助佑。而他自己则几乎整夜都没有合眼，他双膝跪地向上天祈祷。朝霞出现时，他郑重地举行了一场大弥撒，用圣餐激励众人，施与他们勇气与主的信任，他引用神在赞美诗第23篇中的话语："我虽然行过死荫的幽谷，也不怕遭害，因为你与我同在，你的杖，你的杆，都安慰我。"初升的朝阳刚刚射出第一道光芒，匈牙利人就从四面八方攻城了。他们带着撬棍和铁锹，企图动手捣毁城墙。但乌利希和他的人马就在城墙上，到处都有人镇守。站在高处的他们看到大多数匈牙利人都不愿意走到前面。那些走在前面的人都是被后面的人鞭打着前进的，因为看到城墙上都有人镇守，没有人敢冲锋在前。这就已经使城内的人们勇气大增了；进攻没有正式开始，突然吹响了一声号角，匈牙利人就一窝蜂地全都撤退了。他们的大将从一个反叛者那里得到消息，国王奥托带着一支大军赶来了，而这个反叛者是贝尔希托德，他的父亲王室领地伯爵阿努尔夫在雷根斯堡死去了。听到这个消息，匈牙利大将撤回他的军队，并火速沿着莱希河左岸向下游行军，去迎战奥托。他认为，只要先战胜了奥托，奥格斯堡也势必落入他的手中。

奥托在巴伐利亚没有看见敌人的影子，便追踪他们来到了莱希河流域的

平原上。这一路上，越来越多的将士加入他的麾下，但还是无法与匈牙利人的
大军相比。当他看到匈牙利军队浩大的阵势时，他想，要是神不来帮助他的
话，他永远也不可能战胜这样一支人数庞大的军队。因此，他怀着担忧推迟了
战斗，在莱希河左岸一处便利的地方安营扎寨，那里距离奥格斯堡不远，距离
敌人的营地也不远。巴伐利亚的军民以及莱茵河这一边的法兰克士兵都出现在
了奥托的军营中；施瓦本军队也赶来了，就连乌利希主教也让他手下英勇的骑
士趁夜从奥格斯堡来到国王身边，而乌利希的兄弟迪特波德伯爵也带着他威名
远扬的军队前来助阵。只有洛林的军队没有到，大主教布鲁诺无法在指定的日
子将军队带到哥哥身边，而且他害怕会有别的军事力量前来夺取他的城市，因
为匈牙利人可以轻而易举地从战斗中脱身，侵袭莱茵河另一侧的洛林。莱茵河
对岸的法兰克军队由于路途遥远，也迟迟未出现在营地中——就在人们等得心
焦时，他们出现了，领头的是再次从文登人那里得胜归来的康拉德。所有人都
欢呼着迎接这位卓尔不凡的战将，虽然他曾有过失，但在军中他是最受爱戴的
人。奥托还想推迟几天作战，但匈牙利人已经近在咫尺，而且他也不能再将
军士们高涨的情绪长久地抑制下去。于是，他命人在斋戒及赎罪日那天向众人
宣告，要众人为了战斗的胜利向神祈祷，并为第二天的战斗全副武装做好一切
准备。

翌日，正是8月10日圣劳伦斯[①]节，天刚蒙蒙亮的时候，军中就举行了一
场神事为即将开始的战斗鼓劲。国王跪在地上，流着眼泪起誓，如果基督能使
他战胜敌人，他就在梅泽堡为殉教的圣劳伦斯设立主教管区，并将刚刚开始建
造的王室领地献祭给他，随后他从虔诚的乌利希主教手中接过圣餐，准备好要
打响这场生死攸关的战役。军中的所有人都郑重地摒弃了此前的矛盾与敌意，
重新宣誓效忠他们的将领，发誓在任何危难中都相互帮助和支持。军旗举起来
了；旗帜在风中猎猎翻飞，奥托的将士们怀着坚定的信念离开了营帐。

国王的军队被分成八路，每支队伍都由约千名装备精良的骑士组成，骑士
的众多仆从和奴隶则跟随其后。前三路是巴伐利亚军队，他们的人数最多，但

①　又译圣老楞佐或圣罗伦斯。——译者注

亨利公爵并没有亲自前来，他卧病在床，将指挥的任务交给了其他人。第四路队伍是法兰克人，由康拉德领队，他是敌人不敢靠近的战将，整个军队中最受爱戴的英雄。但整个军队中战力最强、最荣耀无上的是第五路，由奥托亲自指挥的这支队伍。在他身前，圣天使长米迦勒挥舞着他的长剑，而他的剑锋指向的地方就是胜利所在的地方；一群英勇果敢、视死如归的年轻将士簇拥着圣天使长和国王——整个军中最英勇无畏的人。第六路和第七路军队是在布克哈德公爵带领下的施瓦本军队。而最后一路军队则由精挑细选出的波西米亚骑士组成，他们手中的武器闪着寒光，由他们的公爵带领着。这支殿后的骑兵队还带着军需物资，因为这是人们觉得最安全的地方。但事情的发展出乎人们的预料。

在前进的过程中，将士们克服了许多困难，因为沿途他们必须穿过木丛，越过高低不平的田地。奥托选择这样崎岖的道路，就是为了迷惑敌人，但他很快他就发现自己中计了。一部分匈牙利人两次渡河，绕到德意志军队的后面。当他来到战场时，他发现不仅前方有敌人，背后的敌人也不在少数。他的后卫骑兵队遭到了突袭。先是弓箭如雨点般袭来，随后，伴随着令人惊惧的号哭声骑兵也发起了进攻。波西米亚将士们的阵形被冲散了，许多人倒在血泊之中，许多人遭到俘虏，所有的物资都落入了敌人的手中。很快匈牙利人就朝施瓦本军队发起了进攻，而他们也没能抵挡住匈牙利人暴风般的袭击。敌人已经来到了国王亲自带领的军队后面，而前方的主力军队仍严阵以待面对着匈牙利人。奥托将英勇的康拉德和法兰克将士们一起派去迎击从后方来的匈牙利军队。恐惧蔓延了整个遭到袭击的军队，即使是最年长的将士，看惯了战场废墟，获得过无数胜利，也感到可怕。但康拉德无所畏惧，他视死如归，而他带领的年轻士兵都是初生牛犊，从未将敌人放在眼中，他们英勇地集结在康拉德周围，誓死追随于他。康拉德冲锋陷阵，打了一场漂亮仗。法兰克军队所到之处，匈牙利人便四散而逃；许多匈牙利人倒在地上奄奄一息，其他的则落入法兰克人的手中；最后，匈牙利人溃不成军，疯狂逃窜，被俘虏的波西米亚士兵得到了释放，物资也被夺了回来，胜利的旗帜翻飞着，康拉德回到了国王身边。

一场重大的危机解除了，但与国王对峙的匈牙利主力军队还在，真正的战斗还未开始。奥托清楚地看到，现在才是决定生死的时刻。没有了后顾之忧，奥托命将士们展开阵形面对敌人。按照维杜金德的记叙，他这样对将士们说道："你们看，敌人不在远方，而是密密麻麻地会集在我们眼前，我们不得不采取行动证明我们的力量和勇气。但我并不害怕，和你们一起我已经在各地战胜了无数异族人，而现在我就要和你们一起在我的王国、我的土地上将侵略者赶走！是的，我知道，敌人的数量远远多于我们，但在勇气与装备上，他们是不及我们的，他们中的很多人甚至连武器都没有；而且他们还没有神的助佑——这是我们最好的武器！保护着他们的只有他们自己的傲慢自负，而保护着我们的则是对神的信念以及神的助佑。的确，在我们使整个欧洲臣服于脚下之后，现在却要把我们的国家拱手交给敌人，这是令人羞愧的。不，我们不愿这样，我宁愿抓住机会，让我勇敢的战士们在光荣的战斗中将敌人降服，也不愿在敌人的桎梏下成为奴隶，或如同牲畜一般任人宰杀。我想对你们说的话还有很多，但话语并不能助长你们的勇气。我们还是不要说话，现在就拿起刀剑，奔赴战场吧！"奥托这样说着，拿起他的盾牌和圣矛，飞身上马，向敌人的队列中冲去，而其他的战士和将领也是如此。整支军队都跟在他身后向匈牙利人发动了进攻，很快战斗就铺开到了各个方向。匈牙利人不久后就开始泄气了，只有最大胆的一些还在坚守阵地。德意志的刀剑在匈牙利人的队列中闪着骇人的寒光。不消多时，浩浩荡荡的大军就溃散了，兵士们疯狂地向四处逃窜。在逃亡的路上，一些骑兵的战马再也跑不动了，他们就躲进了分散在平原各处的村落里；但德意志人就跟在他们后面，放火将他们的藏身处烧掉，而那些逃兵就葬身在这烈焰之中。也有许多人向河边逃窜，最后悲惨地在水中溺死了。就在同一天，匈牙利人的整个军营都落入了奥托手中，之前被匈牙利人捉住的所有俘虏都得到了释放。

直到傍晚，德意志人才重新集结起来。队列中缺少了一些英勇的士兵。迪特波德伯爵以及他的侄子雷金巴尔德（Reginbald）都在莱希菲尔德牺牲了。国王深深为失去这些勇士而哀悼；但最使他痛心落泪的还是他的女婿康拉德，他也在这场荣耀无比的战役中献出了自己的生命：如同当天早些时候一样，康拉德再次如同勇猛的雄狮一般投入战斗，追击逃亡的敌人。但当他筋疲力尽地下了战场，在8月烈日炙烤后，解开头盔的绑带，想要喘一口气的时候，一支暗箭射中了他的喉咙。他的心愿就这样实现了：为了国王、为了祖国，像英雄一般死去，他用无上的战绩偿还了身上沉重的罪孽。奥托哀痛了许久，他命人将康拉德——他曾经最喜爱的臣子，厚葬在沃尔姆斯他父亲的旁边。维杜金德说："康拉德是一位誉满世界的大英雄，所有的法兰克人都为他的离去而哀伤落泪。"他也是一个强大家族的祖先，在之后，他的家族占据了德意志王座长达一个世纪。

夜幕降临，国王来到奥格斯堡城中，他将这里的人们从危难中解救出来，城里的居民们欣喜地迎接他的到来。但正如奥托的心中悲喜交加，乌利希主教心中也是五味杂陈——毕竟，这场胜利是用他的兄弟和侄子的鲜血换来的。乌利希在国王的身边劝慰他，听候他的差遣。当清晨来临时，奥托再次从乌利希手中接过圣餐，随后他立即出发前往巴伐利亚，追击逃亡的敌人。从这场战役中逃脱的匈牙利人，被心中的恐惧驱赶着，往东面逃去。对那些还没有逃到莱希河对面的匈牙利人来说，他们的死期到了，因为国王已经下达命令，严格看守岸边的所有车辆和船只，绝不放一个活人过河。但即使是已经渡河的那些逃兵也大多难逃一死，因为死亡在各处等候着他们。只要有人在城墙上看到不安的逃亡队伍，城内的军民就会很快赶出来，打击他们。就这样，很多匈牙利人在战役后的第二天和第三天就死了。奥托沿多瑙河向下游追击匈牙利军队，一直来到了雷根斯堡。在这里，他对俘虏的敌人进行了严格的审判，许多匈牙利贵族被绞死了，其中就有匈牙利人的最高将领普尔斯奇（Pulszi），圣加伦的年鉴中将他称为匈牙利人的国王。奥托的军队终于可以庆祝胜利了。将士们欢呼着，将奥托称为国父和皇帝，正如同亨利一世国王在战胜匈牙利人之后的情景一样。但奥托却说这场胜利并非他的功劳，他说，这场胜利唯一要感谢的就是全能的神，为了表示感激，他带着他的军队郑重地行军到了城内的所有教堂。庆祝结束后，他向萨克森派出信使，命人向他亲爱的母亲禀告这次的战况。

匈牙利人又一次在大型战役中败给了德意志人，而他们的军事力量也被全数歼灭了。在这之后，他们入侵德意志的兴致就不如以往那样高了；同时，由于与德意志王国相连的阿奎莱亚边区也受到了更好的保护，他们最终完全放弃了对欧洲西方的侵略。在将东方帝国作为自己的侵略目标一段时间之后，他们开始在美丽、富饶的多瑙平原定居下来，并彻底放弃了野蛮的游牧生活。很快，为了保护自己的财产，他们甚至开始在西部边境旁的沼泽湿地建起城墙，为了防备勇猛的德意志人；但同时他们也不断攻击在边区内定居的德意志军士，将他们逼退到了恩斯河对岸当时边境所在的地方。经过多场战斗，德意志王国在这里赢得了一片风景秀美的土地，也是直到这时，恩斯河上游和下游的土地才成了巴伐利亚的东部边区固定的组成部分。而在晚些时候，奥地利也是从这里开始，发展成了一股强大的势力获得了无上的荣耀。

在奥格斯堡取得的胜利，不仅孕育出了奥地利，同时孕育出了匈牙利民族的文明和开化；可以说，到此为止民族的迁徙和漫游结束了，因为在匈牙利人之后，再没有其他的迁徙民族在欧洲找到他们的立足之地，再没有人像他们这样涉足欧洲西方世界的运动中去，参与到内部发展的进程中来。与此同时，从罗马发展出来的基督教文化被日耳曼人接受，多少次它受到威胁，日耳曼人都用自己的刀剑捍卫它不受蛮族的侵害；数次习惯欧洲的野蛮势力又使整个西方承受了怎样骇人的痛苦和损失；但现在，这支蛮族也被战胜了，他们曾经百般迫害的基督教文明，现在可能也要成为他们的文明了。奥托的胜利解放的不仅仅是德意志王国，它还将整个欧洲都从匈牙利人半个世纪之久的疯狂侵略中解放出来——这场胜利使整个西方都沉浸在无以言说的喜悦之中。

c. 与文登人的新一轮斗争

看到国王凯旋，最欣喜的莫过于萨克森人。惊惧与担忧已经笼罩在这里太久了，不只是因为匈牙利人，更多的还是因为文登人。他们在维希曼和埃克贝特的带领下击败了格罗的副手边疆伯爵迪特里希（Dietrich），使迪特里希踏上了逃亡之路。除此以外，人们还在天空中看到了诸多异常的征兆。他们将期待的目光投向奥托，奥托一刻也不迟疑，马上武装起来迎战文登人。

在军队开拔之前，人们对不知感恩的维希曼和埃克贝特进行了审判。在他们两人都不在场的情况，人们决定，这次不再心慈手软，要将他们作为王国的敌人重拳出击，但如果他们手下的人马能够回到国王这边，并且愿意屈服的话，会对这些将士从轻发落。人们刚刚做出这个决定，文登人的使者就出现在了集会现场。使者带来消息，说他的民众们愿意像以往一样向国王进贡，但要求君主留在自己的国家境内；如果能够保证这一点，他们就还是德意志王国忠诚的朋友和同盟，不然的话，就要用武力夺取自由。奥托回答道："只有你们弥补了自己的过失，才有和平可言。"说完，他打发文登使者上路，自己则立即带领着军队渡过了易北河。带着神的赐福，心中沸腾着热血，国王和格罗深入文登人的土地，来到了雷肯尼茨河畔（Rekenitz），因为这里和佩讷河流域是暴动的文登族群主要的驻地。利奥多夫也来了，他没有像康拉德那样被心中的苦闷驱使参与到对抗匈牙利人的战役中去，但他现在拿起了武器，站到了父亲的身边。

熟悉这片土地的人都知道，这里到处是湿地、沼泽和湖泊。因此，要在这里进行战斗是很困难的，奥托也因此陷入了危机。当他在雷肯尼茨河畔驻扎下来之后，由于河岸边就是沼泽，军队无法渡河，他被文登军队从后面包围了。河的这边他被堵住了去路，而河的另一边还有斯托瓦内夫带着军队等着他。很快，粮草也紧缺起来，饥饿与疾病折磨着德意志人。由于情势日渐危急，奥托最终派出格罗公爵，与斯托瓦内夫谈判：如果文登人是真的顺从于德意志的话，那就该将奥托视为朋友，而不是敌人。

格罗与文登首领会面了。由于他们互不信任，只好分别待在河的两岸进行磋商。格罗首先向文登首领打招呼，得到了文登人的回应，但接着，格罗就傲气地说道："与我们之中的一人作战对你来说还不够吗？你说，你哪儿来的胆子竟敢和国王抗衡？你有那么多人马和武器来进行这场大战吗？好吧，就算你有这力量、经验和勇气，那就让我们过河，或者你来我们这边。让我们在选定的战场上决出高下。"听了这话，斯托瓦内夫气得咬牙切齿，咒骂着格罗、国王以及整个德意志军队。他知道，他们处在极大的险境之中，并且还要叫他们尝尝他的厉害。但格罗的怒火也爆发了出来——他也是个热血男儿，惹毛他的人也不会有好果子吃。他向河对岸喊道："好，你和你的人民到底有什么能耐，明天就见分晓，明天你们也会看到，我们是怎么将你们打败的。"随后，格罗飞也似的赶回了营地，向国王禀报了事情的经过。奥托决心按照格罗的话去做。

当天晚上，国王就开战了。德意志人向河对岸投射弓箭和标枪，同时试图从营地附近渡河。文登人想到他们会这样做，紧密地集合起来，不让一个人顺利渡河。但是，他们没有猜出奥托的真正意图；国王派遣格罗从营地出发，沿河向下前进了一段距离，找到一处无人看守的地方，在居住在吕根岛的文登人（当时的他们还是异教徒，但还是在这场战争中帮助了国王）的帮助下迅速建起三座桥梁，并将消息禀告给了国王。随后，德意志的骑士们就沿着河流行进，凭借这三座桥轻而易举地渡过了雷肯尼茨河。文登人虽然很快就追赶上来，但他们的步兵已经行进了很远的距离，筋疲力尽了，他们来到选定的战场时已经不成阵形了。开战后，他们抵挡不住奥托手下骑兵们的攻势，纷纷逃窜，在逃亡的过程中许多人都死在了德意志军队的刀下。

斯托瓦内夫和一些骑兵留在了附近的小山丘上，这样他就能更好地了解战局。他看到自己手下的人马纷纷逃散，自己也立即逃走了，藏身在幽暗的林中。奥托手下一名叫作霍塞德（Hosed）的骑士抓住了斯托瓦内夫和他的两个仆从。这个文登人终究败在了萨克森人手下；霍塞德砍下斯托瓦内夫的头颅，拿走了他精良的铠甲装备，并将这两样东西都呈给了国王。其中一个被抓住的仆人也被带到了国王面前。国王赞扬他的勇敢，并赐给他20胡符的土地作为邑产。

与此同时，文登人的营地也被占领了，德意志军队缴获了许多战利品。战斗和杀戮一直持续到深夜。那是奥托战胜匈牙利人的同一年，10月16日圣加仑日。

在战役结束的第二天，对俘虏进行了审判。斯托瓦内夫的头颅被展示在众人面前，同时700名俘虏也被斩首；1名斯托瓦内夫的谋士被剜去了双眼、拔去了舌头，随后人们就让他留在成堆的尸体间，自生自灭。埃克贝特和维希曼从血腥的复仇中逃脱出来，并在法兰西的于格公爵那里找到了庇护。

但奥托在文登的这场大战只在很短的时间内震慑住了文登人，对自由的向往和复仇的欲望驱使他们重新拿起了武器。957年，奥托不得不再次与他们在战场上进行较量，并且没能使他们完全屈服就撤了军。维希曼也很快回到文登人中间。他和他的兄弟埃克贝特一起，在异族中生活了两年。大主教布鲁诺说服国王，宽恕了埃克贝特，使得埃克贝特能够回到家乡。但现在，就连维希曼也忍受不了久居异乡。他暗中回到故土，为了能再见一见自己的家族庭院和自己深爱的妻子。随后，他再一次去到了文登人那里。958年，萨克森军队第三次出兵对抗他。但军中的许多士兵还是对他十分友好的，他们劝说他，自愿向格罗公爵和他的儿子投降。格罗也为这个英勇但不安分的青年求情，请求国王允许维希曼回到家乡，回到妻子身边，但国王还有一个条件，他必须发下毒誓，再也不做任何对国王不利的事。

958年，文登人在与德意志人的对战中又流了不少鲜血，但这依旧没能确保长期的和平；在随后而来的959年和960年，通过两场新的战斗，德意志对文登人的统治终于得以稳固。

d.内部局势

曾经，德意志各州似乎是由奥托和他的儿子们共同统治的，现在儿子和女婿的影响力完全被消弭了，不只是他们自己，他们的整个派系，所有倚仗于他们的人，都失去了他们在王室宫廷的重要地位。相对应的，在一个对王国事务尤为重要的位置上，王后阿德莱德及她青睐的人们崛起了。除她以外，国王身边最重要的人就是两个弟弟亨利和布鲁诺；他们俩一个在德意志南部，另一个则在西部掌握重权，他们俩的忠诚都经历了内战的考验，越发得到国王的信赖。

亨利重新统领了巴伐利亚公爵领地及其边区，他的女儿海德薇希与新任施瓦本公爵的婚姻，使他对施瓦本的事务也有极大的影响力。亨利越是位高权重，他的死对国王来说就越发沉重——国内还没完全安定下来，亨利就先一步去世了。955年11月1日，亨利英年早逝；去世时，他还不到40岁。在亨利的性格之中，优秀的美德与恶劣的性格以奇妙的方式混在一起，就连与他同时代的人也始终徘徊在对他的赞扬与贬抑之间。没有人能够否认，他是一位英勇的剑士，面对人生中的起起伏伏都坚决果敢，他能够牢牢掌握住统治权，也懂得如何克敌制胜，但是也没有人能掩盖他人生中的瑕疵。诚然，他重新赢得了哥哥的信赖，用伟大的功绩使自己早年不顾兄弟情义犯下的过错全部归于遗忘。

但是，在德意志民众的眼中，是他引发了残酷的父子战争，所以他从未真正获得德意志人民的爱戴。尤其是巴伐利亚人，他们一直将他视为严格而冷酷的统治者，更何况亨利并非他们的族人，就使他们越发痛恨他的统治。他几乎没有忠诚的朋友，他的内兄是最先拿起武器反对他的人。

虽然亨利得到的爱很少，但有一颗心却始终对他温柔而忠诚——那就是他的母亲。一部诞生于后世的传记告诉我们，玛蒂尔德在奎德林堡听到了亨利去世的消息，她随即将修女们唤来教堂，请她们为她儿子的灵魂祈祷，并且首先跪在圣坛前。她呼喊道："主啊，悲悯你仆人的灵魂吧，是你将他召到天上！你看，他这一生享受的欢愉极少，他的生活中几乎充满了悲伤与苦难啊！"她站起身来，颤抖着来到亨利一世国王的墓碑前，低下头，流着眼泪说道："哦，我的君主和丈夫啊，你不用再经受这份痛苦，是多么幸运。这痛苦撕扯着我的心，但它已经与你无关了；如果说与你有关的话，那也是因为，在你去世的悲伤日子里，我们深爱的儿子——他有着你的样貌，你的身形和你的名字，还留在我身边，成为我唯一的慰藉。"自从丈夫死后，玛蒂尔德就一直在王室的猩红色礼服外面穿一件麻布罩衫，而从这天起，玛蒂尔德再也没有穿过猩红色的王室礼服，而只穿丧服；她也丢弃了所有金制饰品；曾经喜爱的娱乐游戏，她再也不参加了；她受不了人们在她面前唱世俗的歌曲，只有宗教颂歌才能获得她的喜爱。

除了边区以外的巴伐利亚公爵领地都继承给了亨利4岁的儿子，他也叫作亨利。他的母亲，也就是阿努尔夫公爵的女儿尤迪特，辅佐他进行统治。维杜金德形容尤迪特，有着罕见的美貌与卓越的见识。很快，出身于巴伐利亚本地家族的弗赖辛根主教亚伯拉罕（Abraham）就成了她身边最重要的谋士。这样一来，现在对巴伐利亚的统治就更加适应于本族的利益，而年轻的公爵也是作为巴伐利亚人在巴伐利亚成长起来的。

亨利公爵死后，被维杜金德称为"伟大的主教"的布鲁诺就成了对国王影响最大的人，但也没有人比这个天资聪颖、卓尔不凡的男子更配得上国王无条件的信赖。人们总是带着敬佩和惊叹注视着布鲁诺。对于这个时代的伤痛，他看得比任何人都要透彻，而对于弥合这些伤痛的方法，他也知道得比任何人都要清楚；没有人像他那样坚决但又从灵魂深处透出大度和平和；布鲁诺对自己有多严格，他对别人就有多宽容；他最喜欢思考天堂中的神圣事物，也醉心于科学研究，但对于教会和国家中的凡尘杂事，只要是交付给他的，他就时刻警醒，一丝不苟。

我们知道，作为公爵管辖洛林对他来说是一项艰巨的任务，而他却在内战期间用智慧解决了这个难题。但是，如果要使这群不安分的人在康拉德屈服之后马上回归到旧时的秩序中，要做的还有许多；不能奢望着，洛林那些高傲的权贵会继续在一个异族传教士的领导下乖乖听话。在洛林固然有一支强大的派系支持着国王，但他们也有反对者，冲突、仇恨和不满也从许多地方展现出来。956年，奥托将所有的洛林居民召集到他的王室领地因格尔海姆，并让几乎每座城市都要交送人质；此后不久，他前往科隆，并在那里召开了大型议会。然而，就在第二年，和平就被打破了，而破坏和平的正是雷基那尔，在对抗康拉德时他曾是布鲁诺最坚实的支柱。这个狂妄的男人和他的手下对当地的教堂和修道院所实施的暴行，使布鲁诺忍无可忍，布鲁诺也因此与他成了无法和解的敌人。雷基那尔认为自己的功劳没有得到应有的报偿，因而感到气愤与不满，他就处处与大主教作对，甚至将自己的怒气发泄到了他的姐姐吉尔贝歌身上。雷基那尔要求将多处曾属于吉赛尔贝特公爵的地产以及他作为晨礼送给吉尔贝歌的地产都继承给他的兄弟，为了这一项他自以为拥有的权力，他甚至不惜公开使用武力。布鲁诺收留了姐姐，而雷基那尔则被布鲁诺囚禁起来，后来流放到波西米亚来赎罪；最后，这个不知足的男人在异乡死去了。接着，959年，由于布鲁诺命人拆除了一些未经国王允许就建造起来的城堡，又有多名洛林贵族站出来反对他；当时有人说，他也要给洛林增加新的负担。在暴动的人群当中，领头的是伊莫，他曾经巧用计谋帮助国王保住了洛林，他之前也一直是布鲁诺信任的谋士。在同一年，暴动就被顺利地平息了，随后在上洛林的公爵统领权移交给了弗里德里希伯爵。从内战开始，这位年轻的伯爵和他的兄弟——杰出的梅斯主教阿达尔贝罗，始终忠诚地追随着国王，954年时更是与国王成了亲戚。在订婚多年之后，他终于迎娶了法兰西公爵于格的女儿贝娅特里克斯（Beatrix）。从这时起，弗里德里希就和下洛林的哥特弗里德一样，在布鲁诺的监管下行使公爵权力，并且也获得了公爵头衔。由于公爵们与布鲁诺的关系正像是地方主教在大主教的管理下各司其职，所以鲁特格说布鲁诺"如同一位大公爵"，"大公爵"这个头衔，布鲁诺自己从未使用过，却使人们对他的职位产生了诸多的误解。将洛林分为上下两部分，是在当时才开始的，后来一直沿用了下去。当时的洛林在布鲁诺的手中仍算是统一管理，因为虽然分成了上下两部分，但洛林境内的事务还是主要听从布鲁诺的统领。鲁特格说："在他的权力范围内，他将任务分配给每个大臣和官员身上，告诉他们每个人该做什么。但是，每一件事他都亲自了解过情况，并运用他无与伦比的活力和执行力找出对所有来说都最合适的解决办法。"有些人可能会指责布鲁诺，说他作为主教却掌握着这么大的世俗权力，对于这些人，只要向他们指出布鲁诺的一点事迹就足以让他们哑口无言。在上文提到过的那些反叛行动被挫败了之后，洛林一派祥和，这样的和平在从前的洛林是难以想象的。

　　在洛林的宗教事务上，布鲁诺的工作也是卓有成效的。长久以来，洛林古老而富足的主教管区和修道院几乎只会分封给当地掌权者的儿子们；教会的大量收入和地产一直都是引起各党派、各势力间纷争的导火索，任命神职人员时也并非依照能力与品行来决定；一大批教会的地产都通过暴力或是主教家族的势力落到世俗之人的手中；修道院风纪颓靡，而曾经欣欣向荣的修道院学校也已经疏于管理。一些改善教会状况的举措在布鲁诺上任之前就已经有了，但直到现在这些举措才真正按照计划切实地得到贯彻。布鲁诺将来自萨克森的异族神职人员引入洛林，并通过这一神职团体无可指摘的生活方式及精神教育，使他们成了人民的楷模。风纪腐朽的老修道院得到改革，同时新的修道院也建立起来，这其中就包括布鲁诺自己出资在科隆建造的圣庞大良修道院（St. Pantaleon）。修道院学校的建设也得到了广泛的重视，同时大教堂学校也再次得以振兴。学术教育尤其使科隆这座城市本身闪烁着耀眼的光芒，在布鲁诺的监管下培育出了一批杰出的主教，而正是因为这批主教，才使让布卢的齐格贝特（Sigebert von Gembloux）[1]赞叹奥托一世统治时期是个幸福的时代——梅

---

[1]　让布卢的齐格贝特，11世纪德意志史学家、神学家、出版家。——译者注

斯的迪特里希、特里尔的亨利和埃克贝特、图勒的吉拉尔德（Gerald）、凡尔登的维尔弗里德。齐格贝特说："但是，比这些璀璨繁星更耀眼的是布鲁诺自己，他就是那熠熠生辉的启明星。"布鲁诺亲自培养起来的，或是与他志同道合的人还有许许多多，比如列日的厄弗拉克鲁斯（Everaclus）——他克服了极大的困难才当选了列日主教，又比如康布雷的恩格拉恩（Engrann）——一位名叫贝伦加尔的王室亲属本来是康布雷的主教，但他用尽全力也没能将这片主教管区管理好，于是布鲁诺就从法兰西请来了恩格拉恩。很快，洛林的神职团体就凭借其完善的教育、灵活的行政方式和严明的教会风纪从西方的全体神职人员中脱颖而出，而在洛林进行的教会及宗教生活的改革也对世界历史产生了重要且深远的影响。962年和967年，两位梅斯的大教堂牧师奥德利希（Odelrich）和阿达尔贝罗先后登上了兰斯大主教的宝座，而这正是西法兰克王国最高的主教职位，其中的阿达尔贝罗还将法兰克王国交到了新的王室家族手中。一个世纪之后，洛林主教成了教皇良九世，他的登基开启了基督教教会的新时代。

　　洛林的事务占用了布鲁诺很多的时间和精力，但他对王国的整体事务也是同样的关心，尤其是德意志王国与西面卡洛林王朝政权的关系，几乎是由他独自调整和梳理的。我们知道，很长一段时间以来，国王路易都是倚仗着他的内兄奥托才能够与势力不断增强的于格公爵相抗衡。954年，年轻的路易四世国王不幸摔下马去世了，对于一直觊觎王位的于格公爵来说，现在是夺取王位的最佳时机。但布鲁诺成功地阻止了他，使得王位能够保留在卡洛林家族成员的手中。于是，路易四世和吉尔贝歌的长子洛泰尔成了西法兰克的国王。洛泰尔是个12岁的少年，而他的弟弟查理还是个襁褓中的婴孩，按照至今为止卡洛林家族的惯例，查理是不能继承王位的。人们许诺将阿基坦移交给于格，换取他放弃王位，但是，于格还没有获得他的报酬，就在956年去世了。于格留下了四个儿子：长子与父亲同名也叫于格，后来他的名字中又加上了"卡佩"（Capet）；其余三个儿子分别是奥托、亨利和奥多，其中奥多献身于神职。此外他还留下两个女儿：上洛林公爵弗里德里希的妻子贝娅特里克斯，以及稍后嫁给诺曼底公爵理查德的艾玛。可以预料得到，王后吉尔贝歌很快就与于格的儿子们产生了冲突，并不得不向自己的弟弟布鲁诺求援。于是，布鲁诺在958

年领兵前往法兰克王国，并于960年终于取得了和平的局面，于格的儿子们不仅完整地保有父亲在法兰西和勃艮第的邑产，他们还获得了普瓦图（Poitou）的统治权，但相对应的，他们要将洛泰尔视为他们的邑主，并对他行使邑臣誓言。当然，两个家族之间的妒恨仍旧存在，但布鲁诺监管着西法兰克如同德意志王国的一个外省，他谨慎地将每一个可能引发两个家族争斗的因素扼杀在萌芽状态。

在布鲁诺被提拔为科隆大主教之后，他将国王的神事厅以及在神事厅中供职的所有宫廷神职人员都带到了科隆的大主教管区。现在，他不再亲自签发证书执照了，而由总理代行这一职责，但他仍作为大总理及大随行使领导整个行政流程。由于美因茨和萨尔茨堡的两位大主教卷入了内战，他们彻底失去了对总理议事厅的影响力，有一段时间，在总理们签发的文书上大总理的头衔下只能写上布鲁诺的名字。国王奥托的儿子威尔汉姆成为美因茨大主教之后，一直以来与大主教之位合并在一起的大总理头衔也被授予了威尔汉姆，但在布鲁诺去世之前，他一直难以对神事厅的政务产生实际的影响。在上文中已经提到过，神事厅同时也被视为高阶神职人员的培育所，王国之中最重要的主教职位都会从神事厅中寻找合适的人选；国王越是在执政过程中沿着曾经定下的教会方向前进，越是积极地让神职人员参与到国家政务中来，那么，建立和领导着高阶神职人员培育所的布鲁诺就会拥有越大的影响力。

当人们意识到，内战给奥托一世政权的基础带来了彻底的改变，布鲁诺在奥托的王国和宫廷中的重要地位才凸显出来。

在很大程度上，这场战争就是由一以贯之的家族政策导致的，国王清除了旧时的本族公爵，而将德意志各州分封给自己的家族成员，使他们成为当地的异族公爵，并认为这样能建立起德意志各州与王权的稳固联系。在这一政策导致了国内最险恶的纷争，导致了王室家族的斗争之后，从前那些本族公爵的后人就暴动起来，而国王则不得不将自己的利益与他们的利益联系到一起。这表明，旧时的公爵势力还没有完全消失；但由于时势不允许与这股势力重新决一胜负，最聪明的办法就是，尽可能赢得这股势力的支持，让它为自己所用。虽然旧式的民族公爵政权没有彻底得到重建，但在内战之后，奥托显然更多地回归到了他父亲的政治基础。很快，领导德意志各州的人又成了本族的王侯，他们在各自的辖区内拥有近乎自治的权力，他们中的一些人就出身于从前的公爵家族，另一些是新公爵家族的奠基人。阿努尔夫的孙子得到了巴伐利亚公爵的头衔，而阿努尔夫的女儿则是实际政权的行使者；当时的那个时代倾向于将每一种办事流程都总结成惯例，现在巴伐利亚的公爵权力由父亲直接传给儿子，就很容易让人联想到奥托从前制定的、颇具争议的公爵继承制度。同样的还有前文提到过的施瓦本，那里的新公爵出身于一户本地家族，并很有可能是施瓦本第一位公爵布克哈德的儿子，那位布克哈德曾攻打过亨利一世国王。在洛林，雷基那尔虽然没能成为公爵，但获得公爵头衔的哥特弗里德和弗里德里希都是能将本地和王国利益紧密联系起来的大人物。而其中的弗里德里希还是一个新公爵家族的奠基人。萨克森的情况与洛林相似。由于国王本人常常要离开萨克森，这片备受文登人和丹麦人侵袭的土地需要一个能抵挡侵略的领导人。虽然边区内的公爵权力早已交到了格罗和赫尔曼·彼林的手中，赫尔曼更是在内战期间代替奥托对整个萨克森行使公爵权力；但直到现在，就在弗里德里希获得上洛林公爵头衔的同时，赫尔曼才被正式任命为萨克森公爵。我们不能肯定，赫尔曼是否完整地获得了整个萨克森的公爵权力；他很可能只得到了萨克森东部威瑟河与易北河下游之间的领地，而威斯特法伦仍由国王直接管辖；可以确定的是，易北河中游地区和格罗手中的边区完全不受赫尔曼公爵权力的影响。但无论如何，赫尔曼都与弗里德里希一样成了新的公爵家族的建立者，在他之后不久，他家族的成员就有了遍布整个萨克森的强大势力。由于这些新公爵的势力都是国王亲自建立起来的，他们的权力也主要倚仗于国王，所以他们几乎不会想到要从王国中脱离出来，这是显而易见的；但同样不言而喻的是，在这些公爵上任之后各州的独立性增强了，而奥托也更多地回归到了他父亲曾经实行的政策上——在统治过程中，按照宗族差异允许各州拥有更多的自由。奥托从未正式认可公爵和伯爵的继承制度，但在他执政生涯的晚期，只要前一位公爵或伯爵有成年子嗣，并且没有忤逆反叛的罪行，他就从未收回和重新分配过公爵和伯爵权力。在个别案例中，比如维特劳的乌多伯爵，国王甚至允许他将王国邑产像遗产那样分配给他的儿子们。在接下来的几个世纪中，甚至是奥托之后的时代，不少王公贵族都在事实上将伯爵头衔和王国邑产继承给了自己的子嗣。

大贵族们重新回到了亨利执政时期那种较为松散的采邑制度中，各个地区的本地利益使各州内部更紧密地联系起来。如果国家政权不从另一方面获得新的、坚实可靠的支持，那么贵族势力的进一步发展就可能对王权统治造成严重的威胁。奥托走上父亲的老路，更多的是受时局所迫，而非心甘情愿，因此在王权和公爵权力合一的尝试失败之后，他寻求国家与教会间的稳固联盟，试图将这两者的意图和利益交织在一起。按照鲁特格的记叙，布鲁诺在内战期间登上科隆大主教的位置之后，奥托曾对他的弟弟说："我们家族的统治权能在神的助佑下，与教会势力联合起来，这是在我深刻的痛苦中唯一能使我欣慰的，因为你本身就是教会势力和王权势力的统一。"实际上，我们可以说，通过神职人员增强王权势力的想法只有通过布鲁诺这样一个人才能实现。

首先，要让无条件臣服于国王的人成为德意志主教。出乎意料的是，这项尤为重要的先决条件很快就在所有中心城市的教会顺利完成了。除了汉堡主教阿德尔达格之外，奥托此前从未和任何德意志主教有过紧密的联系，他与主教们之间多多少少都有些经年累月的矛盾。但是布鲁诺在953年登上了科隆大主教之位；次年，奥托的儿子来到了美因茨教会；956年，特里尔的罗德伯特去世，主教之位给了一个名叫亨利的施瓦本人，他是王室的亲戚也是布鲁诺的学生。国王曾在任命公爵时执行的家族政策，现在被搬到了教会中来。在958年的一场教会代表会议上，瞎了双眼的赫洛德被正式剥夺了萨尔茨堡大主教的职位，出身于巴伐利亚一个伯爵家族的弗里德里希最终被奥托授予了这一圣职。虽说在那场会议上，赫洛德被迫同意了自己的退位，但他很快就又站出来，企图夺回自己的主教权力，仅仅是为了保住自己的位置，弗里德里希就必须与奥托站在统一战线上。这样一来，所有的德意志大主教都与国王建立起了紧密的个人关系，最重要、最古老的德意志中心城市都落到了王室亲族的手中。令人惊讶的是，在极短的时间内，其他的主教职位也都被国王的追随者们占据了，而德意志王国和德意志教会也由此建立起了最深层次的联系。在一个多世纪的时间里，德意志王国的历史包含着德意志教会的历史，而德意志教会的历史也囊括了大部分德意志王国的历史。整个的王国政权被抹上了浓重的宗教色彩，而德意志的主教也主要通过他们在王国中担任的政治职位发挥其影响力。

有人声称，德意志王国是从罗马天主教会的组织结构中发展而来的，而独立的德意志民族的概念也是在罗马教会的发展过程中产生并建立的。在这一天马行空而又自相矛盾的说法中，我们只能看到现实的蛛丝马迹。从东部蛮族手中保护了德意志宗族的是勇士们手中的剑，而建立起德意志王国、使德意志民族概念发展壮大起来的也是这把剑；使德意志民族统一起来的并非主教的权杖。同样的道理，德意志各州的主教们派往教皇那里的使者克莱多（Credo）并非将德意志人与德意志人联系起来的第一根纽带；相反，是邑臣誓言使所有的德意志权贵臣服于同一位国王和君主，不论出于自愿还是被迫。人们渐渐发现，要维持王国统一，采邑制度建立的纽带还太过薄弱，并且在当时那样的时代，所有强行执行的政策都不会有好的结果；奥托尝试了各种方法使大邑臣们的位置回归到国家官员上去，但他的所有尝试都失败了，正如曾经的丕平和查理大帝，首先要使教会重新稳固起来，成为德意志国王手中能够帮助他执政的资源，这些尝试才有可能实现。当国王们不能再与公爵、王室领地伯爵以及伯爵一起执掌朝政，他们便开始与主教们共理朝政；而国王们忘记了，他们使神职人员成为国家官员的同时，也造就了他们独立的王侯权力，使他们成了国王身边的强权。王国贵族越是成为宗族和本地权力的强大代表，王权就越是紧密地将它的民族理念与天主教会囊括世界的观念联系起来。从根本上来说，德意志教会是这样从德意志王国发展出来的，教会固然对国家生活的发展有了不可估量的重要意义，但教会在这个世纪中从王权那里汲取的光辉，比此前的任何时候都要多。那个时代的标志，并不是屈居于主教权杖和冠帽之下的国王权杖和王冠；出鞘的宝剑保护着王冠、十架苦像[①]和祷告书，这才是这个时代的徽记。

奥托与教会联手的目的显而易见。他想要在神职阶层中找到能与公爵和伯爵势力相抗衡的力量。由于神职人员与公爵及伯爵们代表的利益不同，他们必须被提升到整体的政治理想和观念上来。此外，他也能在他的宫廷中为教会设

---

① 十字架的一种，以刻画耶稣被钉死在十字架上为特征。——译者注

定他所期望的方向。再加上，在这一阶层中世袭权力的概念无法建立起来，国王就一直能够找到机会，按照自己的想法增加或重组这个权力，这能带来多少益处啊！不论他如何慷慨地将王国邑产封赐给主教和修道院院长们，他都能将这个给出去的财产收回来，再将它给到对大局最有利的人手中。除此之外，神职人员们接受的教育，他们的精神修养和对行政事务的了解现在终于能够为国家所用了，而在人民的眼中，教会与王国政权能够和谐共处，神职人员们围绕在国王身边，会使国王的权威进一步增长。这个时代进一步的方向是宗教的，奥托会越来越多地将他的事务交托给神职人员，而他由此也顺应了世界历史发展的浪潮。

但国家政权越是宗教化，与政权联系在一起的德意志教会就越是世俗化。既然大主教、主教和修道院的领导人都成了国家官员，国王就会让他们把对国家政治事务的义务放在其他的义务之前。获得了王国邑产，他们就必须将自己的邑臣提供给国王作为军事力量，有时还要违背严苛的教会规程亲自奔赴战场；他们会不断受到召见来到宫廷中，并心甘情愿地接手一切俗世政务。说到底，国王与神职人员的整个关系主要是建立在国王的一个观点上，那就是他认为自己是神职人员的君主，对他们有着不受限制的权力。他要求，没有他的允许宗教议会就不能在国内召开，神职人员们的决议就没有法律效力，他能够建立新的主教管区，能够任命主教并对主教进行审判，所有在此基础上产生的权力也完完全全归他所有。但是，旧时的教会律法（也包括由于"伪依西多禄诏令"事件[1]被撤销的律法，它们的出处已经没有人知道了）与国王要求的权力完全相反，神职人员沦落为国王的仆人和臣子之后，他们就如同永远被缚起了双手。

当时有一股鲜活而自由的新鲜血液注入德意志神职团体之中，这些神职者看到了真正崇高的事物，而不是只着眼于尘世的利益和表面上的恩惠。因此，他们能及时地看到教会所面临的危险，这并不令人奇怪。尤其是布鲁诺和威尔汉姆，他们对教会屈服于强权和世俗化的倾向十分忧心。布鲁诺是在奥托的急

---

[1] 这里指9世纪在东法兰克发生的教皇诏令伪造事件，可参考本书第一篇章第10节相关内容。——译者注

切恳求之下，才不情愿地接受了洛林的公爵权力，而在此之前，大主教威尔汉姆就在他写给亚加教皇的信中提到，主教行使公爵和伯爵的权力是时代的噩兆。在同一封信中，人们还惊讶地读到，威尔汉姆是多么坚定地反对自己的父亲插手自己所在的教会及整个德意志教会事务的。

为了透彻地理解这封看上去有些古怪的信，有必要了解一下当时国王心中酝酿着的其他有关教会的计划。在奥格斯堡旁莱希费尔德战役的战场上，国王曾发誓要在梅泽堡建立一个主教管区献给圣劳伦斯，同时一个长期搁置了的愿望也重新在他心中浮现出来，那就是在伊迪萨陵墓所在地方为斯拉夫地区建立一个宗教机构。因此，奥托很快就向罗马送去信函，请求教皇允许他将哈伯施塔特的主教管区迁到马格德堡。他派去的信使是福尔达的修道院院长哈达马尔，这位院长在947年时就已经在谈判中证明了自己善辩的才能。国王的意图同样威胁到了美因茨的大主教管区和马格德堡的莫里茨修道院，因为哈伯施塔特被升为主教城市之后，美因茨的管区就会减小，而在马格德堡方面，原本给予莫里茨修道院的大笔馈赠都会被新主教所在的机构分走。虽然，亚加教皇在不久前才明确保证过莫里茨修道院的权益，威尔汉姆也不是仅仅作为日耳曼和高卢的宗教执政官而受到任命，而且他完全保有美因茨教会的所有权力和尊荣，他有权将那些在他的管区内干涉宗教事务的人驱逐出去，可即使这样，哈达马尔还是达到了他的目的，国王能够随心所欲地安排那些主教。哈达马尔不仅带回了布鲁诺的大主教披带，还将未来大主教的披带也带回来了。在这样的情况下，大主教威尔汉姆才写了那样一封信给教皇，在信中，他向教皇陈述了早先罗马授予的主教特权与奥托意图的矛盾之处，随后说道：“在我的有生之年，减小我们的管区以及搬迁哈伯施塔特教会，是我绝不会允许的；外面那些假惺惺的预言家都是穿着羊皮的恶狼，他们带着金子和宝石去到罗马，回来的时候吹嘘说，大主教的披带在罗马多得是，和书本一样哪里都能买到，他想带多少回来都行——我不知道他是从谁那里买到的，我不相信您会将披带出售。可是他还带回了使徒信函，上面说要授予国王完整的使徒权力，他可以任由他的喜好对主教管区做出安排。这一切都在我不知情的情况下发生，我认为这是不合适的；而我是除了您之外最有权对日耳曼和高卢的基督教教会做出改善的人，除了您之外我无须向任何人汇报我的工作。如果让人夺走我们的教会真的是您的意图的话，那么您就应当先发函给国王、您的执政官我、科隆大主教布鲁诺以及特里尔大主教罗德伯特，在您选定的地方（按照我的意愿最好是在美因茨）召开一次议会。那样，我们就可以先对教会的状况进行讨论，谈谈那些被灼瞎了双眼赶出驻地的主教，谈谈瞎眼的赫洛德，谈谈列日的莱特尔——他名正言顺作为典范人物登上主教职位，却又毫无缘由地像个卑微的雇农般被赶了出去，更要谈谈神圣教会之中，那些将麦苗扼死的杂草。在这之后，我愿意来到您的面前，接受您的询问，如果我在我们的民众间已经一无是处了，那么我也愿意被派往陌生的民族中去，撒播基督教的福音。如果哈达马尔的金钱真的比圣波尼法爵（他是我们的先驱，也是您的先驱）虔诚的布施更有用的话，我宁愿去异族中传教，也好过在这里亲眼目睹教会和圣人们受苦；那样的话，有多少披带、多少主教就都无所谓了，但我不愿再做主教了。"直到亚加去世之后，威尔汉姆的这封信才到了罗马，而亚加的继任者选择了与亚加不同的路，他劝慰威尔汉姆，并承诺保全美因茨的所有权力与荣耀。这样一来，国王的计划实际上就无法实行了，而马格德堡大主教管区的建立也再一次遭到推迟。

但在某种程度上，威尔汉姆还是没能逃过他所担忧的那种状况，教会还是陷入了对国王的依赖，而为了他自己的教会他更是用尽全力去反对父亲和王国的意图。但即使这样，我们还是能看到，在所有的国家事务中，他正是最重要的王权代表，也是在建立教会与王国纽带时最有效的工具。如果像他或是布鲁诺那样的高阶神职人员都竭尽全力使王国与教会的联盟越来越稳固的话，那么在一定程度上是因为他们私人的关系，但同时也是因为他们彻底地相信，国王最终和最高的目标与教会在任何时候追求的目标是一致的；基督的尘世王国想要维持下去并发展壮大，就只能依靠皇权的力量，而奥托追求的显然就是这一力量。在他们眼中，保护、增强和扩张奥托的王国就等于是在巩固和发展基督的尘世王国。也正因如此，奥托与神职团体间的联盟不只是停留在表面上的，不只是为了从某些方面获取一些物质利益，德意志王国和基督教教会的利益在那个时代已经完全交汇到了一起，在方方面面都密不可分；两方势力几乎是在无意识的情况下，听从内心迫切的渴望，而结成联盟的，而这个联盟给德意志的历史带来了极其深远的影响。圣公会之所以能在德意志获得比其他欧洲国家更大的世俗权力，之所以能在几个世纪内一直拥有独立的王侯势力，主要就是因为王国与教会的联合；同样的原因，一旦这些宗教王侯将皇帝以外的强大统治者认可为自己的君主，皇权统治就会失去其旧时的重要地位。只要双方真真切切地追求同一个目标，那么教会与王国的统一就能带来好的结果；假若世俗统治者与宗教王侯们分道扬镳，那么后果将是毁灭性的。

按照奥托的政策所指的方向，我们就很容易理解，为什么布鲁诺对国家整体事务的影响力会持续增长，我们可以完全认同布鲁诺的传记作者鲁特格的说法，对王国的治理是两兄弟共同的事。布鲁诺的首要职责当然是，将最有用的人放到空缺的主教职位上，但同时他对世俗的政务也有着至关重要的影响力。鲁特格委婉地将这一结合是益于所有心怀善意者的，并称所有出于正当目的加入这一联盟的王侯和地方势力都被布鲁诺举荐给了他的哥哥，并且也是值得他信任的；在困难的情况下，他自己则听取大主教威尔汉姆和亨利的建议，而他们这三位宗教王侯不仅一起阅读、商讨、辩论，人们还能看到他们一起为了王国的和平举起武器奔赴战场。

在因格尔海姆召开的总代表议会上，十六名主教共同决定了对赫洛德的革职处理；在这次议会后不久，958年5月和6月，奥托来到科隆，来到布鲁诺的身边。在这期间，奥托召开一次王侯议会，而这次王侯议会似乎对理顺王国内部关系有着尤为重要的作用。按照鲁特格的描述，在这次的王侯议会上不仅对谋逆的臣子进行了审判，褒奖了忠诚的仆从，还积极地商讨了国内的局势，并对如何维护和扩张王国势力做了进一步探讨。同年11月在珀尔德召开了另一场集会，来自国内各地的主教和世俗权贵现身会场并继续了在科隆开始的讨论。

重建的王国秩序似乎有了比之前更稳定的新基础，为了彻底巩固这一基础，国王于960年在德意志各州进行了一次巡游。春季时他在法兰克，夏季时查看了洛林，随后他返回萨克森。他在冬季来到巴伐利亚，在雷根斯堡庆祝了圣诞节并在那里待到了961年1月。巴伐利亚和施瓦本的公爵、主教及世俗权贵们纷纷来到雷根斯堡的宫廷中，听候国王的命令。国王想要再次翻越阿尔卑斯山脉的愿望已经不再是秘密，5月中旬在沃尔姆斯的大型王国议会上，国王公开宣布了这一决定。在这次的会议上，国内的权贵和民众一致将阿德莱德的儿子选为了东法兰克的国王，虽然这个与父亲奥托同名的男孩才刚刚7岁。5月26日圣灵降临节那天，小奥托在亚琛大教堂接受了大主教布鲁诺、威尔汉姆和亨利的加冕。加冕礼举行的地方也正是曾经父亲接受王冠的地方，在那里，人们再次向天空举起手，呼喊道："国王万岁！天佑吾王！"

国内局势的发展到这里就告了一段落。现在，王国的未来似乎重新得到了保障，外部的敌人都被战胜了，内部的秩序也得到了重建，经过十载纷争和辛劳，奥托终于又站上了权力的巅峰，重新回到了他第一次跨越阿尔卑斯山时的状态。

5. 西方皇权统治的建立

果实若是成熟得快，便不能长久保存；同样的，一次成功的行动很少能带来深远持久的效用。对每一个家族来说，为了登上更高的阶梯都必须付出无数汗水和辛劳；对每一个民族来说，也要通过艰苦的斗争和长期的努力才能取得非同一般的力量。一场残酷无比的内战，内部和外部的敌人将这片土地几乎夷为平地，看似稳固的王权统治几近瓦解——这是奥托第一次跨越阿尔卑斯山带来的直接后果，王国经历了十年才慢慢重新回到了原本的状态。德意志将意大利收归进来之后所发生的一切，似乎是痛苦和纷争的预兆，奥托和德意志的民众原本可以接受这个警告，离开这条充满了艰辛和苦难的道路；但第一次尝试的失败，反倒成了更迫切的呼唤，吸引着德意志人向眼前宏大的目标进发，他们心中有一个声音在说，如果离开这条道路，他们就将一无所获。这个宏大的目标就是皇权以及与之相连的、对所有西方民族的统治地位。就算无数德意志人将为此流血牺牲，这个民族也要为了自己的荣耀、为了人类的幸福完成它的使命。

使奥托魂牵梦萦的，并不是什么倏忽即逝的想法，在他决定要戴上皇帝冠冕之后，他就将之作为自己一生奋斗的终极目标了。长期的内战、匈牙利人的入侵、文登人的暴动、国内秩序的重建、疫病的暴发——严重的疾病不仅侵袭了他的人民，甚至使他自己也在一段时间内缠绵病榻，威胁着他的生命，使他无法有进一步的行动，但即使这样，他也从未停止过对意大利政务的关注，始终带着高度审慎的态度跟进局势的发展。

贝伦加尔和阿德尔贝特从奥格斯堡回去之后，他们从未想过要好好地遵守许下的邑臣誓言。对于那些一窝蜂地投奔奥托的意大利主教、伯爵和王侯，贝伦加尔和阿德尔贝特很快开始了复仇，他们要这些人为自己的背叛接受惩罚。他们看起来似乎在各个城市中的自由阶层中寻求支持，至少我们能找到一张有些异样的证明，这张证明中确认了热那亚（Genua）居民对其财产的所有权，并授予他们一项特权——任何王国官员都不得在他们的住宅中对他们下达命令或进行威胁；从中可以看出，在当时的热那亚城中，已经存在或者正在建立独立的司法和管理系统。但比起散乱无序的城市居民，当时的局势对他们来说更为重要。由于内战，奥托和亨利在德意志王国分身乏术，他们无暇去稳固德意志在意大利的邑主地位；亨利好不容易才夺回了他在维罗纳和阿奎莱亚边区的统治权，在他死后，这两个边区给了他的儿子，但很快就又被夺走了。在这个过程中，贝伦加尔和阿德尔贝特不仅仅在一方面从压抑的德意志管制中解脱了出来，另一方面他们似乎还看到了扩张自己势力的机会。954年，埃尔伯利希去世了，直到生命终结他都全权统治着罗马。在他死前不久，他让罗马的人们答应他，在亚加教皇去世之后，让国王于格的女儿艾尔达为他所生的儿子奥克塔维亚努斯（Octavianus）登上教皇之位。奥克塔维亚努斯就这样进入了神职阶层，但罗马的世俗统治权力也作为遗产继承到了他的手中。埃尔伯利希的地位之高，手中握有的权力之大，使得他的亡故产生了重大的影响，何况他的专制统治权还交到了一个刚刚成年的年轻人手中。亚加教皇如果要摆脱专制统治对他的奴役就要握住现在的机会，不然就永远也没有希望了；贝伦加尔和奥托都对这座永恒之城觊觎已久，现在也都看到了一个夺取它的时机。

正如我们所见，在埃尔伯利希死后不久，奥托就将他最干练的说客——福尔达的哈达马尔再次派往罗马。这一次，教皇给予了奥托从未有过的巨大恩惠，他很可能还邀请奥托再次翻越阿尔卑斯山脉来到罗马；但国内的局势缚住了奥托的手脚，将他困在国内，而亚加于955年年底离世了。罗马的民众遵守了他们的誓言，将埃尔伯利希的儿子推选为亚加的继任者。他改名为若望十二世，登上了教皇的宝座。这样一来，教皇与专制君主合二为一，正如奥克塔维亚努斯与若望是同一人，罗马所有的宗教及俗世权力全都归于他一人手中；他父亲手中的实际权力，如今获得了名正言顺的地位；无论是名义上还是实际中，若望十二世都成了罗马及圣伯多禄遗产的唯一主宰。剩下的问题就是，若望十二世将怎样使用这份前所未有的强大权力。

显然，比起圣伯多禄的继任者，若望十二世更多地将自己视为埃尔伯利希的继承人；因此，他从一开始就致力于维护和扩大他在意大利的世俗力量；在此前从未真正实现过的教皇统治，会成为他有力的工具。

丕平曾经许下承诺，要将整个意大利中部及南部的统治权都交到罗马主教的手中，这一承诺从未兑现过；除了主教们按"惯例"占有的地区，坎帕尼亚（Campagna）连同沿岸地区从台伯河河口往下到特拉西那（Terracina）和克佩拉诺（Ceperano），其中包括位于罗马的图西亚以北、台伯河右岸直到入海口的一大片狭长地带，被加了进来，扩充了丕平献上的土地——他的重点行政区和五城重镇，从里米尼到安科纳的海岸线；丕平和查理大帝在晚些时候还曾增加过几座在伦巴底的图西亚城市，萨拜娜以及在贝内文托公爵领地内可有可无的权力。但在与路易二世皇帝的冲突中，教皇们失去了重点行政区和五城重镇，后来又短暂地夺回过对这些地方的统治权。秃头查理虽然将卡普阿、贝内文托、斯普莱托的公爵领地及图西亚的一些城市赠给教皇，但在这些地方，教皇无法行使任何权力，所以这也是秃头查理对教皇没有兑现的承诺；结果，大多数教皇最终还是被限制在他们最初的统治区内，就连埃尔伯利希的势力也超出了萨拜娜之外。于格国王夺取重点行政区和五城重镇，图西亚和斯波莱托公爵认可了他作为意大利国王的地位，贝内文托和卡普阿由伦巴底王侯们管辖，而他们大多臣服于君士坦丁堡的皇权。于格的倒台也没有给教皇们带来值得一提的利益，因为贝伦加尔和阿达尔贝特不受阻碍地占领着重点行政区和五城重镇，而斯波莱托和图西亚的公爵们一如既往地将自己视为意大利国王的邑臣。在这样的情况下，教皇拥有的世俗权力比他们能够要求的权力少了许多，这就不难理解，当一位年轻气盛的教皇带着王侯权力登上圣伯多禄的坐席之后，立即会四处寻找途径，实现其要求的权力。

在若望十二世担任教皇之初，图西亚的边疆伯爵胡伯特——于格国王的私生子、若望十二世母亲的继兄，就被教皇拉拢到身边，不仅如此，他还与胡伯特的内兄——掌管着斯波莱托公爵领地和卡梅里诺边区的提奥巴尔德联合起来。在这两位王侯的支持下，他来到卡普阿，宣告教皇对这里的王侯领地以及对贝内文托的权力。卡普阿和贝内文托当时由同一个伦巴底家族掌管，这个家族的灵魂人物"铁头"潘杜尔夫（Pandulf der Eisenkopf）是个强大的执政者和英勇的战将，他顺利地抵御住了教皇的攻略。教皇的行动失败了；他不得不放弃对卡普阿的包围；但通过与萨莱诺的吉苏尔夫（Gisulf）联盟，年轻的教皇为自己确保了在南部意大利的据点。现在，他已经将目光转向了北方，那里的局势看起来对他较为有利，他要重新夺回重点行政区。同一时间，贝伦加尔再一次从德意志方面受到了攻击。贝伦加尔猖狂地重振自己的独立政权，这使国王奥托再也无法冷静地旁观了，他听取弟弟布鲁诺的建议，于956年命自己的儿子利奥多夫率兵来到阿尔卑斯山脉的另一边。布鲁诺一直衷心地开导着苦闷的利奥多夫，利奥多夫愉快地接受了父亲交给他的任务。他最初尝试在意大利对抗贝伦加尔的战斗中获取功名；现在看来，他一直都没有放弃开始时选择的那条道路，而他在那之后经历的悲痛时光和苦涩记忆就快要被遗忘了。奥托还说，如果利奥多夫能够得胜的话，意大利王国也归他所有。这对不幸的王子来说可不是小事，他原本的公爵领地和在国内的地位全都失去了，而且他的膝下还有一个渐渐成长的儿子，利奥多夫必须为他的未来打拼下一片天地才行。在那场可怕的父子之战中，许多人都将自己的命运交到了利奥多夫手中，他们的期待最后却全部落空；他们失去了尊荣和财产，在自己的家乡过着苦闷、屈辱的生活。利奥多夫想要帮助这些因他落难的朋友，而他现在也有了这个能力；他们在德意志家乡失去的东西，将会在远方重新被找回来。

利奥多夫翻越阿尔卑斯山脉之后，贝伦加尔的众多敌人都站出来支持他。这一次，贝伦加尔和他的儿子阿达尔贝特虽然亲自来到了战场，但德意志军队还是取胜了，帕维亚沦陷。第二年，阿达尔贝特再次发起战争，他吃了两场败仗，几乎整个意大利王国都被奥托英勇的儿子收服了，他的友好和温和赢得了敌人的心。利奥多夫的目标似乎达成了。这个得胜而归的年轻人受到了人们由衷的欢呼迎接，鲁特格说他"开辟了通往奥林匹斯[①]的道路"——就在这时死亡突然降临到了他的身上，正值盛年的利奥多夫就这样离开了人世。957年9月6日，不满30岁的利奥多夫在距离马焦雷湖不远的地方——诺瓦拉（Novara）省的蓬比亚（Pombia）去世了。谁又能描述得出他朋友和部下的哀伤呢，他是他们最后的庇护所了。领导者被夺走后，他们纷纷离开了意大利；他们肩上扛着利奥多夫的尸首翻过阿尔卑斯山，并将它安放在了美因茨城门前的圣阿尔班（St. Albanus）教堂中。

噩耗传遍了德意志各州，所到之处都引发了人们深深的哀痛。虽然这个利奥多夫曾犯下大错，但民众对他的爱戴是没有人可以相比的。没有人像他那样对民众如此亲切和善，没有人像他那样对朋友如此忠诚。所有人都确信，即使在他发动那些反叛行动的时候，他的心中也保留着一个儿子对父亲的爱，他自己的唯一一个儿子恰恰出生于父子俩刀兵相向之时，而利奥多夫还是用自己父亲的名字给他命名。他身上汇聚着这样多的美德，人们曾以为等到他执政之时必定迎来黄金时代；人们相信，比起他之前的所有国王，他会有更大的作为，但他却最终成了比所有人更不幸的那个。奥托收到这一噩耗的时候正在对抗文登人的战场上。他为儿子的离世失声痛哭，在他备受煎熬的慈父之心上又加上一重伤痛。在他与阿德莱德生下的三个儿子中，亨利和布鲁诺很快就夭折了——布鲁诺几乎与利奥多夫同时离开人世，只有阿德莱德的第三个儿子奥托还活着。据说这个当时三岁大的孩子在几年之后获得了王冠。奥托以各种方式来纪念利奥多夫，他前往利奥多夫的陵墓祭拜，在那里他见到了利奥多夫的遗孀，并将他唯一的儿子奥托接到了自己身边。他将这个孙子安置在自己的宫廷中，与自己的儿子共同接受教养。这两个同名的孩子年纪相仿，像朋友一般共同成长起来。他们的父亲之间曾有矛盾和仇恨，但他们俩之间却有着最真诚的友谊，这份牢不可破的情谊一直持续到他们过于短暂的生命终结。

现在我们的叙述要先回到贝伦加尔身上。虽然利奥多夫严重动摇了贝伦加

---

① 希腊神话中奥林匹斯山的地位相当于天堂。——译者注

尔的统治权，但贝伦加尔很快就重新夺回了这些权力，并且还将他割让出去的边区也重新掌握到了手中。从这之后，教皇将贝伦加尔赶出重点行政区的期望也消失了；可能是通过使胡伯特年幼的儿子于格拥有对边区的共同管理权，贝伦加尔甚至重新赢得了图西亚的边疆伯爵胡伯特的支持。自此开始，贝伦加尔成了发动进攻的一方，而教皇则受到了极大的排挤。斯波莱托的提奥巴尔德当时仍是教皇的联盟，贝伦加尔于959年对他进行讨伐并将其彻底打败；到了第二年，教皇感到，即使在他自己的国家中也不安全了。最终，他决定向阿尔卑斯山另一边的奥托国王求援，并自愿向他奉上皇帝的冠冕。

从之前的种种中，我们已经足以看出，年轻的教皇虽然拥有雄心壮志，也有一定的智谋，却没有他父亲那样的精明和谨慎。面对自己所处的复杂关系网，他很快就迷失了方向。将命运交给一个远超出自己的强大势力，还愚蠢地以为，迟早能够凭借自己微弱的力量摆脱这一强权的控制，这实在是一个涉世未深的年轻人所做出的鲁莽之举。这一举动使他自己的处境越发危险了，而他生命中的这一重大转折不仅影响到了罗马城，更影响到了整个基督教。这个世纪已经出现了太多沉迷于世俗欲望的教皇，没有人会期待那个时代的意大利主教过着尤其神圣的生活；但还没有哪位圣伯多禄的继任者堕落到若望十二世这样卑劣而龌龊的境地，即使意大利人都厌恶地避开这个玷污了传道士最高尊荣的小子。父亲的一个情妇、两个放荡的姐妹以及来自各个阶层的许多女人都与若望保持着不可告人的关系，教皇的拉特兰宫（Lateran）被他变成了世上最为颓靡的渎神之所，人们看到教皇带着魔鬼般的表情痛饮，人们听到他对着朱庇特、维纳斯以及其他的异教神明起誓。在当时意大利随处可见的放纵无度、亵渎天主的嘴脸，恰恰在若望这里呈现出最可怕的形态，而就是这样一个人登上了圣伯多禄的圣席。在若望向奥托求援时，他不论政治上还是道德上都已经彻底毁灭了。

教皇派出的使者是他的副主祭约翰和他的秘密作者阿佐（Azzo），他们在雷根斯堡面见了奥托，当时奥托正在那里庆祝960年的圣诞节。与两人一同来见国王的还有许多意大利王国最重要的权贵，他们不满贝伦加尔的暴行，向德意志国王寻求庇护。为了反对马纳塞，贝伦加尔授予了瓦尔德佩特（Waldpert）

米兰大主教之位，现在为了重新扶持马纳塞，又将瓦尔德佩特赶出了他的管区；意大利王国最具影响力的权贵之一边疆伯爵奥特贝特（Otbert），曾经受到贝伦加尔多少青睐，而现在就遭到多少迫害；连同这两人一起，还有科莫和诺瓦拉的主教及许多世俗权贵都怀着对贝伦加尔的怒气。从中可以清楚地看到，意大利国王那种阴晴不定的专制政权远远没有看起来那样稳固。

奥托早就希望惩戒那个觊觎皇帝之位的乱臣贼子，也想让教皇欠下他的人情，好在他之后的教会建设中得到教皇的支持和服从。于是，奥托一刻也不犹豫就答应了若望的请求，同意施以援手。奥托清楚地知道如何才能获得这不可估量的优势，他以朋友而非敌人的姿态出现在罗马城前，如果教皇自愿将基督教世界最崇高的皇帝冠冕戴在他的头上，就没有人能够指责他图谋不轨。当然，若望奉上皇冠是有条件的，何况他还要保证自己的人身安全；但奥托对若望的条件不置可否，只答应会保全若望。他命使者向教皇保证，他不仅不会侵害罗马教会及其主教，而且还会尽可能提高他们的地位；他绝不会做出伤害教皇本身及其权威的事；也绝不会在没有知会教皇，或没有教皇从旁建议的情况下，在罗马及周边地区干涉政务或进行人事任免；落到他手中的土地若是属于罗马教会的，就归还给教皇，并且让之后的执政官尽全力保护好教皇的这些属地。这样一来，奥托既保证了教皇的人身安全，也保证了他在罗马城及在意大利无可争议的权力。但他也没有放松对皇权的把握，也从未想过要将罗马城的所有权力都留在教皇手中。

奥托随即全副武装起来。在他将自己的儿子推选为国王并进行了加冕之后，已经将他离开期间的事务都安排好了。他将自己在洛林的国王权力交给了弟弟布鲁诺，而在其他的德意志州省则由他的儿子大主教威尔汉姆管理国家事务；而这两人的上级则是小王国。很快国王奥托的军队就从他统治的各个民族中会集起来了，就连文登人这一次也加入了他的麾下。国王的妻子、一大批贵族以及许多德意志主教随同军队翻越了阿尔卑斯山。

961年秋季，奥托第二次来到伦巴底平原。他选择了与十年前同样的路径，从布伦纳山口经过穿越阿迪杰河河谷。这条狭长的河谷是汹涌河流上一处关隘，贝伦加尔率大军守候在这儿，想要拦住奥托的去路。贝伦加尔的军队有6

万士兵，但就在关键时刻他们却拒绝听从他的指挥。只有贝伦加尔让位给他的儿子阿达尔贝特，他们才愿意为他作战。贝伦加尔愿意答应这一条件，但他那控制欲极强的傲慢妻子却不肯有半点让步。大军散开了，奥托不受阻碍地继续行军。他一路上经过的所有城市都心甘情愿地为他敞开城门；主教和伯爵们纷纷前来迎接他，要追随于他。没有受到半点反抗，他的军队就这样浩浩荡荡地进入了帕维亚，并且在这里隆重地庆祝了圣诞节。奥托整顿了伦巴底的各项事务，那些被贝伦加尔驱逐的人被召回来了，边疆伯爵奥特贝特被任命为国王在意大利的王室领地伯爵。

贝伦加尔和他的家人踏上了逃亡之路。在逃亡途中，似乎为了不受追捕，他们故意分散开来。贝伦加尔占领了安科纳和福松布罗内（Fossombrone）之间的圣莱奥（San Leo）城堡，维拉躲在距离马焦雷湖不远处、奥尔塔湖上的圣朱利奥岛（San Giulio）上，阿达尔贝特和他的兄弟维多则试图保住加尔达湖（Garda）和科莫尔湖（Comer）湖上及周围的城堡。他们认为这样可以分散奥托的军队，就能取得胜利。

但奥托并没有去对付他们，这一次他毫不耽搁地直奔最终目标而去。他将哈达马尔的继任者，新任福尔达修道院院长哈托先行派往教皇身边，并于962年1月亲自动身前往罗马。由于在这段时间里忠于贝伦加尔的边疆伯爵胡伯特也逃走了，奥托在行军穿过图西亚的时候没有受到任何阻碍。就这样，奥托作为教皇的盟友，一路畅通无阻地来到了罗马城门前。

按照老习俗，国王前来接受皇帝的冠冕，当他来到离圣彼得教堂不远的马里奥山（Monte Mario）脚下，他会先驻扎在那里的尼禄草坪（Campi Neronis）上，这时教皇就要派出罗马的参议院（也就是罗马城的官员们）以及武装的市民队伍前去迎接。带着十字和军队徽记高柱上的龙头，他们排成节庆时的队列出发，陪同他们一起的还有所有在罗马定居的异族团体，他们全都用自己的语言唱着赞歌，庆祝这一盛事。罗马城中最重要的几个贵族家庭的青年都来迎接国王，他们亲吻他的脚，然后将他扶上教皇的马匹。在民众的簇拥下，国王来到了通往圣彼得教堂前庭的台阶上。教皇身着法衣坐在圣彼得教堂前的黄金座椅上，他的两侧站着数位神职人员。国王下了马，顺着三十五级大理石台阶拾级而上。这时，教皇从座椅上站起身来，亲吻国王，赋予他作为教徒兄弟的权力。随后，他们两人穿过教堂前庭恢宏的入口处——这里被人们称为圣伯多禄的天堂，随后便步入了被称为银门的教堂主门。大门刚刚关上，国王随即向教皇起誓，他前来的目的十分纯粹且正义，是为了罗马城和教会的安危，并向他保证，之前的皇帝献给他的土地仍会留在他手中。"奉主名来的是应当称颂的！"[①]在这赞美诗的歌声中，他们来到了被装饰得异常隆重、灯火通明的教堂大殿之中，世界上再没有第二座可以与之相比的教堂了。自君士坦丁大帝建造起这座教堂以来，每个世纪它都会得到修缮和增建；人们将古典时期那些华美建筑上最美的装饰物都抢夺过来，装饰圣彼得教堂，所有的教皇、皇帝和国王都竞相将最珍贵丰厚的馈赠呈送到神圣使徒的陵墓前。这里的一切都闪耀着大理石、宝石和金银的光泽；教堂五座大殿的地面和墙面上嵌满了形形色色的马赛克拼画。祭坛连着祭坛，礼拜堂接着礼拜堂；但在这座华丽的教堂之中，所有这些神事场所都不及圣伯多禄的陵墓和献祭给他的主祭坛那样神圣。四根斑岩支柱撑起主祭坛上方的穹顶，主祭坛前则是十二根瘦长的石柱；旁边则是重达千磅的金质十字架，十字架上镶着的钻石、红宝石和绿宝石熠熠生辉——这是教皇良四世的馈赠。国王进入教堂之后，他就很快来到圣使徒的墓前，跪地祈祷。最后，典礼在教皇的赐福和祷告中结束了。接下来要由教皇为未来的皇帝呈上一顿盛宴，宴会过后国王在傍晚回到城门前的营帐中。迎接日的流程就是这样；正式的加冕仪式要等到下一个星期日才会举行。民众会在当天早晨就聚集起来，家家户户都用挂毯和窗帘装饰房屋；整座城市洋溢着节日的气氛。所有人都赶往良城[②]，赶往圣彼得，身穿紫色礼袍、佩戴金制胫甲的国王在那里等待着教皇的到来。教皇穿着最为华贵的全套教士法衣出现在人们面前。随后，国王穿上神职人员的服饰，并作为教士在主祭坛前接受涂油，从教皇手中接过皇帝的冠冕和宝剑。人们对皇帝的祝福和欢呼在教堂中回荡。欢呼声渐轻之后，由一位审核人宣读证明，证明中确认，皇帝将圣伯多禄的属地献给教

---

① 出自《诗篇》第118章第26节。——译者注

② 中世纪时，教皇良四世修建的城墙围绕的区域被称为良城，包括现在罗马博尔戈区和梵蒂冈的一部分。——译者注

皇，并将金银和宝石装饰着的厚礼敬献给圣伯多禄的继任者，而教皇则用尘世最崇高的冠冕装饰皇帝的头颅。

此前不久，贝伦加尔国王也在罗马以同样的庆典接受了加冕。962年2月2日，奥托带着他的妻子一起来到罗马，并在圣彼得教堂接受涂油和加冕仪式成为皇帝，这整套仪式可能与贝伦加尔所经历的没有什么本质性的差别。经过多年的努力，奥托终于顺利地实现了他的目标。他登上了整个西方基督教世界最崇高的位置，成了所有从查理大帝的帝国中分裂出来的国家的第一主宰，而这一荣耀也通过他降临到整个德意志民族的身上。

皇帝的冠冕戴到奥托的头上之后，他与教皇、与罗马以及与罗马教会所有属地之间的关系就改变了。不论他之前答应过什么条件，他都从未放弃过在罗马及教皇属地的皇帝权力。奥托从别人那里争夺来的，如果是别人从教皇那里抢走的，他都归还到教皇手中，并且他还向教皇发誓，用武力将剩下的那些也夺回来。他保证，之前的皇帝给教皇的馈赠不会减少分毫，除了馈赠财物之外，他也许还会将自己王国中的一些城市加入圣伯多禄的属地中。但是现在，在所有真正受皇权势力影响的地方，教皇仅仅是这些属地的所有者，和王国内别的豁免权拥有者并无太大的差别。查理大帝和他之后的几位继承人在圣伯多禄的属地上行使的主宰权力，奥托全部获得并承担了下来。

许多人声称，奥托真的践行了当初丕平许下的承诺，并白纸黑字地将兑现这一承诺作为他和他儿子的义务。时至如今，在教皇的卷宗中还保存着一份文件，那是一张装裱华丽的紫色羊皮纸，于962年2月13日由皇帝奥托签发给教皇，上面用金色的字母写着，丕平曾许诺给圣伯多禄坐席的所有土地，奥托都将它们承诺给教皇。但是，这样一份证明文件，无论从样式还是内容上来说，都显然是伪造的。也正因为人们知道，懂行的人很容易就能看穿这出骗局，所以才一直将这份文件小心翼翼地看管起来，将它埋藏在那个年代的无数文献中，以避开洞悉世事之人的犀利目光。皇帝奥托将整个意大利王国就保留在了自己和他的后人们手中，而圣伯多禄的继任者们自查理大帝时代起就占有的土地一寸也没有留下。

奥托与若望所结成的联盟建立起皇权统治，但这并不是彼此不同但又势均力敌的势力之间的联盟；也不是像丕平或查理大帝与当时的教皇结下的联盟。在这个联盟中，存在着涉世未深的毛头小子与身经百战的男人之间最艰苦的较量，存在着咎由自取而来的孱弱与赫赫战绩累积出的强大之间的拼杀，存在着罪恶与美德之间的抗衡。在这样一个联盟中一开始就毫无信任、尊重和忠诚可言，又有什么可惊奇的呢？

奥托还未踏进罗马城门，就已经将若望看透了。在他在庆典队伍中走向圣彼得教堂时，他对为他提剑的侍从，鲁汶的安斯弗里德（Ansfried von Löwen），说："我今天在圣伯多禄墓前祷告的时候，千万不要让出鞘的宝剑离开我的左右。我知道，我的前辈们常常受到罗马人的诡计毒害，而一个智者懂得在险恶的环境中未雨绸缪。而你错过的祷告，可以在我们回来后，在马里奥山补过。"虽然奥托的担忧在当时看来有些多余，但奥托对教皇极不信任，就在他加冕之后，他随即让教皇和罗马城的高官许诺，决不与贝伦加尔和阿达尔贝特勾结。他们必须在圣伯多禄的遗骸上许下这个誓言，这就使之成为最神圣而崇高的誓言了。

在皇帝停留罗马期间，若望即使在心中有了百般谋划，也不敢做出对皇帝不利的举动；尤其是在神职赋予他的权力范围内，即使是为了维护他最高教士的威望，他也避免与这个心思缜密的男人作对。在加冕礼后的第二周，一场教会代表议会在圣彼得大教堂召开了。按照皇帝的意愿，议会做出决定，将马格德堡的莫里茨修道院改为斯拉夫地区的大主教驻地，同时在梅泽堡建立一个主教管区归马格德堡管辖。此外，会上还决定了，所有皈依或尚未皈依的异族所上缴的贡金和十一税都交由皇帝及他的继承人处理，由他们分配给马格德堡、梅泽堡或其他由他们建立的主教驻地。通过2月12日的一封诏书，教皇将这些决议昭告于所有德意志的神职人员，使美因茨、特里尔、科隆、萨尔茨堡和汉堡的大主教们铭记在心，他们要尽自己所能协助皇帝的一切行动。在兰斯大主教阿托尔德死后，许多法兰西主教想起曾经被驱逐出兰斯大主教管区并遭绝罚的于格，并想恢复其主教之位，在这场议会上这一提议再次遭到驳回。同时，被奥托三次任命为维罗纳主教的莱特尔终于得到了教皇的认可，虽然上一任主教仍然在世。此外，罢免瞎子赫洛德的要求得到了许可，由于被革除教籍，他也被禁止主持弥撒；相反的是，大主教弗里德里希则穿上了披带，保全了自己所有的权力和属地。最后，特里尔大主教亨利也获得了披带，虽然教皇对他呈上的信仰陈述书不甚满意。所有这些决议中都透露出皇帝的想法和意志，而教皇只是一个工具。

　　然而，在2月中旬，皇帝才刚刚离开罗马，事情的发展就证明了他对教皇的怀疑是正确的。教皇在这时才意识到，他的损失有多大，他的计谋是多么愚蠢可笑。为了保全自己的世俗权力，他召来了奥托，而奥托则将罗马城的统治权立即夺走了。奥托一定是先消灭了贝伦加尔，随后就赶来夺取罗马。教皇原以为凭借自己在宗教上的威望能与皇帝相抗衡，但很快，即使在教会的土地上，他也只能站在奥托的阴影中了。作为埃尔伯利希的继承人和圣伯多禄的继任者，他感到自己结下的联盟几乎要将他毁灭，于是他下定决心，不择手段地尽快摆脱这个过分强大的保护人。就这样，皇帝与教皇才刚刚结盟，他们之间就开始了险恶的斗争，一开始还只是暗中斗法，但很快他们的矛盾就演变成了路人皆知的公开对抗。史作者利奥普朗德通过奥托回到了家乡，并被任命为克雷莫纳的主教，他将这场斗争的过程记录了下来，而他本人也在其中扮演了相当重要的角色。他在书中将之称为"奥托大帝的事迹"，他的描述不带有倾向，将所有事情都真实地记录了下来，我们可以毫不费力地从中了解到冲突的来龙去脉。

　　奥托在帕维亚庆祝了复活节，并在那里召开了新的教会代表会议，人们猜测他在没有知会教皇的情况下，就在会上对多项教会事务做出了决议，虽说其中的一部分是在罗马已经决定的。莱特尔的事受到了再次的讨论，将于格逐出教门的决定也再次确认。最后，拉韦纳的霍涅斯图斯（Honestus von Ravenna）由于以不轨的方式获得教皇的许可遭到了驱逐。若望如果觉得这些决议侵犯了他的权利，那么他也不能责怪别人。但更值得教皇担忧的是，奥托扩大主教们的豁免权，给予他们丰厚的馈赠，看上去是想要拉拢意大利的主教。摩德纳的维多和帕尔马主教胡伯特受到奥托的恩惠尤其多，前者被奥托任命为自己的大总理，而后者，除了所在城市的最高权力之外，还获得了相当于王室领地伯爵或钦差使臣的司法裁判权。这是第一次有一位主教，没有其他任何的世俗权力，直接位于国王之下，与世俗的王国邑臣们处于同等地位。

直到夏天，奥托才将矛头指向了贝伦加尔和他的爪牙们，其中也包括仍盘踞在奥尔塔湖城堡内的维拉。他在这里围困了她两个月之久，最终迫使她屈服。他大胆地释放了她；他希望，她能够劝说自己的丈夫缴械投降，可这个顽固的女人却来到贝伦加尔身边鼓励他进行更顽固的抵抗。在此期间，奥托号召上意大利的主教，在加尔达湖和科莫尔湖将贝伦加尔的儿子们占领的城堡包围起来；8月时他还留在围城的军队中，但由于围城的时间太长，他回到了帕维亚。事实证明，贝伦加尔也不是轻易可以击败的。奥托从德意志调来援军，重新启程，亲自讨伐贝伦加尔，而此时的贝伦加尔也在圣莱奥城堡中全副武装准备进行最后的顽抗。

963年复活节后不久，奥托离开了帕维亚；他首先来到了拉韦纳，但很快他就赶往圣莱奥城堡进行围城。奥托的军队从各个方向包围了这座坚固的堡垒，围城的行动也几乎始终由奥托亲自指挥，但包围持续了整个夏天都一无所获。加尔达湖和科莫尔湖畔的城堡也都没有被攻略，而让皇帝忧心已久的事情就发生了：教皇违背了誓言，与奥托的敌人联合起来。

在帕维亚的时候，皇帝就已经感觉到，教皇和阿达尔贝特已经在暗中勾结起来了，阿达尔贝特当时为了得到阿拉伯人的支持，去了拉加尔代弗雷纳和科西嘉岛；随后，皇帝将自己的心腹派往罗马，去确认这桩令人难以置信的丑闻。国王的人得到的消息大多确认了教皇的背叛，他们同时还听到了对教皇本人道德举止的控诉。奥托对这些控诉并不在意。"他是个毛头小子，"奥托说，"将干练的人作为楷模会使他有所长进。"而教皇的背叛所带来的威胁，也没有在他心中激起太大的恐慌，他补充道："他们必须先将贝伦加尔拿下，随后，我们再给教皇一些父亲般的教诲；他如果不能因信念而改变，那么羞耻感至少能使他改变。"但此后不久，皇帝的人就在卡普阿捉住了几名教皇的使者，他们身上带着教皇写给希腊皇帝和匈牙利人的信函；这些信函表明，教皇意欲与君士坦丁堡的皇帝以及匈牙利人联手对抗奥托。现在，教皇的罪证已经清清楚楚地摆在了奥托的眼前，即使这样，奥托还在容忍着这个不忠的年轻人。

听说自己的诡计被识破，若望怀疑，是两名使者中的一人自愿加入奥托的阵营，向奥托透露了他们的秘密任务。这两人分别是红衣副主祭约翰和主教利奥，教皇曾将前者派往阿尔卑斯山另一边的奥托那里。为了弄清是谁背叛了自己，同时也为了探明皇帝方面的状况，教皇向他派出了一支使者队伍，奥托在圣莱奥城堡前发现了这支人马。这队使者向奥托承认，那些对于行为道德的指控，教皇本人认为其中的一部分并没有错，并不打算加以改正，不给别人再次指责的机会；但同时，他们也对皇帝进行了控告，因为他一方面在圣伯多禄的属地中让人们向他而不是向教皇宣誓效忠，这违背了他许下的承诺；另一方面他将背叛教皇的臣子，比如主教利奥与红衣副主祭约翰，窝藏在自己身边。皇帝声明了自己的清白。他说，他发誓将所有曾属于圣伯多禄的属地都归还给了教皇，正因如此，他才试图将这些土地争夺回来、控制到自己的手中；他完全可以听凭别人侵占这些土地，反正土地不在他手中就不用归还给教皇。关于使者的事情，他让人告诉教皇，说他们是在卡普阿截住了这两名使者，之后才知道了信函的内容；但他本人并没有见过这两名使者，更不用说窝藏在自己身边了。为了使教皇信服，他甚至派遣明登主教朗德瓦尔德（Landward）和克雷莫纳主教利奥普朗德在一队骑兵的护送下来到罗马，让两名主教发誓证明他的清白，如果教皇要求的话，还可以让骑士进行决斗以明是非。但教皇既不要主教起誓，也不要骑士决斗；他清楚地知道皇帝是无辜的，而他自己才是有罪的那个。

很快，罗马的城门为阿达尔贝特打开了。7月，他从阿拉伯人那里来到教皇面前，教皇欣然接受了他。奥托听到这一消息，就立即将军队分成两路：一部分继续留在圣莱奥城堡前，而另一部分主力则在他的带领下于9月向教皇进发。10月，他在罗马城前扎下营帐；而教皇和阿达尔贝特则带着一部分圣伯多禄的财宝出逃了；963年11月2日，奥托第二次讨伐教皇，这一次，他战胜了教皇及支持他的罗马人，以胜者的姿态进入了罗马。

奥托对这次的胜利果实善加利用；他不仅命罗马人送来人质，重新对他宣誓效忠，他还让他们向他起誓，以后的教皇都要经过皇帝和他儿子的赞同和确认才能登上其位。这样一来，他们就放弃了自由任免教皇的权力，而皇帝则获得了一项卡洛林王朝的君主也从未有过的特权。与任免德意志及意大利王国的大主教及主教一样，任免教皇的权力也交到了奥托手中，由此不仅使他在罗马的统治得到了长期的稳固，同时还使整个西方教会都必须听命于他。除了他自己安排的人，德意志和意大利的教会不会认可其他人作为他们的主宰，这将给奥托带来多大的益处啊；更不用说，他任命的教皇所下达的号令在他的国境之外仍有极其重要的影响。最终的结果就是，整个西方教会都被交到了奥托手中。

奥托借势继续发展自己的势力。他以教皇法官的姿态出现，组织了一场教会代表会议对教皇进行审判，并主持了这场审判。虽然卡洛林家族的皇帝们也行使过类似的权力，但自从伪造教皇诏令的事件之后，皇帝们就遭到诟病，而教皇则成了所有世俗势力之上的最高法官。自强悍的尼各老一世作为法官对洛泰尔二世国王颓靡的生活进行了审判之后，只过去了短短百余年。如果当时的局势能够对他大胆的举动推波助澜的话，那么如今的情势就会大不相同。王权统治从未像教皇统治在若望身上这样，堕落到这样的地步。自这位教皇违背了自己的誓言之后，无论奥托曾对他有怎样的义务，现在他都完全脱离出来了，何况他还损害自己的国家——不仅与异教的匈牙利人结盟，还将阿拉伯人的盟友阿达尔贝特接到自己身边。即使奥托将若望这个异教徒的同党革去圣职，谁又能责备他呢？但奥托却让教皇召开一次宗教集会，并在会议上对他进行审判。

11月6日，教会代表会议在圣彼得大教堂召开了，皇帝亲自主持了会议。米兰、拉韦纳和汉堡的大主教们来到了会议现场，患病的阿奎莱亚神父派来代表参加集会，36名意大利主教和2名德意志主教也出席了会议。此外，所有的罗马神职人员和拉特兰宫的官员也悉数到场，还有无数非神职人员也被允许来到现场，其中有许多罗马贵族和整个罗马城防军——人们想让正常会议的经过都向公众公开。正如预料中的那样，教皇本人没有出现，皇帝询问教皇缺席的原因，并由此开始了会议。人们回答皇帝说，原因很明显，因为教皇不能再一次粉饰自己的罪了。随后皇帝要求将这些罪行详细描述，由此才能总结出犯下罪行的原因。

一位枢机院的红衣教士马上站起身来说，他曾看见，教皇主持弥撒未行圣餐礼；其他人也说，他们曾看到教皇在不适当的时间在马厩里为一位副主祭授职。红衣副主祭本笃和其他副主祭及教士则撰写了一份诉状，并在会上宣读。

诉状中说，教皇收受金钱出卖主教职务，在托迪（Todi）将主教之职授予了一个10岁的男童，让其夺走了教会，他那种有伤风化、荒淫无度的生活方式已经臭名昭著，他还公然前去打猎，他将自己教父本笃的双眼灼瞎，直接导致了他的死亡，他还对另一个罗马神职人员实施了宫刑，他纵火，佩戴刀剑、头盔和铠甲。随后，所有人都争相叫喊起来，他还酗酒，在掷骰游戏时呼喊着异教神明的名字，他错过神事仪式的时间，也不佩戴圣十字来保护自己。

然而，这张诉状罗列的罪行再多，奥托最关心的几点却完全没有被提及！由于奥托不会说拉丁语，他命主教利奥普朗德向与会者解释：按照他自己的切身体会，身居高位的人总会遭到诽谤；所以这些控诉也可能是对教皇的丑化，如果教皇没有犯下那些罪行，如果他们拿不出可信的证据，他就不会容忍别人归咎于他。接着，所有人都做出最高担保，本笃的诉状中所列举的一切罪状都是真实的，而且皇帝也在五天前亲眼目睹了教皇的最后一条罪状，教皇举着盾牌，穿戴着胄甲，只是因为台伯河挡住了去路，他才没有亲自加入战斗。皇帝认同了这一点，并赞同了让教皇现身会场的建议，使教皇能够针对这些指控为自己辩解。人们随即撰写了一封给教皇的信函，信中陈述了控诉中最重要的几项，同时也向他保证，只会按照教会法令对他进行审判。

这封传讯信函被送到教皇手中，但教皇并没有按照信中的要求出席会议，而是简短地回信给诸位主教："我们听说，你们要任命另一位教皇；如果你们这样做的话，我就以全能的神的名义流放你们，革去你们的职务，这样你们就不能再主持弥撒了。"由于这场会议不是由他亲自召开的，他拒绝承认其有效性。

教会代表大会的第二场会议于11月22日举行，参会的神职人员中又加入了特里尔的亨利大主教和三位意大利主教，会上宣读了教皇的信函并决定了对教皇的回复。与会的人们认为，教皇拒绝按照要求前来参会是不妥当且不合礼仪的，他们再一次提出要求，请教皇亲身赴会，并对那些指控做出解释。如果他能成功地为自己辩护的话，他们就会一如既往地服从于他；但如果他不出现，对这些指控不置一词的话，那么人们也不会在意他的流放威胁，反而会将他流放出去。这份信函被移交给两名罗马神职人员，由他们转交到教皇手中。

　　但当两位信使来到教皇之前所在的蒂沃利（Tivoli）时，却没有找到教皇的踪影；他像个猎人一般出门狩猎，在坎帕尼亚的群山和丛林中迷失了方向。信使带着尚未解决的事宜回来了，全体参会人员聚集起来于12月4日召开了第三次会议。这一次，奥托亲自上前指控教皇，他的手中握有切实的证据，说出了对他来说最为重要的那项罪行。在诸位大主教、主教、教士、副主祭和其他神职人员面前，在伯爵、法官及全体民众面前，他将若望称为出尔反尔的背叛者，说他手握武器领导了一场内战并与国家的敌人联手，要求议会对他做出裁决。

　　判决是这样的：由于若望的罪行不仅给他自己，更给整个教会带来了沉重的损失，而且是个不知悔改的恶魔，没有用任何德行来弥补自己的罪过，因此，人们要求皇帝将他逐出神圣的罗马教会，并举荐一名德行正直的人登上教皇之位。皇帝确认了对若望的革职处罚，并交给罗马人来决定新教皇的人选。他说："你们自己选一个能够担当这个职位的人吧，我也会接受他的。"最后，来自神职和世俗阶层的人们一致决定："我们选择良作为我们的主教，作为领导罗马教会的最高主教，他是罗马教会抄书院令人尊敬的院长，是配得上最高教士之位的正直之人，我们坚决摒弃生活堕落的变节者若望。"众人将这一声明重复了三次，奥托赞同了他们的选择。在赞美诗的歌声中，良八世被隆重的庆典队伍簇拥着来到了拉特兰宫。在接下来的星期日，12月6日，奥斯蒂亚、波尔图（Porto）和阿尔巴诺（Albano）的主教们按照习俗在圣彼得大教堂完成了教皇登基仪式。罗马民众向教皇宣誓效忠。

　　良八世在此之前是教会抄书院院长，这意味着，他领导着罗马极具影响力的抄书吏们；他的父亲也曾担任这一职务，是教皇宫廷中威望最高的人物之一，并且同时拥有法官的职权。虽然抄书院的职务也算是神职，但良至今为止从未接受过对神职人员的祝圣，仅仅这一点，就足以让皇帝的敌对者们提出非议了。但是，良对教会事务有着丰富的经验，他在罗马有极高的名望，又没有野心且十分恭从——这对皇帝来说就足够了。他相信在教皇和罗马民众这里已经完成了自己的目标，将大部分军队都撤走了。

　　但他还不了解罗马人的善变。若望一听说，皇帝的军力减少了，心中就重新燃起了希望。他在暗中派遣信使来到罗马，他向罗马人承诺，如果他们反对奥托和他的新主教，他就交出圣伯多禄以及其他教会的财产。金钱诱惑着罗马人。964年1月，罗马就发生了一场暴动，周边地区的几位城堡主也参与到了这场阴谋之中。所有人都拿起了武器，人们用车堵住了台伯河桥，使皇帝和教皇无处可逃。但皇帝将他的人马召集起来，在台伯河桥上展开了战斗。德意志骑士们如同"鹰入鸽群"，将罗马人打得七零八落。罗马人彻底被打败了，第二天罗马民众就自愿为皇帝送去了百名人质，并重新起誓效忠皇帝与教皇。

皇帝认为罗马人吸取的教训足够了，不会再对他发起类似的行动。在教皇的请求下，他甚至将那些人质释放了。为了提高教皇在罗马民众眼中的地位，他将属于圣伯多禄财产的图西亚城市及五城重镇交给了教皇。1月11日，他离开了罗马，前往斯波莱托和卡梅里诺的边区，根据他得到的消息，阿达尔贝特正藏身在此。但这个消息是假的，阿达尔贝特重新逃往科西嘉岛的阿拉伯人那边去了。在此期间，奥托的军队在上意大利消灭了最后几支反动势力。963年年末，加尔达湖湖畔的城堡被攻下了。此后不久，圣莱奥方面也不得不投降了；贝伦加尔和恶毒的维拉落到了德意志人手中，皇帝命人将这两人送往阿尔卑斯山脉另一边。最终，两人在他们的流放地班贝格结束了生命。除了科莫尔湖畔的城堡，所有的反抗势力被镇压了下去，整个意大利王国都向奥托屈服了。964年接近年底时，科莫尔湖城堡也最终缴械投降。

人们早就该想到，凭借皇帝的运气一定会将罗马人制住。但要臣服于萨克森人的统治，罗马人感到心有不甘，十分后悔将最高权力交到了奥托手中。他们对皇帝的仇恨都由教皇孱弱的肩膀承担起来，教皇任职刚刚三个月，他就不得不离开罗马，逃往皇帝身边。通过那些不知羞耻的贵族情妇，若望重新在罗马城中笼络起一批支持者；良八世刚一离开，若望就回到了罗马，重新坐上了教皇的宝座。2月26日，他在圣彼得大教堂召开了一场宗教代表会议，罗马周边的十六位主教出席了会议，其中大多数都是曾在上次议会上反对若望的人。议会分三次将之前所有的决议都宣布为无效，良八世的教皇头衔被剥夺了，他做的所有祝圣都被取消了。波尔图和阿尔巴诺的主教现身会场，由于参与了对良八世的祝圣，他们都受到了惩罚；没有前来参会的奥斯蒂亚主教被革去了教士身份。毫无疑问，比起将若望革职的那场会议，这次的宗教代表会议的流程更加有序，但就算这样，所有这次会议上所作的决议都是无效的。不论那些变节的主教再怎样赞颂那位回到他们身边的教皇，他还是从前那个罪人，不幸并没有使他改变分毫。对于被他派去求援的两位使者，他进行了残忍的报复；他命人砍去了利奥的右手，割去了约翰的舌头、鼻子和两根手指；施派尔主教奥特格（Otger）也落到了若望手中，遭到了残暴的鞭打和折磨。在这样的情况下，若望竟然还认为能与皇帝和解！议会上的决议都不是针对奥托的，而只是针对良八世，他们甚至强调了对皇帝的认可；从此可以看出，当时若望就认为与奥托和解是可能的，不久后，他还将备受折磨的施派尔主教作为调解人派往奥托身边。

但奥托与这位教皇还有什么好谈的呢？任何让步都意味着放弃已经到手的权力。于是，他增强兵力，决定重新向罗马发起进攻。然而，他刚刚领兵出发，若望就突然去世了。正在若望欢愉放纵的时候，他突然中风发作，8天之后的5月14日他就离开了人世。即使在临终前他还再一次玷污了圣餐，这使世界都感到愤慨。

若望死后，罗马人虽然想要和皇帝和解，但他们害怕良八世会报复他们，不敢重新接受他。很快，他们统一了意见，选出红衣副主祭本笃举荐给皇帝，希望皇帝能同意让本笃成为教皇。奥托在列蒂发现了前来报信的使者。他们将若望的死讯告诉奥托，并请求他同意选举本笃成为教皇，但皇帝却回答他们说："只要我还举得动剑，我就不允许有人夺走良八世的教皇之位。"使者回到罗马，带回了皇帝的答复，但罗马人还是违背了忠于皇帝的誓言，将本笃选为教皇并为他进行了祝圣礼。他们想要再一次维护自己的选举权。

本笃在品行上无可指摘而且学识渊博，他脑中还充满着卡洛林王朝时期的阶级思想。他十分反感若望荒淫的生活以及在他的影响下罗马教会的世俗化，在奥托召开的那次宗教代表会议上，他就是教皇的主要控诉人；他同其他罗马人一起向奥托发过誓，不会违背奥托的意愿推选和祝圣其他的教皇。但他很快就后悔了，可能是因为担心，这样一来，教会就会被皇帝牵着鼻子走，世俗化也会更加严重。所以他和别的罗马神职人员一样，回到了若望身边，并在宗教代表会议上同意罢免曾由他选出的良八世。不久后，他被推上了圣伯多禄的座席，并决心为维护罗马的选举自由做最后的努力。

　　奥托听闻本笃的当选之后，顿时怒火中烧，并在愤怒中奔赴罗马并从各个方向将罗马城围了个水泄不通。虽然局势一日比一日危急，罗马人坚持追随本笃，英勇地守卫着他们的城市。教皇为他们的反抗行动加油鼓劲，他亲自登上城墙，威胁皇帝和他的整个军队，要将他们流放——他相信自己拥有最高的教士权力，在危险中也毫不惧怕。但疫病和饥荒在罗马城中爆发了，所有的反抗都成了徒劳，罗马城不得不投降，并将本笃交给奥托。964年6月23日，奥托再一次以胜者的姿态来到了罗马城中。

　　几天之后召开了新的宗教代表会议。在拉特兰宫的教堂中，众多来自意大利和德意志的大主教和主教、全体罗马神职人员和市民聚集在皇帝和教皇面前，本笃穿戴着全套主教法衣来到教堂中。罗马教会主祭问他，他怎敢在良八世尚在人世时就当选成为教皇，问他是否曾和其他的罗马民众一起向教皇郑重起誓，决不违背皇帝和皇子的意愿选举和祝圣其他教皇。本笃的信念崩溃了，他回答道：“这是我的过错，请你们悲悯我的罪行！”

　　在这一刻，奥托彻底战胜了自由选举出的教皇。并非登上教皇宝座的罪行输给了正义的力量，在强大的皇帝面前，孱弱的教皇势力试图保住自由和独立，在绝望挣扎中，教皇势力最终崩塌了。皇帝感受到了本笃的绝望，他的眼眶湿润了，他请求议会不要对本笃做出判罚；如果他能成功地为自己辩护，那是最好；但如果不是这样的话，人们也应当同情怜悯他。本笃听到这话，立即跪倒在皇帝和教皇脚前，他承认自己的过失并称自己是个鸠占鹊巢的小人。随后，他取下身上的主教披带，将它随同主教权杖一起交给了教皇。教皇折断了这根权杖，并向民众们展示残破的权杖。接着，他让本笃跪在地上，褪去了他的弥撒法衣，宣布了对他的判决：“本笃，篡夺神圣的罗马使徒座席，我们剥夺其主教及教士身份；但将我们带会主教之位的奥托大帝悲悯他的过错，所以我们保留对他作为副主祭的祝圣。”本笃被流放到了汉堡，他在那里遭到了一段时间的软禁。在德意志的北部，本笃重新找回了他作为教皇的尊严，有不少神职人员都向他表示敬意；但在罗马，他很快就被遗忘了。在卡洛林王朝的废墟之上诞生的教皇制度的最后一项传统，随着本笃一起湮没了。

奥托和良八世胜利了，但他们对待罗马人还是很温和，他们的罪行得到了宽恕，但他们还是必须向皇帝和教皇再次宣誓效忠。7月1日前后，奥托离开了罗马，动身翻越阿尔卑斯山脉回到家乡。随他一同离开的还有一大批军队，不幸的是，军中暴发了一场严重的疫病；洛林公爵哥特弗里德、特里尔大主教亨利以及无数官兵都不幸客死异乡。军队的回程也因此被打断了，奥托不得不在卢卡（Lucca）停留了一段时间。最后，疫病终于停止了蔓延，到了秋季，皇帝又能够像往年一样，无忧无虑地在利古里亚的山林中狩猎了。冬季时，他来到了伦巴底，但这里十分平静，无仗可打。阿达尔贝特虽然短暂现身，但很快就又逃回了科西嘉岛的阿拉伯人那里。在科莫尔湖畔，贝伦加尔的儿子所占领的最后一座城堡也终于屈服了。在帕维亚度过圣诞节之后，他随即踏上了翻越阿尔卑斯山脉的旅途。他的王国和人们都在等待着他，尤其是他的母亲迫切地盼望着他回来。

965年1月13日，皇帝来到库尔，踏上了德意志的土地，他沿着莱茵河河谷向下穿过施瓦本的公爵领地。在施瓦本和法兰克交界处，他的两个儿子国王奥托和大主教威尔汉姆在海姆斯海姆（Heimsheim）迎接他的归来。2月2日，他来到弟弟布鲁诺所在的沃尔姆斯。在因格尔海姆的老王室领地上，奥托庆祝了复活节，而圣灵降临节之后，奥托沿莱茵河向下来前往科隆。就在科隆，在布鲁诺的宫殿中，奥托再次见到了年迈的母亲。奥托的妹妹们——国王路易的遗孀吉尔贝歌和于格公爵的遗孀海德薇希，也前来觐见。这是漫长分别中的唯一一次重逢，而年迈的太后是这场重逢的中心。她的儿女和孙辈再一次围绕在她身边；有人说，还从未有人见过这么多位高权重的大人物联合在一起。这个受神庇佑的高贵家族在世人面前散发着光芒，而世人尤其赞叹这位母亲的幸运，她能够亲眼看到自己的家族发展得如此壮大。布鲁诺的老师乌得勒支主教巴尔德利希也在现场，他来到欢呼的人群中间，为年迈的太后祝福，并向人们指出《圣经》中的话语在她身上得到了验证："愿主从锡安赐福给你！愿你一生一世看见耶路撒冷的好处，愿你看见你儿女的儿女。"（《诗篇》第128章）

在科隆的那些日子是惬意而美妙的。不仅王室家族在庆祝，整个德意志民族都在庆祝。鲁特格说："从没有哪个地方闪耀着这样夺目的光彩，从没有人看到这么多男女老少、贵族平民齐聚一堂。"奥托与他的臣民们也在庆祝着胜利，夺取意大利、摘得皇冠、号令教皇的胜利。最后，奥托告别自己的弟弟——这是他们最后一次见面，跟随母亲一起回到了家乡，回到了萨克森。

6. 奥托一世的皇权统治

在多年的分别之后，奥托重新回到故土，见到了他的萨克森族人。他再一次巡视易北河与萨勒河畔的王室领地，再一次在基弗豪泽召开会议，命人在哈尔茨的林区中吹响狩猎的号角；但如今的他已经不同以往，他的周身环绕着新的光辉，他所拥有的名号，他佩戴的冠冕，是任何一个萨克森人都不曾拥有、佩戴过的。

命运是多么奇妙！在罗马军团曾到达过的最远边境，他们曾夺取无数胜利和荣耀的地方；在雄踞世界的罗马帝国走到尽头，受到限制的地方，现在却成了新一代奥古斯都的故乡；这里过去是也将继续是这位大帝的权力中心。这片萨克森土地还遍布着原始丛林，充满了无法进行农耕的沼泽以及从未经过犁车耕耘的蛮荒之地；这一片土地上，人类文明开化之后才开始建起城市与堡垒，却在那些文明古国面前抢得了先机——那些古国的政治秩序、贸易往来和精神教育已经在方方面面经历了千年的传播和发展，而德意志却夺得了统治权。通过这场重大的变革，西方历史的中心从南部和西部转移到了欧洲的中部。在文明世界想象中，这里是冒险之地，至今为止一直置身于世界历史发展之外，直到前不久才加入了开化民族的圈子，而就是这样一个民族站上了权力的巅峰。

当然，罗马很早以前就已经臣服于日耳曼战将脚下；查理大帝的家族统治着这座永恒之城长达一个世纪之久；自从古罗马文化的代表罗马大祭司被世俗政权排挤到教堂之中，并在教堂中建立起自己的权力之时，他们就心甘情愿地臣服于法兰克的君主们。但法兰克人也来自于德意志宗族，他们是接受罗马人信仰和文化习俗较早的一个族群——罗马文化和法兰克文化很快就相互认同、相互融合了。这是与萨克森人不同的。在几代人之前，他们还顽固地拒绝罗马主教派来的使者，正如他们曾经拒绝罗马皇帝和皇帝使臣一样，在经历了血腥的斗争之后才最终皈依了罗马教会的宗教。但现在，坐在罗马皇座上的人是奥托，他作为奥古斯都和圣伯多禄的继任者进行统治，而他的祖先曾是最后一批英勇的异教拥护者；他手中的权力允许他，从远方下达命令将罗马人民选出的主教流放到易北河畔，他能够任命教皇，也能将他们罢免。

这似乎是日耳曼文化对罗马的全面胜利，但是启发了这位萨克森英雄的，却是在罗马产生的政治及宗教理念，这些理念曾多次使世界的目光转向罗马，现在，它们通过这个萨克森人再次重获新生。因为他想建立的正是恺撒们那样的世界霸权！他将自己称为罗马人的皇帝和奥古斯都，就连他的皇冠也是在罗马接受的。对他来说圣伯多禄的陵墓难道不是尘世中最神圣的地方吗？与那些在德意志北部建立起基督教信仰的盎格鲁-撒克逊僧侣相比，这个穿着铠甲的萨克森不也同样是罗马教会勤勉的使徒吗？他想将自己王国的势力一直扩张到尚且闭塞的北部和东部，他这样做的意图不外乎是将罗马的基督教信仰的形式和内容原原本本地一直带到世界的尽头。他将罗马殉教者的遗骸带到了阿尔卑斯山的另一边，并通过对它们的信仰创造出奇迹——山林得到了修整，沼泽干涸了，城市建立起来，最险恶的敌人被战胜了。罗马的语言不仅在萨克森的祭坛前响起，同时也变成了总理议事厅和皇帝宫廷中的工作用语；这种语言将奥古斯都的号令传到世界各地。这就是奥托，虽然在骨子里完完全全是个萨克森战士，却同时彻底接受了他的前任曾奋力反对的罗马理念；这种巨大的差异动摇了世界历史，在奥托的灵魂中互相冲撞着，但最终还是达到了平衡与融合。

奥托同时代的人就已经将他与查理大帝相提并论，在历史中也的确很难找出第二个能做此比较的人物。不仅仅是因为这两人的人生轨迹有诸多的共同点，甚至还有同样的终点，那就是西方皇权统治的建立；但这一比较还是因为他们一生为之奋斗的理想和共同的精神特点。奥托的最高理想恰恰是查理大帝心中的向往，正如罗马-日耳曼世界能够通过教会联系在一起，奥托将它通过政治联系在一起，而在这个政治体系中他又用基督教秩序建立起了长久的和平，用西方基督教汇聚起来的力量击败了异教力量，使他们臣服于自己脚下。

但是，无论两位君主的理念是否一致，他们实现目标的手段却是完全不同的，并且这也是必然的，因为奥托一世与查理大帝时代的社会状况是不可同日而语的！

查理将法兰克的国家体制推广到他的整个帝国，在一段时间中，民族的差异似乎变得无足轻重，并且整个罗马-日耳曼世界都变成了罗马-法兰克帝国。查理成功地消灭了统治区域内的所有地方势力，独立的自治权很快就不存在了，他的钦差使臣及公爵、边疆伯爵和伯爵们只是他意志的执行者，只是国家官员，他可以按照自己的喜好任命和罢免他们，可以在任何时候将他们派往帝国的任何区域。同样的，主教和修道院院长们是教会官员，而他有着对教会无可争议的统治权。邑臣誓言似乎更多是在对大地主限制，使这些傲慢的巨头无法为自治权的苗头找到滋生和发展的温床。他的家乡就是他主要国土的中心，他就从这里通过鲜活的法律统治着整个臣服于他的世界。

但在那之后，局势彻底改变了。重新觉醒的民族意识虽然没有直接导致帝国的瓦解，却也加速了它的消亡；从整个大帝国分裂出一个个以民族为基础的，却更加不稳定的小国家；世俗贵族站出来反对皇权统治，他们不只是通过民族利益甚至通过地方利益联合起来，由此变得比以往更为强大；神职人员带着他们高傲的雄踞尘世之上的想法，俯视着国王与皇帝们的政权；地方的自治自由遭到压制，在大多数地方几乎消亡了；只有采邑制度还从内部将国家维系在一起，但在许多地方邑产已经变成了可以继承的财产，使采邑制度反而成为了桎梏邑主，而非限制邑臣的枷锁；远距离的统治不再依靠法律，而仅仅通过权力的扩张，通过个人的势力，这就意味着，往往只能通过暴力。

我们知道，亨利一世接过东法兰克王国时，王国已经分裂到了什么程度，在这个基础上建立起来的德意志王国几乎只是个城邦联盟，而在这个联盟中的德意志各宗族和他们的公爵几乎都保持着独立。最初的时候，公爵们向国王所许下的邑臣誓言是唯一将德意志各州维系在一起的纽带；如果说亨利的威望随着时间的推移逐渐增长的话，那么尤其应当归功于新的战时秩序，但这一秩序也仅仅是建立在采邑制度上的；亨利在实际上从来只是德意志各州的最高邑主，在萨克森以外的地方，他所拥有的权力并不比一个邑主大。但接下来，奥托有了建立统一的德意志王国的想法，并取得了卡洛林王朝国王的完整权力；他讨伐公爵，坚定地涉足各个宗族的独立事务中去。他至今为止的人生都在进行着这场斗争，他获得了许多胜利并在事实上建起了一个国家势力，与他父亲的王国相比，更加强大，更加稳固。但他所追求的目标还没有实现。革新旧时的权力或引入新的体制都没能彻底且长效地动摇地方势力。公爵和伯爵们不愿意自己的身份再一次被贬低为国家官员，虽说他们现在仍保持着这一身份；他们的权力虽然是国王授予的，但终究深深扎根于领地内的独立利益之上，当他们的利益与王权利益产生冲突的时候，官员们的义务往往起不到作用。在德意志各州，封建体系的所有腐朽之处也已经显露出来了，最糟糕的是，没有任何弥补的手段。地方自治自由虽然在较底层的圈子中还没有完全消亡，但已经没有了任何的政治意义；奥托在当时没有别的选择，只能在采邑制度的基础上建立起自己的国家，并使神职人员更多地参与到国家事务中来，从而使神职贵族与世俗贵族成为可以互相抗衡的两股势力。固然，奥托还毫不动摇地保留着民族王权和王国统一的理想；并且，他在事实上也的确是王国内的最高将领、最高法官，是教会的保护人以及从前意义上的民族国王；但是，他如果要行使由这些职务所延伸出的权利和义务，就需要作为所有德意志州的最高邑主，并用渗透性的强权和毫不心慈手软的严酷才能贯彻下去。他对邑臣的义务（也就是参军的义务）极为严苛，任何违背忠诚的行为都会受到相应的惩罚，他在各地都亲自对王室邑臣进行监督，从而成了受到敬畏和重视的统治者。但是，如果他，还有神职人员们，现在仍将王权看作所有世俗权力的源头，那就与真实情况不完全相符了。除王权之外，公爵、边疆伯爵和伯爵的权力，以及宗教及世俗权贵们的势力也都有各自的发展，并且不再对王国具有统治性的影响了；州省及地方的差异，阶级与家庭的利益逐渐分解，变得多样化起来，在增强了的王权统治之下，它们与统一的王国格格不入。对立势力不受正式协议和法规的限制，只通过摇摇欲坠的传统习俗和眼前的权力局势尽可能调整彼此间的关系。

即使是在从父亲那里继承来的王国中，对于独立宗族生活及在此基础上的地方势力，奥托也无法通过王权统治的理念使这两者的发展倒退，那么，在卡洛林王朝中产生的，并已经以国家形式确立下来的巨大民族差异，就更不可能通过取得皇权取消和清除了！奥托的确统治着意大利王国和德意志王国，但这两者却没有通过皇权统治从内部融合到一起。意大利仍自成一国，有自己的总理议事厅、自己的官员、自己的国家议会；奥托对意大利宣布的少数几条法规，也加入了伦巴底的法律中。查理大帝将法兰克的体制移植到意大利，让不少的法兰克大臣驻扎到意大利；而所有这些奥托都没有做。当然，奥托始终通过最高邑主权力的形式，将王权推向了很长一段时间内都不曾达到的高度，并由此取得王国内部的和平和外部的安全；他同时还终结了自私自利、荒淫腐朽的派系，改善了国内的社会风气；但他所行使的这些权力，都是之前的皇帝们已经行使过的，并没有深入既有的国家体制中去。伦巴底城市中的主教权威也并非奥托从头建立起来，他只是促进了这一权威的快速建立。

德意志和意大利王国没有通过皇权统治紧密地融合到一起，那么，曾属于查理大帝皇朝的西法兰克和勃艮第王国与它们之间的融合就更少了。毫无疑问，奥托个人对这个王国的影响力是无人能及的。勃艮第国王是仰仗着奥托的力量才登上了王位，卡洛林家族在法兰克王国的势力只有凭借他的支持才得以继续存在；所以，在皇帝的王侯会议上，这些国王的身份与德意志和意大利的大邑臣们并没有什么两样；他们时常需要寻求他的帮助，来对抗他们国内放肆造反的权贵；他们的国家就如同帝国中的省份，而且也的确有人是这样来称呼这些国家的。但即使这些国王承认皇帝是高于自己的统治者，也不存在进一步的政治权力纽带，将他们与皇帝联系起来；甚至没有证据可以证明，他们曾向皇帝许下过邑臣誓言。在这些国家中，奥托没有向任何公爵或伯爵分封过邑产，没有为任何主教授职，也没有在那里行使过任何形式的立法权。这也就是说，查理大帝的皇朝通过新的皇权统治暂时变成了一个相当松弛的邦国联盟，而在这个邦国联盟中，东法兰克国王通过夺取意大利和获取皇帝冠冕赢得了先机；这样一个邦国联盟能在怎样的程度上发展成一个统一的帝国，其未来仍不可预测。为使这些曾属于卡洛林王朝的国家统一起来，奥托所做出的贡献与他父亲为了联合德意志各州所有的努力旗鼓相当；没有多出许多，也没有少出许多。

眼下，卡洛林王朝的西部国家与皇帝的关系，正如曾经西班牙的基督教国家以及盎格鲁-撒克逊王国与查理大帝的关系一样。既然它们能在法兰克的皇权统治面前保持自由，那就更不能期待，它们会任凭德意志皇权给它们加上更紧的桎梏了。也正因如此，我们事实上找不出它们与奥托皇帝之间有任何更进一步的关系；你不得不相信，盎格鲁-撒克逊的埃德加一世①虽然是皇帝的外甥，但他明确地拒绝承认皇帝的最高统治权，并且由此将亨利一世刚刚建立起来的海峡两岸萨克森人的联系重新解除了。比起埃德加一世的先辈们，他与大陆之间的联系正在变得越来越紧密，如果不是他自己要冠以皇帝奥古斯都的头衔，如果不是他自己要成为统领海岛上所有国王和民族的皇帝，又如何解释他的这些举动呢？

虽然奥托在西部的统治权比起查理大帝要弱，但奥托却在东部和北部有更深更广的影响；在这里，查理开了头、他的继承人们搞砸了的事情由奥托在这里贯彻了下去。罗马-日耳曼世界将他们之外的异教民族称为蛮族，而奥托使他们的大部分都成了基督教教会和帝国的仆从；这些民族要向皇帝进贡，他们的王侯要对皇帝尽邑臣义务，他们的军队必须在异国他乡听从皇帝的号令。这些蛮族的臣服对新皇权的广泛影响力至关重要，但根除异族、消灭本地势力也是不可忽视的要素。边区如同王国的大坝抵挡住如潮水般涌来的异族，在那里的臣服民族自然是完全听从德意志人的号令；德意志王侯、教士和殖民者来到这里，土地被分配给德意志的佣兵；如果有一两个本地的王侯家族保留下来，那也只能算作例外。无法避免的是，被战胜民族的民族性没有被渐渐压抑下去，这与边区另一边的战败国完全不同。在这里，一旦有一个民族宣布投降，王侯许下邑臣誓言，向基督教福音打开国家的大门，那么这个民族就加入了这个大型的民族联盟中，作为拥有自己权力的一方加入组成帝国的体系中去。在这个体系中，民族权利继续调整着各个基督教国家的关系，而按照那个时代的观点，异教徒是没有民族权利的。北部和东部的那些王侯在成为皇帝邑臣之后，仍不受争议地保留着他们的执政权，通过与皇帝的联系，他们在这个不发达国家的执政权只会得到增强，而不会减弱；而皇帝要对这些国家施加影响，几乎只能通过他任命的主教。当时皇帝与波西米亚公爵的关系就是这样，随后建立

① 又称和平者埃德加，959年至975年任英格兰国王。——译者注

起来的皇帝与波兰公爵及丹麦国王的关系也是如此。

　　我们可以看到，这样一个皇权统治虽然在一定程度上将西方世界重新联系起来，并使之有了一个中心，但对各民族及以民族为基础建立起的国家，它并不能阻碍和压抑其发展；相反，皇权给它们的自由对它本身的发展和存在是极为危险的。虽然这个帝国将自己称作是罗马的，但在本质上却完全是德意志的。一旦这些民族强大起来，并以国家形式牢牢团结在一起，那么皇帝的最高统治权就可能变得一无是处，而皇权统治也将变成一个对历史进程毫无影响力的虚幻理想。

　　但在奥托领导下的皇权有着真实的权力，虽然西方国家之间的联系是松弛的，但这样一个联盟对世界历史进程的影响却是巨大的。它不是从别的方面受到推动，而是自由主动地决定着欧洲的命运。那个时代的所有大事件，奥托都参与其中，是主角也是赢家，他握有真正的皇权，是西方世界真正的统治者；与卡洛林王朝后期的那些皇帝头衔不同，他的皇帝头衔不只是空名。但是，奥托统治西方依靠的不是法律，不是人为设置的国家机构，不是庞大的官员军队，而主要是通过强大的外部势力，是这些势力将胜利送到了他的手中。由德意志邑臣组成的庞大军队训练有素，奥托凭借这支队伍在北部和东部战胜了丹麦人和斯拉夫人，迫使匈牙利人放弃了他们居无定所的强盗生活，在多瑙河平原寻找定居地，这样一来，奥托永远地关上了一扇大门，将曾经一再前来进犯的大批蛮族挡在了门外；他的战功以及不断扩大的邑主权威使他成了勃艮第和法兰西王国的保护人，随后又成了伦巴底和罗马城的主人。凭借德意志的军事力量，奥托震慑着居住在周围的民族，而他又依靠着这样赢得的力量雄踞于手下那些骄傲的邑臣之上；他能获得皇帝之位，依靠的是他在德意志作为国王的地位，但皇帝的冠冕又反过来维护和巩固了他和他的家族在德意志各州的威望。他是基督教世界最强大的最高邑主，凭借这一身份他能够在任何时间召集起无数战将，使西方的任何民族、任何王侯都无法与之匹敌——他那高不可攀的地位主要就是建立在此基础上的，但同时这却不是它唯一的基础，天主教的神职人员遍布整个西方世界，成了奥托手下一批头戴法冠、身披圣带的邑臣军队；不仅在德意志和意大利各地，他同样也在新征服的北部及东部任命大主教及主教；奥托统治着圣伯多禄的继任者，通过他，奥托即使不亲自任命一些西方国家的主教，也能控制教会的走向。这些措施和手段似乎已经足够建立起一个广大且深入的政权了，更何况这些有利的条件都握在一个卓尔不凡的伟人手中，奥托知道怎样有力地利用这些资源。从易北河流域赶往意大利的阿布鲁佐（Abruzzen），从莱茵河滨来到阿德里亚海沿岸，再前往波罗的海的滩涂；他一刻也不停歇，总是在战场上，先是对抗丹麦人和文登人，然后是希腊人和伦巴底人；广阔国土上的所有伯爵领地，所有基督教的主教管区都在他的监督管理之中。不论身在何处，不论意欲何为，他始终投入万分的精力、热情与细致，无论做什么都能达成目标。奥托的皇权统治是所有皇权中最为个人化的政权。

萨克森王室从北部地区脱颖而出，在与丹麦人、文登人和捷克人的战斗中，亨利一世和奥托一世建立起了伟大的功勋——通过与海外萨克森裔的联姻，强化了新的王室家族；在很长一段时间中，新王国的中心看似要保留在北方了，一支强大的力量看似就要从那里辐射到北方最边远的民族了。但奥托的意大利之行将局势的发展引向了另一个方向。日耳曼世界再次向南方移动，奥托和他的人民踏上了这场命中注定的征途。从赢得罗马皇权之后，为了维护统治权力，国王和德意志民族的目光也必须始终注视着南方。在奥托最后几年的岁月中，最让他挂心的也正是南方的局势。但他也没有因此就对北方放任不管，尤其是在他第二次从阿尔卑斯山另一边回来之后，他将主要精力放在了北方。

在皇帝远行期间，公爵赫尔曼和边疆伯爵格罗为了保卫萨克森的和平克服了不少的困难。不安分的维希曼依旧使赫尔曼公爵不得安宁。这个强悍的男人胸中涌动着对叔叔和皇帝难以消弭的仇恨，这种仇恨驱使他走上了一条疯狂的道路并最终坠入了毁灭的深渊。虽然他曾向奥托发下过毒誓，但他很快又踏上了新的冒险，结束了在家乡碌碌无为的生活。皇帝从意大利的回程所花费的时间比预期长了许多，维希曼就来到王国的北境，命人向丹麦国王哈拉尔德提出结盟。他让使者告诉丹麦国王，现在的萨克森没有了国王的保护，正是发起进攻的好时机。但丹麦国王并不信任这个出尔反尔的男人，他命人回复他，如果他能够将他的叔叔或是别的萨克森贵族杀死，就相信他的话；在哈拉尔德看来，维希曼的提议是一个陷阱，而他不想落入这个陷阱之中。但在此期间，维希曼已经在身边集结起了一些不安分的人，他们驻扎在商道中间，袭击路过的商人，公然破坏国家和平。这伙强盗中的一些人被抓获了，赫尔曼公爵按照法庭的判决对他们执行了绞刑；他也将自己的侄子维希曼和埃克贝特送上了法庭，他们险些没能逃脱被绞死的命运。公爵格罗不再怀疑维希曼沉重的罪孽，不愿继续为他担保；于是，维希曼手无寸铁地离开了萨克森，再次到了文登人那里。这一次，文登人也欣然地接纳了他，因为他们也正处于与东部邻邦的战争之中，与他们对抗的是和文登人同宗的波兰人——这也是波兰人的名称第一次出现在历史中。维希曼这个精通兵法的德意志人，成了领导文登人对抗波兰人的大将；他多次为文登人夺取胜利，经过两场血腥的战役，他战胜了波兰公爵米奇斯瓦夫（Mieczislaw）。

但波兰公爵在困境之中没有向维希曼和文登人投降，而是向皇帝奥托和公爵格罗臣服了。在格罗的边区之中维持了较长时间的和平，963年，施普雷河及尼萨河（Neiße）河畔的卢萨蒂亚人再次暴动起来，而年迈的英雄不得不再一次将他的利剑指向文登人。他投身于一场鏖战之中，许多萨克森贵族阵亡了，其中包括格罗的一个侄子齐格弗里德。在格罗的儿子们纷纷早逝之后，格罗一直将这个侄子视为己出。虽然伤亡惨重，但格罗取得了彻底的胜利，卢萨蒂亚人再也不敢继续造反，作为惩罚他们被戴上了沉重的奴隶枷锁。格罗一直行军到奥德河畔，来到了波兰边境，也就是波兰人与文登人交战的地方。波兰公爵无法同时抵抗两批敌人，于是他试图与德意志人和解，带着他的人民向皇帝投降，许下邑臣誓言，在以瓦尔塔河（Warthe）为界的土地上向皇帝进贡。

这是格罗的最后一项战功，他帝国的疆域扩展到了奥德河之外，使德意志之名在那里也受到尊崇；在这之后，他就告别了尘世的喧嚣。在征得皇帝的同意后，他在同年出发，作为朝圣者前往罗马，在圣伯多禄的墓前放下武器，将自己以及他所有的财产都献给了主。在侄子齐格弗里德和小格罗早亡之后，格罗在离奎德林堡不远的哈尔茨山区筹资建起了格尔恩罗德修道院（Kloster Gernrode），并让侄子齐格弗里德未满20岁的遗孀海德薇希成了那里的修道院院长，海德薇希同时也是太后玛蒂尔德的侄女。在侄子齐格弗里德死后，格罗将他名下的所有财产都赠给了这座修道院和它精美的教堂——这座建筑物的大部分得以留存至今，由于其悠久的历史成了萨克森东部一座引人注目的教会遗产。修道院从皇帝和教皇那里获得了特权，并直属于圣保禄、圣伯多禄和罗马教会，而格尔恩罗德则每天上缴一磅银子作为贡金。在修道院的证明文件中，格罗说道："保禄与伯多禄，我向你们请求，你们是教会的两座灯塔，在我的肉身死去之后，你们将为我的灵魂打开天堂的大门，并在审判日在主的身边作为我的代表，为我进言，这样，我就能在最终审判之后去到天堂中你们光明的居所，并永远在那里生活。"教皇将圣西里亚库斯（St. Cyriacus）的一只手臂赠给了格罗，这是他最好的旅行纪念品，从罗马回来后不久，"神恩庇佑的边疆伯爵"格罗就于965年5月20日去世了，他永远安息在了格尔恩罗德他自己筹资建起的修道院。这个时代失去一位伟大的英雄，但这位英雄的名字还长久地存活在传说和歌谣之中。皇帝奥托当时刚刚回到萨克森，他听闻英雄的死讯痛心不已。

格罗位于边区的公爵领地现在要交到谁的手中，格罗所拥有的庞大邑产又该分封给谁？这是皇帝最需要担心的问题。他可以将曾属于格罗的重权移交到另外一个人的手中，如果没有合适的人选，他也可以不按照以前的方式保留格罗的边疆公爵领地，而将他的权力分到多个伯爵手中，本来就有一些伯爵在格罗广阔的辖区内管理着较小的区域。迪特里希成了北边区（Nordmark）的边疆伯爵，这一地区之后被人们称为老边区（Altmark）；留提曾部族和赫维勒人，以及居住在哈弗尔河流域直到托伦瑟湖及奥德河下游的文登宗族都被他平定了。从萨勒河下游和穆尔德河（Mulde）到易北河之间的萨克森边区，是下卢萨蒂亚人和奥德河另一边的波兰人所依附着的边区。后来，人们将这里称为东边区（Ostmark）或卢萨蒂亚边区。这里被划分给了两位边疆伯爵——他们是提特玛尔和勇敢的霍多（Hodo），前者是格罗的外甥，而分给霍多的是东部受侵略更多的土地。从萨勒河上游到易北河的图林根地区形成了后来的迈森边区，而下卢萨蒂亚也屈服于这一边区之下。皇帝将这个边区分封给了三位边疆伯爵：君特、维格贝特（Wigbert）和威格尔（Wigger）。以上提到的六位边疆伯爵在他们各自的辖区内得到了至今为止由格罗行使的权力，以及曾属于格罗的王国邑产；但为了使他们在危难之中不至于群龙无首，迪特里希被授予了边疆公爵的头衔，并负责监管所有这些边区。

965年冬季，一个突如其来的噩耗将皇帝拉回了洛林——弟弟布鲁诺去世了。与布鲁诺敌对的侄子们使他再次前往法兰克王国，他才刚满40岁，却在旅途中突然离世了，那是在965年10月11日的兰斯。布鲁诺位高权重，他的去世不仅对洛林的政治及宗教关系有着重大的影响，并且还波及所有的国家事务。幸好，洛林在布鲁诺的精心治理下秩序井然，无人介入也能在较长的一段时间内保持良好的局面。布鲁诺曾经的总理福克马尔（Folkmar）登上了大主教之位。原本的洛林公爵领地随着布鲁诺的离世被取消了；弗里德里希公爵保留了他在上洛林的权力；下洛林则没有设立独立的公爵，而是和法兰克以及萨克森的一部分地区一样，直接受皇帝的管辖。奥托这样做很可能是想要将旧时查理大帝的皇都保留在自己继承人的直接管理之下。为了长期稳固法兰克王国的局势，并使王权那里获得新的支持，奥托将他的继女艾玛——阿德莱德从第一段婚姻中带来的唯一一个孩子，许配给了年轻的洛泰尔国王。眼下，德意志总理议事厅的所有事务都由大主教威尔汉姆监管，而这位美因茨大主教后来也一直是德意志王国唯一的大总理。这已经足以表明，一个独立的德意志王国的理念已经越来越深入人心。

966年春季，皇帝再次回到萨克森；现在，他将主要的精力都放在了教会建设和对异教徒的传教上。人们从未如此积极地在萨克森兴建教堂和修道院，整个皇室家族和大部分的贵族都在为教会筹资建设。曾经的异教国家完全成了基督教的沃土，同时也成了北方和东方的培育学校。在这之中，最孜孜不倦为教会机构虔诚奔忙的就是皇帝的母亲。前不久，她开始在诺德豪森建造一座新的女子修道院，只因那里是她最钟爱的地方，她和丈夫亨利曾在这里度过了幸福的时光，而且她还在这里生下了儿子亨利和女儿吉尔贝歌。由于她的大部分积蓄都花费在了其他的教会设施上，她十分担心，如何才能建出一座足够宏伟又精美的修道院，她害怕自己等不到建筑完全竣工的那天。直到奥托亲自来到诺德豪森，并向母亲保证，将修道院的修建视为她的遗嘱，玛蒂尔德这才安下心来。但对她来说最为神圣的地方仍是亨利一世国王安息的地方——奎德林堡，当那里的修道院被授予无上尊荣的时候，她的内心想必也充满了喜悦。皇帝唯一一个在世的女儿——与祖母同名的玛蒂尔德，要将祖母虔诚的事业继续下去，966年复活节前后，在整个皇室家族和所有国内的王侯主教的见证下，玛蒂尔德在盛大的庆典上受到祝圣成为奎德林堡修道院的院长。

这个时期，传教事业的前景一片大好。丹麦国王哈拉尔德和他的民众接受洗礼也正是发生在当时。哈拉尔德犹豫了许多，直到一个名叫博珀的神职人员将基督的力量呈现在迷茫的国王面前，他握住一根用火烧红的铁棍走了很长一段距离，却毫发无伤。看到这一幕，哈拉尔德的疑虑消失了，他不仅自己成了基督徒，还命令他的臣子们离开虚假的神明，只敬基督为神。与此同时，米奇斯瓦夫公爵和他的波兰民众也皈依了基督教。但使他们皈依的不是一位教士，而是波西米亚公爵虔诚的女儿杜布拉芙卡（Dubrawka），她嫁给米奇斯瓦夫之后，成了第一个在波兰人中传播基督教的人，但德意志僧侣很快就接过了她开始的这份事业。继续向东，西方教会的前景也十分光明。9世纪中叶，瓦良格人的军队在沃尔霍夫河（Wolchow）和第聂伯河河畔分裂的斯拉夫宗族中建立起了多个军事政权；留里克（Rurik）和他的儿子伊戈尔（Igor）将这些军事政权统一起来，建立了一个罗斯人的王国，并迅速发展成一支举足轻重的势力，甚至对希腊的帝国也产生了威胁。君士坦丁堡和基辅宫廷间的敌对关系转变为盟友的关系，到了957年，伊戈尔的遗孀奥莉加（Olga）在君士坦丁堡接受了洗礼，并得到了海伦娜的名字。当时，这位罗斯女沙皇为她未成年的儿子斯维亚托斯拉夫（Swiatoslaw）摄政，她很快就尝试在王国中将基督教推向统治地位；959年，她的使臣来到奥托的宫廷中，请他派一位主教和教士给俄罗斯人民。奥托应允了她的愿望，但接受了传教任务的僧侣黎波提乌斯（Libutius）却突然去世了。于是，特里尔圣马西敏（St. Maximin）修道院博学的僧侣阿达尔贝特被派到了俄罗斯人那里。但传教的效果却不及期待中的那样好。海伦娜的人民和她儿子都顽固地抵制这种新的教义，而阿达尔贝特也最终在重重阻碍下放弃了传教；他历经千难万险才重新回到萨克森。此后不久，斯维亚托斯拉夫开始亲自执政，并开始迫害基督教信仰者；俄罗斯与西方帝国才刚刚建立的联系就这样又中断了几个世纪。

　　在欧洲东部和北部的所有宗教及政治运动都向着一个共同的大方向前进，而奥托认识到了这些运动的重要性，并尝试着使它们为自己所用。在北部传教的任务交给了汉堡的大主教教会，奥托不仅以各种方式支持传教事业，当时还为汉堡下属的主教们授予了在丹麦王国极大的自由和权力。在北部，大型教会机构的基础已经存在，只需要将其发展壮大，而在东部还完全是混乱无序的状态。马格德堡的大主教管区当时还没有建成，大主教威尔汉姆放弃反对之后，哈伯施塔特主教仍保持着顽固的反对态度。现在，时机可能已经成熟，是时候快速且有效地将皇帝的伟大理想化为现实，通过新建的大主教管区为东部的传教事业赋予一个中心和支点，帮助基督教在斯拉夫民族中获得全面的胜利。可是固执的主教却坚定地反对皇帝的一切努力。于是奥托只好暂时满足于将一系列的馈赠给予莫里茨修道院，为大主教管区的建立做好准备，并在签发的证明文书上指出提高马格德堡管区地位的意图。

　　正当奥托在为基督教的传播和皇权势力的扩张而奔忙时，阿尔卑斯山脉另一边的帝国南部又在召唤他了。但在他离开萨克森之前，再一次探望了他的母亲，这恐怕是此生最后一次相见了。后世在玛蒂尔德太后的传记中写道，皇帝与她一同在诺德豪森停留了数日；到了分别的那天，他们两人都起得很早，他们不时落泪，有着说不完的话，随后他们一起来到教堂中，聆听弥撒。老太后的心情十分沉重，但她却不让自己的表情出卖内心的波澜。两人走出教堂时，他们站在教堂门内，落着泪紧紧拥抱在一起；奥托飞身上马，母亲则回到教堂中，来到弥撒时奥托站着的地方；她扑倒在地，亲吻他的足迹。伯爵维迪戈（Witigo）和其他的宫廷侍从将母亲深情的举动告诉了皇帝；皇帝旋即跳下了马，赶回教堂内，扶起母亲。他说："我要怎样才能回报你的泪水啊？"他们用颤抖的声音互诉衷肠，直到老太后终于开始告别。她说："虽然这对我们来说很沉重，但我们终究是要分别的，看到你的样子并不能减轻这别离的痛苦，反倒让它更加剧烈了。从容地离开吧！下次你再见到我，就不是在这凡胎肉身之中了。"

　　8月中旬，奥托在沃尔姆斯召开了一次王国议会，他在会上迅速地安排了第三次翻越阿尔卑斯山之行的所有事务，指示了在他离开德意志期间需要做的预防措施。年轻的国王奥托要在他的叔叔威尔汉姆大主教的引导下执政。随后，奥托在妻子及许多德意志权贵的陪同下踏上了旅途，他们带着一支浩浩荡荡的军队沿着莱茵河向上，取道库尔，跨越了阿尔卑斯山脉。9月，他来到了伦巴底；圣诞节时，他和他的大军已经来到了罗马城前。

不出所料，在皇帝离开意大利之后，这里的局势马上又动荡起来；贝伦加尔的儿子们阿达尔贝特、库诺（Kuno）和维多重新现身伦巴底，就连奥托亲自表彰和任命的那些人也被拉到了他们的阵营中。奥托留在那里的多位法兰克伯爵都背叛君主，与阿达尔贝特勾结在一起。就连意大利的大总理摩德纳的维多也有通敌的嫌疑，并遭到了革职，帕尔马主教胡伯特取代了他的位置。像维罗纳的莱特尔这样的异族人，只凭借着皇帝的势力获得了一些不受欢迎的城市居民的支持，处境极为困窘。但这些暴乱很快就被镇压下去了。施瓦本公爵布克哈德被皇帝派到伦巴底，在965年6月25日的一场战役中战胜了叛逆者，维多在战斗中死去了，库诺缴械投降，而阿达尔贝特则再次逃亡。966年秋，皇帝亲自现身伦巴底时已经看不到任何敌对势力了；剩下的事就是对叛乱者进行审判，他们中的大多数都被流放到了阿尔卑斯山另一边。

罗马人重新发起的反抗促使奥托第三次翻越阿尔卑斯山，现在他毫不逗留直接前往罗马。965年3月，教皇良八世去世了。这一次，罗马人没有忘记他们的誓言，他们向皇帝询问圣伯多禄坐席的任命事宜，按照他的旨意人们推选出了纳尔尼（Narni）主教若望，10月1日，若望登上罗马主教之位，成了若望十三世。新教皇虽然来自一户罗马贵族家庭，且在主教驻地纳尔尼多年，但他对皇帝十分恭敬。由于他平时也品行正直，那些严苛的神职人员在教皇与皇帝的共同合作上寄托了极大的期望。然而，教皇的人选虽然是人们一致决定的，但由于若望毫无顾忌地反对狂妄的罗马贵族，他很快就陷入了与他们的冲突之中；而且，他自己的家族似乎受到格外的恩惠。坎帕尼亚的伯爵罗德弗雷德（Rodfred）、罗马城的行政官彼得以及教皇宫廷中的一位高级官员史蒂芬（Stephan）领导了这场叛乱。在贵族和底层民众的支持下，他们于965年12月16日控制了教皇，他们先是将他因禁在圣天使堡，随后将他带出了罗马，关进了坎帕尼亚一座坚固的堡垒之中。教皇在这里度过了几个月，直到罗德弗雷德和史蒂芬得到了相应的报复。在罗马崛起了一支反对他们的势力，在一场暴动中，两人都被杀死了。随后，教皇逃出了牢笼，并逃往了卡普阿，那里的王侯潘杜尔夫像贵宾一般接待了他。潘杜尔夫将教皇送回罗马时，奥托已经来到了阿尔卑斯山的这一边。罗马人的所有反抗都是徒劳的，966年11月12日，他们不仅为教皇打开了城门，还用节庆的队伍迎接他入城。奥托向罗马行军而来时，他在这里也没有遇到任何敌人，城中的所有权力已经重新回到了教皇的手中。

　　但是，如果罗马人相信，只要他们心甘情愿地重新接纳教皇就能与愤怒的皇帝和解的话，他们的算盘就打错了。当时的奥托已经打定主意，罗马的这个圣诞节注定不会好过。他命人捉拿了暴动的主使者，这些人中的贵族被流放到了德意志，而11个来自较低阶层的人则被执行了绞刑；罗德弗雷德和史蒂芬的坟墓被重新掘开，他们的骸骨被四散到各处；皇帝将行政官彼得交给教皇处理，他被用自己的胡子和头发挂在君士坦丁大帝的骑士塑像上，随后他又被放下来，拴在一匹驴子后面，以最不堪的方式在人们的嘲讽中游街示众。后来，彼得再次被投入监牢，最后被流放到了山的那边。奥托对罗马举行的这场审判是残酷可怕的，但为了确保皇帝和他任命的教皇能长久地在罗马存在下去，这种震慑似乎是必要的。此后不久，教皇自己也说，世界之城罗马距离沉沦不远了，只有奥托才能拯救它。现在，城内的皇权统治才集中起全部精力，坚定地铲除教会和国家机构中的帮派党群。皇帝亲自任命执政官，一面将邑产分封给他一面又时刻监督着他，如同卡洛林时代的钦差使臣长期驻扎于罗马一样，执政官现在取代了他们的位置，维护皇权。

　　当时，奥托与伦巴底王侯潘杜尔夫一起在罗马庆祝了圣诞节，并结成了重要的联盟。潘杜尔夫统治着卡普阿和贝内文托的王侯领地——前者由他独自管理，而后者则是与他的兄弟兰杜尔夫（Landulf）共同管理；他的政权跨越海岸，涵盖了下意大利的一大片土地，而他本身是个雄心勃勃、崇战尚武的王侯，他始终向往着自己权力的扩张。但他的身边并非毫无威胁；他受到了希腊人和阿拉伯人的轮番进攻，除此之外，他还一直与萨莱诺的吉苏尔夫处在敌对状态。潘杜尔夫正需要奥托这样一个能支持他的盟友，所以他心甘情愿地成为奥托手下的邑臣，而能够在意大利南部赢得这样一股支持势力，皇帝也极为欣喜，这样一来就有可能将整个半岛都归入西方帝国之中。因此，皇帝在继承领地的基础上，将斯波莱托和卡梅里诺的边区也分封给了潘杜尔夫，由此赋予了他巨大的权力，很长一段时间以来都没有任何意大利王侯有过这样的重权。

967年年初，皇帝在罗马出席了一场大型宗教代表会议，在这之后，他通过斯波莱托来到了拉韦纳，并在那里度过了复活节。教皇也在拉韦纳附近停留，4月下旬在这里召开了教会集会，59名德意志和意大利主教出席了会议，并做出了多项成功的决议。

其中尤为重要的是，奥托将先皇许诺给圣伯多禄坐席的最后一些属地交到了教皇手中，其中就有拉韦纳及其周边区域。这样一来，无论是先前就占有的，还是在卡洛林王朝的统治者们馈赠的，圣伯多禄坐席的所有属地都一寸不差地回到了教皇手里。一位萨克森的君王使罗马主教恢复了昔日的光辉。当然，比起先前在罗马，奥托在拉韦纳给出的统治权力更少。正是在当时，他命人在紧邻城市的地方建造一座宫殿，并在之后时常停留在这里，因为在他看来，拉韦纳的地理位置比罗马更便于他同时统治德意志和意大利。

此外，拉韦纳的宗教议会也会听取了马格德堡大主教的意见。皇帝亲自向主教们诉说，他是如何克服了重重困难和不可言说的危险使文登人皈依了基督教。皇帝要求主教们考虑如何使新教徒们的信仰长久地保持下去。按照皇帝的愿望，会议决定，在马格德堡为斯拉夫国家设立一个大主教管区并由圣莫里茨新建的教堂负责传教事宜，汉堡和布兰登堡的主教们都下属于马格德堡大主教，同时会上还再次认可了皇帝设立新主教管区的权力，并将梅泽堡、蔡茨（Zeitz）和迈森定为合适的地点。会议上的决议通过教皇的诏令文书公布开来，但这些决议的执行还要经过美因茨大主教和哈伯施塔特主教的商议。教皇在这封诏令文书中将奥托称为贤君中最贤明的；说他在提升罗马教会地位方面是君士坦丁之后的第三人，所以马格德堡不应居于君士坦丁堡之下，而应与基督教的第一中心城市拥有旗鼓相当的地位。

如果奥托第三次翻越阿尔卑斯山的目的只是要镇压叛乱，确保自己在意大利作为国王和皇帝的权力，那么现在他的一切目的都已达成，可以踏上归程了。但他的想法不止于此，这一次的征程应当伴随着长远的胜利。他想通过这些胜利将皇权统治顺利地交到儿子的手中，通过一场婚姻，为他与君士坦丁堡的关系打下坚实的基础，更想将那些一个世纪以来不断劫掠意大利、使基督教蒙羞的异教徒从这里清除出去。

他首先得到了教皇的承诺，尽快为年轻的奥托加冕。接着，他马上命令自己的儿子在秋季前往意大利，好让他在下一个圣诞节到来时在罗马接受加冕。同时，他还为儿子向希腊皇帝的女儿提亲。

奥托至此为止一直与君士坦丁堡宫廷保持着友好的关系，他们的使者多次带着贵重的礼物和善意前来觐见，他们早就听说罗曼努斯二世的女儿狄奥法诺（Theophano）要与年轻的奥托联姻。而当奥托赢得西方皇权，英勇强悍的王侯尼基弗鲁斯（Nicephorus）①几乎在同一时间夺取了东方帝国，双方间的联系也没有中断。967年复活节，奥托又接见了来自君士坦丁堡的使臣队伍，他们带来皇帝对友邦关系的保证。这样一来，他更确定对方不会拒绝这门亲事。希腊的使臣队伍刚刚离开他的宫廷，他就向君士坦丁堡派出了自己的使者，去商讨他的儿子与狄奥法诺的婚事。带领这支使者队伍的是个威尼斯人，名叫多米尼库斯（Domenicus），奥托皇帝认为他尤其适合这次的任务。当时的威尼斯人受到皇帝很多恩惠，为此要向皇帝尽许多义务，而由于他们与君士坦丁堡的贸易往来，使他们对那里的局势很熟悉。毋庸置疑，奥托希望狄奥法诺能将希腊人在下意大利的属地作为嫁妆带来，但他似乎更为看重这桩婚姻本身能否结成，以及他与希腊皇帝的联盟能否牢固地建立起来，而嫁妆的大小他只是谨慎地略加考虑；他只是不希望已经赢得的权力再从手中溜走，不希望潘杜尔夫和兰杜尔夫脱离他的管辖。

能与尼基弗鲁斯结盟，就意味着能够成功地战胜异教徒。两个帝国联合起来，从海陆两面发起进攻，这是他们无法招架的；人们可以期待，将异教徒赶出拉加尔代弗雷纳，赶出他们在卡拉布里亚（Kalabrien）的藏身处，甚至赶出西西里岛。但即使没有君士坦丁堡的支持，凭借德意志和意大利联合的力量，

---

① 即尼基弗鲁斯二世，963年至969年间为拜占庭帝国皇帝。——译者注

胜利也并非不可能。使基督教在这里彻底战胜伊斯兰教，只有这样的一项大事业才最能配得上奥托的皇帝身份。在战胜了文登人、匈牙利人和丹麦人之后，在击败了北方和东方的异教族群之后，又有一项胜利的桂冠在向奥托招手了！

967年夏季，奥托逗留在意大利，为他的意图和计划而忙碌着。他踏上回程的时候还没有到，但他心中已经期望着，明年就能达成自己的目标离开意大利了。

然而，他要是觉得这是条荡荡坦途，他能够不受阻碍地实现目标，那他就想错了。很快，他就在方方面面遭遇了几乎不可能克服的困难，并发现自己被卷入了即使是他这个西方最强的王侯也无法应付的困境之中。他身处纷争之中，手中却没有足够的战斗力量使西方臣服于他。虽然他有幸达成了在君士坦丁堡的意图，但终究没能铲除拉加尔代弗雷纳的阿拉伯人贼窝。

7. 奥托一世与阿拉伯人及希腊人的关系

几个世纪以来，三大民族体系以它们的差异性决定着世界历史的进程——南方信奉伊斯兰教的众多民族围绕着哈里发的王国；依附于希腊教会、在东罗马皇帝专制之下的多民族混合体；由罗马教皇作为精神领袖、奥托作为皇帝统治着的罗马–日耳曼世界。这就是当时的三大势力。它们彼此间的差异是深深根植于各自的宗教信仰中的，并由宗教作为出发点涉及所有的教会、政治和民俗关系，涉及所有的日常习惯、整个文化发展；这种差异是彻底的，永远也无法在生活的任何一种关系中得到调和。这些势力间的斗争是必然的，他们之间不可能存在长期的和平。多少次，他们刀兵相向；多少次，他们获得了惨重的教训，足以使他们意识到，没有任何一支势力能够登上绝对的统治地位，无法调和的冲突一再重燃，地中海上没有一寸土地不曾被鲜血染红。在9世纪和10世纪的分水岭，意大利成了各方势力的角斗场；它们在这里经过了激烈的鏖战，轮番称霸沙场。冲突的烈焰最终平息了，但斗争却并未停歇；各方势力依旧互相枭视狼顾。

在奥托登上西方权力的巅峰，他也卷入了这场世界强权间的争斗之中。奥托虽然在此前一直置身事外，但涉足于争斗中的他并非毫无准备。他的目光早就锁定了那些强大的政权，现在他就要与之较量一番。

值得注意的是，在卡洛林王朝衰落之后，整个西方陷入令人扼腕的分裂和瓦解之中，而恰恰在同一时间，东方帝国的局势也彻底垮塌了，就连哈里发的势力也急转直下。在各方势力齐齐遭到削弱的情况下，10世纪上半叶的局势得到了平衡，而正是这种局势使东方和西方免受阿拉伯人新一轮的侵袭。

在早先的时代，所有的宗教及世俗权力都掌握在一个人手中，一个人的意志不受约束地统领着千千万万的伊斯兰教徒，哈里发作为先知穆罕默德的继任者集宗教与政治最高领袖于一身，他的军队不仅功勋卓著，而且充满了狂热的信仰——显然，阿拉伯人几乎不可战胜的原因正在于此，而现在这种强势已经不再。来自阿拔斯王朝（Abassiden）①的哈里发拉迪（Rhadi）是最后一位在巴格达宫廷之中将前任哈里发们的尊严与庄重展现出来的信徒王侯，他再次向民众们阐释教义、诉说对信仰的热情。在他的统治下，一些埃米尔（Emir），也就是各省份的总督，狂妄傲慢地站出来反对他们的君主；很快，拉迪在自己的宫廷中都不再安全了，就连他的侍卫们也要取他的性命。他感到自己无能为力，于是将手中的朝政都交给了一个仆臣——他是巴士拉（Bassora）总督拉伊克（Raik）。拉迪将一位总督阿尔·奥姆拉（Al Omra）新建的总督署授予了拉伊克，并将所有的军事力量和广阔王国的收入都交由他统领、管理。拉迪手中只保留了自己的宗教地位，而当他于940年去世时，他的继承者也只获得了宗教职权。新任的哈里发如同一个受软禁的俘虏，只靠一份年禄过着毫无作为的生活，而所有的权力和财政收入都被掌握在总督阿尔·奥姆拉手中。没过多久，阿尔·奥姆拉的位置就被白益王朝②的人（Buyiden）取代了，而这个白益家族在波斯已经建立起了一个继承制王朝。在此期间，其他省份的总督职权也成了埃米尔们的家族遗产，而这些埃米尔也获得了高度的自治权。维系着整个国家的纽带瓦解了，如同四肢和躯干脱离了头颅。很快，总督阿尔·奥姆拉只能凭

---

① 又译阿巴斯王朝，于750年至1258年间统治阿拉伯帝国，中国史籍称黑衣大食。——译者注
② 又译布耶王朝或布韦希王朝，于945年至1055年间统治着伊朗西部及伊拉克。——译者注

借武力胁迫来得到其他埃米尔的支持；相比之下，他们更愿意将贡金交给孱弱而只剩下宗教意义的阿拔斯家族统治者，然而在一个信仰力量逐渐弱化的时代，他们已经没有太大的价值了。

伊斯兰的统一瓦解了，但这并不意味着基督教的威胁解除了。古兰经将所有的信徒变成了战士，使他们没有马上离开这条徘徊已久的胜利之路；而当信仰不再驱使他们走向战场，他们的贪婪和野心又开始作祟，如同以前为哈里发进行掠夺一样，埃米尔们现在为自己而掠夺。即使阿拔斯家族不再牵动着整个伊斯兰的未来，但只要他们找到一个鲜活的中心力量，还是能够轻而易举地再现前代的狂热崇拜。而这样一股中心力量似乎已经存在了。

人们从穆罕默德的预言中知道，马赫迪（Mahdi），也就是"导师"，会在特定的时间从西方降临，来重振沉沦的穆斯林王国。10世纪初，艾布·阿卜杜拉（Abu Abdullah）带着神的昭示来到非洲，声称阿里[1]和穆罕默德之女法蒂玛（Fatimah）的后裔奥贝德拉（Obeid Allah）就是马赫迪。他劝服人们相信他的说法，又结合武力震慑，很快便赢得了一大批支持者。与阿拔斯家族的黑色大旗相对应，他竖起了法蒂玛王朝（Fatimiden）[2]的白色旗帜，夺取了一场接一场的胜利。非洲北岸的国家无力长期抵抗艾布·阿卜杜拉。当时的北非存在过以下几方势力：伊赫什德王朝（Ikschiden）[3]统治着埃及；艾格莱卜王朝（Aglabiden）[4]发源于突尼斯，征服了北非中部及西西里岛、撒丁岛及科西嘉岛，凭借战船称霸地中海；最后还有在西部地区发展的伊德里斯王朝（Idrisiden）[5]，其主要城市是非斯（Fez）[6]。所有这些王朝虽然仍将巴格达的哈里发视为他们的宗教领袖，但早就拥有了几乎各自独立、不受限制的权力；但在不断的冲突中，他们的精锐力量被消磨殆尽，无法再与法蒂玛王朝相抗

---

① 　阿里·本·阿比·塔利卜，伊斯兰教创始人，先知穆罕默德的堂弟、徒弟及女婿。——译者注
② 　909年至1171年间的北非伊斯兰王朝，中国史籍称绿衣大食。——译者注
③ 　又译伊赫昔迪王朝，935年至969年间由突厥人建立的埃及王朝。——译者注
④ 　又译阿格拉布王朝，800年至约907年间的阿拉伯王朝。——译者注
⑤ 　788年至974年间的阿拉伯王朝。——译者注
⑥ 　现今摩洛哥王国第四大城市。——译者注

衡。907年，艾布·阿卜杜拉首先终结了艾格莱卜王朝，占领了他们先前统治的土地。在长期的内战之后，阿拔斯王朝的人终于离开，西西里岛臣服于法蒂玛王朝的统治下；撒丁岛和科西嘉岛上的阿拉伯人最终也承认了法蒂玛王朝的君主。很快，非斯的伊德里斯王朝也被迫向马赫迪屈服，而连续的战争也已经动摇了伊赫什德王朝的势力。这样一来，艾布·阿卜杜拉以马赫迪的名义号令着所有阿拉伯人的国家，拥有了哈里发的权力以及"信众之埃米尔"的头衔，也就是所有信徒的王侯，在此之前，这一头衔只属于巴格达的哈里发。

阿巴斯王朝的支持者仍想要给法蒂玛王朝打上异教徒（逊尼派）的烙印，宣称先知的教义是他们的财产；但很显然，曾经使伊斯兰获得伟大成就的狂热信仰，正是在这群异教徒中重新觉醒了，而这群阿拉伯人的兵马也又一次使基督教为之战栗。当时，他们就在距离罗马城门不远的地方，乘战船而来，大肆抢掠。

救赎又该从何方而来呢？君士坦丁堡的皇座上还是那个孱弱的君士坦丁七世，他醉心于书本之中，将所有统治义务都抛在脑后，西方各国也没有统一起来，并且大部分处于内部衰败的状态中。其中，意大利更是站在分裂与毁灭的边缘，而伊斯兰的矛头首先就指向了这里。

马赫迪的追随者在穆斯林中还存在着许多强大的对抗势力，这可能是基督教的幸运，这些对抗势力阻止了伊斯兰的所有力量都集中在马赫迪身边。古兰经的正统信徒反对新的异派教义，但巴格达的哈里发却不是他们的先驱。相反，一位阿拉伯王侯首先站了出来，而他来自早就臣服于穆斯林刀兵之下的遥远欧洲国家。

阿拉伯人控制下的西班牙从未听从过巴格达阿拔斯王朝的号令。在阿拔斯王朝之前，倭马亚王朝（Ommaijaden）[①]统治着哈里发国，直到倭马亚家族彻底被打败之后，阿拔斯家族才确信自己的统治权得到了保证。只有一支部族从这场血战中死里逃生；他们逃往阿拉伯政权在西班牙的最远边境，并在那里建立起自己的统治政权。倭马亚王朝在西班牙继续着他们的统治，心中充满了对

---

①　又译伍麦叶王朝，661年至750年间统治阿拉伯帝国，中国史籍称白衣大食。——译者注

阿拔斯家族的仇恨。他们的统治在这里持续了两百年，与别的阿拉伯国家没有任何联系，因此他们无力抵抗不断在半岛上扩张的基督教政权。基督教与伊斯兰教在这里针锋相对，少有和平共处的时刻，胜利的天平一时倾向这方，一时又倾向另一方，这片土地的所有权迟迟没有定论，而能够影响世界进程的大型战争就更少了。倭马亚家族在伊斯兰的孤立恰恰与西班牙基督教国家在其他西方国家中的孤立相同。在那里发生的战斗只能算作前哨战，对正式战争的走向毫无影响。912年，阿卜杜拉赫曼三世（Abderrahman Ⅲ.）继承倭马亚王朝的统治权，成为他的家族之中最伟大的王侯。他看到自己的国家处在悲惨的境地之中，内部的战争削弱了阿拉伯人的统治，基督教势力似乎决定要终结他们的政权；而与此同时，艾布·阿卜杜拉及马赫迪的势力在击败了伊德里斯王朝后，也从非洲袭来了。在这样的情况下，阿卜杜拉赫曼三世坚定周旋于两方势力之间。他拔剑指向基督教，保住了阿拉伯人在西班牙的王国，同时他也支持着伊德里斯王朝，使他们重新获得了抵抗艾布·阿卜杜拉的力量，但对伊德里斯王朝来说，这也使阿卜杜拉赫曼成了他们的新君主。不论在对抗基督教，还是在协助伊德里斯王朝的战斗中，阿卜杜拉赫曼都获得了幸运的垂青。直到他的出现，法蒂玛王朝才有了一个旗鼓相当的对手，但他的第一轮进攻终究没能攻破法蒂玛王朝的势力。

934年，法蒂玛王朝的首任哈里发马赫迪殁了，他的儿子阿布卡欣·穆罕默德（Abulkasem Mohammed）①继承了他的位置，此时的国家内部已经显现出瓦解的迹象：叛乱一再爆发，而哈里发无力将之镇压下去。阿布卡欣的继承人是他的儿子伊斯玛仪·曼苏尔（Ismael Mansur），"曼苏尔"是他的别名，意为"胜者"。他于945年接过了统治权，并致力于维护及巩固这一政权。他非常懂得如何鼓舞士气；他既是先知又是战将，带领他的穆斯林投入一场场新的战斗并不断获得胜利。951年，他派遣自己最优秀的将领带领一支大型船队及一支精锐部队前往西西里岛，联合了西西里岛的总督哈桑（Hasan）共同攻打卡拉布里亚。君士坦丁堡的皇帝至今为止一直向阿拉伯人缴纳着22000金古尔登的年贡，

---

① 登上王位后的名字译作卡伊姆。——译者注

现在，皇帝将军队和战船派往意大利，可是这支军事力量很快就被歼灭了。但当时的法蒂玛王朝没有长久地占领意大利，而是很快与希腊人达成了停火协议，因为阿卜杜拉赫曼又在非洲向他们发起了进攻。眼下，阿卜杜拉赫曼也获得了哈里发的头衔，并通过几场胜仗重新制服了曾摆脱他们的统治、投靠法蒂玛王朝的伊德里斯人。一场旷日持久的激烈战斗展开了，各方势力在水上和陆上进行着较量，最终，阿卜杜拉赫曼夺取了在非洲的统治权。955年，在伊德里斯王朝统治的土地上，阿卜杜拉赫曼被拥护为所有教徒的首领，人们为他举行了公开的祈祷仪式。他用之前从基督教的战争中得来的战利品，对非斯的大清真寺进行了重建。他的统治政权在海格力斯支柱[①]的两边都越发稳固，而伊德里斯王朝则在不久之后彻底消亡了。

当时是西班牙在阿拉伯人统治下最鼎盛的时代。国家发展迅速，变得繁荣富裕起来，贸易欣欣向荣，城市拔地而起，科尔多瓦的繁华程度堪比巴格达。哈里发重视艺术与科学，伟大的思想家聚集到他的宫廷之中，而他则以东方王侯的排场与气度正襟危坐于宫中，犹如所罗门王第二。王国之中的基督教和犹太教教徒也过着惬意的日子，因为他是位温和而宽容的王侯，就连边境上也长久没有与基督教国王的争斗。阿卜杜拉赫曼多次尝试，在与法蒂玛王朝战斗的时候，将与基督教国家的冲突暂时搁置一旁。950年，当他再次与法蒂玛王朝展开激战时，他甚至派出一支使者队伍，向西方最强大的国王——也就是我们的奥托伸出和平与友谊的橄榄枝；而带领这支使者队伍的则是一名在阿拉伯人统治下生活的基督教主教。

很难相信，精明地洞悉了所有时势的哈里发竟然只是傲慢地向奥托聊表敬意。一个当时已经在法兰克王国封王、掌握了比利牛斯山脉另一边所有土地的统治者，他真的以为这样一位北方最强的国王会成为他平起平坐的朋友吗？如果奥托与法兰西人联合起来翻越比利牛斯山脉，而不是像他之后做的那样，翻越阿尔卑斯山脉，事情会怎样呢？如果他接下来像查理大帝曾经做的那样，领导西班牙的基督徒们联合起来对抗异教徒，又会怎么样呢？如果这样的话，倭

---

① 指直布罗陀海峡两岸耸立的海岬。——译者注

马亚王朝与法蒂玛王朝发生争斗的时机岂不是极为不利？但就像阿卜杜拉赫曼此前向君士坦丁堡派去使臣一样，他向奥托派去的使臣，已经足以使他们结成联盟，共同对抗巴格达的哈里发了。

　　这支使臣队伍来到奥托的宫廷中，向他献上了贵重的礼物，同时也将他们首领所写的信函交到奥托手中，但是奥托却没有完全接受阿卜杜拉赫曼的提议，因为信中的一些言辞中伤了基督教信仰。这是一个原因，同时由于奥托完全不信任这位哈里发，他的使臣队伍自然也不会受到特别友好的接待。他们被扣压在德意志3年之久，直到从第一次翻越阿尔卑斯山脉的征程中回来之后，953年，他才允许他们返回故土。在此期间，奥托觉得自己不能就这样不加回复地放哈里发的使臣们回去，应该要让他们为诋毁基督教信仰付出代价，但他又想到，放他们回去也许就能使基督教从苦恼了半个世纪的麻烦之中解脱出来，因为除了意大利之外，奥托近期再也没有征服过别的国家。占领着整个西阿尔卑斯山脊的仍旧是拉加尔代弗雷纳的阿拉伯人。那里是西班牙阿拉伯人的殖民地，承认阿卜杜拉赫曼的最高统治权，而奥托相信，现在能够通过一支使臣队伍来说服哈里发，将伊斯兰最远的岗哨回撤；这至少是一个尝试，也许科尔多瓦方面就会接受。

　　于是奥托请弟弟布鲁诺物色适合作为使臣的人选。然而找了许久都没有结果，没有人愿意踏上这条艰苦的旅途，接受这项危险的任务；最终，洛林戈里齐亚（Görz）修道院一位名叫约翰（Johann）的僧侣自告奋勇地接受了这项任务，他是个虔诚而坚定的人，他已经下定决心，为了自己的信仰赴汤蹈火在所不惜。人们接受了他的请命，又为他找来了厄尔门哈德（Ermenhard）和嘉拉曼（Garaman），前者是来自凡尔登的商人，因为商贸事务他已经多次翻越过比利牛斯山脉，而后者则是精通文墨的修道院修士，此外他们还带了多名仆从。他们的队伍里还加入了一位西班牙教士，他是陪同那位领导阿卜杜拉赫曼使臣队伍的主教来到德意志的，现在那位主教死了，他也要返回故土了。

　　时至今日，我们还能找到关于约翰带领的使臣队伍的记载，这份文献的记载相当详细，只可惜结尾散失了；它包含在约翰的生平传记之中，是按照他的描述记录下来的。由于其中包括了诸多引人入胜的事件，我们无法将其省略，选取最重要的片段记录在此。

戈里齐亚的约翰出使科尔多瓦访问哈里发

953年秋，在接到国王要转交给哈里发的信函之后，约翰和他的随行者们出发了。这封信函为基督教信仰做出辩护，对伊斯兰教信仰进行了多方面的抨击。使节队伍取道图勒、朗格勒（Langres）和第戎（Dijon），首先来到了里昂。他们从这里乘船沿罗纳河向下，但在途中遭到强盗的攻击和洗劫，好不容易才保住了性命，抢救出一部分的财产。最终他们来到了巴塞罗那，在那里停留了两个星期，并从那里向他们途中的第一座阿拉伯城市托尔托萨（Tortosa）派出了一名信使。哈里发在托尔托萨的指挥官让他们前来，郑重地接待了他们，并立即派人知会哈里发，询问进一步的安排。这个过程花费了一个月，随后约翰和他的随行者们继续踏上旅途。一路上，他们所到之处都被当作贵宾，受到礼遇，终于来到了科尔多瓦附近。人们安排他们留宿在一座华丽的宫殿中，那里距离科尔多瓦城半英里远，是哈里发儿子的宫殿。他们在这里衣食无忧，但却迟迟没有像期望中那样，很快得到觐见哈里发的机会，所以随着时间的推移，他们也焦躁起来。当他们从服侍他们的人那里听说，他们得等上三个三年，因为奥托将哈里发的使者扣留了三年，他们就更加不安起来。

但阿卜杜拉赫曼并不是这么想的，后来人们发现，其实事情另有原委。那位陪同使臣队伍的西班牙教士读了奥托的信函，随后便赶在约翰前头将信的内容禀告给了科尔多瓦方面。这在阿拉伯民众中激起了极大的骚动，因为按照不成文的规矩，就是死也不能对古兰经中的教义和训诫指指点点，而如果哈里发在听闻了这样的言论后，没有在第二天就对使臣队伍治罪，那么他自己也得掉脑袋，而且会成为抹杀宗教律例的罪人。按照宫廷中一切事务的处理方法，一些德高望重的阿拉伯人向哈里发上书，向他禀告人民的不安。哈里发也撰写答诏给他们，说这是国王奥托带着善意派来的使者队伍，他们已经达到科尔多瓦，正居住在他儿子的宫殿中，但他还未接见他们，所以不知道具体的情况。其实哈里发已经知道了信函的内容，但他不愿自己和整个使臣队伍都因为一次接见受到生命的威胁。所以他推迟了接见约翰的时间，并以各种方式尝试着说服他把奥托的信函及所有对穆罕默德教义的抨击都隐瞒起来。

　　他先是派出了一位名叫奇斯戴（Chisdai）的犹太拉比。这位拉比很受哈里发的尊重，负责监管异国王侯送来的赠礼，并负责给德意志僧侣准备回礼。在我们得到的资料中，有他写给可萨人（Chasaren）①国王的信函，其中也提到了这支奥托派来的使臣队伍，从中我们也可以看出他是一个经验丰富且通情达理的人。他先是向约翰介绍阿拉伯人的传统与习俗，告诉他在这里的行为准则，试着以此获得他的信任：他首先要注意的就是，使者队伍里的同行人员不要因为冒失的言论或侮辱性的举动引起不快，与女性开轻浮的玩笑是不允许的，就连直视她们也不行；由于到处都有密探，所以必须时刻小心行事。奇斯戴赢得了约翰的信任后，他就在私下问起他从国王那里接到的任务。而这位僧侣也开诚布公地将出使的目的以及国王的信函告诉了他。奇斯戴说："带着这封信函去见哈里发可真是件极为凶险的事啊。你一定知道法律有多严厉；这件事有什么样的结果，就要看你怎么做了。所以，哈里发要是来问你，你可得小心回答。"说完，奇斯戴就离开了。

　　几个月过去了，约翰始终没有得到关于会见的消息，就在这时，一位西班牙主教终于带着哈里发的密令来到他面前，主教说，如果约翰愿意只呈上礼物，而把信函压下来的话，就会得到哈里发的接见。约翰拒绝做出这样违背王命的事情。主教告诉他，基督徒在阿卜杜拉赫曼的王国中待遇还是不错的，他呈上这封信函只会恶化他们的处境，并试图软化约翰的态度。约翰对他这种事不关己的态度大为光火，认为他为了一些外在的益处就想要阻止他为基督教信仰辩护。他言辞激烈地指责西班牙基督徒对信仰不坚定。他说："我听说你们甚至接受割礼，并且阿拉伯人忌讳的食物，你们也不吃。"主教说他们的前人就已经在这些方面妥协了，试图解释这不是他们的错。但约翰并不想听他的解释，坚持要完成自己的任务。为了劝服约翰，哈里发还尝试过其他的方法，但一切都徒劳而终。这位僧侣坚持着自己的初衷丝毫不受动摇。

　　最终，哈里发决定威胁约翰。某个星期天，约翰正在前往教堂的路上——

① 又译卡扎人，是西突厥的一支属部落，后来独立建立了可萨汗国。——译者注

只有在星期天和大型节日约翰和他的随行者们才能在由12人组成的卫队监视下前往附近的教堂，一封哈里发的诏令被送到他的手中。这封诏令被写在羊皮上，尺寸也特别大。约翰不知道里面的内容，但他没有将诏令打开，而是先藏了起来，他不愿自己在礼拜时受到打扰，直到神事仪式结束后才读。这封信函中包含着对约翰最强硬的威胁；他如果不妥协，那么不只是他，所有在西班牙的基督徒都将被处死，哈里发不会对任何人手下留情。信的最后写道："想想那些被处死的人吧，他们的灵魂会怎样在上帝的面前控诉你啊，因为是你的一意孤行断送了他们的性命，而你原本是可以轻而易举地确保他们幸福与平安的。如果你不是如此傲慢，你本可以从我这里为他们获取安康的生活。"约翰心中充满了不安，他并不是惧怕死亡，但要将那么多基督徒一起拖下水，使他的心格外沉重。这时，他想起了一句话"将一切的忧虑卸给神"，终于平静了下来。他让嘉拉曼拿出羊皮纸和羽毛笔，让他记下自己的话作为给哈里发的信函，语气中充满勇气和信念。他写道，他是作为国王的使节来到这里的，要及时完成国王交给的任务；他没有权力改动这个任务的内容；即使是折磨和死亡也无法使他改变主意，就算哈里发日复一日将他肢解也是一样。他已经表明了自己并不惧怕死亡，但如果哈里发只因他尽忠职守就要根除西班牙的基督徒，那么在最终审判之日，他是不会背负这一血债的，哈里发会作为凶手在神的面前受到控诉，而他和那些因为自己的信仰而被屠杀的人则会得到不朽的生命；如果神不愿这样的暴行发生的话，那么全知全能的神就会让奇迹发生，将他和信徒们从哈里发手中拯救出来。

这封信函达到的效果比约翰预期的更好。阿卜杜拉赫曼早就听说过奥托的强大和坚毅，他知道，如果奥托的使臣受到更多的侮辱，他一定不会坐视不理的，哈里发身边德高望重的大臣们也建议他想个解决的办法。其中一位大臣建议哈里发亲自与约翰谈谈，问他该如何解开这个结。哈里发随即就这样去做了，他请教约翰该如何处理国王的这封信函。约翰建议，立即向奥托国王派出信使，请他针对进一步的行动办法给出命令，而他则会毫不犹豫地按照他的命令行事。

哈里发十分乐意接受这个建议，并命人宣告出去，谁若自愿将消息送到国王奥托那里，那么他提出的所有要求都会得到满足。这时，一个名叫雷西蒙德（Recemund）的人站了出来，他是个严谨的基督徒，由于他同时精通拉丁语和阿拉伯语，所以任职于哈里发的总理院中。他从约翰那里了解了这次旅途中可能遇到的危险，以及他可能会在奥托的宫廷中受到的待遇，在受到约翰的鼓励之后，他表示，如果他能得到艾尔维拉（Elvira）主教管区，那么他就已经做好了冒险的准备。他的要求得到了应允。由于他还不是神职人员，他受到了神职祝圣。在被任命为主教后，他便一刻也不犹豫地踏上了旅程。这一趟旅程中，他并没有遇到太大的困难。10个星期之后他来到戈里齐亚修道院，修道院的兄弟们听到约翰的消息十分高兴，随后，雷西蒙德来到了梅斯主教阿达尔贝罗那里。956年3月，他在法兰克福被引见给奥托。奥托和善地接待了他，并对他带来的事务进行了处理。约翰得到了新的命令：他只需呈上赠礼，先前的信函则不用转交了，要求撤去拉加尔代弗雷纳的匪军并与哈里发结成同盟，然后，他就应当速速返回。奥托同时还向哈里发派来了一位新的使臣和多名随行者，这名使臣是个名叫笃多（Dudo）的凡尔登人，他也带着赠礼以及奥托新写的信函，其中避免了对穆罕默德教义的所有指责。雷西蒙德和笃多很快就上路了，他们在3月底离开了戈里齐亚修道院，6月初到达了科尔多瓦。

正当人们想将奥托新派来的使臣引到哈里发的宫中时，哈里发制止了他们，说道："先让等待已久的那位使臣带着他的礼物来见我吧，然后我再接见那位新来的使臣。而且在他们来见我之前，先将从他们的故乡传来的消息告诉那个傲气的僧侣，让他高兴高兴。"

现在，约翰终于能参见哈里发了，为了这次盛大的接见，人们让他理发、沐浴并穿上节日的盛装。但他拒绝换掉自己的教士服装。人们将这一情况禀告给哈里发，认为他可能是因为囊中羞涩，无法置办新装，于是哈里发派人给他送去10磅银子用于购买所需品。约翰接受了这笔钱，但只是用来接济穷人。他说："我不能穿着其他的服饰，因为这有悖于修士会的条例。"哈里发听说这话之后，他说："从中可以看出这个人不屈的品质。就算他用一个布袋蔽体，我也要见他；这反倒使我对他更有好感了。"

到了接见的那天，哈里发的宫廷里张灯结彩，极尽奢华之能事，从城外约翰居住的宫殿一直到科尔多瓦，从城门一直到哈里发的宫廷，街道两边立着卫兵；在这里，步兵们排成节庆的队列，将头盔放在地上；在那里，军士们将长矛抛向空中，进行着阅兵表演。他们身后是带着轻武器的骑兵，再往后是重装骑兵，他们熟练地驾驭着战马跑跳，不时转变方向。使臣们目睹着这一切，心中充满惊奇，但也不无惧怕，无论防御工事还是军事训练都是那么非同凡响，浩浩荡荡的大军扬起的尘土将一切都掩盖在浓雾中，这是因为当时正是夏至时节，土壤十分干燥。当使节们来到宫殿前时，一大群哈里发的高官大臣前来迎接他们，将他们引入宫中。前殿和内部的厅堂都铺着华贵的地毯，悬挂了精美的帘布。但装饰得最富丽堂皇的是哈里发接见使节们的地方，这里的地面与墙面仿佛在争相斗艳。哈里发像一位天神一般独坐在宝座上，散发出王者的气度，只有少数人才能接近他的身边。

约翰走入厅堂，他看到哈里发半卧在一张无比华丽的躺椅上，按照他们民族的习惯双腿交叉着。阿卜杜拉赫曼将手掌伸向僧侣供他亲吻，这是只有最杰出的人才能得到的尊荣；随后，哈里发示意他在一张早已准备好的椅子上就座。在长时间的间歇过后，他对约翰说道："我知道，你对我怀着怒意，因为我在这么长的时间内拒绝接见你，但你也清楚，我无法清除那些阻碍，我并非出于恶意才这样对待你。我见识了你的勇气和谨慎，所以我不仅很乐意能接见你，而且你如果对我提出什么要求，我也很愿意应允你。"约翰本想说出自己遭遇不公待遇后心中的不快，但听了哈里发和善的话语，他完全改变了语气，心中的愤懑也消失了。于是他回答说，虽然哈里发派到他身边的人如此强硬常常使他苦恼，但他时常暗自思量，所有这些威胁不可能是出于哈里发的本意，而且现在横踞了三年之久的障碍也被清除了，他没有理由认为这都是出于对他的恶意，他心中的苦闷不满已经消散了，哈里发为他准备了这样盛大的接见仪式，他心中只有感激；能够用明智的温和态度回应他的强硬意志，这样一位王侯是值得颂扬的。约翰的回答使哈里发很是受用，于是他要求与这位非凡的修道院修士进行了一场更深入的谈话。但约翰也请求获得允许，呈上奥托的赠礼，并准许他返回故乡。哈里发感到很奇怪，问道："你为何急着离开？我们等了这么久，期待见到对方；现在我们才刚刚见到，还没来得及互相认识，就要告别了吗？一次会面，心与心还不能够真正联结起来；两次会面，我们能够更好地了解对方；如果我们能第三次会面，那么我们就能完全理解对方，结下真挚的友谊。在这之后，我就会按照你和你君主的意愿，让你回去。"约翰承诺，如果哈里发要求的话，他就再停留一段时间。接着，笃多及奥托的第二支使臣队伍被带到了哈里发面前，他们在约翰的见证下将礼物呈给哈里发，随后与约翰一同退下了。

　　一段时间之后，约翰又来到哈里发面前，两人进行了一次私下的谈话。哈里发谈到了奥托的实力与智慧，说到了军事力量与士兵数量，说起奥托的功名与财富，说他精通兵法、屡屡得胜。但同时他也骄傲地谈及自己的兵力，说他的军队比任何一位国王的军队都要强大。为了不激怒哈里发，约翰接受了他的一些吹嘘之词，但即使这样，他最终还是说："如果要我说真话的话，那么没有任何国王能在疆土、武器和骑兵方面与我的国王相比肩。"哈里发听到这话心里不是滋味，但他克制自己的不满，说道："你这样过分夸赞自己的国王是不公正的。"约翰回答道："这样的话，可能就要比试一番了。"哈里发继续说："可能吧，但不能否认的是，他在一点上没有那么聪明。""在哪一点？"约翰问。"那一点就是，他不将所有的权力都握在自己手中，而是给手下的人极大的自由，还将一部分的国土也留在他们那里。他可能觉得这样能够换取他们的忠诚和顺从，但他想错了，他这样只能助长这些权臣的狂妄气焰。这从他女婿那件事上就能看得出来，那人无耻地迷惑了他的亲生儿子，让他们父子相争，又把匈牙利人引来，让整片国土都遭到战火的焚烧。"

　　哈里发一针见血地指出德意志王国的弱点，约翰是如何回应他的，之后在哈里发的宫廷中又发生了些什么，我们就不得而知了，因为我们得到的约翰的生平传记中关于此次出使的描写到这里就中断了。但从中可以确定的是，阿拉伯人不会放弃在阿尔卑斯山脉落地生根的。并且在此期间他们已经开始渐渐瓦解附近基督教王侯的势力了。960年，阿拉伯人被赶出了圣伯纳德雪山。5年后，他们又被驱逐出了格勒诺布尔（Grenoble）所在的区域，而当奥托踏上第三次翻越阿尔卑斯山的远征时，他期待着能够永远终结阿拉伯人在拉加尔代弗雷纳的强盗行径。

阿卜杜拉赫曼在961年就已经去世了，继位的是他的儿子哈卡姆二世（Alhakem II.），在他温和的统治之下，西班牙的局势也保持得不错。虽然在他执政初期，与基督教国家之间的旧有矛盾又重新爆发出来，但965年时，双方就达成了长期的和平协议，而哈卡姆也将他所有的兵力都用来对付非洲的法蒂玛王朝了，一直到他的生命终结，他都与法蒂玛王朝处于无法调和的敌对状态中。而且法蒂玛王朝不断增长的势力已经从另一个方向产生了严重的威胁。

希腊的皇权终于从长期的沉睡中苏醒过来，重新开始了与异教徒的斗争，比如在亚洲，又比如在西西里岛。在爱好和平的君士坦丁七世皇帝最后的日子里，战争打响了，至少在东方，小亚细亚的边境上，战况却不容乐观。并不是那位胆小怕事的皇帝拉开了这场战争的帷幕，真正的始作俑者是哈姆丹王朝（Hamdaniden）。他们这个家族掌握着叙利亚和美索不达米亚的埃米尔权力，只是在名义上听从巴格达哈里发的号令；受到他们逼迫拜占庭才拿起了武器。指挥着希腊军队的并不是不愿离开宫殿的皇帝，而是骁勇善战的福卡斯（Phocas）家族，他们在这些战役中赢得了光辉的战绩。在这里，希腊人又一次证明了他们配得上罗马后裔的名号，而他们得胜之处也都飘扬着罗马军队的徽记。人们甚至已经下定决心，要将长久以来被阿拉伯人盘踞的克里特岛夺下，不让他们再以那里为据点无所顾忌地侵略希腊帝国的海岸。尼基弗鲁斯·福卡斯[①]被派往克里特岛，7个月之内（960年）就完成了攻略。在获得这一辉煌战绩之后，他带领着军队前往叙利亚海岸，他和他的兄弟利奥齐心协力，迫使一座接一座城市臣服在他脚下。

而在此期间，希腊人在西西里岛和卡拉布里亚山区与法蒂玛王朝的战斗中就没有那么幸运了。951年达成停火协议之后不久，哈里发曼苏尔就殁去了。他的儿子艾布·塔明·莫亚德（Abu Tamin Moad）成了他合格的继任者，他的别名是穆伊兹·勒宾·安拉（Al-moëzz Lebin Allah），意为"神之法则的维护者"。停火协议的期限一过，他就在956年派出大将奥马尔（Omar）率领一支船队夺取卡拉布里亚。希腊人为了不让阿拉伯人靠近意大利，开始攻打西西里

---

① 即尼基弗鲁斯二世。——译者注

岛；虽然他们这次的攻势比之前都大，但结果也不外乎向阿拉伯人缴纳贡金，
买取对卡拉布里亚的占有。962年西西里岛上的陶尔米纳（Taormina）也沦陷
了，希腊人才在之前的几场战斗中将陶尔米纳夺回来，现在又落到了阿拉伯人
手中；现在阿拉伯人毫无疑问地占领了整个西西里岛，而卡拉布里亚也必定手
到擒来。

非常清楚的一点是，希腊人能够在对抗异教徒的战斗中获得胜利，完全依
靠着尼基弗鲁斯的骁勇和运气。而且当时流传着一个预言，说克里特岛的胜者
将登上皇帝的宝座。因而所有人都将目光聚集到了尼基弗鲁斯的身上，而他自
己心中也暗暗滋生着这一大胆的期望。

959年，老皇帝君士坦丁七世在漫长而暗淡的执政岁月之后去世了。当人们
抬起皇帝的尸首，想要将之放入墓穴中，赫洛德命人按照习俗呼喊道："崛起
吧，世界之王，听听众王之王的呼唤吧！"然而，这高昂的呼喊如同对这位孱
弱统治者的讥讽。继承这位软弱父亲的，是他软弱的儿子罗曼努斯二世，一个
20岁的年轻人。如果他的父亲在学术钻研中忘却了治理朝政的烦忧，那么儿子
就是在球戏和狩猎中虚度年华。他将自己的政府全部留给了一个阴险毒辣的阉
人。这个叫作约瑟夫的阉人从皇宫中最低贱的差役成了最高等的宫廷大臣。与
他分权的是皇帝的妻子狄奥法诺，这位皇后的父母来自斯巴达，身份较低，而
她自己则是个美艳而骄傲的女人，有着不输男性的勇气。她无视习俗、任性妄
为，但她却是很看重功名的，比起她那无忧无虑的丈夫，她对希腊军队在战场
上的胜败更为关切；而她也很快注意到了功勋累累的尼基弗鲁斯。罗曼努斯二
世在962年就去世了，在这之中，狄奥法诺很可能也加速了她丈夫的死亡。虽然
继位的两个儿子君士坦丁八世和巴西尔二世（Basilius Ⅱ.）尚且年幼，她却没
能获得自由的摄政权力，所以她与东方的胜者尼基弗鲁斯结成了同盟。在她的
影响下，尼基弗鲁斯获得在东方不受限制的军事指挥权，随后被召到了君士坦
丁堡。他的胜利吸引了所有人的注目，他为国库带来了不计其数的战利品；接
着，他似乎心满意足地回到东方去了。但他很快就在这里召集起所有的军事力
量，表面上看起来他是要向阿拉伯人发起新一轮的大战，但实际上是要让军队
拥立他为皇帝。集结完军队，他领兵来到了君士坦丁堡，强行夺取了皇位，并

很快向狄奥法诺求婚，这样一来，他就接过了为她的孩子们摄政的权力，而这两个孩子则仍旧在宫廷中保持着无足轻重的位置。神职人员对尼基弗鲁斯婚姻的反对都是徒劳的；在克里特岛的胜者面前是没有任何障碍可以吓退他的。

终于，一位强大而彪悍的皇帝重新站上了希腊基督教之首的位置，国家的情势也随即发生了改变。宫廷中温和精致的奢华风气消失了，所有的一切都换上了一种豪迈的气概。皇帝已经51岁了，虽然身材敦实矮小，不十分迷人，但仍很强健；他的面色很深，头上是长长的黑发，迷蒙空洞的深色眼睛上是浓密的眉毛，鹰钩鼻更是为他的面貌添上了几分阴暗和可怖；他对自己不加装饰，也更喜欢身边的人都穿着朴素，而不是锦衣华服。他对所有人都不慷慨，甚至是吝啬；国家的所有资产尚且丰厚，他全都集中起来花费在战争上；朝政的治理在几个世纪中已经固定下来，但由于前朝几位皇帝疏于管理，一些方面已经松弛了，现在，尼基弗鲁斯重新拉紧朝政的缰绳，严苛地处罚所有肆意妄为的官员；税收提高了，即使是神职人员的资产对皇帝来说也并不神圣，也要加以控制。尼基弗鲁斯针对教会传统采取了一系列极度严苛的措施，镇压了君士坦丁堡的宗主教和主教对他的反抗。他经常斋戒，穿着一件粗羊毛制的衣服，但这种艰苦的生活对他来说并不是什么难事，他的口中说的都是虔诚的话语，心甘情愿地遵守着最严格的教会惩戒。但是，顺从与恭敬的美德，将神职人员赞颂为最高统治者，他却是从心底蔑视的；在他的眼中，只有战士和征服者的品格才是有价值、有意义的。当时的人们就已经知道，宗教不过是对他野心的掩饰。

他的一生只有战争与功名。首先他全力以赴继续在东部与哈姆丹王朝作战，他将军队的指挥权交给他的一个堂兄弟约翰·齐米斯基斯（Johann Tzimisces），他是亚美尼亚人，战功卓著，也支持了尼基弗鲁斯登基。齐米斯基斯的战斗进行得十分顺利，但皇帝还是经常亲自来到军中领兵杀敌。他们一直来到了罗马帝国旧时的边境上；人们期待着，接下来就能直接攻打巴格达的哈里发，洗劫这座奇迹之城。

但与此同时，尼基弗鲁斯于964年在西部重新开始了与法蒂玛王朝的战斗。他派自己的堂兄弟大贵族（Patricius）马努埃尔（Manuel）率领着大军来到西西里岛，这是个脾气火暴的年轻人，之前已经立下过战功；指挥战船将军队摆渡到岛上的是大贵族尼西塔斯（Nicetas），他是位年长谨慎的阉人战将。实际上，希腊人在这里的战争也进行得十分顺利；他们夺取了希梅拉（Himera）、叙拉古（Syracus）、陶尔米纳、伦蒂尼（Leontini）以及墨沙拿（Messana）；整个东海岸都在他们的控制之中。当时西西里岛的总督艾哈迈德（Ahmed）在开始时不敢与这样一支强大的势力针锋相对；但穆伊兹从非洲为他的第一大将哈桑派来了增援部队之后，阿拉伯人就在罗梅塔（Rometta）向希腊陆军投降了，而罗梅塔早前就凭借它稳固的位置向阿拉伯人发起过斗争。在这里展开了一场可怕的血腥战役；万名希腊人坚守阵地，军队的指挥官马努埃尔也在他们之中。随后，阿拉伯人也对尼基弗鲁斯的船队发起了进攻，他们在离海峡不远处歼灭了整支船队，抓住了尼西塔斯，将他押往非洲。紧接着，尼基弗鲁斯又进行了第二次夺取西西里岛的尝试，但他没能取得更大的胜利。

当时的希腊民众是十分迷信的。他们观星占卜未来，预言每位皇帝的执政年限，以及他们执政期间的重要事件。按照预言，尼基弗鲁斯二世执政期间国内只有7年的和平，但他会在此期间战胜东部的阿拔斯王朝；而据说，西西里岛的萨拉森人（Sarazenen）并不会屈服于希腊人，而是向法兰克人——也就是西方基督徒们投降了。这都是西西里一位名叫希玻里（Hippolyt）的主教在一次占卜中记录下来的预言。这个预言之中还加入了一句神秘的话语：“雄狮与它的幼崽将驱逐林中野驴。”有些人这样解读这句话，说尼基弗鲁斯将会与奥托联盟，消灭穆伊兹的势力，但其他人认为这是指奥托和他的儿子将会击败法蒂玛王朝。这样的预言伴随着希腊人与阿拉伯人所有的战事，或是激发着他们的士气，或是令他们空欢喜一场。

尼基弗鲁斯不相信这些预言，即使在遭受了惨重的损失之后，他也没有放弃重新夺取西西里岛、称霸意大利的希望。新的险阻从各个方面朝他袭来，但没有什么能动摇他坚定的意志。966年，保加利亚的使者来到了君士坦丁堡；保加利亚沙皇彼得一世要求皇帝继续长久以来的惯例，向保加利亚人进贡。这个要求使尼基弗鲁斯勃然大怒。他说：“我们打赢了这一场场大仗，就是为了向这些肮脏可悲的保加利亚民族进贡的吗？”他看着自己年迈的父亲巴尔达斯

（Bardas），继续说：“你生养的难道是个奴隶吗？我作为罗马人的皇帝和君主难道要给龌龊的保加利亚人卖命，要向他们进贡吗？”尼基弗鲁斯愤怒至极，虐待了那些使者，随后对他们说：“回去告诉你们那个穿羊皮袄的国王，尊贵的罗马皇帝我很快就会去拜访他，把欠他的都还给他。”此后不久，尼基弗鲁斯就出发前往保加利亚，但在巴尔干山区中作战十分困难。他很快就意识到，花钱让俄罗斯人去对付保加利亚人更合适。俄罗斯人的沙皇斯维亚托斯拉夫当时还是个异教徒，他率领着一支船队和6万士兵来到保加利亚海岸；彼得一世无力抵抗这样一支大军，甚至反过来向尼基弗鲁斯寻求保护。

但在君士坦丁堡，人们已经对这位好战的皇帝满腹抱怨，他好像有打不完的仗。为了让软弱的人民习惯战争的场面，尼基弗鲁斯命令骑兵在竞技场表演格斗；人们被这场不同寻常的表演吓坏了，纷纷逃出竞技场，在这个过程中许多人在拥挤踩踏中丢了性命。此后不久，城中就发生了一场暴动，人们向皇帝投掷石块。但皇帝在暴乱的人群中仍保持着冷静，这些妨害治安者提出要对他进行审判，他也不为所动。在这场风暴过去之后，他马上就忘却了身边的危险和谩骂，无所畏惧地继续沿着自己开辟的道路走下去。

这就是奥托与之结盟的男人，现在，奥托还要与他共同商议东方帝国对意大利的要求。而尼基弗鲁斯也想与新的西方皇帝保持和平友好的关系，因此，如上文已经提到的那样，他在967年向拉韦纳派出了一支使臣队伍，但像他这样一个人是不可能为了和平就心甘情愿将拜占庭的任何属地或权力放弃的。所以他一听说，贝内文托和卡普阿的王侯成了奥托的邑臣，就往巴里派出了一支希腊军队；而自己也全副武装地带兵跟了上去。而此时，奥托派出的、由威尼斯人多米尼库斯带领的使者队伍已经在前往意大利的路上，他们在马其顿遇到了尼基弗鲁斯皇帝，他们向皇帝承诺，奥托绝不会侵犯东方帝国的权力，绝不会带着兵马入侵皇帝的领土，这才阻止了尼基弗鲁斯。多米尼库斯对希腊人所作的承诺已经超出了他的能力范围，但他真的使尼基弗鲁斯对奥托的提亲加以考虑。只要奥托不抢占东方帝国的属地，君士坦丁堡方面就愿意与西方帝国联姻，通过皇帝之子与高贵的皇家女官之间的婚姻奠定双方的和平与友好。

尼基弗鲁斯回到了君士坦丁堡，放弃了同奥托的战争，但他并不信任萨克森人，也不相信意大利的局势。因此，他几乎在同时与法蒂玛王朝也达成了和平，而在东面继续着与阿拉伯人的战争。尼基弗鲁斯把西西里岛留给了法蒂玛王朝，释放了俘虏，并将一把先知在圣战中使用过的宝剑作为礼物送给了异教的哈里发，而这把宝剑是在对抗哈姆丹王朝的战斗中被希腊人缴获的。

967年夏季，正当皇帝奥托在意大利北部逗留之时，他的儿子在沃尔姆斯第一次主持了王国议会，人们发现，这个年仅14岁的少年有着高远的志向和聪慧的头脑。会议后，年轻的国王前往意大利；他带着一支浩浩荡荡的队伍穿过布伦纳山口，并于10月25日抵达了维罗纳，他的皇帝父亲、勃艮第的康拉德国王以及意大利的群臣迎接了他。国内的高官大臣悉数来到维罗纳，他们共同商讨重要的国家事务，为伦巴底制定了一部影响重大的法律，根据这部法律的规定，在其他证据不足的情况下，不再以誓言为依据，而将通过决斗确定是非黑白。这种方式顺应了德意志宗族的古老传统，这项传统尤其在萨克森人中十分普遍，由于在意大利风气渐渐腐朽，背信弃义的情况多得惊人，所以重振这一传统变得更为必要。11月1日，父子两人在维罗纳庆祝了万圣节，随后他们来到了曼托瓦，接着从那里乘船去往了拉韦纳。很快，他们出发前往罗马，12月21日到达了罗马附近。罗马的贵族和城防军队排成节庆的队列，举着十字架和旗帜，唱着赞歌，来到城门外近一英里的地方迎接他们，簇拥着他们进城。教皇在圣彼得大教堂的台阶上充满敬意地迎接他们，并在圣诞节时，为年轻的奥托加冕，使他成了罗马皇帝。所有人，无论德意志人还是罗马人，都欢呼雀跃，所有人都为皇帝与教皇之间、教会与政权之间的和睦而欣喜，并深深相信，在萨克森人的统治下民众注定会有幸福的未来。在这个欢庆的时刻，皇帝再次想到了对异教徒的传教事业。由于将马格德堡提升为大主教驻地的过程中还存在着尚未解决的困难，他只好暂时满足于其他力所能及的事情，为居住在布布尔河（Bober）对岸直到奥德河源头的卢萨蒂亚人和斯拉夫人设立一个特别的主教管区。这个管区内的主教驻地被定在迈森的圣约翰修道院，并因此下属于马格德堡大主教管区。968年年初的一场教会代表大会上，教皇宣布新的主教管区正式成立，而教皇为此签发的诏书也由年轻的奥托和37位主教签名，确保其此后不受任何质疑。

　　老皇帝确保了儿子的继承权，但他儿子的婚姻大事现在又如何呢？他还期待着儿子能够迎娶拜占庭皇帝的女儿。威尼斯的多米尼库斯已经完成了出使任务回来了，虽然其他的任务他没有全数完成，但他带回了希望，狄奥法诺会来到年轻的皇帝身边。但她迟迟没有出现，而且，当奥托从罗马前往卡普阿的潘杜尔夫那里时，又有一支新的使臣队伍被尼基弗鲁斯派来觐见奥托了。拜占庭宫廷派来的使节都是德高望重的人物，由此奥托相信，尼基弗鲁斯对他的友谊还是十分重视的。一份源自18世纪的文献使我们得以了解，奥托当时是如何看到这局势的，文献中记录了奥托写给他在萨克森的指挥官的一封信。他写道："君士坦丁堡的皇帝派了一支使臣队伍，正向我们这里赶来，使节全都是贵族男子，我们听说，人们正在进行交涉。但无论事情怎样发展，他们是不敢与我们公开对垒的。如果我们不能达成一致，那么希腊人就得将他们一直占领到现在的阿普利亚和卡拉布里亚省交出来；如果他们同意我们的要求，那么下个夏天来到时，我们就可以把新娘和皇子送往法兰克，我则前往方济纳图，将那里的萨拉森人消灭干净，然后就回到你们身边。"当使者们来到奥托面前后，商谈却由于多米尼库斯在出使时逾越了自己的权限而遇到了极大的困难。我们不知道争议的焦点具体在哪里，但如果从下意大利的伦巴底王侯身上找原因是不会错的。潘杜尔夫和兰杜尔夫已经深深涉足到奥托的政权当中；奥托不能和不愿意解除他们对自己的邑臣义务，但是，尼基弗鲁斯也不愿就这样放弃希腊对伦巴底王侯领地一个世纪以来的统治。

　　与希腊使臣的谈判没有取得任何进展，在整个磋商过程中，奥托都觉得自己被欺骗了。由于他不再确信，自己的儿子能以和平的方式迎娶狄奥法诺，那么希腊人就得交出阿普利亚和卡拉布里亚；他期望着不费一兵一卒就能从他们手中夺取这些土地。他和卡普阿与萨莱诺王侯吉苏尔夫会面，试图将他拉拢到自己这边，在此之后他前往了贝内文托，并于3月初领兵前往阿普利亚，进入了希腊人的土地。

　　一开始，皇帝的大军完全没有受到反抗，很快他就来到了阿普利亚的都城巴里。但巴里被希腊人占领着，对奥托紧闭城门。奥托认为有必要将这座城市包围起来；由于这座城市的海上航路并没有被阻断，奥托也没有船队的支援，所以围城收效甚微。为了避免漫长而又无谓的战争，皇帝决定再一次进行磋商。因此，他很快离开了希腊人的辖区；5月初他就重新回到了卡梅里诺边区。

历史学家利奥普朗德对奥托的决定起到了尤为重大的影响，当时正是利奥普朗德最辉煌幸福的日子。在解决与教皇的冲突中，他立下了大功，再加上他文笔极佳，强大的皇帝对他格外青睐。因而，这位克雷莫纳主教也就成了奥托的宫廷之中名望最高的人物之一，皇帝不仅与他商讨意大利的事务，由于利奥普朗德之前在君士坦丁堡逗留过一段时间，对那里也比较熟悉，皇帝还经常请教他关于希腊帝国的局势。现在，利奥普朗德还主动请命，亲自执行他提议的措施。他相信自己以前在希腊宫廷中的人脉，相信自己对这个国家的习俗与语言的了解，也对自己的精明与干练充满自信，他认为自己是促成奥托与尼基弗鲁斯和解的最佳人选，而狄奥法诺与年轻皇帝的联姻也将为东西帝国的联盟打下坚实的基础；除此以外，他也期望着，奥托的赫赫威名和令人敬畏的强大势力会使君士坦丁堡方面心甘情愿地接受他的提议。毫无疑问，利奥普朗德所具有的才干与品质使他成为西帝国中少数能承担起此项任务的人，但可惜的是，他缺少一项品质，而正是这项品质使那位可怜的洛林僧侣在科尔多瓦赢得了极大的尊重。利奥普朗德急躁易怒、敏感记仇又骄傲自满，容易小题大做。他来到君士坦丁堡处理这项重大事务，但他却没有处事必需的自制和严谨，在这样的情况下，他没有达成自己的目标，还受了不少侮辱，也是再自然不过的事了。

我们得以读到利奥普朗德关于他此次出使君士坦丁堡的记录，这是他在回程中为奥托和阿德莱德撰写的；他的笔下流露出对恶毒敌人的尖刻，但这同时也是那个时代最值得注意的文件资料之一，由于其内容将有助于了解希腊帝国的局势及奥托的实力，所以有必要选取重要的部分记录在此。

利奥普朗德写给奥托的出使报告

利奥普朗德描述道：6月4日，我们来到君士坦丁堡金色的城门前，我们和车马在大雨中一直等到了11时。11时，尼基弗鲁斯命人告诉我们，我们应当步行进程，因为他认为，虽然我们由于您的和善穿戴得十分华丽，但仍不配骑马进城。随后，我们被引入了一座宽敞的大理石宫殿，但已经破败了，暴露在风雨中，既不能御寒也不能避暑。全副武装的卫兵围绕在我们左右，阻断了所有去路。宫殿中只有我们，丝毫没有其他人的踪影，不幸的是，这里距离皇帝的宫殿还很远，而前往皇宫的这段路我们仍必须步行，我们累得上气不接下气。我们居住的地方饮用水短缺，即使付钱也买不到饮用水；希腊人的酒我们又不愿意喝，因为那是用沥青、树脂和石膏调和出来的。最令人痛恨的是我们这间房屋的看守人，他的职责是为我们提供日常必需品，即使在地狱里也找不出几个像他这样一无是处的人；那些搜刮、压迫我们的事，以及那些会使我们烦恼痛苦的事，他做起来乐此不疲，我们居住于此的120天里，没有哪天不是在抱怨和叹息中度过的。

6月6日，圣灵降临节前的星期六，我被带到了皇帝的兄弟——宫廷长（Kuropalat）和秘书长（Logothete）[①]利奥面前，针对您的皇帝头衔，我与他进行了激烈的争论，因为他没有用希腊语中的"王者"（Basileus）来称呼您，而是带着某种轻视用了拉丁语中的"统领"（Rex）。我向他指出这一点时，他辩解说这只是不同的说法，两者的级别是相同的，他还说，我兴许是为了引发冲突而来，并非为了和平的目的。接着，他怒气冲冲地站起身来，没有亲自接过您的信函，而是让我将之交给他的翻译。这个利奥身材瘦高，故作谦恭的模样，但要是谁相信了他，一定会尝到苦头的！

接下来的那天是圣灵降临节，我被人领到了希腊人称为史蒂芳娜厅（Stephana）的加冕厅中，面见尼基弗鲁斯。我一见到他就觉得他像个怪物，一个肥头大耳的侏儒，长着鼹鼠般的小眼睛，粗短浓密的胡子已经花白，他的脖子很短，头发却又长又乱，他的脸色如同摩尔人，一言以蔽之，没有人愿意在午夜见到这么一个人。他大腹便便，腰围简直和身高一样，腿脚都是短短的。他穿着一件老旧破烂、褪了色的海丝[②]制朝服以及西锡安[③]式的鞋子。他说起话来骂骂咧咧的，但又狡猾得像只狐狸，说起谎言、发起假誓来毫不犹豫。看着这位皇帝，利奥普朗德不由得想到奥托和他的儿子。"哦，我高贵的君主

---

① 宫廷官员的头衔，相当于内廷大臣和总理。
② 海丝是由贝类足丝制成的布料。——译者注
③ 位于伯罗奔尼撒半岛北部的古希腊城邦。——译者注

皇帝啊，"他呼喊道，"您在我眼中一直是那么俊朗，那么神采奕奕、强健有力、和善有礼，而在此刻，您的这些品质越发突出了！"报告在稍后的部分中继续写道，尼基弗鲁斯左侧坐着两位小皇帝，他们曾是尼基弗鲁斯的君主，现在却是他的臣下。尼基弗鲁斯这样开始了谈话："我们原本也希望，能够仁慈且充满敬意地接待你，但你的君主欠下的贡金却不允许我们这样做。他通过充满敌意的进攻夺取了罗马，非法占有了贝伦加尔和阿达尔贝特的王国，一些罗马人被刺杀或是绞死，另一些则被灼瞎了双眼。除此之外，还在我们的城池中烧杀抢掠，试图使这些城市投降。但现在，他恶毒的目的无法达成，就摆出一副维护和平的模样，把你这个用笔煽动了所有恶行的人作为探子派到我们这儿来。"而我回答他说："我的君主夺取罗马城靠的既不是暴力也不是专职暴政，相反，他将罗马人民从暴君的桎梏中解放了出来。在此之前，统治着罗马人的难道不是对女人唯命是从的小人吗，或者更糟糕的，难道不是那些情妇直接统治着罗马人吗？我相信，当时你或你前任的势力还在沉睡中，虽然有着罗马皇帝的称号，但实际上却没有罗马皇帝的权力。如果他们真的握有实权，真的是罗马堂堂正正的皇帝，他们为什么要眼看着罗马落到情妇的手中呢？其中的几位皇帝难道不是受到神圣教皇的驱逐吗，另一些皇帝受到排挤，不是甚至连自己的日常生活都维持不了，连周济穷人的金钱也筹集不来吗？阿达尔贝特不是给您的前两任皇帝，罗曼努斯和君士坦丁，写过满是诋毁谩骂的信函吗？他难道没有洗劫圣使徒的教堂吗？你们哪个皇帝关心过神的事呢，谁报复过这样的恶行，恢复过教会旧时的名誉呢？你们对这些事视而不见，而我的君主不是这样的，他从世界的另一端出发，跋山涉水来到罗马，将不信神的卜消灭干净，将权力和尊荣归还给圣使徒。事后，那些反对他和他神圣的使徒君主的人，对教皇犯下了劫掠和虐待的罪行，我的君主的确将他们作为违背誓言者和亵渎神明者斩首或绞死了，或是将他们流放了，但这一切都是遵照查士丁尼、瓦伦提尼安、迪奥多西和其他罗马皇帝定下的法律执行的。如果他不这样做，他才是个亵渎神灵、冷酷残忍、不公正的暴君！此外，贝伦加尔和阿达尔贝特是奥托皇帝的邑臣，意大利王国是他们从皇帝手中获得的邑产，你那些还生活在城中的仆从也在场，见证了他们向皇帝宣誓效忠。但他们鬼迷心窍违背了自己的誓言，我的君主夺取他们的政权是正义之举，因为他们是变节者和反叛者，你也会从他们身上认识到，他们是怎样先屈服于你，又背叛你的。"他说："但是，阿达尔贝特派到这儿的邑臣说的完全不同啊。"我继续说："他如果有别的说辞，我愿意在你的要求下派出一个人，明天进行一场决斗来验明我的话。""好，"他回答道，"像你说的那样，你的君主所做的可能都是正义之举；但现在你给我解释一下，为什么他要用战火与刀剑侵扰我的国土，我们本来是朋友，还想着通过联姻结下牢不可破的联盟呢。"我回答说："按照你的说法，这片土地属于你的王国，但根据那里居民的出身及他们的语言，这块土地是属于意大利王国的。伦巴底人也占领过这片土地，伦巴底和法兰克的皇帝路易通过一场血腥的战斗将它从萨拉森人手中争夺过来；卡普阿和贝内文托的王侯兰杜尔夫在那里统治了7年。如果不是罗曼努斯皇帝斥巨资换来与于格国王的友谊，那兰杜尔夫和他的继承人至今仍拥有对这片土地的统治权。这就是为什么他让他同名的孙子和于格国王的私生女结为夫妇。而我的君主在夺下意大利许多年之后还将这片土地留在你的手中，你不仅不领情，还认为这是因为我君主的软弱无能。如你所说，你想要通过联姻巩固两国的联盟，我们则认为，这并非出于正义诚实的缘由；你想要由此达成停火协议，想要勉强我们接受你的决定。毫不避讳地说，我的君主将我派到你这儿只有一个原因，如果你发誓同意让罗曼努斯皇帝和狄奥法诺皇后的女儿与奥托大帝尊贵的儿子联姻的话，我也会代表另一方面发誓巩固这个婚约，作为回报和感激，我的君主必会向你让步的。我的君主为了表明他的意图是真切正直的，已经做了担保，他将已经到手的阿普利亚放弃了，而且整个阿普利亚的人都知道，他是因为我的建议才这样做的，而你却对我们百般诬赖。"

"已经过去两小时了，"尼基弗鲁斯说，"还要举行庆祝典礼，我们现在不能再继续谈论这些事务了，但我一定会找一个合适的时间，对你提出的一切问题进行解答。"

庆祝典礼也不豪华盛大。从宫殿到索菲教堂的一路上，聚集了大批前来参加庆典的商贩和平民，他们站在路的两边欢迎尼基弗鲁斯的到来，手中拿着薄薄的小盾牌和寒酸的标枪，而且大多数人都赤着脚。在队列中陪同在皇帝身边的宫廷侍从穿着长袍，但这些服饰由于太过陈旧，已经布满破洞了。他们要是穿平时的服装，可能还更好些；这些节日盛装的年纪可能比他们的祖父还大。只有皇帝身上才佩戴着金子和宝石制作的饰品；为前代皇帝制作的人偶上穿着礼服，反而使他们的形象更扭曲了。人们将我带进教堂，让我观看庆典，并安排我坐在合颂歌手边上。当那个怪物蹒跚地走过来时，歌手们唱起来："看啊，启明星来了，它高高升起，光芒万丈，使太阳也显得暗淡，他是萨拉森人的终结者，尼基弗鲁斯，统治者！"人们还唱道："尼基弗鲁斯，屈居人下多少年！人民们，尊重他吧，向强大的王者低下你们的头颅！"就在这谄媚的歌声中，他趾高气扬地步入索菲教堂；两位小皇帝，他的君主，却远远地跟在他的后面，在仪式中还要跪在他的面前。随后，替他执剑的侍卫来到一根管子前面，管子上固定着一支箭，侍卫按照习俗在箭上刻下一个数字，这个数字代表着皇帝已经执政的年数。

这天，尼基弗鲁斯也请我参加宴会，但他认为我比他的宫廷大臣地位低，所以我只坐到第十五个坐席，而我的餐桌上连桌布都没有；我的同行者们没有一个被请上桌的，他们甚至没能进入宫殿中。这一顿饭吃了很久，杯盘狼藉的样子仿佛是一群醉汉在吃饭，就在这到处是油渍和鱼汤的环境下他向我提出了许多问题，都是关于您的力量、您的王国和您的军队的。我都以实情相告，他就大声喊道："你撒谎！你的君主手下的士兵根本不懂得骑术，也不懂得徒步作战；你们巨大的盾牌、沉重的铠甲、长剑和头盔无论在哪种作战形式中都是累赘。"他大笑着继续说："还有胡吃海喝也是你们不善战斗的原因，肚子就是你们的神，喝醉了才有勇气，迷迷糊糊时才显出英勇；斋戒对你们来说就是末日，清醒时就是懦夫。你的君主也没有海上的战船。精干的海军力量只有我才拥有，我会用我的船队向他发起进攻，毁灭他海边的城池，将河流边的一切都化作废墟。而在陆上，他用那少得可怜的兵力又如何与我抗衡呢？就算他身边带着儿子和妻子，就算萨克森、施瓦本、巴伐利亚和意大利的所有人都支持他，他也无法夺走我的任何一座城池；他们不能占领我的土地，而我带着这么多人，多得如同空中的繁星、海中的波浪，他们又要怎么抵挡呢？"正当我想反驳他时，他却不给我说话的机会，而讥讽我说："您可不是罗马人，您是伦巴底人！"我怒火中烧，虽然他还想继续说下去并示意我沉默，我还是忍不住说道："罗马人的名字是从罗慕路斯（Romulus）[①]那里来的，他是个杀害自己兄弟的私生子，他为那些恶毒的欠债者、出逃的奴隶、谋杀犯和其他理应被处死的罪人创造了一个自由之所，而他就将这些追随他的人称为罗马人。将你称为世界之王的那些人认为这是高贵的出身，但我们——伦巴底、萨克森、法兰克、洛林、巴伐利亚、施瓦本和勃艮第的人们都对其无比蔑视，所以在面对我们的敌人时，我们找不出比'你个罗马人！'更合适的脏话了，因为这一名词中汇集了懦弱、无耻、吝啬、虚浮、谎言、欺骗以及所有罪孽。但你要是顽固不化，坚持说我们不善兵法和骑术，那么必定会遭到基督教的报应，下一场战斗中你就会看到，你们是什么样的人，而我们又是否懂得战斗。"这时，尼基弗鲁斯愤怒地示意我闭嘴，他命人将又长又窄的桌子撤走，叫我回到我的住处去——那住处不如称为监牢来得更贴切。

　　两天之后，一方面由于气愤，另一方面由于炎热和干渴，我患了重病。我的随行者们也受着同样的煎熬，在病痛中担惊受怕，唯恐客死异乡。他们没有好好的酒水可喝，而只有盐卤，休憩的地方没有稻草、秸秆或是土地，而只有坚硬的大理石，就连枕头也只能用石头代替，在这样的情况下，又怎能不患病呢？我为自己，也为手下的人们担心，最终叫来我们的守卫，或者称我们的迫害者更贴切，我不仅用言语请求他，还给他钱，说服他将下面这封信交给尼基弗鲁斯的兄弟："主教利奥普朗德致宫廷长暨秘书长——如果尊贵的皇帝愿意满足我提出的请求，那么在这里受到的所有痛苦我都愿意忍受；那样的话，我只求再为我的君主写一封信，派一位信使知会他事情的原委，让他知道我并非无缘无故在此停留。但如果他不愿应允我的请求，那么这里停着威尼斯的货船，马上要起航出海，他若允许我拖着病体登船，那么就算我在海上结束了生命，至少的尸首还能在故土安息。"

　　皇帝的兄弟读到这封信后，命我4天之后前去见他。在那里我见到

---

　　①　罗马神话中罗马的奠基人之一。传说在建立罗马城时，罗慕路斯与他的双胞胎兄弟雷穆斯发生争执，并将其杀死了。这对双胞胎在文艺作品中常被描绘成被狼养大的孩子。——译者注

了一群人，按照他们的标准这群人可以算得上是他们国内最有教养、最具智慧的人了，他们要对您提出的事宜进行考量——这些人包括大内侍（Paracoemomenos）①巴西利乌斯（Basilius）、大理事（Proto a secretis）②西缅（Simeon）、大尚衣（Protovestiarius）③以及两位执事官（Magister）④。他们是这样对我说的："兄弟，告诉我们，你为什么要千辛万苦来到这里呢？"我告诉他们，我是为了两国能够联姻，从而为和平打下牢不可破的基础，他们回答我说："一个出身于王室的父亲将自己出身于王室的女儿嫁给一个陌生人，这真是闻所未闻的事。但既然你们提出了这么高的要求，如果你们付出相应的代价，我们就会应允这个要求。拉韦纳加上罗马及其周边一直到我们边境的土地就是合适的代价。但如果你们只是想结盟，不要求联姻，那你的君主就得宣布罗马的自由，并声明曾隶属于我们帝国的贝内文托和卡普阿王侯是反叛者，并让他们重新归我们管辖。"我对他们说："你们自己知道得很清楚，比起那个保加利亚国王彼得，我君主手下的斯拉夫王侯要强大得多，但就是那个彼得，还将赫里斯托弗皇帝⑤的女儿娶回了家！""但赫里斯托弗并非出身于紫室之中！"他们答道。我继续说："你们提到那么多次，说罗马应当自由，那罗马又应当属于谁呢？罗马城的贡金应该付给谁呢？难道属于之前那些淫妇吗？我的君主，高贵的皇帝，将罗马从那些淫妇手中解脱出来，而你们却在一旁坐视不理，或者说根本没有能力解决这个问题。尊贵的君士坦丁大帝建立起这座城市，作为尘世间的最高君主，他不仅将大量的财产赠予意大利的罗马教会，还对西方、东方以及北方所有州省的教会进行了馈赠，比如在希腊，在犹地亚（Judäa）、波斯、美索不达米亚、巴比伦尼亚、埃及和利比亚，他在这些地方拥有的特权，我们至今仍然拥有，这就是证据。实话实说，意大利、萨克森、巴伐利亚和其他我君主疆域之内的土地，只要是属于圣使徒的教会的，我的君主就将它们归还给了圣使徒的继任者。如果我的君主从中将任何一座城市、一

---

① 最高侍从总管。
② 最高国家秘书长。
③ 最高尚衣织造官。
④ 高级国家官员。
⑤ 921年至931年间拜占庭帝国的共治皇帝。——译者注

座村庄、任何邑臣或奴隶占为己有，那么我愿意被叫作渎神者！但为什么你们的皇帝与我的君主一样，将他帝国中的土地归还给使徒的教会呢？虽然在我君主的努力和慷慨赠予下教会已经十分富足和自由，但为什么你们的皇帝不能使它更加富足，更加自由呢？"他会的，"巴西利乌斯回答道，"只要他能按照自己的意志领导罗马和罗马教会，那他就会这样做的！"这时，我为他们讲述了以下这个故事："有个人受到了别人不公正的对待，于是他向神祈祷：'主啊，请为我报复他们吧！'但主对他说：'我会的，到了审判的那天，我会按照每个人的所作所为给出相应的报偿！''那就太晚了。'那人说道。"除了利奥，所有人都大笑起来。随后，人们结束了商议，让我返回我的住处，一直到圣使徒的主庆节都派人看守着我。

节日这天（6月29日），我接到命令，虽然我身体不适，还是得前往圣使徒的教堂中，参见皇帝，同去的还有前一天到达的保加利亚使臣①。弥撒礼之后，我们受到邀请来到桌边就座，在这张又长又窄的宴会桌上，我得到了上端次于保加利亚使者的位置。这个人十分野蛮，须发剪得如同匈牙利人，戴着铁链，而且据我所知，他还没有受过洗礼，只是个慕道友②。我尊贵的君主啊，这简直是对您的讽刺，如果您在我面前一定会责骂我的，但我实在不能任由他们侮辱您啊，所以我只好离开了餐桌。但当我愤然离席的时候，利奥还有大理事西缅跟了上来，他们对我说："保加利亚国王彼得在迎娶赫里斯托弗皇帝的女儿之前，双方签订了一份协议，并发誓，保加利亚的使者来到我们这里，为了表示敬意和恩惠，要受到比其他民族的使者更为优厚的待遇。因此，那位保加利亚使者虽然像你所说须发凌乱、衣冠不整，只佩戴着一根铁链子，他仍得到了最高贵族般的待遇，让他坐在法兰克主教的前面我们认为是不公平的。但我们看到，你对此极为愤怒，所以我们安排你与皇帝的仆臣在一家酒店中进餐，因为我们绝不会让你这样饿着肚子回到住处去的。"我太气愤了，以至于无法做出

---

①　保加利亚人当时受到斯维亚托斯拉夫的沉重打击，向尼基弗鲁斯寻求援助，尼基弗鲁斯十分乐意伸出援手，因为斯维亚托斯拉夫已经计划着进攻君士坦丁堡。当时甚至讨论过，要让罗曼努斯的儿子们，年轻的小皇帝，与保加利亚王侯的女儿联姻。

②　指对某种宗教感兴趣或有认同的人，但还没有完全接受。——译者注

任何回应，于是就按照他们说的做了；我只是不想与保加利亚的使者坐在同一
张桌上，我并不是想让自己，想让主教利奥普朗德受到优待，而是想作为您的
使臣受到优待啊。但随后，尊贵的皇帝用一份厚礼使我平静下来；他将自己食
用的美馔珍馐送来给我，那是用大蒜、洋葱和葱一起烹制的肥美羊排，浸润在
鱼汤之中；这确实是一道佳肴，要是我在宴会桌上吃到这样一道菜，那我或许
会对皇帝的气度有不同的看法吧。

　　8天后，保加利亚使臣离开了，皇帝又命令我坐到餐桌边的同一个位置
上，虽然我还是不舒服，但还是照做了，因为他觉得我很看重这份荣耀。桌上
还有君士坦丁堡的总主教和多名主教。在他们的见证下，他向我提出了许多
问题，我在圣灵的帮助下一一作答；最后，他为了挖苦您而问我，有哪些教
会集会是我们认可的。我回答道："尼西亚、迦克墩（Chalcedon）、以弗所
（Ephesus）、安提阿（Antiochia）、迦太基（Karthago）、安卡拉和君士坦丁
堡的会议。"听了我的回答，他讥笑起来，说："你把萨克森的会议忘记了。
萨克森的这些会议在我们的书中自然是没有记载的；你要是问为什么，那么
回答就是，这些会议年限太短，也太简单了，无法渗透到我们这里。"我说：
"躯体上坏死的肢干就必须断除。那些宗教邪说都是从你们这里出来的，他们
从你们这儿获得了力量，因此就必须由我们西方人将他们扼杀和镇压。罗马和
帕维亚也召开宗教代表会议，但这些会议却不是因为错误的教义而召开的。这
是一名罗马神职人员，也就是后来的额我略教皇，为了要君士坦丁堡的宗教主
尤提克乌斯（Eutychius）改正他的错误。尤提克乌斯说过，他甚至将之记录下
来，作为教义，我们在复活之日不会再背负这身皮肉，而会拥有某种精神上的
躯体；额我略秉持着真正的信仰，将这满是错误的书焚毁了。帕维亚的主教恩
诺迪乌斯（Ennodius）由于另一个宗教邪说被罗马教皇派到了君士坦丁堡，他
成功地将这支旁门左道镇压了，使真正的教义重新发扬光大。而相对的，萨克
森的人民自从经受洗礼，真正皈依基督教之后，从未传出过什么邪说；所以那
里也不需要任何宗教代表会议去镇压邪教异说。你如果要说萨克森人的信仰时
间尚短，太过简单，那么我承认，你说得完全在理，因为对萨克森人来说，他
们追随着基督教经典，他们的信仰是新鲜而且单纯的，而不是老旧和陈腐的；

但在这里，人们不再遵照典籍，信仰已经如同一件陈旧的衣物，由于破败不堪而遭到轻视。我清楚地知道萨克森的一个宗教会议，在会上明确地指出了，举起刀剑战斗比纸上谈兵更值得尊敬，在战场上倒下要比临阵脱逃更称得上是功勋。这个道理你的军队也知道。"我在心中暗自思量，萨克森的将士有多利害，他们在之后会亲身体验到的。

　　同一天的下午，皇帝回到宫殿后，我奉命再次去前去觐见，但我已经精疲力竭了，面容憔悴不堪，之前见到我的女眷们还惊讶地呼喊："看呀，母亲！多么精神的人。"而现在她们都带着同情拍着心口，说："这个可怜又不幸的人儿呀！"他现身的时候，我正向天空举起双手祈祷他的不幸，而为您——我远在千里之外的君王祈祷幸运——哦，这些祈祷能成真就好了！看到尼基弗鲁斯的时候，我真是忍不住要笑出声来。他正骑在一匹未被完全驯服的野马上，马匹如此高大，显得他更加矮小了。这时的他在我眼中仿佛就是一只傀儡娃娃，斯拉夫人把他放在高头大马上，让他肆意地跟在母亲后面狂奔。

　　随后我被送回了那可憎的住处，我的同伴们如同五只狮子，只能在这牢笼中被喂饱。在三个星期里，除了我的随行者们，我没有其他任何人。我几乎已经相信，尼基弗鲁斯再也不会放我回去了，这种想法加深了我的苦闷，若不是有圣母玛利亚的支持我早就倒下了。在此期间，尼基弗鲁斯在君士坦丁堡之外的另一处建立了宫廷，那是被称为"源头"的地方，他让我也前往那里。我病得很重，连直起身坐着也很困难，但我还是得脱去帽子，冒着加重病情的危险，站在他的面前。他对我说："在过去的几年中由你的国王奥托派来的信使向我发过誓，证明这些誓言的文件也在这里，他保证不以任何方式做出不利于我们国家的事情。可是他现在自称为皇帝，将我国的省份占为己有，难道还有比这更不利的事情吗？这两件事都是不可容忍的，尤其是他自封皇帝，使我们无法坐视不理。但即使这样，只要你像之前的使者那样发誓，我便会尊敬你，给你丰厚的馈赠，并很快送你回家。"他这样做，就是为了动摇我，因为他知道，如果我愚蠢地照做了，而您可能无法履行这个誓言，然后他就有了为自己辩护的说辞，也抓住了辱骂我们的把柄。我回道："我尊敬的君主已经预见到了你所关心的一切，因为他是个极为通情达理的人，而且圣灵也时刻在他左右，因此他以书面形式写下了交给我的任务，并盖章确认，这样我就不会逾越自己的权限。这些任务可以当众宣读，而我也愿意发誓，加强其内容的效力。但之前的使臣违背他们的使命做出的承诺，就像柏拉图说的那样：'人们向神祈求得到的东西，代表的是他自己，而非神。'"接着，话题就转向了卡普阿和贝内文托的王侯，他将他们称为自己的仆从，并说他们的背叛使他非常痛心。他说："你的君主向我的仆人提供庇护，如果他不将他们从自己的羽翼下放出来，不让他们回到先前的君臣关系中去，那他就不能拥有我的友谊。他们自己也请求我们仁慈地重新接纳他们，但我们不能应允他们，因为他们应当知道，离开自己的君主、抛弃自己的义务是多么危险的事。但如果你的君主能够自愿地将这两人交出来，而不是要我们威逼的话，那还更值得尊敬一些。只要我还活着，他们就会看到，欺骗自己的君主会有什么下场，我相信，他们现在已经从海那边我的军队那里了解了。"他阻止我就此给出回应，当我想要走开的时候，他命我回到桌边。

餐桌上，他的父亲坐在他身边，在我看起来已经是个150岁的老叟了①。就算这样，人们对他行礼时的呼喊仍和他儿子的一样，祝愿他万寿无疆。从这之中就能清楚地看出，希腊人是怎样一群奴颜婢膝的小丑，他们违背自然法则祝愿一个老叟拥有不可能的寿命，而那个老者还很高兴，即使他知道，神不可能让他活这么久，即使让他活那么久，也不是什么好事。同样的，他们还赞颂尼基弗鲁斯为他们带来了和平，是启明星。但是，说孤立无援的人强大，说小丑智慧，说侏儒高大，说摩尔人肤白，说罪犯神圣，这真的不是赞扬，而是讥讽啊。有人若是因为某个品质受到赞誉，而这个品质并非他所拥有，如果他还因此沾沾自喜的话，那他就如同一只猫头鹰，虽然能在黑暗中看见东西，但白天时却是个瞎子。这天的餐桌上发生了以往不曾出现的事，圣金口若望（Johannes Chrysostmus）②对使徒故事的布道解说被当众宣读。布道结束后，我请求他们，准许我回到您的身边。皇帝向我点了点头，好像是要应允我的请求，却命

---

① 巴尔达斯；他当时年逾九十。

② 又译约翰一世，君士坦丁堡宗主教，因其绝佳的辩才被赞誉为"金口"，是基督教早期最重要的教父之一。——译者注

令看守我的人将我带回住处。在这之后，我直到7月20日都没有再见到他，但他们将我严格看管起来，我没法向任何人打听消息，更无从知晓他在暗中策划着什么。

在此期间，他让阿达尔贝特的使者格力米佐（Grimizo）前去见他，并命令他带着一支希腊船队回到意大利。这支船队由24艘希腊战船、两艘俄罗斯战船及两艘高卢战船组成，这就是我所见到的全部。这些船只所能承载的全部军队，我尊敬的君主，我相信，如果不受到战壕城墙的阻碍，以您的400名壮士就能轻而易举地对付了；更何况指挥他们的还是个阉人，这简直是对您的不敬。阿达尔贝特命人禀告尼基弗鲁斯，他有一支8000人的武装军队整装待发，如果再能派来一支希腊援军，他就能轻松地将您的势力歼灭，将您赶走；他还向尼基弗鲁斯请求资金援助，来弥补战争的损失。所以尼基弗鲁斯让那个阉人带了许多资金，但同时也交代他，只有当阿达尔贝特带来7000人或以上的军队时，才能给他这笔钱；此外，阿达尔贝特的兄弟库诺①会带着希腊的以及自己的军队向您发起进攻，而阿达尔贝特则留守在巴里，等待库诺得胜归来；相反，如果阿达尔贝特没能带来7000人的武装军队，那阉人就要立即将他逮捕起来，并在您前往巴里的时候，将他交给您，那笔钱也全呈到您的手中。这是多么无耻的行径啊！但希腊人就是这副德行！——后来的7月19日，我从我的监牢里亲眼看到，这支船队起航了。

第二天是伊利亚升天节，轻率的希腊人用夸张的戏剧表演来庆祝这个节日，皇帝也在这一天又召我去见他，对我说："我现在意欲率兵攻打阿拉伯人，而不是像你的君主那样攻打基督徒。早在去年我就计划着进行这次征战，但当我听说你的君主要攻打我的疆土，我只能将阿拉伯人放在一边，转而反抗他。我们到达马其顿时，威尼斯人多米尼库斯作为他的使者前来见我；多米尼库斯费尽力气平复我们的心情，规劝我们返回，并向我们发誓，说你的君主连想都没有想过要对我们不利，更不用说真的行动了，那都是别人对他的污蔑。所以你回去吧！"听到这句话，我在心中呼喊：赞颂主！他继续说："把

---

① 库诺当时应该已经从囚禁中逃脱出来了。

一切都告诉你的君主，如果他真要这样做的话，你再回来吧！"我回答说："如果圣明的陛下命令我迅速赶回意大利，那我相信，我的皇帝也会按照陛下您的要求去做的，我很乐意再回来向您禀告。"可惜啊！他明白了我说这话的意思；他哈哈大笑，朝我点点头，我向他深深鞠了一躬，正要告辞离开的时候，他又挽留我共同用餐，邀请我来到那充满大蒜和洋葱气味、充满油腻和鱼腥味的餐桌上。直到这一天，他才在我的再三请求下接受了您的礼物，之前他已经拒绝了许多次。

我们在长桌边就座，桌子上只有一根横梁的宽度是被桌布覆盖着的，桌子一半的长度就这么暴露着。他嘲弄法兰克人，说他们是既说拉丁语又说德语的民族，并问我，我的主教驻地在哪里，叫什么名字。我说："克雷莫纳，距离波河非常近，而波河是意大利最大的河流之一。既然陛下你很快就要派战船到那里去，我很庆幸能在这里见到你、认识你。对这座城市手下留情吧，不要毁了它，它是无法违抗你的！"他听出我言语中的讽刺，但他看着地面，许诺会满足我的愿望，他还将手放在胸口，向我发誓，会尽他帝国的实力避免让我遭遇不幸，并将很快安排我乘上他的战船，将我安全送往安科纳（Ancona）。

很快，事实就证明他的誓言是虚伪的。7月20日星期一，从这天起，一连4天我都没有得到生活费用，而君士坦丁堡的物价又如此之高，我手中只有3个金块，却有25名随行人和4名希腊看守要养活，我一顿饭也买不起，7月22日星期三，皇帝离开君士坦丁堡，去攻打阿拉伯人了。

接下来的那天，皇帝的兄弟让我去见他，他对我说："皇帝已经先行离开了，我今天还留在这里，做些必要的安排；如果你还想要面见皇帝，或者有什么新的消息要禀告他，就说吧。"我说，我既不要见他，也没有事情要禀告，我只请求，按照皇帝承诺的那样搭乘战船前往安科纳的港口。随后，他便以皇帝的首级，以他自己的性命和他的孩子向我发誓——希腊人随时准备着以他人的性命起誓——我会被送到安科纳港的。"什么时候？"我问。"皇帝启程之后，"他回答，"船队的指挥会为你安排的。"我被眼前的希望蒙蔽了双眼，欣喜地离开了利奥身边。

又过了两天，星期六，尼基弗鲁斯让我与他一起前往翁布里亚

（Umbria），那是距离君士坦丁堡大约4英里的一个地方。他对我说："既然你被派到这里，说明你是个德高望重的人，我以为你会在方方面面都顺应我的要求，我以为你会在我与你的君主之间结下永恒的联盟。既然你顽固地拒绝这样做，那至少做一件公正的事吧，那就是向我发誓，说你的君主不会在我去讨伐贝内文托和卡普阿的王侯时给予我的这两个仆人任何支援。如果他不愿意把他的人马给我，那至少把我的人归还给我。世人皆知，这两名王侯的父辈和祖父辈都对我们的帝国有进贡的义务，而我们的军队也会使这项义务继续延续下去的。"我回答他说："那两人都是高贵的王侯，是我君主的邑臣；他听说你要攻打他们，一定会派去援军，歼灭你的部队，并夺取你仅剩的两块海外国土。"愤怒的他活像只乌龟，他大声赌咒道："继续顽固不化吧，我以自己和父母的性命发誓，你的君主很快就再没心思去保护别人的奴隶了！"我离开之后，他让翻译告诉我，让我留在餐桌上。在餐桌上我还见到了以上两位王侯的兄弟①以及一个来自巴里名叫柏桑提乌斯（Bysantius）的人，他强迫他们侮辱您，说拉丁人和德意志人的坏话。我离席之后，他们在暗中派来信使，告诉我这些辱骂的话语是违背他们意愿的，是受到皇帝的威胁才不得已说出的。

用餐时，尼基弗鲁斯也问我您是否拥有动物园，园中是否有野驴和其他动物。我回答说，您有动物园，而且除了野驴什么动物都有。他说："那么，我就要让你看看我们的动物园了，你定会惊讶于它巨大的规模，惊讶于其中的野驴。"就这样，我被领到了动物园中，这个园子的确很大，但到处都是山丘和矮小的灌木丛，一点儿也不吸引人。我头上戴着帽子骑马穿行在动物园里，宫廷长远远地就看到了我，于是让他的儿子快速来到我身边，对我说，皇帝在的地方，是不允许戴着帽子骑马的，只能走路，而且也不能太张扬。我说："我们那儿的女人头纱和便帽，男人骑马头上戴着帽子。你们不该逼迫我改变家乡的习俗，因为你们去我们那里时，我们也会允许你们保留自己的习俗。他们来的时候都是穿着长袖，衣服上有绑带和环扣，长衣拖地，头发卷曲；骑马，走路，进餐，都任凭他们的喜好，甚至是亲吻我们的皇帝——虽然这在我们看

①　可能是罗慕铎（Romuald），潘杜尔夫和兰杜尔夫的一个兄弟，他自少年时代起就生活在君士坦丁堡。

来不合礼数。"我心里想着："神啊，快让这些人消停一下吧！"他对我说："那你回去吧！"我正要回去，一群狍子向我走来，其中还有几只野驴。怎么会有人因为这种动物而激动万分呢？这些动物看起来和克雷莫纳那些被驯服的驴子没有两样。毛色和体形一样，它们也有长长的耳朵，也有温和的叫声，没有比克雷莫纳的驴子更大，没有跑得更快，对狼来说同样也是一顿美餐。但它们来到我面前时，我还是对一同骑马的希腊人说："这种动物我在萨克森从未见过。"他回答我说："如果你的君主对我们皇帝心悦诚服，那皇帝会送给他许多这样的动物，能拥有这些他的先人们见都没见过的动物，对他来说也是不小的尊荣啊。"但是，我尊贵的君主啊，我的同僚布雷西亚（Brescia）主教安东尼乌斯（Antonius）①给您送去的驴子，不可能比克雷莫纳的牲口市场上出售的更差劲了，谁叫克雷莫纳的这些驴子是温驯的而非野生的，驮着重物而不是悠悠闲闲的呢？但我的话传到了尼基弗鲁斯那里，他给了我两只狍子，准许我启程离开。那是7月27日，没过几天，他也出发前往叙利亚了。

但当我回到君士坦丁堡时，皇帝的代理官员，阉人大贵族赫里斯托弗鲁斯（Christophorus）命人来告诉我，我现在还不能启程，因为萨拉森人阻断了海路，而匈牙利人又占领了陆路，我必须得等到他们撤走才行。但这都不是真的。他们还往我这里派了手持盾牌的卫兵，不让我和我的人马离开住处。来我这里领取布施的穷人如果说的是拉丁语，就会遭到他们的攻击，他们不仅受到殴打，还被捉拿起来。他们也不让我的希腊翻译员出去，连必要的采买也不允许；采购的任务都交给了我的厨师，而他连希腊语都听不懂，只能通过肢体语言和手势与别人沟通，付的钱是希腊仆从采购时的4倍。我的友人为我送来调料、面包、酒和水果，他们就立即将所有东西都丢掉，还将信使暴打一顿。要不是因为神的慈悲，一直在折磨我的人面前保护着我，那我可能只有死了才算解脱；但他通过悲悯给予我力量，使我坚持下去。从6月4到10月2日，我一直在君士坦丁堡生活在这样的困境中，度过了整整120天。

雪上加霜的是，8月15日，教皇若望的信使带着信函来到君士坦丁堡，信中

---

① 这位主教似乎在给皇帝进献战争物资的时候，即上缴所谓的饲料税（Fodrum），将差的驴子交给军队；利奥普朗德因此而讥讽他。

他要求"希腊皇帝"尼基弗鲁斯与他深爱的孩子"罗马皇帝"奥托结成姻亲并建立稳固的友谊。我至今也不知道，为什么信中的这些话语、这些头衔称呼怎么没有将送信的人立即送上绞刑架。希腊人咒骂着大海，他们感到惊讶，大海能翻滚起这么多恶浪，但竟然没有将送信船只吞噬。他们喊道："简直是野蛮人，一个罗马人竟然厚颜无耻地将独一无二、强大无比的罗马皇帝称为希腊皇帝！天啊！地啊！海啊！我们要拿这个一无是处的人怎么办？这都是些可怜的无赖，如果把他们杀了，只会让他们肮脏的血玷污了我们的手；要是将这些贱民、奴隶和恶棍抓起来，那我们只会责骂自己，因为他们连罗马的刑罚都不配承受。如果他们之中至少有个主教，或是有个边疆伯爵，那我们就要好好教训一下他们，将他们的胡子和头发拔去，然后缝在袋子里扔进大海！但如果这样还能保住性命，那就让他们在牢狱里苟延残喘直到圣明的罗马皇帝陛下知道他们的恶行吧。"我知道这些的时候，我可怜他们的贫穷，祝福他们能够幸福，而我觉得最不幸的人还是自己，因为我是富有的。在家中的时候我看起来没钱，但如今在君士坦丁堡我成了富甲天下的人，这反倒使我害怕起来，贫穷似乎是更令人向往的命运，因为只有它才能让人死里逃生。

就这样，教皇的使者被投入了监牢，而那封罪恶的信函则被送往美索不达米亚的尼基弗鲁斯那里。去送信的使者直到9月12日才回来，但带回了一个好消息。我是两天之后才听说的。9月14日，十字圣架节这天，我又是请求又是送礼，终于得到允许为神圣的十字架祈祷，就在我祷告的时候，几个人从大批侍卫中悄悄来到我的身边，将这个消息告诉我，使我苦闷的心为之一振。

9月17日，徘徊在生死之间的我又一次来到了宫殿。我被带到了大贵族赫里斯托弗鲁斯面前，他和另外三个人一起出现在我眼前，和善地接待了我。他们说："从你苍白的脸色，你憔悴的模样以及你过长的头发和胡须都可以看出，推迟了的返程使你忧心不已。但我们请求你，不要因此对圣明的皇帝本人，也不要对我们怀有怒气。我们也不想隐瞒你滞留的原因。罗马教皇——如果可以这么称呼他的话，他与埃尔伯利希那个言而无信、大逆不道的叛徒儿子勾结在一起，为他效忠。他给我们的皇帝写了一封信，在信中将我们的皇帝称为希腊皇帝，而非罗马皇帝，而且毫无疑问，这一切的幕后指使者就是你的君主。"

我心中思量："他们说的是什么意思？我不知所措，毫无疑问他们要把我径直带上刑场了。"但他们继续说道："我们知道你会说，教皇愚蠢至极，我们也同意这点。"——"我绝没有这么说。"我回应道。他们打断我的话头，说："听着，教皇确实是个愚蠢而且顽固不化的人，他不知道神圣的君士坦丁大帝将皇帝的权杖，整个元老院以及所有的兵力都从罗马转移到了这里，罗马只剩下了恶棍、渔民、烤蛋糕的、捕鸟的、野种、贱民和奴隶。如果不是你的君主在教皇耳边吹风，教皇决不会写下这样的信。而他们给自己惹上了怎样的麻烦，他们很快就会看到了，如果他们没有先崩溃的话。"我说："教皇是世上最简单、最没有恶意的人，他写这封信并不是真的要挖苦你们皇帝，而是要表示尊敬。罗马皇帝君士坦丁将罗马的兵力调到这里，建起一座城市，并以自己的名字为其命名，我们都知道得很清楚。但你们改变了习俗、语言和服饰，所以神圣的教皇认为，你们像厌恶罗马的衣裙一样厌恶着罗马人的名称。将来，如果神还留着他的性命的话，他在信中的称呼就会变成：罗马教皇若望，致尼基弗鲁斯、君士坦丁及巴西利乌斯，统领众国的、伟大而崇高的罗马皇帝。"现在您听我解释，我为什么这样说！尼基弗鲁斯是通过背弃誓言、与人通奸才获得统治权的；教皇受到圣灵的命令给他送去信函，这信就如同经过粉饰的墓穴，外面看起来华丽光鲜，里面则装满了死尸。教皇在信中没有写，尼基弗鲁斯是如何夺取了他君主的权力，通过与人私通、背信弃义赢取了统治权，教皇邀请他出席宗教代表会议，如果他不现身会场，那么等着他的就是革除教籍的处罚；但在表面上，教皇用了上面的称呼，因为如果不这样做，这封信就根本不会送到皇帝手中。希腊人自然没有察觉我的这个计谋，他们听到我的承诺十分欣喜，说："主教，我们感激你，你的明智之举将有效地帮助处理这些重要事务。你现在是唯一一个受到我们爱戴和尊重的法兰克人，但如果其他法兰克人愿意听从你的建议，将他们的恶行改正的话，我们也愿意重新尊重他们；你要是再回到我们这里，我们一定会报答你的。"我心想："我要是再到这里来，尼基弗鲁斯大概可以赠给我权杖和冠冕吧！"接着，他们说："你说，你的君主真的想要和我们的皇帝结成友盟，并成为姻亲吗？"我说："我来到这里时，这的确是他的意愿，但在我滞留在这里的漫长时间里，他没有收到过我的信件，这是你们的过错。他认为我走了，心中涌动着愤怒，就如同被人夺去幼崽的母狮，咆哮着，直到复仇时刻的到来。因此，他现在可能想要放弃这桩婚姻，先平息对你们的怒气！"他们说："他如果这样做的话，不用说意大利了，就连他那个贫穷寒冷的萨克森故乡也不会有他的容身之处。凭借我们取之不尽的财富，我们能让所有的国家都拿起武器反对他，粉碎他，让他永无翻身之日。我们听说你为他买了一些礼服，我们命令你将这些衣物呈上来让我们检查，允许送去给他的那些要经过铅封，然后留在你们那边，但那些禁止其他民族穿着的服饰，我们会将其收走，照价把钱退回给你们。"我不得不听从他们的命令，他们从我这里拿走了五件极为贵重的紫色礼服，因为他们说这不适合您，也不适合所有的意大利、萨克森、法兰克、巴伐利亚、施瓦本人以及一切其他民族的人穿着。这些穿着长袖、头巾和面纱的懦夫和花花公子，这些骗子、阴阳人和懒汉能穿着紫色的礼服，而那些心中充满爱与信仰、散发着美德光辉、勇敢善战的英雄却没有这一尊荣，这简直是厚颜无耻！如果这还不是耻辱，那还有什么是呢！我喊道："但是，皇帝的承诺怎么办！我向他告别时，请求他看在教会的尊荣上，无论如何允许我购买礼服。他说：'你想买什么就买什么。'他没有做出任何限制。为此，我还找来宫廷长利奥、翻译员艾佛迪希乌斯（Evodisius）、约翰以及罗曼努斯做我的见证人，我自己也能作证，因为即使没有翻译我也能很好地理解皇帝的话。"他们辩驳道："但这的确是受到禁止的货品啊。而且如你所说，皇帝许下诺言的时候，完全不可能想到会涉及这些东西。我们既然在财富和教养上优于所有其他民族，那么这一点也要从服饰上体现出来，要优先选取最美丽华贵的服饰。"我说："其实这些衣物没有那么特别，在我们那里，一般的女眷还有马戏演员也会穿。""他们从哪里得到的这些衣服呢？""威尼斯和阿马尔菲（Amalfi）的商人用这些服饰换取他们维持生活所需的粮食。""这种行为该要到头了，我们会派人仔细调查，如果发现这样的情况，就要把他们抓起来进行处罚。"我又说："在已故的君士坦丁七世皇帝执政的时代，我就曾来过君士坦丁堡；当时我还不是主教，只是个副主祭，我也不是作为某位皇帝或国王的使者而来，而是受到一位边疆伯爵的派遣，但我购买了远比现在更多、更华贵的礼服，当时没有人对我进行检查，也不需要封印。但如今，我的身份是主教和奥托家族的父子两位皇帝的使臣，却受到了这样的羞辱，我像一个威尼斯商人一样遭到搜查，如果这些礼服比较珍贵，即使它们是要在我的教堂中使用的，也会被没收。你们对我做出这样无耻的事情，更是对我君主的侮辱，难道不感到羞愧吗？我被投入监牢、忍受饥渴还不够，将我羁押许久、拒绝放行也还不够；现在还要雪上加霜，夺走我的所有物。我买的东西你们拿走吧，但至少留下我赠给朋友的礼物！"他们说："君士坦丁皇帝是个爱好和平的人，他总是待在宫中，用这种方式赢得与外国的友谊；但尼基弗鲁斯皇帝是位战将，要他待在宫殿里简直像要他的命，我们几乎可以称他崇兵尚武；他不是通过慷慨馈赠赢得人民的爱戴，而是凭借武力逼迫他们服从。同样的，他也要用这一途径将你们拥有的一切珍贵的物品夺来，不论你们是买来的还是获赠的——看吧，你的国王对我们来说就是这样的分量！"接着，他们给了我一封带有金制封印的金字信函，让我转交给您；我心里想，这封信对陛下您来说一定有失体统。他们还给了我另一封写给教皇的信函，盖印是银的，他们对我说："我们认为，你们的教皇不配拥有皇家的信函；所以，皇帝的兄弟，也就是宫廷长写了一封信函给他；我们不让他那寒酸的信使，而让你来转交信函，这样他读了信的内容就知道，他如果不反省和改正的话会失去什么。"接着他们终于向我告别，这告别的吻让我感到非常甜蜜。但当我离开时，他们又派来使者赶上来；这都是看在您的面子上，他们为我和我的随行者们准备了马匹，但没有准备驮运行李的马匹。最终，我不得已又给了我的向导价值50个金古尔登的物品，才让他帮我运送行李。

由于我不知道如何才能为自己遭受的一切不公向尼基弗鲁斯讨回公道，我最终在那监牢的墙上以及我的木桌上写下了以下的诗句：

> 希腊人的忠诚皆为虚假，拉丁人啊，切莫信之，
> 保持警惕，谎言切莫听之！
> 为达目的，无论对谁，希腊人皆信誓旦旦，花言巧语——
> 五彩大理石，敞亮大窗房，
> 干渴无水可喝，囚徒踱步声回荡屋宇，

> 既不能挡霜寒，亦无法抵酷暑；
>
> 本人利奥普朗德，克雷莫纳之主教，夏日出使到此
>
> 离别奥索尼亚（Ausonien）海岸，远行至拜占庭帝国，
>
> 放逐于此，月亮四度圆缺，只为换取世界和平；
>
> 但胜利终到来——我的祈祷终得回应——
>
> 他来到罗马；他预言满口谎言的希腊人将被绳之以法。
>
> 如若这些事不曾发生，如若我不曾来到这里，
>
> 尼基弗鲁斯，你就不会知晓，你的心会是怎样的愤怒，
>
> 因为你恶意地为继女拒绝了皇帝的儿子。
>
> 但那一天就要来了，愤怒驱动着刺棒，
>
> 要不是神从中控制，马尔斯①就会继续在地球的上空怒吼
>
> "这是你的罪责！"而其他一切都沉默在悠然的和平中。

　　我写下这些诗句之后，10月2日10时，我和我的向导一起来到船上，离开君士坦丁堡这座曾经如此强大、繁华的城市，而现在它却成了充满饥饿、背叛、谎言、诡计、抢夺、贪婪、吝啬和虚荣的地方。

　　利奥普朗德就是这样记录了他出使君士坦丁堡的过程，由于他疑神疑鬼的性格，也由于遭受的苦难，使他的文字也变得尖刻起来。在返程中他也遇到了许多险阻，花费的时间一再延长。可能是由于阿拉伯海盗使海路不再安全，大多数时候他都不得不选择陆路。他用了足足49天，才历经千辛万苦来到了勒班陀（Lepanto）。在这里，之前的向导离开了他，并将他交给了两名皇家快驿信使，由这两人将他带往卡拉布里亚的奥特朗托（Otranto）；他们租借两艘小船，用来运送主教的随从和行李。11月23日，一行人离开勒班陀，25日到达了与帕特雷（Patras）相对的埃维诺斯河（Evinos）河口。由于海浪太大，他们不得不在这里挨过了两个星期；接着，他们在海上航行，并于12月6日在勒卡特（Leucate）的海岬登陆，也就是现在的杜卡托海角（Cap Ducato）；在

――――――――――

① 罗马神话中的战神。——译者注

这里停留较长的一段时间后，他们于12月14日继续踏上旅程，18日到达了科孚岛（Corfu）①，那里的希腊指挥官似乎非常友好地接待了利奥普朗德，但即使这样，利奥普朗德也遇到了许多困难，被迫在科孚岛逗留了20天之久，12月22日，他还在那里经历了一场日食。直到969年1月7日，他才重新上路，由于他的记录到这里突然终止了，我们并不知道这次行程最后是如何收尾的。

利奥普朗德还没有回来，奥托就已经知道这次的谈判没有成功，并重新开战了。11月中旬，他还在卡梅里诺边区的阿泰尔诺河（Aterno）河畔，到了12月时，他已经进入了敌方的边境。利奥普朗德在科孚岛观测到的日食发生时，奥托的军队已经来到了阿普利亚大区境内。这一天象使皇帝的军队受到了极大的惊吓。他们以为最终审判的日子来到了；这些身经百战的将士曾在无数战斗中奋勇杀敌，在这时如同孩子般颤抖着，蜷缩着躲在车马、酒桶、箱子后面。奥托也在阿普利亚庆祝了圣诞，接着，他深入下意大利，而卡普阿的潘杜尔夫在所有这些行动中都支持着他。但他发现，这片土地也并非毫无防御；尼基弗鲁斯增强了船队和军队，希腊的军事力量在大贵族尤吉尼厄斯（Eugenius）的指挥下守住了沿岸的重镇，使奥托在没有船队支援的情况下无法发起进攻。因此，奥托的行动更多是在内陆的侦查，而不是赢得固定的据点。萨莱诺的王侯领地受到了严重侵袭，吉苏尔夫不得已向奥托投降。皇帝随后深入了卡拉布里亚内部。4月18日，他来到卡萨诺（Cassano），他在那里进行了一场大型的行军，正如他在一份文件中说的那样，他"在卡拉布里亚这里以皇帝之权力为他所有的追随者、卡拉布里亚人、意大利人、法兰克人和德意志人订立法律，下达命令"。但4月28日时，我们会发现他又回到了阿普利亚大区阿斯科利（Ascoli）和博维诺（Bovino）之间的地区。5月1日，他驻扎在博维诺城前，却没能攻下这座城市，这之后不久，他就离开了阿普利亚。5月19日，他来到了里米尼（Rimini）附近的孔卡（Conca），26日抵达罗马。

此时的潘杜尔夫也暂且放弃了战斗。在卡拉布里亚时他就离开了皇帝，

---

① 又称克基拉岛。——译者注

因为他的兄弟兰杜尔夫此时在贝内文托去世了。他必须想办法稳固这里的统治权。在他为自己和儿子兰杜尔夫夺下了贝内文托王侯领地的所有权之后，他的心思又重新回到了战争上，而现在，战争的指挥权全部掌握他一人的手中了。奥托为他派去德意志援军，吉苏尔夫也承诺会支持他的行动。就这样，潘杜尔夫趁夏季尚未过去重新进攻了阿普利亚，再次围困了被尤吉尼厄斯占领的博维诺城。城门前展开了一场大战。潘杜尔夫的战士们取胜了；但他这位英勇的大将却太过冒险地冲入敌军阵营，他被希腊人包围，他的战马被杀死了；即使这样，他也没有放弃战斗，他跨上手下人的一匹战马，奋勇顽抗，直到希腊军队中一个彪形大汉最终将他打倒，他从马上摔了下来，成了敌人的俘虏。随后，尤吉尼厄斯命人给他拴上链条押往君士坦丁堡。潘杜尔夫的军队群龙无首，溃散开来；吉苏尔夫的援军在向博维诺行军途中听到潘杜尔夫被俘的消息，平静地返回萨莱诺去了。奥托的行动遭受了沉重的打击，而由此带来的后果很快就显现出来了。希腊军队不久便拥入了卡普阿和贝内文托境内。卡普阿被敌军团团包围；一方面是尤吉尼厄斯，另一方面则是公爵马力努斯（Marinus）率领下的那不勒斯人，那不勒斯人长久以来与卡普阿人冲突不断，是恶毒的宿敌和邻居。面对远超过他们的强大兵力，卡普阿还是坚持了整整40天，等待着皇帝派来的增援部队。这支由法兰克、施瓦本、萨克森和斯波莱托人组成的军队由伯爵康拉德和斯科（Sico）指挥，他们成功地将潘杜尔夫辖区内的希腊人重新清除了出去。尤吉尼厄斯害怕对方强大的兵力，随即放弃了对卡普阿的围困并撤回了萨莱诺，而吉苏尔夫则心甘情愿地重新与希腊人联起手来；阿韦利诺（Avellino）也向他们打开了城门。奥托派出的军队抵达卡普阿时，发现这座城市已经解放了。所以他们立即向那不勒斯进发，他们在这里报仇雪恨，将这座城市夷为平地，阿韦利诺也遭到了焚烧；只有萨莱诺在愤怒的敌人手中逃过了一劫。

希腊军队穿过贝内文托地区返回阿普利亚；尤吉尼厄斯随军同行，但不久后就被自己的军队背叛了，他被拴上锁链，押往君士坦丁堡。大贵族阿卜迪拉（Abdila）接过了军队的指挥权。德意志人和斯波莱托人取道贝内文托，也已经来到了阿普利亚大区内。双方在阿斯科利展开了一场激烈的战斗。康拉德和斯科将希腊军队打得四散而逃，15000人留在了原地；阿卜迪拉则身受重伤。但奥托的军队很快又踏上了来时的路，回到了坎帕尼亚。希腊人被逼退到他们自己的领地，但他们在意大利的势力还远远没有被消灭。

在这一系列事件发生时以及接下来的冬季，皇帝奥托和他手下的人马大多数时间都停留在意大利北部，尤其是帕维亚和拉韦纳，为970年的一场大战精心准备。这时从君士坦丁堡传来消息，而这个消息似乎改变了整个局势。

969年12月10日夜里，尼基弗鲁斯惨死。他的妻子狄奥法诺无耻地策划了整个谋杀计划，而皇帝的堂兄弟约翰·齐米斯基斯则成了她的工具。约翰·齐米斯基斯曾由于他的英勇以及在帮助皇帝登基时立下的功劳受到尼基弗鲁斯的尊敬，将在叙利亚对抗阿拉伯人的战斗任务交给他，但随后又剥夺了他的名誉，撤销他的职务。在狄奥法诺的请求下，尼基弗鲁斯命令齐米斯基斯前往君士坦丁堡，而这都是为了血腥的谋杀做好准备。由于一个预言，尼基弗鲁斯一个月来一直担心自己的死亡。他严格地进行着苦修，整夜整夜在祷告中度过，避免躺到床上，并且只有在睡意难挡时，才在地上的一张豹皮和猩红色的毛毡毯上舒展一下身体。他的妻子就睡在同一间屋子里。在实行暗杀的那天夜里，狄奥法诺找个借口离开了卧室，她许诺自己很快就回来并要求将门开着。尼基弗鲁斯祷告了许久，最后躺在豹皮上睡着了。狄奥法诺之前就已经将几个帮凶藏在了一间暗室；此时，这些人离开了他们的藏身处，爬上宫殿的墙垛，查看约翰有没有按照约定带着人手从博斯普鲁斯海峡（Bosporus）①往宫殿而来。12月的夜异常寒冷，凛冽的风刮着，密集的暴风雪让人无法看清远处的事物。当夜5时，约翰终于带着人马乘着小舟来了；按照约定，他们吹响哨子作为信号。从宫殿屋顶的墙垛上放下一只篮子，执行刺杀的人一个个坐到篮子中被拉了上去，约翰是最后一个。这些刺客集合完毕，一个负责娱乐宫中女眷的小丑指示他们前往尼基弗鲁斯的卧室。他们拿着出鞘的剑来到卧室中，包围了皇帝的床，但他们发现床是空的。他们心中充满绝望，以为自己的行动暴露了，就在这时，小丑发现了睡在地上的皇帝。他们将他团团围住，用脚踩踏踢打他。

① 即伊斯坦布尔海峡。——译者注

尼基弗鲁斯惊醒过来，但他一抬起头，刺客中一个叫作利奥·巴朗特斯（Leo Balantes）的人就举剑劈头砍了过来。尼基弗鲁斯喊道："圣母啊，救救我！"大量的鲜血已经从伤口中喷涌出来了；而约翰此时则坐在皇帝的床榻上，他命令手下的人把尼基弗鲁斯拖到自己面前；尼基弗鲁斯跪在要杀害自己的凶手面前，他已经没有站起来的力气了。这时，约翰说："说吧，你这个盲目而善妒的暴君，你难道不是靠我才夺得皇位和统治权的吗？你为什么要怀着仇恨、嫉妒，不知感恩地夺走我的兵权？又为什么逼迫我与农民一起在乡村中度日，如同一个懦弱的难民；我难道比不上你吗？现在你落到我的手中，没人能够救得了你。你还有什么要为自己辩解的就说吧。"尼基弗鲁斯无话可说，他此生的最后一句话就是向圣母的祈祷。约翰讥讽而残暴地拔掉了他的胡子，刺客们用剑柄劈头盖脸地殴打他。他们这样折磨着将死的皇帝，直到约翰一脚踩在他的胸口，一个人用力击向尼基弗鲁斯的头颅，而另一个人则将剑扎进他的胸口，将他送上了西天。约翰立即换上了象征皇权的红色鞋子，来到宫殿华丽的厅堂中，坐上皇座，将帝国财产占为己有。这时，皇帝的贴身侍卫才回到宫殿，尝试着打开紧锁的宫门。人们抬起尸体的头，展示给侍卫看；侍卫们随即放弃了他们原本的打算，转而拥立约翰为王。统治者的仆从们穿梭在大街小巷，赶在天亮之前宣告尼基弗鲁斯的死讯，以及现在约翰与罗曼努斯的儿子们分享皇权的消息。一道圣旨紧跟其后，使得人们都不敢冒死在城中发起暴动，就这样，人们没有像往常那样，而是眼睁睁地目睹着帝皇的更替。12月11日早晨，统治权已经成了约翰的囊中之物，尼基弗鲁斯的亲戚以及最富有的那些追随者被从国家高层的行列中排除出去，新任统治者的同谋和朋党取代了他们的位置，而君士坦丁堡的宗主教波利乌克图斯（Polyeuktos）也很快举行了典礼，在索菲大教堂中为这个谋杀犯戴上了冠冕。但他这样做是有条件的，就是要撤销尼基弗鲁斯那些对教会不利的政令，将狄奥法诺赶出宫廷，并对刺杀尼基弗鲁斯的人进行调查。很快，约翰就以他的方式兑现了这些承诺，政令被撤销了，狄奥法诺被流放到了普隆特岛（Prote），刺杀的全部罪过都推到第一个动刀的利奥·巴朗特斯一个人身上。

　　如果约翰不是通过这样不耻的罪行夺取皇位，那他身上所具有的天赋可以为皇帝的头衔锦上添花。人们从他的相貌上就能看出他并非泛泛之辈。虽然并不高大，他的灵活和力量却令人惊叹。他是当时最优秀的骑士和射手，他用标枪投射之精准无人能及。他的形象使他甚得人心。蓝色的眼睛友好而充满活力，金色的头发，浓密的胡子，白皙的皮肤，鼻子弯成好看的弧度——他同时代的人就是这样形容他的。在他的身边没有人会感到自己受了排挤，没有人会从他那里失望而归，因为他的慷慨甚至达到了夸张的程度。人们赞扬他的善意、温和以及公正。除此之外，通过在叙利亚的战功他已经作为战将获得了极大的声名，而且，事实很快就证明，他治理国家谨慎而耐心，完全没有尼基弗鲁斯的固执，不会像尼基弗鲁斯那样将正值胜利巅峰的国家引到深渊的边缘。虽然有这样多的美德，约翰性格中的缺陷也是显而易见的：美酒佳肴是他的癖好，享乐与挥霍是他无法放弃的。

虽然尼基弗鲁斯完成了伟大的英雄事迹，但约翰接管朝政时，国家的情况还是十分危急。叙利亚的战争还没有结束，俄罗斯人斯维亚托斯拉夫就将整个保加利亚都占为了己有，在北方对君士坦丁堡构成了极大的威胁；他们与奥托刀兵相向，而通过刺杀夺取的皇位迟早会因为内部的暴动受到威胁，更何况，经受了3年饥荒的民众情绪很不稳定，稍有不慎就会引发暴动。为了从这一困窘的境地中解放出来，约翰向斯维亚托斯拉夫派去了求和的使者，提出进行一次会晤，但使者却得到了傲慢的回应，说派人前去是完全没有必要的，斯维亚托斯拉夫会亲自现身君士坦丁堡城门前。约翰的主要注意力都集中在对付俄罗斯沙皇上，异常努力地为这场决定性的战斗做准备。但叙利亚的战争不能因此而中断，因为这关乎着帝国的骄傲和名誉；而且约翰自己的声名也是在这场战争中建立起来的。谁还会在意，约翰是不是会向奥托投降呢，至少在这场战役中，民众们的注意力很少，甚至是完全没有关注这一点。

现在，奥托如果带着他的要求出现，他就能够达成他向往的目标了。因此，在970年春季，我们看到奥托又带兵来到了下意大利。5月末，他来到一再受到侵略的卡普阿地区，向那不勒斯发起进攻。潘杜尔夫遭到囚禁，而在这里，他的妻子阿洛娅拉（Aloara）带着他们的儿子贝内文托王侯兰杜尔夫来到了奥托面前。两人恳请奥托将潘杜尔夫从希腊人的禁锢中解救出来，使他重新回到故土。随后，奥托再次向阿普利亚进发，第二次包围博维诺，并用大火洗礼了博维诺的郊区。此时，齐米斯基斯也考虑着要与这个顽固的敌人和解，便提前将潘杜尔夫释放了，因为潘杜尔夫似乎是与奥托进行和谈的最佳人选。齐米斯基斯提出将狄奥法诺嫁给年轻的奥托皇帝，但同时要求德意志军队从阿普利亚及其他希腊人在意大利的领地撤军。直到8月，奥托的大军都一直在阿普利亚大区内行军。月初的几天，他的军队驻扎在距离韦诺萨（Venosa）不远的班齐（Banzi）城；到达巴里的潘杜尔夫不久后就以和平使者的身份来到了奥托面前。如今，奥托认为儿子与皇帝女儿联姻的条件成熟了，同意了齐米斯基斯提出的协议，很快便离开了阿普利亚，将军队撤到了斯波莱托边区。9月，在潘杜尔夫的见证下，他在那里举行了一场地方议会。

这是老皇帝主持的最后一场战事。这场持续多年的战争使南部意大利损失惨重，现在终于平息下来了，虽然奥托没有在这场战争中占领新的疆土，但是，儿子与希腊公主的订婚在一方面确保了国家对罗马及其他属地的占有，另一方面也赢得了拜占庭对他皇帝地位的承认。而潘杜尔夫在他身边的地位也直到这时才稳固下来。带着这些成果，奥托欣喜地按照习惯回到罗马欢度圣诞，之后又在拉韦纳庆祝了复活节。在那里，几乎所有意大利的主教、王侯、伯爵和领地主都围绕在他的身边，而最重要的国家事务也得到了解决。随后，971年，奥托派遣科隆大主教格罗前往君士坦丁堡。格罗是萨克森人，边疆伯爵提特玛尔的兄弟，他率领着一支庞大的队伍踏上了前往君士坦丁堡的旅途，队伍中包括两名主教、多位公爵和伯爵，他们的任务是要将皇帝的新娘郑重地迎接回来。这支使节队伍受到了最为隆重的接待和慷慨的馈赠，其规模仅次于将圣潘达雷昂（St. Pantaleon）的尸身送往科隆。

972年年初，倾倒众人的皇帝之女狄奥法诺在一支荣耀无比的随从队伍陪同下来到了阿普利亚海岸，踏上了前往贝内文托的旅途，另一支使节队伍在那里等待着她，而带领着第二支迎亲队伍的是皇室的亲属——智慧的梅斯主教迪特里希。迪特里希将狄奥法诺带到了罗马，4月14日，期待已久的老皇帝和狄奥法诺未来的丈夫在这里隆重地接待了这位未来的皇后。狄奥法诺随即在圣彼得大教堂接受了教皇的加冕，她与年轻皇帝的婚姻也受到了教皇的祝福，第三日两人同房。极尽奢华的婚礼在众人的欢呼中举行了，几乎所有的德意志王侯都翻越阿尔卑斯山来参与这一难得一见的庆典。所有的目光都汇聚到了年轻的皇后身上，虽然她几乎还是个孩子，却很快赢得了异族民众的尊重。因为她不仅秀外慧中，而且善解人意又善于言辞；在这个年轻女性柔弱的躯体之中蕴含着强大的精神力量。在教皇为两人的婚姻祝福那天，年轻的皇帝就在他父亲的许可下给予了他的妻子一份珍贵的晨礼——那是意大利的整个伊斯特拉大区以及佩斯卡拉（Pescara）伯爵领地，德意志的瓦尔赫伦（Walchern）和维希尔恩（Wicheln）省，连同尼韦尔（Nivelle）修道院丰厚的资产，莱茵河畔博帕尔德（Boppard）、瓦尔河畔蒂尔（Tiel）、威斯特法伦的黑尔福德、基弗豪泽的蒂勒达（Tilleda）和诺德豪森的王室宫廷，这与当年奥托二世的祖母玛蒂尔德从亨利一世国王那里获得的晨礼是一样的。证明这一馈赠的文书用金色字母撰写在紫色羊皮纸上，这份华丽的证明文书保存至今，成为罗马这一喜庆日子的永恒见证。

皇室家庭一直在罗马停留到5月初，潘杜尔夫也一直伴随在他们左右。随后，皇室宫廷来到拉韦纳，并从这里出发前往伦巴底。7月的最后几天，皇帝是在米兰度过的，接着，他们启程前往帕维亚。他们在帕维亚一直停留到8月1日，随后，他又带着手下的人马翻越阿尔卑斯山脉踏上返程。在离开了近6年之后，家乡的人民迫切地向往着再次见到皇帝，而在此期间，这里也经历了不少的改变，与他离开之时不尽相同了。皇帝期待重新见到的人中，有一些已经离开了人世——其中就有奥托最爱的母亲和他的儿子威尔汉姆。对于威尔汉姆，皇帝不仅将他提拔到德意志教会的最高主教座席，更是将自己缺席期间的国家事务交给了他。母亲和儿子的离世提醒了奥托，他自己也时日不多了，而他也想要在家乡的土地上结束自己的生命。

这6年之中虽然经历了几多争斗、几多思虑和劳苦，但皇帝自己也无法隐瞒，他此行的目标只有一部分得以达成，而他获得的战果更多是历史发展的结果，而不是依靠荣耀的胜利。而他的精力似乎也到了极限，不再如以往那样灵活了。意大利还未统一，西西里仍在阿拉伯人手中；就连对拉加尔代弗雷纳贼巢的进攻也被皇帝放弃了，直到3年后，普罗旺斯和多菲纳的居民们才在威尔汉姆伯爵的领导下将之摧毁，结束了它八十余年来给基督教世界带来的损伤和骂名。

但无论如何，奥托此行还是在意大利建立起了鲜活且充满希望的皇权统治，将卡普阿和贝内文托与之联系起来，并使得君士坦丁堡方面承认了这一政权。对伊斯兰教的狂热崇拜在法蒂玛王朝重新掀起高潮，东帝国的势力在沉睡已久之后也重新崛起。与此同时，西方世界也在皇帝的带领下，重新整装待发，誓要尽一切代价保住受到各方争夺的、富饶的意大利。

8. 奥托大帝执政末期

972年，奥托大帝回到德意志时，他看到这里的局势一派祥和。甚至是远方的国家也对皇帝的名号及奥托的权威极其崇敬，没有一个敌人胆敢侵犯帝国边境，也没有任何毁灭性的内部争斗在皇帝离开的这6年里爆发。仅在萨克森边区的边界附近发生过短暂的冲突，但在皇帝重新回到德意志土地上之时，这些冲突中的大部分都已经被平息了。

再次在这里燃起战火的是维希曼。奥托才刚刚离开萨克森，这个永不安分的男人就卷土重来。他先是鼓动瓦格里王侯塞利布尔（Selibur）攻打赫尔曼公爵；当这一行动失败之后，他随即投入了与皇帝的邑臣及朋友，也就是波兰公爵米奇斯瓦夫的战斗之中。现在，由于格罗公爵已经离世，不能再在阿尔卑斯山的另一边协助皇帝，对维希曼来说，斗争的走向可能会对他更有利，而雷达里尔人受到他们曾经的将领引诱，重新与维希曼结盟。米奇斯瓦夫获得波西米亚公爵的支援，幸运地击败了他的敌人。他成功地将维希曼和文登人引入了自己的埋伏，使他们不得不在劣势中迎战。维希曼看到他的军队战败了，想要跨上马离开他们，但文登人将他团团围住，逼迫他留在原地，与他们一同徒步作战。他拿出勇气，一整天都在奋力杀敌，直到夜色降临才逃了出去。饥饿使他筋疲力尽，长时间的作战以及遥远的路途也让他疲惫不堪，于是，第二天早晨，他带着几个侍从来到了农人的谷仓中。多名波兰将领在这里遇到了他。他们问他是谁，并很快发现他就是维希曼。他们要求他放下武器，向他保证会留着他的性命将他交给他的君主，并劝说他不要反抗。但是，就算在这样窘困的情况之下，维希曼依然惦念着从前的地位与权力，不愿作为一个高贵的萨克森人在波兰王侯的仆臣面前缴械投降。他要求他们向米奇斯瓦夫报告，他只愿意向王侯本人投降。而当波兰将领们前去禀告之时，一大批低层民众纷纷闯入谷仓，袭击维希曼。精疲力竭的维希曼再次振作起来自卫，用剑击倒了好几个人；但最终他的力气完全耗尽了，他将自己的武器交给了人群中看起来地位最高的人，并说道："拿着这把剑，将它交给你的主人吧，他会将之视为胜利的标志。将得胜的消息也告诉他的朋友，也就是皇帝，他会为敌人的陨落而欣喜，同时也为朋友的死亡而痛哭。"随后，他用自己最后一丝力气面向东方，用他的母语即德语大声祷告，将他被苦闷和伤痛侵蚀的灵魂交给悲悯的造物主。967年9月22日，维希曼的一生就这样结束了，这样一个固执己见、桀骜不驯的男人只有在一意孤行中才觉得自由。在他眼中，除了自己的意志和热情没有别的法律能够限制他，他就是这样盲目地奔向了自己的终结。他的这种天性对位高权重的他来说是致命的，我们在日耳曼民族古老的历史中也常常能见到这样的例子。维杜金德几乎是唯一一个为我们留下有关维希曼的信息的人，他说："维希曼的结局也正是所有胆敢反抗皇帝之人的结局。"

维希曼的剑和装备被送往意大利，交到了皇帝手上。当他得知雷达里尔人又一次攻打他的朋友米奇斯瓦夫，他的怒火又燃烧起来，他向萨克森的王侯们写道："我们听说，雷达里尔人被你们彻底打败了，但我们不愿与他们和解，因为你们知道，他们多少次背信弃义，让我们遭受了多少困难。你们去与赫尔曼公爵商议一下，找出对策，将这个民族彻底铲除并以此终结不安的局势。如果需要的话，我们就亲自去往你们那里，与他们在战场上一较高下。"皇帝的御书是这样写的，但在这封信抵达萨克森之前，王侯们就已经和雷达里尔人达成了和解，并认为应当遵守这一协议。萨克森的局势也并非全然不受威胁。当时及其后的很长一段时间，赫尔曼公爵都提心吊胆地防备着丹麦人的进攻，而文登人的心思也总是那么难以捉摸。后来证明，这些担忧都是没有必要的；而那些在暗中传播的流言蜚语，说皇帝不再信任萨克森，说萨克森人正策划着暴动起义，也很快被证实完全是空穴来风。此后，只在文登边区又发生了一次战斗。边疆伯爵霍多向皇帝的朋友米奇斯瓦夫公爵发起进攻，我们不知道是出于什么原因，但他们之间的冲突在972年的施洗者约翰节（Johannistag）升级成为一场血腥的战役，在这场战役中，德意志人遭受了惨重的损失。当时，皇帝刚刚跨越阿尔卑斯山，他听说了这场战事十分愤怒，对霍多十分失望，命令他停止作战；说他来到萨克森时，就要对霍多就此事进行审问。

8月中旬，皇帝取道莱茵河河谷从阿尔卑斯上向下而行，来打了博登湖周围秀美富饶的区域，他拜访了圣加伦、赖兴瑙和康斯特尼茨（Kostnitz）[1]。随后，他沿莱茵河向下来到了因格尔海姆，他按照教皇的意愿在那里召开了一场宗教代表议会。除了汉堡的阿达尔达格，所有的德意志大主教都出席了会议，同时也有许多主教和修道院院长现身会场。除此之外，大批的世俗王侯和领地主也都来到了因格尔海姆。毫无疑问，他们在这里对教会及国家的重要事务进行了商讨，而这也是很长一段时间以来，皇帝首次重新将德意志王国的权贵聚集到自己的身边。然而，我们没有得到有关这次集会的记录，只有会议上做出的几个决定留下了蛛丝马迹。

接下来的这个冬天，皇帝在他遍布莱茵河畔法兰克地区以及阿尔萨斯的城堡和王室领地中度过的，大多数时候他都在法兰克福，包括圣诞节也是在那里庆祝的。这个地区一定能在他心中唤起许多痛苦但珍贵的回忆，让他想起那些在如鲜花盛开般的年纪先他一步离开人世的孩子。

他来到美因茨的圣阿尔班教堂，看到女儿路特嘉德的墓碑上挂着银色的蛛网，这座墓碑是对女儿意味深长的纪念，这位勤勉的公主有着强大的意志却不得不遭受凄惨暗淡的命运。而她的身边就安息着她不幸的兄长利奥多夫。现在，在这同一座教堂中，奥托还能看到他长子的墓碑，他是他初恋的结晶，自小就被指定进入神职阶级，并很快就登上了德意志最高主教之位。大主教威尔汉姆安息在此，他英年早逝——尚未满40岁的他也正值权力的巅峰，都被突如其来的死亡拉进了墓穴。儿子威尔汉姆的离世与皇帝母亲辞世的时间十分接近。

威尔汉姆得知他的祖母玛蒂尔德在奎德林堡重病在床，听说她的大限之

① 康斯坦茨的古称。——译者注

日就要到来了，他便踏上旅途，要为祖母送去最后的慰藉。玛蒂尔德见到孙子十分欣慰，她向他忏悔自己的罪孽，接受了赦免，让他为自己涂油并授予圣餐。威尔汉姆在奎德林堡停留了三日，因为他相信，死亡随时都会降临；但由于死亡的钟声迟迟没有敲响，他来到祖母身边，向祖母告别。祖孙两人说了许久的话，做了最后的告别。威尔汉姆要出发时，玛蒂尔德唤来了自己忠诚的仆从莉希伯格（Richburg）。她受到玛蒂尔德的任命在诺德豪森新建的修道院担任院长。玛蒂尔德召她来到身边，并问她，有没有什么东西是她能够给予孙子留下纪念的。莉希伯格说："什么都没有了，您把所有的一切都给了穷苦的人们。""我命人留下下葬时用的那床盖毯呢？"玛蒂尔德回应道，"命人取来，我要将它给我的孙儿在路上用，这是我对他爱的象征，他还有劳累的旅途要走，比我更需要它。谁又知道，明天会发生什么呢？如果我死了，也就死了，就像人们说的：'婚服和丧服最是相像。'"于是，莉希伯格将盖毯拿来了，年迈的太后将它赠给了威尔汉姆，而威尔汉姆再次祝福了祖母，随后辞别她上路了。他离开宫殿时，转向周围立着的众人说："我从这里出发前往拉杜尔夫斯罗德（Radulfsrode），会从那里派一名神职人员回到这里，如果太后很快去世了，那人就会赶来告诉我，我会折返回来，郑重地为太后举行葬礼。"然而年迈的太后也听到了这番话，她抬起头说道："你没有必要将信使留在这里，你在旅途中会更需要他的。以基督的名义，向着使命呼唤你的方向上路吧。"就这样，威尔汉姆离开了奎德林堡，前往拉杜尔夫斯罗德，那是距离奎德林堡不远、哈尔茨山区中的一个地方。很快，他在这里感到身体不适，服用了一种药物也丝毫没有减轻症状。968年3月2日，所有的力量突然从他体内消失了，威尔汉姆就这样毫无预兆地离开了人世。年迈太后的话语如同预言，而她自己则毫不知情。随即，信使带着这一噩耗赶往奎德林堡，人们都犹豫着该不该将这个消息告诉濒死的太后。但当她看到身边的人们惊异的表情，看到他们的窃窃私语，她对发生的事情已经了然于心。她说："你们为什么想要隐瞒我呢？大主教威尔汉姆死了。敲响丧钟，将穷人召集起来，分发布施吧，这样他们就会为他的灵魂向上帝祈祷。"玛蒂尔德又比她孙儿多活了12天，随后她迎来了救赎的时刻。她生命结束的时候是个星期六，那一天的9时，若是在往常，她总是在这个时候将穷人们召集起来给予他们帮助，因为星期六也是亨利一世国王去世的日子，玛蒂尔德用这样的方式来纪念自己的丈夫。她才刚刚合上眼，女儿吉尔贝歌王后的礼物就送到了，那是一条华丽的盖毯，上面用金线绣着图案，而这就成了她的裹尸布。按照她一直以来的愿望，她的尸首被安葬在奎德林堡教堂她丈夫亨利国王的旁边。去世时她已年近八十，她在度过了漫长而丰富的一生之后得以善终。

在之后的许多个世纪，玛蒂尔德的名字依旧在她所建立的无数修道院中受到崇敬和传颂，而这也是她应得的，因为世俗中获得名望和高位的人，很少像这位杰出的女性这样真诚而正直地侍奉着主。她为萨克森人民所树立的榜样，她孜孜不倦的事迹对他们的开化以及对基督教信仰的觉醒都有着不可言喻的重要作用。她选择奎德林堡、珀尔德、诺德豪森和英格尔恩建立起修道会，不是因为这些地方清静，也不是为了不必要的虚荣，更多是为了在这样一个动荡的时代，在一个满是粗暴欲望的时代，为修道会周围的城堡和王室领地树立起神圣的基督教式生与死；在这里，无辜的受害者能够找到庇护，陷入困境者能够得到援助，迷惘的心灵能够获得信仰的慰藉；除此之外，这些修道院还要将更高的精神修养传播到整个萨克森，而且这种来自神圣源流的修养同时也有着宗教的庄严。玛蒂尔德是如何在这些修道院和学校（它们是合二为一的）中发挥作用的，她已经为众人做出了榜样。她从祈祷中汲取生活和行动的力量，即使是在生命的最后几年，她都是在天还没亮时就离开卧榻，来到教堂中进行祈祷，人们每天都可以看到她虔诚地出席神事仪式；但除此之外她对工作和大型的庆典活动从心底感到厌恶。无论她身处何处，在家中或是在旅途中，她总是找到穷苦的人们去帮助他们，给那些漫游者以支持，亲自来到病人的床榻前，亲自向她的男仆女佣传授有用的知识，在当时那个鲜少有人识字的年代让他们学会阅读；同时她殚精竭虑地为修道会维持和需求而操劳；但即使这样，她的所有这些功绩相对她博大的爱来说还只是一部分，如果她不能每天亲手完成些什么，她就不能感到满足。

在玛蒂尔德的所有美德之中，最伟大的就是她的恭谦；只要是她能够帮得上忙的地方，她就不会嫌弃工作太苦太累；但即使是干着最低贱的工作，人们也无法否认她与生俱来的高贵与尊荣。维杜金德化用《圣经》中的句子（《约伯记》第29章第25节）[1]来形容她："她像女王来到民众中，又像个安慰悲伤的人。"整个世界都怀着敬畏和赞许注视着她——她是亨利一世国王的妻子，同时也是奥托大帝、英勇的亨利以及智慧神圣布鲁诺的母亲；时至如今，德意志人仍能带着喜悦与骄傲提起她的名字，因为与她最为相关的那些往事都是德意志历史中最美好而荣耀的回忆。

母亲和儿子的死讯很快就传到了身处意大利的奥托那里，这个沉痛的消息在他的心中激起了巨大的波澜，他恨不得立即赶回家乡，但江山社稷之忧捆住了他的手脚，使他不得不留在阿尔卑斯山另一边。唯一能够给他慰藉的是，适当的时机出现了，将马格德堡升格成为针对斯拉夫人的大主教管区，这一萦绕他心头许久的念想终于有机会实现了，而他一刻也不犹豫，抓住了这个机会。长久以来反对这一计划的威尔汉姆不在了，而在此之前不久，这一计划的另一反对者，哈伯施塔特主教贝尔哈德也辞世了。现在，奥托首先要考虑的就是，用支持马格德堡事宜的人选来填补空缺出来的两个主教座席。在哈伯施塔特接任贝尔哈德的是深受皇帝青睐的希尔德瓦德（Hildeward），由于希尔德瓦德的父亲埃利希（Erich）曾参加了刺杀奥托的叛乱行动，儿子就更加努力地想要弥补父亲的过错。而在皇帝的明确要求下，福尔达修道院院长哈托被推选担任美因茨大主教，哈托在早前就为马格德堡主教管区的设立出过力。不久后，皇帝命两人前往拉韦纳，让他们先给出担保，不会在新大主教管区的建立过程中设置任何障碍，才将主教权杖交给了他们。在一场宗教代表议会上公开宣布了他们的就职，而皇帝设立大主教管区的迫切要求也随即在同一场会议上通过了。人们很快开始着手实施这个项目。勃兰登堡、哈弗尔贝格和迈森的主教管区都划归新的大主教教会管辖，另有两个新建的主教管区，也就是负责管辖萨勒河与易北河之间区域的蔡茨和梅泽堡主教管区，也下属于马格德堡。之后，又有一个新修道会，即为波兰人而设立的波兹南（Posen）主教座席。这样一来，皇帝心心念念二十载的愿望终于达成了，斯拉夫人皈依基督教的事业也终于有了

---

① 原句在《圣经》新译本译为"我为他们选择道路，又坐首位；我像君王住在军中，又像个安慰悲伤的人"。这句话是约伯在叙述自己往昔的情景。——译者注

一个中心机构；现在的问题就是，该将新的修道会托付到谁的手中。皇帝选择了他曾经派往俄罗斯女沙皇那里的阿达尔贝特。他通晓斯拉夫语言，当时还是施派尔高（Speier-Gau）魏森堡（Weißenburg）修道院院长。现在，奥托将他派往了罗马。968年10月18日，阿达尔贝特从教皇手中领受了大主教披带并接受了祝圣。同时，阿达尔贝特还被授予了极大的特权，他与美因茨、特里尔和科隆的大主教拥有同样的权力，而且可以按照皇帝的意志全权处理和调整位于萨勒河与易北河对岸斯拉夫人土地上的下属主教管区。随后，阿达尔贝特回到了德意志，皇帝御书萨克森的主教和伯爵们，在信函中他号令他们郑重地欢迎马格德堡大主教以及迈森、梅泽堡及蔡茨主教的就职，他又特别警告边疆伯爵维格贝特、威格尔和君特不要为难新任的主教们。一切都按照皇帝意愿进行着。988年圣诞节，阿达尔贝特在盛大的庆典上就职成为马格德堡大主教，同一天，他为梅泽堡主教博索、迈森主教布克哈德及蔡茨主教于格祝圣。原本给圣莫里茨教会的丰厚馈赠和特权现在都转移到了大主教手中，由他建立了一个大教堂基金会；教堂在此之前一直属于本笃会的僧侣，现在僧侣和他们的修道会不得不离开这里，搬迁到早先就建成的圣约翰修道院中，位于离城市不远的丘陵上。他们怀着沉重的心情告别了王后伊迪萨的陵墓，她曾是他们的资助人。在此后的很长一段时间中，他们每年还会在她的忌日赤足来到大教堂中举行盛大的弥撒。之后，圣约翰修道院所在的地方被习惯性地称为修道院山，它一直屹立至今，自宗教改革以来就作为教养学校发挥了许多积极的作用。

973年春，自大主教管区建立已经过去了四年有余，如今，皇帝亲自来到马格德堡，想看看新建的修道院基金会。3月16日，他在大教堂中第一任妻子的墓边，在异乎寻常庄严而动情的气氛中度过了复活节前的星期日；第二天，他将大批地产、书籍和珍贵的器具馈赠给教会，并在民众面前将证明这笔赠礼的文书交到了大主教手中。随后，他赶往奎德林堡，来到母亲的墓前；但他也只是在墓碑间走了走。之后的星期三，他重新与阿德莱德、奥托和狄奥法诺团聚在一起，在那里度过了复活节。

王侯、伯爵和主教们不论远近，都从四面八方来到了奎德林堡。此后，奎德林堡的城墙内可能再也没有举行过如此盛大的集会。在众多的王侯之中，两位皇帝及他们的妻子是最为耀眼的，在他们身边的则是成了修道院院长的玛蒂尔德公主，以及萨克森公爵赫尔曼·彼林，按照当时的习俗，赫尔曼为皇帝带来了赠礼。

复活节庆典庄严而隆重。按照皇帝的惯例，在这些重要的教会节日上，游行队伍抬着十字架、提炉、旗帜和圣髑，所有到场的神职人员陪同着皇帝来到教堂参加神事活动，他虽然并不发表演讲，却时刻受人瞩目。随后，提着灯火的侍从走在前面，皇帝在主教、公爵和伯爵们的簇拥下回到了王室领地。当时，皇帝也是这样在奎德林堡的圣瑟法斯教堂（Servatiuskirche），在他父母的陵墓边庆祝复活节的。

庆典过后，人们按照惯例对国家和教会的事宜进行商讨，尤其是萨克森及周围边区的一切事务会受到再三考量。皇帝现身奎德林堡打消了所有人对萨克森和平局势的担忧。米奇斯瓦夫也出现在奥托面前，在皇帝的裁判下，他与边疆伯爵霍多达成了协议；自从这位波兰王侯开始资助马格德堡下属的波兹南主教管区之后，他越发得到皇帝的青睐了。对年轻勇敢的波西米亚公爵波列斯拉夫二世，奥托也是青眼有加，967年时他还跟随着自己的父亲，而现在，他第一次将贡品和献礼呈送给他的皇帝邑主。由于丹麦国王哈拉尔德也将使者派到了奎德林堡，作为屈服的标志，使者为皇帝献上了规定的贡金。这样一来，众人对丹麦战争爆发的担忧也消失了。

奥托皇帝和手下王侯们的思绪已经超出了萨克森的界限。不仅有来自罗马和贝内文托、君士坦丁堡的使者，还有俄罗斯人和保加利亚人的使节纷纷现身奎德林堡。在寰宇之间发生的事件都会反映到王侯们的谈话之中，受到商议和考量。甚至连匈牙利人、德意志人和皇帝的宿敌，也派来12名贵族男子，带着厚礼来见奥托；而在同时，基督教也第一次进入了这个民族的生活之中。当时，奥托曾将一名叫做布鲁诺的主教作为基督教福音的使者派到了匈牙利国王盖萨（Gejza）身边。救世主基督的教义就这样同时在波兰、波西米亚和匈牙利传播开来，一道接一道的光束洒下来，照亮了此前一直笼罩在暗夜之中的山谷。奥托的胜利为基督教在各地的胜利铺平了道路。

在奎德林堡举行的这一庆典无疑是华美而怡人的，老皇帝举行这样一场庆典可能多少出于对自己所获成果的自豪之情，想要回顾自己功绩卓然的一生，为自己在神的助佑下所赢得的一切而欣喜。包围着他的不是暗淡的光芒、虚浮的奢华和空虚的表象，在这个闪耀的日子里更包含着深刻的意义和真实的力量。然而这个荣耀的日子却因为一个突如其来的噩耗暗淡下来，并深深触动了皇帝的内心。

3月27日，来自彼林家族的赫尔曼公爵在奎德林堡去世了。所有人都为失去这样一个杰出的人而扼腕叹息，他那睿智、英勇而正直的王侯形象在所有民众的心中留存了许久。他在世的时候，不仅严密地守护着州内的和平，还保护着萨克森不受外敌的侵略。但即使这样，他还是被费尔登主教布鲁诺革除了教籍。其实，布鲁诺与赫尔曼是近亲，但赫尔曼去世之后，布鲁诺仍不愿撤销这一处罚。之后，赫尔曼的尸首被安放在了由他在吕讷堡（Lüneburg）建立的圣米迦勒修道院（Michaeliskloster）。萨克森的公爵领地则交给了赫尔曼的儿子贝尔哈德。

没有人比皇帝更为萨克森公爵的离世痛心。在那一代陪伴奥托成长起来的杰出将领之中，赫尔曼是活着的最后一个——这一群人战斗中殚精竭虑，几乎没有一个活到高龄。最后一位早年的同伴也去世之后，皇帝感到自己的时日也不多了。4月1日，盛大的节日集会开幕了，皇帝随后访问了萨克森的多座城堡和王室领地。5日，他带着悲伤而沉重的心情离开了奎德林堡。4月9日，他来到了瓦尔贝克（Walbeck）。5月1日，耶稣升天节渐渐临近，他出发前往梅泽堡。他心满意足地看到，他的愿望在这里也得以实现，献祭给圣劳伦斯的主教坐席顺利地建立起来了。他精心地管理着相关机构，他看到哪里尚有缺陷，就提供资源补齐。在这里，人们也在节日时聚集在他身边，集会还迎来了一支非洲萨拉森王侯派来的使节队伍，他们带来了贵重的礼物，向皇帝表达了极大的敬意，这也为这次集会赋予了别样的光彩。奥托还在这里最后一次见到了弟弟的遗孀尤迪特，当时的她在德意志南部有着极大的影响力。但即使有这么多人在身边相伴，皇帝仍难展笑颜。维杜金德形容道："他沉闷地踱着步子，赫尔曼公爵的离世还使他的心久久不能平静。"

就这样，圣灵降临节前的星期二，5月6日，奥托来到了梅姆勒本，他伟大的父亲就是在这片王室领地上突然去世的。在神的特别安排之下，奥托也将在这里结束他的一生。他感到自己十分虚弱，但第二天还是按照习惯在黎明时分起身前往礼拜堂，聆听晨间礼拜。随后，他休息一下，再次前往礼拜堂参加弥撒，弥撒结束后他向穷人分发布施。接着，又回到床上稍作歇息。他像往常一样来到餐桌前，看起来心情轻松而愉快。但当他按照习惯再次来到礼拜堂参加晚祷时，他发起烧来，无力地晕倒了。周围的王侯将他扶到了他的座椅上，他的头低垂着，仿佛生命已经离开了这具躯体。但他再一次恢复了意识，在他的要求之下，他接受了圣餐，随后在神职人员的颂歌声中，不带一丝叹息，而是完全安详地将自己的灵魂交给了慈悲的造物主。

遗体被送回了皇帝的卧房内，虽然天色已晚，这个噩耗还是庄重地公布了出去。人民不倦地赞颂着这位伟大国王的光荣事迹，从他接过父亲的政权，将王国从敌人的魔爪中解放出来，平息了内战，击败了狂妄的匈牙利人，多次战胜了丹麦人和斯拉夫人，与希腊人开战，使罗马和意大利的大部分地区都臣服在自己脚下，摧毁了异教徒们摆放着偶像的寺庙，并在那里建立起基督教教堂，向远方派遣福音使者。早晨来临时，所有人都赶到了新统治者奥托二世的身边，虽然他早就接受涂油和加冕礼成了国王和皇帝，但现在人们再一次重新对他宣誓效忠。所有拥有皇帝邑产和在梅姆勒本停留的人都马上向他许下邑臣誓言，承诺在他所有的敌人和反对者面前支持他。

奥托的内脏被埋葬在梅姆勒本的圣玛利亚教堂，而他的遗体则经过防腐处理被运往了马格德堡的圣莫里茨教堂中，安葬在大理石棺中、伊迪萨的身边。所有这些隆重的仪式都是于6月初在皇室家庭及许多王侯的见证下举行的、科隆大主教格罗和马格德堡大主教阿达尔贝特在无数神职人员的簇拥下，完成了最后的教会事务。石棺上用拉丁语铭刻了如下文字：

> 他曾为王，基督与故乡以他为傲，
> 沉睡于大理石之下；世界也为之痛惜。

奥托留下了他的遗孀阿德莱德以及他们的两个孩子奥托二世皇帝和奎德林堡

修道院院长玛蒂尔德；伊迪萨及她所生一双儿女利奥多夫和路特嘉德都先于奥托离开了人世；同样的还有威尔汉姆，奥托初恋的结晶。他的弟弟们也没有一个活得比他这个长兄长久的，但奥托也并没有活到高龄。他去世时已经度过了人生的第六十一个年头，作为国王执政37年，掌握皇权也已经12年了。

他的辞世对整个世界来说都是件大事，因为与他同时代的人们已经认可了这个男人的重要地位，将他称为"大帝"。各地的人们都能感受到这位强大王侯的去世所带来的损失。在他的领导之下，萨克森得到了前所未有的发展，现在整个萨克森都沉浸在深深的哀悼之中。当时，在萨克森境内戈斯拉的矿井中首次发现了贵金属，人们将这看作神所作的特别安排，就连土地也为这位王者送上新的宝藏。他统治的时期很快就被称为萨克森的黄金时代，而老一辈的人们也不知疲倦地向年轻人传颂着黄金时代的辉煌。

皇帝驾崩的噩耗很快传遍了所有德意志市镇乡县。谁曾想到，他仅凭借着一人的气概与智慧就使德意志人成了西方世界首屈一指的民族，就将西方基督教的命运掌握在手中；谁又曾想到，长期蛰伏但从未被击溃的德意志力量到了他这里才重新得以释放和振兴。罗马的皇帝冠冕难道没有在他的头上绽放出夺目的光彩吗！他难道没有坐上名垂青史的法兰克国王查理大帝曾经的皇座吗！罗马在他面前臣服，教皇们对他唯命是从，即使是顽固的拜占庭，在他的要求面前也不得不服软。

不仅仅是他光辉的事迹，他的为人也是令人崇敬和惊叹的，不论是在他生命的最后时光里，还是在他去世之后，都是如此。只要看他一眼，人们就能看出他与生俱来的王者气概，随着岁月的流逝，年龄赋予他新的崇高与尊贵。他的身体强健有力，但同时也不缺少灵活与魅力，甚至到了晚年，他仍是位优秀的猎手和精良的骑士，晒得黝黑的脸上浅色的眼睛熠熠生辉，利落的灰发遮盖着头颅，胡子按照当时萨克森人的习俗蓄得长长的，一直垂到胸前，像雄狮的毛发般浓密。他穿着故土的服饰，而避免异国的华服，而且他只说萨克森方言，虽然他并非完全不懂罗曼语和斯拉夫语。他的生活是在工作与祈祷中，在国家政务和教会仪式中度过的；他夜间睡得很少，他时常睡着觉突然说起话来，接着便醒了。慷慨、慈悲、随和而友好的性格使人们的心都向着他，但说到底人们对他的敬畏更多于对他的热爱；虽然随着年纪增长，他的强硬性格有所软化，但他发起怒来还是让人难以承受；老皇帝十分严格，甚至可以说冷酷，甚至是年轻的皇帝奥托也要向这愤怒的"雄狮"讨饶——他时常这样称呼他的父亲。奥托从少年时就显露出来的那种钢铁般的意志，直到他生命的尽头也没有改变，他始终忠实地追求着，要做出伟大而庄严的事迹，这使得他在晚年时心中依旧充满着少年般的炽热力量。他还是个青年时，人们就赞颂他高贵的品质——对朋友坚若磐石的忠诚、对恶毒敌人无可比拟的勇气，这些品质在他年长时更为他锦上添花。对于他已经原谅的罪行，他便不会旧事重提。他最为重视的就是他作为国王和皇帝的尊严。他认为，自己之所以能够戴上冠冕，唯一要感谢的就是神的特别恩典，而他每次将冠冕戴上之前，都要进行斋戒。有谁胆敢侵犯他的尊严，他就将那人视为违抗天命的罪人。

奥托将马格德堡这座城市的地位提拔在所有其他城市之上，可以说他就是这座城市的奠基者，而这座城市在很久以前就竖起了一座塑像，来表达对奥托的怀念与敬意。后来城中建起了一座华丽的大教堂，而这位伟大帝王的骸骨就安息在高高的圣坛正中，而不远处就是和善的伊迪萨王后的安眠之处；一座简朴的纪念碑标记出德意志最值得铭记的人物沉睡的地方，而这里也是令漫游者流连的地方。因为在这里长眠的，是被当世和后世尊为"大帝"的唯一一位德意志皇帝。

9. 奥托二世皇帝执政初期

伟大的奥托皇帝辞别人世，他的儿子，当时还是个18岁少年的奥托二世接过了这个庞大帝国的政权，而在此前，他的父亲也为此精心地培养、教育着他。奥托二世所接受的教育比一般萨克森的贵族都要多，许多的神职人员都在他少年时为他授业解惑，他聪颖的天资得到了良好的发展，甚至连学术界的大师也愿意在他讲话时洗耳恭听。但同时他成长的环境时刻提醒着他，他拥有无人可及的崇高地位。他还是7岁孩子的时候就成了德意志的国王，戴上了王冠，几年之后，他又在罗马得到了皇帝的冠冕，随后迎娶了君士坦丁堡的皇家公主。他祖父和父亲所获得的伟大胜利和显赫功绩他全都看在眼里，使他的心中始终萦绕着一个想法，那就是他只有取得重大的成功才能不辜负他们，也不辜负自己。

他的帝国以及整个西方世界在他的身上倾注了巨大的期望，实际上他也并不缺乏实现这些期望所需要的卓越品质。虽然他并不高大，却善用武器，也是个英勇的战士；由于他面色极为红润，人们也称他 "红面"皇帝，这也显示出他的活力以及心中鲜活的勇气。他立志高远，不拘小节。他总是迅速行动，不惧危险与困境。赢得人们的青睐对他来说也是易如反掌的事，因为他总是那么开朗乐观，慷慨大方，对于反对者总是倾向于与他们和解，对待爱情与友情坚贞不渝。当然，人们也能看出他性格中的缺陷，但那似乎是少年时的错误直到成熟的年纪才显现出来。错看别人的智慧情况并不少见：他似乎常常很快就做了决定，实际上，他往往太过依从于身边信赖的人，而这些人又大多是对老者的建议不屑一顾的年轻人；他会轻易地改变计划和意图，不顾整体大局的稳固，他缺失了这个帝王最高的美德，却在另一方面对零散的事务顽固执拗，似乎他高于所有法律法规设下的限制。

当时对年轻的皇帝影响最大的是他的母亲，他看上去更多的是按照母亲的意愿而不是自己的意志在执政，而且她在证明文书上也被称为共同执政者。但是渐渐地，青年皇帝的妻子狄奥法诺就赢得了比她更大的权力，对皇帝的影响力也慢慢超越了母亲。皇帝的朋友奥托，也就是不幸的利奥多夫所留下的儿子，与皇帝同龄，自小就作为亲密无间的朋友一起在奥托大帝的宫廷中成长起来，也对皇帝有着一定的影响力。那个美丽的希腊女子，接受过良好的教育，而且有着强悍不输男儿的心性，时间越久，她丈夫的心越是无法从她身上离开，虽然由于她故乡恶劣的风俗，人们不公正地揣摩她，使她从未真正获得德意志民众的爱戴。看到这位来自遥远拜占庭的美丽公主在萨克森宫廷穿上新的华服，享受与故乡不同的生活，人们感到惊讶和惧怕，而不是真心爱戴。

皇位的交替进行得十分顺利。年轻的皇帝刚开始处理朝政时，伟大父亲的形象还鲜活地浮现在眼前，一切事务都在他母亲的影响下进行着，从表面上看起来，奥托二世的政府只是奥托一世政府的延续。按照习俗，新的统治者在国内各地举行盛大的巡游，洛林和法兰克、施瓦本和阿尔萨斯、萨克森和图林根的人们都热情地欢迎他的到来。皇帝在各地都留下丰厚的赏赐，尤其对修道院基金会更是慷慨。他说，这是因为他想要通过他的政府提高教会的地位，并使之富足起来。很快，他就在父亲和祖父去世时所在的地方梅姆勒本建起一所修道院，他将修道院装饰得精美辉煌，并在那里建造起一座华丽的教堂，这间华美教堂的残骸至今仍使漫游者们惊叹不已。

974年年初，年轻的皇帝拿起了武器保卫国土的和平。据说，埃诺的雷基那尔伯爵，也就是吉赛尔贝特公爵的兄弟，扰乱了洛林的和平，但他在大主教布鲁诺面前不得不屈服下来，最后他在被流放到波西米亚的过程中去世了。在此期间，他的两个儿子雷基那尔和兰伯特已经在法兰克王国长大成人。现在，他们在奥托大帝殁去之后，回到了洛林，要用武器争夺遗产。他们也确实在当地站稳了脚跟，占领了艾讷河（Haine）河畔的一座城堡，并以此为据点干着拦路抢劫的营生，直到年轻的皇帝带兵前来讨伐。皇帝夺下并摧毁了他们的城堡。他们两人逃过一劫，又在帝国境内过了一段时间动荡不安的生活，最终回到了法兰克王国。

这些事可以看作最早的预兆，说明奥托二世的政权并不缺少内部冲突。不久之后，国内确实显现出内战的趋势，奥托大帝执政初期的纷争以及它带来的一切恐惧似乎就要再一次向德意志袭来。同年夏天，年轻的皇帝就感到有必要将国内第一大公爵，即他的堂兄巴伐利亚的亨利，严加看管起来。对权力的争夺曾经使亨利一世国王的孩子们刀兵相向，现在它似乎也继承到了孙辈的身上，并再一次威胁着德意志王国的和平。

巴伐利亚当时是德意志公爵领地中最强大的，公爵权力最初拥有的民族意义，在这里得到了最大限度的保留。阿努尔夫公爵就几乎是以国王般的权力统治着这片土地，而他的兄弟贝尔希托德，虽然被剥夺了阿努尔夫原本拥有的宗教权力，但除此之外还是拥有完整的公爵统治权。随后巴伐利亚来到了奥托大帝的兄弟萨克森人亨利的手中，但他对这片土地来说也并非陌生人，因为他的妻子尤迪特是阿努尔夫公爵美丽聪慧的女儿。在哥哥的恩惠下，亨利的地位提高了，而他通过与匈牙利人和意大利人的几场胜仗使巴伐利亚的边境向外扩张了。此后，他不幸英年早逝；他的公爵领地留给了儿子亨利，他当时还是个4岁的孩童。在很长一段时间中，他的母亲都在为这个未成年的孩子摄政。弗赖辛根主教亚伯拉罕在一旁辅助着她，他是个头脑灵活的人，对尤迪特忠心耿耿。尤迪特相信，反抗奥托大帝是无法提高自己族人权利的，而应当对他勤勉侍奉和恭顺。她轻而易举地就获得了皇帝及阿德莱德的信任与青睐。她去世的丈夫就曾受到阿德莱德慷慨的馈赠，现在尤迪特和她的孩子依旧能获得这样的善意。她在巴伐利亚的统治权几乎是不受限制的，施瓦本的老公爵布克哈德二世在利奥多夫下台之后获得了施瓦本的公爵领地，他迎娶了尤迪特的女儿海德薇希，而她在各个方面都没有辜负她的母亲，并且尤迪特通过女儿也能对施瓦本的局势施加一定的影响。随后，她安排自己的儿子亨利与勃艮第国王康拉德的女儿吉瑟拉联姻，她也是阿德莱德的侄女，这使亨利与阿德莱德的家族利益紧密联系起来。很快，德意志南部就似乎全部在这个巴伐利亚家族的掌控之中了；正如尤迪特在巴伐利亚，海德薇希掌控着施瓦本，而年迈的布克哈德则完全顺从他那青春盛年的妻子。在此期间，亨利公爵成年了，成了家族利益强大有力的代言人。

亨利比奥托二世皇帝年长许多，已经育有一个儿子，而奥托虽然结婚多年，却依然膝下无子；亨利在人民中毫不缺乏支持者，他身材魁梧且言辞有力；如果他认为自己与他的君主一样优秀，甚至比他更为优秀，也并不奇怪。除此之外，他心高气傲，有颗不安分的心；为了实践家族的特权，他早晚奔忙，所有对家族的挖苦讽刺，他都觉得是对他本人的严重侮辱，由于他本性就爱与人争辩，人们送他"强辩者"的别名。自从奥托大帝死后，他和他手下的人为了自己的利益可以不择手段。很快，他们就通过诡计和蒙骗，将极其重要且富有的奥格斯堡主教管区交给了伯爵夫人尤迪特的外甥亨利，这显然是对皇室权威的讽刺。要阻止这个家族登上更高的位置，年轻的皇帝就必须尝试着限制他们的权力。

973年年末，老公爵布克哈德去世了，这成了奥托二世最好的机会。布克哈德没有留下子嗣，他年轻的妻子认为自己是理所当然的继承人，期望着将公爵管区交给自己的第二任丈夫。毕竟，类似的事情实际上已经出现过，甚至对意大利的皇权统治在许多人眼中也是基于这样的继承。但奥托对海德薇希自以为拥有的权力毫不在意，他只将她丈夫分布在博登湖的世袭财产留给了她，而将施瓦本的公爵领地交给了自己的挚友利奥多夫的儿子奥托。当初，亨利公爵正是通过对抗利奥多夫和康拉德才在奥托大帝和阿德莱德那里获得了极大的尊荣，利奥多夫的失败对亨利公爵来说是一种胜利；那么现在，利奥多夫儿子受到提拔，就是为了重新将亨利一族打压下去。因此，巴伐利亚和施瓦本这两位年轻的公爵，亨利和奥托之间很快就滋生出最狠毒的敌意，一点也不令人惊讶，这只不过是父亲之间的仇恨在儿子们身上得到了延续。

这样一来，阿努尔夫家族在施瓦本的影响力被打断了，皇帝的行为同时也使亨利公爵成了他近在身边的反对者。当时巴伐利亚的公爵势力已经延伸到了施佩萨尔特（Speßhart）、图林根与波西米亚森林之间的法兰克地区，一位名叫贝尔希托德的伯爵不久前管辖了那里，而他是曾经的名门望族巴本贝格家的后裔，通过他这一家族重新获得了威望与尊荣。年轻的皇帝将这个人笼络在自己身边，同时还将匈牙利人的东边区，也就是现在的奥地利，交给了他的兄弟利奥波德，这一边疆伯爵领地在此之前一直由名叫布克哈德的伯爵管辖，他可能是亨利公爵的亲戚。受到皇帝的特别重用，巴本贝格家的两兄弟毫不掩饰心中的自豪，虽然他们是巴伐利亚公爵的下属，却时常傲慢地对他发号施令。这样一来，亨利看到自己的公爵领地中就存在着敌对者，威胁着他的势力。他想要对提拔这些敌对分子的年轻皇帝实行报复，于是他和主教亚伯拉罕策划了一项反叛行动，而这次行动的目标就是要将奥托二世推下皇位。波西米亚公爵波列斯拉夫——人们说他是位不爱金银爱刀剑的王侯，以及他的内兄波兰的米奇斯瓦夫，都承诺支持他们的行动。诡计多端的主教狡猾地将行动的蛛丝马迹隐藏起来，但就算这样，皇帝不久便知道了他们全部的计划。亨利与亚伯拉罕被送上了审判王侯的法庭；他们出现在法庭上接受了判罚，公爵被押往因格尔海姆，而主教则被遣送到科维，两人都被严加看管起来。对这场反叛行动了然于心的亨利母亲尤迪特也隐居到了雷根斯堡的玛利亚修道院。

皇帝很想立即让背信弃义的波西米亚及波兰王侯付出相应的代价，想要带兵讨伐他们；但这时，他已经看到自己王国的北部边境受到了侵略，他不得不先去对付这些挣脱了德意志枷锁的丹麦人。奥托大帝离世之后，丹麦国王哈拉尔德积极而谨慎地武装起来，攻打萨克森；他不仅召集起国内所有能够作战的成年男性，他还命令雅尔①哈康（Hakon）带着挪威人一起来参战，因为许久以来哈康屈服于哈拉尔德，要对他尽进贡和随军的义务。在面向丹麦人的边境上，萨克森人修筑了坚固的壕沟，人们至今还能在科格拉本（Kograben）看到它的遗迹；在壕沟的掩体上只有一处入口能够进出，那里被称为威格勒斯多尔（Wieglesdor）。相对应的，丹麦人也建起并加强了丹麦防线（Danewerk）；他们在艾德河与施莱河汇流的海湾间建起了牢固的防御工事，保护自己的国土。那是由石块、木头和泥土建起的壁垒，每隔百步的距离就留出一个入口，通过坚固的瞭望塔来防御；除此之外，还有一道又宽又深的壕沟确保着这道巨大壁垒的安全。974年秋季，正当奥托二世皇帝号令萨克森、法兰克、弗里斯和文登人跟随他奔赴战场，朝丹麦边境进发时，丹麦人已经攻破了威格勒斯多尔，夺取了德意志的边防壁垒，大举入侵易北河另一边的土地。敌人被击退了，而且萨克森公爵贝尔哈德和施塔德（Stade）伯爵亨利运用他们的智谋重新夺回了德意志边境的防御工事。人们随即向丹麦防线发起进攻，但雅尔哈康带领着挪威人奋勇顽抗。哈康手下的战将兼吟唱诗人艾纳（Einarr）在他名为《维勒克拉》（*Vellekla*）的诗作中传唱着他们的事迹："弗里斯、文登、法兰克，南方胜军汹汹来，海上黑马②迎战去。三焰③同僚护盾相碰之处，铁马金戈共鸣，持鹰者，是敌手。海峡民族势如虹，萨克森军四散逃，王侯领兵，护边防，御外敌。"奥托皇帝撤退之后，雅尔哈康离开了丹麦防线；他将自己的军队送上船，回到了挪威。但战争还没有结束，并且战局很快就出现了转变。奥托皇帝找到了机会，攻入了日德兰半岛，哈拉尔德不得不再次向萨克森人屈服。从这之后，雅尔哈康不再听从丹麦人的号令，也不再缴纳贡金了，这使得丹麦人越发感到耻辱。直到皇帝在这里建起一座坚固的堡垒并留下一批驻守军

---

① 维京人的等级头衔，雅尔又译作贵爵或首领。——译者注
② 海上黑马指战船，骑士便是雅尔哈康。
③ 三焰即奥丁的火焰，指刀剑。译者注：北欧古籍中有时用三神（Tridi）称呼奥丁，星期三也被认为是奥丁的日子。

队之后，他才离开了帝国的北部边境。

平定了这些敌人之后，皇帝开始考虑给背信弃义的波西米亚和波兰公爵一些教训。975年，他带兵攻入波西米亚，大肆侵略了这片土地，却没能使波列斯拉夫屈服。皇帝没能达成目的就回来了，很快，他的统治权就受到了内部战争和冲突的严重威胁，以至于他没有办法离开德意志国土。

雷基那尔和兰伯特在法兰克王国获得了新的兵力，甚至连邻国中许多德高望重的人也因为家乡的土地太过狭小与他们联合起来，其中就有洛泰尔国王的弟弟年轻的查理，他在哥哥的宫廷中遇到了麻烦，无法再待下去了，于是也加入了两人的阵营中。就这样，在976年的圣周（Charwoche）①，雷基那尔和兰伯特攻入了埃诺，并在蒙斯开战。阿登（Ardenne）伯爵戈德弗里德（Godfried）和瓦朗谢讷（Valenciennes）伯爵阿努尔夫前去迎战，双方展开了一场血腥的交战，结果两兄弟被战胜了，被迫离开了这片土地。但内部的冲突并没有因此而终结，因为与此同时，亨利公爵也从因格尔海姆逃脱出来了，我们不知道他是如何做到的，但他赶往巴伐利亚，并在那里公然举起了暴动的大旗。内战的恐惧笼罩着巴伐利亚，皇帝和亨利各自的追随者处处针锋相对，战火在多瑙河与伊萨尔河（Isar）河畔燃烧，帕绍周边地区遭到了严重的毁坏，手无寸铁的人们相继离开了这片土地。同时，皇帝的敌人们也已经在施瓦本向奥托公爵发起了进攻。双方都不再犹豫，这年夏天，皇帝领兵从法兰克攻入巴伐利亚，随即进军州首府雷根斯堡，这座城市很快就被他夺下了。皇帝的形象顿时树立起来，这里的主教和大部分的贵族都争相来到他的身边，亨利公爵失去了所有的支持，逃离自己的领地前往波西米亚了。

皇帝在雷根斯堡进行了一场严格的审判。亨利被革去了公爵职务，他和他的28名追随者遭到流放，他们的财产也被剥夺了。亨利的朋党克恩顿的阿斯库因（Askuin）被判处了死刑，其他一些人也受到了酷刑的惩罚。皇帝将空缺出来的巴伐利亚公爵之位给了他的挚友奥托，这样一来打破了惯例，施瓦本和巴伐利亚的公爵旗帜统一到了奥托手中，这也使他获得了在上德意志原本由阿努

---

① 即复活节前一周，也称受难周。——译者注

尔夫家族所占据的重要地位。但巴伐利亚公爵领地旧时的范围和重要性已经改变了。由于这些改变，边区获得了更为自由自主的地位，除奥托公爵之外，州内还有其他一些人也受到提拔，获得了权力与尊荣，这些不是对皇帝尽职尽忠的人，就是皇帝想要笼络讨好的人。尤其是巴本贝格家的两兄弟得到了褒奖：贝尔希托德伯爵获得了在波西米亚森林新建的边疆伯爵领地，这一边区的建立旨在防御波西米亚人对帝国的侵袭，被人们称为诺德高（Nordgau）边区；他的兄弟利奥波德则获得了东边区的稳固职位，而这一边区也是直到此时才得到了真正的发展。克恩顿边区和维罗纳边区终于彻底从巴伐利亚公爵领地中分立出来，组成新的克恩顿公爵领地，皇帝将这里移交给了巴伐利亚家族的一个亲戚，小亨利①。这个亨利的父亲是贝尔希托德，也就是曾经跟随他的兄弟阿努尔夫来到巴伐利亚公爵领地的那个贝尔希托德，他后来娶了亨利国王的一个孙女碧勒特鲁德（Biletrud）为妻。丈夫死后，碧勒特鲁德和她的儿子亨利一直都生活在远离宫廷的地方，日子过得十分贫苦，因为就连她的遗产也被夺走了，这可能是因为她参与了阿努尔夫的儿子们对抗奥托大帝的弟弟亨利而发起的行动。现在，这个家族的时机似乎来到了，新的统治者要将这个在巴伐利亚的亨利一世面前败下阵来的家族重新扶持起来，去对抗他那反叛的儿子。碧勒特鲁德原本就是皇帝的亲戚，她重新取回了丈夫留给她的遗产，她的儿子则得到了新的公爵领地。巴伐利亚的主教们也受到了皇帝的恩泽，尤其是在内战中保守摧残的萨尔茨堡和帕绍。这一切都使公爵领地的构成发生了变化，巴伐利亚公爵领地一直以来高于其他公爵领地的优先地位丧失了，并且在此后再也没有长久地恢复过。

　　难以想象的是，皇帝的母亲阿德莱德是支持亨利的，反叛行动落得这样的下场，也就可以解释，为什么她的心中充满苦涩与沉闷了。所有在她的庇佑下曾经在上德意志风光无限的人，现在，她只能眼睁睁地看着他们被从权力中心排挤出去，再没有人能比得上利奥多夫的儿子，而利奥多夫还曾经对她这个继母举起过武器。这样一来，她的影响力似乎完全被压制了，很快她就感觉到，

---

　　①　又称亨利三世公爵。——译者注

即使在感情上，她的儿子也不再像从前那样对她依恋了。从这时起，她改变以往的做法，越来越多地避免世俗事务，而是主要在阅读宗教典籍中度日；她有意避开朝廷，最后甚至离开德意志，回到了故乡勃艮第。

母子之间的疏远很快也反映在了政权的各方关系中，这使皇帝在这里失去了许多人的支持，而且还威胁到了与西国王维持至今的和平。法兰克王国的洛泰尔国王娶了阿德莱德在第一段婚姻中所生的女儿艾玛。只要他还能通过艾玛和阿德莱德对东王国产生一些影响，那么他对强大的东王国的附庸地位对他来说没有那么卑微和敏感；但如果这一影响力减弱或是消失，那么这样的附庸关系就令人难以忍耐了。除此之外，洛泰尔还是个心高气傲的人，他想重新成为真正的国王，而不只是象征性地戴着王冠；但是，除了战胜皇帝，他想不到任何别的办法。时机似乎到来了，又加上卡洛林家族与卡佩家族之间的旧仇，而于格大公的儿子们也倾向于在这样的行动中向他们的堂兄伸出援手。雷基那尔和兰伯特重新现身洛林，人们几乎已经毫不避讳地支持他们的行动了，并且他们还在酝酿着更大的举措。

皇帝看到巴伐利亚的局势平息下来之后，随即来到洛林，那里的形势对他来说危险重重，是他的妥协导致了这样的局面，因为他不仅饶恕了影响州内和平的人，甚至还褒奖他们，企图以此笼络他们。雷基那尔和兰伯特取回了他们父亲留下的遗产，洛泰尔国王的弟弟查理得到了空缺出来的下洛林公爵之位。一个卡洛林家族的人成了萨克森人的侍从，他许下承诺，在他的哥哥前来进犯时保卫这个国家。上洛林公爵弗里德里希的妻子来自卡佩家族，他很快也得到了皇帝大量的恩惠，好让他保持对皇帝的忠诚。奥托认为，这样一来西部边境就不怕洛泰尔的侵略了。

977年夏季，奥托第二次攻打波西米亚；他亲自从图林根州的边区出发攻入波西米亚，而奥托公爵则指挥着巴伐利亚人和施瓦本人穿过波西米亚森林前往比尔森（Pilsen），与奥托皇帝会合。皇帝成功地深入敌国，但公爵却在比尔森遭受了一次失利，一场瘟疫也在军中暴发开来，这使皇帝对自己的胜利高兴不起来。双方达成了停战协议；随后皇帝与波列斯拉夫进行了一次会晤，波西米亚公爵在此次会晤上承诺，如果皇帝能原谅一切，那他就会重新作为忠诚的邑臣继续听从皇帝的号令；他发誓会亲自前往皇帝的宫廷，以显示自己臣服的意愿。这对皇帝来说已经够了，而此间，巴伐利亚又有一桩险恶的阴谋暴露出来。他带兵迅速离开穿越波西米亚森林前往卡姆（Cham）。

　　在上次巴伐利亚的权力调整中，皇帝给予克恩顿的小亨利和他的母亲许多恩惠，但对他们来说，家族的利益还是要比感恩重要得多。为了报复那个遭到放逐的堂兄亨利，他们与奥格斯堡的亨利主教联合起来，这位主教亨利在上文已经提到过他是巴伐利亚公爵家族的一个亲戚，并且，他们很快又一同将矛头指向了皇帝。他们的计划是，一旦奥托公爵将军队撤回波西米亚，他们就夺取巴伐利亚，而这个几乎在眼下完全成功了。主教亨利占领了多瑙河畔的纽因堡，小亨利公爵则占领了帕绍，而且被流放的亨利很快也投奔了他们，并带着波西米亚的援军重新出现在国内。奥托公爵得知自己辖区中发生的一切，随即离开了波西米亚，回到了巴伐利亚，并将帕绍城围困起来。而皇帝在与波列斯拉夫和解之后，也亲自向帕绍进发。在帕绍城周围爆发了一场奥托与亨利两派之间的激战。最终，皇帝成功地用船连成一座桥，并在城市居民的协助下夺下了几乎被完全摧毁的帕绍城，使得反叛者无法再在这里寻求庇护。此后不久，亨利一派感到自己被波列斯拉夫抛弃了，意识到继续反抗已经不可能了，便向皇帝投降，而皇帝则将他们送上了王侯审判法庭为他们定罪。第二年，也就是978年，审判于复活节前后在马格德堡举行了："强辩者"亨利再次遭到流放，被逐出巴伐利亚，并且要受到乌得勒支主教福克马尔的管束；克恩顿的亨利被革去公爵职位，也遭到了流放；此外被放逐的还有涉足这场阴谋的埃克贝特伯爵以及奥格斯堡主教亨利，主教亨利还要受到费尔登修道院院长的监管，然而三个月之后，主教就又回到了自己的管区。新设立的克恩顿公爵领地和维罗纳边区移交给了沃尔姆斯菲尔德（Wormsfeld）的法兰克伯爵奥托，他是皇帝的堂兄弟，也是曾与利奥多夫共同对抗亨利和阿德莱德的那位康拉德的儿子。如同利奥多夫的子嗣一样，康拉德的后代现在也重新获得了尊荣。阿努尔夫家族雄厚的资产可能是在这时才被全部收缴；因此皇帝才能在接下去的一段时间对当地他的追随者这样慷慨。当地的主教和教会受到了最丰厚的赠予，因为他期望，正如他自己说的那样，如果他将背叛了神和他的无耻之徒名下的财产赠给教会，那么无论在此方还是彼方，都将会是无上的功德；作为皇帝他无法在这些恶行面前获得一时的和平，但至少他会通过圣徒的美言在彼方得到永恒的安宁。之后不久，当奥托在奎德林堡庆祝复活节时，波列斯拉夫公爵履行他的承诺出现在宫廷中，他受到了郑重的接待和大量的赏赐，随后便回去了。

现在，皇帝在波西米亚方面似乎没有了威胁，但他在另一方向面临的危险比他想象的更大。洛泰尔国王在暗中做好了一切准备，要向奥托发动战争，并且再一次与雷基那尔和兰伯特这对不安分的兄弟勾结起来；他计划要用一场大胆的奇袭将奥托击溃，将自己失去的威望重新夺回来。978年的施洗者约翰节，正当皇帝无忧无虑地与妻子在亚琛逗留时，洛泰尔就在没有宣战的情况下，违背惯例和习俗，突然攻入了洛林，率领着一支3万人的军队疾行至亚琛——法兰克国王很长一段时间以来都没有召集过这样大规模的军队了，他们试图在亚琛控制住皇帝本人。洛泰尔的行动差一点就成功了。奥托得到洛泰尔前来进犯的消息，一开始他认为这是不可能的；直到他亲眼看到敌方军队的前锋，才相信确有其事，并逃离了亚琛；他和他的妻子在千钧一发之际抓住了时机，逃到了科隆。洛泰尔手下那些猖狂的爪牙将为皇帝准备的菜肴吃进了自己的肚中；皇帝的行李与家什也遭到了敌人的搜刮；敌军洗劫了这座古老的皇城，并将皇帝广场上朝向东面的雄鹰转向西面，以显示这座城市依旧属于西王国。但3天之后，洛泰尔就带着他的军队离开了亚琛，举着军旗向家乡踏上了归程。他还没有回到自己的国境之内，奥托派来的信使就赶了上来。信使对他说：皇帝厌恶诡计和阴谋，他要向他公开宣战，10月1日他会带兵攻打法兰克王国，并希望以此彻底终结洛泰尔的统治。

皇帝随即将国内的公爵、伯爵和领地主召集到多特蒙德。7月中旬他们聚集到一起之后，皇帝向他们讲述了自己所遭受的耻辱，并表明了自己的意图，誓要一雪前耻。所有人都将对皇帝的伤害看作对他们自己的伤害，所有人都异口同声地发誓要忠诚追随皇帝直到最后一口气；人们说，他们这样做都是出于对他那位伟大父亲的爱戴，因为他们能有今天的权力与尊荣都是受到那个人的帮助。现在，一支很长时间以来都未在德意志土地上出现过的庞大军队被集结起来；这支军队约由6万人组成，其中大约一半都是全副武装的骑士。正如奥托在战书中预告的那样，10月1日，他率领着这支军队向法兰克王国发起了进攻，他发现，这里的一些人十分欢迎他的到来，尤其是兰斯大主教阿达尔贝罗，他是德意志人，也是阿登伯爵戈德弗里德的兄弟，在上文中我们已经认识过皇帝这位忠诚的臣子了。奥托不受阻碍地长驱直入，来到了塞纳河畔，由于格公爵守卫的巴黎附近，洛泰尔国王则撤到了河对岸的埃唐普（Étampes）。德意志人在塞纳河右岸的蒙马特高地周围扎下营帐，包围了巴黎城。到处都是他们的队伍，没有人胆敢反抗他们。但巴黎的城防十分稳固，奥托又无法长时间围城。军中已经开始有人患上了疫病，寒冷的季节也在渐渐靠近，这都在警告着他尽快撤军。因此，11月中旬过后，在举行了一场盛大庆典之后，皇帝离开了巴黎。他命人告诉堂兄弟于格，应当去听听谢主词（Te Deum）[①]；随后，他让人找来远近地方的神职人员，将他们集结到蒙马特高地上，一起唱赞美诗，歌声一直传到巴黎的大街小巷。唱完谢主词，他便踏上了回程。这时，洛泰尔才重新鼓起了勇气；他渡过塞纳河，跟在皇帝的后面，在埃纳河畔袭击了皇帝的后卫部队，并抢夺了他们的一些物资。

　　这一事件的起因和经过在康布雷编年史（Chronik von Cambray）中都有详细的描述，这本编年史也很值得一读。人们来到埃纳河边时发现河水罕见地上涨了，戈德弗里德伯爵建议大军迅速渡河，因为河水不久之后可能会涨得更高。人们听取了他的建议，皇帝和大部分军队都顺利地达到了河对岸。但由于夜色降临，大部分行军物资都与主力部队分开，还留在河的这一边。次日早晨，洛泰尔意外地前来抢夺物资；他在这里没有遇到反抗，而由于河水在夜间上涨得厉害，奥托无法迅速赶来援救他剩下的部队。他眼睁睁地看着事情的发生，却毫无办法阻止这不幸。他派一队信使乘坐小舟去到国王那里，向国王提出将他的军队渡过河来，那样的话他会先向他送去人质，保证一切都安全地进行，然后双方再公开进行较量；或者国王先送来人质，那么他就会带着他的军队回到河的另一边，然后通过公平的战斗决出胜负；届时，无论神决定谁是胜者，都可以获得被战胜一方的国家作为战利品。皇帝的信使当着整个军队的面

---

① 　一首基督教的拉丁语赞歌。——译者注

将这些消息带给了洛泰尔国王，信使们的话音刚落，洛泰尔的邑臣古瓦弗里德（Goisfried）就开腔了："我们为什么要战斗，我们为什么要流血牺牲？让国王们自己去进行生死决斗吧！我们会在一旁观战，然后心甘情愿地向胜者投降。"戈德弗里德也在皇帝信使中，他回答道："我们一直听说，你们非常轻视自己的国王，但我们总也不信；现在你们自己也承认了，我们就没有什么好怀疑的了。但你们要知道，我们绝不会让我们的皇帝自己去战斗，而我们却在一旁袖手旁观；绝不会让他一人身处险境，而我们却在一旁隔岸观火。但要是他与你们的国王对决的话，我们确信，他一定会击败他成为胜者的。"这句德意志对法兰西的回应真是掷地有声、值得尊敬！

战役最终也没有打响，皇帝不受阻碍地继续踏上回程。12月1日，奥托重新回到国境之内，解散了他的军队。小规模的战争在两国的边区又持续了一段时间，当洛泰尔与于格大公的儿子们之间的纷争面临重新爆发的边缘时，洛泰尔更没有心思再次策划针对奥托的行动了。不安分的雷基那尔和兰伯特两兄弟不得不再次离开洛林，奥托将守卫洛林的任务放心地交给了查理公爵及当地的伯爵们；他自己则在979年将矛头指向了最后的对手，也就是还从未与他交过手的波兰公爵米奇斯瓦夫。他领着一支军队跨过了东部国境，进入波兰，迫使波兰人按照他的意图来行事。由于波西米亚公爵波列斯拉夫的姐妹杜布拉芙卡去世了，米奇斯瓦夫在此后不久迎娶了边疆伯爵迪特里希的女儿欧达，迪特里希可以算作当时文登边区最有权势的人了。虽然欧达已经在卡尔贝（Kalbe）修道院蒙面修行，人们还是打破了她的神圣誓言，使她与波兰人联姻。他们认为，通过她能够使波兰人更紧密地与基督教信仰、与国家利益联系起来。

在此期间，洛泰尔与他强大的堂兄弟间的冲突越来越大，他迫切地希望能与皇帝和解；如果不能做到这点，他担心自己的堂兄弟们会捷足先登，与皇帝结成令人惧怕的强大同盟。因此，他暗中请求皇帝原谅过去发生的一切，承诺未来会做到最好，并希望能与皇帝当面谈谈。980年夏季，在两国边境的希耶河畔，两位统治者坐到了一起；洛泰尔再次郑重地承诺放弃对洛林的争夺，并推荐陪伴自己前来的小儿子路易担任皇帝的护卫。现在，这个方向上也不会再发生令皇帝忧心的事了，虽然法兰西公爵于格和他的兄弟们听到和平的消息并不高兴。

通过漫长而艰险的战斗，年轻的皇帝不仅将国内所有的暴动都镇压了下去，再次严厉回绝了卡洛林家族对他们父辈遗产的争夺，还重申了德意志人对丹麦、波兰及波西米亚人的统治权。德意志在北方和东方的势力似乎越来越稳定了，尤其是通过不断进步的传教活动。马格德堡大主教管区迎来了它最光辉夺目的时代，管区的司教们在文登边区不受阻碍地发挥着他们的职能，并向外辐射，在波兰地区传播基督教和德意志政权的影响力。汉堡的传教事业涵盖了整个丹麦王国，就连菲英岛（Fünen）上都已经建起了新的欧登塞（Odense）主教管区，虽然我们并不知道确切的年份。美因茨虽然由于马格德堡大主教管区的设立而受到限制，却在另一个方向上大大拓展了自己的辖区。在皇帝的影响下，他执政初期就在布拉格为波西米亚人设立了特别的主教管区，几乎在同一时间，也建起了针对摩拉维亚人的管区，他们的土地在此前被波西米亚主教波列斯拉夫从匈牙利人那里夺了过来；这两个新管区都下属于美因茨，而在此之前，波西米亚的传教事宜一直是由雷根斯堡负责，属于萨尔茨堡教会区域内。人们甚至也已经尝试在匈牙利蛮族中传播基督教，而且这些尝试并非一无所获，帕绍的主教管区也因此有望提升到与萨尔茨堡管区相同的地位。匈牙利人在莱希费尔德战役后同时受到来自波西米亚和东边区两方的袭击，他们本来将这片土地视为自己稳固的占领区，现在却被驱赶了出去，于是在奥托大帝执政的最后几年就已经与德意志人结成了友好同盟。德意志人随即利用这一盟友关系，向这个异教民族传播基督教，并以此为德意志对他们的统治做好准备。根据记载，大主教布鲁诺的朋友施瓦本人沃夫冈是于972年第一个在匈牙利人中传教的教士，但帕绍主教皮利格里姆却把这个勤勉的人从他的岗位上调走了，他动用关系将沃夫冈升调到雷根斯堡管区去了。从这之后，皮利格里姆带着极大的热情亲自接手在匈牙利人中的传教工作，并热切地向罗马方面汇报，已有约5000名匈牙利男女贵族聆听了天主教教义，并接受了洗礼，几乎整个匈牙利民族都接受了基督教，生活在他们中间的斯拉夫人也有了皈依的倾向。皮利格里姆将这一功绩作为理由，要求得到主教披带，并要求，将那些传说中的宗教中心城市洛尔希所拥有的权力重新授予自己的教会，并将匈牙利人统治区内的主教管区全部归于他的管区之下。皮利格里姆显然夸大了自己的成就，但他还是在罗马达到了自己的目的；他在年轻的皇帝那里就没有那么走运了，虽然他在巴伐利亚的内战中曾为他立下了汗马功劳。奥托顾忌当时已经被波西米亚人夺去的萨尔茨堡，不愿应许皮利格里姆的愿望。但事实也很快就证明了，真正使匈牙利人成功基督教化的时刻还远远没有到来。在巴伐利亚内战期间，匈牙利边境又变得动荡不安起来，边疆伯爵利奥波德不得不一再与这群烧杀抢掠的恶邻刀兵相向。在这些斗争之中，对匈牙利的传教在起初的确受到了负面的影响；但即使如此，帝国的版图仍在不断向东扩展。德意志人夺取了从恩斯河下游到维也纳森林之间的土地，通过在那里建立边境堡垒、派驻巴伐利亚军士将这个区域完全收归己有；与萨克森东边区一样，巴伐利亚东边区也牢牢地握在了帝国手中。

980年，年轻的皇帝已经能够自豪地说，他在神的助佑下不仅维护和巩固了父亲的帝国，使之依旧如往昔那样欣欣向荣，而且他还使父亲的政权得到了进一步的扩张。这年7月，在等待了许久之后，狄奥法诺终于生下了两人的第一个儿子，人们认为这预兆着帝国的美好未来。这个男婴承载着来自众多民族和广阔国土的殷切期望，他被取名为奥托——他的祖父和父亲已经为这个名字赋予了极高的美誉。

10. 奥托二世与希腊人及阿拉伯人的纷争——皇帝战败及去世

之前一段时间内发生的那些事件，尤其是前往巴黎的征程，萨克森人行军到了曾经克洛维国王的都城、法兰克政权的中心，使年轻皇帝的威望越来越高。如果说之前还时常有人对他时而急躁时而软弱的性格、对来自希腊的皇后不可估量的影响力、对新生的年轻派系轻视长者劝诫的行为有所指摘的话，那么现在，人们越来越多对这些不满闭口不谈了，因为他们相信，伟大父亲的优秀品质在儿子身上继承了下来，年轻的王者有着决断的能力，并且注定要成就一番大业。

事实上，年轻皇帝的心中也的确充满了高远的志向和英雄般的气概。他全身心地投入，想要将父亲的事业继续下去，将皇权统治按照他的理念引向权力的高峰。他已经下定决心，尤其是要实现父亲最后的意图，使意大利完全臣服在他的统治之下，同时也将阿尔卑斯山脉另一侧的土地与他的德意志疆土合并成一个帝国，为打造出一个与查理大帝时期相当的帝国打下基础。

德意志刚刚平静下来，奥托就离开了故土，并且可惜的是，这一去他再也没能回到这里。980年11月，在他的妻子、年幼的儿子、妹妹玛蒂尔德和挚友奥托的陪同下，他翻越了阿尔卑斯山；跟随着他的还有一支庞大而年轻的骑士队伍，他们热切地向往着能够干出一番对得起父辈的大事业。奥托踏上意大利的土地时，对他来说必须做的事就是与母亲和解。在许多人眼中，他的母亲仍是这个国家真正的君主和女王；尤其是奥托大帝不久前授予阿德莱德对意大利境内事务极大的影响力，更增强了人们的这种看法。皇帝在到达意大利之前就完成了与母亲和解的第一步，阿德莱德在克吕尼修道院院长马约卢斯（Majolus）的规劝下答应要听听奥托的请求。当奥托12月来到帕维亚的宫廷时，阿德莱德与她的哥哥勃艮第国王康拉德也出现在了宫廷中；母子两人深情地拥抱在一起，落下了热泪，将引发两人间隙的一切都忘在了脑后，阿德莱德也很快恢复了往昔在宫廷中的影响力。

奥托在拉韦纳庆祝了圣诞节，并在那里停留了较长的一段时间。身处意大利之内他反而难以看清意大利的局势，那些近在他眼前的错综关系，使他忽视了自己原本要用强力的手腕介入的意图。

自奥托大帝去世之后伦巴底和意大利中部都没有多少改变。这位强大统治者最重要和深入的几项行动给人们留下的印象使他们认为，即使德意志国内经历了诸多动荡，这位北方的君主也不会倒台，当时威尼斯的自由区域甚至出现了一支党派，他们致力于将当时已十分重要的水城威尼斯与德意志王国联系起来，并且这支党派还在不断发展壮大。但当地也依旧存在一些反对势力，尤其是在皇城罗马。在奥托一世去世之后不久，这里就再次爆发了动乱；一部分罗马贵族在克莱欣蒂斯（Crescentius）公爵的带领下反对奥托任命的教皇本笃六世，克莱欣蒂斯是狄奥多拉与教皇若望十世所生的儿子，他带领众人将本笃囚禁在圣天使堡，并最终在那里将他绞死了。本笃六世在世时，这群暴动者就将一个罗马人，也就是枢机副主祭波尼法爵，推举上了圣伯多禄的座席，但他很快就受到反对党派的排挤，逃往君士坦丁堡了。现在占统治地位的党派得到年轻皇帝的同意，在974年年末将埃尔伯利希的一个亲戚，也就是至今为止一直担任苏特里主教的若望十二世，祝圣成为教皇本笃七世。虽然受到诸多异议，这位教皇一直统治到了980年，随后他不得不将教皇之位让给了他的对手，并前往拉韦纳寻求皇帝的庇护。

正如逃亡的波尼法爵将目光放在君士坦丁堡，其他许多在意大利的人将德意志势力的不断增长视作威胁，也将希望寄托在君士坦丁堡方面。尤其是在南部的城镇与乡村，那里的人们由于内部的派系争斗和无数的战事遭受许多苦难，这种情况更为明显。由于这个地区的归属仍存在争议，东西王国的边境在这里交汇；同时，由狭长海峡与大陆隔离开来的阿拉伯人又不断前来侵扰。三股世界霸权势力在这里形成了三足鼎立的局势，警惕地相互对峙着；每一方都等待着合适的时机一举成功，但最终往往又失之交臂。必须出现一场辉煌的胜利，一场对敌人毁灭性的战斗，不论是哪一方有这样一份幸运，都会对意大利的未来、对世界的命运产生深远的影响。

整个阿普利亚和卡拉布里亚受到希腊皇帝的直接统治；萨莱诺的伦巴底王侯统领着广阔的辖区也承认希腊皇帝的最高统治权；在那不勒斯以及具有强大海上实力的阿马尔菲，官员都是由君士坦丁堡任命派遣的。皇帝在意大利的势力并非微不足道；由于对意大利的占领往往能改变政治局势，人们就连一寸土地也不愿意让给君士坦丁堡。据说，君士坦丁堡方面曾与法蒂玛王朝的哈里发穆伊兹结成联盟，为的就是能够共同对抗奥托大帝，保住自己在意大利的属地；但后来他们与强大的萨克森王侯达成了一致，并将皇帝的女儿嫁给了萨克森人的儿子；与第一次的联盟一样，第二次联盟也很快瓦解了，因为双方都是在危急关头才结成联盟的。老皇帝刚刚离开意大利，下意大利就重新爆发了德意志与希腊派系之间的争斗。

支持德意志的一派仍由"铁头"潘杜尔夫领导着，在他继承得来的卡普阿和贝内文托的王侯领地之外，奥托大帝还将斯波莱托公爵领地和卡梅里诺边区作为意大利王国的邑产封赐给他。973年，潘杜尔夫就已经尝试过，用武力使摇摆不定的萨莱诺王侯吉苏尔夫与希腊人分裂开来；他领兵来到萨莱诺城前，但他发现这座城市防守森严，被迫放弃计划，无功而返。但不久之后，他就在其他方面交了好运，使他通过另一途径完成了目标。当时，在萨莱诺有个叫兰杜尔夫的人与潘杜尔夫争夺统治权，他是艾特努尔夫（Atenulf）①的儿子。兰杜尔夫在流放途中漂泊许久，最终吉苏尔夫友好地接纳了他；但他高傲的心性使他在这里也不能安定下来，他想方设法要夺走吉苏尔夫的势力，随后利用萨莱诺的援军向潘杜尔夫发起进攻。吉苏尔夫的举动早就使萨莱诺的希腊党派充满了疑虑；在他们以及那不勒斯和阿马尔菲的支持下，兰杜尔夫成功地攻陷了吉苏尔夫在萨莱诺的势力，并将他连同他的妻子一起押往阿马尔菲严加看守起来。很快，自身地位受到威胁的潘杜尔夫就以吉苏尔夫的复仇者与拯救者的姿态出现了。974年6月4日，他占领了萨莱诺，并将统治权归还给了吉苏尔夫，而吉苏尔夫则收养了与潘杜尔夫同名的、他的第二个儿子，并让他成为共同执政者。从此往后，萨莱诺也认可了德意志皇帝的最高统治权；但兰杜尔夫逃往了君士坦丁堡，向齐米斯基斯寻求帮助。

对于齐米斯基斯这样骁勇善战的王侯，兰杜尔夫以及被从罗马驱逐出来的波尼法爵提出的要求，如果情势没有将他推向另外一边，他是难以拒绝的。罗斯人施加给君士坦丁堡的威胁被解除了——沙皇斯维亚托斯拉夫被击败了，不得不求和，此后不久便被佩切涅格人（Petschenegen）杀死了；保加利亚人也重新屈服了——在这样的情况下，齐米斯基斯怀着无比迫切的心情投入了对抗哈姆丹王朝的战争中，以谋求尼基弗鲁斯在叙利亚占领的土地。哈姆丹王朝的都城阿勒颇（Aleppo）被占领了，哈姆丹家族的势力遭到歼灭，希拉波利斯（Hierapolis）、阿帕梅（Apamea）和艾姆萨（Emesa）②落到了希腊人的手中；齐米斯基斯驻扎在天堂般的大马士革；整个叙利亚都听从他的号令，只有古城的黎波里（Tripolis）是例外，这个无法被占领的位置，对齐米斯基斯的军队来说是个讽刺。而这时，齐米斯基斯已经在谋划着对那些由哈里发直接统治的土地发起进攻。许久之后，又一支自称"罗马军"的军队渡过了幼

---

① 艾特努尔夫一世，曾任卡普阿和贝内文托王侯。——译者注
② 艾姆萨为古称，即现在的叙利亚城市霍姆斯（Homs）。——译者注

发拉底河；古老的名城萨姆萨特（Samosata）、埃泽萨（Edessa）和尼西比斯（Nisibis）又一次归入了罗马帝国；巴格达的哈里发面对着近在眼前的胜者，恐惧得不知所措。然而，在贫瘠的美索不达米亚地区，军队物资短缺，最终使齐米斯基斯不得不踏上归程。他载誉而归，神采奕奕地回到君士坦丁堡；但没过多久，死亡就迅速降临到了这个凯旋的统治者、帝国的救星、东方的征服者身上。976年年初，他在执政7年之后英年早逝，在这之中，也不能排除他遭人毒害的可能性。在他死后，希腊人在东方的占领区很快就重新丢失了。

齐米斯基斯去世后，广大东方帝国的统治权在名义上交到了狄奥法诺的兄弟手中，也就是奥托皇帝的内兄巴西尔二世和君士坦丁九世手中。其中的哥哥巴西尔当时是年近二十的青年，充满了雄心壮志，头脑也很灵活，而弟弟君士坦丁则软弱而迟钝，资质平平。但是，巴西尔要实现自己高远的愿望和抱负，还缺少太多条件。齐米斯基斯死后，帝国马上陷入了极大的混乱之中。亚洲的军队指挥官们滥用着交到他们手中的权力，他们每个人都想成为尼基弗鲁斯和齐米斯基斯。巴尔达斯·斯克莱罗斯（Bardas Skleros）就是这些统领中的一个，他很快就举起了反叛的大旗，领兵径直杀到了君士坦丁堡城前；巴尔达斯·福卡斯前来抗击他，但这个巴尔达斯也只不过是扮演着一个大胆的皇室君主保护者。正当这个巴尔达斯号令军队之时，阉人巴西利乌斯正以不受限制的权力控制着宫内，此人是皇帝那位臭名昭著的母亲狄奥法诺的亲信；由于这些掌权者毫不考虑国家利益，保加利亚人很快就卷土重来，再次侵袭了马其顿和色雷斯，并且毫不受阻地来到了都城前。既然齐米斯基斯没有对下意大利的希腊党派伸出援手，那他现在还能期待什么呢？也许可以将官员派往海外，为皇帝的产业征收税款，榨取一些钱财，但要往这个方向进行真正的军事行动是不可想象的。

希腊人的不作为，由此导致了下意大利的希腊党派衰弱无力，潘杜尔夫利用了这一情况，更何况希腊的国土在同一时间还受到另一个更加险恶的敌人侵袭，就使得潘杜尔夫遇到的阻碍更少了。恰恰在当时，西西里岛的阿拉伯人比以往任何时候都更猖狂地暴动起来。这是法蒂玛王朝最幸福的时期。969年，哈里发穆伊兹占领了埃及，终结了伊赫什德王朝在这里的势力；在莫卡塔姆

（Mokattam）山脚下，丰饶的尼罗河三角洲入口处，距离孟菲斯古城废墟不远的地方，穆伊兹建立了一个新的统治据点，他将之称为开罗，意为胜利之城。法蒂玛王朝在西西里岛上英勇的总督艾哈迈德陪同哈里发前往埃及，不幸在行军途中去世了；哈里发将西西里岛的职权交给了艾哈迈德的兄弟阿布卡欣，并同时要求他跨越墨西拿海峡。哈里发在信函中向阿布卡欣写道："失去了这样一位兄弟，你只有通过男人的作为才能将之忘却；但在西西里岛上，你没有可以施展的空间，所以用伊斯兰的武器去开拓意大利吧。"阿布卡欣认真听取了这项指示。在镇压了辖区内部的几场动乱之后，他于976年带领着一支大军跨越了海峡；他顺利地通过了卡拉布里亚和阿普利亚，并深入了伦巴底王侯领地。萨拉森人踏上了侵略的征程，他们所经之处都遭到了劫掠和战火的洗礼；无数城市遭到焚烧或是沦为废墟；年末，阿布卡欣载着丰厚的战利品回到了西西里。此后，萨拉森人的军队每年都会再三进犯希腊人在意大利的行省，而这些地方无力抵抗，只能任人宰割。阿布卡欣将这些土地夷为平地却没有受到任何反抗，这使他想要将整个意大利都臣服在伊斯兰的号令下；只有潘杜尔夫向他发起反击，但即使是他也无法承受这样力量悬殊的战斗。

伊斯兰世界一再侵袭意大利，侵袭基督教世界，君士坦丁堡不愿意也没有能力抵抗这个前来进犯的敌人；如果年轻帝王的心中没有英雄般的信念，没有尽全国之力去迎战意大利和基督教的宿敌，那么意大利的未来将会何去何从呢？但他也意识到，阿拉伯人已经在此盘踞了一个半世纪之久，给基督教带来了不可言喻的损害。但是，要在那些已经承认了阿拉伯人统治权的意大利地区将他们一劳永逸地驱赶出去是不可能的；除非，他同时也将他们从整个半岛及西西里岛的土地上驱赶出去。既然他的内兄，也就是东方的皇帝，无法再维护卡拉布里亚和阿普利亚的安全，那就必须由他来为基督教保全这些土地，由他从萨拉森人手中夺取这些土地，并归入自己的帝国之中。奥托的意图是要将整个意大利半岛和西西里岛都收归自己的皇权统治之下，这在君士坦丁堡已是路人皆知，并使他们对他产生了极大的仇恨；他们宁可将意大利留给阿拉伯人，也不愿看到西方帝国拥有整个半岛和西西里；于是，在他们由于无力抵抗而将各个省份交给奥托之前，君士坦丁堡方面就先与基督教的敌人联合起来了。

981年复活节前后，奥托皇帝离开拉韦纳前往罗马。人们十分乐意为他打开城门，教皇重新入主拉特兰宫，而克莱欣蒂斯也躲到了阿文提诺山（Aventino）上的圣波尼法爵修道院中，并于几年后在那里去世了。皇帝将宫廷设在良城、圣彼得大教堂旁的宫殿中，并在罗马一直停留到夏至。围绕在他身边的主教、公爵、伯爵和领主不仅有来自德意志和意大利各地的，还有来自法兰克王国及勃艮第的。这些权贵之中也有于格·卡佩公爵，自从洛泰尔国王与皇帝和解之后，他也重新赢得了皇帝的恩惠。勃艮第的康拉德国王也跟随着皇室宫廷来到罗马，直到复活节后才与于格公爵一同翻越阿尔卑斯山踏上归途。为了避开暑热，皇帝随后来到了马尔泽山区中，他命人在瑟迪希（Cedici）的旷野上迅速建起了王室领地。他已经开始为与萨拉森人的大战而奔忙，由于阿布卡欣在这年又一次出现在意大利侵袭了阿普利亚，他更加不能有丝毫懈怠。君士坦丁堡方面自然向奥托派来了使者，警告他不要侵略希腊的领土；但是，能够考虑到的他都已经考虑周全，这样的警告对他如同耳边风一样毫无作用。奥托将意大利所有的王侯都召集到瑟迪希自己的身边；他在这里召开了一场大型的动员会，向众人宣布，自己决定将阿拉伯人赶出半岛，并命令他们武装起来为战争做好准备；同时，他向阿尔卑斯山脉另一边派去信使，令巴伐利亚和施瓦本的军队以最快的速度集结到他的大旗下。

这年3月"铁头"潘杜尔夫的离世对皇帝来说是个无法弥补的损失。长久以来，潘杜尔夫一直勇敢地在下意大利捍卫德意志的权益，并在后期与他的儿子们一起统治着卡普阿、贝内文托、萨莱诺和加埃塔，此外他还掌握着奥托封赐给他的斯波莱托公爵领地和卡梅里诺边区。潘杜尔夫的长子兰杜尔夫继承了父亲在卡普阿和贝内文托的权力，同时也获得了斯波莱托与卡梅里诺的邑产；他的次子潘杜尔夫得到了萨莱诺，父亲在世时他曾是父亲在那里的共同执政者，这与第四个儿子兰德努尔夫（Landenulf）在加埃塔的情况一样。伦巴底的王侯领地仍在西方帝国的掌控之中，而潘杜尔夫的儿子们也做好了准备，愿意以任何方式支持皇帝的征战。

981年9月，奥托正式踏上了征途；他来到阿普利亚，没有受到太大的阻碍便夺取了卢切拉（Luceria）和阿斯科利。但到了10月，由于在伦巴底的王侯领地上爆发了反对潘杜尔夫的儿子们的暴动，在后方对他造成了极大的威胁，他不得不离开希腊人的领土。在贝内文托出现了一支反对兰杜尔夫的派系，他们将他驱赶出去，并将他一个名叫潘杜尔夫的堂兄弟送上了王侯的位置。这个潘杜尔夫曾以不法的手段夺走了一部分的统治权和遗产。奥托因此以最快的速度回到了贝内文托，由于他不愿耽误眼下最重要的行动，所以他宽容地将这个潘杜尔夫夺得的统治权留在他的手中，而没有多做追究。这样一来，卡普阿留在兰杜尔夫手中，贝内文托就再次与卡普阿分裂开来了。在此期间，在那不勒斯和阿马尔菲的支持下，萨莱诺人也站起来反抗兰杜尔夫的兄弟潘杜尔夫，将他赶出了萨莱诺，将阿马尔菲的曼索（Manso）公爵请到城中，并加入了希腊帝国。皇帝随即从贝内文托前往坎帕尼亚平原，将那不勒斯城团团围住，并在11月初夺下了这座城市。接着，他马不停蹄地赶往由曼索镇守的萨莱诺。在被围困许久之后，曼索最终与皇帝达成了协议，曼索打破之前的誓言，支持皇帝的行动，确保皇帝对萨莱诺的所有权；这样一来，阿马尔菲和萨莱诺来到了同一位王侯的统治之下。下意大利的整个局势再一次改变了；新的势力突然冒出头来，他们现在当然服从着皇帝的号令，但实际上，他们的势力都来自对他的违抗，而他们的忠诚也令人怀疑；只有打赢这场战争，奥托才有可能长久地使他们臣服。

　　贝内文托和萨莱诺每一次针对潘杜尔夫的儿子们发起的行动都是受了君士坦丁堡宫廷的指使，这几乎是毫无疑问的。君士坦丁堡宫廷没有能力与奥托正面对垒，于是就想方设法增强他敌人的势力；而君士坦丁堡方面也与开罗的哈里发勾结在一起，并向西西里和非洲送钱，以支援阿拉伯人反对奥托。

　　皇帝在萨莱诺度过了圣诞节及982年年初的日子，他在此期间集结了下意大利盟友的军事力量，巴伐利亚及施瓦本的军队也在这期间到达了当地，这支军队的指挥权被交给了奥托公爵。1月，皇帝踏上了新的征程，他攻入阿普利亚，来到阿普利亚首府巴里城前，在围城不久之后就夺取了这座城市。1月31日，他来到马泰拉（Matera），接着又行军到了由希腊人镇守的塔兰托（Tarent），很快他们就被迫投降了。这样一来，阿普利亚就差不多被完全占领了。皇帝又在塔兰托停留了一段时间，在那里度过了复活节，并为迎战阿布卡欣做好了准备——这一年的春天，阿布卡欣再次横渡海峡，带着比以往任何时候都要庞大的队伍，朝卡拉布里亚袭来。

在派出先遣部队之后，皇帝于5月底从塔兰托出发，沿着旧时的罗马行军之路向卡拉布里亚行进，这条军路一会儿径直转向海岸，一会儿又指向内陆。就这样，军队经过了布拉达诺河（Bradano），并在梅塔蓬托（Metapont）古城的废墟那里渡过了巴希安托河（Basiento）。部队从这里进入萨莱诺境内，而阿拉伯人还没有达到这里；直到卡拉布里亚边境的罗萨诺（Rossano）才与敌人狭路相逢。他们占领了罗萨诺，但在一场小规模战斗中失败后，他们很快就离开了这座城市。梅斯主教迪特里希在罗萨诺留下一支军队保护皇帝，而皇帝就跟随着撤退的敌军。在科特罗内（Cotrone）以南的小城科隆纳（Colonne），距离名叫科隆纳海角（Capo delle Colonne）的山麓不远处，阿布卡欣摆开了战斗的阵列，阻断了皇帝的去路。决定生死的正面战斗就要在这里展开，皇帝也迅速武装起来投入战斗。他的军中洋溢着极大的宗教热情，许多人认为自己活不到第二天，都留下了遗嘱，并且他们在遗嘱中首先考虑的都是他们的教会。就这样，在全军的面前，在皇帝的大旗之下，来自洛林的康拉德，他的父亲是一位叫做鲁道夫的伯爵，将自己在家乡所有的财产都交给了皇帝，这样一来，万一他在战场上不幸牺牲了，皇帝就能将这些财产授予戈里齐亚修道院。奥托的将士们英勇决绝地投入与敌军的激战当中，但也受到了对方顽强的抵抗。阿布卡欣带着强大的军事力量与他们对垒，而阿拉伯人的宗教热情也毫不逊色；他们也英勇作战，将生死置之度外。最终，胜利的天平倾向了奥托一方，阿布卡欣本人牺牲了，被他的追随者尊崇为殉教者来纪念；阿拉伯军队群龙无首，四散而逃，也有无数的兵卒向德意志人缴械投降。这确实是一场巨大的胜利，但皇帝要是觉得自己已经将阿拉伯的所有武装力量全部歼灭了，那他就高估了这场胜利的意义。

他势不可当地在这个被高耸而陡峭的高山所环绕的地区行军，在这样的地形中，滑落的山石往往会阻挡军队前进的步伐，而敌人也很容易用计将军队引入陷阱之中。奥托不假思索地跟在阿拉伯人后面，他认为，这些人只是要逃离他的追捕。但是，阿拉伯人已经重新在山中集结起来了，并且正等待着合适时机的到来，为他们失败和牺牲了的将军复仇。而这样一个时机出现了。

在海岸边，奥托看到迎面而来的一小支人马，便大意地带着少数一些人手向他们发起进攻；就在这时，数不胜数的阿拉伯人从周围的山中拥出来，将皇帝毫无准备的人马团团围住，从各个方向拥来的敌军同时向他们发起了进攻。德意志和意大利人的军队顿时大乱；许多人都倒在了敌人的剑下，其他人在慌乱中向海中逃去，丧生在了巨浪里；战斗一直持续到夜间，在黑暗中一些人死在了自己的战友和国人的剑下。为皇帝持矛的侍卫理查利（Richari）、法兰克将领乌多伯爵、边疆伯爵贝尔希托德和君特、奥格斯堡主教亨利、伯爵贝泽林（Bezelin）、吉卜哈德、埃泽林（Ezelin）以及无数德意志军队中的人都牺牲了，正如梅泽堡主教提特玛尔所说，他们的名字可能只有神知道。另一个同时代的人说："父国高贵的花朵、日耳曼尼亚金色的装饰被敌人的剑砍落，尤其对皇帝来说是沉重的，他不得不目睹着，神的人民被交到萨拉森人手中，基督教的荣誉受到异教徒的践踏。"伦巴底的贵族中也有不少人身亡了，首当其冲的就是"铁头"潘杜尔夫的儿子们，卡普阿的兰杜尔夫和他的兄弟艾特努尔夫。然而，那些在敌人的刀下逃过一劫的人，他们的命运比剑下的冤魂更加凄惨。灼热的酷暑和难熬的饥渴使许多人昏厥过去或是最终惨死。一些人成了异教徒的俘虏，被押往埃及当奴隶，很久之后才重新回到故土。

这场在德意志民族历史上如此凶险的战役是在982年7月13日打响的，这之后的很长一段时间里，7月13日在所有德意志州内都是一个充满了痛苦回忆和深深哀悼的日子，没有一座教堂的生死簿上不记载着这场战役。德意志的赫赫英名毁于一旦的地方，似乎在流传之中故意避而不提；通过可靠的文献，我们只能找出，战役是在科特罗内以南的海岸边发生的。①

而皇帝本人能够从敌人手中逃脱出来简直是一个奇迹。他看到自己被敌军

① 长久以来，人们都毫无根据地将战役发生的地点说成是一个叫作巴森特罗（Basentello）的地方，并认为这是巴希安托河沿岸的一个地方；但这场战役是在卡拉布里亚发生的，并且地点位于科特罗内以南。卡瓦编年史（Chronik von Cava）称战役发生的地点是斯奎拉切（Squillace），但自从这部编年史被认定为胡编乱造的拙劣作品后，它的权威性就没有了根据。萨莱诺的罗慕铎称战役地点在斯蒂洛（Stilo）地区，他的这种说法不是没有可能，但罗慕铎是在这一事件发生两个世纪之后才写下这个地点的，而且他也没有显示出这是经过特别查证的。

团团围住，一个名叫哥洛尼摩斯（Kalonymus）的犹太人为解救皇帝，将自己的马让给了他。奥托于是翻身上马，皇帝看到海的远处有一艘船，于是来到海浪之中，在水中挣扎着向前试图抵达船所在的地方。不幸的是，那艘船是希腊人的，但船上碰巧有位斯拉夫男子，并且曾经见过皇帝。这个男子认出了皇帝，十分同情他的处境。这个人被称为佐伦塔（Zolunta），他告诉皇帝，叫他不要声张，自己则对希腊人说，这个陌生人是皇帝宫廷中的高官，并且是管理着全部皇室财产的财政大臣；皇帝在罗萨诺留下了财宝，如果他们将他带到那里，必定可以获得一大笔赎金。就这样，佐伦塔劝服了船员们将船驶向罗萨诺。船刚一靠岸，佐伦塔就马上进城寻找迪特里希主教，告诉他皇帝的到来和事情的来龙去脉。迪特里希带着几个侍从和一匹为皇帝准备的坐骑来到了岸边，奥托一看见他的忠臣来了，就从甲板上跳进了海里，顺利地到达了岸边，翻身跨上准备好的骏马，火速回到城中妻子和随从们的身边，感谢神以出乎意料的方式拯救了他。关于年轻皇帝得救的过程，最古老、最可信的记载就是这样描述的；之后还有许多流传，每个叙述者往往都尝试着在这个本就罕见的事件中加入新的转折，让它变得更加神乎其神。

皇帝的整个军事力量都被歼灭了，他没过多久就离开了罗萨诺及卡拉布里亚大区；7月27日，他来到了萨莱诺周边的卡萨诺；8月18日，到达了萨莱诺；9月，他来到了卡普阿，并在这儿停留了一段时间。他在这里做出了重要的决策，由于兰杜尔夫在战役中牺牲了，卡普阿的统治权、斯波莱托的公爵领地及卡梅里诺边区的管辖权都无人照应。卡普阿的领地是世袭的，皇帝将这片王侯领地交给了"铁头"潘杜尔夫的第四个儿子兰德努尔夫，由于他还很年轻，由他的母亲阿洛娅拉与他共同执政。斯波莱托和卡梅里诺则与卡普阿分开，交给了潘杜尔夫家族的一个亲戚。他名叫特拉泽蒙德（Trasemund），是个干练的伦巴底人。皇帝的处境使他将一切都寄托于曼索的忠诚之上，于是，他在圣诞节时再一次回到了萨莱诺，随后于983年年初前往罗马，并在那里停留到了复活节，为一场更大的战事做准备。然而，他的挚友奥托公爵于11月1日返乡途中在卢卡去世了，这使他在内心深处痛苦不已。

在此期间，皇帝大败的消息已经传开了，在各地都引起了巨大的骚动，而它造成的后果在四面八方都能感觉得到。北部和东部边境随即变得动荡起来：丹麦人和文登人拿起了武器，要挣脱德意志令人憎恶的桎梏；他们感觉到，萨克森军队半个世纪以来那种无人能敌的强大力量终于要终结了。意大利的局势也显示出，皇帝所受的打击是多么沉重。所幸的是，阿布卡欣的去世打击了阿拉伯人的势头。他们的内部很快就产生了分歧，阿布卡欣的儿子贾柏（Dschaber）将总督之位占为己有；但哈里发阿齐兹（Al-Aziz）却不承认，而是将西西里岛的领导权交给了自己的亲信，一个名叫贾法尔（Dschafar）的人。另一件值得庆幸的事是，眼前的威胁消除之后，希腊人与阿拉伯人的联盟也迅速瓦解了；然而，下意大利的希腊党派又在各地活跃起来，虽然他们从君士坦丁堡受到的支持十分有限；整个阿普利亚和卡拉布里亚在极短的时间内重新回到了希腊人手中，伦巴底的各个城市也都在酝酿着动乱。意大利北部和中部的王侯们在皇帝面前不敢有任何微词，但皇帝通过他的使者们看到，各地的人们正放肆地发起反抗，对德意志势力的畏惧和崇敬已经有所下降。伦巴底的主教和修道院院长们受过奥托家族的慷慨赠予，他们是抗击城市居民起义的主要势力。米兰人将他们的大主教兰杜尔夫驱逐出去，而其父波尼佐（Bonizo）在城中夺取了几乎不受制约的权力，最终遭到了暗杀；随后，大主教与米兰人公开对抗，最终，大主教与他的邑臣签订了一份对教会极为不利的协议，才重新回到了自己的大主教宫邸中。

　　而在德意志是何其不同啊！听闻这个骇人的消息，所有州省乡镇沉浸在深深的悲痛中，尤其是萨克森和图林根。这里的王侯和领主立即聚集在一起，以他们所有人的名义为皇帝送去一封信函，他们在信中请求他允许他们去到他的身边。奥托被人民的忠诚不渝深深触动了，他自己也思念着萨克森的民众，他将他们连同其他的德意志及意大利王侯召集起来，要于6月在维罗纳举行一场大型的帝国会议。召开会议的日子到了，所有的德意志王侯纷纷翻越阿尔卑斯山；只有贝尔哈德公爵在半途中又折返回去，因为他收到消息，丹麦人在北部边境发起了进攻。

　　6月在维罗纳城内召开的是一场全国性的集会。来自萨克森、法兰克、施瓦本、巴伐利亚、洛林的宗教及世俗权贵，与伦巴底及罗马地区的主教、边疆伯爵和伯爵济济一堂，就连波西米亚公爵也派来了使者；说着不同语言、遵照不同习俗、穿着不同服饰的人齐齐围绕在皇帝身旁。在无数王侯的簇拥下，最耀眼的还是皇室家族的成员们：年轻的皇帝虽然经历一场战败，但仍充满勇气与自信；他的妻子，美丽的希腊女子；他的母亲阿德莱德，当时仍是盛年；他的妹妹玛蒂尔德，聪慧的奎德林堡修道院院长；他的表姐妹贝娅特里克斯，她是于格大公的女儿、上洛林公爵弗里德里希的妻子，是个通情达理的女子，之后为皇帝的儿子立下了极大的功劳；最后还有皇帝的幼子，他似乎注定要成就一番大事。

维罗纳的帝国会议之所以尤其引人注目，是因为它清楚地展示了皇帝的意图，那就是要将德意志和意大利王国合并为一，并将这个统一的帝国继承到他的儿子手中。皇帝的权力和威望如此之高，他没有受到异议，人们就一致将他的幼子选立为了国王。这场选举是在意大利土地上进行的；选举过程中不分德意志还是意大利王侯，他们共同选举出共同的君主。随后，这位君主就要在亚琛由一位德意志和一位意大利大主教共同加冕登基。就这样，3岁的奥托同时成了西法兰克和意大利王国的国王。

帝国议会上还解决了其他的重要事务。由于皇帝很快就要回到战场上去，他将自己的母亲提名为意大利王国的执政官，并将帕维亚作为她宫邸的所在地。这样一来，还未完全逃离尘世事务的阿德莱德彻底回心转意，皇帝完全赢回了母亲的心。伦巴底和督主教管区内的主要收入也同时转到了她的手中，她当时可能还掌握着拉韦纳的那些肥差，即海关、货币和贸易权，后来教皇夺取了对这些部门的掌控。胡伯特公爵的儿子于格是阿德莱德的亲戚，他还是个孩子时，就与父亲共同获得了图西亚的边区作为邑产，但随后又与父亲一同遭到排挤，其后重新得到了图西亚，并很快成了萨克森势力在意大利的中流砥柱。奥托公爵死后，巴伐利亚和施瓦本的公爵之位也空缺出来，由于奥托没有留下继承人，现在就必须重新分封这两片领地。贝尔希托德公爵的儿子小亨利被从流放中召回来，得到了巴伐利亚公爵管区。不久后，这个亨利又从法兰克的奥托手中接过了克恩顿及维罗纳边区的管辖权。这样一来，他的所有愿望都实现了，他对皇帝以及皇室家族的忠诚也变得不可动摇。在亨利一世国王执政时就掌握着施瓦本的那个法兰克家族，现在重新得到了施瓦本；乌多伯爵在卡拉布里亚牺牲了，皇帝将施瓦本分封给了他的兄弟康拉德，而他们都是伊达的堂兄弟，利奥多夫当年就是通过迎娶伊达得到了施瓦本的公爵领地。皇帝做出这样的分封，显然是考虑到了各个公爵领地间的权力。

随后，皇帝积极地为下一场针对阿拉伯人的战争准备起来，誓要一雪前耻，并实现他解放意大利的高远目标。这一次他不能太多依靠德意志王侯和民众了，因为他们自己，尤其是萨克森人，还要抵御边境来犯的敌人；所以他将目光主要放在意大利的军事力量上。因此他向意大利王国下达命令，所有能够上战场的人都要集结到皇帝的麾下。据说，他想要将所有的意大利士兵都用船摆渡到西西里岛上；如果夺下了卡拉布里亚，他就考虑在海峡上建起桥梁，并通过这座桥向萨拉森人发起进攻。

6月末，帝国议会解散了。人们的心中都有些沉重。克吕尼修道院院长马约卢斯是个圣人，人们相信他能用天眼预知未来。他抓住皇帝的手，对他说道："不要去罗马，你只要踏进罗马城就再也见不到家乡的土地了，你会死在那里的！"但奥托对这样的警告不以为意，他带着伟大的计划，心思已经飞翔得太高太远。德意志王侯们最后一次为他们的皇帝请安祝福，带着他的儿子翻过阿尔卑斯山，回到了家乡。

皇帝从维罗纳出发，穿过曼托瓦前往拉韦纳。这里发生的一件事绊住了皇帝前进的脚步，而且很可能使威尼斯长久以来的自由就此断送。在奥托一世执政末期，威尼斯城与西帝国之间建立了良好的关系。当时掌权的威尼斯执总督彼得罗·坎迪亚诺四世（Pietro Candiano IV）想方设法讨好强大的皇帝，并从他那里获得了对威尼斯自由贸易权的认可。但在威尼斯共和国的人对此却不无担忧，彼得罗·坎迪亚诺赶走了自己的妻子，转而娶了阿德莱德的亲戚瓦尔德拉德（Waldrade）为妻，她是图西亚胡伯特的女儿，这样一来彼得罗与德意志宫廷的关系就更紧密了——人们害怕彼得罗想要借助于萨克森人为他自己的家族夺取威尼斯的世袭统治权。奥托大帝死后，彼得罗与德意志人稳固互信的关系表现得越发明显了，威尼斯共和国中最终出现了一支反对彼得罗的党派。976年8月12日，一场起义爆发了；人们放火烧了总督的宫殿，谋杀了彼得罗以及他与瓦尔德拉德所生的儿子；瓦尔德拉德则与她的继子，也就是格拉多（Grado）的宗主教维塔利斯（Vitalis）一起逃了出去，来到了阿尔卑斯山另一边奥托皇帝和阿德莱德身边，他们两人在这里找到了庇护。坎迪亚诺的反对者们好不容易才掌握了落到手中的权力，他们推举彼得罗·奥尔赛奥洛斯（Pietro Urseolus）成为威尼斯总督。但他很快厌倦了令人充满忧虑的朝政，并于977年9月1日暗中离开了威尼斯城，逃到了加泰罗尼亚（Catalonien）的库桑修道院（Kloster Cusan），并在那里度过了余生，坎迪亚诺家族的人重新获得了完整的统治权。被杀害的总督的兄弟维塔利斯·坎迪亚诺登上了共和国的最高位置；他的侄子，也就是那位格拉多的总主教也回到了威尼斯；但这位新总督没过几年就去世了。随后，一个名叫特里布诺斯·梅莫斯（Tribunus Memmius）的人代替了他，这是一个软弱又见风使舵的人，拉帮结派的贵族之间存在的争端使他完全无力应付。德意志党派的领袖是克洛普利尼（Coloprini）家族，与他们针锋相对的是带领着希腊派系的马罗西尼（Mauroceni）一族。自年轻的皇帝登基之后，克洛普利尼家族就在意大利占据优势地位；但在卡拉布里亚那场不幸的战役之后，马罗西尼那群人就乘虚而入，现在还拉拢了总督；他们已经显示出自己的意图，要重新拉近与君士坦丁堡的联系。在所有这些事务中，奥托都很活跃；为了实现他对西西里岛的意图，他只能依靠已经承认他最高统治权的威尼斯和阿马尔菲，为他提供必不可少的登岛船只。因此，他格外和善地接待了总督派往拉韦纳的使者队伍，不仅认可了与共和国间旧有的协议，而且还与他们结成同盟，巩固了长期以来帝国与威尼斯共和国间关系的基础。每年3月前后上缴的50磅白银及需要呈上的一件外套象征着他们对德意志最高统治权的认可。相对应的，皇帝保证威尼斯人在他的国家之中享有贸易特权。但是，这一切还没有实现，克洛普利尼一派就被他的对手赶出了威尼斯城，狼狈地逃到了奥托的面前。他们向奥托提议，如果能将威尼斯总督头衔授予他们之中的一族，那么就将威尼斯交到奥托手中。皇帝接受了他们的提议，为克洛普利尼一行人提供了资源，使他们能够从陆地方向包围威尼斯城，并在各州传下圣旨，威尼斯人不得在任何地方逗留或进行贸易，他的臣下也不允许踏入威尼斯一步。随后，威尼斯就被从内陆一侧包围了，但要夺取这样一座始终有着水上往来的城市却并非易事。

对威尼斯的围困开始后不久，奥托离开了拉韦纳，向南前往亚得里亚海岸边，要在那里向希腊人开战。8月24日，他抵达了特里尼奥河（Trigno）河畔。27日，他来到了拉里诺（Larino）附近，距离希腊人的边境仅一步之遥。但他并不跨越边境，而是赶往了罗马，本笃七世教皇在那里去世了。在这个至关重要的时刻，皇帝尤其关切的是，他的反对者们不要在罗马惹出乱子，将对他不利的人推选成为教皇。10月，本笃七世去世了，奥托想要提拔帕维亚主教彼得以若望十四世之名登上圣伯多禄坐席。奥托再也选不出比彼得对他更顺从的人了，精通法律事务的彼得先是担任过总理，随后又成为大总理侍奉皇帝，并且他始终作为皇帝的钦差使臣在最重要的国家事务中发挥作用。

在此期间，奥托得到了家乡传来的沉痛消息。皈依了基督教并成了皇帝邑臣的丹麦国王哈拉尔德受到了大批丹麦人的反对；而国王的亲生儿子斯韦恩（Sven）正是领导这场暴动的人，他的矛头同时也直指基督教及萨克森政权。奥托在边境上建起的堡垒受到丹麦人的侵袭，被焚毁了，那里的萨克森驻军也被击败了，贝尔哈德公爵勉强守住石勒苏益格边区，不让敌人踏入国境。紧接着，文登人不仅摆脱了德意志政权的枷锁，还公然恢复了他们旧时的偶像崇拜。暴动是从哈弗尔河畔与奥德河下游的留提曾部族开始的。6月29日，他们带着大军来到哈弗尔贝格城前——他们对其发起了进攻，并占领了这座城市，将萨克森在那里的驻军和主教教会全部消灭了。3天之后的午夜，勃兰登堡遭到了文登人袭击；主教和驻军以最快的速度逃出了城；留下来的那些神职人员中，一些人遭到杀害，还有一些成了俘虏；勃兰登堡第二任主教多蒂洛（Dodilo）的陵墓被文登人挖开，尸身上的贵重饰物被贪婪地夺走；教会的金银器具也被瓜分了。此后不久，奥博德里特恩人也在他们的米斯托伊（Mistui）公爵领导下暴动起来；比起对基督教的敌视他们心中更多的是对萨克森人统治政权的仇恨。米斯托伊先是出现在了米尔德河（Milde）河畔卡尔贝的圣劳伦斯修道院前，并纵火烧毁了修道院。梅泽堡的提特玛尔说："我们的人在文登人面前如同鹿般逃窜，因为他们所做的恶行使人充满恐惧和震惊，但文登人却因此前所受的耻辱而充满勇气。"随后，米斯托伊带着奥博德里特恩人前往汉堡；也对这座城市进行一番劫掠，并在这里点燃了大火。贝尔哈德公爵正在战场上与丹麦人交战，无法抵挡住气势汹汹的奥博德里特恩人对汉堡的侵袭，萨克森几乎是毫无防护地暴露在文登人的攻击之下；但最终，萨克森的王侯们还是拿起了武器对抗他们共同的敌人。北边区的边疆伯爵迪特里希集结起了一支队伍，他管辖的地区是受到侵袭最为严重的；迈森的边疆伯爵利克达格（Rikdag）和卢萨蒂亚的边疆伯爵霍多也加入了他，除了许多其他的伯爵和领主之外，马格德堡的大主教和哈伯施塔特主教也带着他们的士兵赶来支援。众人前去迎击已领着3万兵马渡过易北河、一路洗劫来到丹吉尔（Tanger）的文登军队。两军在这里狭路相逢，德意志军队打了一场漂亮的胜仗，迫使文登人撤回到了易北河对岸。对萨克森的领主们来说，这样似乎就已经够了；战役结束的第二天，军队就解散了。由奥托大帝建起的哈弗尔贝格和勃兰登堡主教管区遭到摧毁，马格德堡大主教管区下属的省份中，近一半都沦陷了；北边区的大部分地区都落入了敌手，德意志人对居住在易北河中游到奥德河地区的文登人的统治遭到了动摇，并且这一地区的偶像崇拜也死灰复燃。

这些消息本就令皇帝十分痛心，更何况许多人将此视为神的惩罚，因为由他伟大的父亲精心建立起来的主教管区轻易地就瓦解了，这就使皇帝的心情更加沉重了。当马格德堡的第一任大主教阿达尔贝特于981年6月20日去世时，野心勃勃的梅泽堡主教吉塞勒（Giselher）就盯上了大主教的肥差，由于他受到年轻皇帝的青睐，又加上他信誓旦旦的花言巧语，他最终成了马格德堡的大主教。然而按照教会规定，是不允许从一个主教管区调换到另一个管区的，因此，吉塞勒为了满足自己的野心和欲望，奥托大帝为了纪念战胜匈牙利人而献祭给圣劳伦斯的主教管区就这样被取消了；按照皇帝的旨意以及罗马宗教会议的决议，取消了梅泽堡主教管区，下属的各机构则被分配到其他教会中去。提特玛尔说："正如一个被俘虏的文登族家庭，家庭成员们被当做奴隶贩卖到各地，梅泽堡教区的组成部分和教会的所有财产也四散到了这里那里。"哈伯施塔特、蔡茨和迈森管区获得了这些"赃物"，吉塞勒将一部分教会接受馈赠的证明文件烧毁了，另一部分改写到马格德堡管区的头上，并借此大捞了一笔。因此，皇帝遭到了重重责难，这并非毫无缘由；人们传说着各种幻象，说圣劳伦斯就要让摧毁他主教管区的人遭到报应。据说，一个虔诚的人曾在预见到皇帝在王侯的簇拥下端坐在皇座之上，而圣劳伦斯似乎来到了集会人群的中间，愤怒地注视着皇帝，将他脚下的银板抽走了。旁边站着的一个人走出来，怒冲冲地问道，是谁敢这样损害皇帝的尊荣，但劳伦斯回答道："如果皇帝不能弥补他对我的侮辱，那我就会将他从皇座上拉下来。"皇帝听到的话，不愿意抑或是不能够使已经发生的事情倒退回去。因此，许多人认为，如果现在不幸在他身上接踵而至，那一定是来自圣劳伦斯的怒意，因为圣劳伦斯如此责难于他。当一个接一个挫折如同神的审判在他身上发生，这样的想法或许也慢慢地渗透到了皇帝高傲的心中。

马不停蹄地奔忙、命运沉重的打击以及不断滋生的忧虑终于击垮了这个年轻人。心中的痛苦开始侵蚀他一向强健的身体。病痛一开始看来微不足道，但他以那种急躁而不耐烦的性格，开始过量服用药物。不适的症状没有消除，反而增强了。他先是流血，随后发烧；没过几天，他就已经完全丧失了康复的希望。他眼睁睁地看着自己的生命就要走到尽头，做出了最后的安排：他将自己所有的钱财分成四份，第一份给予罗马的圣彼得大教堂；第二份交给他的母亲以及他唯一的妹妹玛蒂尔德，象征着他对她们不渝的爱；第三份给了他的将士，他们将对他的爱戴与遵从看得比自己的性命以及国家还重要；最后一份则布施给穷人。随后，他接受了教会对他最后的慰藉。在教皇、多名主教和教士的面前，在他妻子及许多其他亲信的陪伴下，他用拉丁语朗声念出经典中的话语，表达对信仰的忠诚，告解自己的罪孽；在得到赦免并接受了圣餐之后，便辞别了人世。那是983年12月7日。

他在众人的泪水中被埋葬在圣彼得大教堂的"天堂"前廊，圣玛利亚礼拜堂旁边。人们将他安放在一具简单的大理石棺材中，并在其上覆盖了厚实的斑岩石块，据说哈德良皇帝的棺椁也曾是由这块石板阖上的。他的陵墓之上挂着一幅马赛克画，画上描绘的是救世主在使徒伯多禄和保禄之间，正赐予他们祝福的能力，后来他的陵墓又装饰上了由大理石柱组成的纪念碑。人们认为奥托是幸运的，在众多的皇帝之中，只有他在圣使徒伯多禄及其继任者的身边，在基督教最神圣的地方找到了安息之所。一些德意志朝圣者怀着深深的感动来到皇帝的陵墓边悼念他，为他的灵魂而祈祷。

旧时的圣彼得大教堂及其"天堂"早就湮没了，它们所在的地方建立了华丽夺目的新时代建筑，如果有人还想在入口处寻找皇帝的纪念碑，只能是徒劳了。皇帝的骨灰现在安息在教堂的地下室中，人们将之称为梵蒂冈岩洞；在那里，人们还能看到奥托墓碑上那幅引人注目的马赛克画。但那块盖住棺材的斑岩石块被人们制成了圣彼得教堂的洗礼盆，安放在靠近入口的左侧偏殿第一个礼拜堂中。笔者时常伫立在那里，怀想着不幸的皇帝，以及德意志民族随着他一同匆匆而逝的美好时代。那确实是个伟大而美好的时代啊！德意志民族在高贵王侯的带领下，保卫了西方不被野蛮宗族所摧毁，他们不仅将基督教以及所有相关的精神建设都保存下来，而且还在那些此前从未受到文明之光普照的地方传播基督教信仰。

年轻皇帝的离世使人们不禁严肃地思考起了德意志民族的命运。德意志人在他的祖父和父亲领导下获得了多么巨大的权力啊！他们获得一场又一场的胜利；政权的边境不断扩张；看起来，一个与罗马帝国相似的世界霸权又要在西方建立起来了，曾经浮现在查理大帝脑中的理想似乎也终于能够实现了，那就是整个日耳曼-罗马世界能够实现政治和宗教上的统一，并使所有的敌对势力都为自己效力。奥托大帝去世后，人们可能也渐渐感觉到，局势发生了改变，帝国内部频生暴动，权贵们越发张扬跋扈，而帝国的敌人也在边境上蠢蠢欲动。但是，年轻的皇帝还是保住了帝国的权力与疆土，虽然这是通过艰苦的战斗才达成的；在他执政7年之后，他已经能够自豪地说，帝国依旧如同父亲在世时那样强盛。现在，他期望着找到空间，能够好好地继续父亲未竟的大业，进一步巩固帝国的统一，并用武力扩张他的统治政权。当他从希腊人手中夺走了阿普利亚，并在卡拉布里亚向阿拉伯人发起进攻时，人们可能已经相信，他马上就要获得与父辈们相当的胜利了，而所有反抗德意志军队的行动都是徒劳无益的。但是，正如尘世的树木无法生长到天上，所有尘世的势力都有其限制。德意志民族的确在短时间内受到了接踵而至的福报，但厄运却以更快的速度来到了他们的身边。只不过一年，德意志民族不可战胜的威名就在北方和南方消失了；德意志骑士的声望在卡拉布里亚被萨拉森人的刀剑斩落了，而在浩浩荡荡的文登军队面前，易北河对岸萨克森的殖民者们四散而逃。一位帝王的权力沦落在了墓穴之中，而权杖则被交到了一个孩子的手中。——奥托二世活到了28岁，其中有23年作为国王、7年多作为皇帝生活着；在父亲去世之后，他独自执政超过10年。狄奥法诺为他生了4个孩子，3个女儿分别名叫阿德莱德、索菲和玛蒂尔德，而唯一的那个儿子已经在维罗纳被推选为德意志和意大利的国王。之后，按照她们母亲的愿望，奥托二世的女儿们之中，阿德莱德和索菲过上了修道院生活，并最终分别成了萨克森两座大修道院奎德林堡和甘德斯海姆的院长；玛蒂尔德按照自己的心愿，嫁给了洛林王室领地伯爵赫尔曼的儿子厄伦弗里德（Ehrenfried），而她的儿子们后来则在德意志的政治和宗教领域获得了极其崇高的声名。

11. 对奥托三世摄政权的争夺

983年圣诞节，按照父亲的安排，4岁的奥托三世在亚琛由美因茨大主教维里吉斯（Willigis）和拉韦纳大主教约翰加冕。王侯们还流连于加冕礼结束后的宴饮之中，噩耗就从罗马传来了。庆典就这样突然中断了！欢欣鼓舞瞬间被悲叹恸哭取代。所有人都哀悼着这位无所畏惧、充满男子气概的皇帝，在他最鲜活的年纪，在这样一个困苦的时刻，帝国失去了他；即使那些曾在帝国全盛时期羞辱、指责过他的人，现在也认识到，他是这个民族的守护者，是对敌人的震慑。

每个人一定都能真切地感受到，当时的局势是多么艰险！四周都包围着恶毒的敌人，内部的暴动在几年前才勉强被镇压下去，这样一个由伟大统治者的个人力量和直接管辖建立起来的帝国似乎只因这个人而维持着和平与统一，现在却要将它从那只有力的手中交到一个孤立无援的孩子手中。怎么办呢？如果帝国的各个部分分崩离析，正如早在以前就显示出的倾向那样；如果德意志各宗族作为一个民族的理念，虽然经过奥托家族的精心扶植，依旧扎根不深；如果在激烈战斗中好不容易击退的蛮族再次涌入德意志的土地，战胜分裂的帝国，该怎么办？当然，皇权统治的理念不可能不留痕迹地完全消失，它对这个时代的影响已经太深太强；但问题是，皇权是否会由不利于德意志民族的势力夺得，而如果德意志人自己保住了皇权，那么他们又能在多大程度上留住它原本的影响力和权威。这是在孤注一掷——而统一、自由、德意志民族的疆土和势力都系于输赢之上。

对任何一位德意志王侯来说都毫无疑问的是，那个在维罗纳被一致选出、在亚琛郑重接受加冕和涂油仪式的孩子就是德意志和意大利名正言顺的国王，并且只有他才有权得到皇帝的冠冕；但可能也有一些人认为，这个受到加冕的孩子没有能力行使王权与皇权，而这个国家需要一个未对这个孩子宣誓效忠的人，必须选出另一个国王。由于违背誓言是被德意志人所不齿的，这种想法并没有被大多数王侯所接受，很快，所有人的注意力都集中到了一个问题上，谁来为小国王摄政，该将国家朝政托付到谁的手中。

无论是国家法律，还是传统习俗都没有为这个问题给出一个明确的答案。最早的时候，在德意志宗族内是由最近的男性亲属为年幼的国王摄政的，但后来人们常常不依照这个规矩，而是将朝政交给国王的母亲或是王国贵族。拜占庭帝国的政治结构对西方帝国影响很大，通常都是由国王的母亲为年幼的儿子摄政，或是由她指定一个共同执政者。当时人们似乎从未想到过一个由宗教和世俗王侯共同组成的摄政朝廷，所以人们的意见很快就只在两种可能性中摇摆，不是由皇帝的母亲狄奥法诺，就是由受到放逐和刑罚的巴伐利亚公爵亨利作为关系最近的堂兄弟来执掌朝政。如果狄奥法诺摄政，可以预想得到，她是能够维持住当年的局势的；而若是将亨利送上国家权力的第一把交椅，就相当于要彻底改变德意志内部的权力关系。反对狄奥法诺的原因是，她是个女人，并且还是希腊血统；而亨利则是皇室家族的亲戚，并流着德意志人的血。狄奥法诺必须为她儿子的权力和地位而斗争；她害怕，亨利只会利用摄政的机会，为自己夺取王位，何况他与他的父亲一样，早在之前就已经试图将手伸向王冠。

还没等王侯们做出最终决定，亨利就提出了对摄政权的要求。收到皇帝去世的消息后，乌得勒支主教福克马尔随即就结束了对亨利长达5年的监禁。许多他旧时的追随者又来到他身边，在他们的支持下，他于984年年初来到科隆，小国王正在大主教瓦林的看护下停留在那里。大主教将小国王交给亨利，并公开宣布亨利作为法定的摄政王及帝国的代理行政官。当时亨利的意图就已经十分明显，他想要在摄政的表象下为自己赢得整个国家的统治权，但是他还缺少足够的支持者。他旧时的朋党们又得势了；通过贿赂和承诺，他又争取到了新的人马；有一些人是因为反感希腊女子执政才倾向他；其他人则认为，女人或是孩子都无法将这个国家从现在的窘境中拯救出来，而只有像亨利这样强大的男人才有可能做到。尤其是洛林的主教们，他们立即就公开表明支持亨利；除了科隆的瓦林之外，特里尔的大主教埃克贝特也站到了亨利的阵营中，虽说他是由奥托二世提拔上来得到大主教的最高尊荣的。科隆和特里尔反对皇帝子嗣的主要原因似乎是，执行加冕礼的是拉韦纳大主教，而不是他们。这几位大主教对亨利的支持虽然极其重要，但梅斯主教迪特里希其后也选择了亨利的阵营，这对赢取国家权力来说是个更大的筹码。迪特里希是皇室家族的亲戚，在先皇生前受到他的信赖，对他所有的意图和计划都很清楚，但他却怀着愤怒离开了在罗马服丧的皇后。我们不知道，她怎么羞辱了这位心高气傲、精明能干的主教，但可以肯定的是，他才刚刚来到阿尔卑斯山另一边，亨利就用金钱与承诺轻易地将他拉拢到了身边。自此之后，迪特里希以各种方式毁坏皇后在德意志的声名。他试图用无耻的诽谤来掩饰自己的恶意背叛，他不仅指责狄奥法诺轻浮的生活作风，甚至还说她看到德意志人的失败幸灾乐祸。他传出谣言，说皇后嘲笑德意志人的英勇轻易地输给了希腊人的计谋。

但是，亨利并未就此赢得整个洛林的支持。一些主教比如列日的鲁特格、图尔的吉拉德（Gerard）以及康布雷的罗特哈德，他们软硬不吃，而且一个由奥托二世提拔起来的洛林伯爵支系还站出来反对亨利，对他的处境构成了极大的威胁。这个支系的首脑就是戈德弗里德伯爵，去世的先皇授予他凡尔登的世袭伯爵头衔，并将阿登境内富裕的埃诺分封给他；同样的，戈德弗里德的儿子阿达尔贝罗也受到皇帝的恩泽得到了凡尔登主教管区。这样一来，凡尔登城内全部的宗教及政治权力，连同凡尔登下属的管区都被这个家族掌握在手中。出于感恩以及忠诚与尊荣赋予他们的使命，戈德弗里德和他手下的人支持着奥托二世皇帝的遗孀和儿子；然而，他们家族的势力主要在法兰克王国。在奥托大帝的影响下，戈德弗里德的兄弟阿达尔贝罗早在969年就成了兰斯大主教；他在那里的神职人员中进行了一场大改革，立下了功劳；但是，由于法兰克王国局势一直动荡不安，所以比起那里的傀儡国王，他从那时起就与德意志强大的统治者保持着更多的联系。奥托二世进军巴黎时，阿达尔贝罗就公开加入了反对洛泰尔国王的阵营中，并以各种方式向德意志军队提供方便；因此，他很可能勉强维持着自己作为大主教的尊荣，在皇帝与洛泰尔和解之前一直生活在恐惧担忧之中；虽然他眼下已经安全多了，但他对皇帝及其儿子许下了不可打破的忠诚誓言，再次将他的命运与奥托王朝紧紧地联系在了一起。皇室家族权力瓦解的那天，大概也就是这个在法兰克王国获得高位的德意志人权势的末日了。这明白地解释了，为什么戈德弗里德和阿达尔贝罗兄弟俩马上成了亨利最强硬的反对者，尝试在洛林拉拢人们反对亨利，并劝说那些摇摆不定的人们保持对皇室的忠诚。

在这个过程中，有一个人为他们立下了汗马功劳。这个人虽然是法兰西人，但他却对德意志民族的命运产生了重大的影响；他出身卑微，但凭借卓尔不凡的内在品质获得了世界上最高的荣耀；并且，他凭借学识所获得的声望远比那些尊贵头衔赋予他的声名更加响亮。这个人就是吉尔贝尔，对于他早年的经历，我们在此只能用几句话简略带过。

大约在950年，吉尔贝尔出生在奥弗涅（Auvergne）。他很小就进入了欧里亚克（Aurillac）的圣吉拉尔德修道院（Kloster S. Gerald），并在僧侣生活中成长起来。还是个孩童时，他就在这里接受了良好的教育，学习了拉丁语法，并在机缘巧合之下，得到了一些学科的学习机会，而这些学科在西方几乎已经被遗忘了。967年，巴塞罗那的博雷尔（Borrell）伯爵在朝圣途中来到了吉尔贝尔所在的这座修道院；修道院院长和修士兄弟们从他那里听说，西班牙边区对学术研究非常重视，尤其是数学、天文学以及音乐理论这些学科被认为是与生活息息相关的，对这些学科的研究在西方完全沉寂了，但通过与阿拉伯人的接触又被振兴起来；他们请求伯爵将自己求知若渴又天资聪颖的修道院兄弟带到西班牙去。于是，吉尔贝尔就陪着伯爵回到了西班牙，并进入了维克（Vic）主教哈托的学校中，而哈托是当地极富盛名的好老师。吉尔贝尔很快就在以上学科中有了非常杰出的成果。虽然他似乎不懂阿拉伯语，但他找到了阿拉伯语书籍的拉丁语翻译，他通过这些翻译学会了阿拉伯语的数字体系；并且，是他首先将波埃修（Boethius）和比德（Beda）流传下来的早期希腊数学家的研究成果与这一数字体系结合起来。几年后，吉尔贝尔又有幸得到了前往罗马的机会——970年，博雷尔伯爵在哈托主教的陪同下前往罗马，主教选择了这个天赋异禀的少年作为他的随从。当时吉尔贝尔的学识已经为他获得了人们的敬意，教皇若望十三世很赏识这位年轻的僧侣，并向奥托大帝推荐了他。皇帝很想将这个学识渊博、前程无量的年轻人留在自己的宫廷中，但由于吉尔贝尔再三请求让他回到法兰克王国完成他的学术研究，皇帝也就顺遂了他的愿望。在人们当时教授的七门自由学科之中，吉尔贝尔只差一门辩证法就能完成所有学业了。兰斯的辩证学声名在外；吉尔贝尔因此来到了兰斯，那里的大主教阿达尔贝罗成了他的贵人和挚友。很快，吉尔贝尔就从学生变成了老师；兰斯也在阿达尔贝罗和吉尔贝尔的共同努力下成了法兰克王国首屈一指的学校；吉尔贝尔的名望吸引着四面八方的学生纷至沓来。980年圣诞节，大主教前往意大利，并让他博学的挚友吉尔贝尔陪同他；他们在帕维亚遇到了年轻的奥托皇帝以及他朝中的众臣，其中也有学识渊博的奥特里克（Otrik），他是当时最受推崇的德意志学者，被称为"萨克森的西塞罗"，多年来为马格德堡修道院学校争光无数。吉尔贝尔与奥特里克长久以来因为辩证学上的争议问题而不和，现在有了面对面较量的机会，而且由于皇帝陪同他们前往拉韦纳，他们的较量还是在皇帝的见证之下进行的。最终，吉尔贝尔成为这场争斗的胜者。他借此获得了皇帝极高的赞赏，以至于皇帝试图将他长期留在自己身边。吉尔贝尔获封上意大利富饶的修道院管区博比奥（Bobbio），其中也包括那里的伯爵领地；这样一来，这位来自欧里亚克的僧侣加入了意大利的帝国王侯行列，并向皇帝许下了邑臣誓言。受到这些世俗尊荣的影响，吉尔贝尔沉湎于新获得的成就之中，但没过多久，他的身边就充满了仇恨嫉妒他的人；他意识到，只要他强大的资助者一死，他的修道院管区就不再安全了。于是，他在983年就逃离了那里。他在帕维亚与阿德莱德皇后告别之后，回到了他的朋友阿达尔贝罗身边，而阿达尔贝罗也敞开怀抱迎接他的到来。由于他还希望在合适的时机回到富足的博比奥管区去，所以他完全没有放弃自己的利益，同样也为了他朋友的利益，驱使着他站出来反对亨利。很快有学者能像他这样，在世俗事务中如同在学术领域中一样，也展现出难以置信的热忱与灵活，对任何事物都很快吸纳接受，能够看透所有的利益关系，并使精神力量的源泉永不枯竭，即使是无数的零散事务也无法耗尽其精力。吉尔贝尔在兰斯完成学业，随后以教师的身份活跃政坛，他始终不间断地与德意志和法兰西王国的大人物们保持着联系；他信件中的一些留存至今，这些信件的对象来自四面八方，而他同时还亲自往来于洛林以及法兰西北部省份的城市之间，建立与推动重要的协商。但他当时所有的事务主要是由阿达尔贝罗领导的，而且都是出于同一个目的，那就是使洛林反对亨利，并保住奥托三世。

阿达尔贝罗和他的追随者们担心，洛泰尔国王会支持亨利，那样的话，他们就会陷入两难的境地，无法摆脱对手地控制了。然而就在这个时候发生了所有人都没有预料到的事：洛泰尔公开表示反对亨利，要求自己作为年幼国王的叔叔获得摄政权，并且坚决地拒绝亨利的插手。虽然他这样做的目的也不外乎是要通过所谓的摄政权换取亨利对洛林的放手，但他在表面上放弃了所有对洛林的要求，既没有争夺侄子的王位，也没有要介入德意志王国成为共治君主。不论戈德弗里德、阿达尔贝罗和他们的追随者是否相信这些承诺，他们都不得不在亨利和洛泰尔中间做出选择，因此他们随即抛开顾虑站到了洛泰尔一边，而从这一刻开始，洛泰尔也认为自己在洛林的势力大大增强了。恰恰在当时他的家庭中洋溢着前所未有的和谐，这也给了他诸多助益；他不仅与他的兄弟也就是下洛林公爵查理和解了，而且还与堂兄弟于格·卡佩及其兄弟们结成了友盟。于格·卡佩的姐妹贝娅特里克斯当时替她的儿子迪特里希行使在上洛林的公爵权力，因而对关键问题有着重大的影响。大多数洛林的权贵都将洛泰尔作为他们名正言顺的国王，对他许下了效忠的誓言，由于兰斯大主教阿达尔贝罗看起来与洛泰尔站在同一战线上，所以他们甚至也向他送去人质作为自己忠诚的证明。就连特里尔的埃克贝特也改变了说辞，不再支持亨利，而受到众人轻视的梅斯主教迪特里希则完全避开了这些世俗的争斗；各个党派都对他避之不及，他不久之后就悲惨地死去了。

亨利对洛林的所有权还没有稳固下来，整个局势就突然间改变了。但他足够聪明，看透了洛泰尔的意图；因此他派了一名说客来到洛泰尔身边，向他保证，如果他放弃摄政并且把莱茵河以东的土地留给他，那么他就会将洛林拱手让给洛泰尔，同时他也要求尽快与洛泰尔进行一次会晤；他会在2月1日亲自前往莱茵河畔的布莱萨赫。洛泰尔同意了亨利的提议，与他签订了形式上的协议，并与自己已经成为继承人接受加冕的儿子路易一起来到布莱萨赫。但是，亨利却爽约了；恐惧已经笼罩在他的心间，他害怕，在他公开将洛林拱手让给西王国的同时，自己所有的支持者也会离开他。洛泰尔完全有理由对亨利的缺席不满，所以他们之间的联盟虽然没有完全瓦解，但也已经松弛了。

洛泰尔想要拥有洛林，现在已是路人皆知；因此，正如他们极其迅速地许下诺言一样，国王一派的人很快就打破了誓言。洛泰尔也是险些没能从布莱萨赫逃出来。国王一派的人马在洛林各地举起武器，阿达尔贝罗落到国王手中，被困在了兰斯，由于他的处境万分危急，他甚至试图在暗中与亨利和解。现在，洛泰尔只有通过战争才能夺取洛林。3月初，他便领兵向洛林发起进攻，并首先将矛头指向凡尔登。但阿达尔贝罗的兄弟戈德弗里德英勇地镇守着自己的城市，在遭到围城两周之后，才不幸沦陷落到了法兰西人的手中。在一次突围的过程中，戈德弗里德、他的儿子弗里德里希以及他的叔叔齐格弗里德被俘虏了。洛泰尔继续深入上洛林腹地，戈德弗里德的儿子们成了国王人马的最大阻碍。而当洛泰尔将矛头指向下洛林的时候，他们也是守护那里的中坚力量。在洛泰尔侵袭了康布雷和列日的辖区之后，他返回了自己的王国。凡尔登留在了洛泰尔手中，被俘的伯爵们也被他押解回国；除此之外，他的这次侵袭并没有留下任何长期的后果。

亨利将洛林留给洛泰尔，他自己则来到了萨克森。一开始，他在这里并没有遇到大的阻碍，尤其是神职人员纷纷表示支持他获得摄政权。曾经受到奥托二世的偏袒和恩泽而登上高位的大主教吉塞勒也站到了他这边。在复活节前的星期日，亨利将萨克森所有的宗教及世俗大臣都召集到马格德堡，召开了一场地方议会，之前的成功鼓舞了他，他在这里毫不隐瞒地将自己的意图公之于众——从小国王手中夺取冠冕，并将之佩戴到自己的头上。然而，他并没有获得预想中的赞同；人们不敢公开支持他罪恶的计划，一些人向他承诺，如果小国王能够解除他们已经许下的效忠誓言，那他们就会拥护亨利，但仍旧有不少的人不齿于这种出尔反尔的行为，并在暗中疏远亨利，秘密寻找资源与途径，帮助小国王摆脱亨利的毒手。

　　与此同时，亨利则鲁莽而轻率地向他的终极目标前进。他在奎德林堡过复活节时，摆出一副国王的架势，让手下的人称呼自己为国王，并让他的老盟友波西米亚的波列斯拉夫和波兰的米奇斯瓦夫向他许下邑臣誓言；就连奥博德里特恩王侯米斯托伊也来到他面前，宣誓拥护于他。但是，亨利如果认为以龌龊手段赢得的政权已经稳稳地掌握在自己手中了，那么他就大错特错了。

　　复活节之后，萨克森的大贵族们就在离沃尔芬比特尔不远的黑森堡（Hesseburg）聚集起来。贝尔哈德公爵（也就是凡尔登的戈德弗里德的内兄弟）、北边区的边疆伯爵迪特里希、王室领地伯爵迪特里希及他的兄弟齐格贝特、艾卡德（他是已经去世的迈森边疆伯爵君特的一个儿子，当时由于个人的功绩已经成了图林根最有威望的人物之一）、梅泽堡伯爵比奥（Bio）和艾泽科（Ezeko）都在其中。他们中的一部分从前就与亨利有私仇，一部分是王室家族忠诚的追随者，而亨利则企图将原本的王室家族从统治权中排挤出去，这是他们所不允许的。他们在黑森堡聚集起来之后，举行仪式拒绝了亨利，并且重新向年轻的国王宣誓效忠。亨利听说了这个集会之后，立刻带着一队武装侍从从奎德林堡出发了，因为他感到，如果不能好言相劝赢得这些人的支持，那他就只能用武力粉碎这股势力了。他来到戈斯拉附近的维尔拉王室领地时，距离黑森堡只有三英里了，他将乌得勒支主教福克马尔先行派到了集会的王侯们身边，让他尝试用花言巧语说服他们。然而，福克马尔在途中就遇到了萨克森的王侯们，他们带着远多于亨利的军事力量攻来了；他好不容易才制止他们继续行军，并与他们达成了短暂停火的协议。他们约定了一个日期，那一天亨利要亲自现身，协商和解事宜。

　　萨克森的神职人员为亨利的夺位制造便利条件的同时，萨克森的世俗贵族们挫败了他的计划。亨利眼看着自己不得不离开这里，前往别的德意志州寻找庇护之所。他首先来到了巴伐利亚，这里是他出生的地方，之前还作为公爵统治过这里。他不顾自己已经遭到革职，以巴伐利亚领主的姿态出现在这片土地上，而所有的主教也的确热情地将他作为公爵和国王迎接。巴伐利亚的一些世俗权贵也支持他，但即使这样，他要在这里得到广泛的认可，还是差得太多了。小亨利公爵不会听凭他的堂兄弟第二次夺走他的公爵领地，这一次，他明确地捍卫着王室权力，因为这也是他自己的权力。这两个亨利在巴伐利亚展开了一场内战，这场争斗的走向想必对篡位者非常不利，因为他很快就离开了巴伐利亚，来到了法兰克碰运气。人们看到，亨利的运数已尽。

　　比起巴伐利亚，亨利在法兰克和施瓦本的希望就更加渺茫了；当时王室家族最为忠诚的追随者都在这里，而且他们对年轻奥托的忠诚从未动摇过。这些人中就有奥托二世去世前不久被提拔为施瓦本公爵的康拉德，以及无论时代如何动荡始终在王室事宜上正直不阿的美因茨大主教维里吉斯。康拉德公爵的家族是从法兰克崛起的，并在那里定居，因此他在法兰克与在施瓦本有着同样的影响力；维里吉斯的教会辖区从美因河畔一直延伸到阿尔卑斯山区。当科隆、特里尔和马格德堡的大主教背叛了年轻的国王，当大多数德意志主教都与亨利串通一气，当没有人敢于公开与之对抗时，国内首屈一指的教会王侯坚决地支持法定的国王，并想尽一切办法保全他的王位，这毫无疑问是具有非凡意义的。因为维里吉斯的影响力不仅仅局限于法兰克和施瓦本，而是囊括了整个国家。他可以说是所有正义追求的中心，并且他的影响力超出德意志的疆界，辐射到了法兰克王国和意大利。他始终与兰斯的阿达尔贝罗，与吉尔贝尔，与所有在洛林为国王而战的人保持着紧密的联系；他以各种方式支持着忠诚的萨克森王侯们，并将自己在萨克森和图林根的所有邑臣都派去参加黑森堡的集会；同时也是他将这一切消息带到仍在阿尔卑斯山另一边逗留的狄奥法诺和阿德莱德耳边，并让她们召集萨克森的忠士们迅速赶到莱茵河边，如果她们还想为皇子保住统治权的话。

　　然而这个维里吉斯是谁呢？这个让亨利的所有诡计都落空，为国家保住了名正言顺的国王，并在其后使亨利的儿子登上王位的人是谁？这个在数十年之久的时间里不间断地影响着德意志民族命运的男人是谁？他出生于布伦瑞克地区的小镇舍宁根（Schöningen），他的家庭虽然卑微，但他的父母到底还拥有人身自由，并对这个天赋极高的孩子寄予了巨大的期望。他的母亲怀孕时曾看到幻象，一轮光芒万丈的太阳似乎从她的肚子里诞生出来，熊熊燃烧的光热照亮了整个世界。维里吉斯接受的是神职人员的教育，他凭借自己的洞察力和随机应变的能力脱颖而出，被奥托一世召入宫廷之中，并收入了总理议事厅。他在这里勤勉工作，始终保持着对奥托大帝及其儿子的忠诚。奥托二世极其信任维里吉斯的宗教造诣，所以当975年美因茨大主教之位空缺出来时，他便将这一大主教管区交给了维里吉斯，并同时任命他为德意志各州唯一的大总理。后来的传说将维里吉斯的父亲描绘成一名造车匠人，而一个手工艺人的儿子登上了大主教之位，这使美因茨的教会领主们非常愤怒，为了羞辱他，他们用石灰在他家的门上画了车轮子，并写上：

> 维里吉斯，维里吉斯，
> 想想你出身何处。

但是，维里吉斯丝毫不以自己的出身为耻，他还将车轮的图形加入自己的纹章之中，而美因茨的纹章红色背景上的白色车轮也正是源自于此。这件事是后世毫无根据的揣测，但可以肯定的是，皇帝选择维里吉斯成为大主教受到了极大的反对。朝中大臣们认为，让一个非贵族出身的人坐上德意志主教的第一把交椅是不合适的，何况之前在这个位置上的还是一位皇子；但年轻的皇帝不在意这些反对，而且结果也证明，他做出了多么正确的选择。维里吉斯手握国家政治与宗教要务，不仅对皇帝本人忠贞不贰，而且还为他的儿子取得了王位，使他能够在亚琛接受加冕。按照吉尔贝尔的话来说，正是维里吉斯"从饿狼口中救下柔弱的羔羊，并将之送回其母亲身边"。

亨利前往法兰克时，人们定下日期，要在距离沃尔姆斯及黑彭海姆（Heppenheim）不远的比森施坦特（Bisenstätt）召开一场会议。亨利和他的追随者们出现在了会议现场，与他面对面的是维里吉斯、康拉德公爵及法兰克的权贵们。亨利说尽了好话，想要动摇法兰克人的决心，但维里吉斯和康拉德对小国王的忠诚是不可动摇的，而且他们的坚定还感染了那些摇摆不定的人，最终，法兰克的权贵们一致决定，只要奥托三世还有一口气，就决不违背对他的效忠誓言，并举起武器对抗篡夺王位的亨利。亨利没有料到自己会受到这样强烈的反对；他感到自己无力抵抗法兰克人；丧失了所有勇气的亨利甚至放低姿态，他许诺会于6月29日在莱拉（Rara）［可能是沃尔姆斯附近的格罗斯-罗赖姆（Groß-Rohrheim）］再召开一场会议，他会亲自出席，并将在那里将小国王交给他的母亲和他的忠臣们。

这是亨利遭受的第一场大的挫败，并几乎终结了他狂妄的计划。大主教维里吉斯的坚定不移，法兰克王侯们的一致反对，同时也是洛林局势的转变使亨利完全泄了气。

亨利仍然与洛泰尔国王暗中勾结在一起，而洛泰尔国王已经再次整装待发，要对洛林发起进攻。然而，洛泰尔的反对者们已经在洛林和他的国内悄悄行动起来，他们与于格·卡佩及其兄弟达成一致，离间了洛泰尔与其堂兄弟的联盟；这样一来，于格·卡佩的姐妹，也就是上洛林伯爵夫人贝娅特里克斯加入了洛泰尔反对者的阵营，通过她，法兰克王国卡佩家族的成员与德意志王室党派建立起了紧密的联系。在这一过程中，吉尔贝尔再次立下了汗马功劳，虽然这一次更多的是为了大主教，而非小国王的利益。5月11日，洛泰尔将他在法兰克王国和洛林的追随者们召集到贡比涅（Compiegne），目的就是就要向洛林进发，打响大战。正在这时，一个意想不到的消息传来了，于格公爵带着600名骑士正向这里疾驰，要阻止洛泰尔的这场集会。洛泰尔的追随者们一听，顿时乱成一锅粥，而他与亨利寄予厚望的这场进攻也只好作罢。小国王似乎在洛林也打败了亨利。

在同一时间，亨利在萨克森的党派也逐渐瓦解崩溃了。国王一派与他达成的停火协议时效已过，而且，虽然亨利信誓旦旦地做出过承诺，却并没有出席约定的集会。因此，国王一派再次拿起武器，向一座名为亚拉（Ala）的城堡发起进攻，因为这座城堡是属于亨利在萨克森最忠诚的支持者之一埃克贝特伯爵的。城堡被占领了，被埃克贝特囚禁在此的奥托二世的长女阿德莱德也重获自由。随后，国王的人又将矛头指向了威尔汉姆伯爵，他也是亨利的同谋，而他在魏玛的城堡也遭到了围困。亨利看到自己的朋友们在萨克森生活在水深火热之中，于是决定赶去帮助他们；然而，他却发现所有在南部和西部进入萨克森的道路都被封锁了，他别无选择，只能前往布拉格找到自己的盟友波列斯拉夫公爵，希望能在他的帮助下从东侧的迈森边区进入萨克森。亨利在一支波西米亚军队的陪同下一直行进到奥沙茨（Oschatz），他在那里与自己的支持者会合，并继续前进。波西米亚军队在回程中利用诡计夺下了迈森的城堡，波列斯拉夫非常看重这座位于公爵领地边境上的堡垒，随后便亲自来到迈森，占领这座城堡；他为了拉拢居住在周围的文登人，甚至驱逐了那里的主教福尔科尔德（Volkold），并由此暂时消灭了由奥托大帝建立起来的这个修道会。从中已经昭然若揭，斯拉夫王侯们支持亨利篡位是出于多么自私的意图。

国王的人一听说亨利重新回到了萨克森，就马上向魏玛进发，前去迎战。在一个被称为伊特利（Itteri）的地方，双方狭路相逢，国王的人马驻扎下来，打算第二天以超出亨利的军事力量向他发起进攻。亨利感到自己无论如何都是无法与他们抗衡的，于是派出大主教吉塞勒作为说客去到他们那里，但已经没有用了，他们的人马遍布萨克森，亨利如同瓮中之鳖。但他们答应亨利，如果重新向国王宣誓效忠，在莱拉将小国王交给他的母亲，并同时放弃除梅泽堡、瓦尔贝克和弗洛萨（Frosa）之外所有在萨克森的城堡，那么就确保他和他的随从们能在萨克森自由通行；随后，人们将他带往梅泽堡，他的妻子吉瑟拉已经在这里等候多时了。他向自己的朋党们宣布，放弃争夺王位，并遣散了他们；他感谢他们对他的支持与忠诚，只请求他们出席在莱拉召开的集会，好让他不至于像个众叛亲离的人，孤立无援地落入敌人手中。

在此期间，皇后狄奥法诺也来到了阿尔卑斯山这一边。她刚一听说亨利上台，得知自己的儿子被她的敌人控制住了，就将罗马城的最高指挥权托付给了忠心不二的教皇，离开这里前往帕维亚。皇太后阿德莱德还在帕维亚行使她作为伦巴底王国执政官的权力，她的女儿玛蒂尔德也在她的身边。由于阿德莱德与洛泰尔及亨利关系很近，所以现在她对狄奥法诺及其儿子的态度显得至关重要。虽然在她心中也想要支持那两个人，但对孙子的爱，对法定国王的爱，还是更胜一筹，使她忘记了与狄奥法诺之间所有的嫌隙；她温柔地接受了媳妇，安慰她并真心地与她联合起来，为保住小奥托的王位而努力。随后，皇太后与皇后将维里吉斯召来德意志，而她们自己也与玛蒂尔德一道翻越阿尔卑斯山；她们取道勃艮第，阿德莱德的兄弟康拉德国王，同时也是亨利的岳父，加入了她们的阵营；接着，她们又穿过了施瓦本，康拉德公爵陪伴着她们。就这样，她们准时于6月29日来到了莱拉会议的现场，并欣慰地看到，她们所有的支持者都聚集到了这里，并且他们决定，如果不能维护法定国王的统治权就为他忠诚就义。亨利也真的来到了莱拉，这一次他没有食言，他带着小国王以及一支人数众多的随从队伍。这显然是一场名流云集的会议，不仅是德意志的世俗及宗教权贵，还有意大利和西法兰克王国、勃艮第和斯拉夫地区的大人物都济济一堂，人们都真切地感受到，西方的未来就取决于即将做出的这个决定。

会议商谈的细节我们不得而知，但可以肯定的是，亨利没有就此轻易地举手投降。传说，激烈的辩论持续了很久，双方互不相让，直到一个天兆突然改变了场面上的局势。人们看到正午明亮的天空上有一颗星星在闪耀，它被认为是小国王的吉星；所有人，无论世俗之人还是神职人员都唱起赞歌，开始激烈地反对亨利，不再徒劳地反抗天意。就这样，亨利无奈地将小国王交还给他的母亲和祖母，放弃了国王头衔，并遣散了所有拥护他的王国邑臣，郑重地解除了他们的义务。所有人都得到了谅解，亨利的岳父康拉德以及其他许多德高望重的大臣都为亨利说情，于是他也得到了一定程度的原谅；人们甚至给他留下了希望，说他也许可以取回世袭的巴伐利亚公爵领地，虽然在这段时间一直保持忠诚的小亨利是不会轻易被革职的。

就这样，人们在宣布承认狄奥法诺作为其子的摄政王和国家的代理行政官之后，就解散了会议；那些尚未处理的事宜就留待在比森施坦特召开会议时再做商讨。皇太后与皇后前往萨克森，她们在那里将小国王交给霍伊科（Hoiko）伯爵接受骑士教育。亨利则来到了巴伐利亚，这时，比起整个国家，他的心思已经更多地放在了他旧时的公爵领地上。

小国王的统治权已经赢取了许多砝码，但并非所有的危险都已经被清除了。与亨利签订的停火协议时效只到比森施坦特会议召开当天，而他已经在身边集结起新的军事力量了，想要至少为自己夺取一个公爵领地。他仍与洛泰尔国王勾结在一起，而洛泰尔由于成功地与于格·卡佩和解了，再次将目光瞄准了洛林。他的兄弟查理带着许多洛林权贵来到洛泰尔的宫殿中，表示愿意侍奉洛泰尔。于是，他在于格·卡佩及兄弟查理的支持下，装备起一支队伍，准备向东法兰克进发。但是幸亏被于格·卡佩的姐妹贝娅特里克斯挫败了。这时，她已经与她的兄弟分道扬镳了。对奥托三世来说幸运的是，梅斯主教迪特里希于9月7日去世了，死前对自己的行为后悔不已；富裕的梅斯主教管区少了一位主教，贝娅特里克斯于是为她的小儿子阿达尔贝罗谋求这一职位。她轻松地说服了阿德莱德与狄奥法诺，于是离开了她兄弟的阵营，转而与国王一派完全联合起来，并且她也为这一派立下了大功。她不辞辛劳地将狄奥法诺所有在洛林的反对者都策反到她们这边，并使那些摇摆不定的人成为她们坚定的支持者。这样一来，洛泰尔的计划以及亨利寄托在洛林的希望彻底落空了。

在比森施坦特召开会议的日子到了，这场会议也被称为沃尔姆斯会议，因为参会的人们似乎在这两座相邻的城市中都进行了会谈。10月19日，皇太后与皇后带着小国王来到沃尔姆斯，亨利也现身会场，几乎所有法兰克和洛林的权贵都悉数到场加入对国事的商讨中。会议很快就进行到了这一步，那就是所有洛林大臣重新向年轻的皇帝宣誓效忠。众人心中明了，亨利已经无法再构成任何威胁了，所以相比从前，他们对亨利夺回巴伐利亚的要求更加不在意了；亨利在沃尔姆斯完全没有办法贯彻自己的意图，于是他在此后不久再次发动了军事行动。在他与小亨利之间再次展开了对巴伐利亚公爵领地的争夺，但最后，为了国家的和平，这场争夺由一位赫尔曼伯爵调停了。在这场争斗中没能胜出的小亨利宣布，如果保全他的克恩顿及意大利边区，那他就会放弃巴伐利亚的公爵领地。985年年初，皇太后与皇后带着国王逗留在法兰克福时，亨利来到了他们的面前，心情沉重，在众人的面前承认自己犯下的错误，悔不当初，并请求得到宽宥。他双手合十向小国王许下邑臣誓言，并承诺以不可动摇的忠诚侍奉他之后，他重新得到了巴伐利亚的领地，并且堂堂正正地作为国王的近亲登上了公爵之位。

接下来的复活节，皇室家族是在奎德林堡度过的；在这里，萨克森、施瓦本、巴伐利亚和克恩顿的公爵们都在桌边侍奉着小国王，正如奥托大帝在亚琛接受加冕时一样；波列斯拉夫和米奇斯瓦夫也出现在了宫廷中，波西米亚公爵和波兰公爵跪倒在这个孩子面前，向他许下邑臣誓言。只有与洛泰尔国王的关系尚未厘清，因为他不愿意交出戈德弗里德伯爵和凡尔登城；但是，伯爵夫人贝娅特里克斯已经在洛林营造出了和谐的局面，再也不用担心洛泰尔会将洛林从德意志王国分裂出去了。国家内部的和平就此建立起来了，对外部的防御也维持着，小国王稳稳地坐在父亲的王座之上，希腊皇帝的女儿则作为摄政王对西方王国行使着皇权统治。

亨利公爵走上了他父亲年轻时曾走过的老路，而他最终也与父亲得到了同样的结局，并且同样也意识到，除了臣服于神所指定的王者，其他的道路都是没有好下场的。他后来的整个人生以及他的离世都表明了他是真心悔过。人们很快忘记他"强辩者"的别名，转而将他称为"和平者"；在接下来的一段时间中，德意志各州之中没有哪里比巴伐利亚更和平了，而人们也将亨利赞颂为"州父"；10年后，他临死之前告诫自己的儿子："切勿和你的国王与君主作对！我曾那样做了，现在悔不当初。"

亨利将自己行动的失败看作神的裁判，而当时的德意志民众也是这样认为的，他们唱道：

> 亨利公爵想称王，
> 天上神明不遂愿。

但是，人们要是仔细考虑为何形势会有这样的发展，那么主要还是维里吉斯大主教的人格魅力起到了决定性的作用。一个下萨克森自由农民的儿子，始终秉持着两位奥托皇帝所践行的国家统一的理念，向一位狂妄而精明的王侯发起了挑战，而这位王侯还是许多皇帝、国王和公爵的后代，时势也似乎对他的意图极为有利。在这样的情况下，他还是彻底战胜了这位王侯，而这位骄傲的王侯不得不在这个萨克森农民之子的面前深深悔过。然而，在这场斗争中支持维里吉斯的神职人员很少——至少在萨克森、巴伐利亚和洛林，他们最初都是站在亨利一边的。维里吉斯获得的支持更多地来自德意志的世俗贵族，大多数地区的尘世贵族在最短的时间内就站起来捍卫法定君主的权力了。虽然一些小转折凭借的是战场上的运气，但并非整个事件，就连最重要的那些事情都不是由此决定的。如果认为在那个时代，所有是非都用拳头来辨明的，每一个关系到国家利益的决定都要依靠外部的军事力量，那就错了。诚然，在10世纪上半叶，在我们现在谈论的这个时代中，统治世界更多的是依靠外部力量而非政治理念或是军政的结合，但是人们已经非常明白，精神对世俗利益有着多么巨大的影响，人们也已经认识到，有一种政治能够使精神资源为其目的而服务。如果有人读了吉尔贝尔在那个时代写下的书信的话，那他很快就会明白，曾经在查理大帝时代受到广泛接受的那种更高的政治观念，在这时重又复兴起来了，由此也诞生了一种治国艺术，那就是追随着理想的目标，并时刻牢记，不依靠精神力量是无法达到这目标的。在那些岁月中，什么没有被考虑到或是考虑透彻，有多少是做错和做得不够的呢？实际上，人们争夺王位用得更多的是言与理，而非刀剑啊！历史作者几乎不可能将所有纷繁复杂的线索一一辨识清楚；许多细节直到我们将维里吉斯与吉尔贝尔的信放在一起比较阅读，才变得明晰起来。

清楚的是，德意志民族以及一个德意志人自己的王国的理念完全占了上风，高于所有个人、阶层和宗族的利益；斗争的结果决定了德意志的王权统治，如果它没有使各方利益的调和变得不可能的话，本可以发展成世袭的王权，因为奥托三世及其父亲的王权极大程度上还是基于世袭的权力，而非来自权贵们的认可和推选。德意志王权、德意志王国以及德意志民族的存在，是亨利一世、奥托一世及奥托二世政权的伟大成果，即使是在奥托二世死后那样动荡不安、危机四伏的时代，也无法动摇这一成果。无论现在是不是由一个孩子和一个希腊女人，掌管着原本需要由德意志男性凭借全部力量和极高威望支撑起的朝政，德意志各州及德意志各宗族仍团结在一个王国之中。

但是，德意志王国并不是独自挨过这段风雨飘摇的岁月的，还有德意志王国与意大利的联系，以及由此而来的德意志民族的罗马皇权——这是至今为止历史发展的另一项重大成果。虽然奥托三世在罗马接受加冕成为皇帝还要等上10多年，但皇权并未因此消失，而是一如既往由摄政政府行使着。因为这一权力已经不仅仅基于教皇的加冕之上，而是更多地基于意大利王国与东法兰克王国的联系，而意大利王国对它来说已经是不可分割的一部分——正如人们后来说的那样，皇权统治来到了德意志民族和法兰克王国中间。奥托王朝的统治在意大利扎下的根要比人们想象得更深；尤其是这个民族的习俗风气得到了提升，人们已经开始意识到有序的状态能带来怎样的积极效用。由此才能解释，当德意志王国陷入严重的党派斗争中时，虽然有各种威胁，但他们始终没有尝试过，通过一致的暴动从异族的枷锁中挣脱出来。人们可以感到，国内的氛围与勃艮第统治时期完全不同了。

　　奥托二世最后的心愿，将意大利与德意志王国更加紧密地联系到一起，并在赶出希腊人与阿拉伯人之后收服整个半岛，这些愿望不得不被放弃；人们能够保住过去几十年中夺取的土地，就已经足够了。但是，完成这一目标的过程却是出人意料的。当时，由于内部斗争，阿拉伯人在西西里岛的势力被削弱了，阿布卡欣也打消了他们的士气，所以他们除了对意大利大陆进行零星的劫掠，就不敢再有别的行动了，这大概是德意志人的幸运。而拜占庭帝国几乎白白浪费了重建下意大利统治权的绝佳机会，而对他们这样有利的形势可能再也不会出现了。虽然希腊军队当时没有花费多大的精力就重新占领了阿普利亚和卡拉布里亚，但这个东方帝国的战果却完全没有持续性的效力；他们甚至没能使伦巴底的王侯重新臣服于君士坦丁堡的皇帝脚下。在贝内文托和卡普阿，局势还保持着奥托二世离开时的样子，潘杜尔夫和兰德努尔夫掌控着这里。萨莱诺的形势倒的确是有所改变，由于曼索公爵在奥托二世执政末期承认了他在萨莱诺及阿马尔菲的最高统治权，阿马尔菲的市民们首先暴动起来反抗曼索公爵，萨莱诺的伦巴底民众紧跟其后，并且萨莱诺人将一个伦巴底贵族，兰伯特的儿子约翰推上了王侯之位，完全独立于东方帝国的统治，而德意志政权后来也曾尝试获得对该地的统治。曼索没能重新夺回萨莱诺，但是他再次得到了阿马尔菲的所有权，他在表面上重新归顺于君士坦丁堡，然而在实际上是个自由独立的王侯。奥托二世死后，西方帝国对那不勒斯和加埃塔的统治尚未巩固，因此两地也重新回到了希腊帝国的手中。但在这里，希腊人的势力也只是表象，因为就连那些小城邦也都享有极大的自由和独立。这样一来，奥托二世的战败与去世虽然解除了希腊势力在半岛上所受的威胁，但这给东方帝国带来的战果非常有限，或者说根本没有；相反的，奥托一世通过与"铁头"潘杜尔夫在下意大利的联盟建立起来的所有关系依旧保存了下来。

当然，有较短的一段时间，希腊人的影响力似乎要再一次辐射罗马城内。狄奥法诺刚刚离开罗马，10年前不得不向德意志派系服软的波尼法爵，这位反对派的教皇就于984年4月从君士坦丁堡回来了；他用希腊人的钱在罗马城中拉拢了一批支持者，控制住了教皇若望十四世，并将他关押在圣天使堡中，使得若望于4个月后在狱中惨死。在此期间，波尼法爵篡夺了教皇之位，但他登上教皇宝座不到一年，985年7月，他就带着所有罗马人的咒骂和憎恶悲惨地死去了。德意志一派并没有通过他的死马上占据上风，权力还是留在了支持波尼法爵回来的那批人手中，而这批人也曾经在克莱欣蒂斯公爵的带领下反抗过奥托二世；现在领导着他们的是克莱欣蒂斯的儿子，他名叫约翰·克莱欣蒂斯，他假借大贵族的名义统治着罗马城。大贵族是皇帝在意大利和罗马的执政官，但约翰·克莱欣蒂斯认为自己是谁的执政官就很难说了，因为他并不承认东方帝国的皇帝，而他与德意志宫廷的关系也完全含混不清；看上去，他想要自由地统治罗马，正如曾经的埃尔伯利希那样。当时的罗马人将若望十五世选为教皇，他是一个罗马教士的儿子，我们不得不认为，这个决定是未经狄奥法诺许可的。若望十五世毫无作为地在圣伯多禄的座席上待了十余年，大多数时候，他只是克莱欣蒂斯手中顺从的工具，就连神职人员也不重视他，因为他根本不关心教会的好坏，他一心想着的，只有他和他手下的人如何利用教会的收入中饱私囊。在罗马又显现出对德意志政权的反对情绪，并再次从西方帝国中孤立出来的同时，在图西亚和伦巴底却完全相反，那里的人们连想都没有想过要改变当前的政治局势。掌管图西亚的是奥托二世执政末期被任命到这里的于格公爵，他现在积极地为小国王效力，而在伦巴底的主教，他们曾受到奥托王朝极大的恩惠，现在也通过与王室家族建立紧密的关系来维护他们的既得利益，并由此获取新的特权。他们感到，比起孤注一掷地与德意志人斗争，将自己的身家性命寄托在前景不明的纷争上，还是这样对他们更有利。当时，伦巴底贵族中的绝大多数都已经成了主教们的邑臣，要对他们尽邑臣义务，并且也同样地受到王室家族的约束。国王尚且年幼，这对主教们在意大利北部城市中权威的进一步发展是极有助益的，却不至于使当下的局势发生深刻的改变。在这里行使王权的是国王的祖母阿德莱德，是奥托二世将执政权交到了阿德莱德手中，而阿德莱德大多数时候都居住在帕维亚。在最近这段艰难的时光中，阿德莱德的威望能在人们心中保持不受动摇，很大程度上都要归功于过去几十年的积累，在那几十年中人们一直都将阿德莱德视为这里真正的国王。

威尼斯在奥托二世末期受到战争的威胁，并遭到围城，现在奥托二世死了，这座城市所有的担忧也很快烟消云散了。克洛普利尼家族放弃了围城，并试图获得许可回到威尼斯城中；阿德莱德徒劳地为他们努力了许多年，直到988年，威尼斯才重新接纳了这些难民。威尼斯共和国与奥托二世签订的协议经过了更新，威尼斯人重新每年缴纳50磅银子和一件外套给王室宫廷作为贡品。

12. 希腊女子狄奥法诺执政西方帝国，于格·卡佩登上法兰西王位

一个希腊皇帝的女儿掌握着西方帝国的朝政，与此同时她的兄弟们则坐在君士坦丁堡的皇座上，这真是命运奇妙的安排。几个世纪以来的发展使拉丁基督教世界与希腊世界在宗教与政治生活上的差异越来越大，而这一差异越是深刻，这个年轻的异国女子，机缘巧合之下来到西方世界权力巅峰，要完成她的使命就越发困难。

正如事实显示的那样，奥托皇朝的所有统治都是基于统治者个人品质的；只有强大而深刻的人格才能掌控这一统治权，并利用其资源达成伟大的目标。尤其是现在，德意志政权四面受敌，许多往昔的胜利果实重又流失了，在这样的局势下，就更加需要一股不同寻常的强大力量。然而，这些需要最杰出的男子凭借全部精神力量才能完成的使命，现在却要由一个娇生惯养的女子来承担。更何况，这个女人在德意志和意大利都缺少人民的支持与爱戴，而那些本地王侯又乐于看到，西方民众由于宗教与政治差异对希腊人产生的偏见全都落到她的身上，乐得听到关于她生活作风轻浮的流言和恶毒的传闻四处传播，这样就不难想象，狄奥法诺为其子摄政，身上背负的是何等的重量。但她已经准

备好了，为了完成丈夫未竟的事业，为了为儿子保护父辈们的国家，她什么都敢做，什么困难都不惧怕。既然西方缺少一个皇帝，那么她就下定决心，自己登上这个皇位，并且将奥托皇帝们所拥有的所有权力全都为自己和孩子争取过来。她巾帼不让须眉，稳住朝廷的笼头，并运用自己耳濡目染学习到的治国之术执政了整整7年。梅泽堡主教提特玛尔没有理由奉承她，但他是这样评价她的："她是一个谦恭但又坚定的女人，虽然她无法摆脱性别带来的弱势，她与大多数希腊人不一样，过着模范般的生活，而且还以男子般的强大和警醒，看顾着她的儿子和国家，打压那些张扬跋扈之人，提拔那些怀才不遇之人。"这一评断打消了当时及其后对这个杰出女性所有恶毒的诽谤，并让人们看清了她的真实面貌。早先人们就指责她，说她在内心还是个希腊人，没有为德意志民族做过任何事；但事实是，她为了她的第二故乡赋予她的义务几乎忘却了自己旧时的祖国，并且从没有为了君士坦丁堡和她的兄弟们而牺牲掉西方帝国的利益。

狄奥法诺不得不首先将目光放到文登边区，这里的所有土地都沦陷了，必须不惜一切代价重新树立帝国在这里的尊严。巧合的是，迪特里希和利克达格这两位边疆伯爵的去世使北边区和图林根边区无人照管。迪特里希和利克达格都留下了子嗣，但是这些儿子不是尚未成年，就是没有能力在这样一个非常时刻守护这片土地，所以边区没有交到他们手上。北边区被托付给了来自瓦尔贝克家族的洛泰尔伯爵，而图林根边区则交给了艾卡德，他的父亲君特曾管理过这个边区。在这样险恶的局势下，她没有将帝国邑产分封给当权者的世袭继承人，她不惧怕由此引起的仇恨，这就充分证明了她的坚定。同时，她还做出了另一个重大的变革。在迪特里希担任边疆公爵时，地位比一般边疆伯爵要高，而面对文登人的各边区尚且保持着一定程度的联系，但现在这种联系完全消失了。迪特里希的继任者洛泰尔现在所处的位置是与艾卡德以及边疆伯爵霍多一样的。而霍多自978年提特玛尔伯爵死后就管理着包括卢萨蒂亚边区在内的整个东部边区。所以从这时起就有三个边区防御着文登人：北边区、东边区或称卢萨蒂亚边区以及迈森边区，它们各自独立，并归属于萨克森公爵领地；这些边区都采取旗帜采邑（Fahnlehen）的形式，直接由国王管辖。

　　狄奥法诺这样安排了边区的局势之后，一支德意志军队于985年攻入了文登人的土地，并从各个方向发动了进攻，但是这支军队并没有获得什么大的胜利。与北边区相连的叛乱地区仍没有收复；德意志政权在下卢萨蒂亚保留住的土地稍多一些，而这次的进军似乎是特别针对这里的；德意志人最主要的成果是在迈森边区重新巩固了他们的权威，可以从这里监督波西米亚与上卢萨蒂亚的形势。能在这里获得较大的成功，尤其要归功于艾卡德。艾卡德的父亲是曾经的图林根伯爵君特，奥托一世在格罗死后分割了图林根的边区，除维格贝特和威格尔之外，边区的一部分就移交给了君特，但奥托二世时，君特遭到贬谪，被革除了官职。随后，艾卡德与他的父亲一起随奥托二世前往意大利；他的父亲在对抗阿拉伯人的血腥战役中牺牲了，而艾卡德则凭借忠诚的骑士事迹赢得了皇帝的青睐。艾卡德载誉而归回到家乡，并在这里迎娶了萨克森公爵贝尔哈德的姐妹斯瓦娜希尔德（Swanehild），也就是富裕的边疆伯爵提特玛尔的遗孀。这时，艾卡德已经成了图林根地区最有威望也最为富有的人之一，而他在多灾多难的984年保持对狄奥法诺的忠诚，这就有着极其重要的意义。他的忠诚得到了报偿，他不仅取回了父亲的边疆伯爵领地，之前由利克达格掌管的整个图林根边区也全部交到了他的手中。艾卡德豪迈的气概、虔诚的信仰以及骑士精神都无愧于他高贵的出身和他所处的高位；在他的性格与行为之中可以看到老边疆伯爵格罗的影子，只不过他是施瓦本族人，在奥托一世那个时代，他还不甚懂得神对他的限制，并敢于放眼于更高的位置。当时的迈森边区正需要艾卡德这样一个人，因为事实很快就证明了，波西米亚公爵波列斯拉夫向小国王投诚只是假象。波列斯拉夫认为自己还占有着迈森，坚决拒绝交出这块土地，于是在986年，一支萨克森-图林根军队不得不向他发起进攻。小国王亲自陪同这支军队攻入波西米亚，并将这片土地大肆侵袭了一番；这次的征程摧毁了波列斯拉夫的46座堡垒。在接下来的987年，德意志军队第二次讨伐波西米亚，波列斯拉夫最终不得不向国王投降。波列斯拉夫交出了迈森，艾卡德占领迈森，他在易北河畔建起城堡，并以此巩固了德意志人的政权；主教福尔科尔德回到迈森，这样一来，至少有一所奥托大帝设立的主教管区重振起来了。这一切成就主要归功于艾卡德的干练，他在接下来的时间里也一直压制着波西米亚公爵，并多次降服上卢萨蒂亚的米尔岑人（Milzener），艾卡德的威望也在与日俱增。很快，所有图林根伯爵都对他心悦诚服，并将他推选为公爵；国王将艾卡德大部分的邑产都改为了他的私产，并由此使他的地位几乎高于所有的王国邑臣。

眼下，波西米亚公爵波列斯拉夫能够消停下来，狄奥法诺还要感谢另一个机缘。当时除了东部的波西米亚公爵，波兰人中已经崛起了一支新的斯拉夫王侯势力。正如波列斯拉夫一世曾经那样，米奇斯瓦夫通过与德意志人的紧密联系也增强了自己的势力。现在，他试图通过侵略扩张自己的领地。波西米亚人是他危险的竞争对手，而他支持德意志人对抗波西米亚人，也只是为了自己的利益而已。因此，他于985年协助德意志军队对抗文登人。也因此，他于986年多次增援小国王在波西米亚的军队，而他的这些付出也获得了报偿，波列斯拉夫不得不将奥德河畔的西里西亚（Schlesien）地区割让给了米奇斯瓦夫。这个波兰人的目光已经锁定了克罗巴迪亚（Chrobatien）①，也就是当时属于波西米亚人的克拉科夫周围的地区，为了夺取这片土地，他先从另一边入手，将文登人的波美拉尼亚到波罗的海沿岸的区域都收归自己的统治；他还是小国王最殷勤的侍从，但他同时也已经打下一个新王国的基础，不久之后就会对德意志政权构成威胁。

德意志政权在东部虽然遭受了一定的损失，但整体来说还是保持得非常良好，而在北部，政权之前一段时间起就没有得到巩固，现在彻底沦陷了。上文已经提到过，在卡拉布里亚那场不幸的战役之后，丹麦人是如何暴动起来反抗老国王"蓝牙"哈拉尔德这位基督教的朋友、皇帝的邑臣的，而领导这场暴动的正是国王自己的儿子斯韦恩。父子两人在海战中针锋相对，因为丹麦人最擅长的就是在船上作战。先是在日德兰半岛的岸边，随后又在西兰岛（Seeland）附近的海域展开了残酷的战斗；得胜的仍是儿子，父亲则被迫逃往约姆斯堡，也就是他年轻时在希维纳河口建起的那座城堡，并由此向文登投降。哈拉尔德早就放弃了这座偏僻的城堡，在他离开之后，这座城堡时而被这批维京人，时而被另一批维京人所占领，而这些人都是为了在波罗的海进行一番劫掠而来

---

① 又称白克罗地亚（Weiß-Kroatien）。——译者注

的；这座城堡还时常被作为安全的避难所，供那些遭到流放或正在逃亡的北方子弟使用，其中就有帕尔纳托齐（Palnatoke），他是来自菲英岛的探险者，他在这些人中建立起了一支独特的武装队伍。只有经过严格的考验证明了自己的勇气，才会被接纳成为这支队伍的成员；这座城堡不允许女人进入，没有帕尔纳托齐的命令，任何人不得在城堡外逗留3日以上；违反任何一条章程都会被逐出联盟，但监管章程的人就是帕尔纳托齐本人，没有他的命令和旨意，任何行动都是不允许的；对于这些约姆斯堡的人来说，懦弱是最大的耻辱，只要说出一句害怕的话就已经是罪过了；他们共同分担危险，同样也分摊夺取的战利品，他们发誓彼此之间如同亲兄弟一般荣辱与共。帕尔纳托齐的王国就是广阔的海域，他与他手下的人当时还是异教徒，于是他率领着他所有的船只支援斯韦恩对抗其父亲。这样一来，约姆斯堡在哈拉尔德与斯韦恩战斗期间人去楼空，被另一群维京人轻而易举地占领了。领导这批人的是奥拉夫·特里格弗斯森（Olaf Tryggvason）[①]，他是旧时挪威王室的后裔，他童年时就被雅尔哈康从他父辈的国家中赶了出来，在陌生的罗斯维京人中成长起来，并在那里皈依了基督教。他几乎还是个孩子时就已经开始闯荡世界，他饱经历练，要夺回父辈的王国。他带着许多战船来到海上，首先就牢牢占领了约姆斯堡。这时，逃亡中的老哈拉尔德找到了他，并得到了他的援助，得以再一次与他忘恩负义的儿子开战。在海尔根涅斯（Helgenæs），可能是在博恩霍姆岛（Bornholm）沿岸，这对父子展开了第三次对战。这场战役并没有决出胜负，战斗的双方都厌倦了这种长时间的对立，想要和解，于是他们决定在第二天商讨具体事宜。当老国王来到指定的地点，出于对他对手的信任，他不加防备地从树林中通行，但就在这时，帕尔纳托齐从树丛中一箭射中了哈拉尔德。这位年迈的英雄带着伤回到了约姆斯堡，985年11月1日，他在这里去世了。他的尸体由他的将士们带回了罗施尔德（Roschild），按照基督教习俗，尸身没有被焚烧，而是被安放在了由他命人用木头建起的圣三一教堂（Dreifaltigkeitskirche）中。哈拉尔德的死成了丹麦王国历

---

① 即挪威国王奥拉夫一世，原文表述为特里格弗之子奥拉夫（Olaf Tryggves Sohn）。——译者注

史上永远的血腥污点，百余年后，当斯韦恩·艾斯特里德松（Sven Estridson）[①]
国王向不来梅的亚当大师讲述这个故事的时候，他说："是弑父的罪行使斯韦恩
陷入毁灭的深渊，而我们这些他的后代依旧在为此赎罪。"

　　哈拉尔德的死使基督教会在丹麦处于不利的境地，德意志人的影响力也
在很长一段时间内减弱了。很快被人们称为"八字胡"的斯韦恩就露出了真实
面目，虽然他在年幼时受过洗礼，但他成了基督教和基督徒凶残的迫害者。奥
胡斯和欧登塞的主教管区不久之后就完全瓦解了，里伯和石勒苏益格的主教管
区也变得有名无实。或许还有基督徒留在丹麦，但是教会组织在他们中间已经
无法存在了；基督徒对自己的信仰感到害怕，而旧时在树林中进行仪式的诸神
崇拜又复兴起来了。大主教阿德尔达格为平息斯韦恩的怒火所做的一切努力都
是徒劳的，而这位在异教徒中传教的年迈使徒最终将遗憾也带进了棺材中。但
是，斯韦恩的罪行还是得到了惩罚。随着哈拉尔德的倒台，北部宗族旧时的海
盗生活又盛行起来，其势头比以往更甚了，他的政权无法得到巩固。约姆斯堡
的人都是斯韦恩的敌人；他们侵袭他的王国，并两次抓住了他。丹麦人不得不
两次营救他们的国王；此后不久，他要出兵摧毁约姆斯堡，刚来到海上，他就
在自己的军中第三次成了约姆斯堡的俘虏，约姆斯堡方面要求的赎金很高，丹
麦的妇女们将自己的首饰都带来，才第三次将他们的国王救了回来。斯韦恩受
到手下人的嘲笑，说他是他们用钱买来的奴隶，此后不久，瑞典国王埃里克
（Erich）向斯韦恩的王国发起进攻，并在多场海战中战胜了他，他甚至对自
己的王国置之不理，带着自己的船来到陌生的海域，停靠在陌生的海岸，在那
里开始了冒险生活。他想找到一个自由的地方，但迟迟都没有找到。无论是在
挪威还是英格兰的海岸，人们都拒绝接纳他。最终，他在苏格兰找到了栖身之
所。提特玛尔说："他用安全和平静换取漂泊与流浪，用和平换取战争，抛弃
生养他的王国投入异族的怀抱，抛弃神明而投奔恶鬼。"斯韦恩年复一年以苏
格兰为据点干着海盗的勾当，而其中受害最深的就是他从前的王国；他幸灾乐
祸地看着自己的人民受苦，感到自己终于扬眉吐气，这些人现在该看到了，他

[①]　即斯韦恩二世，又译斯文二世。——译者注

不是待售的奴隶，而是个自由的人；以前他们若是以拥护他为耻，现在他们就得与他为敌，好好认识一下他王者之怒的重量。

现在瑞典和丹麦的国王埃里克还是异教徒，但他并没有像斯韦恩那样恶毒地迫害基督徒，阿德尔达格的继任者大主教利本提乌斯（Libentius）试图将阿德尔达格的精神延续下去，大胆地将一位名叫博珀的神职人员作为和平使者派到了国王面前。博珀顺利赢得了国王的青睐，他通过烈火的考验，正如第一位博珀①一样，劝服了埃里克，使他接受了洗礼。从此以后，传教事业又欣欣向荣起来，而在这一过程中，两个丹麦人尤其值得一提，他们富足而高贵，都是王室的亲戚。两人都叫奥丁卡尔（Odinkar），彼此间是叔侄关系，都在不来梅接受教育。叔叔在菲英岛、西兰岛、斯科讷和瑞典传教，侄子则被任命为里伯主教。而在此时，石勒苏益格也迎来了和平使者博珀担任那里的主教。但是，这些传教士的成果并没有维持很久，因为埃里克不久之后就重新回归了异教信仰。只有像奥托一世那样的征战，才可能为传教事业注入强劲的生命力，然而国王尚且年幼，从德意志王国方面获得这样的支持是不可想象的。埃里克不承认他的政权依赖于德意志王国，贝尔哈德公爵也无暇顾及其他，只能在丹麦人进攻时守住石勒苏益格边区而已。

虽然北方的冲突需要狄奥法诺投入许多精力，但她当时最关注的还是西方，在那里发生了出人意料的事件，从本质上改变了西方世界的局势。

986年3月2日，洛泰尔国王英年早逝，他的儿子路易五世继位。路易在先前就已经作为共治君主接受过加冕。这位新国王刚刚脱离了少年的稚气，能力有限并且性格软弱，需要有人指导。一开始的时候，他似乎想要将所有的领导事务都交给他的母亲艾玛，也就是阿德莱德皇太后的女儿。洛泰尔直到生命终结都在为自己的大计操劳着，始终怀着希望，想要趁着奥托三世尚且年幼，将卡洛林王朝的势力重振起来，因此从未与德意志王国和平相处；凡尔登还在西法兰克人手中，兰斯大主教阿达尔贝罗的兄弟戈德弗里德伯爵也仍在狱中。艾

---

①　即上文所述，966年，一个名叫博珀的神职人员为了哈拉尔德国王相信自己的话，握住一根用火烧红的铁棍走了很长一段距离，但却毫发无伤，也就是这里所说的"烈火的考验"。——译者注

玛意识到，如果不与德意志王国和解，就无法保住她儿子的政权，更何况，她还怀着对于格·卡佩及她的内兄洛林的查理这两个宿敌的仇恨。因此，与德意志的摄政朝廷达成和解成了她唯一的追求，她期待自己的母亲阿德莱德能为此牵线搭桥。当然，在这种局势下，她也不能缺少兰斯大主教阿达尔贝罗及其忠诚的帮手吉尔贝尔的支持。这样一来，整体的局势发生了彻底的变化。阿达尔贝罗出人意料地重新在宫廷中赢得了最高的威望，而于格·卡佩及其追随者则感觉受到了压制。艾玛要求尽快与母亲见面，两人的会晤定于5月18日在雷米雷蒙进行；她承诺一切都按照阿德莱德的建议进行，同时，大主教阿达尔贝罗则与狄奥法诺皇后协商和解事宜。这场集会是否真的举行了，我们不得而知，但即使举行了，它的成果也必定十分有限。因为此后不久，路易宫廷中的局势就又发生了转折。有人对国王说艾玛破坏婚姻誓言，与拉昂主教阿达尔贝罗有染，并同时将兰斯大主教形容成一个叛徒，这位稚嫩而轻信的王侯听信了谗言，心中充满了对母亲的怀疑。这时的路易完全投入了于格·卡佩的怀抱，并威胁要动用武力讨伐兰斯大主教。大主教阿达尔贝罗承诺，要公开为所有的指控做出辩护，这才避免了遭到对手的攻击。最终定于3月27日召开国家议会解决这些争端。但是在此期间，阿达尔贝罗找到了狄奥法诺皇后，将发生的一切都告诉了她，请求她给予支持，并承诺将吉尔贝尔派到她的身边。艾玛被从她名正言顺的位置上赶了下来，便写信给她的母亲，信中满是动情的控诉，她只能期待阿德莱德的救援了。狄奥法诺也没有袖手旁观，她切实地参与进去，召集起一支军队，向路易的王国进发。这使年轻的国王感到了压力，他开始倾向于与德意志王国达成期盼已久的和解，并与母亲重归于好。洛林的公爵夫人贝娅特里克斯是于格·卡佩的姐妹，同时也是阿德莱德信赖的挚友，她来到了贡比涅；这一次她也充分证明了自己是个懂得随机应变的调解人，她成功地让路易与他的母亲重归于好，并为两人约定了与皇太后阿德莱德、洛林公爵查理以及于格·卡佩的兄弟勃艮第公爵亨利的会晤，这次的会晤将为两国的和平共处定下基调；5月25日，这场会晤在蒙特福孔（Montfaucon）举行了。在这样的情况下，阿达尔贝罗要为自己辩护的那场国家议会被叫停了，而对他的审判程序也被推迟了。然而，阿达尔贝罗和吉尔贝尔的未来仍然渺茫；他们担心，狄奥法诺与阿德莱德之间融洽的关系显然已经再次瓦解，对于在她不知情的情况下签订的协议，狄奥法诺恐怕会拒不接受，并因此重新进行和平谈判。实际上，各方都极其希望能够调解好这些纠纷，因此谈判很快就达成了一致。5月17日，蒙特福孔的会议还没有召开，路易与狄奥法诺就签订了和平共处的协议。王后艾玛与大主教阿达尔贝罗也与他们在法兰克王国及洛林的敌人和解了，其中也包括下洛林公爵查理；阿达尔贝罗的兄弟戈德弗里德伯爵终于得到释放，凡尔登也回归了德意志王国。这样一来，西法兰克王国似乎终于建立起了稳定的局势，它与德意志的关系也得到了长效的调整。然而，一个突如其来的噩耗又给这一切画上了问号。

和平协议签订后没过几天，987年5月21日，国王路易在桑利（Senlis）殁去了，他还未满20岁，也没有留下任何继承人。是一个不幸的事故导致了大量出血，并很快夺取了国王的生命。现在，查理大帝家族的男性后裔只剩下洛泰尔国王的私生子阿努尔夫以及洛泰尔的兄弟下洛林公爵查理了，阿努尔夫已经投身神职阶层，当时生活在拉昂，而查理则有两个年幼的儿子。阿努尔夫的出身和阶层都将他排除出了王位继承人之列。毫无疑问，查理公爵是法兰西王位唯一的合法继承人，并且他也毫不犹豫地提出了对王位的要求。但不幸的是，他的处境使他很难真正地行使继承权。很长一段时间以来，他都是德意志王国的邑臣，并且他与家乡的关系也已经生疏了。他的婚姻在人们眼中也并非门当户对，因为他所娶的女人是于格·卡佩侍从的女儿——所以他儿子们的继承权也受到了质疑。此外，没有法兰西权贵们的同意，他是没有希望登上父辈的王座的，何况这些人中还有许多是他的反对者；于格·卡佩的所有追随者都反对他，因为于格·卡佩似乎也在觊觎着王位；国王的母亲艾玛，她的威望在过去一段时间有所提高，她和她的朋友们也反对查理，因为他无情地迫害过她和她的亲信拉昂主教阿达尔贝罗。最后，查理长期以来还一直与兰斯主教阿达尔贝罗处于敌对态势，而阿达尔贝罗本来是该将王冠戴到他头上的人。虽然对他来说还面临着很大的困难，但他还是希望能将它们一一克服。他随即前往兰斯，并试图拉拢大主教。阿达尔贝罗要求他与之前的支持者们分道扬镳，因为他身边的都是些劫掠教会、用心险恶的歹徒。查理回应，他的处境更需要他结识新的朋友，而不是摒除旧的支持者。阿达尔贝罗认为，如果那样的话，他是不可能成为一位好国王的。最终，阿达尔贝罗将这个想法告诉了国内的大臣，没有他们的赞同，查理就什么都不能做。

对查理来说，这次的商谈毫无收获，因为实际上于格·卡佩已经赢得了大主教的支持，大主教已经对他有了义务。人们在贡比涅安葬路易国王的尸体时，到场的大臣也对国家的局势进行了分析。在国王生前提出的、对阿达尔贝罗的叛国指控仍悬而未决，但在这场权贵云集的会议上，对于格·卡佩来说首要的事务是打消所有对阿达尔贝罗的审判，并与这整个事件保持距离。他对王侯们说："放弃所有对阿达尔贝罗大主教的怀疑，向他展示出作为国内最高主教的敬意。承认他的正直、他的睿智、他的高贵，给他应有的尊重。"同时，于格还在其他王侯的赞同下，让阿达尔贝罗负责谋划国家的未来。大主教随即行动起来，将国内王位继承的问题提上了议事日程。他说，人们必须做出选择，由于大臣没有全部到场，而这个选择又关系到所有人的幸福与安宁，所以有必要推迟会议，好让所有人都出席这场全国性的集会，能够参与到决策中去；现在到场的人应当先行向"大公爵"许下誓言，承诺不在这次集会之前达成任何协议或为了自己的目的有所行动。所有人都接受了这个提议，向于格许下承诺后各自离去了。显然，无论大主教和于格公爵从前的关系多么对立，他们现在完全站在同一战线上：于格向往着王位，而阿达尔贝罗，这个由奥托大帝提拔登上兰斯大主教之位的洛林教士，则想要给法兰克王国带来一位由选举产生的国王。

选举的日子很快就到了。6月，那些在贡比涅向于格宣过誓的王国邑臣和主教遵守他们的誓言，再次会集到一起。国内的权贵并没有全部现身，但人们并没有过多犹豫，即使这样也结束了这项事宜。按照兰斯僧侣里舍尔（Richer）的描述，集会开始后，阿达尔贝罗"看公爵的脸色"开始讲话，他解释道：他清楚地知道，查理在国内有一些追随者，他们认为他对王位有继承权，但他要反驳他们，法兰克的王位不该由继承权来赢得，而应当通过选举，并且除了贵族出身之外，还要有杰出的品格才能够被选为国王；这段描述告诉我们，来自名门望族的王侯往往是由于自身的无能而丢了尊严，被别人夺去位置的，而代替他们的往往是与他们出身相当或是不如他们尊贵的人；查理一生的作为都显示出，他配不上国王的头衔。此外，他成了异国国王的邑臣，娶于格公爵侍从的女儿为妻，也使得他与王位无缘；公爵是绝不会向这样一位王后低头哈腰的；查理受到这样的贬低不能责怪其他人，而完全是他自作自受。阿达尔贝罗说："如果你们想要将这个国家推入毁灭的深渊，那就选择查理；但如果你们为这个国家的幸福而考虑，那就让杰出的于格公爵成为国王。"所有与会的人都对阿达尔贝罗表示赞同，一致选择了于格。随后，7月3日，于格在兰斯从阿达尔贝罗手中接受加冕成了国王。里舍尔说："从此以后，于格就在国内王侯们从旁建议下，下达国王的号令，订立法律并对一切事务做出调整。"但显而易见的是，他所行使的王权与卡洛林王朝是不同的；它基于国内各大邑臣的选举，而选举出的人是与他们一样的邑臣，所以选举几乎没有给当选国王的人赋予任何权力。所有的王室邑产本来就已经是世袭的了，就连主教领地中的一部分也是由王室邑臣分封的。因此，王国大臣们意愿给予于格、让他能够自由行使的权力并不是对他们进行统治，而是与他们共同进行统治；其实，他只有在自己的公爵领地内才是个国王，即使在他的兄弟勃艮第公爵亨利的领地上，或是在他内兄诺曼底公爵理查德的领地内，他的权力都是受到限制的。于格很清楚自己的权力有着怎样的局限性，并因此保持着极大的谨慎；他对待那些身居高位的邑臣完全像同僚一般，他从不在他们面前摆出国王的架子。但是，他虽然行动上极其谨慎，但在精神上却没有放弃那些伟大的事业，他所追求的，是要将王权长久地留在自己的家族之中。

可以预见得到，于格登上王位还将引发巨大的纷争，因为他既没有在国家内部得到整体的认可，也没有得到狄奥法诺的认同，尤其是洛林的查理不可能不加反抗地放弃王位。实际上，查理很快就领兵向法兰克王国发起了进攻，并夺取了拉昂，那是当时国内防守最严的王室领地，之前的国王一直对这里十分重视。王太后艾玛在拉昂城中，她能深刻地感受到查理心中的愤怒；她与自己的亲信拉昂主教阿达尔贝罗都被投入了狱中，无论用怎样的请求和承诺都不能说服查理释放他们。紧接着，于格便出兵争夺拉昂，但这城池固若金汤，无法一击即破。

　　内战在法兰克王国爆发开来，谁会成为这场战争的胜者，似乎取决于狄奥法诺以及德意志王国的军队会支持谁。大主教阿达尔贝罗不仅一直以来与奥托家族保持着紧密的联系，他甚至向他们许下过誓言，对他们有尽忠的义务，并且至今为止，他仍在一定程度上保持着这个誓言；他极有可能在这件事上也通过商议与皇后达成了一致，或者，他知道自己能够轻易地赢得皇后对国王的支持。实际上，狄奥法诺与于格的上位毫无关系，阿达尔贝罗也没能让她替新国王美言几句。狄奥法诺更多地遵从着家族中流传下来的政策，保护卡洛林家族对法兰克王位的所有权；但是，则通过于格的势力控制住他们，而后以双方仲裁人的姿态确保自己在国内的影响力。皇后听闻拉昂的事态后，随即命令查理将主教和王太后艾玛从狱中释放出来，相对应的，也命令于格放弃围城；而在事态和平解决之前，冲突双方都要向对方呈送人质。然而，没有人听从狄奥法诺的命令，查理没有释放艾玛，也没有呈送人质，而于格最终也没有撤下围城的军队。之后的一天，查理突然从拉昂城中突围出来，这让因为饮酒和睡眠而精神恍惚的于格人马吃了一惊，查理的部队将于格的人马打得四散而逃，并放火烧毁了他们的营帐。于格的处境由于这次的失利越发危险了，他不得不孤注一掷去赢得狄奥法诺的支持；他将查理描述得十恶不赦，同时表示自己愿意听从狄奥法诺的任何命令；他恳切地请求她，于8月22日在边境上与他的妻子阿德莱德进行一次会晤，使双方结成友盟。与此同时，王太后艾玛也再一次找到狄奥法诺，对她讲述自己悲惨的境遇，指责查理的狼子野心。狄奥法诺不被这花言巧语所误导；她坚持自己认定的道路，既没有同意进行会晤，也没有接受艾玛的请求——于格最终被迫与查理签订了有效期到10月23日的停火协议，并承诺在协议时效过后也不再围城。拉昂留在了查理手中，同样的还有艾玛和阿达尔贝罗主教也留在了查理手中。王太后重新尝试通过自己的母亲使自己得到释放，但这一次也与之前一样毫无成效；相反，阿达尔贝罗主教成功地走出了被囚禁的塔楼，并来到了于格国王的身边。在此之前，一直没有迹象表明，狄奥法诺会给予查理军事支持，由于查理之前不可靠的行为，她个人也没有显示出对查理的偏爱；但是于格和阿达尔贝罗一方能带给她的益处更少，而且她已经开始怀疑，他们是否能够不与德意志王国作战就夺取政权。

于格利用眼前的片刻和平，从内部巩固自己的政权。仍有不少世俗和神职领主拒绝承认他的统治，尤其是在南部地区。于格是怎样赢得这些反对者的支持的，从他写给桑斯（Sens）大主教塞甘（Siguin）的信中可以很好地体现出来。塞甘是教皇的助理牧师。于格在信中说，他不愿以任何形式滥用自己的王权；他更多的只是在身边值得信赖之人的建议之下、按照他们的决定管理着所有的国家事务，而在这些人当中，大主教无疑是首屈一指的；他因此提醒他，为了和平，为了教会与基督教的和谐，在11月1日前对他宣誓效忠；如果大主教拒绝的话，等待他的将会是教皇及法兰克王国主教们的审判，还有他的王者之怒。于格作为王者的形象并没有在各地都深入人心，于格认为有必要带兵在南方树立起作为国王的尊严；据说他是去讨伐阿拉伯人，巴塞罗那的博雷尔伯爵请求他提供支援，并承诺拥护他为王。其实，于格踏上这趟所谓的讨伐阿拉伯人的征程还有别的目的。之前他就要求过大主教阿达尔贝罗，为了确保王国的继承人，为他尚且年幼的儿子罗贝尔加冕；阿达尔贝罗想要建立一个选举制的王国，而不是一个世袭的王朝，推说不能在同一年中选举和加冕两位国王。现在，于格拿出了博雷尔的文书，问大主教，如果他在对抗阿拉伯人的战争中牺牲了，要怎么办；阿达尔贝罗一时不知该怎么回答，于是便真的在987年的圣诞节，在奥尔良将年幼的罗贝尔加冕成了其父的共治君主。这样看来，于格虽然表面上谦卑而谨慎，还是将目光紧紧地盯住所有能够巩固他家族势力的资源与途径。有一封信件保存至今，在这封信中，于格向君士坦丁堡的皇帝们，也就是狄奥法诺的兄弟，申请结为联盟，他愿意将自己所有的军力都为他们所用，并承诺，任何由"高卢人或日耳曼人"对希腊帝国领土发起的进攻，他都会奋力反抗；他同时还请求，为了巩固这一联盟，为他已经加冕的儿子向皇帝的女儿提亲。通过这封信可以看到于格国王的内心深处，它展示出，他当时的心思已经超出了法兰克王国的边界。奥托三世尚且年幼，对他来说似乎有机会实现比法兰西王位更高的目标；狄奥法诺对这位野心勃勃的新国王的担忧完全是有理有据的。

988年1月23日，大主教阿达尔贝罗在兰斯去世了，这对于格来说是个沉重的打击。在眼前的局势下，最令人担心的就是，查理可能会以最快的速度夺取这座重要且无人领导的城市；于格因此迅速赶往兰斯，在阿达尔贝罗去世的同一天就到达了城中，并出席了葬礼。他随即询问城中的市民，他们是否会对他保持忠诚，这座城市是否仍归他所有。市民保证了于格对兰斯的所有权，作为谢礼，他们得到许可，可以选出阿达尔贝罗的继任者，而于格则返回了巴黎。阿达尔贝罗在弥留之际推荐吉尔贝尔作为他的继任者；此外，所有的神职人员以及一部分教外人士本来就倾向于吉尔贝尔，由于吉尔贝尔在过去一段时间为于格立下过大功，又教育过他的儿子罗贝尔，他很有可能得到于格的支持。但即使这样，于格还是觉得另一个人选更为合适，因为这个人可以在将来为他带来极大的益处。这个人就是阿努尔夫，洛泰尔国王的私生子，他是一个毫无教养的年轻人，但头脑却极其灵活，诡计多端。正是他为叔叔查理打开了拉昂的城门，并将自己的主教交到查理的手中。虽然阿努尔夫因此在一次宗教代表会议上被逐出了教会，但他现在又大胆地为自己争取起了法兰克王国第一主教的位置，他甚至拉拢了自己曾经背叛过的主教，帮助他实现自己的意图。拉昂的阿达尔贝罗向国王推荐了他，因为阿努尔夫向阿达尔贝罗承诺，将拉昂从查理手中夺走，并移交给国王，这使得阿达尔贝罗倾向于他。于格甚至亲自前往兰斯，确保阿努尔夫当选。阿努尔夫成功当选之后，他就必须发下毒誓效忠于于格和他的儿子，并且这一誓言还通过领受圣餐的仪式增加了其效力。

虽然阿努尔夫心中想的只有怎样毁掉于格，但他也没有拒绝许下这个誓言；他想交给查理的不是这个拉昂城，而是兰斯。他后来表示，国王的头衔在法兰克王国已经失去了其威严，他想要恢复其尊荣，由于生不逢时他无法公开实现自己的目标，只能在暗中通过计谋达成目标了："我们处理事情的方式与我们的本意不同，我们的意图与我们所做的事情也不同。"他的下一个目标就是确保狄奥法诺对他的支持，在这件事上，吉尔贝尔就能为他所用了。长期以来，吉尔贝尔与于格的联系使他与德意志宫廷的关系疏远了，但现在他重新将目光放到了德意志，因为他认为于格在大主教任命的事上欺骗了他。虽然吉尔贝尔对阿努尔夫的性格较反感，但他还是抵不过阿努尔夫的诡计，很快就心甘情愿地成了阿努尔夫的工具。阿努尔夫想要在988年的圣诞节前往罗马，他声称只是想去那里取回主教披带，但实际上，他主要是为了与狄奥法诺进行协商；吉尔贝尔要陪同他进行这次旅程——但是这整个计划都被粉碎了。于格国王可能是猜到了他们的意图，不允许两人前往罗马。

狄奥法诺在冬季时来到了意大利，尤其在罗马停留较久，好让那里的人们不要忘记皇室的存在。她庄严地出现在人们面前，没有哪里的人敢反抗她。为了能完整地行使皇权，她为自己冠以"皇帝"的头衔，命人在证明文书中计算她执政的年数，在当时小国王的文件中她也被记录为共同执政者。教皇若望对她唯命是从，约翰·克莱欣蒂斯也是如此。她将管理贵族的权力交给了克莱欣蒂斯，但他知道，自己仍只是德意志王国的大贵族。狄奥法诺在罗马和拉韦纳亲自坐镇朝堂举行审判，并从这里通过圣伯多禄的权力派出使臣。狄奥法诺在意大利度过了989年，直到990年夏天才回去。皇太后阿德莱德还在伦巴底担任执政官，在这段时间中，她与狄奥法诺之间的摩擦也不少，这两个女人之间就从未有过长期的和谐。后来，狄奥法诺曾说过："我只要再多活一年，那阿德莱德就别想统治哪怕是巴掌大的一块土地。"

阿努尔夫和吉尔贝尔在罗马向狄奥法诺保证了他们的忠诚和顺从。但此后不久，阿努尔夫却跨出了让狄奥法诺极其反对的一步，而这一步也使他彻底与吉尔贝尔分道扬镳。989年1月，他背信弃义为查理打开了兰斯的城门。在此期间，由于桑利城也落入了查理手中，查理的地位对于格产生了极大的威胁。阿努尔夫试图撇清自己的罪责，他甚至佯装被查理的人马抓住，还将贡品扔到他们身上，骂他们是劫掠教会的强盗；但他很快就卸下了所有伪装，拥护查理，并亲自跟随着查理的军队一起反对于格。吉尔贝尔不愿再与这个叛徒为伍，因此他写了一封开诚布公的绝交信给阿努尔夫，逃到了于格的宫廷中，并在那里受到了友好的接待；这样一来，他与狄奥法诺还未重建起来的联系又中断了。于格继续利用宗教武器和世俗政治武器对抗他的对手，他立即将忠于他的主教们都召集到桑利，举行了一场宗教代表会议。会议中，兰斯和拉昂的教区被革出了整个教会；同时，人们还向教皇控告了阿努尔夫言而无信的叛徒行径。于格的使者们带着国王和与会者的信函赶往罗马，但他们却白白去了一趟。在他们恳切的请求面前，教皇依旧固执地保持沉默。这可能是因为查理和阿努尔夫的使者们也一样出现在了教皇面前，而于格的使者们不屑于像他们那样贿赂教皇和克莱欣蒂斯。更有可能的是，因为狄奥法诺向罗马施加压力，要他们做出对于格有利的决定。现在，国王徒劳地尝试着各种办法，想要再次拉拢大主教阿努尔夫；然而，无论是请求，还是承诺，抑或是威胁，都无法使他离开查理。最终，多个与卡洛林家族有亲缘关系并在此前对他心悦诚服的神职人员离开了他，甚至连兰斯下属省份的主教们也公开反对他继续担任大主教，他才感到了害怕，显示出和解的意愿。拉昂主教阿达尔贝罗两次遭到阿努尔夫的无耻背叛，早就想要报复他了，于是他便利用了阿努尔夫虚弱的时刻。阿达尔贝罗将阿努尔夫与国王于格和解的事宜揽到自己手中；他提出保持和平的条件，只要查理承认于格的王权，那么现在在查理手中的城池就可以继续保留，阿努尔夫保留兰斯的大主教管区，而阿达尔贝罗则重新担任拉昂主教。阿努尔夫同意了这些条件，随后于格宫廷就友好地接纳了他；他接着便带着这些坦诚的愿望来到了查理面前，使他倾向于接受于格提出的条件，由于阿达尔贝罗之前重新宣誓效忠于查理，查理彻底地相信阿达尔贝罗是向往和平的，阿努尔夫至少做到了使查理接受阿达尔贝尔罗主教重新回到拉昂。回归拉昂之后，阿达尔贝罗成了查理最勤勉的追随者，但查理刚刚感到可以无忧无虑地坐享其成时，他便亮出了利剑，开始实施他早就与国王于格商量好的复仇计划。

那是991年复活节前的星期日，圣枝主日，有人在过去的几天中就发现了城中的异样，并郑重地警告查理公爵要小心主教。眼下，两人与大主教阿努尔夫共同进餐，查理将面包弄碎装在金质的杯子中，一边往上倒酒一边说："你们两位主教今天献祭了棕枝，赐福了人民并为我授予了圣餐。因此，我不愿相信那些向我进言、叫我切莫信任你们的人，何况我们的主基督受难和死去的日子就在眼前，我在这只杯中装满了面包和酒，你们吃完这面包与酒，就算是你们忠诚的表示。"主教说："我会毫无恐惧地接过杯子，将里面的东西吃完。""还会保持忠诚！"查理补充道。"还会保持忠诚！"主教重复说，"如果我违背誓言，我愿意和犹大之辈受到一样的惩罚！"紧接着，众人就散开了。查理和阿努尔夫前去就寝，但阿达尔贝罗却醒着，等另外两人睡着之后悄悄潜入了他们的房间，取走了他们的武器。接着，他来到城堡的大门前，找了个借口将看守大门的侍卫打发到了城中。侍卫一走，他立即打开城门，并将他守候多时的同伙们放进了城堡；他在长袍里藏了一把剑，与他们一起来到了查理和阿努尔夫的卧房中；他们没有花费多大力气就将两人制服了，两人随即被关进了看守严密的塔楼中。在此期间早晨来临了，城市又重新变得喧嚣起来。查理的仆从们看到城堡落入了敌人手中，纷纷落荒而逃。在这个过程中，只有查理的第三个儿子，当时只有两岁的婴孩，逃过了一劫。这次行动过后，阿达尔贝罗随即向于格国王派去了使者，国王一刻也没有犹豫直接来到了拉昂，让城中的人们对自己宣誓效忠。

查理就这样落入了他最险恶的敌人手中，不久之后就在狱中结束了生命。他的妻子、他的二儿子路易以及他的两个女儿都和他一起被阿达尔贝罗投入了监牢，后来，女眷们都得到了释放，路易却屈居狱中很长一段时间。查理最年长的儿子名叫奥托，当父亲遭遇不幸的时候，他正身处德意志，查理死后，他获封了下洛林的公爵领地。丕平家族曾经就是在德意志的这片区域崛起，站上了称霸世界的高峰，现在他们的家族也是在这里重新归于沉寂。而使他们失去统治政权的，正是当年他们用来夺取墨洛温王朝王位的那种手段。

大主教阿努尔夫在国王于格手中，但仅仅夺去他的政治舞台是不够的，为了确保于格的王位，还要在道德上彻底摧毁他：如果不想在新夺取的王位上留下无法磨灭的污点，就必须用精神武器来杀死他这个法兰西王国的第一主教。为此，国王召集国内的主教在兰斯举行了一场大型的教会代表会议；由于所有要求罗马方面给出裁决的要求都没有得到回应，他们要自己对阿努尔夫进行审判。991年6月17日，会议在兰斯的圣巴索鲁斯（H. Basolus）教堂举行：两位大主教、十一位主教以及多名修道院院长出席了会议；在前段时间被教皇任命为助理牧师的桑斯大主教塞甘担任了这场会议的主席，于格忠诚的追随者奥尔良主教阿努尔夫则主持众人的发言，博学的吉尔贝尔负责组织并记录会议内容，而吉尔贝尔也再次将目光放在了兰斯大主教之位上。大主教阿努尔夫被作为囚犯带到会议现场，这是违反教会规定的，但在他这里本来就没有什么规定可言。许多条针对他的指控都呈现在了法官们面前，这其中的大部分都是有理有据的。这些法官的判决完全受到国王的影响，谁也不会对这一点感到惊讶。主教们在一开始就拒绝判处阿努尔夫死刑，除此之外，只要阿努尔夫公开承认自己的罪过，都可以听凭国王发落。于格也带着儿子出席了会议，教堂的大门向民众们敞开，现在国王洛泰尔的儿子必须跪倒在于格·卡佩的脚下，求他饶恕自己的性命，主教戒指和权杖交到于格面前，由他签署主教卸任文件，文件中规定他再也无权担任主教。

但是，就算阿努尔夫对此保持沉默，罗马和德意志王国又如何能对这一审判保持沉默呢？——如果新的法兰克王权与其神职团体联合在一起，夺取教皇和皇帝的权威，并走上独立自治的道路，将基督教世界的目光全都吸引到自己身上，那么教皇和皇帝不是同样受到了威胁吗？对阿努尔夫的指控也正是集中在一点上，那就是他与狄奥法诺及德意志王国串通一气反对于格；所以说，他是作为德意志皇室的同盟而遭到判决的。有目共睹的是，人们在之前的确向教皇方面寻求对阿努尔夫的判决，但当他们没有得到心中期望的回应，随即开始肆无忌惮地攻击罗马教会的规定，也就是不能在教皇不知情的情况下任命和罢免主教；虽然这条规定可能是通过伪造的文件确定下来的，即"伪依西多禄诏令"事件，但这一规定在法兰克王国早就受到了认可，甚至多次在教会代表会议上被援引和使用。

教会代表会议上的协商完全是在国王于格的影响下进行的，新的胜利使他志得意满，肆无忌惮地直奔目标，但就算他这样，主教们都清楚地知道，他们现在的所作所为是多么危险。这场会议下一步要怎么走，它在基督徒面前又该如何为自己辩护，都成了最令人注目的事情。一方面，他们相信自己的确受到教会法令的支持；看起来，他们似乎是因为知道这条法令诞生的来龙去脉，才揪住教会法令伪造事件不放，而且援引出更古老的规定，即那些出自5世纪的非洲教会的决议。但是，他们在另一方面寄托了更大的希望，他们将外界造成的险境作为托词，说是罗马教会的腐败和无知，是教皇的趋炎附势和固执的沉默迫使他们别无选择。奥尔良主教阿努尔夫作为发言人在代表会议上指责了罗马神职人员的无知，将前几任教皇的堕落生活描绘成一幅令人毛骨悚然的图景，他呼喊道："哦，可悲可叹的罗马啊！你曾经为我们带来良四世、尼各老一世、哲拉修（Gelasius）和依诺增爵（Innocentius）。这些人的智慧充盈寰宇，他们的领导配得上整个教会的托付；但在我们这个时代，你遗留下来的却是黑暗的产物和永恒的污名。这是为什么呢？而且这些罪孽深重的恶魔，他们

的活跃超出了所有神与人的认知，需要由无数以学识与美德著称的教士在广阔
的世界之中来降服！值得尊敬的神父们，你们是怎样认为的呢？那个端坐在崇
高宝座之上的人闪耀着金银光彩，你们是怎么想他的呢？他没有爱，用一些毫
无价值的学识鼓吹自己，那么他就是主的对立面，他甚至坐在神的殿里自称是
神（《帖撒罗尼迦后书》，第2章第4节）。如果他既没有爱也没有学识，那么
他除了一具死去的偶像，就什么也不是了，那么向他提问就和请求一块死气沉
沉的大理石给出建议别无二致。在这样的情况下，我们又该向谁寻求帮助呢？
一些人的确会说，在比邻的洛林和德意志存在着卓尔不凡、虔诚真挚的主教，
诚然，比起什么都能用金钱购得的罗马，向他们寻求对此事的裁决会更好；但
是，我们那位存在争议的统治者却怀着恶意阻止我们这样做。"

　　阿努尔夫以及那些赞同他的主教清清楚楚地知道，自己正处在与罗马完
全分裂的危险之中，阿努尔夫甚至直截了当地指出，事情可能会这样发展。他
说："我们想以罗马教会纪念神圣的伯多禄，尽可能地展示出我们对他崇高的
敬仰，并且要比非洲教会曾经做的程度更深；像在阿努尔夫事件中发生的一
样，只要政治局势允许，我们在将来也会介入罗马的决策。如果罗马依法做出
决策，那么教会的和平与统一就会继续保持下去；但若非如此，那么就像使徒
说的：'不论他是否称自己是天上来的使者，若有人传福音给你们，与你们所
领受的不同，他就应当被诅咒。'（《加拉太书》，第1章第9节）如果罗马继
续像现在这样，保持沉默，那么我们就要去教会法令中寻找，而这些法令会用
订立法令之人的声音回答我们。哦，强大教会的保护被夺走了，它们将回答由
此引发的这个时代的困境！我们该向那座城市寻求帮助，因为我们看到，罗马
这个所有民族的统治者，被夺取了一切神与人的支持。因为众所周知，自帝国
沉沦以来，这座城市就失去了亚历山德里亚和安提阿的教会，且不提亚洲和非
洲，就连欧洲都离它而去。君士坦丁堡发出自己的声音，内陆的西班牙也不问
罗马的决策。使徒所说的沉沦到来了（《帖撒罗尼迦后书》，第2章第3节[①]），

[①]　帖撒罗尼迦后书第2章第3节原文为"不要让任何人用任何方法把你们欺骗了；因为
　　那日子来临以前，必定有离道反教之事来到，并且那不法之人，就是那灭亡之子夜
　　会被显露出来"。——译者注

这不仅仅是所有民族的沉沦，更是教会的沉沦。"

在阿努尔夫解除了神父们对他许下的效忠誓言之后，他随后便被押往奥尔良看管起来，神父们纷纷站出来反对罗马，而吉尔贝尔则按照国王于格的意思登上了兰斯大主教之位。在接受祝圣之前，吉尔贝尔对他的宗教信仰做了陈述，其中显得尤其重要的是，他丝毫没有提及与罗马对立的立场，只是着重指出最早的四次教会会议的决策是具有效力的，他由此回溯了人们在商讨过程中多次提及的非洲宗教代表会议时期的教会状况。

对罗马及兰斯教皇的反对如此尖锐，眼下对德意志王室宫廷的反对就显得没有那么激烈了。与德意志宫廷间的冲突虽然不容否认，但为了使冲突不再升级，人们有意避免过激的言论。他们显然是想要平息与弥合这一方面的冲突，但要是狄奥法诺也参与了兰斯的这场集会，他们的这种尝试就无法成功了。因为教皇在这场斗争中败下阵来，斩断了西方教会的统一。这样一来，皇权统治也就失去了它统领天下的基础，失去了极其重要的支柱。在宗教代表会议召开前两天，狄奥法诺皇后薨逝了，这是对当时的国王于格来说最幸运的事件之一，使得他能够以果敢的姿态出现。眼下，德意志的事务秩序混乱，于格几乎不用担心会有任何从德意志方面来的威胁。

狄奥法诺从意大利回来后，与文登人的大战随即再次打响，由于奥博德力特恩人中间的教会秩序也已经松懈和动摇，这就使得事态更加严峻了。990年，萨克森两次出兵讨伐奥博德力特恩人，双方最终和解，和解的内容我们不得而知，但和平只维持了很短的时间。在此期间，波西米亚的波列斯拉夫也再次站出来反抗德意志王国，并最终与异教的卢萨蒂亚人结成了联盟；波列斯拉夫作为一名基督教王侯与他们联合起来对抗萨克森及与其联盟的波兰公爵，而波列斯拉夫与波兰公爵间的纷争就从未终止过。很快，就连在波西米亚基督教的地位也受到了威胁，布拉格主教，也就是神圣的阿达尔贝特离开了自己的管区，并藏身于罗马的一座修道院中。990年夏季，狄奥法诺为波兰公爵派去一支援军，带领这支军队的是马格德堡大主教吉塞勒和迈森边疆伯爵艾卡德。波列斯拉夫故意避开战斗，并试图利用德意志军队的指挥来缓解他与米奇斯瓦夫之间的瓜葛；虽然事态没有马上就得到和平的解决，但是，自此以后波列斯拉夫确实与他的异教盟友分道扬镳，并命人将布拉格主教请回了他的管区。波西米亚与德意志王国之间的关系又回到了先前的状态，此后不久，波列斯拉夫与米奇斯瓦夫之间也和解了。

到这里为止，王国的事务似乎终于有了积极的发展，人们也准备起了新的针对卢萨蒂亚人的大战，他们实际上是文登叛乱的核心，也是新兴异教的中心。991年，狄奥法诺与她的儿子一如既往地在奎德林堡隆重地庆祝了复活节；大批德意志国内外的王侯围绕在他们身边，为小国王带来丰厚的礼物。这些人中也包括波兰的米奇斯瓦夫，以及当时意大利最强大的王侯图西亚的于格。这场群星闪耀的集会展示出，虽然有不利的局势，但皇权统治依旧威势不减。节日庆典过后，其他王侯纷纷告辞了；但于格陪同着皇后和她的儿子来到莱茵兰，狄奥法诺来到这里，可能是想要近距离地观察于格·卡佩那边的事态发展，并寻找关键时机介入进去。然而，皇后于6月15日在里姆维根（Rimwegen）突然去世了；离世时她只在这个世上度过了30多年。可能是因为她自小生长在更加温暖的地方，身体无法真正适应德意志这个北方地区，也可能是对政权的担忧，即使是强悍的男性也会被耗尽精力，对她这个女子来说实在太过沉重；她去世得太早，留下帝国这份需要维护和振兴的大业。谁如是好好考量她所处的位置，那么就一定会认可她，因为她在最为艰险的局势下，切实地维护着帝国的尊严；当然，并非她所有的行动都成功了，但即使是最优秀的男子在相同的情况下也不一定能够获得比她更大的成就。

人们往往会将君士坦丁堡对西方国家和社会的影响、对西方艺术和科学的作用全都归到这位希腊女王侯的身上，从而高估她对西方世界的影响。这些作用本身要比人们所认为的有限得多，它们中的一部分在先前的时代就已经有了，因为西方与东方帝国之间的沟通从未中断过，一部分与皇后本人毫无关系。实际上，自联姻之后，她与自己祖国的关系比人们想象的要疏远得多。但即使这样，她还是做出了一些贡献，她将君士坦丁堡的宫廷礼仪带到了德意志，希腊人的生活方式和艺术风潮也通过她更加为西方人所熟知，甚至在一些地方希腊语也越来越多地被人们使用，这都是无可厚非的；至少中世纪时的人们认为她对生活习惯的改变有着一定的影响。在她死后，有人传说，她以悲惨的形象出现在一位修女的梦中，恳求修女为她祈祷。随后，当这位修女询问狄奥法诺为何落到这种悲惨的地步时，狄奥法诺回答说，她必须赎罪，因为她将一些无用的女性饰物带到了德意志，并使此前对这些东西一无所知的德意志人也了解到它们。她不仅自己佩戴这些饰品，还让别的人对这些东西趋之若鹜，这就是她最大的罪孽。由于她除此之外一直忠于天主教信仰，所以希望虔诚的灵魂为她祈祷，并由此将她从痛苦折磨中解脱出来。

13. 奥托三世在其祖母阿德莱德及大主教维里吉斯的指导下执政，奥托三世的第一次罗马之行

狄奥法诺去世时，她的儿子还是个11岁的孩童，由他领导国家事务是不可能的。因此，阿德莱德随即从意大利赶到宫廷之中，这也是她长久以来第一次回到这个宫廷，她要为自己的孙儿分担忧愁。孩子在她的看管之下成长到了独立的年纪，毫无疑问，她看管的不仅仅是孩子的教育，也再次对国家事务发挥着重要的影响。但是，阿德莱德还远远不能完全替代狄奥法诺的位置。其原因在于整个事件的本质，在摄政统治之下，国家贵族的威望获得了极大的提升，而在法兰克王国也是由权贵们从自己中间选出一人登上王座，他们不能对德意志的局势袖手旁观。这样一来，皇太后身边就出现了一个由贵族组成的朝廷，不通过宗教和世俗大臣的参议她就无法贯彻任何政策。在这个朝廷中，为首的是美因茨大主教维里吉斯，他也是国家的大总理，所以后世的一篇文献称，他看管了小国王3年并打理着国家政务，也不无道理。阿德莱德和维里吉斯在接下来的一段时间里被视为德意志王国的执政者，在他们身边与他们一样对政府有着极大影响力的还有奥托二世的姐妹奎德林堡修道院院长玛蒂尔德、萨克森公爵贝尔哈德、施瓦本公爵康拉德、巴伐利亚公爵亨利、迈森边疆伯爵艾卡德以及马格德堡大主教吉塞勒；王室在意大利的威望则主要由图西亚的于格一手维护着。

新的王国朝廷随即积极地展开了对文登人的大战。991年夏天，一支萨克森军队攻入了文登腹地，年轻的国王也在军中，另外还有米奇斯瓦夫带领的一

支波兰军队前来支援，最后军队攻下了勃兰登堡。但勃兰登堡城很快又落入了卢萨蒂亚人手中，一个叛逃的德意志伯爵基佐（Kizo）带领着他们，以勃兰登堡为据点到处烧杀抢掠，肆虐之处一直延续到易北河岸边。992年春季，萨克森军队再次来到勃兰登堡城前，这一次领兵的是巴伐利亚公爵亨利，而波西米亚的波列斯拉夫和波兰的援军也支持着他。即使这样，勃兰登堡也没有被攻陷，因为卢萨蒂亚人提出了和解，而德意志的王侯们也乐意地接受了。同年夏天，人们不得不先后两次向奥博德力特恩人出兵，他们赶走了自己的主教，并明目张胆地重拾起异教信仰。这两次出兵收效甚微，而且没过多久，卢萨蒂亚人也违反了签订的协议。在接下来的一年中，接连打响了三场针对文登人的战役，但都没有任何收获；卢萨蒂亚人越来越嚣张地跨越易北河，侵袭萨克森的土地。当时，勃兰登堡还是奥托的。基佐与卢萨蒂亚人之间的信任越来越少，因此基佐将自己和城堡都交到了国王手中。文登人心中充满了对这个不忠小人的怒火，领兵将他围困在城堡中，国王当时正在马格德堡逗留，于是基佐急切地恳求国王前来救援。奥托身边所有的军事力量都由边疆伯爵艾卡德带领，赶往勃兰登堡，然而这支队伍很快就被文登人击溃了。眼下，文登人虽然撤去了对基佐的包围，奥托的邑臣也暂时占领了勃兰登堡。但是第二年，所有的文登人都举起了武器向德意志人发起进攻，只有易北河左岸的索布人还保持着忠诚。直到995年秋季，德意志人才展开了一场新的文登大战。年轻的国王率领着一支由波西米亚人和波兰人支援的萨克森军队攻入奥博德力特恩人的地界，夺取了他们的主要堡垒梅克伦堡（Meklenburg），随后在佩讷河与托伦瑟湖地区袭击了维尔泽人，并从哈弗尔贝格返回了萨克森；但暴动并未被平息下去，而且勃兰登堡再次被夺走了。基佐离开勃兰登堡之后，他的一个名叫波利布特（Bolibut）的仆从夺取了这里的堡垒；而基佐在试图夺回堡垒的过程中丢掉了性命，波利布特则霸占了城堡。995年冬季，文登人又对萨克森发起了进攻。因此，当996年年初，人们最终与文登人和解之后，都非常欣喜，至少他们不会再从文登人这一方面遭到侵袭了。

因为与此同时，德意志也受到了从另一方面来的侵略。正如我们所见，随着异教信仰在北方重新活跃起来，维京人的劫掠行动也再次变得肆无忌惮。

"八字胡"斯韦恩和他的船队还在北海上漫无目的地四处航行，现在的他作为海盗之王，比起他在丹麦王座上的时候更加富有而强大。在他身边的是英勇的冒险家奥拉夫·特里格弗森，他幼年时接受了基督教信仰，青年时又将这个信仰抛在了脑后。我们上次提到他留在了约姆斯堡，他在那之后不久就回到了俄罗斯，但随后他又出现在了哥得兰岛、斯科讷和丹麦的海岸边；波罗的海沿岸的港口没有一个能逃过他的侵袭，直到他最后前往了北海。他首先是作为海盗驻扎在萨克森、弗里斯兰和佛兰德（Flandern），接着他来到了英格兰，在那里遇到了斯韦恩，他们很快成为了亲密的同盟。当时的英格兰正在"决策无方者"埃塞尔雷德（Æthelred）国王的统治下，而在埃德加①的贤明统治之后，英格兰迅速地踏上了内部分裂的不幸道路，无力地暴露在维京人的侵略之下，只有通过大量的金钱才能换取和平；当时，那里的人们就已经开始定期上缴"丹贡"（Danegeld）②。在此期间瑞典的埃里克国王也重新回归了异教信仰，他受到斯韦恩和奥拉夫的诱惑，与维京人的军队一起来到海上，劫掠了德意志的海岸。

994年，斯韦恩和奥拉夫的船只驶入泰晤士河，他们在伦敦登陆，收到了16000磅白银的赎金。几乎是与此同时，一部分瑞典与丹麦的船只驶入了易北河河口，一部分则洗劫了弗里斯兰和哈德尔恩（Hadeln）的海岸；萨克森人将这些维京人称为阿什曼人，将他们的船称为阿什③。海滨地区的伯爵们和易北河河口的守卫们很快召集人们拿起武器，乘船前去迎战维京人。994年6月23日，双方展开了战斗，乌多伯爵在这场战斗中阵亡了；他的兄弟亨利和齐格弗里德遭到俘虏，被捆住手脚押到了敌船上。贝尔哈德公爵对被俘的两位伯爵十分关心，试图用7000磅赎金换取他们的自由；但这样一笔金额无法在这么短的时间内筹集。亨利伯爵将自己唯一的儿子作为人质担保赎金的缴纳，因而两位伯爵随即得到了释放；而齐格弗里德膝下无子，只能将当时18岁的侄子提特玛尔作为交换的人质，提特玛尔后来当上了梅泽堡主教，并且是位著名的史作者。然

---

①　指和平者埃德加一世。——译者注
②　后世人用该词指代诺曼人向英格兰及法兰克王国征收的贡金。——译者注
③　德语中意为碗、钵。——译者注

而，提特玛尔还没有被交到维京人手中，他的叔叔就在一位渔夫的帮助下逃出了牢笼。维京人在后面追赶着逃亡的齐格弗里德，由于没能将他追回，维京人对俘虏和人质进行了残忍的报复。此时，贝尔哈德公爵也已经带着一支萨克森军队赶来了；丹麦人得知贝尔哈德公爵即将攻来，纷纷疯狂逃窜，许多人在逃亡途中丧生在了萨克森人的刀剑下。另一支维京人队伍沿着威瑟河，来到了现在维格萨克（Vegesack）所在的地方。他们也受到了萨克森军队的痛击，撤退到了布雷梅尔弗尔德（Bremervörde）南部的格林德斯莫尔（Glindesmoor）。一位萨克森骑士被维京人当做向导，将他们引到了沼泽中去；他们在这里遭到了萨克森人的攻击，共计两万人被全数歼灭。

在接下来的一段时间里，虽然萨克森人很快就在北面扭转了局势，但维京人的军队仍持续侵略着萨克森和弗里斯兰人的海岸。994年，从斯韦恩手中夺走丹麦王位的埃里克国王去世了；此后，斯韦恩就向往着能回到王座上，尤其是当奥拉夫·特里格弗森在雅尔哈康倒台后回到了挪威，他心中也越来越迫切地希望夺回父辈的统治权。实际上，斯韦恩回归的日子很快就来临了；他向埃里克的遗孀求婚，从埃里克未成年的儿子奥拉夫手中夺取了统治权。鉴于斯韦恩和奥拉夫早年的生活，人们原本预计，异教信仰恐怕会得到更加自由和有利的发展，但实际却恰恰相反，异教信仰在北方的斯堪的纳维亚地区很快便完全湮没了。奥拉夫执政时期，基督教重又在英格兰得到了长足的发展，那里的传教士赢得了奥拉夫的青睐，温彻斯特主教艾尔菲格（Elfeg）为他举行了坚信礼；为了表示感谢，他承诺不会再带兵侵略英格兰海岸，并且也信守了这一诺言；当他重新夺取挪威之后，他积极地在那里推广基督教，甚至是通过强迫的方式，但在这里支持着他的并不是德意志传教士，而是英格兰的传教士们。斯韦恩效仿奥拉夫的榜样，他也成了基督徒并且对其他的基督徒显示出极大的善意，但他并没有允许德意志教士们回到他的土地上，里伯和石勒苏益格的主教管区也依旧名存实亡。在不久后的一场教会代表会议上，石勒苏益格主教艾卡德代替希尔德斯海姆主教出现在维里吉斯大主教面前，维里吉斯严厉地指责艾卡德没有坚守自己的管区；但艾卡德回答道："我的管区受到了异教徒的侵袭，城市遭到抛弃，教堂被夷为平地；我在那里已经没有了驻地，所以我以我之力为希尔德斯海姆教会服务。"即使这样，斯韦恩当时已经回到了自己的国家，并重新皈依了基督教；但他是个懒惰且不够坚决的信徒，他并不为振兴国内的教会秩序而花费许多精力；他最不愿意的，就是侍奉德意志教士，因为他对德意志人的政权一如既往地反感。就这样，这里的异教信仰与其说是在基督教世界的大力打击下崩溃的，不如说是从内部慢慢腐化溃败的；但直到几十年之后，有序的教会系统才重新建立起来，基督教秩序才真正渗透进这个民族的生活之中。正如新一轮太阳升起之前要经历黎明，如我们在同一时期的斯拉夫及匈牙利地区所见到的那样，这里的基督教也是不完全的。

在瑞典，异教信仰也濒临毁灭的边缘；国王埃里克的儿子奥拉夫也成了基督徒，但他和斯韦恩一样是个半吊子的基督徒。不久之后，两人就结成了联盟，这也是为了使雅尔哈康的儿子们与他们站到同一战线上，共同将奥拉夫·特里格弗森赶出挪威。他们派出了一支强大的舰队对抗挪威国王，舰队中的一些船只上仍有雷神索尔的画像，因为雅尔哈康的儿子们当时仍是异教徒。1000年9月9日，一场战役在厄勒海峡（Øresund）出口处打响了。挪威人虽然受到了残酷的打击，但他们只要看到敌人的船上还有索尔的画像，就并不感到绝望；然而，当雅尔埃里克，也就是哈康的儿子，在战斗中践行了誓约、接受了洗礼，并随即撤下索尔像挂上十字架，奥拉夫知道自己必败无疑，便跳入了大海汹涌的波涛之中。胜者们瓜分了他的王国。从那天之后，北方子弟们再也不在出征时以索尔作为标志了，他们与维京海盗们不同，用十字作为自己的标志。相比英格兰人，他们对德意志海岸的侵略较少，这主要是因为，比起对岸的同胞们，萨克森人和弗里斯兰人将自己保护得更好。防御当然不是由皇帝和国家领导的，而是每个人都必须尽自己所能进行防御。因此，希尔德斯海姆主教贝尔瓦德（Bernward）在其主教管区的边境上，在奥克河与阿勒尔河的汇流处，修建了一座城堡，称为蒙德堡（Mundburg）；驻扎城堡的士兵们击退了阿什曼人的进攻，在此之后就再没有受到他们的侵扰。随后，贝尔瓦德又确保了另一处的安全，那个地方被称为维尔林霍尔德（Wirinholt），海盗军团们总是从这里登陆，贝尔瓦德就在这里修建了堡垒，也一劳永逸地将他们从这里驱赶了出去。不来梅大主教将其教会的财富和宝物转移到内陆的比肯（Bücken），那里距霍亚（Hoya）不远，大主教还在这座城市周围修建了城墙。

　　在这一时期，弗里斯兰地区的防御也与之相似，而他们与德意志王国之间的联系完全瓦解了。他们在奥托二世时期还向皇帝服过兵役，但随后就摆脱了所有的国家义务，只剩下自己沿岸地区的防御事宜；王国伯爵对他们的统治结束了，一个独特的地方体制建立起来，古日耳曼式的地方自由又以一种奇迹般的方式得以复兴，并几乎不受德意志内部各种运动的影响保持了百年之久。在皇后狄奥法诺摄政期间，特里尔大主教埃克贝特的父亲迪特里希伯爵获赠了西弗里斯兰地区的一大片土地。在此之前，这片土地只是他的邑产，现在则成了他可供继承的私有财产。这使得伯爵与自由的弗里斯兰人之间展开了一场长期的斗争，迪特里希的儿子和继任者阿努尔夫伯爵在这场斗争中丢了性命，而迪特里希伯爵则于1005年在王室的调节过程中才去世。

　　同时受到来自东面与北面的排挤，德意志王国政府无法更深地介入到法兰克局势的发展中去，但即使这样他们也绝不会对此不闻不问。正是维里吉斯和德意志主教们使罗马方面注意到了兰斯会议的那些决策所引发的威胁，使他们对眼前的巨大危险真正警惕起来，并且罗马修道院院长利奥也作为教皇的使节于992年来到了德意志。正如奥托一世当年在兰斯大主教阿尔托德事件中的处理一样，人们这次也想要效仿他的做法，利奥召集德意志和法兰西的主教们于亚琛召开一场宗教代表会议，来做出对兰斯事件的评断。然而，现在已经不是奥托大帝的时代了，法兰西的主教们不会再心悦诚服地听从号令来到莱茵河流域了；这一次他们没有出现，而是在此后不久，在年轻的罗贝尔国王的主持下在谢勒（Chelles）的王室领地召开了一场集会（992年5月7日）。他们在这里做出决定，万众一心同仇敌忾，要么共同决定将人逐出教会，要么就一致解除惩罚；他们这次集会的决议有着不可侵犯的效力，如果教皇对他们的决议有所反对的话，他们就会将教皇的行动视为无效；最终，他们还与兰斯人达成了一致意见，毫不动摇地坚持会议上做出的决议。人们已经踏上了一条道路，而这条道路必将导致与罗马的彻底决裂，并将人们引向一个法兰西地方教会的建立。在这一引人注目的过程中，人们往往能看到几个世纪之后颁发国事诏书（Pragmatische Sanktion）①并由此形成高卢式教会自由②的先兆，而这也是不无道理的，因为如同在那里一样，这里与罗马的间隙也是基于政治与民族事件的；但是，人们没有任何理由将兰斯的决议与德意志的教会改革相提并论，德意志教会改革主要是出于宗教的需求，而这对那些法兰西主教来说是不适用的。吉尔贝尔执笔了兰斯及谢勒会议的决议，人们虽然对他的学术成就有很高的赞誉，他也绝不是个有着坚定信仰和不可动摇的忠诚信念的人；后来，他甚至开始亲手摧毁自己的杰作。他和他的那些主教同僚这样做的原因其实是很纯粹的，兰斯宗教会议的商讨过程以及里舍尔对这些事件的描述使我们能够深刻认识到，当时法兰西主教团的腐朽。因此，西方教会中即将爆发的教会分裂能够及时得到预防，人们应当将之视为一件幸事。

罗马方面最终郑重地站出来，反对于格·卡佩手下那些傲慢的主教，是唯一可能的结果。修道院长利奥带着尚未解决的事宜回到罗马之后，教皇便召令法兰西的主教们前往罗马。他们拒绝现身，连于格·卡佩也拒绝了教皇要他前往罗马的邀请，反而要求在格勒诺布尔与教皇进行会晤；而另一方面，教皇也不同意于格的这一要求。后来，当修道院长利奥又被派往德意志时，他发现那里的局势比起他第一次来到这里的时候已经变得有利了许多。于格·卡佩的吉星已经不如以往那么明亮了，不仅仅是在法兰克王国南部，他在大多数地方都没有得到期望的认可，他支援西班牙边区反抗阿拉伯人的努力算是白费了。现在这个边区彻底从法兰克王国分裂了出去，而且，就连他身边的人中间也出现了反对他的敌人，而他根本无力阻止。管辖着沙特尔（Chartres）、布卢瓦（Blois）和图尔（Tours）的奥多伯爵与福尔科（Fulko）伯爵由于争夺布列塔尼结下了血海深仇。福尔科是于格·卡佩忠诚的追随者，他在与奥多的冲突中寻求于格的支持，而奥多也因此从福尔科的对手变成了王国的敌人。很快，这场纷争就出现了一个重大的转折，尤其是那些将于格的事看作自己分内事的主

---

① 由查理六世于1713年颁布的国事诏书，其中确定了所有哈布斯堡王朝的土地和财产都不可分割，目的在于确立统一的继承制度。——译者注

② 即高卢主义式的教会自由，教会及国王限制教皇的权力，地方教会的自主权居于重要地位。——译者注

教受到了很大的影响。按照吉尔贝尔的说话，高卢教会已经处于堕落的边缘，而作为大主教的吉尔贝尔也是自身难保；吉尔贝尔本来就不是那种特别坚定的人，现在到处都有嫉妒和仇视他的人，加上他担忧自己的期望会落空，局势会朝不利的方向发展，心情就更加无法平静了。当修道院长利奥因此定于995年6月初在兰斯附近的穆宗召开教会代表会议时，不仅吉尔贝尔承诺会现身会场，于格·卡佩也声明了自己出席的意愿，并表示会派自己的主教们参会。调和双方矛盾的契机似乎已经被创造出来了，但局势又经历了一次突如其来的转折。有人向于格国王告密，说拉昂的阿达尔贝罗主教想要再一次背叛他：他不仅指使了奥多的整个行动，而且同时还与德意志宫廷勾结在一起；他的目的不外乎铲除于格，将法兰克王国出卖给年轻的奥托国王，并使奥多成为法兰西公爵，使自己登上兰斯大主教之位；于格与他的儿子现在前往穆宗，那么奥托就会领兵在那里袭击他们；现在的奥托已经整装待发守在梅斯了。这个消息可能是捏造出来的，或者至少也有所夸张。但听了这条消息之后，国王真的没有前往穆宗，并且还禁止主教们出席这次会议。阿达尔贝罗遭到袭击并被俘，拉昂的城堡由于格占领，并命令城堡中阿达尔贝罗的邑臣向他宣誓；与此同时，奥多伯爵在与国王的停战协议生效期间去世了。这一转折，使于格的处境变得有利起来，他也因此更不愿意向他的敌人让步了。

　　6月2日，教皇使节揭开了穆宗会议的帷幕时，只有若干德意志主教和修道院长来到了现场；法兰西主教们听从国王的号令，既没有出席会议，也没有将阿努尔夫放出牢笼，带到参会众人的面前。但即使这样，吉尔贝尔还是来到了作为审判官的德意志主教们面前；他希望，不要有任何不幸降临到自己头上，他已经用书信向教皇、向皇太后阿德莱德、向大主教维里吉斯及其他德高望重的德意志主教求过情，努力为自己的行为辩解；在这场会议上，他也同样用辞藻华丽的演说来争取与会者的支持，并相信自己胜券在握。但教皇使节却宣布，在下一场教会代表会议召开前，他都不能再进行任何神事活动，一切留待7月在兰斯举行的会议再做进一步调查。听到这样的决定，吉尔贝尔是多么惊讶啊！接下来的这场会议并没有在兰斯召开，而是在拉昂与努瓦永（Noyon）之间的库西（Coucy）举行的；在这里，吉尔贝尔再次试图在教皇使节们面前为自己辩护，但是，就算他的言辞中流露出与罗马和解的向往再强烈，教皇使节与主教们似乎也无动于衷。由于这一次被捕的阿努尔夫没有出现在会议现场，他们无法做出任何决定。直到同年在桑利召开的又一场会议上，吉尔贝尔和阿努尔夫才双双出席，亲自向教皇使节及众多出席的主教解释相关的事宜。我们不知道这场会议做出了哪些决议，但可以确定的是，阿努尔夫在牢笼中听从了国王的号令，吉尔贝尔也没能从教皇使节那里获得满意的结果。996年年初，他离开兰斯前往罗马，一方面是为了在教皇面前改善自己的处境；另一方面也是为了与年轻的国王奥托会面，为自己在10多年前立下的功劳要求报偿。他在法兰克王国的处境越是危险，就越有理由回到奥托二世的儿子身边，他曾经可是向奥托二世许下过誓言的。

　　在奥托一世和奥托二世时期，德意志王国对北方和东方的影响力现在显然削弱了。而在西方，它的身边则崛起了一个新的王国，由于这个王国本身也只是勉强维持着它的权威，所以当时并没有产生太大的威胁。但相比于卡洛林王朝后期，它已经越发独立于德意志王国的势力，满足了维持和发展下去的必要条件。这样一来，德意志王国对外的权威越来越弱，而同时王国内部的各个部分既没有像从前那样紧密地团结在一起，国家和平也无法得到长久的维护和巩固。

　　我们已经看到，弗里斯兰人几乎已经完全分裂出去了，而图林根的权贵们则将艾卡德选举为自己的公爵。由选举产生的公爵在消失了数十年之后重新出现了。995年，巴伐利亚公爵亨利死后，他当时23岁的儿子也被巴伐利亚人选举为公爵，他早在993年就在文书中被登记为共治公爵，现在他作为选举出来的公爵接受了国王的采邑。他的父亲在亨利三世去世后的989年，将克恩顿及维罗纳边区重新归入巴伐利亚，但亨利终究没能获得这全部的领地；这些土地现在再次从巴伐利亚划分出来，封给了法兰克的奥托，他是康拉德公爵和路特嘉德的儿子，也是奥托大帝的外孙。但当时的克恩顿和维罗纳边区还在不小的程度上留存着对巴伐利亚的依附，因为巴伐利亚的公爵领地重新获得了一定的民族意义；984年，原本由杰出的巴本贝格家族成员利奥波德掌管的奥地利边区，由他的儿子亨利继承了边疆伯爵之位，比起文登边区与萨克森公爵领地的关系，奥地利边区对巴伐利亚公爵领地还是十分依赖的。在摄政朝廷执政期间，各公爵领地几乎是必然地获得了行动上的自由，并扩大了自己的权力范围。正如贝尔哈德不仅仅在咸斯特法伦，而是在整个萨克森都成了最有权势的人物，亨利在巴伐利亚的统治几乎不受任何限制。而康拉德也在施瓦本的公爵领地上自由地指点着江山，并且他的管辖范围已经扩展到了阿尔萨斯。997年，他将自己的辖区继承给了赫尔曼二世——我们不知道这是康拉德的儿子还是侄子。无论公爵们的势力变得多么强大，无论国王对他们的权威变得多么薄弱，贵族与神职人员心中的仇恨是无法完全消弭的。有人说，巴伐利亚是各州中最和平的，但就连亨利公爵也长期生活在与雷根斯堡主教吉卜哈德的仇恨中，而边疆伯爵利奥波德也与维尔茨堡主教结下了仇怨，这位巴本贝格家族的伯爵死于暗箭之下，据说就是为了给一位被灼瞎双眼的维尔茨堡邑臣报仇。

但无论如何，这个国家在整体上还是一个整体，而摄政朝廷执政的时期也已经过去了；按照惯例，国王要在15岁时配备武器，并由此亲自接管朝政。而这位年轻的国王也激起了人无限的期望；他要干出一番大业，使他能够自豪地与伟大的祖父比肩，使世界重新臣服于他的脚下；王国重新恢复其强大势力及和平繁荣。

年轻的奥托成长为一名风度翩翩的少年，没有辜负他俊朗的父亲和美丽的母亲，成长为他们英俊的儿子，这使他手下的人们都感到欣喜；他的下巴已经长出了胡子，所有人见到这个文雅的少年都会为他迷醉。他从萨克森伯爵霍伊科那里接受了骑士教育，而他在科学领域的一堂课则受教于卡拉布里亚人约翰，这个见多识广的人受到狄奥法诺的提拔进入奥托二世的总理议事厅，后来又掌管了富裕的诺南托拉（Nonantola）修道院。约翰的母语是希腊语，所以除了拉丁语外，奥托早年就从约翰和母亲那里习得了希腊语。988年，约翰被调离宫廷，接管了皮亚琴察（Piacenza）主教管区，按照约翰的意愿，皮亚琴察管区从拉韦纳管区划分出来，并被提升为大主教管区；随后，教育小国王的任务被托付给了贝尔瓦德，这位年轻的神职人员来自萨克森的名门望族，在王室的总理议事厅任职时很受大主教维里吉斯的青睐。贝尔瓦德是个涉猎极广又很有煽动性的人，无论什么事情他都知道如何应付，也总能达成自己的目的；陌生和新鲜的事物对他很有吸引力，所有他将各种前所未见的艺术形式都移植到了萨克森；在学术方面，他对各个学科都有深浅不同的涉及，但没有在哪一个领域获得尤其杰出的成绩。这样的贝尔瓦德虽然年轻，但对一个活力充沛的小国王来说是一位优秀的老师，而小国王也全身心地听从他的教导，从各个方面为他充满活力且包容并兼的灵魂汲取养分。奥托不仅在早年就已经展现出对知识的渴求，并且已经有了非同寻常的知识储备，人们都将他视为"世界之奇迹"，并且在后来也这样称呼他。993年年初，贝尔瓦德被提拔为希尔德斯海姆主教，对国王的科学教育也告一段落了；关于政权，尤其是关于战争的一切，年轻的国王必须通过亲身加入对抗文登人的征程，在实践中学习。奥托就是在这样真刀实枪的历练中成长起来的；但同时，他的心中也充满着对自己在这个世界中地位的狂妄设想。奥托二世与狄奥法诺的儿子，称霸东西的皇帝之孙，只能从对皇权的最高理想中，从成就大业的期望和撼动世界的精神力量中汲取养分，滋养他的灵魂，激发他的想象：相比其他人踏入人生时所看到的道路，在他面前铺陈的道路是截然不同的。无论是狄奥法诺，还是阿德莱德和维里吉斯都无法预见，他要成就一番怎样的大业；但他们相信，这个孩子一定会不负众望，继承父亲和祖父的辉煌成就。所以，当小奥托成长起来，展现出张扬跋扈的一面，宁愿听凭自己的心情，也不愿遵从长者睿智的建议，谁又会对此感到惊讶呢；最后，甚至连皇太后阿德莱德也对孙子的傲慢忍无可忍了，并因此离开了宫廷。这位历经风霜的女子很长一段时间以来一直与克吕尼的僧侣们保持着联系，她先是在勃艮第王国的彼得林根修道院（Kloster Peterlingen）[①]，又来到了帕维亚的圣萨尔瓦多修道院（St. Salvatorkloster）。随后，她回到自己在阿尔萨斯的领地，并在塞尔特（Seltz）促成了一座新修道院的建造，她将这座修道院装饰得极为恢宏气派，并使其直接受圣伯多禄座席的保护。

国家事务的决定权还主要集中在维里吉斯手中，他看到，皇权被云层遮蔽已久，现在是时候让它重新绽放光芒、普照寰宇了，也是时候让年轻的国王踏上那条注定的康庄大道了。不仅是世俗的王侯们，尤其是神职权贵们都赞同大主教的想法，一切准备就绪，就等年轻的奥托踏上前往罗马的征程，同时，

---

① 现称帕耶讷（Payerne）。——译者注

国王的第一位老师皮亚琴察的约翰以及维尔茨堡主教贝尔瓦德被派往君士坦丁堡，向希腊皇帝的女儿提亲。国王出席了他的姐妹在奎德林堡修道院领受面纱开始修行的典礼，随后便随着大军前去攻打文登人，如上文所述，双方达成了和解的协议，于是，国王的心思便全部放在了罗马之行上，由于受到克莱欣蒂斯专制暴政的压迫，教皇若望也急切地要求奥托前往罗马。还有卡普阿的不利形势也催促着国王尽快成行。993年，卡普阿的王侯兰德努尔夫在一场暴动中被杀害了，这片王侯领地似乎要脱离德意志政权。但图西亚的于格及斯波莱托和费尔莫的边疆伯爵特拉泽蒙德平息了卡普阿的暴动，使他们重新归顺于德意志的统治，并将兰德努尔夫的兄弟莱杜尔夫（Laidulf）推上了卡普阿王侯的位置，莱杜尔夫于前一年才刚刚在德意志王室宫廷中任职，虽然后来有人声称，他对兰德努尔夫的死负负有一定的责任。卡普阿又暂且保住了，但下意大利的局势仍然使人忧心。

996年2月，一支大军在雷根斯堡集结起来，他们要陪同年轻的国王翻越阿尔卑斯山。尤其是那些神职王侯武装起了大批的邑臣，有些人还亲自加入了这支队伍，其中就包括维里吉斯，他是整个行动的灵魂人物，他对教皇及皇帝权力的建立都有着不容小觑的作用。小国王本人于2月中旬来到雷根斯堡，洋溢着喜悦之情，充满了对未来的憧憬。他带着统治者的傲气，但同时也混合着一些神秘的宗教深意，以及独特的虔诚之情——称霸世界与遗世独立这两种向往在他年轻的心中进行着激烈的斗争，使他很难获得心中的平静。据说，当时国王在雷根斯堡拜访圣埃梅拉姆修道院（St. Emmeram）时，由于老修道院长罗慕铎曾在背后说过诽谤他的话，他对待院长的态度十分高傲蛮横。但罗慕铎只是稍稍为自己辩解了一下，国王的态度随即就改变了；他坐在院长脚边的矮凳上，流着忏悔的眼泪聆听院长的告诫，向他告解自己的罪孽，离开修道院时，他对随行的人说：“说真的，神的灵在通过这个男人的嘴与我交谈！”2月底，国王带着军队离开了雷根斯堡，带着圣矛，唱着赞美诗，军队向前行进。

阿尔卑斯山上还覆盖着皑皑白雪，使人无法轻易通过布伦纳山口。人们才刚刚跨越意大利语区的边界，威尼斯总督的使者就出现在了他们面前。当时的总督是彼得罗·奥尔赛奥洛斯二世，他派来使者是为了欢迎国王的到来；他们对贝卢诺（Belluno）主教颇有微词，而国王是完全站在威尼斯总督这边的。奥托的队伍沿着阿迪杰河河谷向下前往维罗纳，他们在那里再次迎来了一批威尼斯使者，这些使者将总督的儿子带到了国王的面前，好在国王的见证下为他举行坚信礼，并为他取名奥托，以象征国王与威尼斯共和国间紧密的联盟。不幸的是，在维罗纳的德意志人与城市居民之间爆发了冲突。在此期间，不少的德意志人以及一位与国王私交甚笃的青年都在大庭广众之下被杀害了；但是人们平息了这场争端，不受阻碍继续向帕维亚前进了，国王在帕维亚举行了盛大的复活节庆祝仪式，庆典上所有意大利王侯都聚集在他的身边，以福音之名向国王重新许下效忠的誓言，并再次拥护他作为他们的国王。奥托在帕维亚得到消息，教皇若望十五世在一场高烧后去世了。随后，当他来到拉韦纳时，罗马贵族们已经派使者等候着他了，希望通过他的手选定新的教皇。年轻国王在意大利的首次登场就有这样大的影响力！

在身边大臣们的建议下，其中维里吉斯的建议一定尤其重要，国王确定了他的一位近亲年轻的布鲁诺成为罗马教皇。布鲁诺是克恩顿公爵奥托的儿子，自小进入神职阶层，在学术方面接受了良好的教育，很早就被吸纳进了国王的神事厅工作。也就是在那里，维里吉斯一眼便看出了这位年轻王侯身上杰出的天赋。当时的奥托还没有登上皇位，就已经有权任命登上圣伯多禄座席的人选了，他随即派出了美因茨大主教维里吉斯和沃尔姆斯主教希尔德巴尔德（Hildebald），他们同时也是德意志王国的大总理和总理，让他们陪同自己的堂兄弟布鲁诺前往罗马。在那里，布鲁诺的当选受到了罗马神职人员及罗马民众的一致认可。996年5月3日，在一场盛大的就职仪式上布鲁诺正式登上了圣伯多禄的坐席。这位年轻的教皇是第一位成为伯多禄继任者的德意志人，为纪念教皇格列高利一世，被称为格列高利五世。

奥托在拉韦纳停留了一段时间，他虽然还没有被冠以皇帝的头衔，却已经行使着皇帝的权力；随后，他启程前往罗马。人们欢呼着，以盛大的节日队列迎接他的到来。5月21日，耶稣升天节这天，在来自西方各地的众人见证之下，奥托三世由格列高利五世——奥托大帝的孙子为奥托大帝的曾孙加冕成为皇帝，并作为罗马教会的大贵族和保护人接受了涂油礼。加冕仪式结束后，新皇帝随即命人将这个好消息带给自己的祖母，感谢她为维护这个国家而付出的辛劳。保存下来的信件中是这样写道的："我们按照您的愿望和要求，顺利地将神性转移到皇权之中，显示出对神之意志的敬意，因此，我们同时也要向您表示感谢。因为我们清楚地感受到您充满母性的温柔与眷顾，为此我们必将永远侍奉您。因此，我们地位的提升完全是您的尊荣，我们希望，并且恳切地请求您，今后也一如既往领导这个国家变得强大而幸福。"这封充满善意的信函似乎注定能弥合一些皇帝因少年傲气而带给祖母的伤口。

新皇帝和新教皇都充满活力，在罗马坚定而自信地指点着江山，这是十余年来这里第一次重新有了一个有序的政府。他们首先一起召开了一场教会代表会议，随后举行审判。那个时代的罗马人约翰·卡纳帕利乌斯（Johannes Canaparius）说："新皇帝与新教皇现在都为人民的利益而发声，悲伤苦闷的寡妇和受到排挤的穷人也都颂扬着他们。"就连此前一直以暴政统治着罗马的克莱欣蒂斯也被要求出席审判，为他的行径做出解释，王侯们对他做出了流放的判决。但在教皇的请求下，奥托宽恕了这个冷酷暴虐的人，但他必须重新向皇帝宣誓效忠。不久后，皇帝离开了罗马，并将这里的最高领导权托付给了教皇。6月，他取道图西亚返回了帕维亚，于8月从施普吕根（Splügen）或是尤利尔山口（Julier）翻越了阿尔卑斯山脉，沿莱茵河谷向下，在美因茨和因格尔海姆的王室领地度过了9月。11月18日，为了让阿德莱德高兴，他出席了塞尔特修道院的落成典礼。

就这样，皇权统治荣耀无比地建立起来了，教皇不仅是皇帝的臣下，还由自然的亲缘关系紧密联系在一起。几乎不费吹灰之力，西方光明的未来就得到了保证。

14. 法国与意大利的教会运动，波西米亚人阿达尔贝特与法兰西人吉尔贝尔对奥托三世的影响

虽然奥托的第一次罗马之行很快就结束了，但这次征程还是留下一些持久的效用，并使人们对奥托本人积极而充满活力的性格留下了最为深刻的印象。

他在阿尔卑斯山另一边迅速而轻松获得的成就，进一步激发着他的想象力，也使他对自己强大的力量和卓越的能力有了自信；而在他的家乡，由于在对抗文登人的战争中遭遇的不顺他的这些品质没能真正展现出来。像奥托这样一位初出茅庐、受过良好教育又心高气傲的王侯，目睹着意大利的一切，怎么能不回忆起古老帝国的过往，并将自己视为古罗马伟大帝王的最新继承者呢！

就在奥托的心灵越来越深地被权欲和野心所包围之时，他的灵魂则在同时更加坚定地到无数的忏悔与冥想中去。在他还未踏足阿尔卑斯山的另一侧之前，他的这种倾向就已经显露出来了。点点火星在之前就已经在他心中摇曳，但直到意大利之行后，才汇聚成了明亮的火焰。直到此时，奥托才开始懂得权力的全部价值和完整意义。而与此同时，他的精神则以奇迹般的方式向着另一方向发展，使他对尘世的一切不屑一顾。这两种截然不同的倾向在这个天赋异禀的年轻人心中不断冲撞，并发展成为一种奇特的人生观，这种人生观对任何一个普通人来说都是有害的，对每一位王侯来说更是极其危险的。

是哪些因素影响了皇帝精神世界的发展，为了对此做出正确的评价，有必要在这里做进一步的观察，看看那个时代法国和意大利的精神和教会生活正发生着怎样的变革。

在德意志各地，当暴虐凶残的时代教会了人们祈祷，更加深刻的宗教运动也在教堂之外展开了，并且首先接受这些运动的是隐修士和僧侣，而非高层的神职人员。就这样，这些运动很快就渗透到了教会的首脑们那里。如果说有那么一段时间，修道院内外神职人员之间似乎发展出了一种针锋相对的敌对态势，那么这种对立早就被消除了；全体神职人员和整个教会都经历了一场完整意义上的改革，而且这场改革并不是反对王权的，反而是与王权紧密联系在一起的。我们知道，后来的皇权统治与德意志神职势力之间的联盟是多么紧密，皇权为神职人员们的传教事业打开了一片自由的天地，而皇权统治在教会中进行新的组织安排也需要神职人员的支持，皇帝甚至赋予神职人员权力，使他们对纯粹世俗的事务也有很大的影响力，同时也利用主教及修道院长们去完成至关重要的国家事务。这样一来，教会生活的改革很快也波及并改变了国家本身；在德意志王国和德意志教会之间，结成了一个牢不可破的联盟，而这一联盟对后来的历史发展也有着深远的影响。不可避免的是，在这种新兴宗教生活的初期标志性的禁欲主义倾向，在国家与教会的联盟中越来越多地丧失了，因为这是当时的局势及他们的社会处境赋予德意志神职人员的重要使命，而且他们也以出色的灵活性完成了这项使命的一大部分。神职阶级中所有被唤醒的鲜活灵魂都带着热忱投入这场大型的斗争中去，为获得尘世与天堂最高贵的财富而努力，去完成皇权的使命，而且他们并不在乎，这是否会与古老的教会条例多有违背。少数一些人深深地陷入世俗的追求之中，踏上了歧途，比如控制欲极强的梅斯主教迪特里希和贪婪的马格德堡主教吉塞勒，但当时大多数的德意志主教都十分虔诚，怀有真正的基督教美德和坚定的信仰；按照同时代的人们一致的评断，西方世界几乎所有国家的高阶神职人员都在遵守传统美德与习俗上有所懈怠，而德意志的神职人员是在这方面做得最好的。德意志修道院的神职人员也积极参与到国家发展的进程中，并且也没有对世俗的潮流置身事外；因此不能断言说，在这些僧侣身上闪耀着的光辉主要是来自宗教美德的，虽然圣本笃的修道院制度尤其受到他们的推崇，但也不能因此就将之称为他们生活的准绳，但即使这样，他们身上还是展现出了真实且深刻的虔诚。如果有人将这个世纪末德意志修道院的生活与世纪之初的加以比较，他就会发现，各地的精神生活都发生了翻天覆地的变化。

　　几乎在同一时间，在法兰克王国和勃艮第也发生了教会生活的改革，但其方式却截然不同。漫游各地的爱尔兰僧侣所做的改革尝试并没有在这里留下长久的效用，由洛林神职人员发起、受到奥托大帝和大主教布鲁诺支持的那些条例试图重新调整已经固定下来的修道院生活，也没能维持太久的影响力；克吕尼修道院秉持着同样的目标进行了更加深入的尝试。伯尔诺（Berno）是一位勃艮第伯爵的儿子，他于910年建立了克吕尼修道院。阿基坦公爵威尔汉姆将建造修道院所需的土地赠予了僧侣们，他在资助信函中明确禁止修道院依附于任何宗教或世俗的监管当局，并将该修道院直接置于罗马的管辖之下；在一定程度上，这座修道院成了圣伯多禄坐席的财产，并每年向罗马方面缴纳10先令的税金。圣本笃的修道院制度几乎已经完全遭到遗忘，而伯尔诺则尝试着在他的修道院中使之重新得到应用；他的尝试得到了极大的成功，并且受到了广泛的认可，其他的修道院都自愿归到他的门下。到了伯尔诺去世时，他已经掌管着7座修道院，这些修道院紧密地联系在一起成了一个整体。随后，第二任修道院院长奥多接过了伯尔诺未完成的大业，并使之蓬勃发展起来。正是奥多确定了克吕尼修道院特殊的规章制度，而这些制度已经远远超越了圣本笃严苛的修道院制度。其中一部分通过极其严格的清苦修行来唤醒内心，这就包括长时间的缄默；另一方面也对整个物质生活的方方面面做出细致的规定和管理。在西方僧侣中，奥多作为改革者赢得了不可思议的声望；不仅法兰克王国的许多修道院都支持他设立的条例，其中也包括位于奥尔良辖区内的、古老而著名的弗勒里修道院（Abtei Fleury），而且他的影响力还辐射到了意大利。埃尔伯利希将他置于所有罗马修道院之首，国王于格试图通过他引导伦巴底的神职人员走上一条整顿风纪之路，甚至连整个西方的修道院之祖卡西诺山修道院也由他进行了改革，但卡西诺山的人们不久后就将这些改革抛到了脑后，或是故意掩藏起来了。正是奥多，将克吕尼后来在宗教上的声望建立起来，而奥托的继任者埃马德乌斯（Aymardus）则通过积累重要财富，以及赢取大量馈赠，为修道院的未来打下了物质基础。

在第四任修道院院长马约卢斯就职时，修道院就已经达到了鼎盛时期，而且这种欣欣向荣的状态在此后又持续了将近50年（948年至994年）。在他漫长的任期中，他顺利地延续着前任们铺就的道路。在他手下，克吕尼修道院的僧侣数量增长到了177人；分布在西法兰克王国和勃艮第的37座修道院都将马约卢斯尊为其共同的最高领导人，并由他任命的下属修道院长进行管理；一些意大利和德意志的修道院虽然在管理上还很独立，但也已经与他建立了紧密的联系，因而不会违背他的意志行事。现在，整个僧侣团体都以一种严格的、类似于君主制的教会体制为目标，而克吕尼的修道院联合会在马约卢斯的领导下已经形成了一股强大的势力，并快步地向这一目标前进。马约卢斯享有勃艮第王室的信任，并且因为阿德莱德的关系，与萨克森的君主们也毫不陌生，并受到他们的敬重。奥托一世将他召往意大利，让他对那里腐朽的修道院风纪进行整顿；而奥托二世甚至提出让他登上圣伯多禄的座席，但马约卢斯年轻时就曾鄙夷地拒绝过贝桑松（Besançon）的大主教之位，现在也不愿离开自己的修道院。马约卢斯将修道院的管理权交给他自己确定的继任者奥迪罗之后，这座修道院几乎已经统治着所有法兰克王国和勃艮第的修道院了，并且在各个王室中都有强大的资助人和保护者。他的追求已经远远超越了最初建立修道院联合会的目的；对克吕尼派来说，对整个僧侣体系的改革已经不能满足他们了，他们同时将目光转向了那些修道院外的僧侣，希望在他们中间重新推广规范的宗教生活方式，并扶植起一个与他们的修会类似的阶层体系，使所有教会都屈从于圣伯多禄坐席的权威，而他们自己也是属于坐席的。可以说，他们的追求是要贯彻依西多禄事件中的伪诏令，对于这些诏令，教皇们虽然从未放弃过，但长久以来都没有实际应用过了。克吕尼修道院联合会在当时及接下来的几个世纪中所获得的地位，相当于耶稣会在近代的影响力，而这两者也在其宗旨及体制方面提供了诸多可供比较的要点。

毫无疑问，克吕尼派已经对法兰克王国教会生活的振兴发挥了极大的影响力，但由他们倡导的改革并没有同时期在德意志的改革那样深入；造成这一结果的原因，并不仅仅是由于他们没有赢得法国主教的支持，而是他们很快就与主教发生了极其激烈的冲突。法拉尼的主教大多来自当地的名门望族，他们的学识和教养是西方其他的神职人员无法媲美的。也正是在他们中间，还保留着卡洛林时代最后的文化残余；然而，在精神品质和操行方面，他们远远落后于德意志的主教。局势所迫，他们放弃了对神权和阶级的倾向，但他们却因此越发专注于从各方敛取丰厚教会财产。为了对抗世俗强权的暴行，他们没有寻求王权的支持，而是从阴谋诡计中找到了庇护之所，并因此陷入了道德沦丧的深渊中，这样的故事我们已经在于格·卡佩那里听得够多了。他们虽然没有像意大利主教那样深陷欲望和贪婪的旋涡，但他们世俗化的程度也不小，在道德上败落可能比前者更甚，并且已经成了专制暴政的仆从。克吕尼方面毫不留情地批判这些主教们世俗化低级行为，同时，克吕尼修道院及其联盟机构试图摆脱一切主教对他们的监管，由于这完全违反了旧有的教会条例，他们还要求采取措施，使拒绝认可主教的行为成为合理合法的。这样一来，克吕尼派和主教们针锋相对，就连在兰斯的教会代表会议上，也只有法兰西的修道院院长们阻止主教们踏足罗马教席。

　　到那时为止，由克吕尼发起的改革还没有完全改变法兰克王国的宗教状况，而他们在意大利获得的成效就更小了，虽然他们为此做了许多尝试，对奥迪罗十分信任的太皇太后阿德莱德也提供帮助。克吕尼派的改革在大多数意大利修道院中很快就消沉下去了，伦巴底那些贪图享乐的主教也对法兰西僧侣的警告置若罔闻。

　　直到后来，意大利的宗教生活才以独特的方式重新爆发了一场更加深刻的变革。这场变革并非关注于表面上的教会秩序，而是在深刻的神思中寻求满足，所以发起这场变革并非一个同盟，而是零散的个人，一些天赋异禀的人物在这场变革中以宗教生活革命者的姿态涌现出来。首先出现在我们眼前的就是圣尼路斯（H. Nilus）。世纪之初，他出生在希腊卡拉布里亚大区的罗萨诺，30岁时进入了家乡的一座修道院，并接受了圣巴西流（H. Basilius）[①]的规则，这也是希腊人广泛接受的。圣尼路斯严苛的生活方式，他存在的重要意义，尤其是他似乎还具有超越自然的能力，使他无论在普通民众中间，还是权贵君王那里都赢得了极高的威望。人们想让他担任罗萨诺管区的主教，但他拒绝了这个职位，因为这会使他被牵扯进世俗生活的烦扰担忧之中。虽然从语言和习俗上来说他是个希腊人，但他还是带着几个随行人员来到了使用拉丁语的意大利。卡西诺山修道院院长带领所有的僧侣，热情地列队迎接他的到来，并将他视作圣人。尼路斯对当时修道院中规则的严苛程度表示赞同，并请求院长为他和他的随行人员在山中安排一个住处，在修道院的监管下在那里过隐修生活。后来，位于瓦勒卢斯（Valleluce）的小修道院米迦勒（Michaelkloster）就被分给了尼路斯，他在这里居住了近15年。但是，由于卡西诺山僧侣们后来的生活变得非常世俗化，尼路斯就对他的随行者说："让我们离开这个地方吧，因为神怒不会再容忍他们多久了！"随后他便去了加埃塔地区，在那里隐居了很久，并从这片位于东方与西方帝国之间的中立土地上向尘世的强权发出警告和呼吁。他更多地通过将自己的精神沉浸到神性之中，而不是通过表面上的忏悔与修行来汲取力量和完成使命，虽然他也很重视清修的重要性。

---

① 　又译圣巴西略，也被称为该撒利亚的巴西流。4世纪基督教教会领袖，曾著有隐修规则，被东方修道院视为圭臬。——译者注

　　拉韦纳的罗慕铎与尼路斯的观点相近，他在下意大利响应着尼路斯的呼吁。他出身贵族家庭，在很长一段时间内都过着奢侈放纵的生活。然而，他的父亲杀死了一个亲属，背上了血债，这使得罗慕铎开始认真思考，并使他选择了修道院生活。他进入了拉韦纳的圣亚博那修道院（Kloster des heiligen Apollinaris），但他那些劝人忏悔的布道很快就引起了同僚们的憎恶，使他不得不避开他们。一位名叫马里诺（Marino）的威尼斯隐修士在这里隐居多年，好心地收留了他。威尼斯总督彼得罗·奥尔赛奥洛斯由于前任总督的死背上了深重的罪孽，他找到马里诺和罗慕铎，想向他们忏悔自己的罪过，通过他们两人的劝说，他最终放弃了世俗的生活；他们带着他一起在暗中离开了威尼斯，来到了加泰罗尼亚的库桑，在那里隐居多时。后来，罗慕铎回到了意大利，并尝试将这里的修道院生活变得严格起来，当时边疆伯爵于格是那里最有权势的人，他从各个方面支持着罗慕铎的改革。几年后，奥托三世将拉韦纳的克拉塞修道院（Abtei Classe）交到了罗慕铎手中，但罗慕铎的严苛在那里受到了激烈的反对，这使他随即就产生了离职的念头。最终，他离开了修道院，但这个强悍的男人仍对这里的人们有着很大的影响力。

　　这些人的精神经历了一场伟大的飞跃，也使宗教在意大利再次得以复兴；他们虽然与克吕尼派多有相似之处，但比起法兰西僧侣那种外在教会体制，他们的内在核心根植于不同的土地上。

　　这种新兴的宗教生活已经渗透到了罗马，虽然教皇和高阶神职人员没有接受，但在罗马城内众多修道院中，已经有一些人接受了这种生活方式。罗马城外的保禄修道院长久以来一直与克吕尼有着紧密的联系；阿文提诺山上的圣波尼法爵和阿勒利乌斯（Alerius）修道院受到尼路斯思想的影响，除了西方本笃会修士，那里还有一些希腊僧侣按照圣巴西流的隐修规定生活着。那里的修道院院长是我们在上文中提及的教皇派到德意志和法兰克王国的使节利奥，他与尼路斯交情甚笃。这座修道院中的一位僧侣，波西米亚人阿达尔贝特，是第一个深入了解小皇帝内心的人，给年轻的皇帝留下了深刻的印象。

阿达尔贝特①或称沃伊捷赫（Woytech），出身于波西米亚最强大的家族，与公爵家族也有着血缘关系。他的父亲斯拉夫尼克（Slawnik）是基督徒，但这份新的信仰还没有进入他的内心深处，更为虔诚的是他的母亲丝特热齐丝拉娃（Strziezislawa）。在众多兄弟之中，沃伊捷赫凭借俊朗的外表脱颖而出。他的父母相信，他会在大千世界中飞黄腾达，于是想要让他过世俗的生活。但这个俊美的孩子患上了疾病，担惊受怕的父母将这个孩子带到了圣母的神坛前，发誓如果他能康复的话，就让他侍奉主和教会，而他也真的痊愈了。

沃伊捷赫到了可以接受教育的年纪，他被交给了基督教教士，但在一开始，他似乎学得很慢很不情愿。在他终于掌握了圣咏经之后，神父将他送到了马格德堡新建的著名修道院学校，被称为"萨克森的西塞罗"的奥特里克成为他的老师。沃伊捷赫在马格德堡生活了9年，并在接受坚信礼时由第一大主教命名为阿达尔贝特。随后，他回到了波西米亚，并在那里接受祝圣成为教士。但他终究还是个世俗之子，多年之后，还有许多人记得这个活力充沛、热爱生活的年轻人。很快，变革的时刻就到来了。阿达尔贝特见证了第一位布拉格主教最后的时光：萨克森的提特玛尔努力地尝试在波西米亚人中间推广教会生活，但由于收效甚微，在他临死之际还受到指控，人们认为是他的过错使黑暗的异教信仰还笼罩着这片土地。这个虔诚的男人所经历的害怕与痛苦深深触动了年轻教士的心灵，就在提特玛尔去世那天的夜里，他穿上忏悔的服装，在头上撒了圣灰，赶往一座又一座教堂，好在祈祷中减轻心中的痛苦。虽然他周围的人并未觉察出什么异样，但他已经从内心深处成为一个新的人。

波列斯拉夫公爵和波西米亚的权贵们将阿达尔贝特推选为提特玛尔的继任者，因为无论是贵族身份、财富、学术修养还是宽容的性情，他都是值得推荐的人选，而阿达尔贝特也没有拒绝人们的选择。983年春天，波列斯拉夫派出一队波西米亚使者随同阿达尔贝特一起翻越阿尔卑斯山，来到了维罗纳。在那里，管辖着布拉格管区的美因茨大主教维里吉斯为阿达尔贝特祝圣，使他正式成为布拉格主教。那是983年6月29日，这也是与文登人的和平终结，异教徒卷

---

① 又称布拉德的亚德伯。——译者注

土重来的日子；正如我们看到的那样，很快，波列斯拉夫公爵对王国的忠诚以及他对基督教信仰的热忱也开始动摇了。人们惊讶地看到，阿达尔贝特赤着双脚，穿着素服回到布拉格，来到主教宫邸中。更令人惊讶的是，除了主教事务之外，他的生活完全由手工劳作、斋戒、守夜、祈祷和神学思考组成，而他对自己和他人的严苛也是出人意料的。教士们娶妻娶妾、基督教节日上的异教习俗、将基督教俘虏贩卖给犹太人，这一切他都不愿再容忍了。很快，他就因此陷入了与当地权贵的纷争之中。最终，他甚至产生怀疑，是否能够在这里建起主的王国，自己是否能在这里虔诚地生活，而他的主教身份也成了他的负担，他暗中决定离开这里，前往耶路撒冷朝圣（989年）。

他再次翻越阿尔卑斯山脉，首先来到了罗马，在教皇面前为自己的行为做出解释。教皇允许他前往应许之地，当时身在罗马的狄奥法诺也给了他一笔数量可观的金钱，让他在神圣的陵墓前为她的丈夫祈祷，因为一个念头长久以来一直折磨着她，她担心丈夫会因为取消梅泽堡教区而怪罪于她。阿达尔贝特接受了这笔钱，但随即就将它分给了穷人，世俗的财富对他来说只是负担。就这样，他离开了罗马，踏上了前往卡西诺山的路。卡西诺山的僧侣们让他明白，能使主欢喜的是品行端正而虔诚的漫游，而不是漫无目的四处游荡，所以他们建议他留在修道院，这也是出于他们自己的私心。阿达尔贝特拒绝了这个提议，但还是放弃了朝圣之旅，来到了尼路斯曾停留过的米迦勒修道院。出于对卡西诺山的忌惮，米迦勒修道院拒绝让阿达尔贝特在此停留，但他们请他回到罗马，说那里的修道院兄弟利奥会欢迎他；他们说利奥将让他接受考验，这是所有人在去往天堂的路上都必须通过的考验，而且利奥将会使他心中的信仰之火燃烧得更加旺盛，使他的心成为神永恒的祭坛。阿达尔贝特回到了罗马，并终于在这里的圣波尼法爵和阿勒利乌斯修道院找到了他向往的平静。在这里，阿达尔贝特和他只有一半血缘关系的兄弟拉迪姆（Radim）或称高登提乌斯（Gaudentius）——他在旅途中一直不离不弃地陪伴着阿达尔贝特——被利奥收为了院中的僧侣。

现在，阿达尔贝特幸福的日子开始了。人们为了羞辱他，将奴隶的低等工作交给他，他也欣然接受了；无论是对修道院中地位最高者，还是地位最低者，他都心甘情愿地服从，因为他相信，这样的谦卑会使人在内心得到成长；他孜孜不倦地祷告和研读经典；但他最喜爱的，还是与修道院院长及那些较为贤德的教会兄弟谈论信仰。因为这使他感到，神的话语如同甘霖从天而降，神圣的火焰在教会兄弟们心中燃烧，喜乐在心与心之间传递，这也向他们证明了，神就在他们中间。阿达尔贝特几乎不再想起自己的故土，而维里吉斯和波西米亚的人们却仍惦念着他。

在此期间，波西米亚的教会生活越来越堕落腐化，而波列斯拉夫也与异教的卢萨蒂亚人结成了联盟，向德意志王国发起进攻。最终，与异教徒的联盟再次瓦解了，人们想要重新巩固当地的教会秩序。因此，维里吉斯和波西米亚公爵找来了阿达尔贝特年轻时的朋友莱德拉（Radla）以及僧侣克里斯蒂安（Christian）。莱德拉曾是阿达尔贝特在学校中的榜样，阿达尔贝特半开玩笑地将他称为自己的老师，而克里斯蒂安则是公爵的亲兄弟。他们两人被派往罗马，去劝说主教回到自己的管区。阿达尔贝特并不愿意听从两个说客急切的请求，波西米亚人向他保证情况一定会有所好转。最终，他在教皇的命令和修道院院长的期许下，软化了。

在离开了3年之后，阿达尔贝特于992年回到了布拉格，但这是违背他意愿的，而且他的心中也充满了对当地人民的不信任。他想要尽快摆脱这个沉重的负担，而这样的机会没等多久就来了。一个波西米亚贵族女子被发现违背了婚姻的誓约，逃到教堂之中，阿达尔贝特允许她再次避难，但人们不顾神坛的保护，将这名女子从这个神圣的地方带走执行死刑。阿达尔贝特认为，教会的律令因为这不可饶恕的恶行受到了侵犯，于是再次离开了这里。像他这样一个男人是无法在那些虚情假意、不够虔诚的基督徒中间生活的，后来他来到匈牙利人中间，发现那里的基督教信仰也都是半心半意的。于是他产生了一个想法，要在这里作为异教使者发挥自己的热量。于是，他重新回到了阿文提诺山自己的修道院中。这里的人们再次热烈地欢迎了他，尤其是修道院院长利奥，不久后他作为教皇使节前往德意志和法兰克王国时，将阿达尔贝特任命为修道院的副院长，并在自己离开期间代理院长的工作。阿达尔贝特再一次沉浸在充满神性的孤独生活之中，但很快，他不得不再一次离开阿文提诺山，前往北方。

他曾在一场梦中预见，他的生活会出现一个新的、奇迹般的转折。他在梦中看到，空中有两列真福者，其中一列穿着紫色的衣衫，他们是殉教者；另一列则是身着雪白礼袍的圣人，他们脱离尘世侍奉天主。这两队人的餐食饮品都来自对造物主源源不断的赞颂之中。这时，他听到一个声音："在这两队人中间有一个位置是留给你的，你将与他们共同进餐，获得你的荣耀。"

996年，维里吉斯来到罗马时，动用了一切手段和势力，想让阿达尔贝特回到布拉格。阿达尔贝特拒绝再次离开他的修道院，更何况他怎么也预料不到，波列斯拉夫公爵现在站在了他这一边。阿达尔贝特有5个兄弟留在波西米亚，他们在波列斯拉夫那里受到排挤，长兄还因此向奥托国王申诉过，由于他在国王的军队结识过波兰公爵，便转而效力于波兰公爵了。波列斯拉夫为此将自己的怨恨发泄到了别的兄弟身上，他攻打他们的城堡并杀害了他们。即使阿达尔贝特心中再怎么反对，但新任教皇格列高利五世以及他第一次召开的教会代表会议都命令他回到自己的主教区去；他们只答应了他的一个愿望，那就是，如果波西米亚人不愿意接纳他的话，他可以去到异教徒中间，去向他们传播基督教福音。

就这样，阿达尔贝特再次离开了阿文提诺山的修道院，而恰恰在同一时间，另一位马格德堡修道院学校的学生来到了修道院中。这个人就是布鲁诺，也被称为波尼法爵，他出生于库埃尔富尔特（Querfurt），来自与王室血缘关系很近的贵族家庭。他早年就投身神事，接受了神职阶层的教育，并作为教堂牧师在马格德堡任职。国王是他的堂兄弟，非常信赖他，将他编入总理议事厅，并由此为他打开了通往最高神职的荣耀之路。他随王室宫廷踏上罗马之行，并在罗马拜访了阿达尔贝特所在的修道院。那里的景象震撼了这个年轻人的心，他禁不住呼喊道："波尼法爵也是我的名字，为什么我不能成为耶稣的见证人呢？"于是，在阿达尔贝特离开的时候，他进入这座修道院中成了僧侣。

阿达尔贝特和年轻皇帝的军队一起翻越阿尔卑斯山，朝着家乡的方向前进；在这个过程中，他进一步了解了这位天资聪颖的小皇帝，并越发喜爱他，而皇帝也在此后不久将最高的荣耀赋予了这位一心向主的僧侣，并向他敞开了心怀。在这支军队解散之后，奥托又在美因茨停留了较长一段时间；阿达尔贝特从这里出发，到法兰克王国中的多个圣地朝圣，最后又回到皇室宫廷的驻地。圣贤的僧侣和皇帝之间的情谊越发深厚，皇帝甚至命人将阿达尔贝特的营帐安排在自己的旁边，并常常与他彻夜长谈。阿达尔贝特不知疲倦地与他谈论着尘世的腐朽堕落以及天堂的美妙与不朽，使他的心恭从谦卑，满怀对主的敬爱。但是，他没有因为皇帝对他的信赖和在宫廷中享有的荣耀而变得傲慢自大，而是默默无闻地做着奴隶的工作；他时常在夜间悄悄走出皇帝的寝室，为宫廷仆役们清洗衣物和鞋履。

阿达尔贝特在这里又做了一个奇怪的梦。他觉得自己仿佛来到了自己唯一幸存的兄弟那里，来到了他的地产上；他看到那里有一幢富丽堂皇的房屋，房顶和墙壁都是雪白的；屋子里准备了两套床铺，其中一套是给他的，另一套给他的兄弟；但第一套极为奢华，紫色的绸缎泛着光泽，床头上铭刻着金色的字迹：

"国王的女儿赋予你美妙的报偿。"

有人对他说，国王的女儿指的是天国的女王玛利亚，报偿指的则是殉教。他听了这话，低下了头，说："祝福你，圣母，海洋之星，你这位最慈爱的统治者，甚至不惜屈尊降贵，看顾你最低贱的仆人。"这一幻象提醒他，不能再犹豫下去了，要完成自己的使命。他再次与皇帝进行了深入的长谈，随后，他们在拥抱和亲吻中永远辞别了对方。这是一场动情的别离，就像是父子即将阴阳永隔时的场景。而这位圣贤僧侣的形象也永远刻在了年轻皇帝的心中。

阿达尔贝特前往波兰，来到波列斯拉夫公爵的面前，他是阿达尔贝特家族的朋友，也是奥托皇帝的盟友，阿达尔贝特的兄弟就曾经在对抗波西米亚公爵的过程中向他寻求援助，并且得到了他的支持。阿达尔贝特在这里受到了热情接待，但为了完成自己的义务，他还是从这里向波西米亚人派出使者，询问那里的人们是否愿意接纳他。波西米亚人带着嘲讽回绝了他的请求，得到这样的回应，阿达尔贝特欣喜地呼喊道："神啊，你解除了我的禁锢！"从此之后，他全心全意地思虑着对异教徒的传教事宜。有一段时间，他心生疑虑，不知道自己是否该到卢萨蒂亚人那里去，那儿的人们在前不久摆脱了德意志的统治，脱离了基督教教会，但在当时，进入卢萨蒂亚人国土内的唯一办法就是动用武力。这也促使他再次前往匈牙利人那里，唯一使他担忧的是他在那里看到的半心半意的基督教信仰。因此，他最终下定决心，去到海边那些尚未完全皈依的民族中间，其中的一些族群在前不久已经归顺于波列斯拉夫，另一些也是波列斯拉夫计划要征服的——他踏上了前往波美拉尼亚和普鲁士的路。

波兰王侯本就对教会事务较为尽心，同时他将阿达尔贝特视为巩固和扩张自己政权的帮手，因此他很乐意支持阿达尔贝特的计划，他给了阿达尔贝特一艘船，配备了30名战士供阿达尔贝特指挥。与阿达尔贝特只有一半血缘的兄弟高登提乌斯和一位名叫本笃的教士陪同着阿达尔贝特，他们沿着维斯瓦河向下来到了但泽（Danzig）。大批民众来到这里欢迎他的到来，他为许多人进行了洗礼，举行了弥撒，次日便继续起航向东，前往普鲁士海岸。在几天的快速航行之后，他们终于靠岸了。船员们将主教和他的随行者放在了河口一处岛屿似的小渚上，随即扬帆踏上了回程。阿达尔贝特和他的两名旅伴发现他们下船的地方荒无人烟，但一段时间之后，这块土地的主人出现在了他们面前，用一种他们听不懂的语言与他们搭话，最终用武力将他们从土地上赶了出去。教士们离开了这里，沿着河流向上游走，来到了一处农庄。庄园的主人允许他们留宿，并将他们带到了一处熙熙攘攘的集市，他们在那里找到了听得懂他们语言的人；那些人都是来自斯拉夫各地的商人，向普鲁士贩卖货物。人们围在这几个异国教士周围；问他们是谁，来自哪里，来到这里又有什么目的。阿达尔贝特回答说，自己是波西米亚人，是作为他们的使徒来到这里的，目的是为了使他们皈依唯一的神，为他们指明通往极乐之地的道路。他话音刚落，人们就骚动起来，命令他和他的旅伴们离开这片土地，将他们带到一艘船上重新送到了海岸边，他们在岸边一座孤零零的农庄中得到了收留。他们在这里停留了5天，随后他们做出决定，踏上了回程。阿达尔贝特认为自己的计划失败了，想要前往其他的异教宗族那里，他想要回到奥托那里，然后再去卢萨蒂亚人那里；但他必须首先回到波兰。

出发前一夜，高登提乌斯做了一个梦，他在梦中神坛上放着一杯半满的金制酒杯，当他想要拿起酒杯喝酒的时候，管理神坛的人阻止了他，那人补充说，这杯酒是准备给阿达尔贝特明天饮用的。阿达尔贝特听高登提乌斯讲了他的梦，他说："愿神让一切都好起来，不该相信那些具有欺骗性的梦境。"

他们一大早就出发了；他们唱着赞美诗踏上归途；先是穿过丛林，随后通过平原。中午时分，高登提乌斯在鲜嫩的草坪上进行了弥撒，阿达尔贝特接受了圣餐。随后他们吃了顿简餐，便重新踏上了旅途，但没走几步他们就感到一阵眩晕，浑身无力地倒在地上，陷入了沉睡。原来，一个普鲁士的异教教士带着几个武装的同伙一直跟随在他们的身后，而这个普鲁士异教教士的兄弟曾被波兰人杀害，他的心中充满了仇恨，现在僧侣们倒下了，他们就渐渐靠近。阿达尔贝特被刀剑相碰的声音惊醒，发现自己和旅伴都已经被捆了起来，被拖着向前走。他脸色煞白，一句话也说不出来。他被异教徒押到一处高地上，7支长矛指着他的胸口，这时他才用虚弱的声音，对想要第一个刺他的人说："你想做什么？"话音刚落，那人随即就用手中的武器刺进了他的心脏，而其他6支长矛结束了阿达尔贝特的生命。头颅被从躯干上砍下来，殉教者的尸体被当作战利品拖走了。高登提乌斯和本笃也被这些杀人犯押走了，但后来被释放了。

997年4月23日，阿达尔贝特殉教而亡，他流血牺牲的地方并没有在古代的记载中流传下来。

正当此事在普鲁士海岸发生时，阿达尔贝特的朋友，约翰·卡纳帕利乌斯在罗马的波尼法爵修道院中看到了一个幻象。这个幻象告诉了他阿达尔贝特殉教的消息，而与此同时，这个忠诚之人的死讯也传到了加埃塔的圣尼路斯那里。他写信给约翰："亲爱的孩子，我们的朋友阿达尔贝特化身为神圣之灵，以高尚的死亡终结了这有限的生命。"

父亲一般的朋友和老师去世了，这个噩耗深深地撼动了皇帝的心灵，而在此期间，他的思想受到了一些完全不同的影响。在罗马之行中，他也结识了吉尔贝尔，当时的吉尔贝尔急切地想要赶回罗马，夺回自己的大主教管区。吉尔贝尔没能在罗马达到自己的目的，但凭借他优秀的品质，以及远超于当世之人的渊博学识，他获得了年轻皇帝的青睐，像对待阿达尔贝特一样，皇帝也将他安排到自己的身边，并尝试着使他长久地留在自己的左右。虽然吉尔贝尔再次从罗马回到了法兰克王国，但不久之后，于格·卡佩就去世了（996年10月24日），吉尔贝尔再也无法忍受自己的处境，又离开了兰斯，离开了法兰克王国。现在，24岁的罗贝尔独自执政，他作为吉尔贝尔的学生，对这位老师自然是心怀感激，但吉尔贝尔却无法期望他在自己的事件中给予任何支持。因为，一方面，罗贝尔和他无所不能的母亲阿德莱德不久后就试图通过巧妙的办法彻底肃清卡洛林党派的反抗；另一方面，国王登基之后马上就结婚了，而结婚的对象是吉尔贝尔明确反对的，因此两人之间产生了很大的间隙。吉尔贝尔走投无路，更何况，年轻的教皇也毫无隐瞒地表示反对吉尔贝尔；他在兰斯的处境已经变得无法忍受，他不知道哪里才有自己的位置，到哪里才能实现自己的雄心壮志，完成自己的人生目标。就在这时，一封信送到了他的手中，信的内容正是他期盼已久的，将他的忧虑一扫而空。

　　寄来这封信的是年轻的皇帝，他急切而充满敬意地邀请他前往自己的宫廷。奥托写道："噢，值得尊敬的才子啊，我们想要您来到我们身边，好让我们长久地享有一位杰出导师的引领，让拥有高尚智慧的您始终看顾着愚昧简单的我们。一言以蔽之，由于我们至今为止受到的教诲不足，我们决定请您对我们言传身教，并同时以忠诚的谏言协助国家事务。为了不使您拒绝我们的请求，我们希望，您能够严厉地对待我们萨克森人天性中的粗野，对于那些符合希腊式自由的方面，则加以振兴和发展。因为在我们中间，已经产生了像希腊人那样的求知星火，只要找到了合适的人，就能使这星星之火汇聚成燎原之势。以您的学识之焰点燃这星星之火吧，在神的助佑下唤醒我们心中像希腊人那样的活力吧，先向我们传授数理，由此将我们引入古典哲学——这就是我们对您谦卑的请求。请将您的决定尽快告知我们。"带着玩笑的口吻，皇帝又在信中加上了下面几行字：

> 从未赋诗词，
> 未将心思放其上。
> 若要歌谣也撰得，
> 即刻作数篇，
> 便与高卢人数齐。

　　虽然这封信见证了年轻皇帝求知思贤如饥似渴，但同时也使人窥探到他的内心深处，而窥见的景象并不令人欣喜。作为亨利一世和奥托皇帝们的后代，说萨克森人本性粗野，并且鼓吹从母亲那里得来的希腊血统，恐怕是不合适的。

没有等待太久，吉尔贝尔就回复了。这位精明的哲学家回应道："您想通过我的奉献而获得的巨大成果，我也很希望能为您实现，但凭借我一己之力是无法达成的。如果我的身上闪耀着些许微弱火光的话，那也是由您高贵的祖父首先点燃之，由您杰出的父亲助长之，现在又由您汇聚成火焰的。因此，我们无法将自己拥有的宝藏呈送给您，而只能将托付到我们手中的财富交还给您，而那些您本来就不曾拥有的，或是卓尔不凡的您凭借自己的地位本来就值得拥有并即将获得的，我们也无法提供给您。因为，您要是没有认识到，数理包含了世间所有事物的元素，并且是从世间万物中衍生而来的，您就不会像这样积极地向往着，要建立起完整的学术基础；您的性情要是尚未通过伦理学而固定下来，那么您的言辞之中就不会流露出那样的谦恭，而它正是所有美德的守卫者。然而，这样的谦恭也掩藏不住您的自信才华，您的能言善辩，您信中的言辞半是出自您自己，半是出自希腊人的源流，从中就可以看出这点。若是一个人，从他的血缘上来说是希腊人，按他肩负的统治政权来讲是罗马人，如果他将希腊与罗马智慧的结晶不分伯仲地都作为自己继承的遗产加以利用的话，这确实是神之幸事。所以，我们在此事上也将听从皇命，正如在所有事务上，陛下您的命令我们都会遵从。因为，我们永远不会停止对您的侍奉，因为，除了您的统治，我们在整个世界都找不出更美好的前景。"

997年春季，吉尔贝尔前往萨克森，来到了皇室宫廷中。当时的奥托正忙于为新一轮文登战争做准备工作，但吉尔贝尔还是从他那里受到了尊荣备至的接待。皇帝原本正在易北河畔的阿尔内堡巩固城防，但很快就将此事交给大主教吉塞勒，自己则去了马格德堡。他在马格德堡与吉尔贝尔进行学术讨论，在皇堡中，那个时代最著名的学者都聚集在年轻的皇帝身边，他们的学术争论回荡在马格德堡的天空，奥托本人尤其喜欢向这些饱学之士提出一些尖刻的问题。当时，吉尔贝尔在马格德堡制作了一只格外精巧的日晷，为此他特别进行了天文观察，这只日晷在后来很长一段时间内都受到人们的惊叹和赞许。当时，他获得灵感，要撰写一本逻辑学作品，他在这本著作上花费了大量的时间和精力，并将此书献给了年轻的皇帝，并认为受到皇帝的启发才有了这本著作；也是在当时，他第一次使年轻君王的心中充满了对他自己生活过的罗马时代的回忆。他无视法兰克王国对他的再三暗示，要他尽快回到那里；如果他再不回去，阿努尔夫就会受到任命；而对他进行判决的主教会遭到放逐。但没有什么能够打动他，虽然他不能决定放弃大主教之位，但他拒绝了所有要他回归的邀请；他沉浸在自信之中，自傲于皇帝对他彻底的信赖，使得皇帝心甘情愿成了帮他实现计划的工具，他沾沾自喜地享受着周围人对他的赞赏以及皇帝的青睐。而这些赞赏与青睐也从丰厚的封赏中展现出来。"您用富丽堂皇的萨斯巴赫（Sasbach）[①]使我变得无比富有，"吉尔贝尔在此后不久向皇帝写道，"我将永远为您不朽的统治而服务。"

　　马格德堡的学者们没过多久就散去了。由于阿尔内堡遭到文登人的攻击，吉塞勒在失去了几乎所有的兵力之后不得不逃亡，皇帝投身战争之中；边疆伯爵洛泰尔没能及时赶来增援，眼睁睁地看着城市被大火吞噬，并被迫将土地让给了文登人。因此，奥托于8月亲自横渡易北河奔赴战场，军队的铁蹄踏遍了哈弗尔地区的角角落落，吉尔贝尔由于身体有恙留在了马格德堡，但他却不断从皇帝那里收到捷报。吉尔贝尔回信写道："您为国赢得的荣耀，对那些为您担忧的人来说就是最好的消息。集结军队，攻入敌国，抵御进犯，亲赴战场，为祖国、为信仰、为人民的安康、为一切平凡的事物不惜一切代价，对一位君王来说，还有什么是比这更大的荣耀呢！而您正是这样做的，您获得的功名是多么显赫啊！"实际上，奥托在此期间所取得的成果是十分有限的。9月，奥托就回到了马格德堡，文登人的土地依旧没有被攻下。与此同时，文登人已经从别的地方再次渡过了易北河，并侵袭了巴登高（Badengau），也就是吕讷堡周围区域。为了保护这片土地，皇帝没有从威斯特法伦调兵，他的军队是从萨克森和图林根东部地区集结起来的。11月6日，威斯特法伦人和文登人之间展开了一场激烈的战役。明登主教拉姆瓦德（Ramward）指挥德意志军队，他手中握着十字走上战场。这场战斗以文登人的惨败告终，但除了使文登人重新离开了易北河左岸之外，便没有进一步的成果了。

---

① 萨斯巴赫是施瓦本一处王室宫邸，886年国王胖子查理还曾将此处作为宫廷驻地。

这场战役打响时，皇帝已经离开了萨克森，来到了莱茵河流域。他的全部心思都放在新一轮的罗马之行上，他与吉尔贝尔的远大目标在罗马之行上找到了连接点；同时，逃离罗马已久的教皇格列高利也召请皇帝翻越阿尔卑斯山。这一次，他们并不是只在意大利做短暂的停留；因此，一切准备都格外细致谨慎。这一次，新任的巴伐利亚和施瓦本公爵要第一次随皇帝出征；就连迈森和卢萨蒂亚的边疆伯爵也受命加入，他们就是英勇的艾卡德和年轻的格罗，后者是于993年去世的边疆伯爵霍多的继任者，而保卫萨克森的任务则留给了贝尔哈德公爵和北边区的边疆伯爵洛泰尔；最后还有克恩顿的奥托公爵，即格列高利教皇的父亲，也加入了皇家军队。在奥托离开期间对德意志国家事务的管理权被交给了奥托精明能干的姑姑，奎德林堡修道院院长玛蒂尔德。11月初，奥托离开了查理大帝位于亚琛的古老皇堡，整个10月，奥托就将这里作为宫廷驻地，现在他启程向南方进发。他通过布伦纳山口翻越阿尔卑斯山，12月13日，他来到了特伦托，随后便赶往帕维亚，在那里度过了圣诞节，并等待着新年的到来。奥托在这里与他的堂兄弟格列高利教皇会合，而教皇看到自己期待的援军终于到了，也欣喜地迎接了他。

15. 德意志教皇格列高利五世和他的改革，吉尔贝尔成为西尔维斯特二世及奥托三世的朝圣之旅

格列高利五世登上教皇宝座，这是德意志主教们对兰斯决议的回应。他们让一个严格遵守传统习俗并且受过良好教育的人来领导教会，不像之前那些在奥托王朝影响下登上圣伯多禄坐席的罗马人那样，这个人的自律和教养不会让法兰西的主教们有责难的机会；他们同时也想让教皇权力与罗马贵族派系浅薄的利益分离开来，并使教皇发挥其真正的作用；他们想要将帝国所有的资源都提供给他，好让有益的措施在教会中得以贯彻实施。因此，他们将人选锁定在严于律己，同时又接受过良好教育的神职人员身上，锁定在一个与所有罗马贵族派系都毫无瓜葛的教士身上，一位通过血缘和友谊与皇帝紧密联系在一起的人身上；除此之外，人们之所以将他推上圣伯多禄的坐席，还因为他是个扎实

肯干的年轻人，似乎可以长久地在他的皇帝堂弟身边，亲自贯彻执行那些更为深入的改革措施。这样一来，皇帝与教皇之间的联系比以往的任何时候都更加紧密了，人们期待能够不费吹灰之力就将由法兰克王国引发的教会分裂扼杀在萌芽状态。人们还进一步期待着，通过皇帝与教皇能够齐心协力，彻底化解深入教会内部方方面面的腐朽，并对西方帝国的局势产生积极的影响。

　　不仅仅德意志主教们是这样想的，所有人都感觉到了，格列高利就任教皇所要传递的信息。上意大利的主教们曾向格列高利写道："现在，世俗政权与神的教会能够通过蓬勃的发展互相扶持，这都要感谢主。您与皇帝陛下之间有着不可瓦解的羁绊，使你们的意图和行为不可能背道而驰；因为亲缘关系将你们连接在一起，而最坚定的忠诚之情又巩固了这种联系，这就使你们有了共同的目标，一致的想法和意图，并永远不可能分道扬镳。"尤其是法兰克王国的克吕尼派格外欢迎格列高利五世成为教皇。弗勒里修道院院长亚多（Addo）是克吕尼派最重要的支柱之一，当他获悉格列高利当选时，他写道："我得到了一个消息，这个消息比金子和宝石更使我欣喜：一个流着皇室血液的人，一个充满了美德与智慧的人，登上了圣伯多禄的坐席。"

　　格列高利很快就明白了自己肩负的伟大使命，但为了彻底完成这一使命，他必须清楚他与皇帝之间地位上的区别。由于他丝毫不能接受，如同奴隶般地依附于世俗势力之下，所以，当他站起来反对他身为皇帝的堂弟时，很快就毫无顾忌地举起了宗教武器，就连最高的世俗势力也不放过。格列高利认为自己的使命是只由神赋予的，自己的权力高于一切尘世的势力；他不加限制地使用教会的权力，肆无忌惮地运用"伪依西多禄诏令"中的教会法令（当然，他是相信这些法令的真实性的，而且当时也没有人怀疑其真实性）。他不再允许地方性的教会代表会议通过主教做出判决，除非这是由罗马方面授权的；通过使修道院脱离主教管辖，而直接置于罗马教会之下，就连主教们在自己管区内的监管权力也受到了限制。他相信，只有解除了所有的障碍，享有完全的自由，教皇势力才能有效地对抗神职人员的腐化和堕落，并恢复教会的秩序与统一。这样一来，他的意图与克吕尼派不谋而合，也因此，他自任教皇伊始就与这些僧侣有着紧密的联系；是他将克吕尼修道院及其修道院联合会庇护在自己的羽翼下，认可他们所有的财产和权力，使他们免于主教的监管，赋予克吕尼派僧侣以自由，而这种自由在很久之后依然没有得到法兰西主教们的认可。

德意志教皇和德意志皇帝同时登上西方帝国之首，德意志民族似乎已经获得了最高的胜利；人们愿意相信，德意志人的统治权就这样一劳永逸地确定下来了，而德意志的生活方式也将渗透整个世界。然而，事实很快就证明人们想错了。正如斯拉夫人阿达尔贝特和法兰西人吉尔贝尔赢得了年轻皇帝的信赖，对德意志教皇来说最忠诚的盟友就是法兰西僧侣们。正如奥托将萨克森抛在脑后而努力成为一名罗马皇帝那样，格列高利五世也主要视自己为罗马的教皇；他并没有将自己看作第一位登上圣伯多禄坐席的德意志主教，而是与过往登上教皇宝座的一系列罗马最高教士一样，是他们最新的继任者。就这样，后罗马时期的理念和观点再一次彻底战胜了德意志精神独有的方向；世界不得不再一次见证，教皇和皇帝尝试将他们的统治得到罗马意义上的复兴。而大胆做出这一尝试的正是两名年轻的德意志王侯。

教皇比他的皇帝堂弟年长10岁，他是带着自己的目的来到罗马这个舞台上的。他身上具有的勇敢、热情和雄心勃勃的特质，让人仿佛看到了他祖父的影子，也就是在莱希菲尔德战役中牺牲的康拉德伯爵；他怀着坚决与热忱向目标进发，就连那些在阿文提诺山的圣波尼法爵修道院中过着严苛生活的僧侣也很快发现，教皇还是太过年轻急躁了。强悍的尼各老一世似乎在这位年轻的德意志教皇身上得以重生；比起他的楷模格列高利一世，他的名字就是取自于他，年轻教皇要追求的目标更加高远。

格列高利将在这条道路上遇到的艰难险阻都是他无法克服的；如果他在这样的情况下，仍希望贯彻自己的想法，那么他最先要仰仗的就是他皇室亲属的庇护，更要依赖于正义，依赖于百年来圣伯多禄坐席在整个西方和国境之外所获得的威望，虽然除威望之外罗马最高主教引发的仇恨也不在少数。不论主教们在兰斯说过什么，伯多禄坐席的权威并没有受到根本上的动摇；虽说罗马教会长久以来一直处境堪忧，但教皇的权威却以奇迹般的方式维持了下来。在若望十二世就任期间，科尔多瓦大主教派出使者来到罗马，请教皇对西班牙教会事务做出决定；英格兰比以往都更按时上缴伯多禄税（Peterspfennig）[①]，坎特伯雷（Canterbury）大主教邓斯坦（Dunstan）是位热情而勤勉的教士，他使得英格兰教会重新与罗马牢牢地联系在一起；在本笃七世任职期间，迦太基教会向罗马派来一位教士，让他在罗马接受祝圣。此后不久，来自非洲的西波（Hippo）主教布林瓦蒙德（Blinwarmund）也来到罗马，从族裔上来说，他毫无疑问是个汪达尔人。几年前，甚至连希腊大主教提奥多（Theodor）和耶路撒冷大主教霍涅斯图斯也向罗马派出过使者，并请求教皇对教会事务做出决策。

事态所迫，新任教皇必须首先处理兰斯大主教管区的事宜，而他随即在就任的头几天就介入了其中。新当选的康布雷主教埃卢温（Herluin）带着皇帝的军队来到了阿尔卑斯山另一边，控诉兰斯管区的主教神事维持不下去了，因为无论是阿努尔夫还是吉尔贝尔都不能主持神事活动。在教会代表会议上，格列高利亲自为埃卢温主教祝圣，并授予他的教会一封赦免状（Freibrief），在赦免状中，他明确地将吉尔贝尔称为"一个鸠占鹊巢的小人"，虽然当时吉尔贝尔已经前往罗马并在皇帝身边了。此后不久，修道院院长亚多出现在格列高利面前，并受到了格列高利热情的接待。两人谈论了法兰克王国教会的状况，格列高利要求院长转告罗贝尔国王，要求他立即释放阿努尔夫，并且教皇还要为遭到囚禁的大主教送去主教披带。与此同时，他将那些赞同解除阿努尔夫之位的法兰克王国主教召集起来，于997年年初在帕维亚举行了一场评议会。很快，亚多就传来消息，国王罗贝尔应允了教皇的请求，阿努尔夫得到了释放。格列高利前往帕维亚，但法兰西主教们却没有来参加会议，而是派来非神职的信使为他们的缺席致歉。由于他们不服从命令，格列高利将这些主教全都解职了；受到这一惩罚的也包括囚禁阿努尔夫的主教阿达尔贝罗。虽然阿努尔夫的事件依旧没有定论，但他不久之后就受到许可，能够行使所有的主教权力了。

如果说国王罗贝尔在阿努尔夫事件中有所妥协，那也主要是顾忌他前不久结下的第二段婚姻，这成为他最大的动机也是情有可原的。他的第一任妻子是富有的意大利女子苏萨娜（Susanna），在无缘无故与她离婚之后，他在父亲死

[①] 　又译彼得税，是象征信众与教皇联合的税款，以支持教皇的传教及布施工作。——译者注

后随即娶了贝尔塔，她是奥多伯爵的遗孀，而奥多则在对抗于格·卡佩的战斗中牺牲了。罗贝尔的这段婚姻对其后的亲族关系和教会局势都有影响，为了保全贝尔塔的财富和重要的社会地位，他甚至不惜为奥多复仇，与福尔科开战，而后者是奥多在对抗于格·卡佩过程中的对手。然而，他要是现在期望，自己的妥协就能够劝服教皇，许可一段就连吉尔贝尔也反对的婚姻，那他就想错了；帕维亚的教会代表会议上，格列高利命令罗贝尔和因这段婚姻受益的主教进行忏悔，并威胁他们，如果他们拒不听命，就革除他们的教籍。格列高利就是这样强硬地对待国王的，何况贝尔塔本来是皇室家族的近亲，勃艮第国王康拉德的女儿，太皇太后阿德莱德的侄女。罗贝尔并不愿意完全屈服于教皇的意志，与贝尔塔分开，但教皇至少很快做到了，使阿努尔夫完全恢复他的职务；而那些法兰西主教看上去也确实在赎罪。法兰克王国的教会重新屈从于罗马，吉尔贝尔虽然无法取消大主教的头衔，但已经疏远了兰斯方面，并如他自己所说，服从于一个更高的意志。

格列高利也同样坚决地介入了德意志教会的局势之中。梅泽堡主教管区被年轻皇帝的父亲撤销对所有严格的信众来说仍是件令人恼怒的事；人们认为，神之怒尚未平息，圣劳伦斯的愤怒也未得到抵偿，正是因此国家在文登边区遭到了损失。大主教吉塞勒是通过撤销梅泽堡管区才登上了大主教之位，公众舆论主要控诉着他对圣劳伦斯犯下的罪过，但终究没有人胆敢公开与他作对，虽然众所周知他背叛了奥托二世的儿子，现在的他又重新在宫廷中获得了重要的地位。帕维亚的教会代表会议上，格列高利也将这些事宜提上了议事日程；吉塞勒违法离开自己的主教管区，抢夺其他管区的主教权力，教皇现在通知他在圣诞节前到罗马接受审判，并且威胁他，如果他不出现就要革除他的职务。格列高利与其他的评议会成员将这一决议知会了吉塞勒在德意志的代理主教，即大主教维里吉斯，让他组织执行此项决议。这样一来，这位德意志教皇就站在了一位德意志大主教的对立面，而这位大主教当时也与年轻皇帝走得很近，并且他们对立的焦点还是一件涉及皇帝父亲的敏感事件。

更加令人不安的是，格列高利与米兰和拉韦纳的两位大主教及10位伦巴底主教——这就是出席这次评议会的全部人员，他们所做的决议牵扯极深，更何况当时格列高利也被赶出了自己的主教管区，并不得不向自己的皇室亲戚求援。格列高利刚刚离开罗马，克莱欣蒂斯就重新夺取了罗马城的统治权，并将罗马教会的收入占为己有。因此，他现在被作为强盗和罗马教会的破坏者遭到了革除教籍的判决。此外，所有主教都奉命在自己的管区内通报这一判决。但是，由于克莱欣蒂斯势必会着手任命另一位教皇，格里高利随即决定，所有在教皇有生之年参与新一轮选举的主教、教士或其他神职人员将被剥夺职务，并受到诅咒。在做出这些决议之后，评议会就散会了；但格列高利仍逗留在伦巴底各个城市之间，等待着皇帝的帮助。

　　很快，他害怕的事情就发生了。997年5月，克莱欣蒂斯将一位对立教皇扶上圣伯多禄之位，并且这个人至今为止一直是皇帝身边的亲信。当时，皮亚琴察大主教约翰恰巧完成了出使君士坦丁堡的任务归来了，而维尔茨堡主教贝尔瓦德在旅途中去世了。陪同约翰归来的是希腊的使节，经过长时间的磋商，他的努力终于得到了一些成果。约翰首先来到了罗马，这位由奥托二世从社会底层提拔起来的神职人员、狄奥法诺的心腹、年轻皇帝的老师，被野心蒙蔽了双眼，克莱欣蒂斯说要将他推上第一主教之位，他便听信了他的话；他违背皇帝的意志在合法教皇尚在人世时就登上了圣伯多禄的座席，虽然他仍作为教父与皇帝和教皇两人有着神圣的羁绊。圣尼路斯与约翰交情甚笃，他写信警告约翰，劝他停止这种愚蠢行为，要他摆脱纷繁的俗世回到修道院中，但这一切都是徒劳；这个野心勃勃的男人走上了这条不能回头的道路，有人说，他还期待着获得君士坦丁堡方面的支持。这样一来，约翰不可避免地被格列高利剥夺教职，并革除教籍；皮亚琴察本就是因为约翰的关系才升格为大主教管区，现在被置于拉韦纳大主教的管辖之下，而皮亚琴察之前就属于这一教会辖区。

　　奥托皇帝一方面因为文登战争，一方面由于学术辩论，在王国东北边境附近的马格德堡停留了许久，现在他终于集结起一支精良的军队，而格列高利也得以于997年圣诞节在帕维亚见到了他。军队随即出发，沿波河向下游前进；在费拉拉，皇帝见到了自己的教子，也就是威尼斯总督的儿子，他乘着一艘华丽的大船，将皇帝平安护送到了拉韦纳。在此期间，一支从伦巴底征募而来的部队也加入了大军，人们迅速赶往罗马；在2月的最后几天里，教皇和皇帝一起出现在了罗马城前，而罗马人也心甘情愿地为他们打开了城门。

对立派的教皇已经逃亡，藏身在离罗马城很远的一座塔楼之中。但是皇帝的人马在毕尔蒂洛（Birthilo）伯爵的带领下追踪着约翰来到了布赖斯高，他们将他抓住，并且残忍地弄残了他的耳朵、眼睛、鼻子和舌头，最后将他带到了罗马的一座修道院中。尼路斯听闻自己的好友兼同乡悲惨的命运之后，随即从加埃塔的修道院出发，来到奥托和格列高利面前。这位年近九旬的老叟，身体本就由于复活节的斋戒而十分羸弱，好不容易挨过了艰辛的路途来到这里，教皇和皇帝充满敬畏地接待了他，他们亲吻了他的双手，请他坐在上座；随后，当尼路斯为不幸的约翰求情时，皇帝马上表示，愿意满足他的请求，并承诺，只要圣人移居罗马并接过修道院的管理职务，就会满足他的一切要求。尼路斯认为自己的目的达到了，就离开了皇帝身边，但是，格列高利却为他眼中最大的罪行彻底讨回公道。他召集了一场评议会，在咒骂中剥夺了约翰自以为拥有的教皇权力，并撕毁了他的主教法衣；接着，已经残废的约翰被倒着放在一匹驴子上，驴尾巴当做笼头握在手中，在众人的叫喊及轻蔑的侮辱中游街示众。尼路斯听闻这个消息，陷入了久久的沉默之中；皇帝派来一位大主教来见尼路斯，向他道歉，并安抚圣人，但年迈的尼路斯对皇帝的使者说："告诉皇帝和教皇，那个胡言乱语的老头子对他们说：他们并不是因为害怕，或是因为我的权势，而是因为神的意志才将那个瞎眼的人送到我这里的。你们现在迫害他，那么你们伤害的不是他本人，而是我，甚至可以说伤害的是神。既然神交到你们手中的人你们不知怜悯，那么天父也不会悲悯你们的罪孽。"被派去的大主教还想要回应些什么，尼路斯却不再说话了，装作睡着的样子；很快，他就与自己的随行者骑上了马，返回他在加埃塔宁静的修道院去了。

在此期间，克莱欣蒂斯来到了矗立在台伯河河岸、良城入口处的圣天使堡，统治了整个罗马。复活节星期过后，德意志人随即开始向这座城堡发起进攻。英勇的迈森边疆伯爵艾卡德领导了围城的行动，使得克莱欣蒂斯白天黑夜都不得安宁；军队利用强大的投石器和梯子攻击城堡，使堡内的人不得不在几天之内就投降了。克莱欣蒂斯苦苦求饶，但奥托还是命人在圣天使堡的楼顶上斩去了他的首级，他的尸体被从高处扔到街上，然后拖到了圣彼得大教堂后的马里奥山，双脚倒吊在绞刑架上。除了他之外，还有他的12名同谋被绑在十字架上遭到鞭打。这都发生在998年4月29日，皇帝为了庆祝这天，还对各修道院及他的忠臣们封赏。在特拉斯提弗列（Trastevere）贾尼科洛山（Janiculum）上有座圣庞加爵（H. Pancratius）教堂，就在与教堂同名的城门前，克莱欣蒂斯的尸首安放在那里，直到近代，人们都能在那里的地上读到为那个鲁莽的罗马人篆刻的如下铭文：

> 你是尘土凡人；你向往高远之物，
> 但你的寿限太短。
> 看吧，曾经叱咤罗马的人，幸运眷顾着他，
> 也终究躺在这一方窄小的墓穴中！
> 荣耀的克莱欣蒂斯作为罗马人的君主和公爵熠熠生辉，
> 他是出自名门望族的高贵后裔，
> 台伯河水流淌过的土地发展壮大，
> 罗马民众心甘情愿服从于教皇，
> 但命运终究在他如日中天之时摧毁了他，
> 在凄惨的遭际中，他走到了生命的尽头。
> 无论你是谁，只要你今日还沐浴天光，
> 就叹息着说一句：安息吧！要知道，他的命运也是你的命运！

眼下，皇帝和教皇用不同寻常的严苛管理着罗马；就连那些已经在罗马教会中渐渐生疏的法律法规也得到了严格执行，而且这不单单发生在罗马城中，也包括周边的地区。萨拜娜地区的本笃伯爵是克莱欣蒂斯的女婿，他将一座属于教皇的城堡占为己有；现在，本笃的一个儿子遭到了格列高利的囚禁，格列高利表示，罗马教会如果不能收回它的所有物，就不会交出人质。一开始，本笃承诺会向教皇妥协，却丝毫没有交出城堡的意思。教皇和皇帝随即便带兵向他发起进攻，他们一看到本笃出现，就命人捆住他儿子的双手，将他押往绞刑架；这时，伯爵才投了降，用城堡换回了儿子的自由。教皇与皇帝就以这种方

式压制了罗马贵族们的气焰，并在罗马城中重振了他们的统治权威。

5月初，格列高利在圣彼得大教堂召开了一场庆祝会议。意大利、德意志和西班牙的主教和修道院院长们都来到了现场，皇帝也在众多王侯和领主的陪同下亲自出席。当时在巴塞罗那边区爆发了一场针对欧什（Auch）主教管区的争端，这次的会议也对这场争端做出了决议。阿努尔夫和瓜达尔德（Guadald）由于这一主教管区产生了冲突，两人都随边疆伯爵博雷尔的儿子厄尔敏高德（Erminguad）伯爵来到了罗马，请求教皇做出裁决。伯爵坐在皇帝脚下，请求皇帝支持阿努尔夫，于是教皇便按照伯爵的愿望，做出了有利于阿努尔夫的决定，并将管区属地以教皇及皇帝的名义移交给新任主教。西班牙的边区比起以往的任何时候都更紧密地团结在罗马教皇周围，并同时归于皇权的管辖之下。

皇帝在炎热的季节离开了罗马，启程前往托斯卡纳的山区；秋季时，他经过了伦巴底的多个城市，并下达命令，要亲自在帕维亚召开一场教会代表会议。他在这场会议上重新见到了吉尔贝尔，吉尔贝尔跟随皇帝一起翻越阿尔卑斯山，并陪同他来到了罗马，但不久后，便又辞别了皇帝。按照皇帝的意愿，格列高利五世被迫将拉韦纳大主教管区交给了吉尔贝尔，虽然，原本的大主教约翰还活着，并且曾在亚琛亲自为当时还是孩子的奥托戴上国王冠冕，并在危难的时刻也始终保持着对皇帝和教皇的忠诚；出于自愿或是被迫，他从主教职位上隐退下来，为皇帝的宠臣让位。在这件事上，格列高利的心中想必是非常不情愿的，但局势迫使他这个一向固执的教皇按照奥托的意志行事；在克莱欣蒂斯要被斩首的前一天，格列高利向吉尔贝尔颁发了主教披带，而在相应的证明文书中也不乏年轻教皇对年长的吉尔贝尔发出的警告。文书中写道："为了圣使徒坐席之益，为了我们经年的友谊，噢，兄弟，我们授命于你主持拉韦纳教会的工作，并且我们认为有必要，按照教会中传承下来的方式，授予你前任主教们的徽记以及主教披带的使用权。你获得这些象征权力的饰物并受任教职，我们由衷地为你高兴，但是，我们也要告诫你，你现在也要努力，要公正地履行从基督那里接过的主教职务，使之配得上这一职位赋予你的尊荣。如果你精神上的美德能与躯体上佩戴的饰物相配的话，正如先知们所说：'我始终看见神在我眼前，他在我身旁，使我不会误入歧途。'"除此之外，吉尔贝尔还从皇帝和教皇那里得到了在管理教会方面极大的权力和自由，以及重要的承诺，在太皇太后阿德莱德薨逝后，从拉韦纳一直到沿海地区的司法、海关、货币和贸易权，以及科马基奥（Comachio）的伯爵领地，统统归吉尔贝尔管辖。

在收回了富裕的博比奥修道院之后，在获得了诺南托拉修道院之后，现在的吉尔贝尔终于能够说，自己在兰斯受到的伤害全部得到了补偿，并放弃了对法兰西大主教管区的争夺。现在，吉尔贝尔也终于不再对他的皇帝学生提出那旧调重弹的要求了，不再像之前那样，一旦没能享受到丰厚的封赏，就认为自己遭到了粗暴的对待，认为自己的功劳没有受到认可。吉尔贝尔曾上书皇帝道："我知道，我对神犯下了许多罪孽，但我不知道，我当时哪里伤害过您和您的手下。噢！如果我没有接受您慷慨赋予的尊荣就好了，或者即使接受了，不以这样耻辱的方式失去它就好了！我该说什么呢？无论您给我什么，您要么能给我，要么不能给我。如果是后一种情况，您为何要虚言声称能给我呢？但如果您能给的话，那想要控制称霸寰宇的吾皇的无名小人又在何处呢？这个恶棍藏匿在怎样的黑暗中呢？只要他现身，人们就将他钉在十字架上，好让吾皇自由地进行统治！许多人认为，我能够影响您，但现在，我必须争取那些曾在您身边代替我言语的人，使他们成为我的支持者。现在比起我的友人，我可能不得不更多地信任我的敌人，因为友人告诉我，一切都会好起来；而敌人却预见到，您所有的赦免状和宠爱厚意对我来说都毫无助益，紧随着美好开端而来的是悲惨的结局。这对我来说是悲伤的，同时对尊为皇帝的您来说是不合宜的。所以，可以这么说，我在三个不同的时代，在敌人的枪林弹雨中始终保持着对您、您的父亲和祖父的忠诚；出于对您的爱戴，我将卑微的自己置身于国王的愤怒和民众的不满中。穿越过人迹罕至的荒野，经受过盗贼的劫掠，忍耐了饥饿与干渴、酷暑与严寒，这一切艰险都没有阻挡我来到受禁锢的皇子身边；我宁愿死去，也不愿失去他信任的目光；我只要看着他，我的心灵就能得到慰藉，感到喜悦——噢，愿这份喜悦一直延续到我生命的尽头，愿我能在与您和平的相处中结束这一生！"

在吉尔贝尔重新成为大主教之后，他就像变了一个人似的，他在圣伯多禄的坐席上尽自己所能严于律己。就职之后没过多久，他就在拉韦纳召开了一场教会代表大会。这场会议针对一些根深蒂固的教会恶习做出了决议。秋季时，他前去参加另一场教会代表会议，也就是上意大利的主教们要在皇帝的见证下召开的那场会议。在这里，吉尔贝尔同样是整场会议的核心，正如曾经在兰斯那样，但这次的意义完全不同，现在他需要的是自己的权威和声望。

在此之前，米兰的圣安波罗修教堂一直还在争取它曾与罗马方面共享的特权和名誉，但现在人们已经习惯将这些仅仅视为圣伯多禄坐席的所有物；刚刚就任的米兰大主教阿努尔夫是个对皇帝十分恭顺的人，在帕维亚的会议上，他不得不放弃了这些要求，并且在会议记录中记载着，米兰大主教归于教皇的管辖之下。

除此以外，在这场会议上还做出了另一项重要的决议，并且这一决议通过皇帝的诏书告知了意大利所有的宗教及世俗王侯。这项决议如果真的得以执行，那么就会深深地触及当地社会的财富分配情况。已经有迹象表明，意大利的各个主教管区和修道院辖区所占有的土地已经扩张到了不可估量的地步；并且，他们的土地在奥托王朝皇帝们的慷慨赠予下继续增加，此外，许多伦巴底主教也已经被授予了最重要的权力。但即使有了巨大的财富，即使教会特权确保了权力和地位，意大利教会的局势仍常常不容乐观。很大一部分教会属地都通过收取物品或金钱作为佃租，从而出售暂时或永久佃权；但这些收入的绝大部分都不会对教会的状况有所助益，而是流进了主教们的私人金库，或是在复杂的局势下消失了。交给教会的那一点可怜的租金还常常遭到拖欠，并且按照情况不同，即使动用暴力也不一定能收回，因为教会地产的租用人都是当地最有权势的人。在罗马地区以及罗马涅（Romagna），贵族使用的大部分地产实际上都是属于教会的，他们只拥有永佃权，而这也是贵族与神职人员不断发生纷争的原因，由于贵族租用人始终拒缴租金，完全否认了这整个租借关系。图西亚的情况也与之相似，但奥托一世已经在这里严肃禁止神职人员与贵族签订租用合同，并且只能与那些亲手耕种并将土地产出的一部分上缴教会作为租金的侨居者建立这样的租用关系。在伦巴底，惯例上与只与这些侨居者签订租用合同，因为凭借教会财产富足起来的贵族们维护着自己与主教及修道院长之间的采邑关系；但即使在这里，也和图西亚一样，出现了对教会不利的、贵族与教会之间的永佃权合同。

　　这场宗教代表会议结束了，皇帝公布了会上的决议，意大利所有关于教会地产的租用合同在签订合同的主教或修道院院长去世之后便失去其效力，其继任者对教会财产有完全的支配自由，而所有因租用关系解除而产生的不利后果都要租用者来承担。奥托在诏书中称："即使是皇帝和国王，也只能在他们的有生之年享有国家财产，何况是各个教会；主教和修道院长们有什么权利来决定，教会财产在他们的继任者就任期间要如何支配呢？任何律令和权利，任何协议和传统，只要与设立教会的初衷相悖，就应当视为无效，只要是明显有违于神的——我们的政权是因神而诞生和扩张的，就不能通过我们的权威巩固之。"诏书中称，只有在一种情况下租用合同可以维持其效力，那就是当它能保证对教会有益的时候；然而，在至今为止的所有案例中，教会都遭受了沉重的损失，既不能为教堂的利益添砖加瓦，也不能对国家所有助益。

　　比起罗马涅和图西亚的神职人员，伦巴底的主教们虽然没有在与贵族的租借关系中受到很大的损失，但他们在向国家和朝廷纳税方面，处境也常常十分窘迫，无法在强大的敌人面前保护自己，也无法行使皇帝赋予他们的世俗权利，他们还不得不将一大部分的贵族收为邑臣，并动用教会财产作为他们邑产。在这一邑臣阶层中又分成两个阶级：高阶邑臣和低阶邑臣。前者直接依附于主教和修道院院长们，大多行使着地区长官的权力，领导着修道院辖区；而其他那些获得邑产较少的，则听从前者的号令，是他们的附庸邑臣。这两个阶层所追求的，当然都是获得他们名下邑产的世袭权，而那些高阶邑臣也很快就做到了这一点，虽然他们的继承权并非法定的，但已经受到了实际上的认可。主教们没有能力彻底拒绝这一现实，因为他们所面对的是远远强于自己的势力，并且在皇帝离开期间，他们的权益几乎是完全不受保护的。然而，高阶邑臣们一旦巩固了对邑产的世袭权，那些本来就不得不背负兵役和宫廷役的低阶邑臣也会随之反抗起来，试图获得世袭权。这样一来，这一阶层与他们的邑主之间就会产生无穷无尽的争端和仇恨，而意大利的世俗王侯们，也就是边疆伯爵和伯爵们，由于那些从自己手中被夺走、移交到主教手中的权力而心怀不满，他们也倾向于支持教会的低阶邑臣反抗他们的邑主。伦巴底的许多教会由于教会与邑臣之间、邑臣与邑臣之间的纷争而受苦良多，最富庶的主教管区和修道院辖区虽然有皇帝对他们的恩泽，但在光鲜华丽的表象之下，时常陷入困境和窘迫之中。

这一情况也在帕维亚的会议上得到了讨论，并且皇帝也对此极为关切。伊夫雷亚主教瓦尔蒙德挺身而出，控告王室领地伯爵阿尔杜安（Arduin）利用低阶邑臣与其邑主间的矛盾，试图打压主教们的势力。

阿尔杜安的父亲是富裕的达多（Dado）伯爵，他在意大利的权贵中享有首屈一指的地位，并凭借与当地各大家族的亲缘关系获得了极高的权力。阿尔杜安的长子阿尔迪桑（Ardicin）娶了边疆伯爵于格的女儿维拉；他的女儿伊希尔德（Ichilde）则嫁给了贝伦加尔国王的儿子库诺，而这位贝伦加尔国王似乎是在奥托年幼时登上王座的。阿尔杜安可能是通过于格受到了狄奥法诺的青睐，并受封了从贝伦加尔王权势力中产生的伊夫雷亚的边疆伯爵领地，并很快与伦巴底的王室领地联合起来。后来事实证明，他试图利用这一势力，在意大利建立起以民族为基础的长久政权，他的矛头首先指向的便是伦巴底的主教们，而这些主教也正是萨克森皇室重要的支持者。为了战胜他们，阿尔杜安与教会的低阶邑臣们勾结起来，怂恿他们打破对邑主许下的忠诚誓言。996年皇帝离开意大利后，阿尔杜安随即袭击了韦尔切利的主教彼得，洗劫了他的教堂，并将教堂付之一炬；主教本人葬身于火海。阿尔杜安顺利地将效忠于他的主祭拉甘弗雷德（Raginfred）当选主教，而他的谋杀罪行也没有受到惩罚。轻易地逃脱了惩罚，使他更加受到鼓舞，他立即又对伊夫雷亚主教瓦尔蒙德进行了攻击，将瓦尔蒙德从主教驻地驱赶出去，并洗劫了伊夫雷亚教会的财产，瓦尔蒙德对阿尔杜安下达了流放令；其他的伦巴底主教在瓦尔蒙德身上意识到，下一个或许就是自己，一致决定流放阿尔杜安。他们与瓦尔蒙德站在同一战线，在帕维亚的会议上请求皇帝对阿尔杜安的罪行做出裁决，但是，由于教皇的缺席，也可能是顾及边疆伯爵于格，皇帝并没有做出不利于阿尔杜安的决议，而是将此事暂时搁置起来。随后，主教们转而来到了教皇面前，教皇也随即郑重警告了阿尔杜安，要他停止对教会的暴行并进行忏悔，还威胁要流放他。

在整顿了伦巴底的秩序之后，皇帝于11月回到了罗马，并于998年年底在罗马出席了由教皇召开的全体评议会。会上再次重点讨论了罗马教会的事宜。兰斯事件虽然基本解决了，大主教阿努尔夫又暂时执行起了他的职务，但罗贝尔国王还没有与贝尔塔离婚，这也导致了教皇极大的愤怒。国王夫妇因此被判赎罪7年，如果届时他们仍违背罗马方面的意志的话，等待他们的将是流放；为这场婚姻赐福的图尔大主教以及所有从旁协助的主教都被革去了职务。27名主教在评议会的协商意见上签下了名字，其中首当其冲的就是吉尔贝尔，这样一来，他也就对他的学生，同时也是他仁慈的君主做出了流放的威胁。评议会在商讨中明确地决定，要重建梅泽堡的主教管区，这对德意志教会也有着重要影响。当吉塞勒出于野心或者贪婪离开梅泽堡教会时，他就已经注定，完全失去了他的主教职务；如果不是这样的话，他就应当留在马格德堡，以传统的方式，也就是说在神职人员和人们的许可下获得大主教之职，但他现在无法证明他获得这样的许可，那他就必须从梅泽堡的主教坐席上退下来。

　　然而格列高利没能活着看见这些决议生效。在获得了一些显著的成效之后，还有一些伟大的蓝图正在描绘之中——他就这样英年早逝了，似乎连30岁都没到——999年2月18日，他突然地离开了人世；有些人认为他是被毒害的。在圣彼得教堂的前厅中，距离奥托二世陵墓不远处，在格列高利一世的墓碑旁边，格列高利五世的遗体被安放在一具大理石棺材中。人们为德意志的首位教皇刻下了如下铭文：

> 教皇格列高利五世长眠于此，
> 他曾吸引人们惊羡的目光，形容俊美，
> 原名布鲁诺，出自法兰克王室宗族，
> 母亲尤迪特带他来到人世，父亲奥托教养他成人。
> 乡音与血脉皆系德意志，在沃尔姆斯学习成长，
> 年纪轻轻便登上使徒座席
> 任职近两年八个月；
> 二月三六十八日，辞别人世。
> 他待穷人温和仁厚；安息日上乐善好施。

精通法兰克、罗曼及拉丁语；

勤奋教导民众。

奥托三世赐予他伯多禄

而他则为血亲涂油，使之登基为皇，

肉体凡胎的桎梏一朝解除，

他在格列高利一世身侧长眠。

如今，格列高利五世的陵墓也已经被损毁了，安放他遗体的大理石棺材则被安放在圣彼得教堂的地下室中。

格列高利的一生虽然如此短暂，但还是留下了一些对后世影响较大的成绩。在圣使徒的坐席经历了长期的低迷之后，这位年轻的德意志神职人员是第一个重新为之获得权威与尊严的人；是他雷厉风行，使分裂的法兰克教会重新归于罗马的管辖之下。在他开启的那些事业中，在他离世之后重又衰落下去了，并且直到近一个世纪之后才重新由另一位更伟大的格列高利发扬光大。但即使这样，他的所作所为还是有所成效的，他的下一任教皇虽然曾是格列高利五世的反对者，但也试图跟随他的足迹走下去。

眼下，皇帝想要提拔吉尔贝尔登上圣伯多禄座席，而吉尔贝尔也欣然接受了这个任命。奥托似乎遵从着一个广泛的趋势，那就是在德意志人担任过教皇之后提拔一个法兰西人登上使徒坐席。但促使奥托这样做还有别的原因：吉尔贝尔在他重建旧时罗马帝国的所有计划中，都是他信赖的人；而且他也期待着，在经历了艰辛的岁月之后，他的老师能比年轻的格列高利展现出更多的平静与慎重。999年4月初，吉尔贝尔在罗马登上教皇之位，受到祝圣成为西尔维斯特二世。吉尔贝尔就这样一路从兰斯（Reims）到拉韦纳（Ravenna），最后来到了罗马（Rom）的；与他同时代的人们就已经发现，这三个城市均以字母"R"开头，可以说是个精彩的文字游戏。

虽然收到皇帝许多的嘉奖与馈赠，但吉尔贝尔在拉韦纳的日子也不好过。正如阿尔杜安在伦巴底引发了动乱一样，在拉韦纳城中和周边地区都发生了暴动，而吉尔贝尔根本无法平息这些暴动。此外，他身体上也承受了极大的痛苦；在当时写给太皇太后阿德莱德的信中，他将自己的处境描绘得苦不堪言。这个当时大约50岁的男子写道："我的日子没多少了，死亡就在眼前，我侧腹刺痛，耳也鸣，眼也花，浑身都疼痛难忍；去年一整年我都缠绵病榻，现在我还没有彻底康复，疼痛就又回来折磨我了，将我再次击倒在病床上。"但是，他登上了基督教最高的神职，并由此达到了一个高远的目标，这是他做梦也想不到的，在这之后他马上感到自己获得了新的力量。他带着年轻人般的活力掌握着统治权，很快，人们就看到他积极地投身于罗马教会资产的整顿之中，将散落各地的资产收归回来，使定下的法令得以生效；他甚至还拿起了武器，领兵围困动乱的城市。值得注意的是，他是我们所知道的第一个试图将采邑体系引入罗马地区的人；他将特拉西那（Terracina）城和周边的地区都作为邑产封给了达弗里乌斯（Darferius）伯爵，而相对应的，伯爵要对在宫廷和战争中服役，虽然西尔维斯特还确定了每年3个金古尔登的佃金。在相关的证明文书中，西尔维斯特明确提出了之前常见的租用合同中的缺陷，并阐述了新体系对教会的益处；西尔维斯特尝试着，通过一种租借与采邑混合的形式，应对两种方式各自的缺陷，并保留两者的优点。在哪里才是罗马教会自有财产的问题上，教皇本人也常常陷入与皇帝的争执之中，而对于这位永不满足的年迈老师，皇帝也渐渐疲倦了。教皇时而与他争论在萨拜娜地区的属地，时而争论罗马涅的8个伯爵领地，而这个慷慨大度的学生在这些争论中常常是做出让步的那个。

　　在纯粹的教会事务上，西尔维斯特完全延续着格列高利开拓的道路。我们得到了他所写的一份文件，撰写这份文件的目的可能是为了"指导各地主教"，分析他所领导的教会面对的世界形势，其中充满了"伪依西多禄诏令"中的理念，对克吕尼派推崇备至。他在其中阐释了对主教及教士权力的最高设想，比基督授予的任何尘世权力，甚至是君王的权力都要高尚。但后来，对于这样一种崇高的地位，他要求进行一种完全无可指摘的变革，他设想出一位主教应当有的形象，同时也刻画出神职人员们的堕落，并以尖锐的洞察力看到"西门罪"，也就是买卖神职和教会财产的罪行，是教会的毒瘤。他所写的这些基本原则也正符合西尔维斯特的行动；在任何事上，他都严格执行格列高利开始的惯例，决不让步。他曾在兰斯倡导的事务，现在他亲自来贯彻，他甚至认可了他的仇敌阿努尔夫大主教的主教职位，并亲自举行授职礼，将大主教戒指和权杖重新颁发给他。他说，罗马的全能之力不仅在于连接，也在于和解，这就可以清楚说明，圣伯多禄的能力是力所不及的。在西尔维斯特任职的第一年，阿努尔夫就亲自来到罗马，并受到了充满敬意的接待。罗贝尔国王现在也不得不听从罗马方面的号令，与贝尔塔分开；西尔维斯特在这一方面也完成了格列高利未竟的事业。在其他格列高利留下的事务上，西尔维斯特也同样十分坚决果断。马格德堡的吉塞勒大主教一直没有按照教皇的要求，对自己的罪行做出解释。现在，他的职务被暂时革去了，并被要求前往罗马；但他借口病重，并未在罗马现身，而是派去了手下的一位神职人员，替他做辩护，结果对他的审判推迟了，并且审判的责任交给了德意志民族评议会。

西尔维斯特在一场罗马的宗教代表会议上对阿尔杜安进行了严厉的指责，这也引发了对阿尔杜安的公愤，而韦尔切利的主教管区也交给了一个教皇与皇帝都十分信任的人。这个人是利奥，一个能力与学识都极为出色的人。他是位修道院兄弟，但已经在皇室宫廷中生活了多年，在他受到提拔成为韦尔切利主教之前，他曾享有"宫廷主教"的头衔。他清楚地知道皇帝所有的意图，并且诡计多端，行动力强又争强好胜，有着极大的控制欲，他不是那种能对阿尔杜安的诡计坐视不理的人；他很快就愤怒地将这个主教之敌对他的前任彼得及韦尔切利教会所做的恶事都呈报给了皇帝和教皇。阿尔杜安受到召令，来到了罗马的教会代表会议上，虽然结果显示他本人与彼得的死没有直接的关系，但他还是被判处了可怕的流放刑罚。人们决定，他得上缴自己的武器，不可食肉，无论男性女性都不能亲吻，不可穿麻制衣物，在一个地方停留的时间不得超过两晚，除非战死，否则就不能领受圣餐；即使在天涯海角，无人知晓他罪孽的地方，他也必须忏悔或是作为僧侣进入修道院。除此之外，皇帝还宣布剥夺阿尔杜安的公权，革去他的职务，没收他的财产，并将之赠予了韦尔切利教会。阿尔杜安的儿子阿尔迪桑也被传唤到了罗马，来到教皇和皇帝的法庭中，但他趁夜潜逃躲过了判决，他和阿尔杜安其他追随者的财产和属地都归了韦尔切利教会所有。

看上去，教皇西尔维斯特二世现在走上了与吉尔贝尔在兰斯时完全不同的道路。他致信克吕尼派的人，说只要他当权一日，他们的教会联合会就不会有受阻之忧，可以肯定的是，这不是一句空话。

导致卡洛林王朝覆灭的等级制度理念重新得到复兴，问题只是，这一理念现在能否轻而易举得以贯彻。虽然它是由皇权势力本身再次唤醒的，并受到皇权多方面的支持，但在皇权势力的发展过程中，它的处境迟早会变得岌岌可危。尤其是当它对神职势力的依附关系十分薄弱，这种危险就会更早到来。诚然，当时值得忧虑的是，神职人员们总是轻而易举地就获得了年轻皇帝的支持，而且他们还常常为了自己的目的，利用皇帝的虔诚性情以及对他们的信赖；德意志的皇权统治可能会很快遭遇与卡洛林王朝相似的下场。

波西米亚人阿达尔贝特对皇帝的性情所产生的影响并不是那么容易消逝的，它与奥托内在的自然天性相遇，在他的性格上留下了持久的印记。对阿达尔贝特及其殉教过程的记忆对这个年轻人来说仍旧历历在目，并影响了他的一切行事作风。毫无疑问，这些回忆对皇帝的影响比世界末日渐渐临近引起的担忧要大，而世界末日将近的说法在德意志和意大利本就没有在法兰克王国那样盛行；阿达尔贝特对皇帝的影响也比老尼路斯的威胁和圣罗慕铎的警告要大，皇帝于999年开始投身于后者所说的奇特忏悔修行。

教皇格列高利2月去世时，奥托并不在罗马，而是在向南方而去的朝圣之旅中；他朝拜了阿达尔贝特曾经踏足过的圣地，先是来到卡西诺山，随后穿过卡普阿和贝内文托前往加尔加诺（Gargano）山上香火旺盛的圣米迦勒修道院，他赤足走进修道院，并在院中虔诚修行了多日。在回程中，他再次来到了贝内文托，当时的人们相信圣使徒巴托罗缪（Bartholomäus）的遗骸安息在此；皇帝心中向往着圣髑，希望将这珍宝带回罗马，他要在台伯岛上建一座教堂纪念阿达尔贝特，而这份珍宝必将给这座教堂赋予别样的意义。皇帝请求贝内文托人将这珍贵的圣物让给他，而人们也不敢拒绝他的请求，但还是设计了一个骗局，他们没有将圣使徒的遗骸而是将罗拉（Rola）主教圣保利努斯的骨骸给了皇帝。在回罗马的途中，皇帝经过了加埃塔，去拜访圣尼路斯，尼路斯与他的兄弟们居住在城郊简陋的屋舍中。皇帝一看到这些屋棚，就不禁喊道："这是以色列旷野中的小屋；这些人如同朝圣者之父①逗留人世间，知道这里没有他们的长居之所。"年迈的尼路斯带着僧侣们来到皇帝面前，对他百般尊敬；但年轻的皇帝也对这个圣明的老者极为谦恭，搀扶着他回到修道院中，并在祭坛前与他一同祷告。他急切地请求尼路斯，与他的僧侣们一起迁居到他的疆土内，并承诺将修道院建得雄伟无比，但尼路斯拒绝了这一切，修道院的兄弟们都感到非常气恼。在将要离开时，皇帝再次重复了他的请求，说道："你需要什么就对我说，就像父亲对儿子提出要求那样，而我也会满足你的要求。"尼路斯回应道："除了你灵魂的安乐，我什么都不求，因为凡人终有一死，并终将为自己的所作所为付出代价，你也不例外。"皇帝听了，流下了热泪，留下头上的皇冠，交到老者的手中，在临别之际又接受了一次他的祝福。皇帝就这样踏上了回去罗马的行程，并于3月底抵达了那里。

奥托在罗马仍继续着他的忏悔修行。年轻的沃尔姆斯主教弗朗科（Franko）是皇帝的亲信，皇帝与他一同隐居在圣克莱门斯（H. Clemens）教堂附近的山洞中，并在那里进行了14天不间断的祷告和斋戒。随后，他在夏季（7月9日）与教皇一起来到山中；当时，他又在贝内文托逗留了几天，接着在苏比亚科（Subiaco）地区停留了较长一段时间（7月与8月），那里是圣本笃第一次隐世的地方，圣本笃就在这布满荆棘的洞穴中修行，戒除了肉体的欲望，而全身心投入神事中去。在那个洞穴上方的岩壁上，修建了一座引人注目的修道院，岩壁下方就是塔瓦罗内河（Teverone）②翻滚的波涛，皇帝的居所就在这里，而这里狂野而又迷人的景致深深吸引着他，使他决定要在这里建造一座礼拜堂，好成为这里永恒的印记；这座教堂要献祭给大天使米迦勒，此外也要再次献祭给圣阿达尔贝特。

从这时起，奥托在自己的皇帝头衔旁加上了"使徒之仆"，随后又加上了"耶稣·基督之仆"的称号，虽然他在后来再没有进行过朝圣和忏悔修行。我们找到了一些源于1000年的证明文书，是由"王室领地修道院"签发的；这些文书向我们清晰地展现了年轻君王内心的独特追求，他既是一位僧侣又

① 指圣保禄。——译者注
② 又称阿涅内河（Aniene）。——译者注

是一位皇帝。

眼下，这样一位君王是不是无法将处于上升期的等级制度为自己所用呢？等级制度看上去已经势在必行，何况又有西尔维斯特这样一位引领者，当时没有一个凡人在性情、学识和远见上能与他相媲美。但这也只是"看上去"而已。因为，比起克吕尼派对等级制度的追求，皇帝的宗教热忱实际上更多地倾向于尼路斯、罗慕铎以及波尼法爵修道院僧侣的神性追求。此外，奥托心中真正的理想是对等级制度的发展毫无益处的。他对尘世事务的关注，远比人们看到他的修行与斋戒之后所认为的更多。我们有足够的证据表明，当时的奥托正怀着扩张统治权、提高皇帝权威的宏大计划，并以极大的热忱，要建立一个罗马时代晚期意义上的世界皇朝。

16. 奥托三世重建古罗马帝国的尝试

事实证明，至今为止帝国之内西方世界的联系是颇为松弛的，就连由皇帝直接进行统治的王国，除了皇帝本人之外，也没有其他的要素将他们联系在一起。奥托二世曾想要使阿尔卑斯山脉两侧、父亲留给他的帝国更紧密地联系在一起，但他的英年早逝使这一意图成了泡影。如果现在，年轻气盛、见多识广的君王想要继续父亲留下的大业，那也没有什么好惊讶的。实际上，我们看到，奥托三世第二次前往意大利期间也的确在往这个方向上不懈努力。意大利内部仍处于分裂状态，伦巴底地区与罗马地区仍未合并；在帕维亚诏书中，意大利第一次被作为一个统一的王国。另一件与此目的契合的事是：与奥托交好的一位名叫亨利贝特（Heribert）的教士出身于法兰克的贵族家庭，奥托将他任命为意大利的总理，并在沃尔姆斯主教希尔德巴尔德于998年去世后，将德意志总理议事厅的事务一并移交给了他，这样一来，整个帝国的政务处理就统一了起来，由同一个人指挥，这必定会产生深远的影响。意大利和德意志王国几乎合并为一，并且，当999年亨利贝特被提拔为科隆大主教时，他的总理职务也罕见地保留下来，统一似乎更是轻而易举了。这可能也是事物发展的天性，奥托王朝的后裔除了巩固王朝的统一之外，都会去追求个人地位和名誉的提升，作为希腊皇女的儿子，他还尝试要使自己的皇冠比先辈们的更加闪耀。奥托所处的地位以及事物的自然发展推动着他朝此方向去努力，然而，这位天资聪颖的君王，他的自我意识觉醒之后，更多地认为自己是希腊人而非德意志人，这对德意志民族来说是一种不幸；他看不起萨克森人的粗野，而向往着希腊式的精美。他所有的意图和计划都远离了他父辈们建立大业的民族土壤，他认为自己作为皇帝，首先是罗马人的君王，正如他违背惯例在证明文书中不仅仅使用简单的皇帝头衔，而是明确地写出了完整的头衔"罗马人的皇帝"。"按照血统，他是希腊人，按照他所继承的统治政权，他是罗马人"这是他对其帝国及自己皇帝地位自然属性的认识。就连查理大帝的皇朝也没能入他法眼：想象的翅膀飞跃时间的长河，最终停留在古罗马的世界帝国中，停留在拜占庭帝国从中保留下来的大量碎片之中。很快，年轻皇帝的所有意图都汇聚在一个思想上，那就是"在西方重建罗马帝国"。

谁能够渗透进一个人的灵魂深处，在那里窥探他内心思想和意图的发展和变化呢？毫无疑问的是，奥托会有重建古罗马帝国的想法，法兰西人吉尔贝尔在其中发挥了主要的作用。在吉尔贝尔之前和他去世之后的很长一段时间内，都没有第二个人以同样的方式去实现罗马的古典文化；阅读他的一些书信，人们会猜测写信的人是穿着宽大袍子的古罗马人，而不是像他这样一个穿着袈裟的僧侣。但即使这样，这位欧里亚克的僧侣还是常常将古典时期的理念与基督教的观点、异教皇帝的统治与查理大帝的神权政治传统混淆起来，这也是自然的事情。他用心中的所思所想浇灌着他的皇帝学生，而这个学生也对他言听计从。他多少次在这位新时代的亚历山大大帝面前扮演着亚里士多德的角色啊！还有一点也可以确定，奥托在戴上皇帝冠冕之后，最喜欢做的事情便是与这位他亲自挑选的老师畅谈对帝国未来的憧憬；这就是他们能够保持亲密关系的秘密，即使后来他们之间产生了利益冲突也不能使他们之间的师生情谊瓦解。

997年夏季，吉尔贝尔第一次在皇室宫廷中停留了较长的一段时间，他写信给正在文登战场上的皇帝，信中提到了"由伟大思想家思考出来的，令人茅塞顿开的"东西。这指的究竟是什么，直到这年秋天，奥托在亚琛停留时才得到昭示；年轻的皇帝将查理大帝的王室领地作为自己的属地，并同时在这里住了下来。随后，奥托在冬天踏上了前往罗马的旅程，当他拿下罗马城，而克莱欣蒂斯人头落地的时候，罗马帝国重建起来的消息也就传遍寰宇了。现在，我们手中还有当时盖着封印的证明文书，封印上是皇帝的胸像，周围写着"罗马帝国成立"的字样，查理大帝使用的封印也有同样的文字。

在这条路上，吉尔贝尔是皇帝不可分离的旅伴。从他在一本书籍上的题词中，我们可以看出他心中的所思所想。"我写下这些话，"他写道，"是为了让意大利不至于认为，教养已经在皇帝堡中消亡了，希腊并非唯一一个能吹嘘其帝王智慧的国家。希腊帝国以为，整个罗马帝国的力量全都落到了他们手中，但他们想错了；我们拥有富饶肥沃的意大利，我们拥有骁勇善战的高卢和日耳曼尼亚，还有英勇的斯基泰人（Skythen）也臣服于我们，并且最重要的是，我们有你，高贵的皇帝，你继承了希腊血统，力量又远居于希腊人之上，你继承了罗马的统治权，品性与辩才又远居于罗马与希腊人之上。"

重振罗马的威名，以希腊皇权的盛大华丽来装饰他的皇座，同时建立起一个查理大帝时期那样的基督教世界帝国，这样的追求从那时起就萦绕在年轻皇帝的心头；主导着他的行动的，是伟大的理念，但这理念同时也是不清晰的、天马行空的。古罗马的元老院的智慧，图拉真和奥理略的宏图大业和凯旋盛景，君士坦丁堡古典与东方风格糅杂的奢华宫廷——这如同一个魔法圈，将年轻人困在其中无法自拔，即使是在严格的忏悔修行中，他也找不到出路。

人们也无法相信，奥托的朝圣之旅只是为了这些念想而进行的；如果进一步仔细考量，就会发现其中包含的政治目的。为了前往加尔加诺山朝圣，皇帝经过了卡普阿和贝内文托，这是他的统治政权在南方的重镇，而他之前还从未踏足过那里；来到这里，也就直接来到了希腊帝国的边境，在合适的时候还能够近距离地观察阿普利亚的状况。

这时的阿拉伯人重新将目光放到了意大利。在此期间，贾法尔家族已经获得了埃米尔之位的世袭权力；阿卜弗托·尤苏斯（Abulfotuh Jusus），他的舅舅哈桑很受哈里发哈卡姆二世的尊敬，他再次横渡海峡，向希腊人的疆土发动了进攻。虽然得到了伦巴底人的援助，但991年，希腊人还是在塔兰托经历了一场大败。从此之后，阿拉伯人便定期前来侵袭，当998年尤苏斯重病之后，他将埃米尔之位留给了他的儿子贾法尔，而贾法尔也随即前往意大利。同一年，阿拉伯人进攻巴里，而这次是一个希腊人将阿拉伯军队引来的，他承诺将巴里城交给阿拉伯人。君士坦丁堡宫廷终于意识到了眼前的威胁，感到自己可能会失去所有在意大利的属地，他们向巴里派去了一位指挥官，此人被赋予极大的权力并使用新的头衔"卡塔彭"（Katapan）。这样一位官员几乎拥有独裁者般的权力，所有在意大利的希腊属地都要听从他的号令。很快他就调集了所有可用的军事力量来对付阿拉伯人，而在开罗的哈里发则授予了贾法尔"贾道列"（Jaid Daulet）的头衔，也就是最高统帅，并同样赋予他非同一般的巨大权力，委托他通过侵略开拓新的疆土。就这样，双方都整装待发要进行一场大战，而奥托也不能再袖手旁观了。吸取父亲的教训，他即使不愿亲自参战，也必须尽自己所能，为自己的帝国留住伦巴底的王侯领地。

实际上，那场旅行的效果很快就在这里显现出来了。卡普阿王侯莱杜尔夫虽然充满敬意地接待了皇帝，但皇帝并没有赢得他完全的信任。奥托刚刚离开卡普阿，他就派了卡普阿一名神职人员的儿子阿德玛尔（Ademar）领着一支军队前往坎帕尼亚。阿德玛尔在宫廷中接受教养，是皇帝的好友，他让卡普阿的人们重新对皇帝宣誓效忠，并要求他们呈送人质。随后，阿德玛尔迅速前往那不勒斯，这座城市曾经也臣服于奥托二世，但在奥托二世去世之后，又在名义上承认了希腊皇帝的最高统治。现在，他们必须重新对西方皇帝宣誓效忠、呈送人质。此后不久，奥托又一次对卡普阿和那不勒斯的忠诚产生了怀疑，他派阿德玛尔再次前往那里；在卡普阿方面的支持下，阿德玛尔夺下了那不勒斯，城内的希腊官员遭到俘虏。随后，阿德玛尔来到卡普阿，控制住了前不久还向他伸出援手的莱杜尔夫，用计谋逮捕了他，并将他押送到了罗马，皇帝在罗马剥夺了他的王侯身份，声称是因为他参与谋杀亲兄兰德努尔夫。阿德玛尔被任命为新的卡普阿王侯，而莱杜尔夫及其妻子、多位卡普阿贵族还有那位那不勒斯的官员则被流放到了德意志。999年，皇帝先后两次来到贝内文托，可能主要是为了以此保证当时的王侯潘杜尔夫二世对他的忠诚；萨莱诺的万玛尔三世（Waimar Ⅲ.）在此之前一直是独立自治的王侯，现在也暂且承认了西帝国的最高统治权。有人记叙了皇帝在加埃塔拜访圣尼路斯时的情景；这场会面发生在这年的3月，4月时，列日主教鲁特格作为皇帝的钦差使臣在加埃塔进行了审判，虽然这座城市在前段时间已经宣布从西方帝国的最高统治下脱离出来了。可以确定的是，这是皇帝在他的忏悔之旅中产生的计划和意图。

恰恰在这年夏天，当奥托在苏比亚科的圣克莱门斯修道院附近的洞穴中过着隐居生活时，他也始终为他的政治蓝图而忙碌着，而他虔诚的修行也与他的计划息息相关。在证明文书中，他自己也说，他非常希望自己的宗教事迹能够对"帝国繁荣、军队凯旋、罗马民族势力扩张及建立共和国，使他能够荣耀地生活在这个陌生的世界上，能够更荣耀地解脱肉体的桎梏，升入天堂，并有朝一日以无上的荣耀到达彼岸与主共治"有所助益。在苏比亚科的忏悔修行结束后，皇帝与教皇一起来到了法尔法修道院，他们在那里会见了图西亚边疆伯爵于格；正如皇帝在一份文件中提到的那样，他们的谈话是关于"建立共和国"的。我们不知道他们在那里做了怎样的决议，但我们能够从基本的形势上猜测出来，奥托是如何理解共和国的，以及他想要如何整顿自己的帝国。

首先，"黄金罗马"要重新成为帝国都城、皇帝驻地以及世界的中心。皇帝的统治者宫邸不会建在帕拉蒂尼山的老皇宫废墟之上，虽然那里还偶尔在节庆时使用，而是要建在台伯河上陡峭的阿文提诺山上，从那里可以纵览罗马城，看车水马龙在台伯河两岸延伸。现在，在阿文提诺山上只能看到一副悲惨的荒原景色，只有几座修道院，散落的残垣断壁和大片的园圃覆盖着山头，阡陌之中罕有人迹；但10世纪时，那里是罗马人口最稠密的地区，坚固的堡垒与神圣的修道院及教堂相比邻；埃尔伯利希的城堡也曾坐落在此，波尼法爵修道院曾在此矗立，奥托三世也选择在这里建造他的宫邸。

旧时博斯普鲁斯海峡边的皇室城堡与阿文提诺山行匆忙建起的皇宫肯定还是有一定差距的，但皇帝还是被同样的奢华包围着，进行了东方皇帝宫廷中传统的庆典仪式。他穿着精妙华美的礼服出现在人们面前：他时而穿着一件宽大的外袍，袍子上装饰着《启示录》中描绘的图景，时而又穿着绣有黄道十二宫图样的外套，包括手套在内所有衣物都有明确的规定和系统。他与宫廷中的其他人分开进食，他用膳的地方是一张高桌。觐见皇帝要行大礼，他要求民众对他卑躬屈膝，要求他们用一些几乎毫无意义的词汇问候他。他命人用"万皇之皇"称呼他，并按照古时帝王的习惯，将所有屈服于他权杖之下的民族都加入他的完整头衔之中；别人称呼他"萨克森尼库斯、罗曼努斯和意大利库斯"，而他也这样称呼自己。浩浩荡荡的宫廷、政务和军事官员围绕在他的身边。罗马执政官和元老院空洞的形象从遗忘的暗夜中重新来到光天化日之下。君士坦丁堡惯用的军事级别也被引入到了罗马。现在，"执事官"（Magistri）、"皇家军队及宫廷随侍"（comites imperialis militia und palatii imperialis）（皇军及皇室的近卫军上将）、"大近侍"（Protospatharien）（最高皇帝近侍）、"海军行政官"（praefectus navalis）（指挥舰队的海军上将，而实际上帝国并没有舰队）这样的头衔被用到了皇室宫廷中。此外，法兰克国王们惯用的宫廷用语与那些新的、从君士坦丁堡衍生而来的名称混淆起来：皇帝的内侍大臣被称为"尚衣"（Vestiarius）或是"大尚衣"（Protovestiarius），随行使（Capellan）们被称为"秘书长"（Logotheten），总理称为"大秘书长"（Archilogothet）。整个宫廷就像在上演一场化装蒙面舞会，但就如同狂欢节一样，新鲜热闹的劲头很快就会消失殆尽。

相比之下，奥托为罗马城内秩序所做的调整有着更长久的效用，而这对他期望这座世界之城所拥有的意义来说，也有着尤其重要的意义。首先，他在这里重新设立了"大贵族"的职位，但"大贵族"说到底也只是皇帝在罗马的助手和代理人。大贵族是罗马城内及周边地区的最高皇室官员；象征大贵族权威的标志是他头上的金制项圈、戒指和礼袍。在大贵族之外，罗马行政官（Präfekt）的职位仍保留下来，由皇帝持剑授予其权力。我将所有的城堡和要塞都归于自己的监督之下，以此维护着罗马地区的和平；他享有极大的审判权力，也掌握着人们的生杀大权。虽然他贵为皇帝，但他同时也是罗马教会的保护人，也拥护效忠于教皇；他有责任维护罗马教会的一切法令，确保它们得以贯彻实施，并以教皇的名义对人们进行审判。长久以来，那7位所谓的王室领地法官（Pfalzrichter）一直都是在罗马享有极高威望的官员，他们原本都是教皇宫廷中的官员，按照君士坦丁堡宫廷的形式围绕在他身边。他们是较低阶的神职人员，都是因为赢得了尊荣或是从家族成员那里承袭了职位。随着教皇的世俗权力逐渐增长，他们的事务范围和影响力也不断扩大；所有国内的法律纠纷——作为神职人员他们是不能够参与生死判决的——他们都能够作为称职的法官；他们下面还有低阶法官以及人数众多的誊抄人员；教皇的财物和城市的扶贫机构都交由他们打理。现在，这些王室领地法官也与教皇、皇帝的官员平起平坐；他们为皇帝组成了一个类似司法院的机构，并在皇室法庭中作为陪审团参与判决。

陪审团制度已经彻底在罗马落地生根了。在由罗马大贵族、罗马行政官或其他教皇或皇帝制定的人选主持审判时，会有通晓律法的人士参与判决，而人数通常是7个。随后，罗马行政官会确保判决得以执行。以上提到的王室领地法官还被称为法定法官，除此之外，审判人中还有选举法官，而选举法官是由首席王室领地法官推选，并由皇帝任命的。任命仪式上，皇帝将法官礼袍披在他的身上，并将《查士丁尼法典》交到受任法官的手中。审判时而以皇帝的名义，时而以教皇的名义，时而又同时以两人的名义举行；对教皇的判决有异议，向皇帝上诉是允许的。

虽然日耳曼的司法流程在罗马城内和周边由伯爵统治的区域完全占了上风，虽然同时也有零散的日耳曼司法理念得以践行，但罗马法的统治地位依然没有丝毫动摇。罗马人依旧遵从着查士丁尼的法律，能够依照日耳曼，尤其是按照伦巴底法律去生活，可以算作特例或特权了。人们要是认为这样的特例代表着一种优待，那么奥托三世恰恰在尝试着，重新提升罗马法的权威；他在特定的节庆日上将那些按照异域法律生活的人纳入罗马市民法的范围内，由于他在罗马身边围绕着的都是罗马法官，他甚至想到要将罗马法律发扬光大，使之具有广泛意义。他在为罗马法官们授职时将《查士丁尼法典》交到他们手中，他想要借此表达的是："罗马、良城及整个寰宇都以这部法典为准绳！"

皇帝若是顺利地贯彻了他的意图，那么德意志皇权就会在实际上变为罗马皇权；罗马城就会再次成为西方世界的统治中心，罗马法就会成为皇法并且得到贯彻执行。当时非常流行的一句话对此进行了总结，后来，这句话还被铭刻在德意志皇帝的圆形封印上：

"世界之都在罗马，经邦纬国寰宇间。"

如果那样的话，德意志就会陷入依附的状态，通过皇帝身边的那些罗马人进行统治。

在实现其宏图伟业的过程中，皇帝最信任依赖，并与之商议谋划的人包括图西亚边疆伯爵于格，以古儒略家族后裔著称，并被皇帝授予宫中要职的图斯库鲁姆（Tusculum）伯爵们，被皇帝提拔为科隆大主教的总理兼"大秘书长"亨利贝特，韦尔切利主教利奥，皇帝的老师兼"司长"（Primiscrinius）希尔德斯海姆主教贝尔瓦德，还有最重要的，教皇西尔维斯特，他曾经将那些高远的思想灌输给年轻的皇帝，而现在，却常常是勉为其难地帮助皇帝实现这些理想。

奥托要尽可能地提高自己的皇权，同时又试图将罗马和意大利作为自己权力的根据地，那么他就不可避免地会与伯多禄座席方面产生诸多矛盾。有事实证明，年轻的皇帝与他那位登上教皇之位的堂兄弟并非一直同心同德；他与老师之间的摩擦更大，在众多证据之中，我们可以从教皇档案中找到一份引人注目的证明文书，虽然其真实性受到多方质疑，但在我们看来，这些质疑并没有令人信服的根据。很长一段时间以来，罗马涅的8个伯爵领地就在伯多禄座席和王国之间引起了争议；西尔维斯特再次为自己争取这8个伯爵领地，而皇帝则将那里的治理权暂时移交给了图西亚边疆伯爵于格。后来，这些伯爵领地被顺利地赠予了教皇，并通过上文所说的那份证明文书确认了其效力。在这份文件中，他先是言辞激烈地指责了前几任教皇，说他们散漫无知、肆意挥霍圣伯多禄座席下的旧有属地；但接着又说，前任教皇们试图通过抢夺他人的地产，也就是国家的地产，来弥补这些损失，并想要通过谎言瞒天过海；他认为，由一位名叫约翰的副主祭签发的、君士坦丁的赠予证明就是这样诞生的，另一份"秃头"查理的赠予证明也是这样诞生的。皇帝认为这些尘封的证明文书毫无价值，他完全是受到自己内心的驱动，将自己拥有而圣伯多禄没有的赠送出去，而且这首先是一个心怀感激的学生对作为教皇的老师进行的赠予，他将老师任命为教皇，希望他能接受自己以学生之名进献给圣伯多禄的礼物。这份文件中，从前的皇帝从未对教皇说过的大胆言辞随处可见；同时，人们也能够从中看出，作为皇帝的奥托完全将自己视为教皇的主人。

然而，不论皇帝与教皇的关系如何紧张，他们之间的师生情谊从未瓦解。

西尔维斯特需要皇帝的庇护，如果奥托抛弃罗马，他就只能在担惊受怕中度日。而皇帝在实现他计划的过程中也时刻不能缺少西尔维斯特的学识与远见。而且说到底，他们两人的追求在诸多方面相契合。使罗马的统治政权提升到世界高度，这始终是他们共同的目标，虽说他们对通往这个目标所预想的道路多有不同。此外，当时的教会和国家并没有处在完全对立的态势，国家得益也就相当于基督教会及伯多禄座席得益，但是，罗马最高教士的势力扩张同时意味着皇帝权力的提升，因为罗马及教皇都臣服于他。就这样，奥托与西尔维斯特携手并进，共创大业，而正如他们曾怀抱的高远理想那样，这份宏图伟业很快就铺展开来了。

毫无疑问的是，通过十字军出征将圣墓从异教徒手中解放出来，这个想法虽然在百年之后才得以实现，但吉尔贝尔的脑海中早就出现过这个想法。这样一个深刻影响到东方局势的计划，暂且只能停留在人们的想象之中，真正将其付诸实践是不可能的；然而，人们确实希望在西方建立一个前所未有的统治政权。他们已经在意大利南部树立起了皇帝的权威，巴塞罗那伯爵承认了罗马方面在宗教和世俗领域的最高权力，新建立的卡佩王朝因反抗教皇而付出了沉重的代价，欧洲东北部疲软的异教势力也瓦解了，在这样的情势下，长期巩固皇帝和圣伯多禄座席的统治权威似乎并非难事。现在，奥托和西尔维斯特也将目光集中在这一区域，并积极地推进他们的计划。他们首先从波兰入手，这也是阿达尔贝特通过其殉教义举为他们指明的方向，而那里的波列斯拉夫公爵英勇无比，他似乎是实现罗马方面勃勃野心的最佳人选。

与阿达尔贝特只有一半血缘关系的兄弟高登提乌斯和教士本笃是阿达尔贝特之死仅有的见证者，这两人回到了罗马，并且成了将波兰变为罗马行省的工具。高登提乌斯受到教皇的祝圣，成了大主教；而他的主教管区将作为波兰的中心教会，并献祭给圣阿达尔贝特。与此同时，在圣波尼法爵修道院，阿达尔贝特的朋友约翰·卡纳帕利乌斯正在按照皇帝的旨意为阿达尔贝特书写生平传记。随后，教皇将为这本著作赋予其宗教意义。罗马是从那时才开始敕封圣徒，并争取其在整个教会内的效力。德意志主教奥格斯堡的乌利希就是这样于993年被首先封圣的，而被封为圣徒的第二人便是波西米亚的阿达尔贝特。皇帝同时还积极地推动台伯岛上阿达尔贝特教堂的建造工程，并且他还准备翻越阿尔卑斯山去阿达尔贝特的墓前朝圣，并为波兰建立新的大主教管区。

999年12月中旬，奥托离开罗马前往拉韦纳，这一年的圣诞节他可能也是在这里度过的。教皇徒劳地试图将他留在意大利，发了一封急信给皇帝，而皇帝则回复说，自己的身体再也无法承受意大利的气候了；他说，他必须到德意志去，但就算他们分隔两地，他的心始终会在教皇身边；他将保护教皇的任务交给了意大利的王侯们，并任命图西亚的于格作为他的代理人；这样一来，他便不担心人们会拒绝听从教皇的号令了。教皇不得不接受这样的安排，在大贵族乔佐（Ziazo）、多位罗马权贵、教皇主祭及多位红衣主教的陪同下，奥托于1000年1月翻越了阿尔卑斯山。

他担心的不仅仅是他自己的健康，也不是人们对罗马教会新封圣人——他的朋友阿达尔贝特的忠诚笃信，这些原因确实能促使皇帝回到德意志；但他的这次旅程很大程度上也是因为，在过去一段时间皇室家族的几位重要成员去世了。

999年2月7日，奎德林堡修道院院长玛蒂尔德突然发热去世了。我们知道，皇帝是多么信任这位杰出的女王侯、他父亲唯一的亲姐妹，在他离开德意志期间，他甚至将国家事务都交给玛蒂尔德打理。玛蒂尔德运用自己从父亲那里继承来的远见与智慧治理国家，她顺利地平息了与文登人的争端，使王国东部边境能够安享和平；在她最后的日子里，她在马格德堡召开了一场大型的宫廷会议，虽然她只是一介女流，却安全且得当地处理着最繁杂艰难的事务，使世界都为之惊叹。她的侄女阿德莱德，也就是奥托三世皇帝的长姐，继承了她奎德林堡修道院院长的职位，这也是她临终前的愿望，但玛蒂尔德的死同时也使国家出现了一个无法弥补的缺口。

对于玛蒂尔德的早逝，最伤心的莫过于年迈的太皇太后阿德莱德，她没过多久便也随着玛蒂尔德撒手人寰了。女儿去世后不久，阿德莱德最后一次回到了家乡勃艮第，以解决她的侄子鲁道夫国王与其邑臣之间的矛盾。在旅程中她得到消息，沃尔姆斯主教弗朗科，也就是前不久还与皇帝一起在圣克莱门斯修道院旁的山洞中修行的、皇帝的挚友，在罗马去世了。弗朗科很受太皇太后的青睐，由于前段时间，另一位她信赖的主教，斯特拉斯堡的维德罗德（Widerold），在贝内文托陪同皇帝时也突然去世了，使得太皇太后的脑海中滋生出许多阴暗的想象。她异常激动，几乎是呐喊着："在意大利还会有许多人像这样死在我的孙子身边，最后也会轮到他自己！我会变得孤苦伶仃、无依无靠！天主，请不要让我经历这些！"怎料一语成谶。年轻的皇帝将一位与他交好的神职人员任命为弗朗科的继任者，但上任后的第四天，这人就在罗马去世了；另一个人被推选出来接任这个职位，而他还没有翻过阿尔卑斯山，就丢了性命。死亡的阴影就这样不可阻挡地在皇帝身边蔓延开来。但是，阿德莱德还是实现了她的愿望，她先于自己的孙子离开了人世。999年12月17日，她在阿尔萨斯的塞尔特寿终正寝，她被安葬在由她自己主张建造的修道院中。

阿德莱德在她人生的最后几年中与克吕尼派保持了紧密的联系，修道院院长奥迪罗亲自为虔诚的太皇太后撰写生平传记，其中主要记录了她对宗教事业的贡献；然而，却有这样一段时间，阿德莱德的心思全都沉浸于世俗事务，用她温柔的手介入人们纷繁复杂的利益网中，且并不以之为耻。这位引人注目的女王侯跌宕起伏的人生影响着德意志一个世纪的命运：她将德意志人引向意大利，将阿尔卑斯山两侧的土地联系起来百年有余；她在三朝皇帝执政期间，对一切国家事务都有着算不上最大，但也是非同凡响的影响力。有一段时间，她的一个孙子统治着德意志，而另一个则统治着意大利——人们于是称她为"国王之母"。她出生在勃艮第王宫之中，少女时期便被送往意大利，并在那里成了王后，随后却陷入困难的深渊，但这是为了使她迅速且荣耀地登上德意志后位所做的铺垫。最终，她作为罗马皇后登上了人类统治政权的巅峰。在度过了近70年的岁月之后，她作为一名基督教徒在一所德意志修道院中走到了人生的尽头。

在祖母去世几周之后，年轻的皇帝时隔两年再次回到了德意志，这里的人们无比欣喜而隆重地迎接了他的到来。他的姐妹阿德莱德和索菲，她们两个现在分别是奎德林堡的修道院院长和甘德斯海姆修道院的修女，两人也赶来觐见皇帝，与她们同来的还有萨克森和图林根的王侯及领主们；洛林、施瓦本和法兰克的众人也赶来欢迎他。欢迎宴会在雷根斯堡举行，主教吉卜哈德于1月末在

那里隆重地接待了皇帝。大主教吉塞勒也现身雷根斯堡，他还没有恢复自己的
职位，因而殷勤地想要赢得皇帝的青睐。

在雷根斯堡停留了一段时日之后，皇帝动身前往阿德莱德的墓地。在吉塞
勒的陪同下，他取道诺德高前往图林根，接着经过蔡茨和迈森，通过英勇的艾
卡德所管辖的边区来到了波兰边境上博德河畔的埃劳（Eylau）。波列斯拉夫公
爵正在这里等候着皇帝的到来，随后皇帝在大型仪仗队的护送下来到了格涅兹
诺（Gnesen），那里是圣阿达尔贝特的遗体被千金换来之后埋葬的地方。

皇帝前往格涅兹诺时正是3月中旬，他翻身下马，像一位朝圣者那样赤着
双脚进入城中。在那里，波兹南的主教乌格尔（Unger）迎接了他，并陪同他
来到教堂中；奥托泪流满面地在殉教者的墓前祈祷。随后，他便马不停蹄地推
进着新的波兰总教堂的建设工作，这座总教堂要在圣阿达尔贝特的遗体安葬之
处拔地而起，而高登提乌斯已经作为这里的大主教接受了祝圣。一场教会代
表会议以最快的速度召开了，按照皇帝的旨意以及波列斯拉夫公爵的愿望，
对波兰及臣服于其下的土地划分了教区。格涅兹诺大主教管区之下划分出了7
个主教管区，波兰及波列斯拉夫占领的其他地区通过这些主教获得其教会法
律和基督教会秩序。当时波列斯拉夫已经统治了波美拉尼亚，那里的科沃布
热格（Kolberg）被选作主教驻地，而赖因伯恩（Reinbern）则被任命为第一任
主教。波兰人从波西米亚人手中夺取了克罗巴迪亚，克拉科夫现在成了克罗
巴迪亚管区的主教驻地，博珀成了这里的首任主教。前不久，在波列斯拉夫
二世死后，西里西亚脱离了波西米亚人的掌控，在西里西亚区内的弗罗茨瓦夫
（Breslau）建立起了主教座堂，而主教之位则交给了一名叫作约翰的神职人
员。其余4位主教的辖区都坐落在波兰的东部地区，我们没有找到更详细的相关
记载。通过这些设置和调整，以前已经存在的那些主教管区在权力上受到了影
响，辖区也受到了限制。尤其是马格德堡的地位明显下降了，如果吉塞勒对年
轻皇帝的果断计划表示反对的话，那么他本来就岌岌可危的主教地位恐怕是难
以保全了。布拉格的提德达格（Thieddag）主教也对皇帝的行径不置一词，因
为他清楚自己孤立无援，保住主教之位已是万幸。只有波兹南的乌格尔主教明
确反对这次教会代表会议上的决议，经过他的努力，他的辖区虽然变小了，但

依旧下属于马格德堡大主教管区，而没有并划入格涅兹诺管区。在德意志的人们极不情愿地目睹着这里发生的一切，对奥托做出的调整抱着疑虑。

波列斯拉夫伯爵以令人瞠目的盛大场面庆祝皇帝的亲临，而皇帝似乎也对他的这些举动十分感激，授予了他极其重要的统治权力。晚些时候，梅泽堡主教提特玛尔写道："神似乎交给皇帝一个使命，要他将至今为止一直缴税纳贡的波兰公爵变成他的仆臣，要他的地位提升，那些曾居于他之上的人都服从他的统治、成为他的奴仆。"从这方面来看，奥托毫无疑问会免除波兰公爵对德意志王国的税务，并从本质上解除他对德意志王国的依附关系。后世的文献中记载，奥托授予了公爵"王国的兄弟与同僚、罗马人民的朋友与同盟"这一尊称，这似乎也相当可信，因为这完全符合他的思维方式。然而，这份文献又进一步提到，奥托将自己的冠冕戴在公爵的头上，授予他国王般的权力并由此使他脱离对皇权的依附，这就有些稗官野史的意味了。毫无疑问，奥托作为罗马皇帝，会要求波兰及所有波列斯拉夫征服的土地都听从其号令，而无论波列斯拉夫与德意志的关系如何发展，他一如既往将自己视为皇帝的人。当时，公爵调拨了3000名装甲骑兵，自己也陪同皇帝共同前往马格德堡，棕枝主日（3月24日），他来到了皇帝的宫廷之中，正如当初他的父亲米奇斯瓦夫觐见奥托一世与奥托二世那样。

顺着教皇的意思，皇帝在马格德堡推动着梅泽堡主教管区的建立。棕枝主日第二天，吉塞勒就受到询问，问他是否自愿放弃马格德堡，而回到梅泽堡。但这个精明的男人并没有马上给出回答，而是要求在复活节前的圣周期间加以考虑；到了复活节，他来到奎德林堡，皇帝也从马格德堡出发，现身马格德堡参加节日庆典。在奥托停留马格德堡的几天中，他都与妹妹阿德莱德在修道院山上祖先的墓旁过着严格的隐修生活；一直到了复活节星期一，他才来到了山脚下的王室领地上。名流朝臣们围绕在皇帝身边，德意志王侯们来到了皇帝面前，重要的国家事务当然也得到了商议，同时一场宗教代表会议也讨论了吉塞勒及建立梅泽堡管区的相关事宜。吉塞勒称自己重病，没有出席会议，但他的一位手下为他做了一些辩解，请求推迟决定。复活节后不久，参会的众人便散去了。波列斯拉夫公爵向皇帝进献了丰厚的礼物之后，其中也包括赠给台伯岛上教堂的圣阿达尔贝特的圣髑（一只手臂），他也从皇帝那里收到了贵重的回礼。在此之后，波列斯拉夫公爵回到了波兰；而皇帝则在他最爱的妹妹阿德莱德的陪同下，经过美因茨和科隆来到了亚琛，并在那里一直停留到了圣灵降临节。

查理大帝的皇都亚琛被奥托定为他帝国的第二大城，并作为他在德意志的宫邸所在地；因此，他以各种方式提高这座城市的威望。教皇格列高利五世就曾按照皇帝的要求授予亚琛大教堂极大的特权，7位红衣副主祭和红衣教士被指派到这座教堂中，在这里举行的神事活动规模不输罗马的圣彼得大教堂。当然，这里也不能少了献祭给圣阿达尔贝特的教堂，这座教堂至今仍作为教区教堂而存在，并且也保留着圣人的名字，而罗马台伯岛上的阿达尔贝特教堂早已冠上了圣巴托罗缪的名字。

当时，年轻的皇帝想方设法唤起人们对查理大帝的回忆；他怀着年轻人的虚荣向往着那个辉煌的时代，渴望着亲眼看看这个伟大帝王的遗骸。他命人打开查理大帝在大教堂内的墓室，并与他的大近侍卢梅洛（Lumello）的奥托伯爵一起进入墓室中。后来奥托伯爵讲述道："查理皇帝并没有躺在墓中，而是笔直地坐着，像个活人一样，坐在椅子上。一顶金制冠冕戴在他的头上，手中握着权杖。他的双手上都戴着手套，而由于指甲生长磨破手套顶端。皇帝的头上放置着一块大理石板，如同一顶华盖。我们进入墓室时，里面弥漫着一股浓烈的气味，于是我们马上跪倒在皇帝面前开始祈祷。随后，奥托皇帝瞻仰了遗体，并命人为其披盖上新的白色衣装，修建指甲并补齐了缺损的物件。遗体基本没有因为腐烂而败坏，只除了鼻尖的位置，而奥托命人用金子补上了。他从查理口中取出一枚牙齿后，离开了墓室，并命人重新封闭了墓室。"年轻的皇帝就这样侵扰了查理大帝的安眠，对此德意志人非常不满，传说，查理大帝出现在了奥托的梦中，预言奥托时日无多，并告诉他，他将不会留下任何子嗣。

在此期间，为了解决吉塞勒的事，德意志的主教们再次在亚琛召开了评议会，这场会议是由教皇的主祭主持的。这次，吉塞勒终于亲自到场了，但他要求召开一场全体评议会，并设法再次推迟了做出决定的日子。就这样，虽然在罗马会议上做出了诸多决议，但梅泽堡主教管区终究没有得以重建。圣劳伦斯的诅咒依旧没有解除；文登的各个主教管区、奥托大帝的修道院基金会都没能恢复其活力。马格德堡大主教管区遭到分割，哈弗尔贝格和勃兰登堡的主教都不在他们自己的辖区之内，而奥尔登堡教会的境况也是窘迫不堪。只有迈森主教阿伊吉迪乌斯（Aegidius）在边疆伯爵艾卡德的铁腕保护之下，还在积极地处理自己管区内的事务。他常常赤着双脚，带领着手下的人在文登人中间传教、施洗并为人举行坚信礼；疲劳与困苦，甚至是冬季的严寒也无法阻挡他完成自己艰难的使命；能为教会祝祭对他来说是乐事一桩，能使异教徒皈依是他最大的向往。但是，就连阿伊吉迪乌斯也一直生活在恐惧中，担心自己的主教管区将来会再次被异教徒摧毁，他请求人们，等他去世之后不要将他葬在迈森，好避免疯狂的异教徒来搅扰他的宁静。在丹麦的那些主教管区也与文登人这里的一样：德意志主教们遭到驱逐，纷纷回到了德意志大地上。

　　但奥托似乎并没有受到这些事情的困扰；在他看来，只要他通过丰厚的赠予表达他对德意志神职人员的关照就已经足够了，正如当初沃尔姆斯和维尔茨堡的教会收到的那样。新任的科隆大主教亨利贝特也受到了皇帝的恩泽。前一年，他信赖的总理和谋臣亨利贝特能够当选科隆及其教区的神职，皇帝感到极其欣喜。奥托得到这个消息的时候，正与教皇停留在贝内文托，他们两人随即亲笔致信亨利贝特，而亨利贝特当时正在拉韦纳处理动乱。这封信上有着幽默的题词："神恩庇佑的皇帝奥托向大秘书长亨利贝特致以问候、科隆城以及主教披带一块。"亨利贝特赶往贝内文托，在教皇的见证下，从皇帝手中接过了圣伯多禄的主教权杖。直到几个月之后，他才带着披带翻越阿尔卑斯山，来到了他的大主教驻地，而他同时也没有放弃自己的总理之位，并始终是皇帝最信任的谋臣之一。

　　在亚琛，奥托也再次见到了他的姐妹玛蒂尔德。玛蒂尔德违背他的意志嫁给了洛林王室领地伯爵赫尔曼的儿子厄伦弗里德。皇帝的女儿们似乎注定要在修道院中度过一生，但皇帝不仅原谅了使修道院蒙羞的玛蒂尔德，而且还为她送上了丰厚的赠礼，使她能够过上与自己身份相配的生活。在圣灵降临节后不久，奥托与他的两个姐妹告别，意大利那边需要他回去。他又在美因河流域做了短暂的停留，接着朝莱茵河上游方向，可能是通过尤利尔山口翻越了阿尔卑斯山，来到了科莫城的湖边。6月末，伦巴底的王侯们在科莫迎接了皇帝的到来；皇帝在德意志各州只停留了半年，在萨克森只是匆匆地走马观花了一番。

教皇心中焦急，不断派人催促皇帝回到罗马。没过多久，他就派遣图斯库鲁姆的格列高里乌斯（Gregorius）伯爵来到皇帝身边，向皇帝禀告了一些不好的传闻，并请皇帝提高警惕；很快，他又写信告诉皇帝，自己在前不久去了奥尔塔（Orta），那里爆发了一场动乱，教皇匆忙逃离才摆脱了敌人的魔爪。但即使得到了这些警告，皇帝在夏秋两季还是留在了伦巴底，且大多数时候都在帕维亚，这可能是顾及他不甚稳定的健康状况；直到冬季，他才回到了罗马，重新入住了阿文提诺山上的宫殿中。一支德意志军队陪同他来到阿尔卑斯山另一边，其他一些人也跟随在他身后。当时，巴伐利亚公爵亨利和下洛林公爵奥托，列日、奥格斯堡、维尔茨堡和蔡茨的主教们都在皇帝的宫廷中，皇帝与他们一起在罗马庆祝了圣诞节。1001年伊始，希尔德斯海姆主教贝尔瓦德来到他们面前。他是皇帝的老师，很受皇帝的敬重，皇帝甚至从阿文提诺山来到圣彼得大教堂迎接他，并衷心地欢迎他的到来。第二天，皇帝在等待贝尔瓦德的觐见时，将教皇唤到自己的身边，皇帝和教皇一同来到宫殿前厅迎接这位主教的到访。后来，贝尔瓦德在皇宫附近获得了一处豪华的居所，这样，奥托就能随时与他保持联系了。

奥托最后一次翻越阿尔卑斯山的旅程确实留下了一些长久的成效，但这些成效并没有为德意志民族带来任何好处，从中得益的都是东面的民族。

善战的波兰王侯实力雄厚，从他的政权建立之始，他就一直与罗斯人、波西米亚人、匈牙利人以及波美拉尼亚作战，向各个方向扩张自己的统治权。这样一来，只要他还对德意志人有纳税进贡的义务，只要他疆土内的神职人员还听从一名德意志大主教的号令，他们这些民族就都无法独立。而现在，他摆脱纳税进贡的义务，他的神职人员将格涅兹诺大主教视为自己的领袖，波兰王侯不再像之前那样心甘情愿地侍奉着德意志王国，而是以德意志王国反对者的姿态出现了。很快，形势急转直下，波列斯拉夫抛弃了他的德意志妻子，即边疆伯爵利克达格的女儿，转而娶了一个匈牙利女人为妻；与此同时，他不再允许来自德意志的传教士，而只让意大利的教士们在他的异教民众中传播基督教教义，并且他将自己的儿子、圣罗慕铎的弟子也送到了意大利。直到这时，波兰人才建立起了一个以民族为基础的、自由独立的王朝政权。虽然，波列斯拉夫毫无疑问地将德意志王国的架构作为他国家体制的模板，对于亨利一世为文登的各个边区定下的基本律法，他似乎在很大程度上沿用了下来，但波兰贵族们与王侯的君臣关系还是以其独特的方式形成的。这样建立起来的波兰王国，在政治和宗教架构上与当时的罗马-日耳曼国家有着明显的亲缘关系，但它并非德意志王国或罗马的行省，而完全是自成一派的，并为民族发展留下了空间。从结果上来说，波列斯拉夫的这一事迹引发了不少反响，时而是与罗马教会的争端，时而是与旧时宗族的冲突；德意志的最高统治在此期间曾短暂地恢复了权威，却没能长期保持下去。波兰王国是第一个由斯拉夫民族在西方世界建立起来的大型的、自由独立的国家。

在波兰发生的一切迅速发酵，也波及了匈牙利。10世纪末，马扎尔人的势力已经岌岌可危。在欧洲西面，也如同后来的欧洲东面一样，马扎尔人在各地都遭受着惨痛的失败，于是他们最终放弃了劫掠的勾当。但是，这个狂野的民族早已习惯了四处征战的生活，无法立即适应和平，而且他们的国家也缺少一个王权进行统治，因而各族首领之间随时都有爆发内战的危险，更何况与此同时还有居住在周围的民族对他们多方进攻，国家眼看着已经来到了毁灭的边缘。就在这样的情势下，盖萨（Geisa）和他的妻子，后来的文献中称她为萨洛尔塔（Sarolta），两人尝试着通过建立一个强大的王侯势力来确保马扎尔人的统治权。盖萨和萨洛尔塔的下一个目标就是使部族首领们对他们顺从恭敬，并且通过引入基督教信仰，与西方国家建立起盟友关系。就这样，他们举起武器对抗内部的敌人，从巴伐利亚和波西米亚找来基督教教士，并同时试图与德意志王国建立起和平友好的联系。然而，他们的目标却没能实现，因为他们本身还浸透着蛮族的粗野。残暴的盖萨有着铁石一般的心肠；凡是惹怒他的人，他都要亲手刃之。当他想将基督教信仰引入国内的时候，他就疯狂地仇视偶像崇拜者，但就连他自己也向那些伪神献祭。当有人因此而质问他时，他回答说，他有足够的钱，同时献祭给神和偶像。萨洛尔塔被人们称为"美人统治者"，她将盖萨掌握在手心之中，并与盖萨一起统治着他的人民。在思维方式和行事作风上她更像一个男人，人们看到她的骑术不输当时最优秀的骑士；同时，她喝起酒来也千杯不醉。虽然她皈依了基督教，但她还是亲手杀死了惹怒她的一名男子。在这样沾满鲜血的双手培植下，基督教在匈牙利是无法发展壮大的，这样一来，他们与德意志王国的友好关系也很快就瓦解了。

在盖萨之后，掌握统治权的是他的儿子沃伊克（Waik），上天赋予了这个年轻人杰出的天赋。他接过了父母未竟的事业，凭借严谨和坚持将其贯彻了下去。在他执政的最初几年，他就成功地降服了最后一些独立的部族首领，并为后世巩固了王朝统治；但同时，他也全力以赴，在马扎尔人中间为基督教会开辟出一片能长久存在下去的土壤，而且他的这些努力也换来了卓著的成效。不仅仅是西方教会，东方教会也已经做出多方尝试，要使匈牙利人皈依基督教信仰；沃伊克虽然完全没有迫害希腊教会的追随者，但他还是转向了罗马，而非君士坦丁堡寻求帮助。沃伊克娶了亨利公爵的姐妹吉瑟拉为妻，这场婚姻对后来局势的发展也有着不小的影响；直到结婚之后，他完全皈依了基督教，并接受了基督教名字伊什特万[1]。虽然他是受到德意志人的启发觉醒的，但在他的王国之中建立起罗马天主教会的却并非主要是德意志人，而是波西米亚人。圣阿达尔贝特就曾经在马扎尔人中间传过教，在他决定殉教的时候，他也曾有过去往这个狂野民族的想法，而当时阿达尔贝特年少时的友人、深受他信赖的僧侣莱德拉就在那里，但阿达尔贝特并没有与他一道。是阿达尔贝特的死点醒了莱德拉，从这时起，他开始忘我地工作，为了主什么苦难都可以承受，什么危险都毫不惧怕；一本较晚出现的《圣阿达尔贝特传记》中写道："如同干渴之人清凉之水，继阿达尔贝特之后，莱德拉将自己置身于对主炽烈的热爱之中。"与莱德拉齐心协力的还有阿斯特里克（Astrik）[2]，他曾是侍奉阿达尔贝特的神职人员，与阿达尔贝特分担工作。现在，莱德拉和阿斯特里克成了伊什特万在匈牙利建立教会秩序的助手。当时那里还没有主教管区，只有一座修道院坐落在圣马丁山上。波兰大主教管区和其下的辖区还没有得到整顿，伊什特万就

---

[1] 即史蒂芬在匈牙利语中的发音。——译者注
[2] 他也被称为阿纳斯塔修斯，阿纳斯塔修斯应当只是其波西米亚名字的翻译。

也介入进来了；主教管区和修道院辖区建立起来了，格兰（Gran）①的教堂成了整个匈牙利王国的大主教驻地。接着，伊什特万马上将阿斯特里克派往罗马皇帝和教皇那里，好让他们庇佑并扶持这项事业。伊什特万请求教皇认可那些已经建立起来的主教管区，并授予他权力，让他建立新的主教管区和修道院辖区、将格兰提升为大主教管区并授予他国王之位。奥托看到基督教教会的发展壮大，万分欣喜。在他看来，这都是阿达尔贝特的功劳，因此他热心地支持伊什特万的请求，虽然这样一来，德意志神职人员们长久以来怀抱的美好期望，以及为此付出的努力就全都白费了。西尔维斯特说出了这样的话："我是位使徒神父，一个人若是使那么大的一个民族都皈依了基督教，那他就完全配得上被称为使徒！"他应允了伊什特万所有的请求，并为他送去了一顶冠冕②。随后，这位匈牙利王侯就用这顶冠冕进行了盛大的加冕仪式；那是1001年的事，就发生在奥托前往圣阿达尔贝特墓前朝圣后不久、格涅兹诺大主教管区建立的时候。

　　与波兰人一样，匈牙利人现在也有了他们自己的教会中心城市；正如马格德堡大主教管区负责的传教区被夺走了一样，帕绍虽然曾在传教领域获得过丰硕的成果，但现在它的这项工作也被剥夺了。伊什特万和波列斯拉夫一样，并不找德意志教士到自己的国家中传教，而是将目光集中到了意大利，而伊什特万也不间断地与意大利保持着联系。他在罗马为圣史蒂芬建立了一座教堂，在拉韦纳为匈牙利的神职人员建立了一所招待所；他将自己的姐妹嫁给了威尼斯总督彼得罗·奥尔赛奥洛斯的儿子。伊什特万并没有像波列斯拉夫那样，作为强大的掠夺者而赢得其名望，他是通过和平的功绩留下了不朽的荣耀。他借助基督教作为工具，彻底改造了其民族的生活基础，并从旧时的宗族律法中建立起新的国家秩序，使得匈牙利王国的建立和发展成为可能，并使之能够在西方国家之中获得自己的完整权力。和波兰一样，德意志王国的架构在这里也被当

---

① 德语中将匈牙利城市埃斯泰尔戈姆（Esztergom）称为格兰。——译者注

② 至今仍被用于匈牙利国王加冕的冠冕是由两部分组成的：上部可能就是当时西尔维斯特二世送到伊什特万手中的王冠；下部则源自拜占庭，可能是1075年由皇帝米海尔·杜卡斯（Michael Ducas）送给盖萨国王的。

成了范本，甚至比波兰的程度更甚。当时德意志的整个政治和教会结构都被移植到了匈牙利，卡洛林王朝的法兰克族国王们所颁布的法令，以及美因茨教会代表会议的决议都可以在伊什特万名下的法律中找到。值得注意的是，伊什特万给予了神职人员在匈牙利非同一般的崇高地位；"伪依西多禄诏令"的基本内容从一开始就被根植到了匈牙利教会中。然而，虽然伊什特万并没有脱离出当时的思潮，但他完全是个独立的王侯，并且支持观念自由，这在当时是非常罕见的。他不仅与西方帝国保持着友好的关系，而且与希腊宫廷也相当热络；他命人在君士坦丁堡和罗马分别建造了一座教堂；甚至在耶路撒冷，他也修建了教堂，这也使得他与法蒂玛王朝的哈里发建立起了良好的互动。在他的王城斯图尔维森堡（Stuhl-Weißburg）[①]，他设立了一座富丽堂皇的大教堂献祭给圣母玛利亚；而一砖一瓦建起这座建筑杰作的是希腊的建筑工人们。除了意大利僧侣，伊什特万还将德意志移民引入国内，正如有人说的那样，他眼中的王权是要统治不同民族的人们。当时世界上没有任何一个王国像前不久还全是蛮夷的匈牙利这样，罗马天主教信仰的拥护者与隶属东方教会的基督徒能够平等和谐的相处。

当德意志人民欢呼着迎接从罗马归来的皇帝时，他们期待着，皇帝会接受对抗丹麦人和文登人的战争，重振德意志在背面及东面摇摇欲坠的统治。然而，这位皇帝喜欢被人称为"和平爱好者"，他丝毫没有要与民族公敌动武的意思；相反，他踏上了前去朝拜已死之人遗体的路程，并且为了要纪念一个波西米亚人。奥托大帝为德意志教会开辟的势力范围由于奥托三世的所作所为在之后一直受到限制，但同时他却为东部民族自由的政治发展奠定了基础。奥托三世可能从自己高高在上的皇位上俯视着波兰公爵和匈牙利国王，才将他们视为新罗马共和国的"朋友和同盟"；但是，在这些王侯自己看来，他们在罗马的教堂与圣伯多禄教堂又有什么不同呢？就在皇帝一拍脑袋试图将西方各民族联系起来的时候，他同时也瓦解了德意志统治政权真正的基础。没有任何一位德意志国王像奥托三世这样，如此向往成为罗马皇帝；也没有任何一位德意志

---

① 即塞克什白堡，匈牙利中部城市。斯图尔维森堡为该城市名称德语音译。——译者注

国王像他这样，对旧时帝王权力的基础了解得如此之少。像他所尝试的那样来建立罗马共和国，过去是并且现在仍是镜花水月；在实际上，他的政权所做的唯一事情，就是有利地促进了那些归顺于帝国的民族在宗教和政治上的独立，而且这正是符合他一向以之为耻的德意志体系的。

现在，人们还能在希尔德斯海姆看到一根矿石柱子，这是当年贝尔瓦德主教命人打造的，后来竖立在了圣米迦勒教堂中；这根石柱可以说是罗马的图拉真柱的缩小版，并且毫无疑问是按照图拉真柱这一经典范本细致还原的。与罗马的原版一样，在这根柱子上也有着以螺旋状围绕柱身的飘带，飘带上刻画着各式各样的人物浮雕，但人们从这些图样上看到的不是罗马皇帝的功绩，而是救世主故事中的情节，虽然是以相似的艺术手法来表现的。打造这样一根石柱是受到了图拉真柱的启发，但在具体的细节上与图拉真柱没有丝毫关系；艺术风格是自然主义的，人物的刻画十分粗糙，人物的动作强硬而粗笨；那些短小敦实的身形更像是萨克森的农民们该有的，而不是从古典时期借鉴而来的，而人物所穿的服饰也让人想起贝尔瓦德所处的环境。奥托想要重建罗马共和国，但是，这根柱子就是当时存在的、与古罗马共和国最相近的东西了。皇帝的老师所仿制的作品与真正的图拉真柱有多少差距，奥托三世与图拉真的统治之间就有多少差距。

17. 全面衰落，奥托三世之死

所有凡人，如果离开了故土，傲慢地蔑视自己民族的传统，都是不能长久的；其中最甚的便是君王，他们只有将自己民族和疆土的全部力量汇集起来，并引导着它们共同向着伟大的目标而努力，他们的事业才能得以发展壮大。一个离开了自己族人的君王，即使他仁慈且天赋异禀，他的结局会有多么悲伤惨淡，没有人比奥托三世知道得更清楚了。当他以为自己已经远远超出了自己民族的水准，想要雄踞于其他民族之上的时候，他脚下的土地突然消失了，而他也坠入了深渊；当他坚信自己能够称霸世界，整个世界都将他抛弃了；父辈的广阔疆域在他看来太狭小了，但他却情愿在偏僻的岩洞中忍饥挨饿。他或许意识到了自己年少轻狂时犯的错误，但他的身体和精神过早地衰弱下来，使他再也没有余地改正曾犯下的大错。奥托二世的结局如此不幸，却仍不及他儿子最后的日子这样惨痛、阴郁。

早在皇帝返回罗马时，他就发现意大利南部处在混乱之中。据说，他曾尝试着维持自己在伦巴底的王侯领地、那不勒斯和加埃塔的势力，为此他将自己的朋友阿德玛尔任命为卡普阿王侯。但阿德玛尔只在王侯领地上待了短短4个月，当地人就将他连同在卡普阿的德意志驻军一起驱逐出去，并将贝内文托王侯潘杜尔夫的兄弟兰杜尔夫，旧时伦巴底王侯家族的后裔，选为了他们的领主。至此为止，奥托在卡普阿和贝内文托的统治走到了尽头。同时，萨莱诺、那不勒斯和加埃塔也不再承认他的最高统治。罗马周边各地，针对奥托及其教皇的反叛思潮也在蠢蠢欲动。西尔维斯特还没等到皇帝回归罗马，就不得不派遣军队，将谋反的蒂卜尔（Tibur）城包围起来。这座小城也就是现在的蒂沃利，它仰仗着自己位于萨拜娜山脚下、易守难攻的地理位置，虽然遭到皇帝方面长时间的围困，却也不把皇帝的势力放在眼里。最终，皇帝方面试图以物质条件换取他们的投降。教皇、希尔德斯海姆主教贝尔瓦德和圣罗慕铎（当时他将克拉塞修道院领导权交还给了皇帝）3人作为调解人，他们齐心协力使城内的居民们承诺投降。城中为首的几个人可怜兮兮地出现在皇宫前，他们恳求皇帝的宽恕并得到了原谅。

很长一段时间以来，罗马人看着身边其他城市纷纷崛起，心中充满不满与嫉妒。因此，他们听闻蒂卜尔城逃脱了皇帝的惩罚也是心有不甘，并随即在罗马引发了暴动。领导这场暴动的是一位名叫格列高利乌斯（Gregorius）的罗马贵族，皇帝曾给过他极高的尊荣；和他一起闹事的还有一个叫本尼洛（Benilo）的人。暴动很快就蔓延到了整个罗马城，人们封锁住城门，使带兵驻扎在附近的巴伐利亚公爵亨利和图西亚的于格无法赶来增援皇帝；同时，人们还包围了阿文提诺山和皇宫。奥托和他的人马在这里被围困了3天，最终他决定突围出去。他和手下的人们从贝尔瓦德主教手中领受了圣餐，接着贝尔瓦德举起圣矛，为皇帝的军士们鼓劲。而此时，亨利和于格听闻城中发生的一切，已经从他们的营地出发向罗马城赶来，并试图以和平的方式平息这场暴乱。人们为他们打开了城门，他们要求面见皇帝。就这样，千钧一发的战斗终究没有爆发，人们刚刚举起的武器也重新放下了。

罗马人宣布讲和，并承诺在第二天重新对皇帝宣誓效忠。他们确实也按照自己的承诺，出现在皇宫前，更新了自己的誓言。而皇帝登上了宫廷城堡中的一座塔楼，他从这里向聚集起来的群众喊话。按照圣贝尔瓦德传记中的说法，年轻的皇帝当时说道："听从天父的话，将之牢记在你们心中。你们是我的罗马臣民，为了你们，我离开了自己的祖国和宗族，出于对你们的爱，我将我的萨克森人民和德意志人民，我的血亲，抛在了脑后。在我疆域中最遥远的土地上，你们从前的国父们称霸寰宇时还从未涉足过的地方，是我带领着你们去到那里，由于你们是最受我青睐的臣民，所以我为了你们承受一切仇恨。而你们报答我的方式，竟然是不再将我视为你们的国父；你们杀害我最珍贵的朋友，并将我拒之千里之外。噢，你们是不能这样做的，因为我心向往的东西，是不会轻易放手的。我知道这场叛乱的始作俑者，我会用双眼注视他们，指出他们是谁；所有人的目光都汇聚到他们身上，但他们仍不感到畏惧。但是，说真的，我欣慰我的忠臣是无辜的，我不会容忍他们受到这些罪人的影响，并渐渐无法与这些作恶之人区分开来。"皇帝的这一席话发挥了它的效力。众人被感动得落下热泪，本尼洛和另一个闹事的头目被逮捕并遭到虐待。他们赤身裸体，被人们拉扯着双腿拖上台阶，来到皇帝所在的塔楼中，他们被扔到皇帝脚下时已经丢了半条命。

奥托与罗马人民之间的和谐关系似乎恢复了，但亨利和于格还是建议皇帝，不要信任这些见风使舵的人，而要尽快离开罗马。2月16日，奥托在教皇和贝尔瓦德的陪同下离开了罗马，并且再也没有回到罗马城的城墙中。他在罗马城附近停留了一段时间，派遣贝尔瓦德带着任务去拜访伦巴底的主教和伯爵，而这些主教和伯爵在帕维亚会见了贝尔瓦德。韦尔切利的利奥命人护送贝尔瓦德翻越了阿尔卑斯山，贝尔瓦德随后便回到了德意志。奥托先是与教皇一起来到了图西亚，接着于3月末来到了拉韦纳。从这时起，他就长期地将那里作为自己的驻地。他与教皇两人下榻在克拉塞修道院中，并在这里庆祝了复活节（4月13日）。巴伐利亚公爵亨利翻越阿尔卑斯山回到了自己的公爵领地。皇帝在严

格的忏悔修行中度过了封斋节。当时在他身边的是克吕尼修道院院长奥迪罗和
圣罗慕铎，而罗慕铎也是刚刚从卡西诺山的朝圣之旅回来；这两位都是僧侣禁
欲生活的楷模，要将年轻皇帝的目光完全引向神事之上，他们恐怕是最合适的
人选。然而，尘世的忧虑很快就回到了皇帝的心中，因为奥托重振罗马霸权的
计划还丝毫没有实现，就已经被放弃了。他接下来的目标是首先动用武力巩固
他在伦巴底和罗马受到动摇的统治权，并且他已经为此从意大利和德意志召集
了一支军队；同时他也试图与君士坦丁堡宫廷建立亲缘关系，并向一位皇室公
主求婚。在这两件事上，他都期待着威尼斯总督彼得罗·奥尔赛奥洛斯能够为
他提供最大的支持。于是，他在复活节后即刻前往威尼斯，对总督进行了一次
具有深意的访问。

　　皇帝敬重威尼斯总督并不是毫无缘由的。因为这位睿智的王侯是当时最
具统治天赋的人，他将自己小小的岛国治理得极为繁荣；他如同一名精明的海
员，在危险的礁石之间指挥着他的船只左右穿行。他与君士坦丁堡宫廷的关
系，和他与西方皇帝的关系一样好，他不仅确保了威尼斯的自由，而且为威尼
斯人在各地的贸易赢得了畅通无阻的道路和最大的优惠。他是当时唯一一个凭
借自己的能力建起一座以公共福利为目的的大型修道院基金会的王侯，他没有
将管理这个基金会的职责交给教会，而是交给了共和国中有能力的公民。海盗
在克罗地亚和达尔马提亚海岸袭击威尼斯的船只时，他就率领一支舰队，于998
年凭借一场漂亮的大战使达尔马提亚人认可他为他们的君主和公爵，而克罗地
亚人的气焰也被消杀殆尽，与威尼斯讲和：这是威尼斯人进行的第一次大型征
服。奥托三世时常前往意大利，总督将自己的儿子及使臣派到他的面前，不失
时机地表达对他的敬意；这样一来，奥托心中早就产生了一个愿望，要让这个
杰出的人成为自己的臣民，而他现在就要实现这个愿望。

　　皇帝的威尼斯之旅完全是在暗中进行的，这似乎是因为，总督对向往自
由的威尼斯人的担忧。因此，皇帝借口说，由于自己的健康原因要在波河
河口的彭波萨（Pomposa）岛上休养几日，离开了拉韦纳。他也的确来到了
彭波萨，但随即在夜幕降临后，在一群人的陪同下登上了从威尼斯派来的船
只，陪同的人中包括巴伐利亚公爵亨利的内兄黑泽林（Hezelin）伯爵、特雷

维索（Treviso）伯爵莱姆巴尔德（Raimbald）、他的两位司库大臣莱纳尔德（Rainald）和塔莫（Tammo）、一位随行使以及红衣主教弗里德里希。海面很不平静，直到第二天夜里，皇帝一行人才来到了圣塞弗罗岛，总督在夜色中悄悄迎接了他。皇帝前往总督宫殿附近的圣匝加利亚（S. Zaccaria）修道院，随后，他又穿上不显眼的服装，带着少数几个随从来到了总督宫殿中。他出现这座当时就令人印象深刻的建筑前，接着便将自己锁在了宫殿的一座塔楼之中。在此期间，早晨来临了，总督做完晨祷从圣马可教堂出来时，黑泽林伯爵便作为皇帝的使者迎着他走来，他公然向总督问候，而他们的存在本来是人们想要隐瞒的。总督询问了皇帝的身体状况，黑泽林回答说，皇帝现在身处彭波萨，身体并无大碍。随后，黑泽林就在宫殿附近住下了；而总督则赶到皇帝面前，并在他身边停留了许久，用午餐时他也来到皇帝这里，与皇帝及其身边的人们一起用膳。晚上，这两位统治者再次进行了亲密的谈话。在这次对谈中，他们商议了许多重要事务。但我们所知道的只有一项，那就是皇帝向威尼斯送去礼袍，将此作为这座城市受德意志最高统治的标志；可以猜想得到，奥托可能要求总督在下意大利的战争中给予支援，并在与君士坦丁堡结盟的过程中加以协助。皇帝出席了总督女儿的洗礼仪式，正如他之前参加总督第二个公爵儿子的坚信礼那样。皇帝只在威尼斯停留了一晚，第二晚他就离开了，带着总督给他的丰厚赠礼，像他进城时那样，又悄无声息地离开了这座城市。他的随行人员中只有两人陪同他踏上了归程，其他人在第二天与黑泽林一起公开离开威尼斯。奥托重新回到拉韦纳时，他将自己的此番行程公之于众。而总督也聚集起威尼斯的民众，向他们解释了是哪位贵宾在城中留宿，他也没有忘记要告诉他们由此可以获得的好处，民众们纷纷赞叹总督的智慧和皇帝的善意。

　　直到5月，奥托都一直停留在拉韦纳，而他在此期间集结了自己的军队。伦巴底的军士们首先来到他的面前，随后，施瓦本和萨克森的军队也相继赶到。皇帝率领着这支军队向罗马进发，并于圣灵降临节时（6月4日）来到了罗马城门前古老的圣保罗教堂。罗马人释放了至今为止一直被困在罗马城中的皇帝的人，并试图通过各种承诺平息皇帝的怒火。但奥托不再相信他们信誓旦旦的话语，要让他们好好尝尝那种不甘心的滋味。皇帝的军队毫不留情地将坎帕尼亚夷为了平地。6月和7月间，皇帝逗留在罗马城附近，却没有亲自进城；他像往常一样居住在索拉克特（Soracte）山脚下小小的帕特诺（Paterno）城堡中，从城堡高耸的顶端可以自由地纵览各方，也可以看到位于其脚下的罗马。最终，皇帝带着他的军队朝贝内文托进发，留下英勇的塔莫伯爵率领重兵驻守帕特诺城堡，而塔莫也是希尔德斯海姆主教贝尔瓦德的兄弟。贝内文托受到皇帝及其军队的围困，但没过多久，军队就撤下了围城的阵势。10月中旬，皇帝已经回到了伦巴底，并在帕维亚召集起宫廷大臣。他从这里派遣大贵族乔佐领兵前往罗马；他自己则向波河下游进发，去往拉韦纳，他期待着在那里与来自德意志的援军会合。

当时的皇帝比任何时候都更多地投身于忏悔修行之中。他经常除了星期四之外，整周斋戒；夜晚，他也保持警醒，他不断祈祷和流着热泪忏悔自己的罪过。在此之前，他从未和罗慕铎如此亲近过，他为这位圣明之人建立了一个新的修道院基金会，从这一行动中就可以看出皇帝当时的殷勤。波尼法爵修道院的几位僧侣与罗慕铎一道前往卡西诺山朝圣，想要通过在他身边与他交往，而变得更加圣明。所以，当他前往离拉韦纳不远的一座小岛上时，这些人也陪着他一起去了。那座小岛被叫作佩勒伊姆（Pereum），罗慕铎以前就在那里隐居过。在罗慕铎身边的这些人就有布鲁诺，他因为对罗慕铎的敬爱离开了自己阿文提诺山上的修道院，另外两位僧侣本尼迪克（Benedict）和约翰尼斯（Johannes）也是来自同一座修道院的；同他们一道的还有波兰公爵的一个儿子。他们这些人同心同德，都怀着对圣阿达尔贝特的敬意，都将他的一生事迹和殉教之死视为自己的榜样和指引。为了纪念阿达尔贝特，佩勒伊姆岛上也很快建起了一座修道院，皇帝为此拨发了资金，为罗慕铎安排了一名修道院院长。但圣人自己和他的那些随行者分开居住，除了修行之外，他们还勤勉地投身于手工劳动；因为他们虽然大多来自贵族家庭，生活富裕，但他们还是想要自己动手丰衣足食。他们一些人的心中充满着与阿达尔贝特一样的想法，想要走出去，到异教徒中间去，而他们期盼的机会很快就出现了。波兰和匈牙利急需传教士，而佩勒伊姆岛似乎正是继承阿达尔贝特事业的绝佳场所，这里可以成为为东欧培养传教士的培训学校。波兰王侯波列斯拉夫的请求传来，他要皇帝派出异教使者前往波兰，奥托随即求助于佩勒伊姆；罗慕铎不愿禁止任何自愿前往异国的教士兄弟去实现他们的愿望。本尼迪克和约翰尼斯自告奋勇前往波兰，首先是为了学习波兰的语言，好用波兰语传播神子的福音；布鲁诺后来决定，要追随他们的脚步。就连罗慕铎也有了到异教徒中间去的想法；他和24名教徒兄弟一起出发，前往匈牙利，但命运的机缘却使他没有成行。

我们很容易想象得到，佩勒伊姆上人们的追求是多么契合年轻皇帝心中的狂热之情，罗慕铎想必也认真地考虑过，要劝说他进入修道院生活。他眼睁睁地看着这样一个如此热心神事的年轻人不断地被卷入城市的纷扰之中，心痛不已。据说，早在之前，奥托就曾承诺过罗慕铎要隐世；现在这位老隐士对这件事更加挂心了，而奥托也许从未严肃地考虑过这个问题，与此同时，他还让米兰大主教阿努尔夫为他向君士坦丁堡的皇女提亲，很难抽出身来顾及罗慕铎的劝说。"我首先想要入主罗马，"他对罗慕铎说，"而后凯旋回到拉韦纳。"罗慕铎回应道："如果你去了罗马，那么你就再来无法回到拉韦纳了。"这句预言正如当年圣马约卢斯对皇帝父亲曾经说过的那样。

直到12月中旬，皇帝才离开了拉韦纳；与此同时，德意志军队也从四面八方赶来，他们翻越阿尔卑斯山赶往南方。然而军队的人数却没有皇帝期待的那么多，虽然他向所有的德意志主教都下达了命令，要他们带着自己的邑臣及所有可用的军事力量前来汇合，并且要整装待发，要能够跟随他前往任何地方。然而，奥托的这个命令却没有如同他父亲当年在卡拉布里亚那场不幸的战役那样，在德意志得到一致的响应。年轻皇帝极不"德意志"的形象，以及对自己民族明显的冷落都使人们痛心疾首，帝国虽然仍然金玉其外，但内部却越来越虚弱无力，最终引发了恶毒的流言和论战。激烈的言辞渐渐演变为反叛的谋划，一大部分的公爵和伯爵都已经卷入了针对皇帝的叛乱行动之中；就连皇帝的近亲巴伐利亚的亨利也差点儿被卷进了这场谋反，但想到父亲最后的忠告，他严肃且坚决地拒绝了所有相关的游说。

皇帝的势力主要是基于德意志主教们的忠诚与奉献，但就算皇帝对待教会一向慷慨，他们的耳中也已经听了不少反动的言论，就连大主教维里吉斯，奥托成为国王和皇帝最应当感激的人，对待奥托也已经与往昔完全不同了。可以肯定的是，之前罗马方面对等级制度的推崇，以及格涅兹诺大主教管区建立修道院基金会的事宜，这两件事就已经引起了他的不满，但真正使他与新的罗马皇帝和教皇之间的矛盾爆发出来的，其实是一场较小的争端。但是，由于维里吉斯的地位，这场小小的争端很快就在西方基督教世界引起了广泛的关注，成了影响力极大的事件。这场争端是关于甘德斯海姆的，当时教会迫在眉睫的分裂危机还没有解除，这场争端就再次引发了类似的担忧。按照我们手中的文献，事态的发展似乎对维里吉斯很不利，但不能忘记的是，我们所能得到的唯一一份文献是源自唐克马尔的，他是贝尔瓦德主教的老师和传记作者，也是大主教在这场争端中最主要的反对者，而且这位唐克马尔还在这件事的发展过程中多次充当贝尔瓦德的辩护人。

甘德斯海姆之争

甘德斯海姆女子修道院是由皇帝的祖父奥托一世筹建的。这座修道院作为萨克森王室的家族修道院一直以来都受到格外的敬重，甚至那里的修道院院长也大多是从王室成员中选出的。它坐落于美因茨和希尔德斯海姆管区的边界上，但很长一段时间以来，希尔德斯海姆主教们似乎都毫无争议地行使着对这座修道院的神事管理权力，至少自960年以来主持修道院工作的院长吉尔贝歌（巴伐利亚公爵亨利一世的女儿）认可了希尔德斯海姆主教的监管权力。维里吉斯并不是个随意为美因茨大主教教会夺取权力的人，但是他认为，美因茨有权管理甘德斯海姆，而且当奥托三世的姐妹索菲成为这里的修女时，他要求由他为这位女王侯祝圣。当时，希尔德斯海姆的主教奥斯达格（Osdag）对此提出了抗议，在皇后狄奥法诺的调解下，这场争端最终得以平息，维里吉斯和奥斯达格共同为索菲进行了祝圣。

在奥斯达格之后接管希尔德斯海姆主教管区的是贝尔瓦德，奥托三世的老师，而且他当上主教也是维里吉斯推动的，可以说贝尔瓦德的职业道路全要感谢维里吉斯的提携。最初的几年，贝尔瓦德与维里吉斯保持着良好的关系；贝尔瓦德不受阻碍地行使着他对甘德斯海姆的权力，虽然在前任修道院院长还在世时，就因为年迈体弱、重病缠身而由索菲主持着修道院的工作，而索菲显然与维里吉斯走得更近。当1000年夏末修道院的新教堂落成时，新的争端又爆发出来了。索菲邀请维里吉斯为新教堂揭幕；维里吉斯起初虽然拒绝了，但最终还是答应了她恳切的请求。自皇兄上次的德意志之行后，索菲本来就对奎德林堡修道院院长，也就是她的姐妹阿德莱德不无嫉妒之情，她认为自己在宫廷中受了冷落，认为自己的地位不及阿德莱德，所以她也对贝尔瓦德主教没有好感，因为他也是皇帝身边的宠臣。维里吉斯对皇室巨大的贡献没有完全得到皇帝的肯定，使他心有不满，看到贝尔瓦德和亨利贝特这些人对皇帝和教皇天马行空的想法总是奉承，感到自己受了亏待。在将格列高利五世推上主教之位的时候，虽然这位德意志的伯多禄继任者能够当选主要是维里吉斯在出力，但维里吉斯对教皇工作的支持却很有限；他被任命为教皇的助理牧师，并受命介入处理吉塞勒的事件，而他几乎没有插手这件事当中。他对西尔维斯特二世更是没有好感，西尔维斯特的性格无法使他信任并听从此人的号令。就这样，他的观点与皇帝及教皇的罗马理念越来越对立，渐渐成了德意志利益的代表，而贝尔瓦德却始终顺从着西尔维斯特狂妄的计划及其弟子高傲的设想。当关于甘德斯海姆所有权的争端再次爆发时，矛盾随即上升成为针对个人的激烈争斗。

教堂落成典礼定在9月14日，贝尔瓦德受到修道院院长的邀请出席这场典礼，而为教堂揭幕祝祭的任务早就由索菲拜托给了大主教。但是，维里吉斯改动了已经定好的日期，将落成典礼推迟到9月21日；他没有派人通知贝尔瓦德，而贝尔瓦德恰好有别的事务，也拒绝出席典礼。出乎预料的是，贝尔瓦德最终按照原本定下的日期于14日来到了甘德斯海姆，想要由自己为教堂祝祭；但他发现，典礼的一切准备工作尚未就绪，而且修女们也坚决反对他的捷足先登。即使如此，贝尔瓦德还是在修道院中举行了神事活动，并在面对教区的一次讲话中埋怨了自己遭遇的不公，并拒绝由别人来为属于他的主教管区的教堂进行祝祭。在一场令人不快的争辩之后，他很快离开了修道院。9月20日，维里吉斯像他所承诺的那样出现在甘德斯海姆，和他一起来的还有萨克森公爵贝尔哈德以及帕德博恩和费尔登的两位主教；第二天，石勒苏益格主教艾卡德带着多位希尔德斯海姆的教堂牧师替贝尔瓦德出席典礼。当时的艾卡德被从自己的教区内驱逐出来，驻留在希尔德斯海姆，他将自己视为那里的一员；现在，他代替贝尔瓦德发言，称贝尔瓦德有皇命在身，对无法出席表示歉意，但同时也郑重提出抗议，因为只有贝尔瓦德一人有权为教堂祝祭；如果维里吉斯认为自己凭借某项特权而有祝祭权力的话，那他就应当按章办事，先在教会代表会议上提请审议。大主教听后非常愤怒，他宣布无论贝尔瓦德出席与否都会在第二天为教堂揭幕祝祭。次日，贝尔瓦德并没有现身，但艾卡德主教和希尔德斯海姆的教堂牧师们出现在典礼现场，再次反对维里吉斯为教堂祝祭。维里吉斯没能完成揭幕祝祭，但他还是在修道院中举行了一场神事活动，并在活动上宣布，他将于11月28日，在当地举行一场教会代表会议；同时，他也宣布，为了保护修道院不受贝尔瓦德的干涉，要公开一封之前不为人知的赦免状，这封赦免状中规定，任何干涉修道院税务、地产及特权的人都可能受到革除教籍的惩罚。

贝尔瓦德不等教会代表会议召开就来到了罗马，据说，他在罗马受到了皇帝与教皇充满敬意的接见；而维里吉斯则于11月28日再次前往了甘德斯海姆，他的教会辖区内的大多数主教都出席了这场代表会议。艾卡德再次代替贝尔瓦德出席了会议，但他只是再次提出异议，称维里吉斯在希尔德斯海姆的辖区内未经主教许可、在主教缺席期间召开教会代表会议。维里吉斯怒火中烧，严令艾卡德禁言，说这一切都不关他的事，他应该回到自己的主教驻地去。艾卡德回应道，他的主教座堂被摧毁了，他现在为希尔德斯海姆主教管区做事，会尽自己所能维护其利益。虽然艾卡德提出了异议，但维里吉斯还是执意继续会议，并传唤证人证明修道院从前隶属于美因茨之下；这时，艾卡德离开了会场，并要求所有隶属希尔德斯海姆和甘德斯海姆的人员随他一同离开，好让他按照贝尔瓦德的命令与他们一起商议此事。就这样，两场教会代表会议同时召开；一场会议听从维里吉斯的要求，另一场会议则听从希尔德斯海姆方面的号令。后来，维里吉斯受到威胁，如果他再以任何方式插手修道院的事务，就将被革除教籍。在这之后，他离开了甘德斯海姆。希尔德斯海姆的人们则送信给身在罗马的贝尔瓦德，告诉他事态的发展，同时也着重向皇帝和教皇控诉维里吉斯的行径。

罗马方面已经清楚了事情的经过，1001年2月1日，针对贝尔瓦德的事宜召开了一场教会代表会议，20名主教在教皇、皇帝及巴伐利亚公爵的见证下，会集到圣塞巴斯蒂安教堂进行商讨。教皇首先向到场的主教们发问，维里吉斯违背法定主教的意愿所召开的集会能否被称为一场教会代表会议。只有直接受罗马管辖的那些主教回应了这个问题，给出了否定的回答。随后，西尔维斯特否决了所有在那场会议上做出的决议，再一次郑重地确认了贝尔瓦德对甘德斯海姆的管辖权力，并用自己的权杖为他受职。同时，会议还决定，皇帝与教皇要针对维里吉斯出格的行为对他严肃问责，并警告他不允许进一步做出不够审慎的行为；除此之外，会议还宣布，萨克森的主教们将于6月22日前往珀尔德参加另一场教会代表会议，而罗马的红衣教士弗里德里希将作为教皇的助理牧师被派往那里，来主持这场会议。这位红衣主教是位年轻的萨克森神职人员，他在极短的时间内就赢得了教皇和皇帝的青睐。维里吉斯这样一位大人物，德意志王国首屈一指的教会王侯，而罗马方面恰恰选择了弗里德里希作为他的审判官，几乎就是直接向维里吉斯及其教会发出挑战，是对德意志最重要的大主教座席的轻蔑侮辱。皇帝和教皇加入了一场最为危险的纷争之中，而与此同时，他们脚下的土地已经开始晃动了；两个星期后，他们逃离了罗马。

　　复活节后不久，红衣主教弗里德里希前往德意志地区，他带着教皇的所有信物以教皇代理人的姿态出现在那里。弗里德里希来到珀尔德，他骑乘的马驹佩戴着华丽的挽具，配着紫色的马鞍，而大主教维里吉斯和萨克森的主教们也确实按时来到了会场。正如人们已经心知肚明的那样，这位年轻的神职人员要求众人尊敬他、重视他；然而，只有不莱梅大主教利本提乌斯（按照血统他是意大利人）、贝尔瓦德主教以及他们的几个友人显示出了教皇使臣应得的尊重。6月22日会议召开的时候，很快就爆发了一场激烈的争论。教皇的使臣遭到咒骂，会议陷入了骚动之中；人们甚至不愿给他一个坐席，最终，利本提乌斯和贝尔瓦德让教皇使臣坐到了他们中间。红衣主教向众人解释道，他是受教皇之命而来，众人至少应该给他一些空间，让他可以完成使命。就这样，混乱暂时平息了下来；红衣主教以温和的言语安抚着众人，并想要将教皇的书信交给维里吉斯。但是，大主教却拒绝接受这封书信，也不允许人们公开宣读这封书信。即使这样，教皇的使者还是将书信的内容传达给了参会的人们；信中除了明确的指责之外，还有警告维里吉斯及时回归平和顺从的正途。随后，红衣主教试图以友好的言语使维里吉斯保证，接受由他作为教皇使臣召开的这场会议上做出的决议。这时，维里吉斯想要征求教会兄弟们的意见，但利本提乌斯大主教还没来得及表示自己对教皇使臣的支持，教堂的大门就被骚动的人群推开了。在俗信徒们冲入举行会议的教堂，他们嘴中叫喊着对教皇使臣及贝尔瓦德的咒骂，人们还听到了让众人举起武器的呼喊。所幸受到袭击的人们保持着冷静，没有以暴制暴，而是用平和的方式平息了这场骚乱。这场闹剧之后，许多主教都想要将进一步的商议推迟到第二天进行；但维里吉斯愤怒地离开了教堂，而教皇使臣则挡住他的去路，并以教皇的名义命令他出席第二天的会议。维里吉斯并未将教皇使臣的命令放在眼中，第二天一早他便和自己的追随者一同离开了珀尔德。教皇使臣听闻这一消息之后，将留下的主教们再次召集起来，向他们宣布，在维里吉斯向教皇解释自己的行为之前，他的大主教职位被暂时革除了；同时他通知维里吉斯及所有的萨克森主教于圣诞节时前往意大利参加教皇召开的教会全体评议会。在将革职处分及参会邀请以书面形式知会了维里吉斯之后，红衣主教启程前往希尔德斯海姆，并在此后踏上了回程。皇帝与教皇对珀尔德发生的一切极为恼怒，随即下达命令，不仅仅萨克森的主教，所有的德意志主教都要出席圣诞节时在意大利土地上召开的评议会。

事情究竟会朝着什么方向发展呢？维里吉斯和德意志主教真的要站在罗马的对立面吗？前不久法兰西主教们也反抗过罗马，而其结果并不令人欣喜。很快，维里吉斯也倾向于和解了。在他的组织下，德意志主教们于8月20日聚集起来举行了一场评议会，除了许多萨克森和莱茵地区的主教，特里尔和科隆的两位大主教也出席了这次的评议会。贝尔瓦德没有出现在会场，但艾卡德主教以及他的老师唐克马尔代替他参加了会议。这时的维里吉斯固然对主教的缺席极为愤怒，教皇派来的使者向他保证，教皇是由于重病缠身才无法前来，他也完全不信，但除此之外，维里吉斯还是预料之外地表现出了妥协。贝尔瓦德的使者也展现出较温和的一面，虽然他们依旧坚持这评议会上所做的决议，在教皇对此事进行决断之后，其他人便不能再提出异议。实际上，人们没有做出任何决定，而是将之推迟到了弗里茨拉尔的会议上，而这场会议将在第二年的圣灵降临节之后8天才会召开；显然，人们都在等着教皇的评议会做出决断。

在此期间，主教们带着自己的邑臣前去参加评议会，加入皇帝大军的时间到了。并非所有人都遵从了皇帝的这一命令，有些人对德意志土地上正蠢蠢欲动的反叛行动心知肚明；但从整体上来看，主教们还是显得比世俗领主们更加顺从和积极。就这样，亨利贝特从科隆出发，而他的兄弟亨利虽然前不久才从阿尔卑斯山那边回来，也从维尔茨堡出发了；同样的，布克哈德和兰伯特分别从沃尔姆斯和康斯坦茨出发；福尔达的修道院院长也踏上了旅程，甚至连维里吉斯也派了邑臣去往阿尔卑斯山另一边。他并不想放弃自己对皇帝的义务，虽然他并没有去出席罗马的评议会。而贝尔瓦德也称病留在了自己的驻地，没有前往意大利，但是，他派唐克马尔带着给皇帝和教皇的书信前去了。

主教们在途中遇到了一些阻碍，唐克马尔带着贝尔瓦德的信赶到了众主教之前。在斯波莱托地区，唐克马尔遇到了正赶往罗马的皇帝和教皇；他们想要在托迪庆祝圣诞节，而之前定下的评议会也将在那里召开。然而，诸位主教没能在预定的时间到达会场。虽说如此，评议会还是于12月27日在托迪召开了，只有来自罗马涅、图西亚和伦巴底的少数几位主教出席了会议；除他们之外，还有三位德意志主教，他们分别来自列日、奥格斯堡和蔡茨。在会议上，红衣主教弗里德里希和唐克马尔对维里吉斯的傲慢和反叛提出了严厉的控诉；但即使这样，皇帝和教皇也不敢彻底地做出对维里吉斯不利的决断。人们都更倾向于等待其余那些预计1月6日到达的德意志主教来了之后再行商议。然而预定的日期已经到了，主教们还没有出现，于是评议会解散了。一场轰轰烈烈召集起来的会议就这样惨淡地收场了。弗里茨拉尔的会议也没能成功举行，预定的会议时间到来时，奥托三世已经安息在亚琛的棺椁之中了。在这位不幸皇帝的陵墓前，维里吉斯与贝尔瓦德之间的争端没有再继续下去，虽然他直到1007年才公开宣布放弃对甘德斯海姆的权力。

皇帝听到了消息，知道自己的反对者们正在德意志策划着针对他的袭击行动；他看到，人们对于他急切的要求和诚恳的请托无动于衷，不愿在逆境中向他施以援手。虽然命运使他的内心深处遭受了挫败，但他还是冷静地面对着这些曲折。他的体力也越来越不济了，长期以来意大利的气候使他的身体越发羸弱，病痛在他身上蔓延，威胁着他年轻的生命。

在托迪的评议会结束之后，奥托随即前往帕特诺，也就是由塔莫伯爵终年英勇保卫着的、索拉克特山下的那座城堡；他在这里与罗马只有一步之遥，他能够看到罗马城就在眼前，但这座城市和整个地区还处在动乱之中；很快，他就在帕特诺城堡中遭到了敌人的包围，他手下的人马甚至连必需的粮草都没有了。唐克马尔陪同奥托来到帕特诺城堡，但城堡中资源的短缺迫使他很快就离开了那里。1月13日，当他告别奥托时，奥托向他坦白自己一直在发烧；然而唐克马尔还不知道，皇帝的病情很快就会急转直下。他的皮肤上起了疹子，热度也更高了。皇帝期盼了许久的大主教亨利贝特终于带着一众随行人员赶到了，他是皇帝见到的最后一位朋友。几天之后，1002年1月23日，奥托在领受了圣餐之后，带着坚定的信仰停止了呼吸，屈服在了命运之下。他的年纪还没到22岁；在大主教阿努尔夫为他向君士坦丁堡的皇室公主提亲之后，他还未婚娶就去世了。奥托三世死去之后，奥托大帝一支也就绝嗣了。

年轻皇帝的死讯震惊了全世界，触动了所有人。但受影响最大的还是教皇西尔维斯特，他似乎再一次从命运的巅峰跌落困窘的深渊，但这个饱经风霜的男人很快就与罗马人和解了，回到了拉特兰宫中。1003年5月12日，在度过了无所作为、郁郁寡欢的一年之后，他也离开了人世，他被安葬在拉特兰宫教堂的前厅中。如今，西尔维斯特的墓已经被摧毁了；旧时教皇色尔爵四世（Sergius IV.）为他刻下的铭文还可以在教堂内部看到。这个卓尔不群的男人，他的陵墓和他的整个一生都被各种各样的传说围绕着；在这些传说中，他似乎是一个魔法师，通过恶灵的帮助获得常人无法拥有的知识和力量。而我们看到的他则完全不同。我们从他的身上只能看到光明磊落、熠熠生辉的精神，以及从跌宕的命运中所汲取的经验。但是，他用"魔法力量"扼杀了我们年轻的皇帝，同时也是皇帝走向灭亡的主要原因之一。还有亨利贝特、贝尔瓦德及与他们志同道合的盟友也对君王的死耿耿于怀，他们的远大计划和无限期许都寄托在他身上，而他们也从他那里获得过无数的恩泽。但是，哀悼皇帝之死的不只有他们，整个德意志都沉浸在悲痛中。人们很快就忘却了奥托的缺点，只想着他令人喜爱的那些性格特点，他英俊迷人的外貌、他良好的教养和高远的追求、他对公平正义的热爱、他的虔诚、他的温和与善意。这样一位皇帝有着远超出他国民的见识，虽然年轻却在精神教养上赶在了时代的前头，德意志先辈们因而给了他"世界奇迹"的别称。而在意大利，在这片被皇帝置于德意志之前的土地上，则完全不是这样。在听到皇帝的死讯之后，这里随即发生了暴动，而皇权势力的中流砥柱图西亚的于格在不久前的1001年12月21日去世了，意大利的骚动就越发沸腾起来。当时，皇帝在他生命最后的一段时间内也曾担心过于格会背叛他，当他听闻于格去世的消息时，他说出了《诗篇》中的话："网罗破裂，我们就逃脱了。"①之前受到蔑视的阿尔杜安又重新出现在人们面前，并公然觊觎起了国王的宝座。只有受到皇帝最大恩惠的伦巴底主教们没有加入这些叛乱行动。

　　奥托临终前说出了自己的愿望，想要将自己的陵墓安排在亚琛查理大帝的骸骨旁边。科隆的亨利贝特、列日的鲁特格、奥格斯堡和康斯特尼茨两位主教、下洛林伯爵奥托、亨利伯爵和维希曼伯爵，以及其他在皇帝去世时在场的德意志领主，都尽自己所能为皇帝实现他最后的愿望。他们聚集起散落在帕特诺城堡周围的德意志军队，带领着皇家军队踏上了返回家乡的路。但是，这片土地上已经是战火四起。运送皇帝遗体的队伍遭到袭击，他们不得不用手中的剑杀出一条血路。战斗不间断地持续了整整7天，直到队伍抵达维罗纳，才终于得到了安宁。而在另一条路上，沃尔姆斯和维尔茨堡的两位主教以及福尔达修道院院长带领的队伍也受到了不小的阻碍，他们行经到图西亚时听闻了皇帝的死讯，直到维罗纳他们才与送葬的队伍会合。随后，运送遗体的队伍通过了布伦纳山口；在阿玛河（Ammer）畔的珀林（Polling），与皇帝最近的亲属亨利公爵赶了上来，陪同送葬队伍一直来到奥格斯堡，皇帝遗体的内脏被埋葬在这里的圣阿芙拉（Hl. Afra）修道院。亨利随着队伍来到多瑙河畔的纽因堡，随后，他与亨利贝特分开，亨利贝特带着皇帝的遗体向莱茵河赶去。在棕枝主日后的星期一，人们来到了科隆，遗体被安放在主教堂中；复活节前一天，人们最终将遗体送到了亚琛，遗体于复活节当天（4月5日）被安葬在大教堂的圣坛

---

①　出自《诗篇》第124章第7节。该节完整译文为"我们像雀鸟从捕鸟人的网罗里逃脱；网罗破裂，我们就逃脱了"。《诗篇》是在赞扬耶和华没有使信徒成为"捕鸟人"的"雀鸟"。——译者注

下。1513年，英明的萨克森选帝侯腓特烈①用一块大理石纪念碑和一段铭文标记出奥托三世安息的地方；1803年，皇城亚琛被法兰西政权统治时，这块纪念碑被销毁了。现在，再没有任何东西能够提醒人们，皇帝的遗体在何处安息。

对于这样一位年轻而杰出、却有着不幸命运的皇帝，世人对他的怀想是不会轻易停止的；从奥托的陵墓中诞生了充满诗意的传说，而这些传说使人们对他怀有的回忆比写实的记录延续得更为长久。很早以前，人们就相信，奥托是由于亲爱之人的背叛才走向毁灭；人们不愿想象，这样一颗火热的心，一个对友情如此看重的人，怎么会丝毫不受爱之魔法的影响就死去了呢？史蒂芬妮娅（Stephania），一位美丽动人、却高傲而冷酷的罗马女子，她是克莱欣蒂斯的遗孀，坊间的传言是这样说的：她凭借自己的魅力牢牢地攫住了年轻皇帝的心，当他全心全意爱着她时，她毒杀了他，就为了给自己死去的丈夫报仇。这个传说中也包含着一个真相：杀死皇帝的并非罗马的女儿，而是罗马这座城市凭借其不朽的魅力禁锢、背叛和杀死了这个头戴皇冠的少年。

18. 回顾

这个世纪发生的重大事件，在之前的历史发展中早有预示，也为后来的历史走向定下了基调，这个事件就是西方皇权的建立。这是那个时代重要的转折点：在此之前，是西方各地的瓦解、分裂、疯狂野蛮的乱战和对传统习俗的抛弃，使基督教世界陷入与异教民族的绝望斗争之中；在此之后，是政治及宗教秩序的建立，习俗的融合与强化，精神生活的新生；基督教信仰在西方一劳永逸地战胜了异教信仰，而欧洲东部和北部民族的文化也随着基督教发展起来。

历史能够产生这样的发展，这一功劳当属于德意志各宗族，虽然查理大帝将他们与罗马的土地连接在一起，但他们保留了自己的母语，他们对自由的热爱、他们英勇无畏的性情、他们的传统习俗也都没有改变，或者至少在岁月的流逝中没有从深层的本质上失去其充满活力的天性。志向高远的萨克森国王

---

① 又称腓特烈三世。——译者注

成功地将分散的德意志各宗族联合起来，形成一个位于欧洲中心的、伟大而强悍的战斗民族，凭借这个民族新生的统治力量征服了基督教世界最险恶的敌人——丹麦人、斯拉夫人和匈牙利人，并由此赢得了比罗曼民族更加领先的地位。依靠他世间少有的统治者本能，德意志的奥托崛起成为西法兰克王国和勃艮第命运的最高主宰者，使北方和东方的民族依附于他，占领了意大利，征服了罗马，赢得了皇帝的冠冕，让唯一一个罗曼世界公认的最高首领教皇也听候其号令，遵从其意志。从这时起，他的统治权便威震一方，而这样的统治是自查理大帝以来没有任何一位西方王侯曾拥有过的，并且他还尝试着以自己的方式、顺应时代的要求，来完成那位伟大帝王未能完成而留给他后代的使命。通过固定的宗教及政治秩序将基督教西方联合起来，并将异教民族融入这个基督教共同体中——这就是他所追求的并大步前进以实现的目标。梅泽堡的提特玛尔说：“这个王国如同黎巴嫩雪松一般坚韧地拔地而起，其威名震慑遐迩。”当时的一位诗人也歌颂道：

　　　　“奥托执权杖，举世皆欢愉。”

　　通过赫赫功绩赢取的帝国，奥托大帝将他留给自己的后代和他的人民，这两者对这个帝国都有着理所当然的继承权。

　　奥托的子嗣也与他一样拥有高远的志向以及对所有高雅伟大事物的向往，但是，他的后代却没有老奥托那样坚韧的力量和无可阻挡的活力，命运似乎在它最青睐的那个奥托身上倾注了全部的幸运，对他的子孙们显得极为吝啬。

　　奥托二世以自己年轻的活力镇压了内部的叛乱，清除了国境上的敌人，投身于对抗当时世界霸权的战斗中，即对抗东方帝国和伊斯兰；但在这场斗争中他败下阵来，还没来得及到达盛年就早早结束了生命。在这样的情况下，他年幼的儿子还是保有了这个国家，并继承了皇位，那么这更多地要感谢他的祖父，而不是他的父亲。

　　其他人为奥托三世摄政了12年，他们凭借着极大的谨慎和智慧在那个充满危险的时代为奥托保全了他的国家；接着，他以年轻人的活力和高瞻远瞩的计划亲自接过统治大权，威震寰宇。几乎还在孩童的年纪，他的精神修养就已经赶上了老者；天文地理，他都去钻研，他的目光超越了世界的边界，遥望着悠远的过去。这个"世界的奇迹"似乎比奥托大帝还要伟大，但他终究欠缺了一些使奥托一世能够度过幸福长久生活的基础，而这些缺失使奥托三世在短短数年间彻底走向灭亡。

祖孙两人是多么不同啊！正如奥托一世清楚知道的那样，他的国家是通过德意志宗族的英勇无畏和不可战胜的力量建立起来的；因为，他虽然身为罗马皇帝，还是按照德意志习俗与德意志人共同生活，他使德意志人成为周边民族的主人，使他们成为受人缴税纳贡的王侯，为新皈依的异教徒筹建的教堂由德意志皇室和德意志大主教管辖。曾经，亨利一世国王的势力来源主要就是奥托大帝的公爵领地，如果奥托当时将这片公爵领地留给彼林家族，那么他这样做的原因一定是，他相信，在对整个德意志的王权统治中，能为他的皇帝地位更好地打下基础；虽然他始终对他的萨克森保持着忠诚和依赖，但为了成为一名德意志的国王，他还是从某种意义上放弃了这片土地。奥托三世轻视萨克森人和德意志人，他将自己的权力中心迁移到了罗马，从而放弃了德意志王国。他的这些作为使那些新建的主教管区脱离了对德意志主教城市的依附；他使原本一直缴税纳贡的波兰王侯摆脱了这些义务；他为匈牙利王侯送去了国王的冠冕；他给威尼斯总督送去礼袍，象征着承认对他的依赖——为了建立起他理想中的罗马帝国，他粉碎了德意志人的统治政权，而这个理想中的帝国，其尖峰在无人知晓的遥远天际，而其地上的根基已经无处可寻。曾为他欢呼雀跃的世人，很快就抛弃了他；他深爱的罗马反叛他，受到轻视的德意志民族离开了他，在青春韶华之中，他就这样手中无权、身后无子地死去了。

但是，奥托的遗产并非因此而无人继承；虽然引起了激烈的争论，但德意志民族还是挺身而出，勇敢而坚决地争取自己的权利。奥托三世去世时，这个国家陷入了何等恐怖的纷乱之中；德意志的王侯们需要的只是一个踏实肯干、骁勇善战的人，而亨利二世正是这样的一个人。于是他登上了德意志的王座，去重建皇权统治，去为其全新的发展埋下种子。德意志民族的神圣罗马帝国保留了下来，对意大利的统治仍在继续，德意志王国依旧是西方世界的核心与明星；对东部民族的统治也渐渐重新稳固，甚至还在短期内扩张出了原本的边界。德意志民族的神圣罗马帝国已经成了一个不争的事实，它的这股势力是那些不断交替、短暂存在的势力所无法动摇的。

德意志民族为这一统治政权流血牺牲，从中又获得了什么呢？这个问题可能是那些厌恶奥托的人提出的，奥托将德意志历史的方向引向南面，试图以他短浅的目光操纵和调整世界历史的伟大进程，而不是努力思考和理解事物发展的必然规律。

德意志人最大的收获是他们的国王现在所获得的、无可比拟的崇高地位，也是自古以来分裂的、彼此间充满仇恨和嫉妒的德意志宗族能够长期地臣服于同一个王权统治之下，并由此演变为一个无法瓦解的民族。可以说，德意志各宗族共同的民族意识在这整个世纪中不断觉醒，形成了一个统一的德意志民族。在选举康拉德一世时，德意志宗族间的归属感就已经展现出来，但随后各族还是再次分崩离析，亨利一世作为军队的领袖赢得了阿勒曼尼人和巴伐利亚人的认可。虎父无犬子，但在儿子的统治下，各个宗族再次分裂开来；国王先后两次与大规模的叛乱做斗争，差点就使刚刚建立起的国家毁于一旦。终于，与外部敌人战果累累的斗争以及皇帝熠熠生辉的威名确保了帝国的生存，同时也确保了德意志民族的统一。奥托王朝同时代的人们可能感受得到，正是几位奥托皇帝的实干事迹统一了国家和民族，保证了光明的未来。这就是为什么，当西法兰克对奥托二世发起进攻时，德意志王侯们出于对其父亲的忠诚众口一词地支持奥托；这就是为什么，在卡拉布里亚惨痛的失败之后，他们最期盼的就见到皇帝，慰藉他的痛苦；这最终也是为什么，在长久的摄政时期内，各宗族间的矛盾虽然在增长，但帝国终究没有走向分裂。"噢！日耳曼尼亚，"年迈的玛蒂尔德太后曾这样说道，"你曾经被异族所禁锢，前不久才凭借皇权的光辉站上巅峰，以你的忠诚侍奉你的王吧，以你所能，爱戴他，支持他！不要停止祈祷，祈祷这个民族的王侯永远绵延，不然你的尊严就将被夺去，你又会陷入曾经为人奴隶的泥沼！"

民族意识是怎样在德意志人民心中发展起来的，从人们对共同的民族名称逐渐适应的过程之中就能明显地看出。当然，人们很早就开始提到德语以及说德语的人，但德意志人作为一个民族在10世纪初还是一个几乎陌生的概念。第一批将一个国家之中说德语的各族人称为德意志人的文献资料来自奥托一世的总理议事厅，并且出自他出发夺取皇帝冠冕的时候。但是，"德意志人"的名称在这整个世纪之中在阿尔卑斯山的这一边并没有被真正受用；不论是维杜金德还是萝丝维塔都没有使用它，在那个世纪的德意志作家笔下，这个名称似乎根本无法得到证明。在德意志人将自己称为德意志人之前，意大利人就已经这样做了，对他们来说，说德语的各个宗族之间的差异变得越来越模糊不清了。利奥普朗德就常常提到德意志民族，并且在这个世纪末，所有的意大利作家不仅知道了"德意志人"的名称，而且已经开始使用"德国""德意志王国""德意志国王"这些概念了。在德意志民族中间，直到11世纪中这一民族总称才在宗族名称之外，赢得了广泛的认可。正是通过与完全不同的意大利人的不断接触，德意志人才随着时间推移更深地认识到彼此天性和本质中的相似和共同点；同样的，他们也是在与意大利人的交往中渐渐熟悉了自己的民族称号。

当我们从奥托大帝看似悄无声息的力量中辨认出那些惊天作为的蛛丝马迹——他德意志民族的民族意识并使之永久稳固下来，他那些撼动寰宇的光辉事迹就越发显得伟大了！但还不止于此，奥托所选择的道路，同时也是为后世的德意志民族赋予了永久的使命，而这也是这个民族要为世界历史完成的使命。继承古代的完成传统，以他们精神力量复兴已经消亡的形式，通过他们独特的力量将僵化的教条提升为自由的法律，使之适用于所有社会关系，所有地方，所有民族——这就是他们的使命。将所有的教育教养都吸纳进来，按照自己的精神天性将之消化吸收，将自己的特色渗透进去，使之成为世界共同的瑰宝——这是在宗教与政治、艺术与科学、在所有领域所展现出的德意志作风。世上没有哪个民族像德意志人这样求知若渴，同时又乐为人师，这其中也包括了我们影响世界历史的传教行动。值得注意的是，德意志人就算认定自己是一个民族，就算领受并践行民族的使命，但他们能够找到这条出路，终究是因为奥托一世使德意志人置身于与意大利人及罗马人紧密的关系之中，置身于古老文化的熏陶之中。当时的罗马虽然无知且风化颓靡，却仍保存着旧世界全部传统的核心，这对那个时代有着极大的影响力。智慧之口若是缄默不语，那石头便会替它开口说话；圣伯多禄的墓碑就要比那些自称圣使徒继任者的人所告诉我们的更多。

　　将德意志社会关系在10世纪下半叶的改变不分巨细地展现出来，看看有哪些古典时代的文化元素被保留下来，被德意志人吸纳融合，将是件美妙的事。但在本书中，我们不得不暂且放弃进一步的探究，而只是简略地概览几个要点。

　　直到这一时期，德意志内部才诞生了一些可以被称作城市的地方；它们一部分是由为国家防御目的而建的城堡为中心发展起来的，一部分以主教驻地和修道院为中心发展起来，另一部分则是由人流密集的贸易地点形成的。卡洛林时代，城市生活只存在于以莱茵河及多瑙河为界的地区，而那里的城墙也会由于丹麦人和匈牙利人的侵袭遭到破坏，城市遭到摧毁、家园沦为荒野；直到奥托王朝时期，城市生活才重新恢复了其活力。随后，11世纪初，科隆、美因茨、法兰克福、沃尔姆斯、斯特拉斯堡、雷根斯堡、奥格斯堡、马格德堡、奎德林堡、戈斯拉成了人口稠密的地点，与城市生活密不可分的商贸交通也在这些地方发展起来，虽然当时的这些城市仍由国王或主教下属的官员管辖，直到后来才有了公民自由。同时，在这些城市内部及其周边，教堂与修道院拔地而起，虽然多是木制建筑，但已有少数开始使用石材。那种在接下来的几个世纪中风靡欧洲的独特建筑风格之前被称为拜占庭风格，现在被叫作罗马风格，其最早的源流可追溯到哈尔茨山区倾斜山坡上的那些建筑上，也正是那些奥托王朝及其时代同僚为我们留下的建筑丰碑；它们在粗野之中激荡着自由的精神，从罗马古典文化中流传下来的建筑法则中融入了更为独特的美感。卡洛林时代在德意志土地上留下的建筑遗址何其稀少；而奥托时代这些开启了德意志建筑史的城墙楼宇又为我们诉说着多么生动的故事！在经历了内战及匈牙利人、丹麦人和文登人的侵略之后，德意志大地在很长一段时间内几乎成了荒野，而这个国家却以惊人的方式开始了重建；亨利二世因为萨克森的富庶与怡人将之称为天堂的前院。正如建筑艺术方面取得的进步一样，更为优良的农业种植技术也是从教堂和修道院发展出来的，它们从国王那里获得地产，并以有效的方式利用这些土地。人们怀着独特的满足感看到奥托王朝时期留存下来的证明文书，这些精美的羊皮纸文件直到今天还能在几乎所有的德意志档案馆中找到；其中大多是将零散村落以及荒凉边区赠送给教堂和修道院的证明文件，然而，

正是从这些毫无生气的馈赠状中孕育出了富庶的生活啊！正是从这些文件中，
诞生了人口稠密的城市，成就了富饶的土地，改变了德意志。

　　在同一时期，科学与艺术也在德意志人心中赢得了其长久的栖身之所。在
奥托加冕为皇之前，文学是何等贫乏；在这之后，文学迅速发展到了引人注目
的高度。维杜金德、鲁特格和萝丝维塔以最鲜活的语言向我们宣告，一位萨克
森的王侯登上了称霸世界的巅峰；他们的作品中渗透着对他们伟大王侯和强悍
民族的自豪。从这时起，皇帝的宫廷就成了西方所有鸿儒学者的聚集地，就连
吉尔贝尔也说，是奥托皇帝们激发了他的才智；当时的德意志宫廷如同学问与
修养的中心，并由此辐射德意志各州。在这一方面，德意志人所吸纳的也是传
统——教会在古罗马教育的基础之上创造出新的拉丁语科学和文学，在德意志
民族中蔓延传播开来，而古罗马人的经典文学也随之散播开去；但是，对于自
己所接受的一切东西，德意志人随即就会以自己的思想为之留下独特的烙印。
他们用罗马的语言写作，却以德意志的观点描写德意志的事物；他们不像卡
洛林时代的人们那样专注于神学和哲学作品，而是更关注他们时代、他们国家
的历史，用拉丁语的诗句歌颂古老的英雄人物。没有任何一个时代像当时那
样，用德语写作的书籍如此之少，但以德意志精神写作的文字却如此之多。
造型艺术主要是由奥托二世和奥托三世在德国扶植起来的，这方面的发展也
与科学文化方面一样。美因茨的维里吉斯和希尔德斯海姆的贝尔瓦德不仅在
国家发展史中，也在艺术史上留下了永恒的印记。他们在意大利所受的影响
孕育出无穷无尽的果实；而这些影响就是德意志造型艺术的源流，为之添加
动力、确立方向。

　　就这样，民族精神获得滋养，变得丰富起来，而它首先就将自己的全部
力量倾注到基督教教会的生活中去了。这一切如何被吸纳，如何传播到教会之
中，它就以相同的方式不断地推进和激活教会的发展。德意志民族的宗教生活
是在罗马天主教会传统的基础上建立起来的，但同时它也在德意志思想的洗礼
下重获新生，陈腐僵化的形式被打破了。一种鲜活的、实用的基督教信仰产生
了；一种自由的教会生活形式开辟了，宗教再次成了能够战胜世俗的力量。在
卡洛林时代后期，人们热衷于设立新的教会章程，试图彻底地将宗教与政治、

神职人员和世俗凡人分离开来；而奥托王朝则振兴传教事业，不论在国内还是异教民族的土地上都兴建教堂和修道院，他们将政治和宗教紧密地联系起来，主教们成了国家官员，僧侣在宫廷中侍奉国王；这样一来，宗教与政治、皇帝与教皇、神职人员与世俗人士之间的尖锐矛盾就渐渐消弭了，只在极少数时候才显露出来。看起来，教会生活似乎受到了世俗生活的压迫，但实际上，教会才是那个时代最强大的势力；或者说，如果教会不是的话，那么信仰就是最强的力量。是奥托一世征服了教皇势力，迫使他不加反抗地遵从他的意志，然而，教会很快就意识到，他们从奥托那里获得了太多。库埃尔富尔特的布鲁诺曾说："教会的人们回想起那位虔诚而坚定的奥托带来的黄金时代都会发出叹息，他为教会展开多么波澜壮阔的图景啊；他们将他称为'我的奥托'，但另两位奥托则被他们抛诸脑后。"伴随着所有罗马天主教的传统而发展起来的皇权统治，在最初的时刻就对德意志民族的内核产生着深刻的影响，以至于世纪之久的时间中，它都统治着德意志民族的生活，但是它却没有因此而完全束缚住他们的精神。德意志人自然知道，基督教信仰与他们的天性能在内心最深处产生共鸣。虽然当时的人们还被表面的虚浮所迷惑，但他们心中的信仰并非毫无生气，而是充满了个人的生活，充满了力量与决心。当时的德意志人所获得一切成果，可以说都是信仰使然。

如果说我们感谢萨克森王侯们重建了皇权统治，是因为德意志民族强大起来了，成了世界文化生活的中心并担负起了对应的使命，那么他们的所作所为同时也造福了整个西方世界。直到这时，基督教民族才凭借共同的力量击败了异教敌人，获得了永久的领先地位；教会重获新生，跨越了原本的疆界，传播到更远的地方；精神教育在它看似已经消亡的地方重新发展起来，并同时传播得越来越广；各个民族找到了一个新的中心点，使他们能够汇聚在它周围，拉近彼此的距离——这是怎样的成果啊！对世界历史来说是怎样的进步啊！

固然，建立新的皇权统治也存在着危险，欧洲各民族刚刚觉醒的民族生活可能再次遭到严厉的打压。谁又想要否认这个皇权也会使用暴力，也会施加残酷的桎梏呢？"彻底消灭雷达里尔人！"奥托大帝曾这样向萨克森王侯们写道。无论是当时还是后来，都不缺少重新建立与罗马帝国类似的、封闭的世界帝国的尝试。但是，我们已经看到这些尝试的结果是怎样的，已经知道，获得长期成效的前景多么渺茫。德意志皇权不是罗马皇权，也不是卡洛林皇权；它无法长久地实施专制，因为这违背了这个民族的精神；它对民族性的发展更多的是促进，而不是阻碍。

如果不是这样，又怎么可能在它的力量刚刚开始发展壮大的时候，整个西方还遍布着别的、基于民族基础而崛起的国家，其中的一部分还是在它的庇护之下发展起来的；又怎么可能在新建皇权统治的同一个世纪中，大多数的欧洲民族都开启了他们独立的政治与宗教生活。正是倚仗着皇权势力，米奇斯瓦夫和波列斯拉夫才获得了建立波兰王国的资源。马扎尔人伊什特万也是在奥托三世的命令下从教皇那里获得了国王的冠冕。"蓝牙"哈拉尔德，奥托一世的盟友，为将整个丹麦民族统一起来奠定了基础，而后由强悍的克努特大帝完成这项大业。直到那时，在长者爱德华、英勇的埃塞尔斯坦和幸福和平的埃德加的统治之下，英格兰王国才达成了统一。当然，对这于萎靡的盎格鲁-撒克逊部族来说太晚了，已经无法使之长期地强大起来。当时，卡佩家族夺取了权杖，建立了第一个以民族为基础的法兰西王朝，这其实才是法兰西王国真正的开端。还有哪片土地比意大利更深切地体会到德意志统治枷锁的沉重呢！但现在，意大利人也开始意识到，奥托王朝的势力对他们民族的发展促进大于阻碍。德意志皇权并非禁锢各个民族自由的政权。

最终还有一个问题：自那个时代起，欧洲的共同生活究竟是如何发展的呢？毫无疑问的是，在政治、宗教和教育方面存在着广泛的共同基础，这一基础早在日耳曼人与罗马人之间的远古战争中就已经奠定下来，使西方世界的历史能够在此基础上延续下去。但是，在这个共同的基础上发展出了全然不同的、别具一格的国家，这或多或少是由他们各自的民族特性所确定的。从国体上来看，每个强大民族都有自己的存在形式，这一形式半是自由地按照他们的需求，半是被迫地受主导形势影响而决定的。在各自的存在形式中，他们书写下自己的历史。各式各样的利益与追求在纷繁的历史进程中平行存在或是冲突交汇，但这样的历史进程总是由一个或少数几个民族影响和领导的，而这些民族都是通过他们在世界上独有的贡献赢得了主导权。这些标志着一个全新时代开端的发展，可能是人类有史以来最为成功的，也正是伴随着这些发展开启了奥托王朝；德意志民族是首个获得这一主导权，并在世纪之久的时间内荣耀地独自掌握这一权力的民族。这就是德意志皇权的本质和意义，欧洲社会生活的进一步发展都是由此诞生而来，并延续下去的。距离查理大帝的离世才过去一个世纪，西方的整个社会政治关系都全然瓦解了，教会的未来受到了极大的威胁。自奥托加冕为皇帝之后，欧洲再也没有遭遇过类似的毁灭；从那个时代起，重要的事务都获得了平稳、有序、不间断的发展进程；就连在思想领域的巨变也无法从整体上将其毁灭。

就是这样，德意志的民族生活、连同那些欧洲的巨大发展都可以在10世纪找到其源流，而我们今天的生活也是从那里发展而来的；但那只是开端，人们不会在"开端"中寻找"中期"或是"结尾"才有的东西。我们很容易找到那个时代不足和紧缺的方面，不仅是现代世界，就连中世纪后期也在新生活形式的多样性、在精神生活潮流的深度上远远超越那个时代。但是，那个时代充满着力量与元气，充满了原始的驱动力。也正是因此，人们一旦深入了解了那个时代，就不愿意再将自己的目光移开了。我们看到的，不是硕果累累的金秋，不是繁花似锦的盛夏，也不是绿意盎然的熙春；我们看到的那个时代有着第一颗种子的萌发，远观时可以看到林中仍有枯槁的枝丫，但细窥之下就能发现生机勃勃的蓓蕾，只需要一道温暖的阳光就能绽放。

图书在版编目(CIP)数据

德意志皇帝史. 卷一 / (德) 威廉·吉塞布莱希特著；
邱瑞晶译.— 长春 : 吉林出版集团股份有限公司，
2017.9
（汉阅史学经典）
书名原文: Geschichte der deutschen Kaiserzeit
ISBN 978-7-5581-3130-1

Ⅰ.①德… Ⅱ.①威… ②邱… Ⅲ.①德意志帝国 –
历史 Ⅳ.①K516.0

中国版本图书馆CIP数据核字(2017)第196905号

德意志皇帝史　卷一

著　　者	[英]威廉·吉塞布莱希特
译　　者	邱瑞晶
出　　品	吉林出版集团·北京汉阅传播
出品人	刘丛星
总策划	崔文辉
策划编辑	顾学云
责任编辑	王昌凤　李　楠
封面设计	观止堂_未氓
开　　本	720mm×980mm　1/16
字　　数	600千
印　　张	40.5
版　　次	2018年3月第1版
印　　次	2018年3月第1次印刷

出　　版	吉林出版集团股份有限公司
发　　行	北京吉版图书有限责任公司
地　　址	北京市西城区椿树园15 – 18号底商A222
	邮编：100052
电　　话	总编办：010 – 63109269
	发行部：010 – 63104979
官方微信	Han–read
邮　　箱	beijingjiban@126.com
印　　刷	北京晨旭印刷厂

ISBN 978-7-5581-3130-1　　　　　　定价　168.00元